Dorothea Rahm, Hilka Otte
Susanne Bosse, Hannelore Ruhe-Hollenbach
Einführung in die Integrative Therapie
Grundlagen und Praxis

Reihe
Innovative Psychotherapie und Humanwissenschaften
Band 51
Herausgegeben von
Hilarion Petzold

Dorothea Rahm, Hilka Otte
Susanne Bosse, Hannelore Ruhe-Hollenbach

Einführung in die Integrative Therapie

Grundlagen und Praxis

Junfermann Verlag · Paderborn

© Junfermannsche Verlagsbuchhandlung, Paderborn 1993
2. Auflage 1993
3. Auflage 1995
4. Auflage 1999

Alle Rechte, insbesondere das der Übersetzung in fremde Sprachen, vorbehalten.
Nachdruck oder Vervielfältigung des Buches oder von Teilen daraus nur mit ausdrücklicher Genehmigung des Verlages.

Titelbild: Renate von Schnakenburg „Aus dem Bienentagebuch meiner Großmutter"

Satz: adrupa Paderborn
Druck: PDC – Paderborner Druck Centrum

CIP-Titelaufnahme der Deutschen Bibliothek
Rahm, Dorothea:
Einführung in die Integrative Therapie: Grundlagen und Praxis / D. Rahm; H. Otte; S. Bosse; H. Ruhe-Hollenbach.
– Paderborn: Junfermann, 1993.
(Reihe Innovative Psychotherapie und Humanwissenschaften, Bd. 51)
ISBN 3-87387-083-5
NE: Otte, Hilka; Bosse, Susanne; Ruhe-Hollenbach, Hannelore; GT

ISBN 3-87387-083-5

Inhalt

Vorwort 15
Einleitung 17

Grundlagen 21

1. **Vom psychotherapeutischen Erkennen und Verstehen (Erkenntnistheorie)** 23
1.1 Einführung: vom landläufigen Erkennen und Verstehen ... 23
1.2 Vom Zusammenhang von Bewußtsein und Erkenntnis 25
1.3 Die phänomenologische Methode: von den Phänomenen zu den Strukturen zu den Entwürfen ... 26
1.4 Zum hermeneutischen Vorgehen: die Auslegung von Lebensgeschichten 33
1.5 Erkennen als Ko-respondenz-Prozeß: vom Aushandeln von Wahrheit 36

2. **Die Grundlagen von Veränderungsprozessen (Evolutionstheorie)** 39
2.1 Einführung 39
2.2 Synergetische Selbstorganisation 43
    2.2.1 System 45
    2.2.2 Prozeß 49
    2.2.2.1 Ordnung 53
    2.2.2.2 Chaos 54
    2.2.2.3 Das Zueinander von Ordnung und Chaos ... 55
    2.2.3 Struktur 61
    2.2.3.1 Hierarchische Staffelung 63
    2.2.3.2 Selbstähnlichkeit 65
    2.2.3.3 Komplexität 66
2.3 Bedeutung der Konzepte für die Therapie 68

3.	**Über Vorstellungen vom Menschen (Anthropologie)**		73
3.1	Einführung und erste Definition		73
3.2	Die anthropologischen Grundkonzepte der Integrativen Therapie		74
	3.2.1	Leiblichkeit	74
	3.2.2	Lebenswelt	78
	3.2.3	Ko-respondenz / Intersubjektivität	79
	3.2.4	Kreativität	82
	3.2.5	Bewußtsein/Bewußtheit	84
	3.2.6	Entfremdung	87
3.3	Zusammenfassung		88

4.	**Persönlichkeitstheorie**		91
4.1	Vorbemerkung		91
4.2	Das Selbst		92
4.3	Das Leib-Selbst		94
	4.3.1	Leib und Bewegung	94
	4.3.2	„Empfindung" und „Gefühl"	95
	4.3.3	Leib-Schemata	97
	4.3.4	Leib-„Wissen"/der „phantasmatische Leib"	98
	4.3.5	Leib-Rhythmen	101
	4.3.6	Leib und Ko-respondenz	103
	4.3.7	Leib-Funktionsbereiche	105
4.4	Lebenswelt und Lebenszeit/Strukturbildung des Selbst		113
	4.4.1	Lebenswelt (Kontext)	113
	4.4.2	Zeit (Kontinuum)	115
	4.4.3	Kontext und Kontinuum/Persönlichkeitsprozeß	116
	4.4.4	Strukturbildung des Selbst	120
4.5	Rollen-Selbst/Bühnenmodell		125
	4.5.1	Szene	126
	4.5.2	Rolle	128
	4.5.3	Atmosphären	130
	4.5.4	Ikonen	132
	4.5.5	Symbole	133
	4.5.6	Narration/Narrativ	135

4.6	Das Ich		138
	4.6.1	Das Ich als „Selbst in actu"	138
	4.6.2	Ich-Funktionen des Selbst	141
	4.6.3	Ich-Strukturen des Selbst	142
	4.6.4	Regression/Progression	145
4.7	Identität		148
	4.7.1	Das Gefühl „Ich-Selber"	148
	4.7.2	Das Bild von mir bei mir und anderen	150
	4.7.3	Das Konzept des überangepaßten, sogenannten „falschen" Selbst	152
	4.7.4	Identität, Gewissen, Selbstwert	154
	4.7.5	Die Säulen der Identität	155
4.8	Praktische Aspekte von Ko-respondenz		157
	4.8.1	Einführung	157
	4.8.2	Interaktions-Aspekt von Ko-respondenz	157
	4.8.3	Der Kontakt-Aspekt von Ko-respondenz	164
	4.8.3.1	Konfluenz	164
	4.8.3.2	Kontakt	167
	4.8.3.3	Begegnung	169
	4.8.3.4	Beziehung	170
	4.8.3.5	Bindung	173
	4.8.3.6	Selbst-Kontakt	173
	4.8.4	Der situative Aspekt von Ko-respondenz (Exentrizität, Zentrierung, Involvierung)	174
4.9	Zusammenfassung		178

5.	**Entwicklungstheorie**		181
5.1	Einleitung		181
5.2	Die Entwicklung in der Lebensspanne		183
	5.2.1	Das Stufen- bzw. Phasenmodell	184
	5.2.2	Das Konzept der „Entwicklungsaufgaben"	185
	5.2.3	Das Konzept der „kritischen Lebensereignisse"	187
5.3	Spezifischere entwicklungstheoretische Konzepte		188
	5.3.1	Das Konzept der Integrativen Therapie	188
	5.3.2	Das Konzept von D. Stern	192
	5.3.3	Das Konzept von J. Piaget	196
	5.3.4	Das Konzept von L. Kohlberg	201

	5.3.5 Das Konzept von R. Kegan	202
	5.3.6 Das Konzept von K. Grawe	203
5.4	Beschreibung der Entwicklung im Lebensganzen	204
	5.4.1 Schwangerschaft (vorgeburtliche Prägung)	204
	5.4.2 Altersstufe 0 bis 1 Jahr	206
	5.4.3 Altersstufe 1-2 Jahre	219
	5.4.4 Altersstufe 2-6 Jahre	228
	5.4.5 Altersstufe 5-12 Jahre	239
	5.4.6 Altersstufe 10-18 Jahre/Jugend	244
	5.4.7 Altersstufe 18 bis 25 Jahre	249
	5.4.8 Altersstufe 25 bis 50 Jahre	251
	5.4.9 Altersstufe 45-65 Jahre	256
	5.4.10 Altersstufe ab 65 Jahre	258
	5.4.11 Sterben und Tod	259
5.5	Zusammenfassung	260

6.	**Gesundheits- und Krankheitslehre**	263
6.1	Einführung: Zu den Begriffen „Gesundheit" und „Krankheit"	263
6.2	Allgemeine Krankheitslehre	264
	6.2.1 Zur sozialen Definition von Gesundheit und Krankheit	264
	6.2.2 Zum subjektiven Erleben von Gesundheit und Krankheit	266
	6.2.3 Krankheit und Gesundheit als Schicksal	269
	6.2.4 Grundlegende Thesen zur Krankheitsentstehung	270
6.3	„Klinische Krankheitslehre"	272
	6.3.1 Einführung	272
	6.3.2 Das beziehungstheoretisch begründete Streßmodell	275
	6.3.2.2 Das Modell „schädigender Stimulierungen"	282
	6.3.2.3 Das Modell gestörter Kontakt-Zyklen	290
	6.3.2.4 Bereitstellungs- und Ausdruckserkrankungen	294

6.3.3	Das entwicklungstheoretisch begründete Struktur-Modell	297
6.3.3.1	Entstehung und Formen geschädigter Strukturen	297
6.3.3.2	Schädigungen der Grund-Strukturen Leb-Selbst, Rollen-Selbst, Ich, Identität	301
6.3.3.3	Abwehrmechanismen	303
6.3.3.3.1	Konzeptklärung: Abwehr, Widerstand, Blockierung	303
6.3.3.3.2	Regression und Progression als Abwehrform	306
6.3.3.3.3	Archaische Abwehrformen	308
6.3.3.3.4	Abwehr als Beziehungsform	311
6.3.3.3.5	Einige leibliche Aspekte der Abwehr und Bewältigung: Blockierung, Identifikation, Rollenübernahme	315
6.3.3.3.6	Delegation	321
6.4	Zusammenfassung	323

7.	**Therapietheorie**	327
7.1	Einleitung	327
7.2	Grundlagen der therapeutischen Arbeit – die vier Wege der Heilung	328
7.2.1	Bewußtseinsarbeit/Sinnfindung/ emotionales Verstehen	330
7.2.2	Nachsozialisation/Bildung von Grundvertrauen/„Nach-Beelterung"	331
7.2.3	Erlebnisaktivierung/Persönlichkeitsentfaltung	334
7.2.4	Solidaritätserfahrung	335
7.3	Spezielle Themen des therapeutischen Prozesses	336
7.3.1	Diagnostik	336
7.3.1.1	Ursachen-Analyse	337
7.3.1.2	Bedürfnis-Zielanalyse	338
7.3.1.3	Lebensweltanalyse (Kontext-Analyse)	338

7.3.1.4	Kontinuums-Analyse	339
7.3.1.5	Ressourcen-Analyse.	340
7.3.2	Der Prozeß der Diagnostik (Struktur-, Abwehr-, szenische Diagnosen)	341
7.3.3	Zielbildung	346
7.3.4	Die therapeutische Beziehung	351
7.3.4.1	Grundlagen	351
7.3.4.2	Übertragung	355
7.3.4.3	Gegenübertragung	361
7.3.4.4	Übertragung der TherapeutIn	363
7.3.4.5	Widerstand	363
7.3.4.6	Zur Frage der Berührung in der Therapie	366
7.3.4.7	Konsonanz und Dissonanz	369
7.3.5	Therapieverlauf	370
7.3.5.1	Das tetradische Modell	370
7.3.5.2	„Direkte" und „innere" Beziehungsarbeit	376
7.3.5.3	Die Ebenen der Tiefung	377
7.4 Zusammenfassung		383

Praxis 387

8. Therapeutische Interventionen 389
8.1 Einleitung 389
8.2 Beschreibung der therapeutischen Interventionen 390
    8.2.1 Aufmerksam-Machen 391
    8.2.2 Wiederholen 396
    8.2.3 Übertreiben 396
    8.2.4 Assoziieren 397
    8.2.5 Aushalten 398
    8.2.6 Umkehrung ins Gegenteil 399
    8.2.7 Arbeit an sprachlichen Äußerungen .. 399
    8.2.8 Verwendung von Beispielen 402
    8.2.9 Vergegenwärtigen von Vergangenheit und Zukunft 403
    8.2.10 Imagination/Phantasiearbeit 405

8.2.11	Identifikation	409
8.2.12	Dialoge/Rollenspiele	412
8.2.13	Interventionen, die Veränderung von Verhalten/Rollenverhalten initiieren	416
8.2.14	Kreative Medien	417
8.2.15	Arbeit mit Übergangs- und Intermediärobjekten	425
8.2.16	Leibliche Interventionen	427

9.	**Falldarstellungen**	**431**
9.1	Fallbericht	431
9.2	Fallbericht	439
9.3	Fallbericht	441
9.4	Fallbericht	447

10.	**Die Phasen des therapeutischen Prozesses**	**459**
10.1	Einleitung	459
10.2	Anfangsphase	460
	10.2.1 Erstkontakt	460
	10.2.2 Erstgespräch	461
	10.2.3 Probatorische Sitzungen	470
	10.2.4 Die Initial- oder Aufbauphase	473
10.3	Mittelphase	483
	10.3.1 Veränderung von Beziehungen	483
	10.3.2 „Störungen" im therapeutischen Prozeß	490
	10.3.2.1 Stagnation/Konsolidierung	491
	10.3.2.2 Umgang mit Widerstand	493
	10.3.2.3 Rebound/negative therapeutische Reaktionen	499
10.4	Abschlußphase	505
	10.4.1 Ablösung	505
	10.4.2 Abschied	512
	10.4.2.1 Bilanz	512
	10.4.2.2 Die Zeit nach der Therapie	513
	10.4.2.3 Die Gestaltung der letzten Stunde	515

11. Krise 517
11.1 Zum Verständnis von Krise 517
11.2 Zum Verlauf von Krisen 519
11.3 Warnsignale 521
11.4 Zum therapeutischen Umgang mit Krisen 522
    11.4.1   Erstgespräch 523
    11.4.2   Techniken der Krisenintervention 526
    11.4.2.1 Kontakt/Beziehung 526
    11.4.2.2 Techniken des „inneren Beistands" 527
    11.4.2.3 Techniken der „inneren Distanzierung" 529
    11.4.2.4 Ressourcen 531
11.5 Nachbereitung der Krise 532

Nachbemerkung 534
Literatur 535
Personenregister 543
Sachwortregister 546

Wir widmen dieses Buch
Simon, Caroline, Till, Joke,
Tobias, Nele, Joachim,
Christian, Beate, Ulrike,
Christoph, Andreas, Hans Georg,
Jochen, Jürgen und Klaus

Vorwort

Eigentlich hatten wir nicht vor, ein dickes Buch zu schreiben.
Als wir vor etwa drei Jahren begannen, miteinander zu arbeiten, hatten wir zwei Zielvorstellungen: Zum einen wollten wir ein kleines, verständliches und anschauliches Manuskript für AusbildungskandidatInnen und StudentInnen der Psychologie und Sozialwissenschaften über die Theorie der Integrativen Therapie schreiben. Zum anderen wollten wir – für uns selbst als praktizierende TherapeutInnen und für KollegInnen – eine Art „Leitfaden für therapeutisches Handeln" als Materialsammlung zum Nachschlagen anfertigen.

Da beides nicht nur zusammengehörte, sondern auch ineinanderwirkte, entstand irgendwann der Plan, beide Teile aufeinander zu beziehen und ein Buch daraus zu machen. Und da wir nie alle gleichzeitig die Arbeit hinwerfen wollten, ist auch tatsächlich eins daraus geworden.

Es hat uns nicht nur Mühe gekostet, sondern war in vieler Hinsicht fruchtbar, vor allem für unsere therapeutische Arbeit und für die Klärung unserer eigenen Identität. Vieles von dem, was wir beschrieben haben, haben wir in dieser Zeit einzeln und miteinander hautnah erlebt.

Mit unserem Buch möchten wir nicht nur StudentInnen und AusbildungskandidatInnen ansprechen, sondern die Integrative Therapie auch interesssierten Laien und KollegInnen anderer Therapierichtungen bekanntmachen.

Wir haben dieses Buch gemeinsam erarbeitet und verantworten es auch gemeinsam, aber natürlich haben wir arbeitsteilig unterschiedliche Schwerpunkte eingebracht, so daß unsere individuellen Handschriften zum Teil in den einzelnen Kapiteln sichtbar sind.

Um der Lesbarkeit willen haben wir auf eine beide Geschlechter ansprechende Sprachform (Klientinnen und Klienten, Therapeutinnen und Therapeuten usw.) verzichtet. Da wir Frauen sind und da wir mehr Klientinnen als Klienten behandeln, haben wir uns für eine „gemäßigte" weibliche Sprachform entschieden. Wir hoffen, daß unsere Leser sich nicht ausgegrenzt fühlen.

Außerdem haben wir uns für den Begriff „KlientIn" an Stelle von „PatientIn" entschieden, weil wir damit den intersubjektiven Charakter unterstreichen. Dies bedeutet nicht, daß wir hier nicht von kranken und gestörten Menschen sprechen. Wir hoffen, daß LeserInnen, die aus dem klinischen Bereich kommen und den Begriff PatientIn gewohnt sind, sich einlesen werden. Die Fall-Beispiele im Text und in Kapitel 9 sind aus realen Behandlungsfällen verdichtet und unkenntlich gemacht.

Wir haben alle vier einen wesentlichen Teil unserer Psychotherapie-Ausbildung am Fritz Perls Institut für Integrative Therapie, Gestalttherapie und Kreativitätsförderung (FPI) erhalten. Dessen Gründern, ganz besonders *Hilarion Petzold* und *Hildegund Heinl*, verdanken wir sehr viel. Dieses Buch hätte ohne ihr Werk nicht geschrieben werden können.

Wir stellen in diesem Buch den komplexen theoretischen Ansatz der Integrativen Therapie dar, wie er von *Hilarion Petzold* in Zusammenarbeit mit seinen MitearbeiterInnen am Fritz Perls Institut entwickelt wurde und weiter entwickelt wird.

Wir hoffen, daß wir mit unserem Buch zu dieser Weiterentwicklung beigetragen haben und daß unsere Leser und Leserinnen Freude daran haben werden.

Goslar, 29. Februar 1992

Vorwort zur zweiten Auflage

Wir freuen uns über die positive Resonanz auf unser Buch und darüber, daß bereits vier Monate nach Erscheinen die 2. Auflage gedruckt wird.

Diese wurde nicht neu bearbeitet, sondern lediglich korrigiert. Fehler, z. B. bei Literaturangaben, wurden berichtigt, das Inhaltsverzeichnis geringfügig verändert.

Goslar, 21. Juni 1993

Einleitung

Das therapeutische Verfahren, das wir hier beschreiben, heißt „Integrative Therapie". Der Name für diese Therapieform und das Verfahren wurde in seiner theoretischen Fundierung und seiner praxeologischen Ausformung von *Hilarion Petzold* 1965 geprägt und begründet.

Für die Wahl des Namens gibt es historische, theoretische und allgemein-pragmatische Gründe.

Historisch basiert die Integrative Therapie (IT) auf wesentlichen Konzepten der klassischen Gestalttherapie (*Fritz* und *Lore Perls*, *Paul Goodman*), des Psychodrama (*Jakob*, *Zerka* und *Florence Moreno*) und der Psychoanalyse (insbesondere *Sandor Ferenczi*, *Michael Balint* und *Vladimir Iljine*).

Sie erweitert diese Ansätze und verbindet sie durch das übergreifende Konzept der Ko-respondenz. Dies bedeutet, daß ein Mensch nicht zu verstehen und zu behandeln ist, wenn er nicht als ko-existierendes Wesen verstanden und behandelt wird, als Wesen, das immer, auch wenn es allein ist, in Beziehung steht und auf Beziehung angewiesen ist.

Die *theoretische* Begründung für den Namen liegt außerdem darin, daß wir uns in Theorie und Praxis der IT mit der Integration verdrängter und abgespaltener Gefühls- und Erfahrungsbereiche beschäftigen und den vielfältigen Ursachen mißlingender Integration nachgehen.

Und *pragmatisch* bedeutet Integration, daß wir unsere KlientInnen unter verschiedenen Perspektiven sehen (z. B. ihre „innere Dynamik", ihre Leiblichkeit, ihr soziales Umfeld, ihre Lebensgeschichte) und sie dementsprechend mit unterschiedlichen Methoden behandeln müssen.

Die Theorie der Integrativen Therapie ist „unfertig". Die „Unfertigkeit" beruht zum einen darauf, daß sie eine junge Therapie-Form ist, zum andern aber auch auf einer speziellen Art von Theoriebildung als Erkenntnisprozeß, der immer mit seiner Vorläufigkeit rechnet und der sich selbst behindern würde, wenn er als Ziel ein fertiges Gebäude setzte.

Um angesichts dieser Vorläufigkeit nicht Gefahr zu laufen, in Beliebigkeit auszuarten oder gar sich in Widersprüchlichkeiten zu verfangen, braucht eine integrative Therapie eine klare meta-theoretische Fundierung. Die IT nimmt es daher sehr genau mit der Bestimmung ihres philosophischen Standortes. Dies hängt sicherlich auch mit der geistigen Herkunft ihres Begründers zusammen (*Petzold, Sieper* 1988).

Die originären Leistungen der IT bestehen u. E. in der Formulierung von Theorien über Leiblichkeit und Kreativität und deren Verknüpfung mit dem Konzept der Ko-respondenz. Dies wirkt sich nach unserer Erfahrung besonders förderlich im Therapie-Prozeß aus. Die Verknüpfung von Leiblichkeit, Kreativität und Ko-respondenz bewirkt oft eine Dichte der therapeutischen Atmosphäre, in der Erfahrungen von verblüffender Evidenz möglich werden (vgl. z. B. *H. Heinl* 1991).

Wir haben uns bei der Gliederung unseres Buches am „Tree of Science" orientiert, einem von Hilarion Petzold entwickelten „Strukturgerüst für die Fundierung von Psychotherapie" (vgl. *Petzold* 1991a). Die „Haupt-Äste" des Tree of Science, die wir kurz erläutern wollen, sind: Meta-Theorie, realexplikative Theorie und Praxeologie.

Sinn und Notwendigkeit von *Praxeologie* leuchten unmittelbar ein. Um professionell handeln, also in der ungeheuren Vielfalt *therapeutischer Handlungsmöglichkeiten* eine sinnvolle Wahl treffen zu können, brauchen wir Modelle vom „richtigen" therapeutischen Handeln. Damit wir also z. B. entscheiden können, ob wir unserer Klientin in einer bestimmten Situation eine Deutung anbieten, sie konfrontieren oder stützen, ihr ein Rollenspiel oder die Arbeit mit Ton vorschlagen, müssen wir etwas über diese Medien und ihre Wirkungen wissen. Wir müssen auch wissen, wie unser Vorschlag auf die KlientIn und unsere Beziehung zu ihr wirken kann und ob das Medium in Hinsicht auf ihre Problematik und ihre gegenwärtige Befindlichkeit angemessen ist. Hiermit setzen wir uns im „Praxis-Teil" auseinander.

Für eine schlüssige Praxeologie benötigen wir *realexplikative Theorien*. Das sind Vorstellungen davon, wie bestimmte Menschen sich in bestimmten Situationen verhalten, wie sie geworden sind und was sie sind (*Persönlichkeits-* und *Entwicklungstheorien*). Wir müssen bedenken, welche spezifische Situation eine Therapie darstellt, welche Faktoren therapeutisch wirken, ebenso, welche Funktion und welche Konsequenzen Psychotherapie im gesellschaftlichen Rahmen hat (*Therapie-Theorie*). Wir brauchen Vorstellungen und Modelle davon, warum ein Mensch krank wird, woran er leidet und was ihm helfen könnte (*Gesundheits- und Krankheitslehre*).

Wozu aber brauchen wir Erkenntnistheorie, Evolutionstheorie, Anthropologie? Einiges haben wir weiter oben schon darüber gesagt. Diese *Meta-Theorien* brauchen wir, weil wir unsere professionellen und auch naiven Theorien immer wieder kritisch in den Blick nehmen müssen:

Von der Warte der Meta-Theorie aus betrachten wir unsere handlungs- und erkenntnisleitenden Grundannahmen und lernen, sie zu hinterfragen. Wir werden uns klar über ihre kulturelle und geschichtliche Bedingtheit und ihre Veränderlichkeit. Unsere anthropologischen Grundannahmen haben beispielsweise Einfluß auf die realexplikativen Theorien sowie auf unsere therapeutische Praxis: Je nachdem, ob unsere Grundannahme über den Menschen lautet, daß er von Natur aus ein Einzelwesen ist, das Beziehungsfähigkeit in einem schmerzlichen Prozeß erst lernen muß, oder aber, daß der Mensch in seiner leib-seelischen Ausstattung bereits von Anfang an auf andere bezogen ist, wird die Persönlichkeitstheorie, Gesundheits- und Krankheitslehre sowie Interventionslehre unterschiedlich ausfallen. Implizite anthropologische Annahmen, z. B. über die Leiblichkeit des Menschen, und geschichtlich bedingte Einstellungen zum Körper müssen mit bedacht werden. Solange dies nicht ausreichend geschieht, bleibt unter anderem die Diskussion über körperliche Berührung in der Therapie, also eine für die Praxis äußerst relevante Frage, nebulös, undifferenziert und tabu-behaftet.

Bestimmten „Zweigen" des „Tree of Science" haben wir breiten Raum gegeben (z. B. Persönlichkeits- und Entwicklungs-Theorie). Andere sind nur im Rahmen anderer Kapitel mitberücksichtigt worden (z. B. Gesellschaftslehre). Wieder andere tauchen gar nicht auf (Wissenschaftstheorie oder die Theorie von Institutionen und Zielgruppen). Dies liegt an der Notwendigkeit, den Umfang des Buches zu beschränken.

Wir haben kein gesondertes Kapitel über Ethik geschrieben, weil wir meinen, daß eine moralisch verantwortungsvolle Haltung in einem Buchkapitel nicht direkt lehrbar und lernbar ist. In unserer

Arbeit begegnen wir täglich Fragestellungen, die eine Auseinandersetzung mit ethischen Fragen erfordern: Der Frage nach Schuld, Mut und der Übernahme persönlicher Verantwortung, unserer Einstellung zu Gewalt, zu Schwangerschaftsabbruch, sexuellem Mißbrauch, Drogen, Macht-Mißbrauch usw.. Wir TherapeutInnen werden uns – sofern wir dafür offen sind – an und mit diesen Fragen entwickeln, im Austausch mit unseren KlientInnen, KollegInnen, FreundInnen, PartnerInnen, Kindern, Eltern, usw..

Selbstverständlich und notwendigerweise sind unsere persönlichen ethischen Vorstellungen in dieses Buch mit eingeflossen. Auch die sich aus den Grund-Annahmen der Integrativen Therapie ergebenden Elemente einer eigenen Ethik werden sich den LeserInnen implizit mitteilen. Wir wünschen uns, daß davon zumindest einiges „ankommt" und sich von dort weiterwirkt.

Grundlagen

1. Vom psychotherapeutischen Erkennen und Verstehen (Erkenntnistheorie)

1.1 Einführung: vom landläufigen Erkennen und Verstehen

Wenn wir mit psychotherapeutischer Arbeit beginnen wollen, stellen sich uns als erstes die grundsätzlichen Fragen:
1. Wie stellen wir es an, unsere KlientInnen zu verstehen?
2. Wie kommen wir zu halbwegs gesicherten Erkenntnissen, um therapeutisch handeln zu können?

Als „Mitmenschen" sind wir mit der Arbeit des Erkennens und Verstehens bestens vertraut. Wir haben es von Kindesbeinen an gelernt, wir gucken, hören, tasten, be-greifen, be-obachten, machen unsere Erfahrungen und ziehen unsere Schlüsse daraus. Außerdem steht uns noch ein besonders effektives Erkenntnismittel zur Verfügung: wenn wir eine gemeinsame Sprache sprechen, können wir unsere Mitmenschen, also auch unsere KlientInnen fragen; wir können sie nach ihrer Lebensgeschichte fragen und woran sie leiden. Auf diese Weise werden wir eine Menge Informationen bekommen in Form von Berichten, Schilderungen und Daten, auch Erwägungen darüber, was wohl die Ursachen des Leidens sind.

Aber wie nun weiter?

Gute Ratschläge und Vermutungen über die Ursachen ihrer Beschwerden hat die KlientIn wahrscheinlich schon zur Genüge gehört. Sie haben ihr wenig genützt. Vielleicht waren sie nicht gut genug, vielleicht war sie auch zu verstört, um etwas daraus zu machen, oder die Situation ist zu unklar geblieben. Deshalb ist sie als KlientIn in die Therapie gekommen. Direkte Fragen nützen in dieser Situation nur bedingt etwas. Auf viele Fragen kann die KlientIn keine oder nur unklare Antworten geben.

Wir müssen ihr also auch Fragen stellen, die sie „unbewußt beantworten kann", also etwa durch ihre Gestik, Mimik, ihre Haltung, ihre Art, mit uns in Kontakt zu treten, durch ihre Reaktionen auf unsere Freundlichkeit oder Kühle, durch die Art, wie sie über manches redet oder auch nicht redet. Wenn wir systematisch auf diese Weise vorgehen, dann sind wir *phänomenologisch* tätig.

Wenn wir unsere Fragen nach den unbewußten Krankheitsursachen außerdem so stellen, daß Ereignisse, Beziehungen, Szenen und Abläufe aus der Lebensgeschichte der KlientIn uns Antworten geben auf die Frage nach der Bedeutung der Symptomatik, sich sogar zusammenfügen zu einer sinnvollen Geschichte von bisher verborgenen Zusammenhängen, dann sind wir *hermeneutisch* tätig.

Das Erstaunliche an diesem Prozeß ist, daß die KlientIn, die ja einerseits das „Objekt" der Erkenntnisbemühungen ist, gleichzeitig aktive ExpertIn für die Erforschung des unbekannten Terrains ihres Selbst ist, und daß wir – zuerst weniger, später dann intensiver – kollegial zusammenarbeiten können. Schließlich hat die KlientIn viel tiefere Einblicke in ihr Selbst, als wir sie jemals haben können. Noch bemerkenswerter ist folgendes: Gelegentlich verkehren sich die Rollen: wir bzw. die KlientIn entdecken Seiten an uns, Probleme, Fähigkeiten oder Überzeugungen, die uns selbst unbekannt waren. Unser „TherapeutInnen-Selbst" wird im Prozeß der Erkenntnisgewinnung über die KlientIn auch „heller und klarer". Die KlientIn und die TherapeutIn „erzeugen" somit Erkenntnis über beide in ihrem *Ko-respondenzprozeß*.

Das Erstaunlichste bei diesem Unterfangen besteht aber darin, daß bereits dieser Prozeß der Erkenntnisgewinnung selbst heilsam ist, unabhängig davon, welche schlimmen Erkenntnisse ans Tageslicht kommen. Er ist heilsam nicht etwa nur in der Weise, daß man aufgrund guter Erkenntnisse (Diagnostik) einen besseren Behandlungsplan machen kann (das natürlich auch), sondern in der Weise, daß das Verstehen und Verstanden-Werden in sich selbst heilsam ist.

Damit haben wir die wesentlichen Konzepte „integrativer Erkenntnisgewinnung" benannt.

Nach diesem Überblick wollen wir nun etwas genauer und systematischer auf die einzelnen Aspekte der Erkenntnistheorie eingehen, und zwar:
1. auf den Zusammenhang zwischen Bewußtsein und Erkenntnis,
2. auf die phänomenologische Methode,
3. auf das hermeneutische Vorgehen in der Therapie,
4. auf den Zusammenhang zwischen Erkenntnis- und Ko-respondenzprozessen.

Wir haben damit allerdings insofern unsere Mühe, als die Trennung dieser Aspekte zwar einer klareren Darstellung dient, aber der Wirklichkeit des therapeutischen Erkenntnisprozesses nicht entspricht. (Diesem Problem begegnen wir in diesem Buch auf Schritt und Tritt.) Wir betreiben in der Therapie eben „nicht nur" phänomenologische Analyse, sondern sind immer schon in Ko-respondenz verwickelt und mit hermeneutischen Auslegungen beschäftigt.

Wir haben uns daher für einen Kompromiß entschieden: Wir stellen die vier Aspekte jeweils schwerpunktmäßig dar, ohne dabei die anderen Aspekte „künstlich" herauszuhalten.

1.2 Vom Zusammenhang von Bewußtsein und Erkenntnis

Erkenntnis ist immer an Bewußtsein geknüpft, weil nur im „Scheinwerferkegel" des Bewußtseins die Ergebnisse unseres Wahrnehmens und Denkens faßbar werden. Umgekehrt können wir auch sagen: „Bewußt-Sein" heißt „erkennend sein". *Petzold* (1988) spricht auch vom „Bewußtseins-a-priori der Erkenntnis", a priori im Sinne einer Grundvoraussetzung.

Unbewußte Erkenntnis gibt es nicht. Nur durch bewußte Selbsterkenntnis wird uns Unbewußtes ansatzweise erkennbar, z. B. dadurch, daß wir uns an Träume erinnern oder dadurch, daß wir unbewußte Tendenzen im Umgang mit kreativen Medien zum Ausdruck bringen, die wir dann ansatzweise bewußt erfassen und verstehen können. Oft muß uns ein anderer Mensch sagen, wie wir uns verhalten, damit es uns bewußt wird.

Man darf Bewußtsein nicht mit Sprachfähigkeit verwechseln. Wir können eine Situation z. B. durchaus bewußt erfassen, aber sie nicht sprachlich benennen (z. B. das Gefühl: „Hier ist irgend etwas faul": wir erfassen das Faule schon, bevor wir es so nennen können). Auch gibt es bewußte Erkenntnisse, die kaum sprachlich gefaßt werden können; wir erkennen z. B. ein Musikstück als sinnvoll und bedeutsam, verstehen auch etwas von seinen Strukturen, können aber meist sprachlich nicht gut ausdrücken, was wir erkannt haben.

1.3 Die phänomenologische Methode: von den Phänomenen zu den Strukturen zu den Entwürfen

Phänomenologische Erkenntnis beginnt mit Wahrnehmung. Phänomene werden in der Philosophie von *Merleau-Ponty* (1964) und *Schmitz* (1989), auf die die Integrative Therapie sich bezieht, als „Erscheinung von Realität" verstanden (nicht wie etwa im Sinne *Husserls* als Erscheinungen unseres Bewußtseins, über deren Verankerung in der Realität wir letztlich keine Aussagen machen können).

Erkenntnis ist an leibliche Funktionen gebunden, nämlich an das zentrale Nervensystem und die Sinnesorgane, an ihre Fähigkeit zur Wahrnehmung des eigenen Leibes und der Welt. Ich habe als primäre Grunderkenntnis die Sicherheit, daß ich körperlich da bin. Dieses „Ich", das diese Erkenntnis hat, sieht und spürt sich („Ich denke, also bin ich", *Descartes*). Das Ich, das denkt, sieht und spürt, ist nicht vorzustellen ohne Leib, der Leib ist also Voraussetzung des „Ich", ohne Leib wäre keine Erkenntnis möglich. Deshalb sprechen wir vom „Leib-a-priori" als zweite Grundvoraussetzung der Erkenntnis.

Nach der Lehre der evolutionären Erkenntnistheorie (*Vollmer* 1987) sind auch die *Kant*schen a-prioris der Erkenntnis, nämlich Raum und Zeit, Ergebnisse des leiblichen Kontakts zur Welt. Sie haben sich in der evolutionären Anpassung des Menschen an seine Welt als „nützliche" Erkenntnisstrukturen entwickelt, in denen der Mensch die Welt geordnet wahrnimmt und in ihr sinnvoll handeln kann.

Merleau-Ponty spricht vom „wilden Geist". Er meint damit – kurzgefaßt – Wahrnehmungsstrukturen, z. B. das leibliche Wissen um Schwerkraft, oder Ursache-Wirkung, Farbe, Helligkeit, Rhythmus, Gestalt-Qualitäten. Es sind also Wahrnehmungsstrukturen, die wir bei der Geburt mitbringen oder ganz früh entwickeln. Dieses „*Leibwissen*" bildet die Grundlage für unsere bewußte Erkenntnis. Es selbst ist nicht bewußt.

Phänomene sind nicht oder nicht primär Einzel-Reize, Phänomene sind z. B. Gestalten, aber auch Atmosphären. Indem wir sie wahrnehmen, sind sie immer schon gegliedert und mit einem gewissen Sinn angereichert: Wir nehmen nicht 250.000 Blätter wahr, sondern einen Baum. Wir sehen auch nicht „nur", daß eine KlientIn mit dem Fuß wippt, wir sehen, daß sie „träge" oder „heftig" wippt. Wir fügen unsere Vermutung, daß sie heftig wippt, nicht erst nach der Wahrnehmung dazu, wir sehen „heftiges Fußwippen".

Phänomenologie heißt also nicht unbedingt Reduktion auf das kleinstmögliche erkennbare Detail. Phänomene werden zunächst ganzheitlich erfaßt. Sie sind das, was uns *unmittelbar* und *unbezweifelbar zugänglich* ist. Phänomene sind z. B. alle verbalen und nicht-verbalen Lebensäußerungen, die wir bei der KlientIn und uns selbst wahrnehmen können. Phänomene sind nichts besonderes, es sind relativ triviale Lebensäußerungen wie Reflexe, Mimik, Gestik, Laute, Sprache, Gefühle, also das Material, was uns unsere KlientInnen „anbieten". Ein Phänomen ist etwas, „was mir auf der Ebene des Alltagswissens nicht im Ernst bezweifelbar erscheint" (*Hermann Schmitz* 1989).

Wir sind der chaotischen Fülle von Phänomenen nur deshalb nicht völlig ausgeliefert, weil wir sie in Form von Strukturen (z. B. Begriffen, Zusammenhängen oder Erwartungen) zusammenfassen und ordnen. Wir nehmen die Phänomene bereits irgendwie geordnet wahr – wir können gar nicht anders. Wir vermuten, daß den Phänomenen eine Ordnung innewohnt. Wir können diese Ordnung nicht unmittelbar sehen und erkennen. Wir können sie allerdings erschließen: *Wir gehen von den Phänomenen zu den Strukturen.* Die Struktur „hinter" den Phänomenen zu finden und die in ihnen enthaltenen *Zukunftsentwürfe* zu erschließen, bedeutet, ihren Sinn zu finden.

In den Abschnitten über Evolutionstheorie, Persönlichkeits- und Entwicklungstheorie werden wir ausführlich auf das Strukturkonzept eingehen; deshalb hier nur ein paar Schlaglichter:

Persönlichkeitsstrukturen sind Erlebens- und Verhaltens-Dispositionen, sie sind fließend und veränderbar. Wir betonen dies gleich am Anfang, weil „Struktur" oft die Assoziation „statisch" oder sogar „dinglich" hervorruft: „Die Balken, die das Fachwerk der Persönlichkeit ausmachen." Als Metapher ist dieses Bild manchmal nicht schlecht, als Modell zum Verständnis von Persönlichkeitsstrukturen ist es jedoch untauglich.

Persönlichkeitsstrukturen sind nur bedingt als „Eigenschaften einer Person" zu verstehen. Sie sind eher Interaktionstendenzen, die sich seit dem Tag der Geburt leiblich eingeschliffen haben und einschleifen. Ein Mensch strukturiert sich, indem er handelt, mit seiner Umwelt in Interaktion tritt und diese und sich selbst dabei erkennt. Die enstehenden Strukturen sind insofern prägend, als sie alle folgenden Interaktionen und Szenen in ihrem Sinne beeinflussen. Wir können Persönlichkeitsstrukturen daher auch verstehen als verdichtete Beziehungserfahrung, auch als komprimierte „Chronik" von Beziehungserfahrungen.

Zurück zu unserer phänomenologischen Analyse: *Hermann Schmitz* beschreibt sie als dreischrittigen Prozeß: Vom *„deskriptiven Stadium"* über das *„analytische"* zum *„kombinatorischen"* Stadium.

Das *deskriptive* Stadium beginnt damit, daß wir wahrnehmen und erfassen: „Hier ist ein Phänomen, die KlientIn wippt heftig mit dem Fuß." Etwas fällt uns auf („Es fällt auf uns."). Warum uns gerade das Fußwippen zum Phänomen wird, hängt von vielen Faktoren ab: vielleicht war es besonders intensiv oder ungewöhnlich oder nur weniger auffällig als erwartet. Wir können Phänomene nur bemerken, wenn wir uns zunächst unserer Wahrnehmung im weitesten Sinne überlassen, d.h. wenn wir das rationale Denken zurücktreten lassen und wie absichtslos dem Fluß dessen folgen, was gerade zwischen der KlientIn und uns passiert. Wir hören nicht nur ihrem Bericht zu, sondern sind noch aufmerksam genug, um zu sehen, daß sie gerade heftig mit dem Fuß wippt. Was irgendwie von dem von uns Erwarteten und Gewohnten abweicht, ist das, was *uns* zum Phänomen wird. Ob wir es als Ausgangspunkt für eine phänomenologische Analyse wählen wollen, hängt von uns, vor allem aber von der Gewichtung durch die KlientIn ab.

Wenn wir von unserer „Phänomen"-Definition ausgehen, so ist uns das Fußwippen unzweifelhaft gegeben; niemand kann es im Ernst bezweifeln. Die „Heftigkeit" des Fußwippens ist uns zwar genauso aufgefallen, und „eigentlich" unbezweifelbar; aber hier handelt es sich schon eher um eine Interpretation, eine Annahme, die bezweifelt werden könnte. Es könnte ja z. B. sein, daß die KlientIn im Stillen ein flottes Marschlied pfeift und dazu mit dem Fuß „marschiert". Wenn wir das wüßten, käme uns das Fußwippen vielleicht nicht mehr heftig, sondern eher „munter" vor.

In der phänomenologischen Analyse müssen wir also unsere Annahmen „sie wippt heftig" oder „sie wippt munter" von dem reinen Phänomen (Fußwippen) „abschälen" (*Hermann Schmitz* 1989). Die Annahmen bleiben aber als Hypothesen bestehen.

Unsere Wahrnehmung von Phänomenen ist immer mit Vorurteilen und ungeprüften Interpretationen verschränkt. Daher ist es besonders wichtig, Phänomene und Interpretationen möglichst wieder zu trennen (abzuschälen): „Was genau sehe ich, und was denke ich mir dazu?" Auch: „Was genau spüre ich, und wie interpretiere ich das?" Solche Unterscheidungen sind für TherapeutInnen äußerst wichtig, sie müssen und können trainiert werden.

Unsere Interpretationen, die schon in unsere Wahrnehmungen einfließen, sind geprägt von unseren allgemeinen Erfahrungen mit „Fußwippen" (wen haben wir wann, wo und warum mit dem Fuß wippen sehen?), von unseren Erfahrungen mit dieser KlientIn (wie unruhig ist sie sonst?) und von unseren eigenen leiblichen Erfahrungen mit Fußwippen. (Die LeserIn möge ausprobieren, welche Gefühlsqualitäten angesprochen sind, wenn sie jetzt auf unterschiedliche Weise mit dem Fuß wippt.) Das „deskriptive Stadium" unserer phänomenologischen Analyse endet damit, daß wir das Phänomen und unsere Interpretation leidlich gut getrennt haben.

Im zweiten, im *analytischen Stadium*, nehmen wir dann das „abgeschälte Phänomen" zum Ausgangspunkt und machen uns auf den Weg, Qualität und Bedeutung dieses Phänomens genauer zu untersuchen. Wir reichern es an, wir suchen und stimulieren auch ähnliche Phänomene. Es geht in diesem Stadium um Erweiterung des Phänomenfeldes (welche Bewegungen dieser Art macht die KlientIn sonst noch) und um Prägnanz des Phänomens.

Wenn unser „Phänomen-Erzeuger" ein dreimonatiges Baby ist, wird unsere phänomenologische Analyse schwierig, aber nicht hoffnungslos, wir müssen uns einfühlen, viel raten und vermuten. Im Falle unserer Klientin haben wir Glück, wir haben eine ziemlich einfache Methode, um den Sinn der „Phänomene da draußen" zu verstehen: Wir können sie fragen, zumindest dann, wenn wir schon ein wenig vertraut miteinander sind. Vielleicht bestätigt sie unsere Vermutung, vielleicht nennt sie uns einen anderen Sinn des Fußwippens, vielleicht weiß sie ihn aber auch selbst nicht. Dann müssen wir weitere Phänomene und neue Zusammenhänge suchen.

Die TherapeutIn hält Ausschau nach ähnlichen oder gegensätzlichen Phänomenen, die in den Situations-Zusammenhang passen und wiederkehren, z. B. nach Grundformen der Bewegung dieser KlientIn (wie redet sie, wie bewegt sie sich sonst?).

Diese erweiterte und vertiefte Suche geschieht im Kontakt zwischen der KlientIn und der TherapeutIn. Beide können dabei ihren Ahnungen und Vermutungen nachgehen, sie können das Phänomen verdeutlichen, indem die KlientIn es intensiviert. Manchmal spürt die TherapeutIn den Phänomenen der KlientIn nach, indem sie sie übernimmt, bzw. imitiert. Dies geschieht häufig automatisch, so daß dieser Prozeß gar nicht bewußt wird. Die Qualität einer bestimmten Kopfhaltung, eines bestimmten Fußwippens kann man besser aufnehmen, wenn man sie an sich selbst leiblich erfährt.

Wenn die TherapeutIn aus der gleichen Lebenswelt stammt wie die KlientIn (vgl. Lebenswelt, Persönlichkeitstheorie), sind ihr die bei der KlientIn wahrnehmbaren Phänomene vielleicht vertrauter. Sie kann leichter erraten, es liegt spürbar auf der Hand, in welchen Bedeutungszusammenhang bestimmte Gesten, Redewendungen etc. gehören. Aber auch dann darf sich die TherapeutIn mit ihren Interpretationen nicht zu schnell zu sicher sein. Die Lebenswelt der KlientIn aus eigener Erfahrung zu kennen, ist keine Garantie für die Richtigkeit bestimmter Vermutungen.

Eine Vielzahl von Techniken der Integrativen Therapie dient dem Ziel, die Phänomene der KlientIn prägnanter werden zu lassen, ähnliche Phänomene zu provozieren, um dem Sinn näher zu kommen, ohne ihn zu früh festzulegen (vgl. Therapeutische Interventionen). Die TherapeutIn könnte z. B. sagen: „Mach mal weiter mit der Fußbewegung, laß die Bewegung stärker werden. Was spürst du dabei? Kennst du die Bewegung? Was fällt dir bei der Bewegung ein?"

In der therapeutischen Arbeit geht es also zunächst um das Wahrnehmen und Verstehen des Phänomens im Hier und Jetzt. Während die KlientIn ihr Fußwippen verstärkt, wird ihr vielleicht immer deutlicher, daß sie wütend ist. Vielleicht traut sie sich dann, zur TherapeutIn zu sagen: „Ich ärgere mich über dich, weil du mich jetzt schon hast zweimal warten lassen, ohne dich dafür zu entschuldigen." Sie erkennt erst in der bewußten Wahrnehmung der Fußbewegung, daß sie ärgerlich ist.

Im dritten Schritt, dem *kombinatorischen* Stadium, geht es darum, die Sammlung von Phänomenen, die zu diesem Bereich zu gehören scheinen und die ja schon Hypothesen enthält, zu vernetzen und zu interpretieren, also die latente Struktur, die den Phänomenen zugrunde liegt, herauszuarbeiten. Eine solche latente Struktur könnte etwa sein: Wenn die Klientin sitzt oder steht, sind Einzelbewegungen, wie z. B. das Fußwippen oder ihre Art zu reden, oft schnell und heftig; wenn sie sich insgesamt bewegt, also z. B. geht, wirkt sie eher langsam und gebremst. Die Art der Bewegungen könnte etwas mit gebremstem Angriff zu tun haben.

Wir können dann diese vermutete *Struktur* anreichern und überprüfen, indem wir z. B. die Biographie der KlientIn betrachten, sie erinnern oder berichten lassen, oder indem wir im Rollenspiel „Angriffs- und Bewegungssituationen" spielen lassen und sehen, ob sich die Struktur dort bestätigt.

Die phänomenologische Methode ist also ein bewußtes systematisches Vorgehen zur „Durchdringung der Wirklichkeit". Sie geht *von den Phänomenen zu den Strukturen* und erhält damit den Boden zur Erschließung von Lebensentwürfen.

Es gibt *subjektive* und *objektive* Phänomene: Die Sicht auf etwas, das außerhalb von mir liegt, wird hier als „objektiv" bezeichnet, die Sicht auf das, was sich in mir abspielt, als „subjektiv". Subjektive Phänomene können nur von einem Subjekt wahrgenommen bzw. gehabt werden („Ich habe Angst, mein Leib schmerzt"). Objektive Phänomene können von mehreren Subjekten wahrgenommen bzw. ausgesagt werden („Sie zittert", „Ihr Leib ist geschwollen", „Da steht ein Baum").

Über die Wahrheit einer Aussage wird hier mit der Benennung subjektiv oder objektiv nichts ausgesagt. Subjektiv heißt in diesem Zusammenhang: Nur von einem Subjekt, von einem Ich, sinnvoll aussagbar. Nur ich kann sagen, daß ich Angst habe. Ein anderer könnte bestenfalls sagen: „Sie hat wahrscheinlich Angst." Andere könnten zwar bezweifeln, ob die Aussage: „Ich habe Angst" tatsächlich meinem Zustand entspricht, z. B. wenn sie wahrnehmen, daß ich scheinbar völlig entspannt im Sessel liege. Aber dann handelt es sich um ein neues Phänomen. Die anderen können niemals und unter gar keinen Umständen objektiv wissen bzw. überprüfen, ob ich Angst habe oder ob ich Angst heuchle. Nur ich selbst kann sagen, „Ich habe Angst" oder „Ich tue so, als ob ich Angst habe".

Die Zuverlässigkeit von Aussagen über Phänomene hängt also nicht davon ab, ob es sich um subjektive oder objektive Phänomene handelt. Über subjektive Phänomene können zuverlässige und unzuverlässige Aussagen gemacht werden (das hängt z. B. vom Grad der Differenziertheit eines Subjekts ab), und auch über objektive Phänomene können zuverlässige und unzuverlässige Aussagen gemacht werden („Da fliegt ein Ufo").

Es gibt erbitterte Kontroversen darüber, ob es „subjektive Wahrheit" überhaupt gibt. Ob nicht „subjektive Aussagen" (wenn überhaupt Wahrheit) Wahrheit minderer Güte darstellen. „Du kannst gar keine Angst haben, du zitterst ja gar nicht" würde die Wahrheit einer subjektiven Gesamtbefindlichkeit auf einen körperlichen Objektaspekt reduzieren. Viele Beziehungskonflikte laufen nach genau diesem Muster ab: Daß nämlich Objektivität verlangt wird, wo sie prinzipiell nicht möglich ist, wo nur Subjekt-Aussagen überhaupt sinnvoll zu machen sind. Die berühmte „Sachlichkeit" in Beziehungsdiskussionen beschwört die Gefahr herauf, fälschlicherweise von Sachen, von Objekten zu reden, wo es um Subjekte geht.

Unseres Erachtens gibt es nur eine einzige Art von „Versachlichung" subjektiver Phänomene: diese besteht in der Selbst-Verobjektivierung, in der exzentrischen Position zu sich selbst (vgl. Anthropologie). Exzentrizität bedeutet, sich selbst „wie von außen" zu betrachten. Sie ist eine Ver-objektivierung auf höherer Ebene: „Ich höre mich selbst, wie ich sage, daß ich Angst habe. Ich sehe, wie von außen, daß ich relativ ruhig bin, ich sehe mich mit den Augen meines Gegenübers. Ich spüre aber meine Angst." Objektiv in diesem Zusammenhang heißt also: den Standpunkt des Gegenübers mit einbeziehend in mein eigenes subjektives Gespür von mir. Ich mache einen „Subjekt-Objekt-Erkenntnis-Pakt": Ich spüre mich als Subjekt und sehe mich als Objekt.

Dies ist eine der Grundlagen der *Intersubjektivität* (vgl. Anthropologie). Es ist eine innere Haltung, die immer das Bewußtsein mitlaufen läßt, daß aus der Warte des anderen die Welt anders aussehen kann, als aus meiner eigenen Warte.

Die Unterscheidung von Subjekt- und Objekt-Phänomenen ist für die Therapie von erheblicher Bedeutung. *Deutungen* betreffen in der Regel Subjekt-Phänomene („Sie hassen Ihren Vater"). Sie sind logisch eigentlich unmöglich und können deshalb auf der Beziehungsebene sehr schnell wie ein Übergriff wirken. Jede KlientIn weiß und spürt intuitiv, daß Aussagen wie: „Sie wollen klein und abhängig sein" logisch eigentlich unmöglich sind. Wenn überhaupt, könnte die TherapeutIn sagen: „Ich vermute oder ich habe den Eindruck, daß sie abhängig sein wollen." Deutungen sind deshalb nur dann „gestattet", wenn die DeuterIn, z. B. die TherapeutIn, von der KlientIn „eingeladen" ist, ihre Subjektivität zu teilen, wenn sie die Erlaubnis hat: „Du darfst für mich sprechen."

1.4 Zum hermeneutischen Vorgehen: die Auslegung von Lebensgeschichten

Hermeneutik bedeutet „Kunst der Auslegung". Viele Menschen glauben, daß sich dieser Begriff von Hermes, dem Götterboten ableitet, der den Menschen übersetzt, was die Götter wollen. Diese Herleitung ist sprachwissenschaftlich zwar nicht richtig, aber psychologisch sehr sinnfällig. Darum erwähnen wir sie hier.

In der Hermeneutik haben wir es mit Bedeutungen zu tun, verschlüsselten Botschaften und dem „Sinn", dem „eigentlich Gemeinten". Die Methoden der Hermeneutik wurden zunächst auf religiöse Texte angewandt („Was bedeutet das Wort Gottes in der Bibel?"), später auf juristische Texte und schließlich auf Texte schlechthin, insbesondere auch literarische Texte.

Die Grundannahme der *therapeutischen Hemeneutik* besteht darin, daß dem Menschen die Bedeutung und der Sinn seines Verhaltens in den meisten Fällen und in wesentlichen Aspekten *unbewußt* ist, daß er sich selbst nur teilweise versteht, daß er sich selbst, meist mit Hilfe seiner Mitmenschen, sein Verhalten und seine Motive erst deuten muß. Hierzu muß er „in die Tiefe" seiner Entwicklungsgeschichte zurückgehen. (Darum sprechen wir auch in therapeutischen Zusammenhängen von Tiefenpsychologie und Tiefenhermeneutik.)

Phänomenologie und Hermeneutik ergänzen einander. Das phänomenologische Vorgehen betont mehr den Standpunkt der BeobachterIn. Man kann sagen, daß die Phänomenologie eine Methode im Rahmen der Tiefenhermeneutik ist. „Von den Phänomenen zu den Strukturen" bedeutet dann: von den Äußerungen eines Menschen in Worten und Verhalten, dem Ausgedrückten, zu ihrem inneren Sinn und ihrer Bedeutung im Lebenszusammenhang dieses Menschen.

In der Hermeneutik wird die Lebens- und auch Krankheitsgeschichte wie eine Geschichte betrachtet, wie eine *Narration* (narratio = Erzählung), die die KlientIn von ihrem Leben erzählt, indem sie sie lebt und sie sich und anderen immer wieder interpretiert, deren Sinn sie ergründen will („Warum lasse ich mich immer wieder mit so distanzierten Männern ein?").

Das hermeneutische Vorgehen muß nicht immer „in die Tiefe" gehen. Hermeneutisches Vorgehen heißt auch, den Sinn eines Verhaltens aus der gegenwärtigen Situation zu erschließen. Eine solche Alltags-Hermeneutik wäre etwa: „Warum steht die KlientIn auf, holt sich eine Jacke und macht das Fenster zu? Aha, sie friert." Oder: „Warum antwortet die KlientIn nicht auf meine Frage und sieht aus dem Fenster? Aha, sie denkt noch über ihren letzten Einfall nach."

Erkenntnis gewinnt man im hermeneutischen Prozeß über *Wahrnehmen*, über *Erfassen*, *Verstehen* und *Erklären*. Das Ergebnis eines solchen Weges ist eine vorläufige Erkenntnis, die eine neue, dann leicht veränderte Sicht auf die Phänomene erlaubt: Damit kann eine neue Phase von Wahrnehmen, Erfassen, Verstehen und Erklären beginnen. Hermeneutische Erkenntnis ist also als Spiralprozeß zu verstehen.

Wahrnehmen und Erfassen einerseits sowie Verstehen und Erklären andererseits lassen sich oft nicht klar von einander trennen. *Wahrnehmen* kann passiv sein (während ich lese, höre ich von ferne das Geräusch eines Zuges). Wahrnehmen kann auch darin bestehen, den Fokus der Aufmerksamkeit auf kleinste Details zu richten. „Wie bewegt dieser Tausendfüßler seine Beine?"

Erfassen bezieht sich auf die Gesamtsituation mit ihren emotionalen Hintergründen. Erfassen geht aus der Wahrnehmung hervor und enthält als Gesamtwahrnehmung schon mehr Sinn. Im Erfassen scheint schon die Bedeutung der gesamten Situation mit auf. („Eben war doch da noch ein Kind hinter dem PKW am Straßenrand?!! Nichts wie auf die Bremse!")

Das *Verstehen* enthält eine klare und benennbare Vorstellung vom Sinn der Phänomene, die ich wahrnehme, also auch ihre zugrunde liegende Struktur. („Mir kommen so viele Schulkinder entgegen? Ach, Schulschluß.")

Erklären im hermeneutischen Sinne bedeutet „etwas bewußt in Zusammenhang bringen, vernetzen", Verbindungslinien erfassen und überprüfen. („Wieso so viele Kinder schon so früh? Hitzefrei? Schulausflug? Nein, für einen Ausflug sind es zu viele Kinder unterschiedlichen Alters. Wahrscheinlich doch hitzefrei.")

Wahrnehmen und Erfassen „regeln" den meist unbewußt verlaufenden unmittelbaren Austausch und die Abstimmung des Menschen mit seiner Um- und Mitwelt. Verstehen und Erklären sind so besonders wichtig, weil sie die sprachliche Benennung ermöglichen und erleichtern, die Abstimmung der Menschen darüber, welche Realität sie umgibt. Sie ermöglichen auch das Gespräch über Unterschiede in der Wahrnehmung (*Metakommunikation*). „Auch wenn ich schon irgendwie erfaßt habe, daß du nicht direkt auf mich sauer bist, so ist es sicherer, wenn ich von dir *höre*, daß du zwar sauer bist, aber nicht auf mich, sondern auf XY".

Das hermeneutische Vorgehen als solches muß nicht immer und notwendigerweise in ein Gespräch einmünden. Ich könnte mir bestimmte Äußerungen, bestimmte Verhaltensweisen meiner KlientIn auch allein, „im Stillen" erklären. Ich liefe damit aber Gefahr, die Realität dieser KlientIn, die Bedeutungen ihres Verhaltens, falsch zu deuten und würde überdies den heilenden Effekt des Verstehens und Verstanden-Werdens behindern. Hermeneutik im therapeutischen Sinne bezieht sich also in aller Regel auf das gemeinsame Vorgehen von KlientIn und TherapeutIn (wir kommen hierauf noch am Ende des Kapitels zurück).

Im folgenden wollen wir den hermeneutischen Prozeß von Wahrnehmen, Erfassen, Verstehen, Erklären an einem Beispiel verdeutlichen:

Ich nehme wahr, daß meine KlientIn A mit bunter Kleidung und „eingeengtem" Lächeln, lebhaft den Therapieraum betritt. Ich *erfasse* eine Ausstrahlung von Anstrengung und Bemühung in der Munterkeit sowie meine eigene leichte Irritation. Ich *verstehe*: A bemüht sich um Munterkeit und wirkt ein bißchen wie ein kleines kokettes Mädchen. Ich *erkläre* mir das (vorschnell!): In der vorherigen Stunde hatte A mir vorgeworfen, daß ich sie nicht genug tröste. Heute verhält sie sich betont „nicht trostbedürftig", vielleicht deshalb, weil sie ihre Abhängigkeit von mir nicht noch einmal spüren will oder auch weil sie mir gefallen möchte, z. B. aus Angst, mit ihren Vorwürfen unsere Beziehung zu sehr belastet zu haben. Im Gespräch stellen wir beide fest, daß meine Erklärung zu eng ist. A ist vor allem deshalb so munter, weil ihre Seminararbeit mit „sehr gut" bewertet wurde. Sie *betont* ihre Munterkeit aber, weil sie sie *mir* tatsächlich besonders deutlich zeigen will aus den von mir schon vermuteten Gründen. Daß sie dabei eine Form wählt, die einem früheren Lebensalter entspricht („kleines Mädchen"), ist für uns beide ein *neues Phänomen* und setzt eine neue und bewußte „Spiralwindung des Erkenntnisprozesses" in Gang: A vollzieht noch einmal in Form eines Rollenspiels ihre Ankunft nach, *erfaßt* das Klein-Mädchenhafte ihres Verhaltens, *versteht* es als Form, wie sie zu mir in Beziehung tritt und kann sie sich und mir schließlich *erklären* als die Methode, mit der sie früher ihre Mutter besänftigt hat: Nämlich als das betont muntere kleine Mädchen, das keine Probleme macht. Wir haben damit eine Verhaltens- und Erlebens*struktur* von A entdeckt.

Ohne das Gespräch hätten A und ich den Sinn der Phänomene nicht wirklich erfassen können. A wäre sich ohne meine Hinweise ihres Verhaltens der betonten Munterkeit gar nicht bewußt geworden, und ich als Therapeutin hätte an meinen Strukturvermutungen „gebastelt" und die differenziertere Wahrheit, z. B. auch die Kompetenz von A im Studium und ihre Freude daran, nicht erkannt. Wir beide hätten nicht die Freude gehabt, gemeinsam mit der Erkenntnis vorangekommen zu sein. Wir sind also beide im Prozeß der Sinnsuche ein bißchen reifer geworden.

1.5 Erkennen als Ko-respondenz-Prozeß: vom Aushandeln von Wahrheit

Wenn ich versuche, einen anderen Menschen zu verstehen, verändern wir uns beide: Indem ich ihn verstehe, verändere ich mich; indem er verstanden wird, ist auch er verändert; und indem ich versuche, ihn zu verstehen, kann ich mich ihm wiederum besser verständlich machen. In diesem Prozeß gibt es nicht „die objektive Wahrheit" über diese KlientIn, der wir uns annähern können: Der Verständnis- und Verständigungsprozeß hat seine Gültigkeit und seinen Wert in jeder Phase des Spiralprozesses. „Die Wahrheit" erscheint als Bedeutung, die immer komplexer, immer umfassender und immer klarer wird. Sie entwickelt sich und wandelt sich auch im gemeinsamen Prozeß; sie zeigt sich oft plötzlich in einer subjektiven Evidenz, einem „Aha-Erlebnis".

Erkenntnissuche erfolgt aber nicht nur dann als „soziale Abstimmung", als Ko-respondenz, wenn das „Objekt" des Erkennens ein Mensch ist, der gleichzeitig aktiv als Subjekt an diesem Erkenntnisprozeß beteiligt ist: Erkenntnis *jeglicher* Realität, das Erkennen jeglicher Wahrheit erfolgt als sozialer Prozeß. Erkenntnis ist immer – direkt oder indirekt – das Ergebnis sozialer Abstimmung und sozialer Konsensbildung.

Wir können nichts für wahr halten, was nicht durch mindestens *einen* anderen Menschen bestätigt wird. (Dies ist das dritte, das *„soziale-a-priori"* der Erkenntnis.) Um ein Gefühl der Sicherheit zu entwickeln, daß wirklich „ist, was ich sehe", brauche ich andere. Diese müssen nicht unbedingt leiblich anwesend sein. Eine Bestätigung kann uns z. B. auch in Form eines Textes erreichen, der vor Hunderten von Jahren geschrieben worden ist. Die Art der Bestätigung kann in weiten Grenzen variieren. Aber um uns überhaupt orientieren zu können, brauchen wir den Konsens mit anderen: „Ja, ich nenne das auch einen Baum; eine depressive Neurose; ein Adjektiv." Unsere Sprache, unsere gesamte Begriffsbildung beruht ja auf einem solchen sozialen Konsens.

Wie wichtig dieser meist völlig unbewußt bleibende Austausch von gegenseitiger Realitätsbestätigung ist, merken wir im allgemeinen erst dann, wenn wir ihn entbehren müssen. Dies ist unter anderem ein Grund dafür, daß uns der Verlust eines sehr vertrauten Menschen so tief trifft. Wir verlieren nicht nur Zuwendung und Wertschätzung, wir verlieren auch eine Stütze unserer Realitätswahrnehmung. Besonders gravierend wird die Erschütterung der Realitätswahrnehmung, wenn ich längerfristig im Gegensatz zu meiner Bezugsgruppe leben muß. Wenn meine Familie z. B. einheitlich behauptet, daß mein Verhalten einen anderen Sinn habe als ich glaube, daß etwa mein Lächeln nicht Ausdruck von Freundlichkeit, sondern Falschheit sei, und wenn sich nicht wenigstens ein Konsens darüber herstellen läßt, daß wir eben unterschiedliche Sichtweisen haben, dann verliere ich auf die Dauer mein Realitätsgefühl. Um nicht verrückt zu werden, glaube ich schließlich lieber selbst, daß ich gar nicht freundlich, sondern falsch bin. Mein Realitätsgefühl bleibt allerdings erschüttert.

Was die Wiederherstellung dieses Realitätsgefühls bedeutet, können wir oft in der Therapie erleben, wenn etwa einer KlientIn durch die TherapeutIn zum ersten Mal seit langem ihre Sichtweise „der Ereignisse damals" bestätigt wird, z. B. die Sichtweise, daß die Leiden ihrer Mutter vielleicht doch nicht so schlimm gewesen sein müssen, wie jene immer behauptet hat. Die ungeheure Erleichterung, ja geradezu Beglückung der KlientIn beruht dann nicht nur darauf, daß sie „Recht bekommt", sondern darauf, daß ihre Realität wieder „heil" ist und ihre Isolierung wieder aufgehoben werden konnte.

Für die soziale Dimension der Erkenntnis ist die entscheidende Voraussetzung, daß beide PartnerInnen sich als menschlich gleichwertig verstehen. *Habermas* (1988) bezeichnet dies als „herrschaftsfreien Diskurs". Diese menschliche Gleichwertigkeit hat mit realen Unterschieden von Erfahrung oder Status nichts zu tun. Auch wenn die KlientIn unerfahren ist, Angst vor dem Erkennen hat, besonders aber vor dem „Erkanntwerden", sich deshalb „ziert" oder um Aussagen herumdrückt; sie und die TherapeutIn sind menschlich gleichwertig. Die „Überlegenheit" der TherapeutIn besteht nur in der Position der außenstehenden ExpertIn, die einen besseren Überblick hat. Wenn die TherapeutIn die Suche nach dem „Sinn der Symptome" voranzutreiben scheint und die KlientIn dieser Bemühung manchmal starken Widerstand entgegensetzt, arbeiten doch *beide* in dem Prozeß „der Wahrheit der KlientIn". Intensität und Art des Widerstandes sind im Therapieprozeß mit die wichtigsten Wegweiser. Wenn die TherapeutIn ihre soziale Macht einsetzen würde, um der KlientIn ihre „therapeutische Wahrheit" einzureden, wäre das sinnlos: Es würde nicht die Wahrheit der KlientIn werden und schon deshalb wirkungslos bleiben. Und es wäre bestimmt nur – wenn überhaupt – die halbe Wahrheit, weil der Widerstand der KlientIn mit zur Wahrheit gehört.

2. Die Grundlagen von Veränderungsprozessen (Evolutionstheorie)

2.1 Einführung

Die Evolutionstheorie als Theorie von Entwicklungsprozessen schlechthin ist das Kapitel, um das wir, die Autorinnen, am meisten gerungen haben. Jede für sich und wir alle miteinander. Nachdem wir uns auf der Ebene inhaltlicher, stilistischer und didaktischer Fragen herumgequält hatten, ist uns klar geworden, wie sehr wir mit der Theorie selbst in Widerstreit liegen. Einerseits sind wir fasziniert von ihrer Klarheit, andererseits vermissen zwei von uns an dieser Theorie das, was Menschlichkeit und Mitmenschlichkeit ausmacht. Sie empfinden es als extrem „kühl", wenn in dieser Theorie Veränderungsprozesse von Landschaften und Gesteinen mit denen von Beziehungen und Gefühlen verglichen werden. Wo bleibt, so fragen sie, bei einem solchen Grad von Abstraktion der Bezug zu den Phänomenen des wuseligen Lebens?

In der Tat macht die Evolutionstheorie in ihrer heutigen Form sehr allgemeine, grundsätzliche Aussagen. Sie ist eine Metatheorie im wahrsten Sinne des Wortes, eine Theorie, die zur Bildung weiterer Theorien anregt. Sie stellt menschliche Beziehungen – ungefragt – in den Gesamt-Zusammenhang des Kosmos und in manchen ihrer Grundprinzipien auf eine Stufe mit den Beziehungen zwischen Wasser und Stein. Damit berührt sie tiefliegende Wertvorstellungen in uns: über die Schöpfung, das Leben und den Menschen. In ihrem Anspruch, Aussagen über Entwicklungsprozesse schlechthin zu machen, kann sie totalitär wirken. Aber gleichzeitig kann sie auch zu Bescheidenheit anhalten. Ist wirklich etwas so Besonderes an uns Menschen, daß es nicht mit den allgemeinen Entwicklungsgesetzen des Kosmos in seinen Grundzügen erklärt werden könnte?

Selbstverständlich wäre es ein verfehlter Anspruch, wenn man versuchen wollte, sämtliche spezifischen menschlichen Phänomene direkt aus den Prinzipien dieser oder auch irgendeiner anderen Metatheorie abzuleiten. Damit würde man auf alle Chancen von

Differenzierung und Wirklichkeitsnähe verzichten und nur ganz verschwommene, für therapeutisches Handeln völlig unzulängliche Modelle erhalten. Wie bereits oben dargestellt, bedarf es zwischen Metatheorie und Praxeologie immer der spezifizierenden Zwischenglieder, der sog. realexplikativen Theorien, die Abstraktes und Konkretes miteinander verbinden und somit geeignet sind, die Dinge „wirklich zu erklären" (= „real zu explizieren"). Was die Evolutionstheorie in ihrer Eigenschaft als Metatheorie zu leisten vermag, ist die Bereitstellung einer Grundlage und eines Grundrasters für bestimmte Begriffe, mit denen wir als TherapeutInnen täglich umgehen: System, Prozeß, Struktur. Deshalb nun der folgende Abschnitt über Evolutionstheorie.

Evolution bedeutet Entwicklung (evolvere = auseinanderfalten, entwickeln). Die Grundaussage der Theorie lautet: Alles Bestehende ist ständig im Wandel, und nichts bleibt ein für alle Mal, wie es ist. In dieser Form wurde sie bereits vor mehr als 2000 Jahren von *Heraklit* formuliert und in der Aussage verdichtet: „Alles fließt". Ein Denken, das sich für solche Aspekte offen hält, das also Phänomene nicht nur statisch, sondern immer auch dynamisch in Prozesse eingebunden zu sehen versucht, wird deshalb als heraklitisches Denken bezeichnet.

In ihrer modernen Form wurde die Evolutionstheorie 1859 von *Darwin* begründet. Er vertrat die Auffassung, daß die Vielfalt der heute zu beobachtenden Tierarten aus gemeinsamen, einfacheren Vorfahren entstanden sei und daß sich diese Entwicklung bis heute auf der Basis der beiden einander ergänzenden Prinzipien von *Mutation* und *Selektion* vollziehe.

Unter Mutation verstehen wir eine genetische Variation (= Veränderung im Erbgut). Unter Selektion verstehen wir den Ausleseprozeß, in dem das durch Mutation Entstandene „getestet" wird: In der Auseinandersetzung mit der Umwelt wird das, was sich bewährt, angenommen und alles, was sich nicht bewährt – die große Mehrzahl aller Mutationen – verworfen. In einem Prozeß kreativer Anpassung spielen Mutation und Selektion gleichsam zusammen wie Phantasie und Verstand, wie Frage und Antwort: die Mutation erfindet und schlägt vor, die Selektion prüft und nimmt an oder lehnt ab.

Aus dem Wechselspiel zwischen Mutation und Selektion ergeben sich die Gesetzmäßigkeiten der Biologie. Sie zu untersuchen, war das primäre Interesse der Evolutionstheoretiker.

Inzwischen hat die Evolutionstheorie selbst gewissermaßen eine Evolution erfahren: Ihre Betrachtungsweise erwies sich als fruchtbar nicht nur auf dem Gebiet der Biologie, sondern auch sozusagen „unterhalb" und „oberhalb" derselben. Mit „unterhalb" ist der Bereich anorganischer Chemie und Physik gemeint, mit „oberhalb" der Bereich der Human-, Sozial- und Geisteswissenschaften. Entsprechend gehen viele Evolutionstheoretiker davon aus, daß sich nicht nur die natürlichen, biologischen Systeme aus ganz einfachen Anfängen evolutionär entwickelt haben, sondern daß bereits der erste Übergang von der unbelebten zur belebten Materie, ja sogar die Entstehung der Materie selbst als evolutionäre Schritte verstanden werden können (vgl. *Bresch* 1979).

„Oberhalb" der Biologie hat nach Meinung der Evolutionstheoretiker ein dritter großer Entwicklungsschritt stattgefunden. Mit dem Auftreten des Menschen ist *auf der Basis biologischer Gegebenheiten, aber völlig neu und unvergleichbar mit allen Vorformen*, die spezifisch menschliche Gemeinschaft entstanden, deren Mitglieder ihre Erfahrungen mit Hilfe von *Symbolen* – vor allem durch die Sprache – austauschen und an ihre Mitmenschen und Nachkommen weitergeben können. Gerade wegen dieser besonderen Möglichkeit sind die Phänomene der menschlichen Gesellschaft aus einem rein biologischen Blickwinkel sicherlich nicht befriedigend zu erfassen. Trotz – oberflächlich gesehen – gelegentlicher frappanter Ähnlichkeiten zwischen menschlichem und tierischem Sozialverhalten gibt es absolute und grundlegende Unterschiede, die alle mit der Tatsache zu tun haben, daß Menschen über Symbole miteinander zu agieren *vermögen* und gleichzeitig auf diese Art von Interaktion lebensnotwendig *angewiesen* sind. Der Mensch ist nicht „das intelligenteste aller Tiere", sondern eine völlig neue Art von Lebewesen, das nur aus der leiblichen *und* symbolischen Ko-respondenz mit seinesgleichen verstanden werden kann. Mit der Sprache nimmt er teil an *kultureller Evolution*, die nicht gebunden ist an die vergleichsweise langsame Generationenfolge der *biologischen Evolution* (vgl. *Lorenz, K.* 1984).

Die Grundannahmen der Evolutionstheorie lassen sich folgendermaßen formulieren:

- Evolutionäre Entwicklungsschritte ergeben sich immer auf der Basis von Voraussetzungen, die zuvor schon gegeben waren.
  Das menschliche Gehirn z. B. entwickelte sich auf der Basis eines entsprechenden tierischen Organs, das vor etwa 4 Millionen Jahren ca. 350 Gramm wog. In der im Vergleich mit anderen evolutionären Veränderungen relativ kurzen Zeitspanne zwischen damals und heute vervierfachte sich sein Gewicht, neue Teile entstanden und lagerten sich um bereits vorhandene Hirnbereiche, und alle wurden um ein Vielfaches besser miteinander vernetzt. Aber bis heute kann die vergleichende Anatomie zwischen den älteren Anteilen *unseres* Gehirns und den entsprechenden Hirnbereichen uns nah verwandter Tiere deutliche Ähnlichkeiten feststellen (vgl. *Seitelberger* 1983).

- Evolutionäre Entwicklungen verletzen keines der Gesetze, die jeweils vor einem neuen Schritt bereits gegolten haben.
  Die Einprägung von Erinnerungen z. B. geschieht, was die neuronale (nervliche) Aktivität betrifft, beim Menschen grundsätzlich nicht anders als bei anderen höheren Säugern auch.

- Evolutionäre Entwicklung führt dennoch zu etwas Neuem, das sich im Vorherigen noch nicht einmal andeutungsweise gezeigt hatte. Das wirkt häufig so, als tauche das Neue völlig unerwartet und relativ plötzlich auf. Wohl aus diesem Grunde werden die großen Neubildungen der Evolution als *Emergenzen* bezeichnet (von emergere = auftauchen).
  Die Qualität des menschlichen Gedächtnisses ist, trotz ähnlicher materieller Grundlage, einzigartig und ermöglicht – im Zusammenspiel mit anderen neuen Errungenschaften – die Aufnahme absolut neuer Funktionen (z. B. den Gebrauch von Symbolen – Sprache).

- Das sich ergebende Neue ist immer komplexer als das Bisherige (zum Begriff der Komplexität vgl. unten) und auf jeder neu erreichten Ebene gelten neue, erst hier auftretende Gesetzmäßigkeiten.
  Der Stoffwechsel im menschlichen Gehirn gehorcht denselben physikalisch-chemischen Gesetzen wie derjenige aller lebenden Zellen (vgl. *Changeux* 1984), aber die menschliche Sprache, die an das Funktionieren eben dieses Stoffwechsels gebunden ist, gehorcht außerdem geistigen Gesetzen: Zunächst den Gesetzen der Grammatik, aber darüber hinaus den spezifischen Sprachregeln der Subkultur, in der sie gesprochen wird.

– Sehr kleine Entwicklungsschritte ereignen sich immer und überall. Jede neue Erkenntnis, jede neue Perspektive (gleich Paradigmenwechsel), jeder wirklich neue Handlungsentwurf („Vielleicht probier ich es jetzt mal so?") stellt einen Mikroausschnitt von (kultureller) Evolution dar (vgl. *Riedl* 1983).

2.2 Synergetische Selbstorganisation

Die Anwendung evolutionstheoretischen Denkens reicht heute, wie erwähnt, weit über die Biologie hinaus. Dies wurde vor allem dadurch möglich, daß gemeinsame Grundprinzipien von Veränderungen gefunden wurden, die bei den verschiedenartigsten Prozessen nachgewiesen werden konnten. Das erlaubte eine übergreifende Betrachtung, aus deren Warte die von *Darwin* beschriebene Wechselwirkung zwischen Mutation und Selektion nur einen Sonderfall des sehr viel umfassenderen Prinzips der sog. *Synergetischen Selbstorganisation* darstellt.

Bei diesem Prinzip handelt es sich um ein sehr allgemein formuliertes Schema für die Art und Weise, wie sich grundsätzlich Veränderungen vollziehen (synergein = zusammenwirken bzw. Synergie = das Zusammenwirken, das Zusammenspiel; Synergetische Selbstorganisation = sich im *Zusammenspiel* verschiedenartiger Einflüsse von *selbst* bildende neue *Organisation* eines Geschehens.) In erster Annäherung besagt das Prinzip der Synergetischen Selbstorganisation folgendes:

Alle Veränderungen, die nicht willkürlich von außen gesteuert werden, ergeben sich *spontan* aus einem Zusammenspiel zwischen einer eher erweiternden, *chaotischen* Tendenz – im Falle der Biologie wäre das die Mutation – und einer eher verengenden, *ordnenden* Tendenz, der Selektion.

Im Rahmen von Psychotherapie ebenso wie aus eigenem Erleben ist uns dieses Wechselspiel längst vertraut: Die Gesamtprozesse entwickeln sich immer im Wechsel von labilisierenden und stabilisierenden Tendenzen. Unter dem Einfluß stabilisierender Tendenzen sehen wir Ordnungen entstehen, Kompetenz und die Sicherheit klarer Identität. Wir erleben sie als beruhigend, aber auch als einengend. Labilisierende Tendenzen machen Angst – vor Überflutung, vor Auflösung, vor Identitätsverlust –, aber sie erfüllen uns auch mit „Angst-Lust" (*Balint* 1972), die uns gelegentlich hilft, Sicherheit zugunsten von Unsicherheit aufzugeben.

Synergetische Selbstorganisation entfaltet sich immer im Spannungsverhältnis zwischen diesen beiden Tendenzen: Pulsierend zwischen Chaos und Ordnung entsteht und verändert sich die Welt.

Das Auftreten und die Ausprägung dieses Prinzips der Synergetischen Selbstorganisation werden derzeit in den verschiedensten Wissensbereichen untersucht und immer neu bestätigt:

Im Bereich der anorganischen Chemie von *Prigogine* (1977), im Bereich der Biologie von *Eigen* (1977), *Maturana* (1982) u. a. und in den Sozialwissenschaften z. B. von *Kuhn* (1967). Die hierfür notwendige mathematische „Grundsprache" stammt von *Haken* (1982). Sie ist anscheinend besonders geeignet, interdisziplinäre Zusammenarbeit zu fördern. Es entstanden Denkmodelle, an denen Physik, Biologie und Medizin gemeinsam beteiligt und interessiert sind. Das wiederum beeinflußte u. a. die neurophysiologische Forschung, in der das „Wie" des Denkens zunehmend als synergetischer Prozeß vorstellbar wird (vgl. *Kaul* 1990, *Gross* 1991). Auch von manchen Vertretern der Kognitionspsychologie – genannt sei *Anderson* (1983) – wird das „Denkgeschehen" als eine Gesamtheit sich selbst organisierender Prozesse verstanden.

Mit der Entwicklungspsychologie finden sich Berührungspunkte etwa in den Untersuchungen von *Filipp* (1981) über die Auswirkungen kritischer Lebensereignisse, und in der Psychotherapieforschung vertritt z. B. *Grawe* (1988) einen Ansatz, der ebenfalls von einem Grundmodell synergetischer Selbstorganisation ausgeht. In anderer Terminologie, aber in wesentlichen Zügen übereinstimmend, wurde dieses Prinzip Jahrzehnte früher von *Piaget* ebenfalls beschrieben. Anstatt von synergetischer Selbstorganisation sprach *Piaget* (1976) von Äquilibration (äquilibrium = Gleichgewicht) und beschrieb zwei einander ergänzende Mechanismen – *Assimilation* und *Akkommodation* –, die im ständigen Bemühen um ein Ausbalancieren von Eigeninteressen und Umweltgegebenheiten zu immer komplexeren Formen der Daseinsbewältigung führen (siehe auch Kapitel Entwicklungstheorie).

Als TherapeutInnen gewinnen wir durch die Theorie der Synergetischen Selbstorganisation eine erweiterte Perspektive für die Auseinandersetzung mit folgenden Fragen:
- Wann und unter welchen Bedingungen kann eine Krise (Labilisierung) förderlich sein?
- Wann und unter welchen Bedingungen kann das Vermeiden einer Krise hinderlich sein?
- Wann und unter welchen Bedingungen kann eine Krise gefährlich sein?

Auch unsere Gedanken über Persönlichkeitsstrukturen und ihre Veränderung, über die Funktion von Widerstand und Regression, über Krise und Stagnation, über angemessenes Timing therapeutischer Prozesse, über die Bedeutung der therapeutischen Beziehung in all diesen Zusammenhängen und viele andere uns ständig beschäftigende Fragen können aus dieser Sicht neue Impulse erhalten.

Nicht zuletzt ergibt sich auch für ethische Fragestellungen eine Betrachtungsweise, die vielleicht zu mehr Bescheidenheit führt bezüglich der Planbarkeit von Veränderungen und zu mehr Achtung und Aufmerksamkeit für das, was „fließt".

Die Theorie der Synergetischen Selbstorganisation basiert unter anderem auf den Begriffen System, Prozeß und Struktur, die wir im folgenden zunächst ganz allgemein besprechen wollen (vgl. *Petzold, Orth* 1990). Im Kapitel Persönlichkeitstheorie werden wir darauf zurückgreifen und sie konkretisieren: Wir werden uns dort beschäftigen mit dem Menschen im größeren *System* seiner Lebenswelt, der im Verlauf seiner Lebensgeschichte, also in einem *Prozeß*, die je spezifische *Struktur* seiner Persönlichkeit entwickelt und verändert.

2.2.1 *System*

Ein System ist ein Gebilde, das sich in irgendeiner Hinsicht von seiner Umgebung unterscheidet, also nach außen von dieser abgegrenzt und gleichzeitig in sie eingebunden ist. Es besteht seinerseits aus kleineren Subsystemen (Elementen, Einheiten), die miteinander und mit dem Ganzen in Beziehung stehen. Außerdem kann jedes System selbst immer als Subsystem eines ihm übergeordneten, noch größeren Systems verstanden werden. Der Begriff System wird hier also nicht so verwendet, wie wir es in der Umgangssprache gewohnt sind, nämlich im Sinne von Methode („Das kann nichts werden, du hast das falsche System").

Man unterscheidet geschlossene und offene Systeme, wobei nur letztere für die Evolution von Bedeutung sind, weil nur in ihnen Synergetische Selbstorganisation beobachtet wird. Offene Systeme sind dadurch gekennzeichnet, daß es zwischen ihnen und ihrer Umgebung einen Austausch gibt.

Alle lebenden Systeme sind offene Systeme: Zellen, Organe, vielzellige Organismen wie Pflanzen, Tiere und Menschen, Gruppen derselben wie Familien, Staaten usw. Es wäre demnach falsch, die Grenzen von Systemen einfach mit der äußeren Begrenzung von Lebewesen gleichzusetzen. Auch eine Hecke am Wegrand ist z. B. ein in sich zusammenhängendes System. Die Vögel, die dort nisten und mit ihrem Kot die Samen verbreiten, mögen den ganzen Winter über wegfliegen, sie gehören doch zu diesem System „Hecke". Außerdem gehören sie allerdings auch in Afrika zu einem ganz anderen System, in dem sie Schutz und Nahrung finden und sich nützlich machen. Schon an diesem Beispiel wird deutlich, daß die Definition dessen, was ein System ist und was seine Grenzen sind, vom jeweiligen Blickwinkel der BetrachterIn abhängt.

In diesem Buch beschäftigen wir uns vor allem mit dem System der Persönlichkeit und allen seinen Subsystemen. Eines derselben – willkürlich herausgegriffen – ist das Selbstbild, das, in Abhängigkeit von der je persönlichen Biographie, unterschiedliche Strukturen zeigt. Beispielsweise könnte folgende Überzeugung als prägende Struktur zum Selbstbild eines Menschen gehören: „Es gibt auf der Welt nur Täter und Opfer – und ich bin immer das Opfer." (Zum Begriff der Struktur siehe unten sowie die Kapitel Persönlichkeits- und Entwicklungstheorie.)

Unter therapeutischen Gesichtspunkten ist es oft sinnvoller, nicht die vor uns sitzende KlientIn als System zu betrachten, sondern sie immer auch als Teil all der vielen größeren Systeme zu verstehen, innerhalb derer sie die für sie wichtigen Szenen erlebt hat und erlebt: Sie war Teil eines größeren Systems schon im Mutterleib, dann in der Dyade zwischen ihr und ihrer Mutter, dann vielleicht in der ödipalen Dreiecksbeziehung und gleichzeitig in der Kindergartengruppe usw. Und während sie und ich in der Therapie miteinander arbeiten, bilden wir hier und jetzt zusammen ebenfalls ein System.

Der Austausch lebender Systeme mit ihrer Umgebung hat materielle Komponenten (Nahrungsaufnahme, Atmung, Ausscheidung und dergl.) und außerdem nicht-materielle bzw. *trans-materielle* Komponenten: Der Lockruf eines Vogels z. B. wirkt nicht einfach mechanisch als akustische Welle auf alle Objekte seiner Umgebung, sondern auf Grund einer spezifischen *Bedeutung*, die diese gerade so und nicht anders verlaufende akustische Welle für einen anderen Vogel haben kann. Was wirkt, ist nicht einfach die mechanische Intensität, sondern die *Information*, der eine *Bedeutung* gegeben wird. Insofern ist Materielles und Trans-Materielles bei jedem Austausch ineinander verwoben. (Zum Begriff des Trans-Materiellen vgl. Kap. Anthropologie.)

Im allgemeinen spricht man beim zwischenmenschlichen Austausch nicht von Austausch, sondern von Interaktion. Dieser Begriff stellt somit einen Spezialfall des übergeordneten Begriffes Austausch dar. Wir verstehen unter Interaktion den auf Erleben basierenden und handlungsleitenden Austausch von Bedeutungen, die von den InteraktionspartnerInnen, also von der jeweiligen Mitwelt, verstanden werden können. Beim Menschen umfaßt die Interaktion erstens alle Bedeutungen von Gestik, Mimik usw. einschließlich subtilster, fast nur „atmosphärischer Berührungen"; zweitens die Sprache und drittens eine Vielzahl weiterer, symbolisch verschlüsselter Mitteilungen, die über materielle Träger wie Buchstaben, Verkehrszeichen, Zahlen auf Geldscheinen usw. ausgetauscht werden.

Die Interaktionen zwischen dem System Familie und seiner Um- und Mitwelt vollziehen sich beispielsweise in den Kontakten zu Verwandten, zu den FreundInnen der Kinder oder als Hin und Her mit den Nachbarn. Auch die Berufe der Eltern, der PartnerInnen sowie der eigene wirken sich auf die möglichen Interaktionen aus. Die Kontakte zwischen Diplomatenfrauen z. B. entwickeln sich anders als Kontakte zwischen Frauen einer Dorfgemeinschaft. Immer spielt natürlich auch die politische und ökologische Gesamtsituation in alle Interaktionen mit hinein – kurz, nicht nur innerhalb eines bestimmten Familiensystems, sondern auch zwischen verschiedenen Gruppierungen und vor allem in bezug auf das übergreifende Gesellschaftssystem bestehen die vielfältigsten Interaktionsverhältnisse.

Als Subsystem im System Familie könnte man beispielsweise die Generationen betrachten: Großeltern, Eltern, Kinder. Das Subsystem Kinder könnte weiter unterteilt sein in „die Großen" (die schon den Tisch decken und abräumen müssen) und „die Kleinen". Eine andere Betrachtungsweise des Familiensystems könnte zu der Unterteilung „männliche versus weibliche Familienangehörige" führen oder sie könnte unterscheiden zwischen solchen, die vom Typ her der mütterlichen bzw. der väterlichen Linie entsprechen. Ebenso läßt sich auch jedes einzelne Familienmitglied als ein eigenes Subsystem im gesamten System der Familie betrachten.

Innerhalb von Systemen sind die Funktionen, die auf die eine oder andere Art die Erhaltung des Systemganzen garantieren, gewissermaßen arbeitsteilig den einzelnen Subsystemen zugeordnet. Zur Funktion der Mutter könnte z. B. gehören: Das Geld zu verdienen und/oder für Haus und Herd zu sorgen und/oder die Familie nach außen zu vertreten usw. (vgl. Persönlichkeitstheorie, Rollenkonzept). Vorwiegend durch diese Arbeitsteilungen werden die Beziehungen der Subsysteme untereinander sowie zum Ganzen bestimmt. Der Verdauungstrakt, der Bewegungsapparat, das Immunsystem sind funktionell unterscheidbare Subsysteme des Organismus. Zu den Subsystemen, die in ihrem Zusammenwirken das menschliche Denken ermöglichen, gehören zum Beispiel Wahrnehmen, Erinnern, Erwarten, logisches Schlußfolgern.

Im Rahmen von Therapie konzentrieren wir uns oft phasenweise auf bestimmte Subsysteme der KlientInnen-Persönlichkeit: z. B. auf die verzerrte Selbstwahrnehmung, auf den defizitären Ausdruck von Gefühlen, auf desorientiertes Denken oder auch auf ein psychosomatisches Leiden. Die Auswahl, die wir dabei im Austausch mit der KlientIn treffen, hängt von der Art der Störung und unserer diagnostischen Einschätzung ab, auch von unseren theoretischen Vorstellungen, von unserer Handlungskompetenz und von unserer Erfahrung. Wie sehr alle Subsysteme untereinander und mit dem Ganzen in Wechselwirkung stehen, zeigt sich oft in Veränderungen an einem scheinbar weit abliegenden Subsystem, über das wir „nie geredet" haben. Z. B. mag eine Anfälligkeit für Erkältungskrankheiten verschwinden, auch wenn sie nie als Problem thematisiert worden war.

2.2.2 Prozeß

Offene Systeme haben die Eigenschaft, sich über eine kürzere oder längere Zeit selbst zu erhalten. Sie durchlaufen dabei immer eine Geschichte, einen Prozeß. Sie tauchen auf, entwickeln und verändern sich und vergehen wieder. Jeder beschreibbare *Zustand eines offenen Systems stellt in Wirklichkeit eine Momentaufnahme aus einem Prozeß* dar. Dieser kann so langsam vor sich gehen, daß die menschliche BeobachterIn die Dynamik nicht empfindet: Die Gipfel der Alpen scheinen für uns „ewige Ruhe" auszustrahlen, weil die Vorgänge von Erdfaltung und Erosion einen anderen zeitlichen Maßstab haben als unsere Lebensspanne.

Die verschiedenartigsten, in der Realität vorkommenden Prozesse – z. B. das Wetter, der Verlauf einer Infektionskrankheit, die Entwicklung in der Phase der Pubertät, Aktienbewegungen an der Börse – können auf Grund einer nicht vorhersehbaren Eigendynamik *immer auch* anders verlaufen, als es nach den in diesem Bereich geltenden Regeln von Ursache und Wirkung hätte geschehen „müssen". Die unserem Denken so vertrauten *linearen* Entwicklungen – also alle kausal bestimmten Ereignisketten von Ursache und Wirkung – stellen nach heutiger Auffassung nur einen vergleichsweise seltenen Sonderfall aller beobachtbaren Prozesse dar. Viel häufiger trifft die dafür sensibel gewordene Chaosforschung auf *nicht-lineare* Verläufe; auf Verläufe, in denen Sprünge vorkommen oder Verzweigungen oder andere „Unregelmäßigkeiten", die *zwar mathematisch erfaßt, aber trotzdem nicht vorausberechnet werden können*. Hierbei handelt es sich nicht um ein „noch nicht" etwa in dem Sinne, etwas sei für uns vorläufig noch zu komplex, uns seien die Details bisher noch zu wenig bekannt und wir könnten *deshalb* derzeit die weitere Entwicklung noch nicht einschätzen. Nach Aussage der Chaosforschung handelt es sich unter bestimmten Bedingungen um eine grundsätzliche Unmöglichkeit von Voraussagen, die logisch exakt begründet werden kann (vgl. *Martienssen* 1990).

Das Annehmen einer solchen Vorstellung erfordert von uns allen eine gewaltige Änderung unserer Denkgewohnheiten, weil diese, ohne daß wir uns im Alltag dessen bewußt sein müßten, auf der Erfahrung linearer und das heißt in gewissem Sinne verläßlicher Verläufe bestehen.

Das sei kurz erläutert: Eines der wichtigsten Gestaltgesetze besagt, daß alle Bewegungsverläufe, deren Prinzip erfaßt worden ist, vom Wahrnehmenden „automatisch" in die Zukunft hinaus verlängert werden. (Eine schräg ansteigende Linie wird als weiterhin schräg ansteigend gedacht, eine Wellenbewegung läßt uns nach jedem Gipfel wieder ein Tal erwarten, usw.) Diese „Erwartungshaltung" muß sich milliardenfach bewährt haben, sonst fänden wir sie nicht überall vor. Sie ist gewissermaßen der schon im Tierreich gewachsene Mutterboden – die ratiomorphe Grundlage, wie K. *Lorenz* sagt (vgl. *Lorenz, K.* 1984) –, aus dem sich im menschlichen Zentralnervensystem die Fähigkeit zu kausalem Denken entwickelt hat. Diese Fähigkeit entspricht weiten Bereichen der Realität immerhin so gut (scheint sie immerhin soweit zutreffend abzubilden), daß wir, die wir als Menschen über dieses Instrument verfügen, in vieler Hinsicht allen Tieren überlegen sind.

Was sich im Verhältnis zum kausalen Denken weniger intensiv entwickelt hat, ist die Fähigkeit, sich auch auf die erwähnten nichtlinearen Verläufe einzustellen – auf Sprunghaftes also, auf Diskontinuitäten, nicht nur auf die Verläßlichkeit der Erfahrung, daß „gleiche Ursachen immer gleiche Wirkungen" hätten. Je detaillierter man beobachtbare Prozesse aller Art studiert, desto häufiger steht man vor der Tatsache, daß in Feinbereichen Zufälle mitwirken und gelegentlich Richtung und Art eines Prozesses total verändern können. Den Chaosforscher *Lorenz* hat das zu dem Ausspruch veranlaßt, daß selbst die Bewegung eines Schmetterlingsflügels in Peking einige Tage später das Wetter in Amerika beeinflussen könne (vgl. *Lorenz, E.N.* 1963).

Der Punkt, an dem Zufälle Einfluß gewinnen, ist dabei immer eine Situation, in der sich ein System sowieso schon in einem sehr labilen Gleichgewicht befindet. In Situationen, in denen der Austausch eines Systems mit seiner Umgebung zwar noch auf die bis dahin bewährte Art funktioniert, aber doch bereits nachhaltig gestört ist – wenn also das System gewissermaßen schon angefangen hat, zu stolpern –, dann genügt oft eine minimale Zufallsschwankung, um völlig neue, nicht im voraus zu erwartende oder berechenbare Prozesse Synergetischer Selbstorganisation in Gang zu setzen. Ihr Beginn ist nicht-linear und das heißt im Sinne der Theorie chaotisch. Dabei zerfällt aber das System nicht, sondern es schaukelt sich im Gegenteil von sich aus – spontan – hoch zu einem komplexeren Gleichgewicht, in dem es sich günstiger als zuvor mit seiner Umgebung austauschen kann. Dies ist höchst überraschend: Es entspricht weder unserer Alltagserwartung, noch entsprach es den Vorstellungen der klassischen Physik. (Stichwort Entropie: Der im mathematischen Sinne unwahrscheinliche Zustand irgendeiner Ordnung wird durch eine Störung nicht etwa zurückverwandelt zu Unordnung – diese wäre in jedem Falle das Wahrscheinlichere –, sondern sie wird im Gegenteil in Richtung einer noch größeren Unwahrscheinlichkeit – einer noch komplexeren Ordnung – gewissermaßen vorwärtsverwandelt.)

Dazu ein Beispiel: Wenn eine Person mit dem oben erwähnten Selbstbild („Ich bin immer das Opfer") im Laufe ihres Lebens an einen Punkt gerät, wo sich dieses Bild nicht mehr halten läßt – wenn sie etwa mit Menschen zusammentrifft, die die Komplementärrolle des Täters einfach nicht übernehmen (z. B. eine TherapeutIn) –, dann gerät (vielleicht) dieses, ihr bisher gewohntes Selbstbild ins Wanken. Es entfernt sich immer weiter von jenem relativen Gleichgewicht, in welchem zuvor alle bis dahin gemachten Beziehungserfahrungen mehr oder weniger gut ausbalanciert gewesen waren.

Subjektiv wird dieser drohende Verlust des Gleichgewichts innerhalb einer psychischen Struktur meist als sehr irritierend erlebt, und zwar *auch dann*, wenn die zum Umbau nötigende neue Erfahrung „eigentlich" eine gute Erfahrung sein könnte. („Die Welt besteht offenbar nicht nur aus Tätern und Opfern, sondern auch aus interessanten und langweiligen, mutigen und feigen, klugen und dummen Menschen.") Die vom Außenstehenden erwartete Freude stellt sich erst ein, wenn das bisherige Gleichgewicht bzw. die bisherige Ordnung aufgegeben und aufgrund Synergetischer Selbstorganisation ein neues, komplexeres Gleichgewicht oder, in unserem speziellen Fall, ein brauchbareres Selbst- und Weltbild gefunden werden konnte. Zuvor finden sich die verschiedenartigsten negativen Emotionen wie z. B. Ärger, Schmerz, panikartige Angst oder auch – als somatische Begleitung – Herzklopfen, Atemnot, Unruhe, Schlaflosigkeit oder andere Erscheinungen. (Ob und welche Symptome auftreten, hängt immer mit der bestimmten Geschichte eines Menschen zusammen.)

Auf der Verhaltensseite *kann* sich die zunehmende Verunsicherung durch mehr oder weniger planlos erscheinende Aktivitäten äußern, aber dieses Sichtbarwerden gehört keineswegs zwingend dazu. Man beobachtet im Gegenteil häufig, daß Menschen in solchen Lebensbereichen, die nicht unmittelbar vom anstehenden Umbau einer bestimmten Struktur berührt werden, relativ gut organisiert bleiben (z. B.: trotz Beziehungskrisen treten praktisch keine Arbeitsstörungen auf.). Umgekehrt *kann* sich etwa die Neuformulierung des Selbst- und Weltbildes, also eine zunächst intrapsychische Veränderung, auf das gesamte interpsychische Netzwerk von Beziehungen als dem übergreifenden System auswirken (Schneeballeffekt).

Fazit: Was im Zusammenhang mit Synergetischer Selbstorganisation unter Chaos verstanden wird – das Auftreten nicht-linearer Prozesse in Zuständen fern vom Gleichgewicht – ist nicht dasselbe wie das, was wir umgangssprachlich darunter verstehen.

Wenn die moderne Chaosforschung recht hat, dann haben wir im Zusammenhang mit den Begriffen Chaos und Ordnung eine tiefgreifende Umbewertung vorzunehmen. Chaos wäre danach nicht eine Art von Entgleisung, die leider nicht immer völlig vermieden werden kann, sondern es scheint, daß überhaupt nur im Zusammenspiel zwischen Ordnung (Gesetzmäßigkeit) und Chaos (Zufall) Prozesse Synergetischer Selbstorganisation und damit Neuentwicklungen möglich sind. Selbstverständlich werden wir auch weiterhin, um uns überhaupt orientieren und Handlungen entwerfen zu können, eine gewisse Regelhaftigkeit allen Geschehens annehmen. Aber offenbar müssen wir außerdem lernen, in unseren Orientierungsversuchen auch der Diskontinuiät, dem Unberechenbaren, dem nicht langfristig in Regeln zu Fassenden, mehr Raum zu geben. Das zwingt uns dazu, unseren Anspruch auf die Planbarkeit von Prozessen zu relativieren.

Auf der anderen Seite öffnet es den Blick für Unvorhergesehenes – auch für sich plötzlich ergebende, zuvor nicht denkbare Chancen. In jedem Fall müssen wir, wenn wir diese Forschungsergebnisse berücksichtigen wollen, sowohl generell als auch als TherapeutInnen unser Verhältnis zu Ordnung und Chaos neu bestimmen (vgl. auch *Waldenfels* 1985). Im folgenden werden wir diese beiden Begriffe genauer definieren.

2.2.2.1 Ordnung

Von Ordnung wird dann gesprochen, wenn der Austausch eines Systems mit seiner Umgebung in geregelter Abfolge funktioniert, wenn die einzelnen Zustände des Systems einander so ablösen, wie es der Austausch erfordert. (Es handelt sich also um ein dynamisches, nicht um ein statisches Verständnis von Ordnung. Nicht: „ist geordnet", sondern: „verläuft geordnet".)

Vollkommen geordnete, ganz regelmäßige und stabile Abläufe kommen nirgends vor, sondern wir haben es, genau genommen, immer nur mit *relativer Ordnung* zu tun. Es passieren immer irgendwelche kleineren Unregelmäßigkeiten, die von einem offenen System federnd abgefangen werden können. Offene Systeme befinden sich nie in einem völlig stabilen, sondern immer in einem relativ labilen Gleichgewicht, das man auch als Fließgleichgewicht bezeichnet, und gerade das bewirkt ihre verhältnismäßig hohe Belastbarkeit. *Gerok* spricht von „extrem stoßsicheren inneren Uhren" (vgl. *Gerok* 1990).

Das Auftauchen absoluter Regelmäßigkeit signalisiert entsprechend nicht etwa eine besonders gute, sondern im Gegenteil eine höchst bedrohte Funktion. In physiologischen Untersuchungen konnte das sehr eindrucksvoll nachgewiesen werden. Einen wirklich ganz regelmäßigen Herzschlag z. B. registriert das EKG nur in einer einzigen Situation: beim Herannahen des Todes (vgl. *Kaul* 1990). Aber auch aus dem Alltag ist die entsprechende Erfahrung geläufig: Eine Familie, die nur nach starren Regeln funktioniert, signalisiert, daß an ihrem System etwas pathologisch ist. Sich ändernden Verhältnissen – wenn z. B. ein Familienmitglied plötzlich seine Arbeit verliert – wird eine solche Familie sich ganz besonders schwer anpassen können.

Phasen der Ordnung in beobachtbaren realen Prozessen sind also gewissermaßen durchsetzt mit „Einsprengseln" von Un-Ordnung, von Un-regelmäßigkeit, die die Regelmäßigkeit des Gesamt-Verlaufs nicht nur nicht behindern, sondern im Gegenteil garantieren (vgl. *Gross* 1991). Beide, sowohl Ordnung wie Chaos, sind sozusagen nicht ganz rein das, was sie sind, sondern beide enthalten, wenn auch in geringen Anteilen, zugleich mit sich selbst immer auch ihren Gegenpol.

2.2.2.2 Chaos

Im Gegensatz zu Ordnung wird von Chaos dann gesprochen, wenn das Verhalten eines Systems nicht in geregelter und folglich berechenbarer Weise funktioniert. Es kommt zu nicht-linearen Entwicklungen, und damit ist die Vorhersagbarkeit für den Gesamtverlauf aufgehoben, *obwohl* im Einzelnen nach wie vor bestimmbare Gesetzmäßigkeiten herrschen und kein Naturgesetz je verletzt wird. Synergetiker bezeichnen dies als *deterministisches Chaos*. Es ist gekennzeichnet durch nicht-lineare Verläufe, in denen zwar Selbstähnlichkeit (siehe unten), aber keine lineare, das Gesamtsystem bestimmende Ursache-Folge-Beziehung zu finden ist.

Spiegelbildlich zur Ordnung ist das deterministische Chaos gewissermaßen durchsetzt mit „Einsprengseln" von Ordnung, sozusagen mit kleinen Keimzellen, um die herum sich jederzeit relativ plötzlich eine neue, umfassendere Ordnung bilden kann. Analog zum Begriff der relativen Ordnung bietet es sich hier an, von relativem Chaos zu sprechen. Versuchsweise hat man das deterministische Chaos auch eine subtilere Form von Ordnung genannt (vgl. *Gross* 1991).

Unter therapeutischen Gesichtspunkten enthält die Stelle des Umschlags von Ordnung zu Chaos *die* Chance aller unserer Bemühungen. Hier ist der Punkt, wo Veränderung/Umstrukturierung möglich wird, denn genau hier, „fern vom bisherigen Gleichgewicht", wo durch irgendein letztlich minimales Zusatzereignis plötzlich alle längerfristige Berechenbarkeit aufgehoben ist, kann sich Synergetische Selbstorganisation ereignen. Eine Garantie dafür, daß die eintretenden Veränderungen in einer bestimmten, von uns als positiv eingeschätzten Richtung erfolgen werden, gibt es nicht. Die neuen Gleichgewichtsgruppierungen werden mit Sicherheit komplexer sein, soviel läßt sich sagen. (Zum Begriff der Komplexität siehe unten.) Doch welche Ausprägungen sich konkret ergeben werden, das läßt sich nicht vorhersagen.

Diese Gedanken sind heute Kernstück der meisten therapeutischen Richtungen (vgl. Kapitel Therapietheorie).

Was die Dauer chaotischer Prozeßabschnitte betrifft, so handelt es sich oft nur um Sekundenbruchteile, manchmal auch um längere Phasen, aber jedenfalls erscheinen sie unseren Augen häufig als Übergangsphasen zwischen den klarer strukturierten Mustern des

Vorher und Nachher. *Haken* (1991) bringt als Beispiel das Bild eines Pferdes, welches vom Trab zum Galopp überwechselt: die Momente zwischen Nicht-mehr-Trab und Noch-nicht-Galopp – das sind Momente von Chaos. Wie Reiter wissen, sind diese Momente bei ungeübten Tieren immer etwas gefährlich, weil die Einpassung in das übergeordnete System von Pferd und Reiter während dieser Augenblicke nicht gut gewährleistet ist.

2.2.2.3 Das Zueinander von Ordnung und Chaos

Es ist charakteristisch für synergetische Prozesse, daß Phasen von Ordnung und Chaos – von Kontinuität und Diskontinuität – einander ergänzen, indem sie sich auf die eine oder andere Art überlagern, miteinander abwechseln oder sonstwie zusammenspielen. *Eine* Form solchen Zusammenspielens, die häufig zu beobachten ist, wollen wir herausgreifen. Modellhaft – und grob vereinfacht! – läßt sie sich in Form einer Spirale darstellen, wobei es gleichgültig ist, auf welchem Systemniveau man den Prozeß betrachtet: Innerhalb der Persönlichkeit gilt grundsätzlich dasselbe Wechselspiel zwischen Ordnung, Chaos und neuer Ordnung wie zwischen verschiedenen Individuen innerhalb einer Gruppe.

Der Anschaulichkeit halber betrachten wir im folgenden den Prozeß auf dem Systemniveau „Familie".

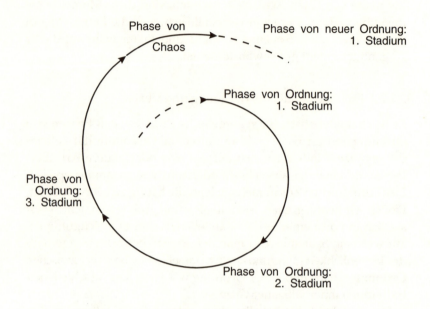

Modell für das Zueinander von Ordnung und Chaos.
Ausschnitt aus einem synergetischen Prozeß

Erläuterung

Phase von Ordnung, Erstes Stadium:
Am Beginn einer Ordnungsphase bilden sich bestimmte Formen von Austausch weiter, deren Entwicklung in der vorherigen Chaosphase begonnen hat. Sie entsprechen zu diesem Zeitpunkt den Austauschbedürfnissen eines Systems, sind aber noch wenig stabil. Die kleinste Abweichung in den gegebenen Bedingungen kann die Ordnung wieder „zu Fall" bringen.

> Man denke z. B. an Eltern mit ihrem ersten, noch ganz jungen Säugling: Für zwei oder drei Tage scheint sich ein Stillrhythmus abzuzeichnen, aber dann kommt Besuch, und schon klappt wieder „nichts".

Spezifische Gefährdung dieses Stadiums: die noch unsichere Ordnung geht wieder verloren.

Phase von Ordnung, Zweites Stadium:
Die Ordnung stabilisiert sich und wird gegenüber einem „Umfallen" besser abgesichert. Die Art der Absicherung erscheint, von außen betrachtet, oft etwas übertrieben, sozusagen überkompensiert.

Ein Stillrhythmus hat sich eingespielt – und er wird gegenüber möglichen Störungen geradezu löwenhaft verteidigt.

Je sicherer die Austauschprozesse des Systems funktionieren, desto mehr werden Überkompensationen abgeschliffen, Störungen federnd aufgefangen und unnötige Reibungsverluste vermieden.

Eltern und Kind haben sich aneinander gewöhnt, Stimmungsschwankungen, Unregelmäßigkeiten des Tagesablaufs, Perioden des Zahnens oder mittlerer äußerer Belastungen – all das wird einigermaßen gut verkraftet, und die Beteiligten fühlen sich im allgemeinen wohl.

Spezifische Gefährdung dieses Stadiums: die gefundene Ordnung klappt „zu gut", bzw. es gibt zu wenig, was sie hin und wieder in Frage stellt und damit ihre Flexibilität beansprucht. Das System „optimiert" sich selbst.

Der Begriff „Optimierung" ist hier in einem zwiespältigen Sinne zu verstehen. Das soll genauer erklärt werden: Jedes lebende System besitzt die Fähigkeit, gefundene Ordnungen laufend zu verbessern. Diese Tendenz zu Selbstoptimierung wird in der Realität durch die oben erwähnten, immer auftretenden Unregelmäßigkeiten aller Abläufe normalerweise ständig „abgebremst". Sie setzt sich jedoch immer dann durch, wenn derartige „nützliche" Störungen aus dem einen oder anderen Grund über längere Zeit ausbleiben. Dann verkümmern auch die von uns sogenannten „chaotischen Einsprengsel" mit dem Effekt, daß die Ordnung unelastisch wird. Äußerlich betrachtet scheint alles bestens zu funktionieren, aber in Wirklichkeit ist die Ordnung bereits gefährdet. Das System verliert zunehmend seine Fähigkeit, auf die sich irgendwann doch ändernden äußeren oder auch inneren Bedingungen – sprich auf Störungen – angemessen zu reagieren.

In unserer hypothetischen Familie läuft alles wie „geschmiert", aber zum Beispiel ein paar unerwartet mögliche Urlaubstage werden nicht wahrgenommen, weil dadurch „zu viel" Unruhe hineinkäme.

Phase von Ordnung, Drittes Stadium:
Dieser Trend zu immer mehr Perfektion wird verstärkt durch die Mitwirkung bestimmter begleitender Mechanismen, die bestehende Ordnungen gewissermaßen verteidigen. In der Physiologie sind es die sog. Katalysatoren, die eine solche stabilisierende und manchmal sogar überstabilisierende Funktion ausüben (Fachterminus: dämpfende bzw. verstärkende katalytische Mechanismen).
In der Psychologie könnten unseres Erachtens Widerstand und Abwehr hier eingeordnet werden. Auch sie stabilisieren „Ordnungen", die – im Ansatz – irgendwann in der Biographie sinnvoll gewesen waren, inzwischen aber längst überholt sind. Das genau macht ja die Resistenz des sog. neurotischen Verhaltens aus, daß es sich zunächst und vielleicht über lange Zeit bewährt hat (vgl. Stichwort „Notprogramme" im Kapitel Gesundheits- und Krankheitslehre).

Spezifische Gefährdungen des dritten Stadiums: Je stärker sich die Umweltbedingungen verändern und je härter demgegenüber die bestehende Ordnung verteidigt wird, desto höher wird der Preis: Alle Kraft des Systems muß für die Erhaltung der überlebten Ordnung eingesetzt werden, für Neuanpassung bleibt keine Reserve.

Für Unvorhergesehenes bleibt in der von uns angenommenen Familie immer weniger Zeit und Raum, spontane Aktivitäten werden zunehmend vermieden. Das Denken verläuft in starren Bahnen, Abweichungen kann nur noch mit Intoleranz begegnet werden.

Phase von Chaos:
Wenn dann die Abwehr irgendwann doch versagt, zerfällt die Ordnung. Das nun „hereinbrechende Chaos" ist umso schlimmer, je überlebter die Ordnung war und je mehr Systeme an ihrer Erhaltung interessiert waren (das gilt sowohl für einzelne Individuen wie für Gruppierungen aller Art).

Das Chaos könnte z. B. dadurch ausgelöst werden, daß das Kind in der Schule „nicht so spurt", wie es sich die Eltern gedacht haben. Spätestens an dem Tag, an dem es zum zweiten Mal sitzenbleibt, müssen sie realisieren, daß sie an der Grenze ihrer Macht sind – und nun bricht bei ihnen das Chaos ein: Der Vater betrinkt sich bis zur Bewußtlosigkeit, die Mutter erstarrt in Depression und entwickelt Zwangsrituale, das Kind läuft weg. (In einer ganz anders gearteten

Familie könnten dieselben Verhaltensweisen nicht Anzeichen für Chaos, sondern für alltägliche Wiederholung ihrer spezifischen Form von erstarrter Ordnung sein.)

Irgendwann geraten alle Familien – alle Systeme – in mehr oder weniger deutliche Phasen von Chaos. (Es sei denn, sie „sterben ab" – ohne im biologischem Sinne tot zu sein.)

Jede menschliche Entwicklung ist durch prinzipiell unumgängliche – je nach Kultur allerdings verschieden stark ausgeprägte – Reifungskrisen gekennzeichnet (vgl. Kapitel Entwicklungstheorie und Kapitel Krisenintervention). Außerdem gibt es Krisen, die durch spezifische gesellschaftliche und/oder individuelle Umstände notwendig werden. Beiden entspricht im hier vorgestellten Modell das Stadium von Chaos, also ein mehr oder weniger chaotischer Prozeßabschnitt.

Im Rahmen der Synergetischen Selbstorganisation sind chaotische Prozeßabschnitte relativ kurze Phasen zwischen einer nicht mehr ausreichend funktionsfähigen und daher überlebten und einer sich neu bildenden, aber noch nicht wirksamen Ordnung. Das Chaos ermöglicht Umstrukturierung und stellt insofern die für jede grundsätzliche Neuanpassung notwendige Flexibilität zur Verfügung. Chaosphasen sind daher für jedes Lebenssystem ein unerläßlicher Bestandteil seiner Weiterentwicklung. Trotzdem bedeuten sie ein Stadium hoher Gefährdung.

Spezifische Gefährdungen in der Phase von Chaos: Die Gefährdungen ergeben sich vor allem aus der Schutzlosigkeit des Systems gegenüber äußeren und inneren Bedrohungen. Die äußeren Bedrohungen hängen damit zusammen, daß seine Funktionsfähigkeit als Ganzes in dieser Phase reduziert ist (vgl. das Pferd zwischen Trab und Galopp). Die innere Bedrohung entsteht dadurch, daß mit dem Zerfall der überlebten Ordnung viele systeminterne Abgrenzungen (Schutzwälle, Tabus) mehr oder weniger zusammenbrechen, so daß nun die verschiedenartigsten Impulse, denen plötzlich sozusagen alle Schleusen geöffnet sind, das betreffende System auseinanderzureißen drohen.

Spezifische Chancen in der Phase von Chaos: Chaos erzeugt bei jedem von uns so viel Angst, daß wir in diesem Augenblick die positiven Aspekte der Situation meist noch nicht wahrnehmen können: z. B. die oft unmerklich wiedergewonnene Fähigkeit zu Improvisationen, zum Experimentieren, schließlich zu Kreativität im weitesten Sinn. In diesen „enthemmten" Augenblicken stehen uns Impulse, Träume und Phantasien aus den verschiedensten Bereichen unseres Lebens gleichzeitig und viel offener als sonst zur Verfügung und können daher Verbindungen miteinander eingehen, die im „normalen" (= normierten) Leben einfach nicht denkbar gewesen wären.

Eine dieser „verrückten" Verbindungen ist es dann, aus der die neue Ordnung der nächsten Phase hervorgehen wird.

Phase von neuer Ordnung:
Noch sehr zaghaft und anfällig gegenüber Störungen aller Art nehmen die neu kombinierten Formen von Ordnung Gestalt an.

> Nach Trennung der Eltern und/oder Krankheit und/oder beruflicher Neuorientierung und/oder ... entwickelt sich ein neuer Stil, miteinander umzugehen. Dieser neue Stil gewährleistet selbstverständlich nicht „permanentes" Glück, aber alle Beteiligten haben dabei vielleicht etwas mehr echte Bewegungsfreiheit und können gleichzeitig etwas weniger verkrampft aufeinander zugehen.

Grundsätzlich ist die sich nach einer Phase von Chaos neu bildende Ordnung immer komplexer als die vorherige. Sie ist – unter den gegebenen Bedingungen, in denen sich das System *jetzt* befindet – besser geeignet als die vorherige Ordnung. Aber auch sie wird nicht für „alle Zeiten" genügen, sondern muß irgendwann erneut „umgebaut" werden. Das ist charakteristisch für Prozesse Synergetischer Selbstorganisation.

Ergänzen möchten wir nur noch, daß es sich – genau genommen – nicht eigentlich darum handelt, Verhaltensweisen, Umgangsstile *als solche* zu verändern, sondern vor allem die dahinterstehende „Weltsicht". Statt des Begriffes Weltsicht benutzen *Kegan* (1986) und *von Uexküll* (1986) den Begriff der „Bedeutungsgebung" bzw. „-erteilung", *Grawe* (1988) den des Schemas. *Kuhn* (1987) spricht von Paradigmen bzw. Paradigmenwechsel, andere von Brillen, die uns die Welt so oder so zeigen und entsprechend unser Erleben und Handeln in der einen oder anderen Richtung bündeln. Gemeint ist immer, daß durch eine vom Subjekt ausgehende neue Gewichtung der Realität ein Umbau gegebener Ordnungen möglich wird – aber genau das ist es, was das Aufgeben einer an sich überlebten

Ordnung so schwer macht: Wir müssen uns dann verabschieden von der Art, wie wir vielleicht über Jahre und Jahrzehnte die Dinge um uns herum verstanden und interpretiert haben, und das tut weh. Aber niemand kann eine neue Sicht der Welt einfach eines Tages per Ratio oder mit gutem Willen annehmen, sondern hierzu ist immer der mehr oder weniger schmerzliche Weg durch eine Zwischenphase von Chaos nötig. Das gehört zu den Grundannahmen der Theorie.

„Gesund" ist demnach im Sinne des hier vorgestellten Modells, wer Ordnungsmuster immer dann, wenn sie zu starr werden und den Verhältnissen nicht mehr in befriedigender Weise genügen, in einer eher lockeren Folge von Minikrisen umzuformen vermag.

„Krank" (= neurotisch) ist nach dieser Lesart, wer statt dessen immer starrer wird, Widerstände und Abwehr immer höher aufrichtet, bis schließlich nur noch eine große Krise – wenn überhaupt – seine Weiterentwicklung wieder in Gang bringen kann.

Und Heilen schließlich heißt aus dieser Sicht, einen Menschen wieder krisenfähig zu machen, d.h. fähig und willens, anstehende Krisen rechtzeitig zu riskieren, bevor die damit verbundenen Gefahren größer und größer werden.

Als letztes müssen wir erwähnen, daß die im Modell gezeichnete Spirale synergetischer Entwicklung natürlich nicht als eine sich eindimensional hochwindende Linie gedacht werden darf, sondern eher als ein dicker, aus vielen Einzelspiralen „geflochtener Zopf":

In jedem Augenblick unseres Lebens existieren wir alle in vielen „Spiralwindungen" gleichzeitig: Im Prozeß einer uns wichtigen Beziehung, im Prozeß einer geistigen Auseinandersetzung, im Prozeß mit jeder einzelnen unserer KlientInnen usw. – und in jeder dieser Einzelspiralen ebenso wie in ihrer Gesamtheit findet sich das Zueinander von Ordnung und Chaos.

2.2.3 Struktur

Überall, wo sich Austauschprozesse vollziehen, entsteht Struktur. Wenn sich die Austauschprozesse eines Systems mit seiner Umwelt entwickeln, entwickelt sich auch dessen Struktur. Umgekehrt beeinträchtigt eine Verletzung der Struktur immer auch den Ablauf der

Austauschprozesse, d.h. das Funktionieren, bzw. die Funktion des Systems. Funktion und Struktur stehen demnach in einem Wechselverhältnis.

Beispiele:
Im Vollzuge immer anspruchsvolleren Sehens (= Funktion) hat sich über viele ständig verbesserte Zwischenstufen die Struktur des menschlichen Auges gebildet (vgl. *von Ditfurth* 1988).
Im Umgang mit Geld hat sich in Jahrhunderten unser gesamtes modernes Bankwesen entwickelt.
Im Bemühen um geordnete Ausbildung etablieren sich Schulen mit festgeschriebenen Lehrplänen.

Häufig versteht man unter Struktur so etwas wie das tragende Gerüst eines Systems. Verwandte Begriffe sind: Gliederung, Aufbau, Zusammensetzung, Muster. Alle diese Begriffe suggerieren etwas Statisches, Fertiges. In der Evolutionstheorie wird darüber hinaus vor allem die dynamische Qualität des Begriffes beachtet: Die Struktur eines Systems – so wie wir sie möglicherweise an Hand von Phänomenen erschließen können – wird verstanden als eine (notgedrungen) statische Momentaufnahme eines spiralig verlaufenden synergetischen Prozesses. Sie ist die in diesem Moment tragende Ordnung eines Systems und bleibt zwar als Ganzes eher längerfristig erhalten, aber in ihren Feinbereichen unterliegt sie ständiger Veränderung, einem ständigen Umbau. Das gilt für die Strukturen unseres Verhaltens ebenso wie beispielsweise für die knöchernen Strukturen unseres Skeletts.

Bereits die allererste Austauscherfahrung, die ein System im Augenblick seiner Entstehung macht, hinterläßt eine Spur, eine erste, einfache und noch ganz „weiche" Struktur. Diese Spur wirkt im Sinne einer Vorgabe. Sie erhöht die Wahrscheinlichkeit, daß alle weiteren Austauschvorgänge des betreffenden Systems in einer ähnlichen Weise verlaufen. Gleichzeitig wird sie aber durch eben diese weiteren Austauschvorgänge selbst ständig weiterentwickelt.

Dieser Prozeß von „Strukturwerdung" ist auch im Sinne eines Problemlöseprozesses verstehbar: Die „allererste Problemlösung" mag fast zufällig gelungen sein. Aber schon die nächste wird dadurch – wenn auch noch so vage – in einer bestimmten Richtung mehr gesucht und gefunden als in irgendeiner anderen. In diesem

Sinne kann man Struktur verstehen als eine Art Chronik, die sich selbst unter Mitwirkung aller Beteiligten weiterschreibt und dabei immer umfangreicher wird. In jedem Stadium, in dem sich ein System befindet, enthält seine Struktur daher seine gesamte Entwicklungsgeschichte, gewissermaßen als das Sediment, die Ablagerung aller vergangenen Austauscherfahrungen. Oder anders ausgedrückt: In jedem einzelnen Augenblick ist die Struktur eines Systems die Bilanz aus allem, „was es je erlebt hat", und sie gestaltet auf dieser Basis die weitere Zukunft. Strukturen wachsen so gleichsam aus der Vergangenheit über die Gegenwart in die Zukunft hinein. In der Beschreibung der Entwicklung der Persönlichkeit werden uns diese Prozesse immer wieder begegnen (vgl. Kapitel Persönlichkeitstheorie und Entwicklungstheorie).

Zwei Besonderheiten zeichnen alle Strukturen aus, die in Synergetischer Selbstorganisation entstanden sind: die hierarchische Staffelung (vgl. z. B. *Anderson* 1983) und das Phänomen der Selbstähnlichkeit (vgl. *Binnig* 1989). Wir wollen diese beiden Begriffe erläutern.

2.2.3.1 Hierarchische Staffelung

Unter der *hierarchischen Staffelung* eines Systems versteht man die Anordnung seiner Subsysteme in „Rängen", die hinsichtlich ihrer Bedeutung einander neben-, über- oder untergeordnet sind. Die für eine Funktion wichtigsten Subsysteme erhalten danach sozusagen die „besten Plätze" (z. B. solche, die räumlich oder inhaltlich besonders nahe zu dieser Funktion gehören). Neben ihnen auf demselben Rang befinden sich nur Subsysteme von gleicher Bedeutung für das Ganze, während z. B. Subsystme von weniger weitreichender Bedeutung „tiefer unten" plaziert sind. Das wichtigste an dieser Abstufung nach unterschiedlich bedeutsamen Rängen ist die Tatsache, daß somit in einem Gesamtsystem nicht einfach ein Haufen verschieden großer Subsysteme strukturlos zusammengewürfelt ist, sondern daß sich die Beziehung zwischen allen Subsystemen, ihre größere oder kleinere Bedeutung füreinander und die Art, wie sie funktionell zusammengehören, in der Struktur eines Systems immer mehr oder weniger deutlich niederschlägt. Je nach dem betrachteten System zeigt sich die Hierarchie von Strukturen entweder direkt räumlich – z. B. in der Anordnung einer Tafelrunde – oder sie läßt sich aus dem beobachtbaren Ablauf eines Verhaltens als dessen Programmstruktur erschließen.

Beispiel: Jemand ist gerade in einer heftigen Diskussion begriffen und versucht voller Elan, seinen Streitpartner zu überzeugen. Wenn in diesem Augenblick in der Wand des Hauses, in dem diese Diskussion stattfindet, ein Riß sichtbar würde und das Haus einzustürzen drohte, würde der engagierte Redner ohne das geringste Zögern umschalten, seine Diskussion unterbrechen und entweder aus dem betreffenden Raum hinauslaufen oder eine andere „lebensrettende" Maßnahme ergreifen. Dies geschieht ohne bewußte Überlegung – die lebenswichtigen Steuerungen setzen sich automatisch durch. Sie sind allen anderen Erlebens- und Verhaltensweisen hierarchisch übergeordnet.

Diese Strukturiertheit nach dem Prinzip „das Wichtigste an der bedeutsamsten Stelle" ist allgegenwärtig und es nimmt daher nicht wunder, daß auch der die Wirklichkeit nachschaffende menschliche Geist hierarchisch gestaffelte Strukturen erzeugt. Jeder gesprochene oder geschriebene Satz zeigt einen hierarchisch gestaffelten Aufbau. Jedes brauchbare Inhaltsverzeichnis gruppiert nach Wichtigkeiten, jede bedeutsame Systematik hält sich an dieses Prinzip (man denke z. B. an *Linné*s Einteilung der Planzen und Tiere).

Auch wenn wir uns in der Therapie darum bemühen, zusammen mit unseren KlientInnen Global-, Grob- und Feinziele zu unterscheiden und in einen realistisch erscheinenden Zusammenhang zu bringen, ordnen wir sie im Sinne einer Hierarchie. Daß es sinnlos wäre, eine solche Zielhierarchie nur irgendeiner Theorie anstatt den von der KlientIn zum Ausdruck gebrachten Prioritäten zu entnehmen, leuchtet unmittelbar ein: Wir können gar nichts mit Energie und innerer Beteiligung betreiben, wenn es nicht unserer in uns gewachsenen, „gefühlsmäßigen" Rangordnung entspricht. (Daß verschiedene innere Rangordnungen miteinander in Widerstreit geraten können, soll damit natürlich in keiner Weise bestritten werden.) Die Berücksichtigung der inneren Rangordnung der KlientInnen findet in der Integrativen Therapie ihren Ausdruck z. B. in folgenden Regeln (die freilich auch nicht völlig widerspruchsfrei zueinander stehen): „Mit der KlientIn mitgehen, nicht voraus!", „Schau, welche Gestalt (oder Szene, Person, Situation usw.) in den Vordergund kommt!", „Arbeite dort, wo die größte Prägnanz ist!" (oder auch

„der größte Mangel an Prägnanz!"), „Laß dich führen vom Widerstand!" usw. In der Hierarchie gestalttherapeutischen Handelns rangieren diese Grundsätze weit oben!

2.2.3.2 Selbstähnlichkeit

Der Begriff der *Selbstähnlichkeit* besagt, daß die Strukturen sich in ihrer Charakteristik auf jeder Stufe selbst ähnlich bleiben. Diese Ähnlichkeit zwischen Strukturen, die innerhalb eines Systems verschiedenen Rangebenen angehören, ist bei sehr vielen untersuchten Prozessen immerhin so deutlich, daß sie mit modernen mathematischen Methoden – der sog. fraktalen Geometrie – zahlenmäßig erfaßt werden kann. Jeder sich selbst synergetisch organisierende Prozeß hat, so können wir sagen, gewissermaßen seine eigene „Identitätsformel": Welche Richtung auch seine Entwicklung nimmt, wie überraschend sie auch sein mag, sie verletzt nicht die Bedingungen der Selbstähnlichkeit. Zur Veranschaulichung von sich selbst ähnlichen Strukturen und ihrer hierarchischen Staffelung verwendet der Mathematiker *Mandelbrodt* das Beispiel von Küstenlinien (vgl. *Binnig* 1989).

> Betrachtet man eine Sandküste vom Flugzeug aus, und vergleicht das Bild mit dem aus derselben Perspektive gewonnenen Bild einer Fjordküste, so fällt der Unterschied der Formationen ins Auge. Die Grenze zwischen Meer und Sandküste verläuft in weiten Bögen, während diejenige zwischen Meer und Fjordküste sich als Zackenlinie zeigt. Betrachtet man dieselben beiden Küstenformationen aus größerer Nähe, also einen Ausschnitt der vorigen Bilder, so bemerkt man genau denselben Unterschied zwischen „weich" und „zackig". Und das gilt ganz allgemein. Welchen Maßstab man auch anlegt, bis hinunter in den mikroskopischen Bereich: Die unter dem Einfluß von Wasser und Wind an einer bestimmten Gesteinsart entstehende Grenzlinie ist sich selbst in allen ihren Unterabschnitten ähnlich – und sie ist unähnlich allen unter anderen Bedingungen entstandenen Formationen.
>
> Vielleicht haben Sie Lust, uns bei einem Gedankenspiel zu „Selbstähnlichkeit" zu folgen:
>
> Wir schreiben nicht nur jedes Wort mit der uns eigenen Handschrift, sondern auch ganze von uns beschriebene Konzeptblätter oder unsere Kritzeleien beim Telefonieren tragen gewissermaßen die Züge unserer Handschrift. Oft weist sogar der Anblick unseres

mehr oder weniger vollen Schreibtisches, unserer Wohnung oder unseres Gartens dieselben vertrauten Merkmale auf, ebenso die Art, wie wir uns kleiden, unsere Einkäufe erledigen, Urlaub machen usw. Und wenn wir schließlich unser gesamtes Leben ansehen – finden wir da nicht wieder die Eigenheiten unserer Handschrift über die Jahrzehnte vor uns ausgebreitet? (Vgl. Kapitel Persönlichkeitstheorie, Stichwort: Identität)

Doch zurück zum Hauptgedanken: Synergetische Selbstorganisation entfaltet sich spontan im Spannungsfeld von Ordnung und Chaos. Sie entwickelt dabei hierarchisch gestaffelte, selbstähnliche Strukturen von immer größer werdender Komplexität. Dabei bezieht sich der Begriff „Entwicklung" (hier wertneutral verstanden) nur auf die Zunahme an Komplexität.

2.2.3.3 Komplexität

Was im Zusammenhang mit Synergetischer Selbstorganisation unter Zunahme an *Komplexität* zu verstehen ist, läßt sich folgendermaßen formulieren: Mehr Komplexität bedeutet entweder Vermehrung von Subsystemen auf einer gegebenen hierarchischen Ebene oder die Vermehrung der hierarchischen Ebenen selbst, oder beides zugleich. In jedem Fall ergibt sich daraus ein Mehr an Vernetzungen zwischen allen Teilen eines Systems und damit eine bessere Möglichkeit, eintreffende Informationen zu verarbeiten.

Wie das gemeint ist, wollen wir im folgenden an einem Beispiel aus dem Bereich des Erlebens erläutern. Das Gesamtsystem des Erlebens spielt eine wichtige Rolle bei der Gestaltung aller Interaktionen. Eine Komponente des Erlebens – ein Subsystem also – stellt die Fähigkeit dar, Gefühle voneinander zu unterscheiden und im Zusammenhang mit Situationen zu verstehen. Wie alle Fähigkeiten, pflegt sich auch diese aus einfachen Anfängen allmählich zu „verbessern". Einer der Mechanismen, die dabei eine Rolle spielen, ist die Anreicherung durch Differenzierung. Aus „Ich fühle mich irgendwie mies" entwickelt sich z. B. „Ich bin enttäuscht und ratlos und wütend", womit wir über drei verschiedene, einander zum Teil steigernde Nuancen von Emotionen verfügen anstatt nur über ein einziges unklares Globalgefühl. Diese Anreicherung von Erlebnisqualitäten kann, ebenso wie andere Formen der Anreicherung auch, als Produktion bezeichnet werden. Ergänzend gehört zur Produktion die Reduktion, die immer wieder neu notwendig werdende Bündelung entstandener Vielfalt: „Ich bin enttäuscht und ratlos und wütend – kurzum, ich bin verdammt sauer!"

Jede Produktion erhöht die Vielfalt, vor allem die Vielfalt der Vernetzungen und damit die Elastizität z. B. des emotionalen Erlebens. Reduktion hingegen erhöht die Übersichtlichkeit und damit sozusagen die Ökonomie, die „Schlagkraft". Beide Bewegungen ergänzen einander auf ein und derselben hierarchischen Ebene, also innerhalb einer Ordnungsphase. (Vgl. oben den Abschnitt: Das Zueinander von Ordnung und Chaos.) Die Gesamtqualität des emotionalen Erlebens verfeinert sich in dieser Phase, ändert sich aber nicht wesentlich. Sobald jedoch derartige Verfeinerungen gefühlsmäßiger Resonanz nicht mehr weiterführen – es bringt zum Beispiel nichts für die Weiterentwicklung einer Interaktion, immer nur aufs Neue sauer zu sein und entsprechend zu handeln – gerät der Prozeß an einen Punkt, wo die betreffende Ordnung nicht mehr ausreicht. Nach kürzer oder länger (oder sehr lange!) dauernden Versuchen, trotzdem an ihr festzuhalten, kann es dazu kommen, daß sie aufgegeben werden muß. Das nun folgende Chaos ist erlebnismäßig gekennzeichnet durch tiefen Schmerz, durch Verwirrung, vielleicht durch Verzweiflung. Auf die eine oder andere Weise erfährt die Erlebensstruktur in dieser Phase einen Umbau, der vor allem einhergeht mit einer neuen *Gewichtung*, die keineswegs nur intellektuell zu verstehen ist. Im einzelnen sind diese Vorgänge sehr verwickelt. Deshalb wollen wir sie hier nicht näher beschreiben, sondern nur auf den wichtigsten Punkt verweisen: Immer spielt in Chaosphasen das aufgewühlte Hin und Her zwischen These und Antithese, zwischen Erlaubtem und Verbotenem, eine Rolle. Viele klassische Gestaltmethoden setzen hier an: Übertreiben und Verkehren ins Gegenteil, Identifikation und Dialog mit abgespaltenen Teilen, usw. (vgl. Kap. Therapeutische Interventionen).

Als Ergebnis derartiger Umbauvorgänge kommt es schließlich zu einer vorher nicht möglichen Synthese, zu einer Integration von Gegensätzen auf einer hierarchisch höheren Ebene. Z.B. kann sich aus einem Chaos von Wut und Verzweiflung eine qualitativ neuartige Fähigkeit zur Trauer entwickeln – nicht etwa, weil man selbst oder auch eine begleitende TherapeutIn sich das bewußt vorgenommen hätte, sondern auf Grund einer spontanen Synergie zwischen den zuvor schon vorhandenen Komponenten. An Stelle von Trauer kann auch irgendeine andere neuartige Qualität des Erlebens auftauchen: Humor vielleicht, oder Mitleid, aber ebenso z. B. auch eine Fähigkeit zu tiefer, unbestechlicher Empörung.

In jedem Fall bedeutet eine erlebnismäßig neue Gewichtung, daß man den Ist-Zustand anders als vorher wahr-nimmt (siehe oben: Entwicklung der Fähigkeit zu einer neuen Sicht). Wenn aber das, was „ist", anders als vorher erlebt wird, dann geht man – meist völlig unbewußt – auch anders damit um; d.h. man verändert sein Verhalten und das bewirkt, wie wir wissen, häufig auch eine objektiv feststellbare Veränderung des Ist-Zustandes selbst. Hierin liegt, evolutionstheoretisch gesehen, die Bedeutung aller Chaosphasen: Es installieren sich in den Strukturen der betroffenen Systeme neue hierarchische Ebenen (in unserem Beispiel die qualitativ neue Emotion) und das erlaubt sofort eine Vielzahl neuer Vernetzungen und damit feinere Abstimmungen zwischen den Gegebenheiten. Diese Art von Komplexitätszuwachs – also die spontane Bildung neuer hierarchischer Ebenen, nicht nur Produktion und Reduktion auf ein- und derselben Ebene – ist das besondere Kennzeichen synergetischer Prozesse.

2.3 Bedeutung der Konzepte für die Therapie

Hiermit haben wir diejenigen Konzepte Synergetischer Selbstorganisation beschrieben, die u.E. auch für das Verständnis therapeutischer Prozesse bedeutsam sind:

1. Das offene System, das sich in seiner Gesamtheit durch Austausch mit seiner Umgebung über einen gewissen Zeitraum erhält, während und obwohl gleichzeitig in seinem Innern ein ständiger Umbau stattfindet.
2. Den synergetischen Prozeß, der gekennzeichnet ist durch einander abwechselnde Phasen von Ordnung und Chaos und neuer Ordnung, wobei begleitende Mechanismen eine jeweils bestehende Ordnung auch dann noch zu erhalten versuchen, wenn sie sich aus vielerlei Gründen eigentlich schon überlebt hat.

Im einzelnen haben wir dargestellt, wie sich innerhalb jeder Ordnungsphase aus anfänglich sehr instabilen Verhältnissen über einen längeren Abschnitt flexiblen Funktionierens schließlich Verhältnisse entwickeln, die so starr sind, daß früher oder später eine Neuordnung notwendig wird.

3. Als drittes schließlich haben wir das Entstehen von Strukturen beschrieben, die *hierarchisch gestaffelt* und *sich selbst ähnlich* sind. Diese Strukturen entwickeln sich in allen offenen Systemen im Zuge ihrer Austauschprozesse mit der Umwelt und werden dabei immer komplexer. Jedem Komplexitätszuwachs, der in der Organisation einer neuen hierarchischen Ebene besteht, geht ein mehr oder weniger tiefreichender Zerfall der bisherigen Ordnung voraus. Dieser ständige Um- und Weiterbau geschieht *spontan* durch Zusammenwirken verschiedenster Faktoren und läßt sich weder von außen noch von innen nach bestimmten Plänen exakt steuern.

Für das Verständnis therapeutischen Geschehens können die Konzepte System und Prozeß folgendes beitragen:

Das Konzept des *offenen Systems* illustriert die Notwendigkeit, Abgrenzung und Austausch, ohne die wir nicht existieren können, immer neu in ein leidliches Gleichgewicht zu bringen.

Welche Arten von Austausch bzw. Interaktion wir wann erleben und wie wir im folgenden damit umgehen, entscheidet ganz wesentlich über unsere Gesundheit. Dabei reagieren wir als ganzheitliche Systeme innerhalb des größeren Systems unserer Lebenswelt, was jede eindimensionale (monokausale) Betrachtungsweise ausschließt.

Das Konzept des *synergetischen Prozesses* ist u.E. geeignet, unsere Einstellung gegenüber Zuständen von Ordnung bzw. Chaos kritisch zu überprüfen und ggfs. neu zu definieren. Obwohl Chaos immer gefährlich ist, so ist es doch offenbar ein unerläßlicher Bestandteil aller Lebensprozesse immer dann, wenn erstarrte Austauschmuster eines Systems die Neuentwicklung besserer Formen von Interaktion nachhaltig behindern.

In diesem Sinne bedeutet Therapie *Hilfe beim Aufgeben von Überholtem, beim Aushalten von Chaos und bei der Entwicklung von Neuem.* Wie weit uns als TherapeutInnen das gelingt, hängt u. a. von unserer genauen Wahrnehmung des ablaufenden Prozesses ab: An welcher Stelle einer Entwicklungsspirale befindet sich die KlientIn gerade? (Vgl. oben das Modell synergetischer Entwicklung sowie, übergreifend, die Entwicklungsstufen von *Kegan* im Kapitel Entwicklungstheorie.) Befindet sich die KlientIn in einer Phase von Chaos oder in einer solchen von Ordnung? Und wenn Ordnung, in welchem Stadium von Ordnung? Ist sie eben dabei, neue Formen von Austausch zu etablieren (Ordnungsstadium 1)? Oder leidet sie, weil sie an einer überholten Ordnung festhält, die sich zwar aus ihrer Geschichte begreifen läßt, die aber jetzt nicht mehr paßt (Ordnungsstadium 3). Wie sehr hält sie fest? Noch ganz „unverrückbar", oder gibt es Anzeichen, daß ihre starren Strukturen sich lockern?

Oder noch präziser: Hinsichtlich welcher Erlebens- und Verhaltensbereiche befindet sich eine KlientIn an welcher Stelle? Z. B. mag eine Lehrerin in bezug auf ihre berufliche Entwicklung gerade eine Konsolidierung erleben. Sie kennt ihre Klasse, kommt klar mit den KollegInnen, fühlt sich im Lehrstoff zunehmend zu Hause, und alle Arbeitsabläufe werden geschmeidiger (Ordnungsstadium 1-2). In der Beziehung zu ihrem Freund hingegen wird sie immer unglücklicher. Die Art ihrer Streitereien erscheint ihr selbst „irgendwie ganz monoton". „Da kann ich's anfangen, wie ich will, ich weiß vorher schon, daß ich nachher heulend im Bett liege und er geht weg."

In diesem Bereich ihres Lebens scheint sich die Klientin im Ordnungsstadium 3 zu befinden und vorläufig auch noch verbissen daran festzuhalten. („Wissen Sie, ich werde jetzt nichts mehr machen! Jetzt ist er mal dran! Er muß doch endlich mal begreifen, daß es so nicht weitergeht!")

Wir wollen hier noch auf drei Punkte verweisen, an denen es häufig zu Mißverständnissen kommt.

1. Erstarrung hat viele Gesichter: Türen-knallen, Herum-schreien, Heulend-ins-Bett-gehen ist nicht automatisch ein Indikator für Chaos im hier gemeinten Sinn, sondern kann sehr wohl Bestandteil einer erstarrten Interaktionsform sein. Erstarrte Interaktionsformen erkennt man vor allem daran, daß sie über längere Zeit in immer derselben Weise ablaufen. Wie sich der Ablauf im einzelnen vollzieht – ob dabei Tassen fliegen oder pedantisch auf der Einhaltung eines starren Rituals bestanden wird –, spielt zunächst keine Rolle.

2. Die Reaktion auf Support und Konfrontation hat viele Gesichter: Die im therapeutischen Zusammenhang gewohnte Unterscheidung zwischen sog. stützenden und konfrontierenden Interventionen (bzw. zwischen Support und Konfrontation) reicht nicht aus, sondern muß genauer differenziert werden.

Nicht alle Menschen erleben dasselbe als stützend bzw. konfrontierend. Ein Klient empfand z. B. eine Konfrontation seiner Therapeutin, die offensichtlich ernsthaft mitdachte, sich aber nicht in sein „Kuddel-Muddel" hatte mit hineinziehen lassen, als so hilfreich und folglich unterstützend, daß er Monate später beim Abschlußgespräch sagen konnte: „Das war der entscheidende Punkt. Das hat mir am meisten geholfen – da haben Sie mich ernster genommen als ich mich selber!" Umgekehrt kann eine liebevolle Zuwendung – also genau das, was üblicherweise als „stützend" angesehen wird – jemanden, der es absolut nicht erwartet, sondern mit Strafe und Beschimpfung rechnet, völlig aus der Fassung bringen, also de facto Chaos auslösen.

Fazit: Was als Stütze oder Trost oder Ermutigung gemeint ist, muß noch lange nicht so ankommen. Dasselbe gilt für die sog. konfrontierenden Interventionen.

Der zweite wichtige Gesichtspunkt, der beim Einsatz von Support und Konfrontation zu beachten ist, ist der folgende: Stützen wir mit unserem Tun die von der KlientIn verteidigte bisherige Ordnung oder unterstützen wir sie in dem Versuch, gerade diese alte Ordnung aufzugeben?

Die derzeit verteidigte, starre Ordnung eines Systems wird gestützt durch alles, was sie bestätigt – wer Strafe erwartet, wird durch Strafe in seiner bisherigen „Weltsicht" bestätigt. Sie wird hingegen in Frage gestellt durch all jene Interventionen, die irgendwie den Erwartungen nicht entsprechen. Am kniffeligsten wird die Situation immer dann, wenn eine Intervention zwar kurzfristig labilisierend gewirkt hat, langfristig jedoch gerade dazu führt, daß die „Kräfte der Restauration" nun erst recht gefestigt werden (vgl. die Stichwörter Rebound-Effekt bzw. negative therapeutische Reaktion im Kapitel „Phasen des therapeutischen Prozesses").

Fazit: Was immer wir als TherapeutInnen tun oder nicht tun, trifft auf die Eigendynamik eines sich selbst organisierenden Systems, das mit allen Anstößen von außen auf seine eigene Weise umgeht.

Manchmal können wir daher erst im Nachhinein, aus der Wirkung erkennen, was wir gestützt haben: den Teil der KlientIn, der „eigentlich" weiter will, oder denjenigen Anteil in ihr, der um die Erhaltung seiner bisherigen Ordnung bangt.

3. Hoffnung hat viele Gesichter: Selbst wenn eine TherapeutIn sich relativ sicher ist, daß ihre Intervention einen Umbruch einleiten würde, müßte sie überlegen, ob sie dabei ihre eigenen Hoffnungen verfolgt oder im Sinne der KlientIn handelt. (*Kegan*: „Die Klienten müssen geschützt werden vor den Hoffnungen der Therapeuten.") Kein Außenstehender kann wissen, wann ein Mensch „reif" dafür ist, bestehende Ordnungen aufzugeben. Vielleicht ist vor diesem Schritt noch eine Art Zwischenhalt angesagt? Ein Moment der Rückbesinnung auf Lebensbereiche, in denen eine KlientIn vielleicht jetzt viel Befriedigung findet, wo sie aber ursprünglich auch gewaltige Schwierigkeiten zu überwinden hatte. („Na ja, dann schaffe ich das hier vielleicht auch!") Oder sie muß wieder und wieder die Vertrauenswürdigkeit der TherapeutIn testen (wobei natürlich auch dies zu einem Spiel mit Hinhaltefunktion entarten kann), um den nächsten Schritt wagen zu können.

Das wichtigste Kennzeichen von Chaos, so hatten wir oben beschrieben, ist die Unberechenbarkeit dessen, was dabei „herauskommt". Das bedeutet die eigentliche Herausforderung unserer Arbeit. Wir dürfen im allgemeinen nicht helfen, Krisen, also Chaos, auf Dauer zu vermeiden, aber wir müssen immer versuchen, die Risiken einzuschätzen und einzugrenzen. Und genau das liegt nie vollständig in unserer Hand – genauso wenig wie das Ergebnis. Mit der nie ganz auszuschaltenden Unberechenbarkeit in allem, was geschieht – und auch durch uns geschieht – müssen wir leben.

Je mehr es uns aber gelingt, „mit dem Fluß" zu arbeiten, desto befriedigender gestaltet sich die Arbeit zwischen KlientIn und TherapeutIn.

3. Über Vorstellungen vom Menschen (Anthropologie)

3.1 Einführung und erste Definition

Eine der charakteristischsten Eigenschaften des Menschen ist die, daß er sich Vorstellungen über sich selbst macht: „Was für ein Wesen bin ich eigentlich, was macht uns Menschen aus?"
Die Wissenschaft, die sich mit diesen Fragen beschäftigt, ist die Anthropologie. Ihr Gegenstand sind also wir selbst und zwar mit all unseren vegetativen, animalischen und geistigen Aspekten.

Die umfassendste Definition dessen, was den Menschen ausmacht, ist daher auch sehr allgemein: „Der Mensch ist ein Körper-Seele-Geist-Wesen in einem ökologischen und sozialen Umfeld. Er ist ein Leib-Subjekt." (*Petzold* 1988, 173 ff.)

An der Anthropologie sind viele verschiedene Wissenschafts-Disziplinen beteiligt: Biologie (vor allem Verhaltensforschung und Abstammungslehre), Vor- und Frühgeschichte, Völkerkunde, Psychologie, Soziologie und Philosophie.

Die Anthropologie der Integrativen Therapie bezieht sich vor allem auf die Philosophie bzw. Soziologie, insbesondere auf *Gabriel Marcel* (1986), *Merleau-Ponty* (1964), *Plessner* (1982), auf *Martin Buber* (1973) und *Hermann Schmitz* (1989); schließlich auf die Soziologie von G.H. *Mead* (vergl. *Joas* 1989), *Paul Goodman* (1984) und schließlich *Norbert Elias* (1976).

Dieser philosophisch-soziologische Bezugsrahmen schließt die empirischen anthropologischen Basiswissenschaften nicht aus. Er stellt einen Rahmen dar, in dem die empirischen Ergebnisse verstanden werden können. Dieser Rahmen besteht in der Grundüberzeugung, daß Menschen nur als ko-existierende, subjektive (d. h. sich fühlende und erkennende) Wesen zu verstehen sind.

Die obige Definition versteht sich nicht als Gegensatz zu anderen anthropologischen Modellen. Sie hat aber den Anspruch, diese zu „übergreifen".

Der Mensch ist ja *auch* zu verstehen:
- als ein Wesen, das sich in seinem Umfeld synergetisch selbst organisiert,
- als ein „zu früh geborener Nesthocker", der im „extra-uterinen Frühjahr" durch den „sozialen Uterus" genährt und geprägt wird (*Portmann* 1963),
- als ein Wesen, das seine „angeborenen Mängel" durch Erfindungsreichtum und Anpassungsfähigkeit ausgleichen kann (*Gehlen* 1955),
- als ein von Bedürfnissen umgetriebenes Wesen im steten Zusammenstoß mit einer relativ spröden Realität (*S. Freud* 1981),
- als ein Rollenspieler auf der Bühne der Welt (*J. Moreno* 1982).

Allen diesen Aspekten des Menschlichen werden wir – mit unterschiedlichen Schwerpunkten – in den folgenden Kapiteln dieses Buches wiederbegegnen.

3.2 Die anthropologischen Grundkonzepte der Integrativen Therapie

In unserer Darstellung der Anthropologie beschränken wir uns auf „philosophisch-anthropologische Stichworte", die für die integrative Therapie besondere Relevanz haben: *Leiblichkeit, Lebenswelt, Ko-respondenz* und *Intersubjektivität, Kreativität, Bewußtheit* und *Entfremdung*.

Wir werden im folgenden auf jedes dieser Stichworte eingehen.

3.2.1 Leiblichkeit

Der Begriff des *Leibes* hat für uns heute einen altmodischen und etwas getragenen Klang: Wir sind gewohnt, ihn in religiösen und philosophischen Zusammenhängen zu hören („Der Leib des Herrn" oder „Leib-Seele-Problematik"). In unserem Alltag sprechen wir eher von *Körper* („Körperpflege, Körperstudio, körperliche Beschwerden") oder in einem ärztlich wissenschaftlichen Sinne von *Organismus* („Der Organismus muß sich den veränderten Bedingungen der Hochebene anpassen"). In unserem Gebrauch dieser drei Begriffe steckt eine jahrtausende alte Frage des Menschen: „Wie kann der Mensch Materie (*Körper*), biologischer *Organismus* und gleichzeitig *Geist-, Seele-* und *Gefühlswesen* sein?" „Wie können die elektrischen Reizleitungen, unsere Nerven, die wir *sind*, eben diese Reizleitungen erkennen?" „Wie kann durch den Mangel an Jodmolekülen das Gefühl gereizter Unruhe oder tödlicher Müdigkeit entstehen?" „Oder wie kann der Anblick eines bestimmten Menschen Herzklopfen und Schweißausbrüche bei uns auslösen?"

Wir können heute wohl sagen, daß diese uralte „Leib-Seele-Problematik" *weder* gelöst wird durch dualistische Vorstellungen wie: „Was innerhalb meiner Haut funktioniert, ist mein Körper, und was denkt und fühlt, ist meine Seele," *noch* durch gewisse neue Imperative etwa der Art: „Man muß den Menschen ganzheitlich sehen. Körper und Seele sind eins!"

Der *Leib* ist im Verständnis der Integrativen Therapie der „beseelte lebendige Körper" oder genauer „der *erlebende* und *sich selbst erlebende Körper*".

Als solcher ist er hinreichend weder mit den Begriffen von Anatomie und Physiologie noch mit den Begriffen der Psychologie zu beschreiben. Wir kommen nicht umhin, *einerseits* zu sehen, daß der Mensch ganzheitlich reagiert: „Schreck" z. B. ist alles zusammen: Das Gefühl des Erschreckens, das Zusammenzucken, das Herzklopfen und die vermehrte Adrenalin- und Noradrenalin-Ausschüttung. *Andererseits* sehen wir aber, daß es qualitativ unterschiedliche Funktionen im „Sein" des Menschen gibt: „Angst fühlen" ist etwas anderes als „Schweißsekretion und erhöhter Pulsschlag", „Denken" ist etwas anderes als das „Überspringen elektrischer Impulse von einer Nervenzelle zur anderen".

Merleau-Ponty (*Waldenfels* 1986) nennt denn auch den Leib einen „zweideutigen Status".

> Wenn wir sagen: „Ich fühle, ich denke, ich weine, ich handele", klingt uns das „Ich" in diesem Zusammenhang sehr vertraut. Wenn wir sagen würden: „Mein Körper weint", „Mein Leib erinnert sich", würde uns das fremd klingen. Die Aussage „Mein Körper produziert nicht genügend Magensaft" oder „Mein Leib schmerzt" klingt uns wiederum vertraut. „Fühlen, Handeln, Denken" gehören anscheinend zum „Ich", „Absondern, Verdauen, Schmerzen" gehören augenscheinlich zu „Ihm". Es ist aber völlig klar, daß Fühlen, Handeln, Denken ebenso Funktionen oder

Fähigkeiten meines Leibes oder Organismus sind wie Schwitzen und Verdauen. „Unleiblich" kann „Ich" nicht denken (vergleiche das Leibapriori, Erkenntnistheorie). Die „Ich-Funktion" – wir können auch verkürzt sagen: „das Ich" – ist ein Teil, ein Funktionsbereich des Leibes. Der Leib besteht also aus einer Verschränkung von *materieller Realität* (Knochen und Haut z. B.) mit einer anderen Qualität von Realität (Gedanken, Gefühl, Phantasien), die wir *transmateriell* nennen, das heißt „über die Materie hinausgehend, aber auf Materie beruhend".

Transmaterielle Funktionen sind „näherungsweise" zu verstehen als Errungenschaften Synergetischer Selbstorganisation, die im „System Mensch" entstanden sind auf der Basis älterer Funktionen (Subsysteme) (vgl. Kap. Evolutionstheorie). Ohne Nerven-Reizleitung ginge nichts, aber die Nerven-Reiz-Leitung allein klärt nicht alles.

Denken und Fühlen sind qualitativ völlig neue Funktionseinheiten, die wir sowohl zum Problemlösen aller Art nutzen („Ich denke über diese Sache nach") wie auch gewissermaßen von innen erleben können („Ich bin davon betroffen").

Wir müssen uns daran gewöhnen, materielle und transmaterielle Funktionen als zu *einem* System gehörig zu betrachten, das über viele unterschiedliche hierarchische Ebenen verfügt. Tun wir das nicht, so laufen wir Gefahr, von zwei völlig unterschiedlichen Systemen zu sprechen (Körper und Seele) und uns dann zu wundern, wie sie jemals in Kontakt zueinander treten können.

Das Leibkonzept der Integrativen Therapie (*Merleau-Ponty* 1964, *Schmitz* 1989, *Petzold* 1988) übergreift die Körper-Seele-Trennung, *ohne sie* aufzuheben.

Was in diesem Sinne „leiblich" ist, können wir am besten erfahren in Zuständen wie Ruhe oder Unruhe, Angst, Schmerz, Müdigkeit, Spannung, Konzentration, Tatendurst, Behaglichkeit, Ekstase. Diese Zustände sind weder „körperlich" noch „seelisch", sondern beides und doch eins. Das Gefühl der Unruhe ist nicht vorstellbar ohne die körperliche Komponente, der Zustand der Entspannung nicht zu beschreiben ohne die seelische Komponente.

Leiblichkeit hat gleichsam zwei Ausdehnungsrichtungen: einmal in Richtung der dinglichen „Objekthaftigkeit" des Körpers und andererseits in Richtung auf „Ich-Haftigkeit", auf „Persönlichkeit" (*Plügge* 1986).

Das jubelnde Kleinkind, das die Arme nach seinem Vater ausstreckt, oder der liebende Mann, der seine Frau im Arm hält, sind so „seelisch" wie nur irgend möglich. Die ausgestreckten Hände des Kindes, der zärtlich berührende Arm des Mannes *sind* der vitale Ausdruck des Gefühls. Der körperliche Aspekt: „Die Hand liegt so und so", tritt dabei völlig in den Hintergrund. Bei einem bewußtlosen Unfallopfer aber tritt der körperlich-dingliche Aspekt mehr in den Vordergrund: es muß passiv bewegt werden, Flüssigkeiten müssen eingeschleust und abgesaugt, das Herz muß mechanisch in Gang gesetzt werden und dergleichen mehr.

Über diesen Punkt der Erkenntnis, des Begreifens des „Körper-Seele-Geist-Wesens", werden wir letztlich nicht hinausgelangen.

Wir versuchen deshalb hier eine pragmatische Begriffsklärung, auf die wir in den folgenden Kapiteln zurückgreifen können.

Unter *Körper* verstehen wir das anatomische Substrat, also die räumlich gegliederte Gesamtheit aller Zellen und Zell-Zwischenräume.

Unter *Organismus* verstehen wir den *lebenden Körper* mit seinen physischen und psychischen (materiellen und transmateriellen) Funktionen, im Austausch mit der Umwelt. Ein Organismus verfügt über differenzierte Fortpflanzungs-, Erhaltungs-, Wahrnehmungs- und Bewegungssysteme, er ist auch lernfähig. In diesem Sinne ist eine Amöbe ein Organismus, eine Katze und auch der Mensch. Das Konzept der „organismischen Selbstregulation" (*Goldstein* 1934, *Perls* 1978) muß nicht bedeuten, daß ein Organismus ständig auf der Suche nach dem optimalen Ruhezustand wäre (Homöostase). Es kann auch bedeuten, daß ein Organismus „sich selbst entwickeln will" und „neugierig ist auf die Welt".

Vom *Leib* sprechen wir bei einem *Organismus, der sich selbst erlebt und seine Erlebnisse speichern kann, der also ein Bild, eine innere Repräsentation hat von sich selbst und seiner Welt*. Ein Leib ist daher ein wahrnehmender und sich gewahr-seiender, sich erinnernder Organismus. Der Prozeß, in dem der Organismus sich „sich selbst aneignet", ein Leib-Selbst entwickelt, beginnt bereits im Mutterleib.

Wir haben uns in diesem Abschnitt ausführlich mit der Problematik „Leib-Körper-Organismus-Seele" auseinandergesetzt, um das schwierige Konzept „der Leiblichkeit" gut zu fundieren. Auf die konkreten, sinnfälligen Aspekte der Leiblichkeit, die diesem Konzept eine so zentrale Bedeutung in der Integrativen Therapie geben, kommen wir in späteren Abschnitten, insbesondere im Kapitel Persönlichkeitstheorie, genauer zurück.

3.2.2 Lebenswelt

Unsere Körper sind aus dem „Stoff der Welt" gemacht (*Merleau-Ponty* 1964), aus Wasser, Mineralien, Sauerstoff, Stickstoff. Wir stehen in ständigem Austausch mit der materiellen Welt um uns herum, z. B. durch die Atmung, einem Grundrhythmus des Lebens. Wenn dieser Austausch unterbrochen wird, sterben wir.

Unsere Lebenswelt ist aber nicht nur durch die – von uns mitgestaltete – Natur bestimmt, sondern genauso durch Sozialität, durch Mitmenschen. Mit ihnen stehen wir in ständigem Austausch, auch wenn wir schweigen oder allein sind. Wir verkümmern, wenn wir von ihnen abgeschnitten werden. Mitmenschen sind dabei zum einen reale, leibhaftige Menschen, zum anderen auch die von Menschen gemachte Kultur, die zu Kultur oder Normen verdichteten menschlichen Beziehungen und soziales Klimata.

Ein besonders wichtiger Aspekt der Lebenswelt ist die „social world": Sie ergibt sich daraus, daß wir mit anderen gleiche Werte, gleiche Sichtweisen und teilweise die gleiche(n) Geschichte(n) teilen. Sie ist ein „Ensemble geteilter symbolischer Konstrukte" (*Petzold/ Petzold* 1991).

Die Lebenswelt ist nicht nur als von uns abgegrenzte materielle und soziale „Um"-Welt zu verstehen. Wir sind mit der Lebenswelt engstens verbunden, sie geht gleichsam „durch uns hindurch", wir bestimmen sie durch unsere spezielle Sichtweise und Lebensweise auch selbst mit. Lebenswelten sind also *auch* immer individuell gestaltet (*Lewin* 1963; *Waldenfels* 1985). Jedes Individuum bildet das Zentrum seines Lebensraumes, es ist „zentriert".

Die Lebenswelt ist wie eine erweiterte Hülle, in der sich das „Ich" und „die Anderen", ihre Erwartungen und ihre Einflüsse, *untrennbar* mischen. Dies zeigt sich z. B. in Form spontaner sozialer Gesten oder persönlicher Werthaltungen. Wenn man z. B. die Arme zur Begrüßung ausstreckt, den Kopf zur Verneinung schüttelt oder sich beim Geruch eines faulen Eies ekelt (im Gegensatz zu den Chinesen), so sind das gleichzeitig die *eigenen* spontanen Gesten und Gefühle *und sozial* geprägte Gesten und Gefühle.

Lebenswelten sind vernetzt: wir sind Teil der Lebenswelt von anderen, die kaleidoskopartig ihre Aspekte in unsere Welt mit einblenden. Wenn unser Bruder Landwirt ist und unsere Freundin EDV-Fachfrau, dann leben wir auch teilweise in den Welten von Landwirten und EDV-Fachleuten. Die Vielfältigkeit der Vernetzung macht den Reichtum unserer Erfahrungsmöglichkeiten und damit auch unserer Handlungsmöglichkeiten aus.

Lebenswelt ist als Lebensraum ganz konkret zu verstehen. Sie kann z. B. durch *reale* Mauern eingeschränkt sein, aber auch durch *soziale* Mauern (Erwartungen und Normen).

Die Ausgestaltung unserer Lebenswelt ist einerseits ein Ergebnis der Kreativität aller „Teilnehmer". Wenn sie aber entstanden ist, wirkt sie wie eine unabänderliche Realität, die ihrerseits alle Angehörigen dieser Lebenswelt beeinflußt (vgl. *Berger/Luckmann* 1989).

Lebenswelt ist aber auch zu verstehen als Spiel-Raum, als Anregungsraum, in dem Dinge und Menschen „Aufforderungscharakter" für uns gewinnen können, in dem wir kreativ tätig werden (*K. Lewin* 1963)

Individuelle Lebenswelten werden im hohen Maße von übergreifenden, kollektiven Lebenswelten bestimmt: Erscheinungen des Zeitgeistes, (z. B. globale Stimmungen von Bedrohung, Polarisierung, Aufbruch, Coolness oder Protest), ebenso wie reale kollektive Situationen (wie etwa Nachkrieg, Inflation, Aufschwung, weltpolitische Entspannung) prägen individuelles Handeln und Fühlen viel stärker, als uns zumeist bewußt ist. Es ist deshalb im therapeutischen Zusammenhang sehr wichtig, diese „globalen Ursachen hinter den individuellen Ursachen" mit zu beachten (*Petzold* 1991a).

3.2.3 Ko-respondenz /Intersubjektivität

Der Begriff Ko-respondenz bezeichnet die fundamentale Tatsache, daß wir in Beziehung stehen zu unserer Umwelt und vor allem zu unseren Mitmenschen, daß wir uns ohne sie nicht entwickeln, nicht überleben könnten und darüber hinaus ohne sie gar nicht zu verstehen wären.

Damit wir uns als eigenständige Einheit, als „Ich" erleben können, müssen wir andere erleben. Ohne „den Anderen" gibt es kein „Ich". So gesehen ist das Konzept des „Anderen" genauso grundlegend für die Anthropologie wie das des „Ich".

„Ich" und „der Andere" stehen in einer existentiellen Beziehung zueinander. Diese Beziehung ist – vereinfacht ausgedrückt – die Vergleichbarkeit und Unterscheidbarkeit. Damit wir uns mit dem „Anderen" aber vergleichen können, müssen wir uns ähnlich sein, etwas Gemeinsames haben, einen gemeinsamen Bezugsrahmen. Die Aussage: „Herbert ist anders als ein Röntgenstrahl", ist sinnlos. Das gemeinsame Bezugsfeld zwischen Menschen ist die *Leiblichkeit*. Wir Menschen sind körperlich ziemlich ähnlich gebaut. Über die Erforschung des Körpers der Mutter erfährt z. B. das Baby auch seinen eigenen Körper, formt sich eine Vorstellung von ihm.

Wir erfahren, daß die Knochen der anderen genauso hart sind wie unsere, daß ihre Hand sich ähnlich, aber nicht gleich anfühlt wie unsere Hand.

In der Welt aufgehoben zu sein, ist eine Grunderfahrung, die jeder Mensch gemacht hat: Diese „prim-ordiale Ko-respondenz", das *Grundvertrauen*, beruht zum einen auf der anstrengungslosen Funktionsfähigkeit unseres Leibes in unserer Lebenswelt. Wir leben und existieren „wie von selbst". Zum anderen beruht sie auf der intra-uterinen „Zwei-Einheit" von Mutter und Kind. Im Uterus ist das Kind weitgehend geschützt auch vor den Gefährdungen einer eventuell scheiternden Beziehung zur Mutter nach der Geburt (vgl. *Petzold* 1993; Entwicklungs-Theorie).

Die prim-ordiale Ko-respondenz bleibt die „Lebensader" des Menschen, differenziert sich aber im Laufe der Entwicklung. Beziehungen werden komplexer. Aus diesen Beziehungen entwickeln sich im Laufe unseres Lebens unsere Persönlichkeitsstrukturen: sie sind letztlich „verdichtete Erfahrungen mit anderen". So gut wie jede unserer Handlungen wird von Anfang an sozial beeinflußt. Wir werden ja als „physiologische Frühgeburt" (*Portmann* 1962) mit wachen Sinnen, aber völlig unfähig, uns selbst zu erhalten, (als „Nesthocker") aus dem mütterlichen Uterus in den „Sozial-Leib" unserer Kultur hineingeboren. Früher und umfassender als von allen Tieren werden von uns kreative Akte der Ko-respondenz gefordert und damit auch gefördert. Wir stehen von der ersten Minute nach der Geburt an (spätestens dann) in leiblich-gestischem

Austausch mit unserer Mitwelt. Aus diesem Austausch entwickelt sich dann die „Körpersprache", die unsere sozialen Kontakte so unauffällig und nachhaltig reguliert.

Mit der begrifflichen Sprache hat sich den Menschen aber zusätzlich eine zweite Kommunikationsform erschlossen. Durch die gemeinsame Welt von Symbolen (in uns allen entsteht ein ausreichend ähnliches Phantasiebild z. B. bei dem Stichwort „Schnee") – berühren wir einander auf einer zwar indirekten, mittelbaren Ebene (z. B. durch die Sprache), aber dort dafür ununterbrochen und in einer Weise, die *so* kein Tier kennt. Diese zweite, nur den Menschen eigene Kommunikationsform mit Hilfe von Symbolen durchdringt jeden unserer Kontakte. Wir können sowohl ko-agieren (zusammen handeln) wie viele Tiere auch. Außerdem können wir aber auch ko-respondieren („zusammen sprechen, zusammen denken").

Ein besonders wichtiger Aspekt (Voraussetzung und Ergebnis gleichzeitig) von Ko-respondenz ist die Fähigkeit des Menschen zu *Empathie*, also die Fähigkeit, sich in den anderen einzufühlen und ein spontanes Bewußtsein davon zu entwickeln, daß auch der andere ein „Ich" ist. Anders ausgedrückt: Empathie ist die Fähigkeit, symbolisch den eigenen Standpunkt mit dem Standpunkt des Partners zu vertauschen, „in seine Haut zu schlüpfen" und während der Dauer des Tausches die Welt aus seiner Sicht zu erleben.

Aus dieser Fähigkeit erwächst *„Intersubjektivität"*. Sie ist eine innere Haltung, die immer das Bewußtsein „mitlaufen" läßt, daß aus der Warte des anderen die Welt anders aussehen könnte als aus unserer eigenen Sicht.

Intersubjektivität setzt also voraus, daß wir dem anderen seine Freiheit, seine Individidualität und damit auch seine Selbstverantwortlichkeit zubilligen.

Diese Fähigkeit zu Selbstverantwortlichkeit hängt nun aber von vielen Faktoren ab, insbesondere vom Alter und der geistigen Gesundheit. Intersubjektivität bedeutet also nicht, sie vom anderen zu *fordern*, sondern vor allem, sie zu ermöglichen in dem Maße, wie der andere sie leisten kann.

Intersubjektivität schließt nicht aus, daß wir den anderen zeitweilig so betrachten, „als ob" er ein Objekt wäre, z. B. wenn wir eine KlientIn umhergehen lassen, um ihre Haltung zu betrachten. Wir kommen auch nicht umhin, Menschen zu manipulieren, etwa wenn wir sie kalkuliert therapeutisch beeinflussen. Diese therapeutischen Manipulationen sind aber nur zu vertreten, solange sie in einem Gesamtrahmen von Intersubjektivität erfolgen.

3.2.4 Kreativität

Menschliche Kreativität ist eine spezifische Form der Gesamtkreativität der Welt. *Iljine/Petzold* (1990) sprechen denn auch von Ko-Kreativität als „schöpferischer Wechselseitigkeit", in die alle individuelle Kreativität eingebunden ist. Sie setzt Ordnungen, zerstört sie und setzt neue Ordnungen. Jedes Kind mit seinen Bauklötzen kann uns das demonstrieren. Kreativität basiert letztendlich immer auf leiblichem Erleben und kann sich in allen Bereichen menschlichen Handelns verwirklichen (*Petzold* 1990; *Eisler-Stehrenberger* 1990).

Spontanität und „Handlungshunger" (*Moreno* 1982), die Lust an Veränderung und Weiterentwicklung liegen in der Natur des Menschen. Wir brauchen Reize, nicht als „Energie-Batterien", sondern als Anreger und Richtungsgeber für unsere Aktivitäten. Über die Energie zur Lebenssicherung und Homöostase hinaus ist uns eine „Surplus"-Energie, eine Überfluß-Energie gegeben, die sich vor allem im Spiel und in kreativer Betätigung manifestiert (*Buytendijk* 1958).

Unser Austausch mit der Welt besteht nicht nur darin, daß wir etwas „in uns hineinnehmen" und beeindruckt und geformt werden, sondern auch darin, daß wir etwas herausgeben, ausdrücken wollen und formen. „Jeder Eindruck verlangt nach Ausdruck, jeder Ausdruck ist ein neuer Eindruck" (*Petzold/Orth* 1991).

Dabei ist der sinnlich-konkrete Ausdruck (mit Erde, Wasser, Feuer, Farben, Tönen, Oberflächen und Formen), wie wir ihn später in der bildenden Kunst und Musik erleben, ein Bedürfnis, das jeder von uns, zumindest in der Kindheit, intensiv erlebt hat.

Durch den Bezug zu diesen Materialien haben wir ein ursprüngliches „Wissen" von der Welt, ein Wissen durch Kontakt (*Merleau-Ponty*: „Der wilde Geist" 1964). Dieses „Wissen" ist uns nicht bewußt, kann aber in kreativen Prozessen bewußt werden: Wir wissen, was Schwerkraft ist, und richten uns in unseren Bewegungen auf diesen „Zug nach unten" ein. Wir wissen aber auch durch die

Gegenbewegung, was „aufrecht" ist, sogar was „Fliegen" sein könnte, wenn wir z. B. hüpfen und springen. Wir wissen auch, daß „Gelb" hell ist und „Braun" dunkel, ohne daß uns das jemand erklären müßte (abgesehen von der Wortbenennung). Wir empfinden („wissen") was „heiß" ist, z. B. beim Feuer, in der Farbe „Rot" und sogar in manchen Blicken. Wir haben ein Wahrnehmungswissen, das uns mit den Dingen um uns herum verbindet und in Beziehung setzt.

Die Dinge um uns herum sind aber nicht nur interessant, sie können auch unheimlich und bedrohlich sein. Gerade dieses Bedrohliche wird oft in kreativen Prozessen zum Ausdruck gebracht, in Bildern von zerrissenen, düsteren oder explosiven Atmosphären oder von grausamen, hämischen oder „toten" Augen, wie KlientInnen sie gelegentlich malen. *Picassos* gegeneinander verschobene Gesichtshälften verwerfen unser Klischee, Gesichter wären immer symmetrisch. Sie rühren damit an die von den meisten von uns verdrängten unheimlichen Erfahrungen unserer Frühzeit, in der wir Gesichter ja auch gelegentlich schrecklich verschoben sahen. Was Kunst zum Ausdruck bringt, schöpft oft aus dem kollektiven Fundus tabuisierter verdrängter Erfahrungen und Handlungsräume. Gerade darin liegt ihre große anthropologische Bedeutung. Sie erweitert für viele die Wahrnehmungsgrenze, auch ins Bedrohliche hinein, und tut damit im Großen, was im einzelnen in jeder Therapie versucht wird, sie „macht bewußt, indem sie ausdrückt" (*von Schnakenburg* 1992; *Eisler-Stehrenberger* 1990).

Kreatives Schaffen bezieht sich auf alle Handlungsfelder des Menschen: Auf Sprache, Technik, soziale Beziehungen, Wissenschaft. Kreativität stellt alte Ordnungen in Frage, sie erzeugt neue Wirklichkeiten bzw. bringt diese zum Ausdruck. Weil wir anders als das Tier durch Sprache und Phantasie vom unmittelbaren Zwang zum Handeln entlastet sind, können wir uns andere Wirklichkeiten vorstellen. Fritzchen kann „ein Bär" sein , aber der Bär kann nicht „Fritzchen" sein. Wir können mit unserem gesamten kulturellen Erbe spielen, es in uns aufnehmen (ein „kulturelles Atom" bilden; *Moreno* 1982). Auf diese Weise entstehen neue innere Welten, neue Denksysteme und Sprachen und neue innere Bilder von uns, die wir manchmal erst dann kennenlernen, wenn wir sie zum Ausdruck bringen durch Malerei, Tanz, Musik oder Gedichte.

3.2.5 Bewußtsein/Bewußtheit

Bewußtsein heißt „Wach-Sein und Wahrnehmen" („Bewußt-Haben") (*Schmitz* 1989).
Bewußtsein kann sich auf uns selbst beziehen und auf unsere Umwelt. Wenn wir *eigenleiblich spüren*, (z. B. wie unsere Hand unseren Kopf kratzt oder unser Magen sich zusammenzieht) oder wenn wir unsere *Umwelt wahrnehmen*, (z. B. sehen, wie die Kinder spielen), haben wir gleichzeitig die unreflektierte und spontane Begleiterfahrung: „Wir sind da, wir existieren". Diesen Zustand des „wachen Gewahrseins" von Selbst und Kontext nennen wir Selbst-Bewußtsein, Awareness (*Petzold* 1988, 1993). Es kann weit und offen sein für Situationen in uns und um uns herum, aber es kann auch eng und gezielt sein: „Was tut die Ameise, die über meine Hand krabbelt, als nächstes?", „Wie genau fühlt sich die Verspannung in meinem Nacken an?" (konzentriertes Bewußtsein).

In Analogie zu unserer obigen Definition von Bewußtsein (Wachsein und Wahrnehmen) könnten wir „Un-Bewußtsein" definieren als „Wachsein und Nicht-Wahrnehmen". Bei dieser überpointierten Definition verstehen wir mit *Scharfetter* (1991) das Träumen als eine Sonderform des Wach-Seins. Wir könnten auch sagen, daß „*das Unbewußte*" das ist, was wir sind, was wir aber nicht von uns wissen. Genauer ausgedrückt: unbewußt ist das, was wir sind, aber nicht von uns wissen.

Dieses „Nicht-Wissen" kann unterschiedlich intensiv sein und unterschiedliche Gründe haben.

Es kann sein: *im Moment nicht wahrnehmen*, „daß man z. B. gerade eine grämliche Mine macht", oder: *generell nicht wahrnehmen*, „daß man meist sehr langsam redet oder daß man oft sehr ängstlich reagiert oder immer das Schlimmste erwartet". Was uns selbst unbewußt ist, wird anderen „an unserem Leibe" deutlich, ihnen wird es eher bewußt als uns (*Ricœur* 1969). In Träumen, Fehlleistungen des Alltags oder auch kreativer Produktion könnten wir diese unbewußten Haltungen allerdings auch selbst entdecken und uns bewußt machen (*S. Freud* 1940).

Unbewußt ist auch unser „*Leibwissen*" (*von Schnakenburg* 1992), das Wissen um Raum, Zeit, Schwerkraft, Farben usw., das unserer bewußten Erfahrung vorausgeht. Unbewußt sind in der Regel unsere

Leib-Bilder und unsere *archaischen Vorstellungen* von Zusammenhängen und Bedeutungen. („Ich kann hier sein und gleichzeitig dort; ich kann dich magisch beeinflussen, wenn ich deinen Namen ausspreche; das Böse kommt aus dem Dunkel, wie der Tiger aus der Nacht.")

Unbewußt ist auch das, was wir *nicht wahrnehmen wollen*, das Verdrängte und Verleugnete; Erfahrungen, die durch „Kontra-Verhalten" und „Nicht-Bedenken", „Nicht-mehr-Wahrnehmen", „Nicht-mehr-Erinnern" unbewußt gemacht worden sind. Man kann sich dieses „unbewußt Machen" durchaus als „Blockierung" bestimmter zentralnervöser Bahnungen vorstellen.

Alle diese Formen des Unbewußten sind potentiell bewußtseinsfähig, zumindest annäherungsweise. In der Psychotherapie arbeiten wir denn auch sehr oft in diesem Bereich zwischen Unbewußtem, Halbgeahntem und Bewußtem.

Die tiefste Schicht des Unbewußten, die vegetativen Basisfunktionen unseres Leibes, ist nicht bewußtseinsfähig: Wir werden niemals wahrnehmen können, wie sich der Sauerstoffaustausch in den Lungenbläschen oder der Strom des Blutes in unseren Gefäßen vollzieht. Wir können uns Bilder davon machen, aber es nicht wirklich spüren.

Ein ganz besonderer Aspekt des Bewußtseins ist die Fähigkeit des Menschen, sein Bewußtsein nicht nur auf „die Dinge da draußen" zu richten oder sich „von innen" zu spüren („Selbst"-Bewußtsein), sondern auch: Menschen können ihr Bewußtsein auch auf sich selbst „als Gegenstand" richten. Sie können sich *wie von außen* betrachten. Diese Fähigkeit nennen wir *„Ich-Bewußtsein"*.

Bei einer Party z. B. sehe ich mich Herrn X anlächeln und ihm Stichworte für sein Gerede über das Wesen der afrikanischen Frau liefern. Ich sehe uns beide wie in einem Film in dieser absurden Situation.

Oder: Ich „sehe" plötzlich wie von außen, daß ich die Hand erhoben habe, um mein Kind zu schlagen.

Die Fähigkeit, auf objektivierende Distanz gehen zu können, bedeutet unter anderem, daß wir unseren Impulsen und Affekten nicht ausgeliefert sind, daß wir einen Spielraum haben, eine „Zehntelsekunden-Freiheit", um uns in unserem Handeln zu betrachten (G. *Böhme* 1985). Ich könnte mich also entscheiden, ob ich Herrn X weiter zuhören oder ihn verärgern will. Ich könnte im Augenblick innehalten, meinen Ärger in einem Fluch ausdrücken und dann mit meinem Kind reden.

Die Freiheit, aus der Situation herauszutreten und uns als Ich selbst zu betrachten, nennen wir auch *Exzentrizität* (*Plessner* 1982). Sie ist die Grundlage für Selbstgestaltung, Selbstbeherrschung, Identitätsbildung und auch Intersubjektivität.

> Diese Freiheit ist das ganz speziell Menschliche, das uns über das durch Vererbung und spezielle Konditionierung geprägte Wesen hinaushebt. *Vielleicht* besteht diese Freiheit auch nur darin, daß wir uns *fragen* können, ob nicht jeder Moment unseres Lebens bestimmt ist durch unser Umfeld und unsere Biographie (*Foucault* 1971, *Elias* 1976).

Bewußte Selbsterkenntnis ist in unserer Zivilisation ein hoher Wert. Sie ist Grundlage für die Freiheit des Menschen, sich von seinen familiär-biographischen Prägungen teilweise zu lösen. Diese Selbstbewußtheit, die Exzentrizität, ist also eine für die Psychotherapie grundlegende Fähigkeit, wie wir weiter unten noch genauer sehen werden. Sie bleibt aber auch im therapeutischen Rahmen zwiespältig: Sich bewußt zu machen, was man fühlt und wie man wirkt, und eventuell Veränderungen anzustreben, ist *ein* Schritt. Ein weiterer Schritt ist es, diese Bewußtheit auch wieder zu relativieren, sich wieder eintauchen zu lassen in den Strom des „einfachen Bewußtseins", des spontanen Daseins (Zentrierung).

Plessner zeigt eindrucksvoll, daß die exzentrische Position letztlich das ist, was das speziell Menschliche ausmacht. „Der Mensch *lebt* (wie die Pflanze) und *erlebt* (wie das Tier) nicht nur, sondern er *erlebt sein Erleben*" (*Plessner* 1982).

Das Tier ist zentriert in seinem Leib und seiner Umwelt, es „hinterfragt" sein Verhalten niemals, es ist immer in der „eigenen Mitte". Der Mensch steht wesensmäßig immer – auch – außerhalb seines Leibes und seiner Umwelt. Er kann nach Zentrierung streben, sie aber nie so erreichen, wie das Tier sie hat. Die intensivste Annäherung an den Zustand der Zentrierung, die unmittelbare Gefühls-Gewißheit, ohne Abstand „in der eigenen Mitte" zu sein, ist im Moment intensivster affektiver Betroffenheit möglich (*Schmitz* 1989).

Gewöhnlich wird der Begriff der Zentrierung in der Integrativen Therapie in einer etwas anderen Bedeutung verwendet, etwa im Sinne von „gutem Kontakt zu sich selbst", „awareness", „ausgewogen in der eigenen Mitte" sein. Die scheinbare Diskrepanz entsteht dadurch, daß es sich bei den Begriffen „Exzentrizität" und „Zentrierung" von *Plessner* und *Schmitz* um philosophische Konzepte handelt, nicht um Beschreibungen von Erlebens-Qualitäten. Wenn wir die Begriffe aber auf das subjektive Erleben anwenden, ergeben sich interessante Aspekte von Ko-respondenz. Davon mehr am Ende des Kapitels „Persönlichkeitstheorie".

3.2.6 Entfremdung

Entfremdung bedeutet Bedrohung oder Verlust des sinnlich-leiblichen Bezugs zu sich selbst, den Mitmenschen, der Lebenswelt, eine Ver-Sachlichung des Leib-Subjekts, die durch „Haben" und „Machen" bestimmt ist. *Petzold* (1988) und *Petzold/Schuch* (1992) sprechen deshalb auch von „multipler Entfremdung".

Wenn ich z. B. nicht merke, wie ich immer angespannter werde und Magenbeschwerden entwickle, weil ich als Leiter eines personell völlig unterbesetzten Warenlagers unter Termindruck arbeiten muß; wenn ich täglich ca. acht Stunden innerlich abschalten muß, um die Arbeit am Monitor durchzuhalten; wenn ich im Auto (meinen „Ersatz-Beinen") herumrase, ohne ein Gefühl für die Geschwindigkeit zu haben; wenn ich in einem Hochhaus wohne und die Nachbarn nicht kenne; wenn meine Kinder den Klingelknopf zur Wohnung nicht erreichen und ich dagegen nichts unternehmen darf; wenn ich Kontakte nur noch in Selbsterfahrungsgruppen finde oder wenn ich mich nur noch in einer „exzentrischen" Sprache ausdrücken kann („In meiner Beziehung gibt es jetzt ein Stück mehr Nähe"); wenn ich Beziehungen nur noch zu den Menschen im Fernsehen habe – dann handelt es sich um Entfremdung.

Im Begriff der Entfremdung schwingt eine Vorstellung von Umwelt mit: die Fremde. Ich bin nicht mehr vertraut mit mir und meiner Umwelt. Ich kann sie mir unter Umständen auch nicht vertraut machen, weil sie zu sehr fremdbestimmt ist, von Sachen oder sogenannten Sachzwängen, durch starre Regulationen von Arbeitsabläufen oder durch starre bzw. undurchschaubare Hierarchien geprägt, durch Zeitdruck normiert, der spontane Kontakte z. B. verhindert.

Zu dem Begriff der Entfremdung gehört auch der der „strukturellen Gewalt": Gewalt, die als solche nicht so unmittelbar erfahrbar ist, wie z. B. Handschellen es wären, sondern als anonymes Schicksal erlebt wird, wie z. b. eine starr einschränkende Hierarchisierung von Beziehungen oder Verlust des Arbeitsplatzes.

Wenn man die Wirkung dieser strukturellen Entfremdung bedenkt, wird einem unmittelbar klar, daß sich eine Therapietheorie nicht nur auf die Pathologie von Persönlichkeiten beschränken kann, sondern, zumindest in Ansätzen, Vorstellungen von der Pathologie von Lebenswelten mit entwickeln muß. (Zur Vertiefung dieses Themas empfehlen wir *Norbert Elias* 1976, *J. Habermas* 1988, *P. Goodman* 1984 und *Petzold/Schuch* 1992.)

3.3 Zusammenfassung

Nach unseren Exkursen können wir die Frage, die wir zu Beginn des Kapitels gestellt haben: „Was für ein Wesen ist der Mensch eigentlich?" im Sinne der Integrativen Therapie folgendermaßen beantworten:

Der Mensch ist ein *leibliches Wesen* (Leibsubjekt), das in, mit und durch seine *Lebenswelt* (Mitwelt) existiert.

Der Austauschprozeß zwischen Mensch und Lebenswelt wird als *Ko-respondenz* bezeichnet. *Intersubjektivität* ist eine spezifische, für das menschliche Miteinander heilsame Form von Ko-respondenz. Ko-respondenz vollzieht sich also als Entwicklungs- und Veränderungsprozeß des „Leibsubjekts" *in der Zeit*. Vergangene Erfahrungen werden als Grundlage der Persönlichkeitsstrukturen gespeichert und als Erwartungen und Motivation in die Zukunft projiziert. Die Menschen ko-respondieren mit ihrer Mitwelt, indem sie wahrnehmen (Ko-Perzeption), sich ausdrücken (Ko-Expression), handeln (Ko-Operation), Neues schaffen (Ko-Kreation) und sich Erinnern (Ko-Memoration).

Das häufig wiederholte „Ko" ist die Vergewisserung darüber, daß Menschen nur als „Ko-Existierende" zu verstehen sind.

Im Austausch mit ihrer Umwelt entwickeln Menschen *Bewußtsein* und vor allem *Bewußtheit* von sich selbst. Wenn es zu chronischen Störungen in der Ko-respodenz kommt, sprechen wir von *Entfremdung*.

Das Ziel einer auf solcher Anthropologie gegründeten Therapie ist es, dem Menschen zum besseren Verständnis seiner selbst im Lebensganzen zu verhelfen, seine Beziehungsfähigkeit zu verbessern und seine schöpferischen Kräfte zu fördern.

4. Persönlichkeitstheorie

4.1 Vorbemerkung

Die Persönlichkeitstheorie der Integrativen Therapie beruht auf den anthropologischen Grundannahmen über *„Leiblichkeit", „Ko-respondenz"* und dem *„szenischen Charakter von Erleben und Verstehen"* (Bühnenmodell). Aus ihnen lassen sich die zentralen Konzepte des *„Selbst"* als *„Leib-"* und *„Rollen-Selbst"*, des *„Ich"* und der *„Identität"* entwickeln.

Selbst, Ich und Identität sind keine irgendwie gegebenen „Instanzen", sie sind Konstrukte, die dazu dienen, die Entwicklung von Persönlichkeit und Persönlichkeitsstrukturen vorstellbar, verstehbar und beschreibbar werden zu lassen. Sie sind nicht als Kategorien nebeneinander, sondern als ineinander verflochtene Textur zu verstehen.

Das bringt uns bei der Darstellung gelegentlich in Schwierigkeiten, weil wir zum einen Konzepte voraussetzen müssen, die wir erst später erläutern, und zum anderen, weil wir manche Konzepte getrennt darstellen müssen, die eigentlich eng zusammengehören, wie z. B. „Leib- und Rollen-Selbst" oder „Rollen-Selbst und Identität".

Petzold verwendet in den letzten Jahren das Konzept des „Rollen-Selbst" nur noch im entwicklungspsychologischen Kontext als Übergangs-Stadium. Soweit wir sehen, geschieht das aus zwei Gründen:
1. weil er das „Rollen-Selbst" im Konzept der Identität mit aufgehen läßt und
2. weil sich durch die begriffliche Trennung von „Leib- und Rollen-Selbst" der alte Leib-Seele-Dualismus „durch die Hintertür" wieder einschleichen könnte.

Petzold beschränkt sich also auf die drei Grundkategorien „Leib-Selbst", „Ich" und „Identität" zur Beschreibung der sich entwickelnden und der entwickelten Persönlichkeit.

Wir ziehen es vor, am Konzept des „Rollen-Selbst" festzuhalten, weil es uns ausgesprochen nützlich erscheint, zusammen mit den drei anderen Konzepten plastisch anschaulich zu machen, was das „Selbst" eigentlich ist und wie es sich zum *„reifen Selbst"* entwickelt.

Wir beginnen das Kapitel mit der Darstellung des „Selbst", dem Konzept, das den Gesamtbereich der Persönlichkeit umfaßt. Wir werden zunächst den Aspekt des *„Leib-Selbst"* als Basis aller Funktionen des „Selbst" beschreiben. Es folgen Abschnitte über *Lebenswelt* und *Zeit* (Kontext und Kontinuum) als Grundlage für die Strukturbildung des „Selbst".

Bei der dann folgenden Beschreibung des *„Rollen-Selbst"* besprechen wir das „Bühnenmodell" und in diesem Zusammenhang auch die Konzepte *„Szene"*, *„Atmosphäre"*, *„Ikone"*, *„Narration"* und *„Narrativ"*.

Nach den Abschnitten über *„Ich"* und *„Identität"* beenden wir das Kapitel Persönlichkeitstheorie mit Exkursen über spezielle Aspekte von *Korespondenz*, nämlich

1. über den *Interaktions-Aspekt* („Impuls-, Beziehungs-, Kommunikations- und Kooperationsebene"),

2. den *Kontakt-Aspekt* (Konfluenz, Kontakt, Begegnung, Beziehung, Bindung) und

3. den *situativen Aspekt* (Exzentrizität, Zentrierung, Involvierung).

4.2 Das Selbst

Das Selbst ist Grundlage und Gesamtbereich der Persönlichkeit. Es umschließt den Leib, die angeborene Ausstattung des Menschen (Temperament, körperliche Gestalt, Bedürfnisse/Antriebe/motivationale Impulse, Instinktverhalten), kollektive Vorstellungen, überlieferte Geschichten der Völker und des eigenen Volkes, die persönliche Geschichte und die der eigenen Familie, die individuellen Verhaltens- und Erlebenstendenzen, die gegenwärtigen Beziehungen, Motivationen und die Zukunftsvorstellungen. Das Selbst umfaßt Physisches und Psychisches, es ist daher mit Begriffen unserer Alltagssprache, die beide Bereiche trennt, schwer zu fassen.

Konkreter wird das Konzept des Selbst, wenn wir es unter den Aspekten „Leib-Selbst" und „Rollen-Selbst" betrachten. Diese werden wir weiter unten ausführlich darstellen.

Das Selbst entwickelt sich von Beginn des Lebens an. Wir können es uns vorstellen als eine Art „Flußbett", in dem sich viele Einflüsse zu einem Strom vereinigen, so daß er immer wieder etwas Neues und Einzigartiges darstellt. Das Selbst besteht aber nicht nur aus dem „Material" dieser Einflüsse, es hat auch immer ein mattes Bewußtsein von sich selbst, ein Gefühl, daß es existiert, wahrnimmt, sich bewegt, „tätig ist". Als Bild könnten wir uns also einen Fluß vorstellen, der ein Gepür dafür hat, wie es in ihm zusammenfließt und wie er fließt.

Das Selbst entwickelt sich und besteht also aus drei „Quellen":
- der Leibbasis mit ihren materiellen und transmateriellen Funktionen, insbesondere *Wahrnehmung, Handlung* und *Gedächtnis*,
- dem Prozeß des *Aufnehmens, Organisierens* und *Integrierens* von Erfahrungen,
- dem *Selbst-Gefühl*, einem, wenn auch matten, Bewußtsein von diesem Prozeß.

Dieses letztere, also das *Selbst-Gefühl*, läßt sich seinerseits pragmatisch in vier Grundgefühle differenzieren:
- das Gefühl von Wahrnehmungsfähigkeit und Handlungsbereitschaft,
- das Gefühl von affektiver Betroffenheit (besser: affektiver Betreffbarkeit), von Wollen, Bezogen-sein, Verbindung-Haben zu Menschen und Dingen („Intentionalität"),
- ein basales Zeitgefühl; vor allem das Gefühl der Selbstkonstanz in der Zeit („Ich bin am Morgen noch dieselbe wie am Abend zuvor"),
- ein Gefühl vom Zusammenhalt des Leibes, vor allem dem rudimentären Gefühl von der Abgegrenztheit im Raum, der Orientierung im Raum, dem eigenleiblichen Spüren (Propriozeption).

Petzold (1988) und *Scharfetter* (1991) sprechen in diesem Zusammenhang auch vom „archaischen Selbst" (vgl. auch *D. Stern* 1985, *Sacks* 1991, *Schmitz* 1989).

Diese basalen Selbstgefühle sind uns normalerweise völlig selbstverständlich, kaum bewußt, ebensowenig wie unser gesund „funktionierender" Leib. Störungen dieser Selbstgefühle sind jedoch sehr schwer, sehr erschütternd, psychoseartig oder tatsächlich psychotisch (vgl. *R. Tölle* 1988, *Petzold* 1993).

4.3 Das Leib-Selbst

Das Leib-Selbst umfaßt die organismische Basis und alle leiblich fundierten Prozesse der Persönlichkeit. Der Begriff „Leib-Selbst" wird deshalb in der Integrativen Therapie oft auch für das „Selbst" schlechthin verwendet als Ausdruck dafür, daß das „Selbst" nur leiblich vorstellbar ist: Das „Leib-Selbst" ist nicht etwas anderes, kein anderes „Ding", als das „Rollen-Selbst" oder das „Ich" (vgl. Anthropologie „Leiblichkeit").

Wir werden uns im folgenden mit verschiedenen Aspekten des Leib-Selbst beschäftigen: „Leib und Bewegung", „Empfindung und Gefühl", „Leib- bzw. Körper-Schemata", „Leib-Wissen", „Leib-Rhythmen", „Leib und Ko-respondenz" und „Leibliche Funktionsbereiche" (perzeptiver, expressiver, memorativer, fungierender Leib).

4.3.1 *Leib und Bewegung*

Spontan aktiv zu sein, gehört zum Wesen des lebendigen Menschen. Leiblichkeit ist immer mit Bewegung verknüpft, Bewegung der Gefühle, der Gedanken, der Gliedmaßen, auch der Hormone. Wir atmen, verdauen, rennen, nehmen Blickkontakt auf. Selbst faul auf dem Sofa liegend oder noch im Schlaf sind wir in Bewegung.

Wir verstehen den Menschen als ein Wesen, das *„in-Beziehung"* ist, zu Dingen, zu Menschen, zu seiner Umwelt. Auch diese Vorstellung von Beziehung (Intentionalität) schließt ja Bewegung ein: Hin-zu.

Modell-Vorstellungen von „Antrieb" oder „Reiz" sind nützlich. Man läuft mit ihnen jedoch Gefahr, sich den Menschen als Wesen mit einem „Außenbordmotor" vorzustellen: Hier ist ein Mensch, im Prinzip in Ruhe, der geschubst oder gezogen werden muß durch eine innere oder äußere Energiequelle (Antrieb oder Reiz). Diese Metapher ist falsch gewählt. Der Mensch ist nie in Ruhe, immer in mehr oder weniger sichtbarer Bewegung. Man braucht keine zusätzlichen energetischen Konzepte, um zu verstehen, warum eine Person handelt, sich überhaupt verhält und entwickelt (*Herzog* 1984).

Zu fragen wäre eher, in welcher Weise sie sich verhält und bewegt und warum gerade so. Im therapeutischen Fall wäre zu fragen: „Was ist dieser KlientIn geschehen, daß sie sich so wenig oder so viel oder so eckig bewegt, oder daß sie so viel, so wenig oder so eckig denkt?" Oder: „Auf welche Ziele hin bewegt sie sich?" (die Frage nach ihrer Motivation).

Alle *seelischen* Vorgänge: etwa *Wahrnehmen* der Farbe des Himmels, *Empfinden* der Kälte des Wassers an den Füßen, *Spüren* des Kloßes im Hals, *Fühlen* von Zuneigung, *Nachdenken* über die Wolkenbildung, „sich jemandem zuwenden" und ihn berühren, „in Kontakt treten", sind *leibliche Vorgänge* und Bewegungen. Sie zeigen sich als Bewegung manchmal offen, manchmal verdeckt:
- als Handlungs*pläne*, z. B. als Vorstellung von der Neigung des Kopfes bei Zuneigung (mit entsprechenden neurophysiologischen Innervationsmustern), auch dann, wenn der Handlungsplan nicht ausgeführt wird,
- als *angedeutete* Handlungen (Handlungssymbol oder Geste), wie z. B. das freundliche Lächeln und die angedeutete Neigung des Kopfes in der Richtung des Adressaten der Zuneigung,
- als sich *vollziehende* Handlung, z. B. Berührung, Kontaktaufnahme in der Zuneigung.

4.3.2 „Empfindung" und „Gefühl"

Im Laufe unserer soziogenetischen (gesellschaftlichen) und ontogenetischen (biographischen) Entwicklung werden unsere Handlungen und unsere Bewegungen im Raum immer stiller, immer weniger dinglich. Dies geschieht vor allem im Laufe der Sprachentwicklung. Bewegungen werden durch die Sprache symbolisiert. Die Sprechhandlung wird noch stiller, wenn sie zum Gedanken wird: Wir bewegen dann nicht mehr reale Dinge in einem realen Raum, sondern bewegen nur noch Begriffe im Vorstellungsraum. Der Übergang von leiblich-konkreten zu symbolischen Bewegungen erweitert unseren Spielraum ins nahezu Unermeßliche (Phantasie). Gleichzeitig lockern wir damit den konkret-sinnlichen Bezug zur Welt: Das konkrete Anfühlen wird zum Ge-fühl. Die konkrete Szene:

„Eine faßt die andere wirklich an und spürt, sie ist warm" (Empfindung), wird zu einem verinnerlichten Prozeß (Gefühl), also einer Vorstellung oder einer Phantasie von dem Geschehen zwischen diesen beiden Menschen („Wir haben eine warme/freundliche Beziehung"). So ungewohnt es klingt: Im Unterschied zu *Empfindung* enthält das Gefühl bereits ein Element der „Ver-innerlichung", der Abstraktion. Die Empfindung ist konkret sinnlich: rauh-glatt, warm-kalt, hart-weich, hell-dunkel, laut-leise, sauer-süß. Die meisten *Gefühle* sind schon abstrahiert, es sind schon basale Persönlichkeitsstrukturen, von der Erfahrung geformt und nur im Zusammenhang mit Atmosphären und Szenen wirklich verstehbar, wie z. B. Neid, Groll, Trauer, Glückseligkeit. Wie wichtig leibliche Empfindungen für unsere Gefühle sind, merken wir am dramatischsten bei „leiblichem Entzug", z. B. im Extrem der Einzelhaft: Vorgestellte Kontakte allein befriedigen uns auf die Dauer nicht (vgl. *Petzold* 1993).

Gefühle und Empfindungen lassen sich auch verstehen als die Feedbacks, die im Zusammenhang mit unserem Handeln auftreten. Sie begleiten und „kommentieren" alle unsere gelungenen oder mißglückten Aktionen oder kennzeichnen sie durch affektives Vorwegnehmen als wünschens- oder vermeidenswert. („Wenn ich daran denke, daß ich morgen einen schwierigen Vortrag halten muß, wird mir angst und bange.")

Was wir üblicherweise als Gefühl bezeichnen, sind leibliche Ereignisse: Ohne die leiblichen Empfindungen von Engung (Angst), Weitung (Lösung), Spannung (Interesse), Schwellung (Hochgefühl) wären unsere Gefühle gleichsam nur Abziehbilder, „Photos" von Gefühlen. Keine Angst ohne Herzklopfen, keine Trauer ohne eine gewisse Gliederschwere, keine Freude ohne Leichtigkeit der Bewegung (Hüpf-Impuls), keine Wut ohne Anspannung von Faust und Bizeps. *Hermann Schmitz* (1989) sagt, daß die spontane Selbstgewißheit: daß „ich *Ich* bin", daß „ich *da* bin", „*ich* bin es, deren Wut ich spüre, und nicht jemand anderes", letztlich in der leiblichen Regung liegt. (Diese Selbstgewißheit ist nicht zu verwechseln mit einer exzentrisch beobachtenden Ich-Bewußtheit; vgl. unten.)

4.3.3 Leib-Schemata

Wir alle entwickeln Vorstellungen von unserem Leib, von seinem äußeren Bild und seinen inneren Zusammenhängen, die teils bewußt werden, aber meist unbewußt bleiben. Bewußt sehen wir uns meist als unser Spiegelbild, manchmal versuchen wir dann mehr oder weniger intensiv, dieses Bild zu verändern, um es unseren Idealvorstellungen oder denen des Zeitgeistes anzunähern (z. B. Haarstyling).

Mindestens ebenso bedeutsam wie dieses visuelle *Leib-Schema* sind aber das *propriozeptive* („inner-leiblich gespürte") und das *räumlich-motorische Leib-Schema*, in denen sich sehr konkret das Grundgefühl des „In-der-Welt-Seins" ausdrückt (*Merleau-Ponty* 1964). Diese zuletzt genannten Schemata entwickeln sich zeitlich früher als das visuelle. *Schmitz* (1989) hat in seiner „Phänomenologie der Leiblichkeit" diese Leibschemata ausführlich beschrieben.

Er meint damit die unbewußten oder vorbewußten Vorstellungen (Empfindungen) vom eigenen Leib, als zum Beispiel etwas „Langem/Dünnem/Schlenkrigem" oder „Kernigem/Kompaktem/Elastischem" oder „Fettem/Wabbeligem/Puddingartigem" oder „Oben-ganz-dick-und-Unten-ganz-Dünnem" oder von „Hohlräumen in mir", „vom Raum, den ich mit meinen Bewegungen ausfülle" u.a.m.

In der leibtherapeutischen Arbeit mit Ton (z. B. Formen des eigenen Körpers mit geschlossenen Augen) oder in bewegungstherapeutischen Übungen/Erfahrungen kann diese Art des meist unbewußten, nicht benennbaren Körperschemas zum Ausdruck gebracht werden (*Heinl* 1990).

Das Leib-Schema enthält und prägt viel von der eigenen Identität. Es muß nicht mit der meßbaren Realität des eigenen Körpers übereinstimmen, wie man bei magersüchtigen KlientInnen besonders drastisch erleben kann (*Garfinkel et al.* 1977).

> Die Art und Weise, wie wir uns selbst zu spüren lernen, ist grob-vereinfacht an zwei ganz verschiedene Sinnessysteme gebunden: an die Sensumotorik und an die Tiefensensibilität. Was damit gemeint ist, soll das folgende Beispiel verdeutlichen: Wenn man mit einer Hand die andere befühlt, als ob es zum ersten Mal geschehe, dann ist die Aufmerksamkeit auf diese Erfahrung gerichtet und vermittelt einem ein Bild der Hand

bezüglich Größe, Form, Konsistenz usw. Wenn man sich entscheiden sollte, mit welcher der beiden Hände man im Augenblick mehr identifiziert ist, würden die meisten Menschen wohl die aktive Hand nennen. Die andere Hand gibt höchstens „ergänzende Kommentare". Das Ergebnis der Untersuchung wäre zwar nicht ganz dasselbe, wie wenn es sich um einen fremden Gegenstand handelte, aber es ist dem doch ähnlich. Ganz anders erlebt man die eigenen Hände, wenn sie ruhig daliegen und man sich bemüht, sie mit geschlossenen Augen sozusagen von innen zu fühlen. Was man dabei erfährt, ist zwar nicht räumlich gut gegliedert von der Umgebung abgegrenzt, aber es handelt sich irgendwie mehr um einen selbst. Die erste Art von Erfahrung wird vermittelt über die Sensumotorik, die zweite über die Tiefensensibilität.

Die Entwicklung der Leib-Schemata ist noch weitgehend ungeklärt. Sie beginnt sicherlich schon im Mutterleib. Das Gefühl, ein einheitlicher Leib zu sein, scheint nicht von Anfang an gegeben zu sein. Es scheint sich aus Vorformen („Leibinseln") zu entwickeln, die nicht unbedingt mit den anatomisch-physiologischen Gegebenheiten übereinstimmen (z. B. „die Gegend um das Fußgelenk herum", die „Schulter-Nacken-Gegend"). Sie sind Ergebnis einer eigenen Form propriozeptiver Wahrnehmung und Integration und bilden unter Umständen den Ausgangspunkt für spezielles Schmerzerleben, das der „klassisch medizinische" Neurologe nicht nachvollziehen kann, weil es der Anatomie der Nervenbahnen nicht entspricht. Solche „Leibinseln" können auch bestimmte Beziehungsmuster symbolisch zum Ausdruck bringen, wenn etwa „der ganze Brustraum wehtut", weil man als Türkin die „Kälte im fremden Norddeutschland" einatmen muß.

4.3.4 Leib-„Wissen"/der „phantasmatische Leib"

Diesen Abschnitt hätten wir auch überschreiben können: „Im Dikkicht des Unbewußten". Es geht nämlich darum, zu erfassen und zu beschreiben, daß wir als Leib-Selbst mehr „wissen" von uns und der Welt, als uns bewußt ist, und erst recht mehr, als wir sprachlich zum Ausdruck bringen können.

Dieses archaische „Leib-Wissen" bezieht sich auf den Bereich früher, auch „früh-menschlicher" (atavistischer) kollektiver und individueller Erfahrungen. Es schließt tief unbewußte Erfahrungen ein, die in der Regel nicht bewußtseinsfähig sind (z. B. der Druck des Blutes), ebenso das individuell und kollektiv Verdrängte und die bewußtseinsnahen, bewußtseinsfähigen Symbolisierungs- und Assoziations-Prozesse des magischen Denkens.

Wir wählen das Wort „Erfahren" als Oberbegriff für das, was in den Leib „eingeschrieben" wird, was z. B. als bedingter Reflex gespeichert und ausgelöst wird, ohne daß dies jemals bewußt würde. Mit „Leib-Wissen" sind auch die Erfahrungen gemeint, die der Organismus aus der vor-geburtlichen Zeit und aus ganz frühen Leib-Kontakten mitbringt, z. B. Leib-Atmosphären von „Kälte", „Starre", „kerniger Vitalität", „sanftem Schweben", „Zerfließen", „Überbrandetwerden" u. ä. (*D. Stern* 1985; *H. Schmitz* 1989; *Petzold* 1993).

Hierher gehört auch, was uns als Instinktverhalten angeboren ist, z. B. die Dunkelangst, die Angst vor dem Fallen, die Tendenz, sich mit dem Rücken zur Wand zu stellen und nicht in den freien Raum. Ebenso das unbewußte „Wissen um" die Dinge der Umwelt, z. B. die Fähigkeit, Dinge als die gleichen wiederzuerkennen, unabhängig davon, ob man sie von vorn oder von der Seite sieht (Gestalt-Konstanz), das „Wissen" z. B. darum, wie man zu begehrten Dingen hinkommt (strampeln, fuchteln, intensiv danach blicken), selbst wenn man das als Säugling noch nicht real schafft. Dieses „Leib-Wissen" schließt die Erfahrung früher Atmosphären und früher Bilder ein, die später als vorbewußter Erlebenshintergund oder als diffuse Gestimmtheiten, als unerklärliche Ängste oder Vorlieben erscheinen, „der namenlose Schreck, das namenlose Glück". Diesem „Leib-Wissen" entspringen auch die symbolträchtigen Bilder und Ereignisse unserer Träume, und oft auch die leiblichen und seelischen Symptome, wenn wir erkranken, z. B. an Ängsten, Wahnbildern, Hypochondrien leiden.

Freud (1981) hat den Bereich des „Leib- und Traum-Wissens" als „Es", und seine Funktionen als Primärprozeß bezeichnet. *Merleau-Ponty* spricht in einem ähnlichen Sinne von „wildem Geist" (vgl. *Waldenfels* 1986).

Petzold nennt dieses „Leib- und Traum-Wissen" den „phantasmatischen Leib" (*Petzold, Orth* 1991).

Wenn wir Zwiesprache mit einem Pferd oder mit dem Feuer halten, oder in Trance im Weltraum schweben, wenn uns Wolken als „geballte" Macht bedrohen, wenn wir in einer lebensgefährlichen Krankheit davon träumen, daß wir eine steile Felswand hinaufklettern und sich uns erst im letzten Moment eine Hand entgegenstreckt, wenn wir im Horrortrip spüren, wie uns die Arme abfaulen oder wenn uns nach schweren Operationen Bilder von verletzten und geschlachteten Tieren heimsuchen, dann sind wir in Zuständen des „phantasmatischen Leibes".

Petzold und *Orth* (1991) gehen davon aus, daß diesen phantasmatischen Erlebnissen, wenn sie uns bewußt werden, bereits Deutungen zu Grunde liegen, die wir unseren sehr frühen, diffusen oder überwältigenden Leib-Erfahrungen, vor allem aus dem 1. Lebensjahr, in der Phase des magischen Denkens (ca. 4.-5. Lebensjahr) gleichsam rückwirkend gegeben haben. Sie gehen ferner davon aus, daß sich diese Art der magischen Welt-Deutung auch später als regressiver Prozeß wiederholt.

Unser Realitätssinn, von *Freud* dem sog. „Sekundärprozeß" zugeordnet, sagt uns, daß das Pferd uns wahrscheinlich hört und den Gefühlsklang unserer Stimme erfaßt, nicht aber mit uns geredet hat, daß die Wolke uns nicht bedroht, höchstens mit dem Regen. Das Realitäts-Wissen und die Realitäts-Prüfung, das rationale Denken, leiten uns vernünftig in der Welt. Was aber erfüllt uns mit dem Gefühl des „tieferen Sinns"? (*„Was* denkt die Vernunft, wenn sie denkt?" – *Waldenfels* 1985) Wir können zumindest sagen, daß wir uns in unseren kreativsten Momenten auf unser „phantasmatisches Wissen" beziehen, daß wir aus unserer Phantasie schöpfen. Einfälle und Energien und eine große Integrationskraft stammen aus dieser Sphäre. Dies ist auch der Grund, warum wir in der Therapie bei der Arbeit mit kreativen Medien die KlientInnen manchmal anregen, die Augen zu schließen und so die Realitätskontrolle zu lockern. Manche Menschen können sich dann eher den inneren Bildern überlassen. Die tieferen Gefühle und Erlebensformen kommen auf diese Weise unmittelbarer zum Ausdruck und vom Ausdruck ins Bewußtsein (nicht umgekehrt!) und werden so zugänglich. Wichtig ist – natürlich nicht nur in der Form der therapeutischen Arbeit –, daß das Primär- und Sekundärprozeßhafte, daß der „wilde" und der „zivilisierte" Geist in der Balance sind.

4.3.5 Leib-Rhythmen

Leibliche Rhythmen und Zyklen (Schlafen-Wachen, Hunger-Sättigung, Ein-Ausatmen, Spannung-Entspannung, Hochform-Niedrigform, Engung-Weitung, Menstruation, Entwicklung und Altern) verbinden uns mit den Rhythmen der Welt (Ebbe-Flut, Tag-Nacht, Jahreszeiten, Mondphasen) und denen anderer Menschen (Tanzen, Gehen, Atmen). Diese Rhythmen erzeugen und bestätigen die unbewußte Verbundenheit mit der Welt und anderen Menschen. Schwere Persönlichkeitsstörungen äußern sich häufig in dem Gefühl, aus diesen Rhythmen herausgefallen zu sein. Krankheiten zeigen sich oft in Rhythmusstörungen, wie z. B. die schwere Störung des Schlaf-Wachrhythmus bei Depressiven oder Zyklusstörungen bei Frauen, die unter chronischer Angst und Belastung stehen.

Bewußtseinszustände entwickeln sich auch in rhythmischen Wechseln: z. B. hellwaches Wahrnehmen der Umwelt, Phasen der Selbstbeobachtung, Selbstvergessenheit bei intensiver Arbeit, meditative Zustände und Schlaf. Solange diese Zustände flexibel ineinander übergehen können, ist der Mensch seelisch gesund. Wenn sich bestimmte Zustände fixieren, ist die Gefahr der Erkrankung gegeben (vgl. *G. Böhme* 1985). So macht zum Beispiel der Zustand der Selbstbewußtheit Schlaf oder auch intensive Arbeit unmöglich (und führt evtl. zu einer Zwangskrankheit); der Zustand chronischer Anspannung und Anstrengung stört die Sexualität, die sich nur spontan ergeben kann.

Das Organismusmodell (= Kontakt-Zyklus-Modell) der klassischen Gestalttherapie (vgl. *Perls* 1978, *Hartmann-Kottek-Schröder* 1983, *Petzold* 1988) beruht weitgehend auf der Vorstellung einer zyklischen Selbstregulation des Leibes: Aus Grundstimmungen heraus bilden sich Bedürfnisse und Motivationen (als Figur auf dem Grund des Gesamtorganismus) und werden wahrgenommen (Awareness). Das Leib-Selbst tritt in Kontakt zu entsprechenden „Objekten" der Umwelt, es entwickelt Suchbilder und handelt schließlich. Wenn sich der Kontakt vollzieht, wird Befriedigung erfahren. Die gegenwärtige Figur-Grund-Differenzierung kann sich zugunsten einer neuen Entwicklung auflösen, eine neue „Windung" im Kontakt-Zyklus beginnt.

Das Modell des Kontakt-Zyklus von *Perls* ist vom anthropologischen Ansatz her nicht differenziert genug, um menschliches Verhalten zu beschreiben. Wenn man es aber um die spezifisch menschlichen Dimensionen (Geschichtlichkeit, Ko-respondenz, Sinnfindung) *erweitert*, ist es ein nützliches Modell, das die schwierigen Zusammenhänge zwischen Persönlichkeit („Seele") und Organismus („Körper"), also auch psychosomatische Erkrankungen, leidlich gut erklärt (vgl. auch v. *Uexküll* 1986). Wir greifen deshalb immer wieder auch auf dieses erweiterte Kontakt-Zyklus-Modell zurück, z. B. im Zusammenhang mit dem Persönlichkeitsprozeß in Kontext und Kontinuum und der Krankheitslehre.

Im Zusammenhang mit dem rhythmischen Wechsel von Selbst-Zuständen möchten wir einige Begriffe klären, von denen in diesem Buch (und in anderen Therapiebüchern) immer wieder die Rede ist: Bedürfnis – Motivation – Antrieb – Reiz. Wir erheben allerdings nicht den Anspruch, hier ihre ganze theoretische Komplexität erfassen zu können.

Unter einem *Bedürfnis* verstehen wir einen ins Bewußtsein gelangten *Anzeiger* für ein Mißverhältnis, das im Selbst, bzw. im Organismus entstanden ist, und eine Veränderung der Situation erforderlich macht (*Henderson* 1972). Wir haben so verschiedenartige Bedürfnisse, wie z. B. das nach Sauerstoff, nach Sexualität, nach Zuwendung, nach sauren Gurken, nach Orientierung, nach Betätigung, nach Neuem, nach Macht oder Abhängigkeit, nach ästhetischer Befriedigung. Bedürfnisse sind immer in hohem Maße kulturell und biographisch modelliert und auch situationsabhängig. Sie bilden die vielfältigsten Mischungen. Wir sprechen deshalb auch von *Motivationen*.

Ein *Antrieb* ist ein evolutionsgeschichtlich gebildeter Plan in aktiviertem Zustand, eine Art Regulationsmechanismus des zentralen Nervensystems, durch den die immer vorhandene Aktivität des Organismus in Richtung auf eine bestimmte Bedürfnisbefriedigung gebündelt wird (*Kiener* 1978). Dabei werden gegebenenfalls Reserven mobilisiert und vor allem konkurrierende Aktivitäten bis zur Erreichung des Zieles gehemmt. Man kann den „Antrieb" betrachten als eine Art bewußtseinsfähiger Entscheidungshilfe angesichts der Tatsache, daß Bedürfnisse im allgemeinen in höchst verwickelten Verhältnissen zueinander stehen. Der Regulationsmechanismus „Antrieb" bringt sie in eine Rangordnung („Zuerst kommt das Essen und dann die Moral"). Der „Antrieb" setzt also nicht in Gang wie der Dampfdruck die alten Lokomotiven, sondern er ermöglicht durch selektive Betonung, daß alle anderen auch möglichen Ziele für den Augenblick mehr oder weniger verblassen. Wie „er" das macht, wissen wir nicht. Wir können das Geschehen nur als Form von Prägnanzbildung, von Gestaltbildung beschreiben, die sich im Austausch mit der Umwelt ergibt. Der von *Kurt Lewin* in seiner Motivationstheorie beschriebene „Aufforderungs- oder Vermeidungscharakter" der Dinge in einem Handlungsfeld ist hier von Bedeutung. Wir sehen „Antrieb" also als Bündelung von Motivationen an, nicht als Trieb im Sinne eines biologisch fundierten Ur-Bedürfnisses, aus dem sich alle weiteren Motive ableiten.

Ein *Reiz* ist ein Phänomen (ein Objekt, ein anderes Subjekt oder eine Erfahrung) im Lebensraum eines Individuums. Er entwickelt eine emotionale Wertigkeit. Reize haben Aufforderungscharakter (als positive Reize, als Bedürfnis-Entgegenkommen) oder Vermeidungscharakter (als negative Reize, die Angst und Abneigung auslösen) (*Kurt Lewin* 1963). Reize werden nur dann Reize, wenn sie in positiver oder negativer Weise mit einem Bedürfnis korrespondieren. Auf die Problematik der Abgrenzung von Reiz und Bedürfnis können wir hier nicht speziell eingehen (vgl. dazu *H. Schmitz* 1989, *H. Petzold* 1993).

4.3.6 Leib und Ko-respondenz

Das Leibkonzept der Integrativen Therapie betont, ja beruht darauf, daß alle unsere Beziehungen, unsere Kontakte letztlich leiblich sind. Das Medium des Kontakts zu unserer Umwelt ist unser Leib, ganz besonders unsere Haut. Kontakt (con-tangere = berühren) setzt *Berührung* und *Abgrenzung* voraus. Was nicht abgegrenzt ist, was ineinanderfließt, kann sich nicht berühren. Was zu stark berührt (Grenzen überschreitet), verletzt (vgl. *Eisler* 1991). Unser Leib ist die Grundlage und gleichzeitig das Modell für alle Grenzerfahrungen: „Hier höre ich auf, hier hört mein Bereich auf, deiner beginnt." Aber auch andere Sinnesorgane, vor allem die Augen, berühren und grenzen ab (Blick-Kontakt, abweisender Blick, Begegnung mit Blicken).

Alle leiblichen Funktionen sind mehr oder weniger stark oder direkt durch zwischenmenschliche Beziehungen beeinflußt und beeinflussen diese. Leibliche Funktionen können damit direkt oder stellvertretend/symbolisch Beziehungsstörungen ausdrücken

(„Wenn ich sie sehe, fange ich an zu frieren", oder: „Vor jeder noch so harmlosen Prüfung bekomme ich Durchfall", oder: „Ich laufe mit gebeugtem Nacken durch die Welt als Ausdruck meiner Demut"). Was der Mensch in seinen Beziehungen zur Umwelt nicht zum Ausdruck bringen kann (z. B. Trauer) oder handelnd verändern kann (z. B. durch Wut), bringt er unter Umständen im oder am eigenen Leibe zum Ausdruck.

Ein vereinfachtes Beispiel:
Eine 16jährige anorektische Klientin ist auf eine unklare Weise wütend auf ihre Mutter, die alles und jedes kontrollieren will, ihr alles und jedes vorschreibt, „um sie zu beschützen". Sie kann diese Wut nicht ausdrücken, weil sie überzeugt ist, daß die Mutter es gut meint, und weil sie sie im allgemeinen so fürchtet und achtet, daß ihr die Äußerung von Ärger der Mutter gegenüber wie ein „Unding" erschiene. Sie beginnt zu hungern, weil sie es unerträglich findet, wie körperliche Bedürfnisse „ihr Leben beherrschen", wie „dieser ekelhafte Bauch einem geistigen Wesen vorschreiben kann, wann und wieviel zu essen ist". Sie hat ihre Wut und ihr Autonomiestreben gegen ihren eigenen Körper gerichtet (verschoben) und setzt sich gegen dessen Diktat zur Wehr, statt sich gegen die Mutter zur Wehr zu setzen.

Grundlegende menschliche Beziehungen werden über leibliche Funktionen geprägt. Sie bleiben richtungweisend für die Persönlichkeitsentwicklung:
- Nähren im engeren und weiteren Sinne
- Beruhigen / Halten
- Anregen / Spielen
- Anblicken / Zuhören
- Hin- und Weglaufen
- Sexuell Reizen
- Bezwingen
- Schlagen
- Zusammenstauchen
- Manipulieren
- Angreifen/Abwehren
- Kontrollieren

Ein fundamentaler Teil unserer Erziehung (Sozialisation) erfolgt als Kontrolle leiblicher Funktionen: Stillsitzen, Nicht-Zuschlagen,

Nicht-Rülpsen, richtige Distanz einhalten, zunächst als räumlicher Abstand, später auch symbolisch durch Anrede, Wortwahl usw. Die Methoden absoluter Kontrolle sind immer leiblich (Festhalten, Schlagen, Foltern) (*Petzold* 1988).

Auch unsere Identität, „wer wir sind", welche Rollen wir spielen, drückt sich leiblich aus in der Art, wie wir uns bewegen, reden, uns kleiden (aufrecht/gebeugt; laut/leise; bunt/grau). *Wir verkörpern uns*. Die Gesamtheit dieser sozial geprägten Verhaltensweisen, diese Verkörperung, wird in der Integrativen Therapie als der „soziale Leib" bezeichnet. Wir nennen den Aspekt des sozialen Leibes in diesem Buch das „Rollen-Selbst": kein Leib-Selbst ohne soziale Prägung und keine Interaktion ohne Leib. (Mehr zum „Rollen-Selbst" weiter unten.)

4.3.7 Leib-Funktionsbereiche

Die leiblichen *Kontakt*- und *Integrations*funktionen des Menschen lassen sich grob pragmatisch in drei Bereiche unterteilen: Perzeption (Wahrnehmung), Memoration und Reflexion (Gedächtnis/Denken), Expression (Ausdruck/Handlung). Entsprechend spricht *Petzold* vom perzeptiven, memorativ-reflexiven und expressiven Leib.

> Wir schlagen vor, diesen „höheren" Funktionen des Leibes einen vierten Funktionsbereich hinzuzufügen, den Bereich der relativ autonomen Leibfunktionen, den „fungierenden Leib" bzw. Organismus (vgl. oben Anthropologie). Die sogenannten „autonomen" Funktionen des Leibes, die unserem Bewußtsein und unserer willkürlichen Beeinflussung grundsätzlich oder weitgehend entzogen sind, wie z. B. Stoffwechsel, Kreislauftätigkeit, sind zum einen ja „die Verkörperung" des allerersten Leib-Selbst (das organismische Selbst), und zum anderen sind sie auch durch alle höheren seelischen und sozialen Prozesse beeinflußbar und beeinflussen diese (vgl. Anthropologie). Dies wird bei jedem normalen Gefühl deutlich, wie z. B. beim Erröten, Herzklopfen und insbesondere bei den sogenannten psychosomatischen Erkrankungen.

Zum Bereich der *Wahrnehmung* (*Perzeption*) gehören alle Wahrnehmungsfunktionen des Menschen sowohl in ihren einzelnen Sinnesmodalitäten (Tasten, Schmecken, Riechen, Sehen, Hören, Empfinden, Berühren) als auch in ihren synästhetischen (gesamt-sinnlichen) Qualitäten. Dies meint die Fähigkeit, „Gesamt-Empfindungen" wie Weite und Enge zu spüren, sowie die Fähigkeit, Eigenschaften einer Modalität in eine andere zu transponieren, z. B. eine hell-strahlende Farbe spontan mit einem hell-strahlenden Trompetenton zu vergleichen. Diese gesamt-sinnlichen Eigenschaften bilden die Grundlage des atmosphärischen Erfassens. In der therapeutischen Arbeit mit kreativen Medien, geleiteter Imagination, Träumen usw. werden diese Fähigkeiten des synästhetischen, atmosphärischen Erfassens und Transponierens direkt angesprochen und wiederbelebt: z. B. wenn wir anregen, zu einem eben gestalteten Bild ein Gedicht zu schreiben oder zu einer damit verbundenen Haltung oder Geste einen Ton oder eine Melodie zu finden.

Die Fähigkeit zur Synästhesie ist angeboren und scheint bei Kindern ausgeprägter zu sein als bei Erwachsenen (*Stern* 1985).

Wahrnehmenkönnen und -dürfen setzt eine ausreichend reizvolle Umwelt voraus sowie die Erlaubnis wahrzunehmen. Es gibt Umwelten, in denen das Wahrnehmen besonders stark eingeschränkt wird, sei es in bezug auf bestimmte Bereiche (z. B. sexuelle Regungen oder aggressive Spannungen bei sich und anderen), sei es in bezug auf das Wahrnehmen schlechthin (nicht fühlen, nicht merken). *Petzold* spricht von „Skotomisierung" (Teil-Ausfall) des Wahrnehmungsfeldes und von „Anästhesierung" des perzeptiven Leibes.

Der Bereich Ausdruck und Handlung (*expressiver Leib*) umfaßt alle Ausdrucksfunktionen und -fähigkeiten, wie Haltung, Bewegung, Stimme, Tonus, Mimik, Gestik. Auch spielerische und künstlerische Ausdrucksformen, die in sich noch den leiblichen Ausdruck enthalten, wie Plastik, Malerei, Schauspiel, Tanz, Handwerk, Arbeit gehören in diesen Bereich. Dem *Wahrnehmungs*bedürfnis, dem perzeptiven Bereich, entspricht das *Ausdrucks*bedürfnis, sich zu zeigen, angesehen und gehört zu werden, verschiedene Rollen verkörpern zu dürfen, Schmerz, Freude, Trauer und Protest Ausdruck geben zu dürfen.

Der leibliche Ausdruck unterliegt in besonderem Maße sozialen Einflüssen: „Ich muß leise sein wegen der Nachbarn", „Ich darf Trauer zwar fühlen, aber nicht zeigen, um meine Mutter nicht zu beunruhigen".

Die unbewußte „soziale Ansteckung" durch das Ausdrucksverhalten eines Mitmenschen ist besonders groß (leibliche Identifizierung). Babys imitieren wahrscheinlich bereits im Alter von wenigen Tagen ihre Bezugspersonen (z. B. Zunge herausstrecken). Durch Verbote, Entmutigung, auch fehlende Anregung und fehlende leibliche „Echos" kann es zu „Lähmungen" und „Amputationen" kommen: Die schlaffe Hand der Resignierten, die schwachen Beine oder die leise, piepsige Stimme der Ängstlichen, das rigide Lächeln anstelle des Ausdrucks von Ärger. Diese „Lähmungen" können sich auf einzelne Körperbereiche oder ganze Funktionsabläufe beziehen. Unlösbare innere Konflikte (z. B. der Konflikt zwischen „Zuschlagen" und „Liebsein") finden ihren Ausdruck oft in einer leiblich festgehaltenen Form (vgl. Krankheitslehre).

Der Bereich der *autonomen Leibfunktionen* (der *fungierende* Leib) ist unserem Ausdrucksbedürfnis nicht so unmittelbar zugänglich wie z. B. die Willkürmotorik von Schulter und Arm. Unser Organismus, z. B. unser Magen oder unser Herz, „funktioniert" relativ autonom, Störungen werden durch Symptome *angezeigt* (z. B. Fieber), aber nicht zum Ausdruck gebracht. Diese Unterscheidung ist wichtig wegen der Gefahr, in einen „platten" Ausdrucks-Symbolismus bei leiblichen Störungen zu fallen („Der Krebs zerfrißt ihn wie sein schlechtes Gewissen", „Der Darm weint die ungeweinten Tränen als Durchfall").

Auch die autonomen Leibfunktionen unterliegen ständig sozialen/emotionalen Einflüssen und sind durch diese störbar, z. B. sinkt bei anhaltendem Streß die Abwehrkraft des Immunsystems. Diese Ausdrucks-Anzeige-Mechanismen sind aber noch wesentlich komplexer und indirekter als bei den perzeptiv-motorischen Funktionen.

Beispiel: Eine Adipositas infolge von Überernährung bringt auf der Verhaltensebene – also viel unmittelbarer – eine Beziehungsstörung zum Ausdruck, als eine Fettleibigkeit infolge einer Störung des Hypothalamus und der Hypophyse. Aber auch diese kann unter Umständen durch emotionale Belastungen mit beeinflußt sein.

Wie weit auch autonome Leibfunktionen Beziehungsstörungen symbolisch zum Ausdruck bringen können, wie weit sie durch leibliche Identifikation oder auch Imitation beeinflußbar sind, ist eine offene Frage in der Psychosomatik (*Groddeck* 1983; *v. Rad, Zepf* 1986).

Das *Gedächtnis* (der *memorative Leib*) ist Basis der Persönlichkeit, aller emotionalen und höheren geistig-seelischen Funktionen. Das Gedächtnis verbindet die Vergangenheit mit der Gegenwart und verlängert sie als Erwartung in die Zunkunft hinein. Das Gedächtnis verbindet den Menschen mit sich selbst.

> Die materielle Basis des Gedächtnisses ist das Großhirn. Es speichert Erinnerungen an Empfindungen, Bewegungsabläufe, Szenen, Beziehungen, Wörter, Lehrsätze usw. und zwar in Form von vernetzten Engrammen. Engramme („Inschriften") sind *nichtmaterielle* Muster, also nicht etwa feine Gespinste von Nervenfasern. Wir wollen das kurz erläutern: Ein Baby „sieht" einen Baum hinter den Linsen seiner Augen erscheinen, zunächst als verkleinertes und auf dem Kopf stehendes, aber ansonsten der Realität korrekt entsprechendes Spiegelbild. Im Gehirn des Babys erscheinen aber elektrische Impulsfolgen, die als solche absolut keine Ähnlichkeit mehr mit einem Baum haben. Sie breiten sich über ganze Felder von miteinander vernetzten Nervenfasern aus, wobei sie zwischen den Endigungen je zweier Fasern stets eine kurze Strecke zu überspringen haben. Wo sie überspringen werden und wo nicht, ist offenbar beim ersten Sehen des Baumes noch nicht festgelegt. Aber *wenn ein Impuls an einer Stelle übergesprungen ist,* dann besteht hier zwischen den Nervenendigungen (den sogenannten Synapsen) eine etwas erhöhte Durchlässigkeit für „Baum-Impulse", die schließlich durch wiederholte Benutzung eine feste funktionelle Verbindung schafft. Diese ist auf gar keine Weise dem Baum selbst ähnlich, aber das Kind kann an ihr das „optische Ereignis Baum" wiedererkennen. Später genügt ein minimaler Anstoß, um das ganze Engramm wieder in Schwingung zu versetzen, um also den Baum und die inzwischen mit ihm assoziierten Gefühlstöne ins Gedächtnis zu rufen. Er ist jetzt gespeichert. Wegen der ungeheuren Fülle der grundsätzlich zur Wahl stehenden Wegstrecken ist das bei jedem Menschen endgültig entstehende Muster immer einmalig. Neue Forschungen legen die Vermutung nahe, daß es fraktal geordnet, also selbstähnlich und wegen seiner hierarchischen Staffelung unbegrenzt ausbaufähig ist (vgl. Evolutionstheorie). Viele dieser Verbindungen werden schon im Mutterleib geknüpft, viele weitere im ersten Lebensjahr. Bis zum Ende des Lebens entstehen immer weitere neue Engramme.

Wir verstehen auf der Basis dieser Darstellung, wie wichtig der Empfang von Eindrücken ist. Die Bildung von Engrammen muß über die Sinne stimuliert werden, z. B. der ganze Komplex des

Bewegungssinnes, die unbewußten Empfindungen für Gelenkstellungen und Muskeltonus. In ihrer Gesamtheit bilden die Engramme die zentral-nervöse, aber nicht anatomisch faßbare Grundlage aller unserer Erlebens- und Verhaltensstrukturen. Das im Gehirn vorhandene nervliche Netzwerk, so kompliziert es selbst auch sein mag, ist dabei „nur" die Trägersubstanz, gewissermaßen die „Hardware". Auf ihr kann eine offenbar beliebig große Zahl von Erregungsmustern („Gestalten") sich aufbauen und in Sekundenschnelle wieder zerfallen, um anderen Platz zu machen. Gleichzeitig werden bewährte Muster in jeder der beteiligten Nervenzellen als Disposition aufbewahrt und stets mit ins Spiel gebracht, sobald Ähnliches auftaucht. Das betrifft selbstverständlich nicht nur gespeicherte Sinneseindrücke, sondern ebenso gespeicherte Szenen einschließlich unserer eigenen Handlungen und Gefühle dabei.

Wie es uns gelingt, die Verwandtschaft (Homologie) heutiger Szenen mit früheren in Bruchteilen von Sekunden zu „wittern", ist noch weitgehend ungeklärt. Auf jeden Fall funktioniert das Geschehen unbewußt und ganzheitlich, d.h. auch unter leiblich-vegetativer „Beteiligung": z. B. halte ich den Atem an, so als ob sich gerade ein Konflikt von „damals", der mir im Moment völlig unbewußt ist, heute wieder abspielen würde.

Wir identifizieren aber nicht nur Ähnlichkeiten, sondern im selben Prozeß auch Unterschiede und Neuheit. Wenn also die heutige Situation offen erfaßt und dadurch von der Erinnerung an die früher erlebte Situation abgegrenzt werden kann, verstummt die alte Erregung bzw. verändert Tempo und Charakter. Wie die Differenzierung im einzelnen vor sich gehen könnte, ist derzeit noch unbekannt. Therapeutisch haben wir für diesen Neuerfahrungs- und Differenzierungsprozeß nur das Mittel des bewußten „wachen" Spürens und Wahrnehmens (Awareness).

Die enorm große Speicherfähigkeit, aber vor allem die Vernetzung, die Kombinationsfähigkeit von Erregungsmustern, ermöglicht eine unvorstellbar große Integrationskraft. Fast alles kann mit allem eine Verbindung eingehen und zwar in spezifischer Weise, die durch die individuelle Entwicklung des einzelnen geprägt wurde. Auf diese Weise werden die Elemente des Gedächtnisses, d.h. die Elemente der Erfahrung der Persönlichkeit, *„sich selbst ähnlich* *gemacht"*. In einzelnen Elementen der Erinnerung, in Bildern, Klängen, Sätzen, Geschichten sind die Strukturmerkmale der Gesamterfahrung, auch von Erfahrungsserien, im Kern erkennbar und enthalten. Auch unsere Bewegungsmuster sind mit unseren sämtlichen übrigen Erinnerungen vernetzt. Sie sind untereinander *selbstähnlich*: Wir können in einer Begrüßungsgeste oder aus Wortwahl und Satzbau in den ersten Sätzen die wesentlichen Eigenschaften eines Menschen schon im Kern erkennen, auch wenn wir das meist nicht bewußt tun (*Petzold* 1988).

Wir müssen aber dieser Fähigkeit durchaus kritisch gegenüberstehen: allzu leicht setzt sich unsere eigene Tendenz, Erfahrungen selbstähnlich zu *machen*, durch und läßt uns am ersten Vorurteil kleben. Denn: Auf Grund von Vorerfahrungen bilden wir Erwartungen, mit denen wir gegenwärtiges Geschehen in beträchtlichem Maße einfärben können („Self fullfilling prophecy"). Darüber hinaus modellieren wir unbewußt ständig an unseren Erinnerungen herum, um sie jeweils in die Form zu bringen, die unserem gegenwärtigen Selbstbild und unserem Wertesystem entspricht.

In diesem Zusammenhang möchten wir auf einen Begriff eingehen, der in der Integrativen Therapie häufig verwendet wird: das Leibgedächtnis. Das *Leibgedächtnis* ist kein „anderes Gedächtnis", sondern meint die Gedächtnisspuren von leiblichen Vorgängen. Wir haben oben schon darauf hingewiesen, daß im Gedächtnis ja nicht nur Bilder und Klänge, wahrgenommene Szenen und Wörter oder Sätze gespeichert werden, sondern auch die zu der Szene gehörenden leiblichen Empfindungen, Spannungen, Bewegungs- bzw. Handlungsimpulse und Haltungen. Der Zusammenhang zwischen Szene und Leibempfindungen kann verloren sein, verdrängt, vergessen oder automatisiert: Der leibliche Impuls, die leibliche Empfindung kann aber erhalten geblieben sein. Das „Leibgedächtnis" steht in einem solchen Fall im Vordergrund. Die bewußte Erinnerung könnte z. B. sein: „Ich sehe mich noch da stehen mit geballter Faust." Sie könnte aber auch nur sein: „Ich fühle jetzt, wie sich meine Faust ballt. Warum ich sie balle, weiß ich nicht." Oder sie kann nur noch sein: „Die Finger meiner rechten Hand schmerzen so. Ich weiß nicht (mehr), warum." Bei dieser Erinnerung ist nur noch der Bewegungsimpuls von damals oder sogar nur noch der Schmerz durch chronische Innervation der Fingermuskulatur bewußt zu erleben. Die zu dieser Spannung gehörige Szene ist unbewußt, aber potentiell bewußtseinsfähig. Dieses „Gedächtnis der Faust", das sich in Schmerz äußert, ist in der Therapie sehr oft der Ausgangspunkt für eine Rekonstruktion, ein Wiedererleben der gesamten Szene mit allen Gefühlsanteilen und der damit verbundenen Chance zur Lösung der Spannung und Blockierung (vgl. Gesundheits- und Krankheitslehre).

Noch zwei wichtige Bemerkungen zum „Leib-Gedächtnis":

1. Szenische Erinnerungen, auch die „Erinnerungen der Faust", sind an die Funktion und Substanz des Zentralnervensystems gebunden. Die Faust selbst hat kein Gedächtnis in unserem Sinne. Das Wort von der „Erinnerung der Faust" ist eine Metapher, „als ob sich die Faust und sonst niemand erinnerte".
2. Der von uns so genannte fungierende Leib ist auf einer tiefen Leibebene erfahrungs- und erinnerungsfähig in dem Sinne, daß z. B. das Immunsystem „sich erinnert", mit welchen Erregern es schon in Kontakt gewesen ist und entsprechende Antikörper produziert. Diese fundamentale Erinnerungsfähigkeit belebter Materie ist aber nicht bewußtseinsfähig (auch potentiell nicht). Sie ist in der Regel nicht gemeint, wenn in der Integrativen Therapie von „Leib-Gedächtnis" gesprochen wird (vgl. oben den Abschnitt über „Leib-Wissen" und „organismisches Wissen").

In der Integrativen Therapie werden phänomenologisch die folgenden Gedächtnisformen unterschieden: Das *propriozeptive* (eigenleibliche), das *atmosphärische*, das *ikonische* (bildhafte), das *szenische* und das *verbal-symbolische* Gedächtnis, Petzold 1993.

Auf der Grundlage vorgeburtlicher Erfahrungen entwickelt sich durch die propriozeptive Wahrnehmung des eigenen Körpers und auch in seiner Resonanz auf den Körper der Mutter das propriozeptive Gedächtnis. Durch das atmosphärische (synästhetisch-gesamtsinnliche) Erfassen und Speichern (zum Beispiel des emotionalen Klimas), kommt das „atmosphärische Gedächtnis" hinzu. Später entwickelt sich durch differenziertere Wahrnehmung und Speicherung bedeutungsvoller Bilder (ungefähr im Alter von 2 Jahren) das „ikonische Gedächtnis". Über das Erfassen und Verstehen von szenischem Geschehen (Ereignis-Beziehungs-Zusammenhängen im Alter von zweieinhalb bis drei Jahren) entwickelt sich das „szenische Gedächtnis" und schließlich das „verbal-symbolische Gedächtnis". Den unterschiedlichen Gedächtnisformen entsprechen also unterschiedliche Formen bzw. Schwerpunkte des Wahrnehmens und Erlebens. (Im Abschnitt über das Rollen-Selbst gehen wir genauer auf diese Konzepte ein.)

Für die Therapie ist es wesentlich, daß wir mit diesen Gedächtnisformen rechnen, sie als solche erkennen, sie unter Umständen hervorrufen und adäquat auf sie eingehen können (siehe Praxis-Teil). Therapieformen, die sich vor allem auf verbale Mitteilungen der KlientInnen stützen, haben weniger Möglichkeiten, sich das Gesamtreservoir des Gedächtnisses sowie die wesentlichen Zugänge zum Gedächtnis zunutze zu machen.

Ein Beipiel: Die Wahrnehmung des Frierens, der Kälte in den Gliedern und einer totalen Schlaffheit kann – durch intensivierende Techniken auf dem Hintergrund einer stützenden therapeutischen Beziehung – dazu führen, daß Bildfetzen auftauchen („ein Keller mit einer Treppe"), die sich zu einer Szene verdichten („Jemand kommt und sagt etwas Schreckliches"), bis schließlich die volle Bedeutung (verbal-gefaßt) in Wort und Bild erscheint („Die Nachbarin sagt mir im Luftschutzkeller, daß meine Mutter von der herabstürzenden Hauswand verletzt worden ist"). Wenn diese Erfahrung beispielsweise nicht ein 6jähriges, sondern ein 3jähriges Kind gemacht hätte, so würden wir vielleicht in der Vertiefung der Erinnerung nicht bis zur verbalen Stufe kommen, sondern „nur" bis zur Stufe des Ikonischen oder gar des Atmospärischen gelangen, weil die damaligen Ereignisse nur in dieser Form erlebt wurden.

4.4 Lebenswelt und Lebenszeit / Strukturbildung des Selbst

4.4.1 Lebenswelt (Kontext)

Man kann von einer Person nicht wirklich etwas verstehen, wenn man die soziale und ökologische Lebenswelt, in der sie lebt und früher gelebt hat, nicht mit in Betracht zieht. Diese Einbeziehung der Um- und Mitwelt ist nicht zu verstehen als eine notwendige Ergänzung. Man muß viel radikaler formulieren: Die Persönlichkeit „ist" ihre integrierten Umweltbeziehungen.

Die Lebenswelt prägt uns in einem für uns kaum vorstellbar starkem Ausmaß. Beispielsweise sind unsere Handlungen, unser Denken und Fühlen durch unsere Sprache und ihre Gefühlsbegriffe bestimmt: Angehörige der westeuropäischen Zivilisation ordnen z. B. ziemlich gleichförmig die Welt nach drei Grundkategorien: „Gut/Böse, Stark/Schwach, Aktiv/Passiv" (*Osgood* 1957). Sie erleben sie so, ohne sich der Relativität dieser Dimensionen jemals bewußt zu werden. Indios erleben anders.

Unser Verhalten ist geprägt durch soziale „Selbstverständlichkeiten", die wir als Normen gar nicht wahrnehmen: Wir schneuzen uns nicht ins Tischtuch, wie dies vor 5oo Jahren durchaus üblich war. Wir fragen im allgemeinen keine fremden Menschen, ob sie uns eine Nacht beherbergen können. Wir finden es selbstverständlich, daß bei der Strafzumessung die Schuld des Täters berücksichtigt wird, nicht nur der objektive Schaden, den er angerichtet hat. Anders als unsere Groß- und Urgroßeltern empfinden wir keine Todesangst, wenn wir mit 80 km/h fahren. Auch unser Körpergefühl ist zeit- und umweltabhängig, was sich z. B. in der Art der Tänze oder der Bademoden zeigt. Unser Sprechen und Denken wird durch die Schichtzugehörigkeit geprägt (*Oevermann* 1969). Unsere Individuation kann sich nur innerhalb der Geschlechtsrollen (männlich/weiblich) vollziehen, die ihrerseits weitgehend sozial bestimmt sind. Dies kann zu individuellen Störungen führen und sich als individueller innerer Konflikt manifestieren, z. B. dann, wenn zwei sich widerstrebende Vorstellungen von Weiblichkeit (Eltern versus

Peergruppe) übernommen worden sind oder wenn individuelle Bedürfnisse mit der Geschlechtsrolle nicht in Einklang zu bringen sind.

Die obigen Beispiele beziehen sich auf *„Makro"-Einflüsse*, (Sprache, Schicht, Zeitgeist, Religion). Diese Makro-Einflüsse verdichten und konkretisieren sich in Normen und sogenannten *„Kategorialrollen"* (*Moreno* 1982). Kategorialrollen regeln das Verhalten und Denken von größeren Menschengruppen verbindlich über größere Zeiträume: *die* richtige Mutter, *die* typische Lehrerin, *der* normale Chef. Die Beachtung der Makro-Einflüsse ist für die Therapie von großer Bedeutung, weil sie prägnante Fragestellungen zum Umfeld der KlientIn erlauben: Wie sieht das Gefüge sozialer Rollen aus, in denen eine KlientIn sich bewegt? Welche passen zueinander, welche nicht? Wo gibt es Veränderungen der Rollenvorstellung in der letzten Zeit und anderes mehr. Die Makro-Einflüsse der Lebenswelt sind oft wesentlich wichtiger zum Verständnis individueller Störungen als wir uns – verhaftet an ein individuum-zentriertes Persönlichkeits-Modell – träumen lassen. Zum Beispiel fand *Elder* (1979) in Pittsburgh eine ganze Generation von Männern mit gestörten Vaterbeziehungen: Es waren die Männer, die als Jungen bei der großen Rezession 1929 die soziale Abwertung und Resignation ihrer arbeitslosen Väter internalisiert hatten.

Noch unmittelbarer als diese Makro-Einflüsse wirken die *Meso-Einflüsse*, die Umwelt-Einflüsse „mittlerer Reichweite" wie „Region", „Stadt/Dorf", „Nachbarn", „Schule" auf die Persönlichkeit ein. Das gleiche gilt für die *„Mikro-Umwelt"* der Familie und naher Bezugspersonen. Eine Familie entwickelt durch ihr Schicksal eigene Rollen, Normen, Verhaltens- und Denkstile, die entsprechend von einzelnen Familienmitgliedern „verkörpert" werden.

Die entscheidende Frage, die uns weiter unten im Abschnitt über das Rollen-Selbst beschäftigen wird, ist: „Wie kommt es überhaupt zu diesen Einwirkungen von Makro-, Meso- und Mikro-Welt auf das Individuum und wie wirkt sich dieser Interaktionsprozeß von Individuum und Gesellschaft (oder Lebenswelt) weiter aus?"

Vorerst soviel: Soziales Leben spielt sich szenisch ab, individuelle Interaktionen kann man verstehen als Szenen auf der Bühne der Lebenswelt, in der ein großer Teil unserer Rollen vorgeschrieben ist. Diese Szenen werden vom Individuum aufgenommen und gespeichert im Sinne von Strukturbildung. „Das ist die Essenz von Sozialisation: Die Internalisierung von Szenen und Szenengeschichten, von Rollenkonfigurationen, von Stücken und Skripts, die ich mit anderen teile" (*Petzold/Mathias* 1982). Diese Internalisierung ist gemeint, wenn wir vom Rollen-Selbst sprechen (vgl. unten).

Ein pragmatisches Konzept zur Erfassung dieser Umwelt-Individuum-Verschränkung ist das „soziale Atom": das Individuum wird dabei vorgestellt als Atomkern, um den seine Mitmenschen als „Elektronen" auf den verschiedenen Schalen kreisen, also in verschiedenen Distanzen: Ein Nahbereich (Kinder, Lebenspartner, Eltern), ein Bereich mittlerer Distanz (Freunde, Bekannte, Arbeitskollegen, weitere Familie) und im äußeren Bereich lose aber evtl. wichtige soziale Kontakte (Nachbarn, Tante-Emma-Laden, Vereinskontakte, Kegelclubs). Ein Atom ist eine Einheit, nur durch Zerstörung zu trennen. Wenn wir von „sozialem Atom" sprechen, dann ist immer gemeint, daß Menschen „soziale Atome" nicht haben, sondern sind. Ein Mensch bleibt nicht derselbe, er „funktioniert" anders, je nachdem, wie viele und welche sozialen Beziehungen er hat, wie nah ihm diese Menschen sind, wie zuverlässig, wie anregend oder abgestumpft die Beziehungen sind, wie eng oder weit sein sozialer Raum ist. Der Verlust von Ehefrau und allen Kindern durch eine Feuersbrunst z. B. wird einen Mann erheblich verändern, nicht nur durch die Trauer um den unmittelbaren Verlust, sondern weil der gesamte Nähe-Bereich unter Umständen ausgelöscht ist.

4.4.2 Zeit (Kontinuum)

Der Mensch ist ohne seine Lebenswelt und ohne seine zeitliche/historische Perspektive nicht denkbar: Die Person „erstreckt sich" über soziale Räume (Beziehungsfelder) ebenso wie über zeitliche Räume: über Vergangenheit und Zukunft. Frühere Szenen wirken fort, je nach Intensität und Häufigkeit ihrer typischen Abläufe mit größerer oder geringerer Mächtigkeit, Prägnanz und Veränderbarkeit: Die Person *ist* ihre Biographie. Die Biographie schließt in einem weiteren Sinne sogar die Lebenswelten und Biographien der Eltern mit ein, weil über diese deren Geschichte, deren Narration in heutige Interaktionen (z. B. in heutige Erziehungspraxis) oder Atmosphären mit eingehen (vgl. Gesundheits- und Krankheitslehre: Delegation).

Ebenso wie der Mensch nicht denkbar ist ohne Erfahrungen aus der Vergangenheit, ist er auch nicht denkbar ohne Vorstellungen und Erwartungen, Entwürfe für die Zunkunft:

„Die Prozesse, welche eine Persönlichkeit ausmachen, sind bestimmt durch die Weisen, in denen sie Ereignisse innerlich vorwegnimmt" (*Kelly* 1986). Diese Erwartungen werden gespeist aus Erfahrungen aus der Vergangenheit. Die Verbindung von Vergangenheit und Zukunft zeigt sich zum Beispiel in Gefühlen der Sehnsucht oder im Gefühl der Angst: „Zwar lebt der Mensch in der Gegenwart. Aber er steht mit gespreizten Beinen über der Kluft, welche die Vergangenheit von der Zukunft trennt. Wir können nicht erwarten, ihn völlig in Begriffen der Vergangenheit oder ganz in Begriffen der Zukunft zu erfassen. Wir können ihn psychologisch nur als Glied zwischen den beiden erfassen" (*Kelly* 1986).

Wenn eine KlientIn mir z. B. minutenlang wach, offen, forschend in die Augen blickt („Säuglingsblick"), so habe ich das Gefühl eines intensiven Kontaktes, weil gleichzeitig „anwesend" sind ihr Blick als Säugling auf ihre Mutter und auch der Blick ihrer Mutter auf sie, die Blicke meiner Kinder als Säuglinge auf mich, mein Blick als Säugling auf meine Mutter. Die Fähigkeit, diese Tiefendimension mitschwingen zu lassen, ermöglicht ein viel umfassenderes tieferes Verständnis von unserer gemeinsamen Situation.

In der Krankheitslehre der Integrativen Therapie spielt die Frage nach den faktischen, durch die Lebenswelt gegebenen, sowie den empfundenen Zukunftsperspektiven der KlientIn eine große Rolle. Krank wird man unter anderem dann, wenn man keine Zukunftsperspektive mehr hat oder zu haben glaubt. Deshalb ist es in der Therapie enorm wichtig, eine weite zeitliche Perspektive von Vergangenheit und Zukunft mit im Blick zu halten.

4.4.3 Kontext und Kontinuum/Persönlichkeitsprozeß

Diese beiden Perspektiven, nämlich Zeit und Lebenswelt, hat *Petzold* mit den Begriffen „Kontext und Kontinuum" bezeichnet: wir werden sie in den folgenden Kapiteln als Kurzformel für die lebensweltlich-situative und die zeitliche Perspektive verwenden.

Schematisch werden die beiden Perspektiven in folgendem Schaubild dargestellt:

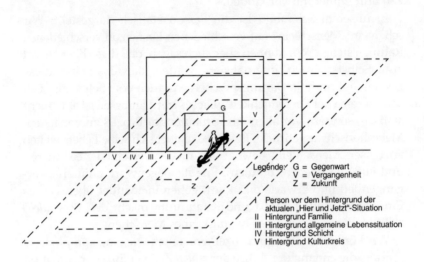

Abb: Die Person und ihr Umfeld als räumlich und zeitlich gestaffelte Figur/Hintergrund-Relation (= Kontext/Kontinuum) (aus: *Hilarion Petzold,* Integrative Bewegungs- und Leibtherapie, Junfermann, Paderborn 1988)

Das obige *Bühnenmodell* stellt die gegenwärtige Lebenswelt dar, die in ihrer Gesamtheit Vergangenheit und antizipierte Zukunft enthält: im „Hier und Jetzt" der Person sind Vergangenheit und Zukunft immer mit vorhanden.

In unserem Schaubild ist die Person statisch dargestellt: Wir sehen ein „Menschlein" auf verschiedenen Ebenen, in verschiedenen Rahmen stehen. Wir können aber auch sagen, daß diese Ebenen mit zum Selbst werden, internalisiert werden, daß das Selbst diese Ebenen mit umfaßt. Darum sprechen wir auch vom Selbst als „Gesamtbereich der Persönlichkeit". Dieses Mit-Umfassen ist aber nicht statisch, sondern vor allem als fortlaufender Prozeß zu verstehen. Metaphorisch ausgedrückt: Das Selbst eignet sich seine Lebenswelten an. Unser „Menschlein" bewegt sich auf den verschiedenen inneren und äußeren Ebenen (Bühnen): Erlebte Gegenwart, erinnerte Vergangenheit und erwartete Zukunft gehen ineinander über. Dieses Eins-Werden mit Kontext und Kontinuum macht den *Persönlichkeitsprozeß* aus, die innere Dynamik eines Menschen.

Wir können uns diesen Prozeß vorstellen wie eine komplizierte Spirale, die entlang der Achse der *realen Zeit* verläuft von Situation zu Situation und die dabei in jeder Situation noch entlang der Achse der *inneren Zeit* verläuft, nämlich zwischen Erfahrung (Vergangenheit) und Erwartung (Zukunftsprojektion). Die gegenwärtige Situation wird immer „durch die Brille" und vor dem Hintergrund der persönlichen Lebensgeschichte erlebt, gedeutet und bewältigt: Der Persönlichkeitsprozeß taucht auf der inneren Zeitachse immer wieder ab in die Vergangenheit und erstreckt sich als Projektion in die Zukunft hinein.

Etwas genauer können wir den Prozeß etwa so beschreiben: In jeder Situation steht ein Mensch im Schnittpunkt ungeheuer vieler Einflüsse, die er, so gut er kann, „unter einen Hut" bringen muß:
– seine eigenen Bedürfnisse und Motivationen,
– die Bedürfnisse von anderen,
– die realen Gegebenheiten der jetzigen Situation (einschließlich der sozialen Normen und Erwartungen),
– seine Erfahrungen mit ähnlichen Situationen.

Aus diesen Einflüssen entwickelt er bzw. entwickeln sich in ihm Handlungspläne, die er in der Phantasie in Bruchteilen von Sekunden testet und schließlich in ein Verhalten, eine Handlung über-

führt. Dieser Prozeß ist die oben beschriebene Spirale (vgl. 4.3.5). Sie verläuft in folgenden Phasen:
1. Entwicklung eines Bedürfnisses oder Wahrnehmung eines Reizes „Hier und Jetzt", einschließlich seiner bewußten und unbewußten Bewertung.
2. Wahrnehmung und Analyse der Situation „Hier und Jetzt", (Erfassen bekannter Merkmale, mit bewußten und unbewußten Gefühlsbewertungen auf Grund früherer Erfahrungen).
3. Entwicklung vorläufiger Handlungspläne, die in der Phantasie durchgespielt und evtl. mehrfach modifiziert werden (Bewältigungsstrategien).
4. Schließlich Aktion, Handlung.
5. Diese führt entweder zu einer Reaktion des Umfeldes, zu Entgegenkommen – und entsprechender Befriedigung und Beruhigung – oder zu einer Ablehnung mit Frustration, Neuanfang des Kreislaufs und „Bewältigung".

Alsbald schließt sich dann eine neue Windung der „Persönlichkeits-Spirale" an, eine neue Situation, die den Kreis von 1-5 wieder durchläuft. Eine ganze *Szene* besteht also schon aus vielen einzelnen *Situationen*. Diese einzelnen Situationen bezeichnen wir – unter dem Gesichtspunkt des Persönlichkeits-*Prozesses* – auch als Kontaktzyklen *(Perls* u.a. 1979, *Hartmann-Kottek-Schröder* 1983, *v. Uexküll* 1986. Vgl. 4.3.5).

Wir haben das Modell solcher Kreisläufe hier aus Übersichtsgründen vereinfacht wiedergegeben. Es scheint uns nützlich, um wesentliche Konzepte der Persönlichkeitstheorie und der Gesundheits- und Krankheitslehre deutlicher zu machen, z. B. die Begriffe „Realitätsbezug/Realitätskontrolle", „Ichstärke", „Regression/Progression", „Blockierung" u.a. mehr. „Alle Einflüsse unter einen Hut zu bringen" (in unserem Zyklus die Punkte 3 und 4) bedeutet z. B. eine Herausforderung an die Ich-Stärke. Eine Situation genau wahrzunehmen, zu interpretieren (Punkt 2) ist eine Frage des Realitätsbezugs. Den Vorgang des inneren Abtauchens in die Vergangenheit (Punkt 2) nennen wir unter bestimmten Bedingungen Regression, den des Fortschreitens in die Zukunft Progression. Blockierungen können, je nachdem, an welchem Punkt des Zyklus sie entstehen (Punkte 1-5), sehr unterschiedliche Formen haben: Fühl-Blockierung, Erinnerungs-Blockierung, Handlungs-Blockierung.

Wir werden im Abschnitt über das „Ich" und im Kapitel „Gesundheits- und Krankheitslehre" genauer auf diesen Punkt eingehen.

4.4.4 Strukturbildung des Selbst

Wir haben bisher (vgl. die Kapitel „Evolutionstheorie" und „Erkenntnistheorie") *Struktur* definiert als „verdichtete Szenen", als Sedimente von Beziehungserfahrungen, die ihrerseits die weitere Strukturbildung mitgestalten. Szenen sind keine statischen „Bilder", sondern Geschehnisse, Interaktionen zwischen TeilnehmerInnen, die unterschiedliche Rollen und Funktionen haben. Wir können sagen, daß Strukturen sich ausbilden als bewährte, „eingefahrene" Beziehungsmuster und Rollen.

Strukturen sind unterschiedlich „mächtig", von unterschiedlicher Wirkungsbreite. Zu den übergeordneten oder Grund-Strukturen (Strukturen 2. Ordnung) gehören „Leib-Selbst", „Rollen-Selbst", „Ich", und „Identität". Dies sind Strukturen, die dazu beitragen, daß individuelle Strukturen sich klar oder nur diffus entwickeln. Die einzelnen therapeutischen Theorien bzw. Schulen haben für diese oder vergleichbare Meta-Strukturen unterschiedliche Begriffe entwickelt, etwa „Ich", „Es" und „Über-Ich" bei *Freud* (1940), die verschiedenen Archetypen bei *Jung* (1985), das Konzept der Basisrolle bei *Moreno* (1982), des „Generalisierten Anderen" bei *Mead* (vgl. *Joas* 1989), der „persönlichen Konstrukte" bei *Kelly* (1986), des „Schemas" bei *Piaget* (1976) und *Grawe* (1988), der „Bedeutung" bei *Kegan* (1986) (vgl. Kapitel „Entwicklungstheorie"). Auch die „Grundrollen" von „Mütterlichkeit und Väterlichkeit", die Grundkategorien von „Gut und Böse" oder auch Grundgefühle wie Angst, Freude, Ruhe gehören zu diesen Basisstrukturen.

Bei der Benennung der *Grund*strukturen als Strukturen 2. Ordnung können leicht Mißverständnisse auftauchen. Der Strukturbegriff basiert nämlich auf zwei Modellen:

   a) auf der „hierarchischen Ordnung" von Strukturen und

   b) auf der ontogenetischen Entwicklung von Strukturen: Frühe Erfahrungen legen den *Grund* für alle weiteren Beziehungserfahrungen.

Im hierarchischen Modell werden übergeordnete Strukturen als Struktur 2. Ordnung bezeichnet. In der Entwicklung entstehen sie als richtungsweisende Strukturen aber „als erste", als früheste. Bei Schädigungen dieser Grundstrukturen sprechen wir deshalb auch von „frühen Schädigungen".

Wieweit einzelne Grundstrukturen angeboren sind oder entwickelt werden, können wir nicht entscheiden (vgl. *Montada* 1987). *Elias* (1976) hat gezeigt, daß es sich bei Persönlichkeitsstrukturen wie z. B. „Identität" um gesellschaftlich gewordene Strukturen handelt: frühere Kulturen kannten das Konzept der Identität so nicht. Andererseits hat die Babyforschung (*Stern* 1985) z. B. gezeigt, daß der Säugling zur Welt kommt mit der Fähigkeit, „Ich" und „ein anderes" rudimentär zu unterscheiden, mit anderen in eine soziale Beziehung einzutreten, auf seine Betreuungsperson sozial zu reagieren, sich emotional anstecken zu lassen, also ein „archaisches Ich" schon hat bzw. ist. Es scheint so zu sein, daß bestimmte persönlichkeitsbildende Funktionen angeboren sind, die sich erst in der Entwicklung zu mehr oder weniger klaren Strukturen herausbilden.

In der Therapie fällt es oft schwer zu erkennen, wenn KlientInnen an einem Mangel an diesen Grundstrukturen leiden, z. B. kein Konzept von „guter Elterlichkeit" oder von „Wir" haben und sich dadurch auch nur unzureichend nach dieser Gefühlsqualität sehnen können, geschweige denn, sie wahrnehmen oder aktiv suchen (Defizite bei sogenannten „frühen" Schädigungen). Die therapeutische Methode der „Nach-Beelterung" (vgl. Kapitel „Therapietheorie") hat die wesentliche Aufgabe, solche Erfahrungen nachzuholen und als Grundstrukturen zu etablieren.

Unter Persönlichkeitsstrukturen 1. Ordnung verstehen wir die „individuelle Ausgestaltung" der eigenen Person, v.a. im Rahmen der übergeordneten Strukturen von Selbst, Ich und Identität. Wir gestalten z. B. die Grundstruktur „Wer bin ich?" (Identität) durch unsere individuellen Persönlichkeitsstrukturen, unsere Eigenarten z. B. als: „scheu, vorsichtig, ängstlich im sozialen Kontakt", oder: „mißtrauisch, sehr empfindlich gegen Kritik im Leistungsbereich, aber liebevoll offen innerhalb der Familie", oder: „immer in der Helferrolle", oder: „immer gut drauf" und dergleichen.

Der Aufbau der Strukturen 1. und 2. Ordnung basiert auf den Erfahrungen, die wir mit anderen machen. Ob sich unser Innenleben mehr in Form zugespitzter Konflikte oder vager Unsicherheit abspielt, welche Konflikte wir vorfinden, ob manche Gefühls- und Erfahrungsbereiche in uns taub bleiben, ob wir rigoros-logisch oder diffus-assoziativ denken (kognitive Stile), ob wir uns selbst spüren oder das Gefühl haben, „nicht ganz da" zu sein, ob wir mit dem Wort „wir" zum Beispiel etwas verbinden (wir Meiers, wir Menschen, wir Lebensgenossen), oder ob es in unserem Sprachschatz nur eine oberflächliche Mengenbezeichnung bleibt, hängt mehr oder weniger stark von diesen Erfahrungen ab. Sozial geprägt sind also nicht nur die Art unserer zwischenmenschlichen Beziehungen, sondern beinahe alle Lebensfunktionen (siehe Leib-Selbst). „Die Strukturbildung der Person ist zu verstehen als Niederschlag realer Interaktionen im Individuum" (*Lorenzer* 1973).

Diese Niederschläge nun sind keine „Hammerschläge", die das „weiche Eisen" der sich entwickelnden Persönlichkeit ein für alle Mal formen, sondern sie behalten, auch wenn sie zu innerpsychischen Strukturen geworden sind, weiterhin ihren ursprünglichen Interaktionscharakter bei.

Eine Grundstruktur der Persönlichkeit ist der „Dialog" (*Buber* 1973): „Ich spreche mit mir, wie du mit mir gesprochen hast." Auf diesem Satz beruht auch die therapeutische Hoffnung, durch den leiblichen und verbalen Dialog zwischen KlientIn und TherapeutIn, d.h. durch die therapeutische Beziehung, die pathogenen Strukturen der KlientIn positiv zu beeinflussen. Bei Schädigungen der Grundstrukturen wie z. B. Leib-Störungen („Ich spüre mich nicht") oder Identitätsstörungen („Ich bin nichts") ist diese Veränderung oft nur in beschränktem Umfang möglich (vgl. *Smith* u.a. 1980, *Kernberg* u.a. 1972).

Wir wollen hier gesondert auf eine für die Integrative Therapie ganz wesentliche Grundstruktur eingehen, das *„Bild vom Anderen"*, das Bild, das man „vom Anderen im allgemeinen" hat (*G.H. Mead*: „The generalized other"). Es beruht auf den hunderttausend Erfahrungen mit anderen und stellt die Grundbeziehung, das Grunderleben zu „den Anderen" dar. Dieses verallgemeinerte Bild von „den Anderen" ist aber ein Teil von uns selbst, es stellt gewissermaßen eine „innere Grund-Rolle" dar: das „Ich" ist die eine, der „Andere im allgemeinen" die andere innere Grundrolle. Auf diese Weise treten wir innerlich mit uns selbst in Dialog, beraten uns mit uns. Das vollzieht sich teilweise sehr konkret („Hole ich mir noch ein Bier?"), teilweise sehr abstrakt („Man sollte sich niemals in Konflikte anderer einmischen"). Der „allgemeine Andere" tritt uns innerlich auch als Wertesystem, als Moral entgegen. In den 10 Geboten kommt die Dialog-Form noch deutlich zum Ausdruck. Auch im psychoanalytischen Konzept des Über-Ich finden wir den „generalisierten Anderen": „er" kann liebevoll und flexibel mit uns umgehen (z. B. „Notlügen sind nicht so schlimm"), aber auch rigoros abwertend („Du bist und bleibst selbstsüchtig"). Der „innere Andere" kann klar sein (z. B. mir sagen, was ich soll, was ich machen könnte) oder auch diffus, als Dialogpartner verschwimmen („Mir fällt nie was ein", „Ich kann mich nicht selbst trösten oder auch zur Arbeit anhalten", „alles bleibt so vage").

Mead hat die persönlich-solidarisch gefärbte „other-Funktion" des Selbst, die *verständnisvolle Version* des „generalisierten Anderen", mit dem schönen Wort benannt: „Sich selber zum Gefährten werden." Dieser Satz ist in komprimierter Form der Kern des Ko-respondenzmodells der Integrativen Therapie. D. Stern (1985) hat in seiner empirisch fundierten Entwicklungspsychologie des Selbst diesen Gedanken bis in die Wortwahl hinein wieder aufgegriffen, wenn er beschreibt, daß der Säugling im Alter zwischen 2-9 Monaten die Grundlagen der Beziehungsfähigkeit entwickelt, indem er einen „evoked companion" schafft, einen „hervorrufbaren Gefährten". Hiermit ist eine psychische Grundfunktion gemeint, die Fähigkeit, aufgrund konkreter Kontakterfahrungen in der Phantasie den anderen zu rufen, „heraufzubeschwören", als den, der unsere Bedürfnisse, unser Selbst reguliert. Bei vielen KlientInnen ist diese „other-Funktion" des Selbst wenig oder kaum entwickelt oder nur durch strafende oder kontrollierende Qualitäten bestimmt. Hier kommt es darauf an, in der Therapie ganz konkret den „guten Anderen" zu erleben oder sogar in der Phantasie zu entwickeln. Man kann dabei die guten Erfahrungen, die eine KlientIn vereinzelt gemacht hat, in ihrer Phantasie zu einer Rolle/einer Person synthetisieren lassen: „Es scheint, Sie haben keinen guten Gefährten. Stellen Sie sich vor, Sie hätten einen: wäre das ein Mann oder eine Frau, alt oder jung, aus Bayern oder aus Ostfriesland? Wie würde er oder sie sprechen...?" (*Petzold*, mündl. Mitt.)

Mit der Grundfähigkeit des Menschen zum inneren Dialog ist *nicht* gemeint, daß wir die Chance hätten, uns selbst zu genügen, „autark" zu sein. Wir entwickeln die Fähigkeit zur Unabhängigkeit von anderen nur durch den Kontakt zu anderen und halten sie auch nur durch Kontakt am Leben. Aber wenn wir eine „gute innere GefährtIn" haben, sind wir weniger abhängig und sind besser in der Lage, auch anderen eine „gute GefährtIn" zu werden.

Wie sehr das Selbst und „die Anderen" ineinander übergehen, nicht nur aufeinander bezogen sind, zeigt das folgende Beispiel:

> Die Klientin lebte allein, hatte keine festen Beziehungen, aber etliche Bekanntschaften: „Wenn ich mittags und abends niemanden sehe, mich mit niemandem treffen kann, dann verändert sich irgendwie die Realität. Ich bin nicht ganz da, die Verbindungen fehlen. Da ist mein Teddy und meine Katze und ich: Was soll das? Ob ich von meinem Bett aufstehe und an den Schreibtisch gehe, das ist irgendwie sinn-leer. Nicht einfach nur gleichgültig, ob ich's nun tue oder nicht, nein, mein ganzer Körper ist ein sinnloses Ding. Die Luft im Zimmer ist völlig stickig. Ich renne dann raus, und draußen halte ich es nicht aus, weil ich mich irgendwie auflöse. Dann renne ich zurück in mein Bett und rolle mich ein, und das tut dann richtig körperlich weh. Ich renne dann vor den Spiegel, streiche mir Salbe auf meine Pickel, quetsche daran herum und schließlich bohre ich dann wieder mit der Nadel hinein. Dann werde ich wieder real, ärgere mich aber, daß ich wieder gestochen habe und mich nicht zusammennehmen kann."

Diese Klientin hatte seit ihrer Geburt in einer Atmosphäre schwer durchschaubarer, aber strenger Gebote gelebt, die nie erfüllt werden konnten, so daß sich in ihr die schlimme Grundstruktur bildete: „Ich bin fundamental nicht richtig, ich bin innerlich irgendwie verschmutzt." Sie konnte so kein Gefühl der Orientierung und der Sicherheit in der Welt entwickeln.

Wenn diese Klientin nicht täglich in realem Kontakt mit anderen Menschen war, löste sich ihr Selbstgefühl quasi auf: Sie hatte keinen zuverlässigen „inneren Gefährten". Der innere Prozeß von Zuwendung, Beruhigung, Kontinuität, Stabilisierung (= innere Ko-respondenz) war für sie nicht möglich. Es ist wichtig in diesem Zusammenhang zu bemerken, daß es sich nicht um ein Problem der Struktur 1. Ordnung handelt, daß die Klientin also nicht in erster Linie traurig oder depressiv wurde, weil sie z. B. aus Angst vor anderen so schwer Kontakt fand, sondern daß es sich um ein Problem der Struktur 2. Ordnung handelt, um das Gefühl der Ich-Auflösung, der Beziehungslosigkeit, des Sinn- und Realitätsverlustes. Deutlich wird in diesem Beispiel auch die intensive Erfahrung des Leibes: Die fundamentale Verlassenheit wird als körperlicher Schmerz erlebt, ohne daß Angst, Trauer, Depression, Schmerz unterschieden werden könnten. Die Struktur der Gefühle ist unklar, das Selbst leidet Schmerzen in der ursprünglichsten Form. Hierin findet die Klientin für sich eine, wenn auch problematische Lösung: Indem sie sich selbst Schmerzen zufügt, kommt der Kontakt zum Selbst, zum eigenen Leib, zur Realität wieder zustande. Die Klientin malträtiert sich und ist wieder bei sich. Die diffuse Auflösungsangst kann sich in einem Kontakt kanalisieren, der szenisch etwas von den früher dominierenden Kontakten zu ihrer Mutter hatte: Die eindringliche Entfernung des „Schmutzes aus dem Kind" wird wiederholt.

4.5 Rollen-Selbst/Bühnenmodell

So wie der Begriff des Leib-Selbst den leiblichen Aspekt des Selbst hervorheben soll, so soll der Begriff des *Rollen-Selbst* den Aspekt betonen, daß wir Rollenspieler, Verkörperer unserer Rollen auf der Bühne unserer Welt sind. Wir *verkörpern* diese Rollen: Das Rollen-Selbst ist leiblich und nur leiblich vorzustellen.

Wie bereits in den vorangegangenen Abschnitten erwähnt, verstehen wir unter Rollen verdichtete Interaktionserfahrungen einer wie klein oder groß auch immer gedachten Gruppe, einer Familie oder eines ganzen Kulturkreises (z. B.: eine Frau ist..., ein Mann ist ...). Rollen haben sich somit im Entwicklunsverlauf als Strukturen gebildet und haben gleichermaßen im weiteren Verlauf strukturbildende Wirkung.

Der Begriff der Rolle beruht auf der Vorstellung von der Welt als Bühne. Im Bühnenmodell manifestiert sich die psychodramatische Tradition der Integrativen Therapie (*Moreno/Iljine* in: *Petzold* und *Matthias* 1982). Wir wollen im folgenden auf dieses Modell und die daraus abgeleiteten Begriffe: Szene, Rolle, Atmosphäre, Ikone und im weiteren Sinne auch Symbol, Narration und Narrativ eingehen.

Wir können uns alles Erleben und Verhalten vereinfacht als Spiel auf einer Bühne (Lebenswelt) vorstellen: Wie auf einer Bühne verköpert der Akteur (Protagonist) seine *Rolle* (aus dem Fundus seines Rollen-Selbst) mit einem Partner als Co-Akteur (*Komplementär-Rolle*), in einem Bühnenbild (*Lebenswelt*) und vor einem Hintergrund (*Atmosphären*). Das Spiel vollzieht sich auf der Grundlage dramatischer Handlungsanweisungen (*Rollenskript*), die individuell oder sozial mehr oder weniger festgelegt sind (*Narrative, Kategorial-Rollen*) und mehr oder weniger frei und spontan ausgestaltet werden wie im Stegreif-Theater (*Aktual-Rolle, Narration*). Das Geschehen wird von äußeren und inneren Kommentaren begleitet, wie vom Chor in einem griechischen Drama. Eindrucksvolle Bilder (*Ikonen*) und Handlungsabläufe (*Szenen*) entstehen und werden zu Akten (Lebensabschnitten) gebündelt.

4.5.1 *Szene*

Wenn ich auf einer wenig befahrenen Landstraße eine Reifenpanne habe und den Reifen wechsle, ohne daß jemand vorbeikommt, spielt sich einerseits „nur" ein mehr oder weniger zielgerichtetes sachbezogenes Verhalten ab: Ich hantiere mit Wagenheber und Schraubenschlüssel. Andererseits läuft aber auch eine dramatische Szene, die auf Rollenvorstellungen meines Kulturkreises (Büchern, Filmen, Erzählungen), meiner eigenen Lebenserfahrung und meiner spontanen Rollenausgestaltung beruht. Das Bühnenbild, die Atmosphäre könnte etwa sein: Waldkulisse, Abenddämmerung, erhaben friedliche Natur. Meine Rolle: tapfere Frau, allein, geht ans schwierige Werk. Meine Rollenmodelle, mein Repertoire, aus Erzählungen und Filmen angereichert: „Sie führte den Treck von Ostpreußen bis an die Elbe!" oder: „Sie führte die Herde bis zum nächsten Weideplatz!" (Die Szenen im Western und hier auf der Straße haben eine „homologe Struktur").

In unserem Alltagserleben, vor allem in unseren abstrahierten, normierten Denk- und Verhaltensweisen, wird das Szenische, der

Bühnencharakter oft undeutlich. In der Therapie ist er aber leicht belebbar, zum Beispiel durch die Technik des „leeren Stuhls", im Rollenspiel. Lese ich in der Bahn ein Schild: „Nicht aus dem Fenster lehnen", so erscheint vor meinem inneren Auge ein Mann mit blauer Uniform und sorgenvoll strengem Blick. Wenn ich sage: „Das Gewissen schlägt mir", so sehe oder höre ich vielleicht noch die Kirchenglocke oder Meßglocke, die den moralischen Anspruch meines Pfarrers verkörpert. Sage ich: „Ich bin überkontrolliert und verkopft", so entwickelt sich vielleicht das Bild eines „strengen Kopfes", der meine bewegungslustigen Arme und Beine „am Zügel" hält. Unsere Sprache und ihre Begriffe selbst haben szenischen Charakter, einen Beziehungs-„Hof" (wie der Mond), d.h. sie enthalten ahnungsweise auch in ihrer abstrakten Form etwas von dem konkret-szenischen Ursprung, aus dem sie entstanden sind.

Wir sprechen von einem „schlagenden Argument", von einem „treffenden Wort", einer „fesselnden Erzählung", von „heil-froh", von „Un-heil", von „niedergeschlagen", und „hoch-gestimmt". Aber auch bei scheinbar sachlichen Begriffen wie „Baum" schwingen eine Reihe von emotionalen Ober- und Untertönen mit, von szenischem Erleben wie „Wiesen, Ruhe, Sturm, Standfestigkeit".

Wie die Szenen aussehen, wie reichhaltig, wie intensiv sie sind, wieviel Rollen gespielt werden können usw., das freilich hängt erheblich vom Stil der Interaktion, der Erfahrung und der Lebenswelt ab. Schlimmstenfalls kann es so sein, daß das Bühnenbild grau und einförmig ist und die Rollen überwiegend in sachbezogenen Verrichtungen bestehen (wie in einem Szenario von *Samuel Beckett*).

Schwierig wird es für die TeilnehmerIn/ZuschauerIn/BeurteilerIn einer Szene, wenn sie eine andere Sprache (leiblich oder verbal) spricht als die Protagonisten, so daß sie deren Szene und deren Drama nicht versteht. Dies geschieht nicht selten in Erstgesprächen, wenn die TherapeutIn das „Psycho-Szenario" und die „Psycho-Sprache" mit der allgemeinen Lebenswelt verwechselt. Ein Klient beispielsweise, der sich schon über die Frage wundert: „Wie haben Sie denn den Tod ihrer Mutter gefühlsmäßig erlebt?", zweifelt am Sinn psychotherapeutischer Interviews, wenn die TherapeutIn auf seine Antwort: „Ich war natürlich sehr traurig, aber das Leben muß ja weitergehen", dann noch fragt: „Und welcher Art war Ihre Trauer?" Hätte der Klient noch gesagt: „Na, ich mochte ein halbes Jahr nicht

Fußballspielen", hätte ihn die TherapeutIn evtl. als „konkretistisch" eingestuft, ohne je zu erfahren, daß für jeden Bekannten dieses Klienten die Unlust am Fußball als Zeichen für eine intensive und schon bedenkliche Trauer gegolten hätte.

4.5.2 Rolle

Rollen sind typische Verhaltensmuster, mit denen wir auf die Umwelt reagieren. Ebenso sind Rollen die für uns typischen Verhaltensangebote, die wir unserer Umwelt machen (*Petzold/Mathias* 1982). Der hier verwendete Rollenbegriff hat also nicht die Bedeutung von „falsch, vorgetäuscht, maskenhaft" o.a., wie oft in der Umgangssprache (vgl. auch den Abschnitt über Identität, „das falsche Selbst"). Wenn Rollen vorgegeben sind, entstehen Szenen, wenn eine Szene spielt, differenzieren sich Rollen heraus. Rollen stellen eine erste Orientierung im Beziehungsgeschehen zwischen Personen dar. Sie definieren damit auch den Sinn einer Situation: LehrerIn/SchülerIn, PolizistIn/AutofahrerIn, Vater/Tochter, Helfende/Verletzte, SpielerIn/MitspielerIn, BeleidigerIn/Gekränkte. Rollen stellen ein Beziehungsangebot dar, das einer Überprüfung bedarf.

Der Rollenbegriff schließt in seiner Definition das „Außen", die soziale Erwartung, und das „Innen", die individuelle Vorstellung, zusammen, er übergreift die Trennung zwischen beiden: Rollen werden verkörpert, übernommen und individuell gestaltet von einem Menschen (*Aktualrolle*): dieser geht dabei aber von den sozialen Rollenerwartungen (*Kategorialrollen*) aus. Als Lehrerin beispielsweise muß ich bestimmten Erwartungen an Wissen, Angepaßtheit, Offenheit und Kontaktfähigkeit entsprechen, habe aber in der persönlichen Ausgestaltung einen erheblichen Spielraum.

Eine Rolle ist immer bezogen auf mindestens eine Partnerrolle (*Komplementärrolle*): die des Einsiedlers auf die des Massenmenschen, die des Klassenclown auf die des Klassenprimus oder der Lacher, die des „Underdogs" auf die des „Top Dogs", die von Tante Frieda auf die von Onkel Fritz. Man kann sich eine Rolle nicht vorstellen oder sie gar übernehmen, ohne mindestens eine andere mitzudenken, mitzufühlen. Dieser Rollenaspekt hat wesentliche Implikationen: Ich kann meine Rolle nicht ohne eine Komplementärrolle spielen, d. h., daß ich (a) entweder eine PartnerIn suchen muß, die die Komplementärrolle übernimmt, oder (b) meine Rolle so modifizieren muß, daß ich mit den vorhandenen PartnerInnen auskomme (aushandeln), oder (c) mir Ersatzobjekte suchen, die mit mindestens einem wesentlichen Aspekt die Komplementärrolle verkörpern (z. B. Haustiere), oder (d) so tue, als ob meine PartnerIn meiner Komplementärrolle entspräche (dieser Aspekt ist besonders wichtig für die Analyse von Übertragung und Gegenübertragung (vgl. unten), oder (e) beide Rollen selber spiele, sie innerhalb meines Selbst aufteile, z. B. meinen Körper zum Feind erkläre, der „mich" in Abhängigkeit hält (vgl. Beispiel von der Anorexie) oder mein Krampfaderbein so intensiv und liebevoll behandle, wie ich selbst behandelt werden möchte.

In der Komplementarität von Rollen liegt eine Chance für therapeutische Veränderungsmöglichkeiten: Wenn beispielsweise eine Frau, die als Kind mit ihrer emotionalen Bedürftigkeit überwiegend allein geblieben ist, Mutter wird und in der Interaktion mit ihrem Kinde lernt, dem Kind zu geben, was ihr selbst gefehlt hat, so wird sie immer auch von der Komplementärrolle etwas „abbekommen": Sie erfährt in der Identifikation mit ihrem Kind, wie es sich anfühlt, das zu bekommen, was sie gibt. Dies gilt gleichermaßen, wenn in einer Gruppe z. B. eine KlientIn eine andere anlächelt oder sie in die Arme nimmt. Die Zusammengehörigkeit von Komplementär-Rollen wird gelegentlich in den Begriffen „*Erlebens- oder Handlungsfeld*" zum Ausdruck gebracht. Die Identifizierung mit der Komplementär-Rolle in diesem gemeinsamen Erlebensfeld kann allerdings gefährlich werden, wenn eine PartnerIn, z. B. die Mutter, ihre Bedürfnisse immer nur stellvertretend erfüllt. Sie braucht dann unter Umständen den Säugling als „Objekt" für ihre indirekte Befriedigung und kann die besonderen eigenen Bedürfnisse des Säuglings nicht mehr wahrnehmen. In einem solchen Fall sprechen wir von Delegation (vgl. Gesundheits- und Krankheitslehre). Das sogenannte „Helfersyndrom" beruht auf demselben Muster.

Wir sprechen auch von Rolle, wenn wir eine reale Person in ihren typischen Eigenschaften meinen. Wenn wir in die Rolle einer anderen schlüpfen, schlüpfen wir in ihre Haut. Wir erschließen nicht nur einzelne Eigenschaften von ihr. Ich spiele die Rolle von Tante Frieda heißt: „Im Spiel bin ich Tante Frieda." Unbewußte Identifizierungen können wir uns und unseren KlientInnen begreiflich machen, wenn wir im Rollenspiel mit dem leeren Stuhl arbeiten. (Auf dem einen Stuhl „Tante Frieda", auf dem anderen Stuhl „ich".) Die unbewußte Übernahme der Rolle bzw. Rollenverkörperung von nahestehenden Personen, wie z. B. Eltern, Geschwistern, Großeltern, spielt für die Krankheitslehre eine große Rolle: Meine Identifizierung beispielsweise mit Tante Frieda kann darin zum Ausdruck kommen, daß ich ihre Art zu fühlen übernehme oder ihre Art, wegen einer Verletzung zu hinken, „imitiere", ohne mir dessen im mindesten bewußt zu sein.

4.5.3 Atmosphären

In der Beschreibung des Szenischen haben wir die Atmosphären als Bühnenhintergrund bezeichnet, etwas, was als Gestimmtheit über dem Ganzen liegt, durch alles hindurch geht und von uns gleichsam wie mit einem siebten Sinn (vielleicht vergleichbar mit Wetterfühligkeit) erfaßt wird. Verstehen und Erklären kann man eine Atmosphäre kaum. Eine gute RegisseurIn oder SchauspielerIn kann sie erzeugen, eine gute ZuschauerIn sie aufnehmen.

Atmosphärisches Erfassen ist nicht an einzelne Sinne gebunden, man kann Atmosphären nicht sehen, hören usw., man kann sie nur syn-ästhetisch wahrnehmen (vgl. oben „perzeptiver Leib"). Atmosphärisches Erfassen hat nichts Mystisches an sich, selbst wenn es manchmal so aussieht. Es handelt sich dabei um synästhetische Feinstwahrnehmungen und Feinst-Reaktionen auf diese Wahrnehmungen, die wir uns im allgemeinen gar nicht bewußt machen, die aber durchaus bewußtseinsfähig sind. Die Fähigkeit zum atmosphärischen Erfassen ist also lernbar bzw. verbesserbar.

Das atmosphärische Erfassen ist eine vorsprachliche Form des Verstehens (als Ko-respondenz). *Stern* (1985) spricht zum Beispiel vom „attunement" (sich aufeinander einstimmen) zwischen Mutter und Kind, einer ganz ungezielten, unbewußten Kommunikation, mit der Stimmung und Verhalten des Babys durch Mimik, Gestik, Laute, Körpertonus der Mutter beeinflußt wird. Dabei dient diese mütterliche Atmosphäre dem Baby oft als Signal, als „Definition der Situation": „Achtung!", „Schön!", „O Gott!", „Mach ruhig." Ebenso wird Stimmung und Verhalten der Mutter durch Mimik, Gestik, Laute und Körpertonus des Babys beeinflußt.

Es ist nicht selbstverständlich, atmosphärisches Erfassen als Kommunikationsform zu bezeichnen. Atmosphäre im umgangssprachlichen Sinn scheint ja eher „von den Dingen", besonders von der Natur auszugehen. Wir halten es für sinnvoll, auch diese Beziehung zwischen Umfeld und Person als Kommunikation zu verstehen, weil sich hier ein physiognomischer Kontakt zur Welt zeigt: Die Welt, dieser Raum, diese Wolken werden erlebt wie ein „Wesen". Diese Art des Austausches geht nahtlos in den spontanen Kontakt zu Menschen über, dem unmittelbaren Angemutet-Werden. Dieses differenziert sich erst später zu Gefühlen, die aber immer auf der Basis des Atmosphärischen ruhen. Ein moderner Ausdruck hierfür ist etwa: „Die Chemie zwischen diesen Perşonen ... "

Schmitz (1989) versteht den Prozeß des atmosphärischen Erfassens als „Einleibung", als angeborene Fähigkeit des Leibes, sich über seine Grenzen hinaus zu erweitern und den anderen in die Vorgänge der eigenen Leiblichkeit mit einzubeziehen, bzw. in denen des anderen mitaufzugehen. Diese „Einleibung" äußert sich zum Beispiel in dem einen Rhythmus beim Tanzen, dem einen Ineinander von Druck und Gegendruck beim Ringkampf, aber auch in meiner Gänsehaut beim Anblick der tiefen Wunde am Knie meines Kindes oder dem Schrei, den ich an Stelle des Verkehrsopfers ausstoße. In den ersten Lebenswochen ist diese Fähigkeit, sich über die Sinne mit dem Befinden anderer zu identifizieren, besonders stark ausgeprägt. Wenn in einer Säuglingsgruppe *ein* Baby zu weinen anfängt, so schließen sich ihm zuerst die Jüngsten der anderen Babys an (oder solche, die vorher zuhause noch nie ein anderes Baby haben weinen hören). Sie können sich dieser „Infektion" zunächst offenbar nicht entziehen. Aber sie lernen es! Wenige Wochen später gelingt es ihnen, beim Weinen eines anderen Babys ruhig zu bleiben (wenn auch immer noch eine gewisse Tonussteigerung ihrer Muskulatur zu registrieren ist).

Wir sind wieder, wenn auch auf anderem Wege, bei den Prozessen der leiblichen Identifikation gelandet, der Fähigkeit, in eine andere Rolle/Haut zu schlüpfen, der Fähigkeit, von anderen angesteckt zu werden.In diesem Prozeß wird die Trennung von Akteur und Reakteur teilweise aufgehoben. Diese Ansteckung, Einstimmung, Einleibung kann schließlich eine Atmosphäre erzeugen, eine Gefühlsmacht, die alle „ergreift" und so erlebt wird, als ob sie „im Raume" sei, nicht etwa in mir. *Schmitz* definiert denn auch Atmosphären als „ergreifende Gefühlsmächte, die randlos in den Raum ergossen sind".

Das Atmosphärische ist also auch das „Zwischen", das „Dritte neben Ich und Du" (*Merleau-Ponty* 1964, *Waldenfels* 1986), das wir gemeinsam erzeugen wie ein Energiefeld, das uns als Situation vorgegeben ist und uns in seinen Bann zieht.

Unter dem Aspekt des Atmosphärischen sollte man z. B. Therapieräume oder therapeutische Institutionen genauer betrachten: Welche „ergreifenden Gefühlsmächte" befinden sich in meinem Therapieraum, welche Atmosphären bringt diese KlientIn mit, welche ich selbst? Welche Atmosphäre herrscht in dieser Praxis, in diesem Krankenhaus?

4.5.4 *Ikonen*

Ikonen sind Bilder, ursprünglich heilige Bilder der christlich-orthodoxen Kirche: „Geoffenbarte Bilder heiliger Personen oder Ereignisse" (*Petzold* 1966). Ikonen können als Bild/Symbol/Metapher die Beziehung zwischen Mensch und Kosmos mit ihrem niemals ganz erschließbaren Sinn ausdrücken, gewissermaßen als Intermediär-Objekt zwischen Mensch und Kosmos. Vom Szenischen ausgehend, können wir Ikonen verstehen als Momentaufnahmen von Szenen oder als bedeutungsvolle Bilder mit einem meist noch unerschlossenen Sinn.

Die klare Erinnerung einer erwachsenen Frau an „Mama hinter der Glasscheibe" ist die ikonische, d.h. verdichtete und relativ isolierte Erinnerung an den Krankenhausaufenthalt der Zweijährigen. Aber diese Erinnerung ist weit mehr als ein Fotoabbild (Fotos können natürlich auch Ikonen werden), nämlich Ausdruck von vielen dramatischen Szenen damals im Krankenhaus.

Kinderzeichnungen haben in der Regel ikonischen Charakter mit erschließbarem szenischen Sinn. Das gleiche gilt für Zeichnungen von Erwachsenen, in denen „noch nicht" verbalisierungsfähiger Sinn, also Konflikte, Beziehungen, Selbstbilder zum Ausdruck gebracht werden oder auch ein Sinn, der nicht verbalisierungsfähig ist, der nicht in Worte gefaßt werden kann, wie z. B. ein Gefühl für die Verbundenheit mit der Welt in manchen Mandalas.

In kollektiven Ikonen (z. B. Madonna mit Kind, *Andy Wharhols Marilyn*, Mercedes-Stern) verdichten sich bedeutungsvolle Szenen einer Gruppe in sinnlicher Form. Diese kollektiven Ikonen gehen unbewußt in unser individuelles Bild-Erleben und Bild-Produzieren mit ein. Sie haben teilweise den Charakter von Archetypen: In ihnen kommen archetypische kollektive Erfahrungen zum Ausdruck.

Die Wirkung kollektiver Ikonen erkennt man gelegentlich in der Therapie, wenn Klienten sich unbewußt zum Beispiel als „Schmerzensmann", „Schneewittchen im Glassarg" oder „Poppey" darstellen. Familien haben, offen oder verdeckt, ihre eigenen Ikonen, bestimmte gemeinsame Bilder von bedeutungsvollen Familienszenen („Vater mit Mercedes im Schützenumzug", „Unser Haus in Pommern"), in denen noch Ungesagtes oder „nicht mehr Gesagtes" sich ausdrückt.

4.5.5 Symbole

Der Begriff des Ikonischen kommt in vieler Hinsicht dem des Symbols sehr nahe. Die Unterschiede sind fließend: In der Ikone ist der bildhaft-sinnliche Gehalt noch für jeden ersichtlich, im Symbol ist er so abstrahiert, daß er nur noch dem Kreis der Eingeweihten zugänglich ist. Beispiel: In den frühen Schriftformen wurden Bilderzeichen verwendet, die noch jeder verstehen konnte, der sie betrachtete.

Frühe Formen der Schrift (*Claiborne* 1975):

links: Bildzeichen für Fisch
rechts: Symbol für Fisch in assyrischer Keilschrift
Mitte: Eine im Text nicht erwähnte Zwischenform in frühbabylonischer Keilschrift

Die daraus entwickelten Zeichen späterer Keilschriften erschlossen ihren Sinn nur noch denjenigen, die sie erlernt hatten. Das Symbol hat deutlicher als die Ikone eine gesellschaftliche Doppelfunktion: Es verbindet diejenigen, die es kennen, und grenzt alle aus, die es nicht kennen. Zwischen den oben dargestellten Zeichen für Fisch liegen 2 Jahrtausende, in denen ein zunächst noch sehr leibnaher Ausdruck abnehmend sinnlich und zunehmend gesellschaftlich wirksam wurde (*Claiborne* 1975).

Petzold definiert Symbol als „ein Zeichen, welches komplexe und/oder bedeutsame Wirklichkeit in einer intersubjektiv zugänglichen Form zusammenfaßt, um etwas zu bewirken" (*Petzold* 1988). Symbole (vgl. Kapitel „Entwicklungstheorie") sind Systeme von Bedeutungen, die abstrahiert sind von „den Dingen selbst". Die Bedeutung, der gemeinsame Sinn, ist flexibel und veränderbar. Er ist auch beliebig lange konservierbar, solange die Symbole intersubjektiv bedeutsam sind.

Dies gilt insbesondere natürlich für die Sprache. Sie eröffnet uns ungeheure Erfahrungsräume, z. B. das gesamte kulturelle Wissen unserer Vorfahren, und eine ungeheure Flexibilität im Umgang mit der Realität. Wir können in Phantasie und Sprache unbegrenzt mit Symbolen experimentieren und innere Zustände zum Ausdruck bringen, die wir so durch praktisches Verhalten, durch praktische Beziehungen nicht deutlich machen könnten. Der größte Teil unserer Interaktionen beruht zunächst auf symbolischen Gesten, wie die Theorie des „symbolischen Interaktionismus" deutlich macht (*Mead* in *Joas* 1989, *Goffmann* 1985). Zur Sicherheit des Verstehens oder gar des Erklärens braucht man jedoch in der Regel das Symbolsystem der sprachlichen Verständigung.

Wie wir weiter oben schon erwähnt haben, behalten Wörter als Symbole für Beziehungen oder Gegenstände immer etwas von ihrem szenisch-ikonischen Gehalt. Bedeutsame, lebende Wörter sind auch nie eindeutig zu definieren, da sie immer in Beziehung zu anderen Wörtern stehen und dadurch ihr „Bedeutungsumfeld", ihre „Mitbedeutungen", wie jedes andere Symbol auch, verändern (vgl. *Waldenfels* 1985: „Das oblique, das schräge Denken").

Der Gebrauch von Symbolen, vor allem von Sprache, eröffnet die Möglichkeit der Verschlüsselung und damit auch der Täuschung: Man kann sich selbst und anderen mit Worten und/oder symbolischen Gesten etwas vor-machen, etwas anderes sagen, als man meint oder als man sieht. Auf diese Weise können Verdrehungen der Realität entstehen, die zu Verleugnungen, Verdrängungen oder falschen Zuschreibungen führen können.

Wir können das Thema der Symbolisierung im Rahmen dieses Buches nicht weiter vertiefen. Wir verweisen deshalb auf *Lorenzer* (1973), auf *Goffman* (1974) sowie auf das Heft „Kunsttherapie" der Integrativen Therapie 1/2 (1990).

4.5.6 Narration/Narrativ

Vielfach ist in der tiefenpsychologischen Literatur davon die Rede, daß eine KlientIn „ihre Szene" in der Übertragung wiederhole, daß man „die" Szene der KlientIn verstehen müsse oder ähnliches (*Argelander* 1970). Dieser Begriff ist mißverständlich insofern, als er suggeriert, daß die KlientIn nur eine Szene habe. Gemeint ist die Verdichtung von vergangenen Szenen oder Szenenfolgen, aus denen sich das typische Beziehungsmuster einer KlientIn ergibt, das Grundmuster, die *„Szene"*, nach der sie ihr Leben inszeniert. In vielen Fällen wird hierfür eine frühe traumatisierende Szene oder Szenerie als charakteristisch herangezogen.

So fruchtbar dieses Konzept zum Verständnis der Grundproblematik einer KlientIn auch sein mag, so liegt doch die Gefahr auf der Hand, wesentliche andere Aspekte auszublenden, insbesondere die Szenenfolgen innerhalb des gesamten Lebens-Kontextes, also im lebenslangen zeitlichen Verlauf. In der Integrativen Therapie wird deshalb zusätzlich zum Szenenkonzept das Konzept der *Narration* verwendet, das das Szenen-Typische mit enthält, aber das Augenmerk stärker auf den Fluß der Entwicklung richtet.

Wie bereits erwähnt (vgl. Kapitel „Erkenntnistheorie") verstehen wir unter Narration die von uns in Szene gesetzte, erlebte, erzählte und mehr oder weniger bewußt verstandene Geschichte unseres Lebens, die „sich" immer weiter erzählt. Wenn zum Beispiel Großeltern ihren heranwachsenden Enkeln erzählen, „wie es damals war", „was wir gemacht haben", „wie es dann weiterging", so entsteht eine Narration und damit auch eine Deutung ihres Lebens.

Die Konzepte „Szene" und „Narration" ähneln sich. Im Konzept der Narrationen tritt der Mensch als Autor seines Lebens-Dramas stärker in den Vordergrund, im Szenenkonzept stärker als Akteur.

Fast noch während wir etwas erleben, modellieren wir schon an der Erinnerung herum, um das Erlebte unseren bisherigen Erfahrungen anzupassen. Wir sind nämlich darauf angewiesen, uns immer neue Eckpfeiler der Orientierung in den Fluß des Geschehens zu schlagen. Nur wenn wir uns selbst und anderen gewissermaßen ständig „zuflüstern", was ist, was da geschieht, können wir eine relative innere Kontinuität bewahren. Diese Orientierung durch Erzählen scheint auch der Sinn der großen „Palaver" zu sein.

Im Begriff der Narration liegt die Betonung stärker als beim Begriff der Szene auf der Abfolge von Lebensereignissen, auf der lebenslangen Entwicklung des Menschen (*Filipp* 1981), auf typischen *Lebensphasen* und *Lebensthemen*. Unter diesem Aspekt ist die Biographieforschung (*Hans Thomae* 1988) für die Integrative Therapie von besonderer Bedeutung: Sie rückt in den Blick, welche Lebensthemen sich den Menschen stellen, in welchen Lebensphasen und in welcher Weise sie sie bewältigen (vgl. auch „Entwicklungstheorie").

Die Biographieforschung fragt auch, welche Lebensformen, welche Formen von Narrationen, in einer bestimmten Zeit und Gruppe überhaupt möglich sind, welche Rollen unsere Zeit für uns bereithält. In der Therapie ist es besonders wichtig, sich damit zu beschäftigen, wie weit die KlientIn sich als HauptdarstellerIn, AkteurIn, gar als AutorIn ihres Lebens empfindet und wie weit sie es tatsächlich ist oder sein kann. Wieviel Entwicklungsmöglichkeiten, wieviel Eigenverantwortung, Initiative und Zukunftsperspektive hat sie oder könnte sie haben? Wie sehr erlebt sie sich als „Treibgut" oder „Kapitän ohne Schiff" (vgl. dazu das Konzept des „locus of control" in „Gesundheits- und Krankheitslehre").

Narrationen – als erzählte und gelebte Lebensgeschichte im Fluß – sind die Verbindung zwischen Vergangenheit und Zukunft. Das Selbstbild und das Weltbild des Menschen gehen in sie ein: „Ich bin ein Hans im Glück, die Welt will mir wohl", „Ich kämpfe, die Welt ist feindlich", „Ich bin die Mutter der Kompanie, wir machen das schon". Wenn dieser Fluß stockt, sich im Kreise dreht, wenn sich in der möglichen Vielfalt der Lebensereignisse, Beziehungen und Rollen stets eine Szene bzw. immer wieder dieselben Szenen zu wiederholen scheinen, die KlientIn scheinbar nur eine Rolle hat und ihre Umwelt immer wieder in die entsprechende Komplementärrolle zu zwingen versucht, dann sprechen wir von *Narrativ*. (In der Transaktions-Analyse wird Narrativ als Lebensskript bezeichnet.) Ein Narrativ beruht auf einer verengten Perspektive und es verengt die Perspektive, es ist wie „lebenslänglich", ohne Aussicht auf „vorzeitige Entlassung": „Frauen werden doch immer ausgebeutet", „Männer sind doch im Grunde alle schwach", „Ich komme immer zu kurz" oder „Ich bringe Schwung in jeden Laden".

Wir möchten dies an einem klinischen Beispiel verdeutlichen: Eine Klientin konnte die Welt nur in Form von Tätern und Opfern wahrnehmen, wobei sie panische Abscheu vor der Täterrolle hatte. Ihre Mutter war depressiv-passiv gewesen, ihr Vater hatte viele Jahre in russsischer Gefangenschaft verbracht. Er verstand die Erziehung seiner drei Kinder als Überlebenstraining in einer total feindlichen Umwelt („Wenn du erschöpft bist, gehe erst recht weiter" oder „Werd allein fertig, helfen wird dir keiner, auch ich nicht"). Die Mutter und die Klientin wurden als Frauen als minderwertig betrachtet.

Diese Klientin konnte eine Vorstellung von einem solidarischen „Wir", ein Gefühl, einen Begriff davon nur sehr schwer entwickeln. Wenn sie in einer ihr offensichtlich wohlgesonnen Gesellschaft war, was sie peu à peu wahrnehmen konnte, fühlte sie sich besonders fremd und allein. In der Regel fand sie eine Gelegenheit, die Gesellschaft doch wieder als „reaktionäres Establishment" (Täter) zu klassifizieren und sich selbst in ihre Außenseiterrolle zurückzuziehen, wenngleich mehr und mehr trauervoll. Die Verfestigung dieses Narrativs wurde in einem sehr schmerzhaften Trauerprozeß aufgelöst. Der Preis dieser Auflösung war hoch: hohe Empfindlichkeit und intensive Sehnsucht. Der Gewinn aber: Abflauen der chronisch psychosomatischen Beschwerden, Befreiung vom Zwang zu hektischer tapferer Anpassung und ein Gefühl der „Tiefe" der eigenen Persönlichkeit.

Wir haben das *Selbst und seine Entwicklung* im Lebenskontext und Lebenskontinuum dargestellt, indem wir uns besonders mit seinen Ausformungen als Leib-Selbst und Rollen-Selbst beschäftigt haben. Es stellt sich uns jetzt dar als eine *leiblich verkörperte Vielfalt von sozialen Einflüssen, individuellen Erfahrungen* und *Beziehungsstrukturen*. Wir müssen uns nun der Frage zuwenden, wie sich daraus ein *Individuum* (ein Unteilbares) entwickelt, das sich von seiner Umwelt abhebt, erkennbar ist, sich selbst erkennt und sich handelnd mit der Umwelt auseinandersetzt. Wir kommen damit zu den Konzepten „Ich" und „Identität", genauer: zu den Ich-Funktionen des Selbst und zur Entwicklung von Identität.

4.6 Das Ich

4.6.1 Das Ich als „Selbst in actu"

Das Ich verstehen wir als einen Aspekt des Selbst, als eine Ausprägungsform: wie einen mit Scheinwerfern beleuchteten Ausschnitt, genaugenommen mit einem Meta-Scheinwerfer, der sich selbst mit in den Blick nimmt. Das Charakteristische des „Ich" sind *Bewußtsein* und *Kontakt*. Wenn das Selbst *bewußt* daherkommt in seinen Möglichkeiten und Funktionen des *Wahrnehmens, Erinnerns, Handelns* und *Integrierens,* nennen wir es „Ich". Wir können also sagen: Die Funktionsbereiche (perzeptiver Leib, expressiver Leib, memorativer Leib) des Selbst bezeichnen wir dann als Ich, wenn sie aktualisiert werden. *Petzold* spricht vom Ich als „vom Selbst in actu".

> Wenn wir in den folgenden Abschnitten auch von Ich-Funktionen und Ich-Strukturen sprechen, so befinden wir uns in dem Dilemma, daß Fähigkeiten, also *potentielles* Verhalten, von der Systematik her dem Selbst zugehörig sind und „eigentlich" nur dann Ich-Strukturen und Ich-Funktionen sind, solange sie sich unter der Beleuchtung des Bewußtseins befinden, also „in actu". Wir haben uns dennoch entschlossen, sie

hier unter Ich-Funktionen und Ich-Strukturen darzustellen, da dies dem Sprachgebrauch und der Tradition der Tiefenpsychologie und kognitiven Psychotherapie entspricht (*Thomä* und *Kächele* 1989, *Grawe* 1988, *Bauriedl* 1982). Damit wir nicht aus den Augen verlieren, daß sie systematisch dem Selbst angehören und erst „Ich" werden, wenn sie sich selbst aktualisieren, werden wir gelegentlich die Begriffe *„Ich-Funktionen des Selbst"* und *„Ich-Strukturen des Selbst"* verwenden.

Das Ich entsteht und existiert immer neu im Hier und Jetzt als *Bewußtsein* von und im *Kontakt* mit dieser speziellen Situation, mit sich selbst und der Umwelt (Awareness, Realitätsbezug). Das Selbst als Ganzes existiert auch ohne Bewußtsein, z. B. im Schlaf.

Kontakt kann sich nach innen und außen richten, als bewußtes *Spüren* der eigenen Befindlichkeit und als bewußte *Handlungsbereitschaft* in bezug auf die Umwelt, als Kontakt nach außen.

Ein typisches Beispiel für Ich-Funktionen: „Halbschlaf – lauter Knall! Ich bin hellwach, erschrocken, erfasse mit einem flüchtigen Gedanken: Gefahr! Weg hier! Die Kinder!, raffe drei Pullover zusammen, wecke meine Kinder und laufe mit ihnen aus dem Haus." Aus dem matten Leibbewußtsein (Halbschlaf) wird jetzt hellwaches, konzentriertes Bewußtsein, mit höchster Wahrnehmungsfähigkeit nach außen, Situations-Erfassung, Handlungsimpuls und Handlungsplan: Ich bin ganz da.

Ein witziges Beispiel für den aktuellen Kontakt- und Problemlösungsprozeß des Ich hat Mark Twain erfunden: Sein Held Tom Saywer soll den Zaun seiner Tante streichen. Er hat keine Lust. Er fürchtet den Spott seiner Freunde für diese niedere Tätigkeit. Eine akute Problemsituation: es arbeitet in ihm, sein Bewußtsein erreicht höchste Helligkeitsgrade, mobilisiert Erinnerungen an vergleichbare Situationen und Erfahrungen mit dem Werte- und Denksystem seiner Freunde. Sein „Ich" schafft schließlich eine geniale Lösung: Tom tut so, als ob ihm das Anstreichen großen Spaß macht, verblüfft damit seine Freunde, läßt sich schließlich gegen kleine Geschenke den Pinsel abhandeln und bekommt so, fast ohne eigenen Handschlag, den Zaun gestrichen.

An Toms Beispiel können wir eine weitere Bewußtseinsfunktion des Ich beschreiben, die *Exzentrizität*, die Fähigkeit, sich selbst und seine Situation von außen zu betrachten. In unserem Beispiel fühlte Tom sich nicht nur mißlich, er sah auch von außen sein mißgestimmtes Selbst, das kläglich von seiner sonstigen Heldenhaftigkeit (Identität) abwich. Er begann, auf Grund früherer Erfahrungen innerlich mit der Situation zu experimentieren, vor allem für sich die Hauptrolle des beneideten Helden zurückzuentwerfen und zwar im Rahmen der Vorgabe: der Zaun mußte fertig werden.

Durch die Fähigkeit, sich „Selbst" in seiner Involvierung zu sehen und im Situationszusammenhang zu verstehen und die Involvierung dadurch zu relativieren (Exzentrizität), gewinnt das „Ich" eine größere Flexibilität im Umgang mit der Realität (Rollenwechsel, Probehandeln), ein vertieftes Verständnis für die Motive und Verhaltensweisen von sich selbst und anderen. Dies führt zu einer Erweiterung des Bewußtseins für Zusammenhänge (Sinnerfassungskapazität). Wir sehen an Toms Beispiel, daß mit dieser Fähigkeit auch die Fähigkeit zur Täuschung gegeben ist, zur mehr oder weniger subtilen Manipulation von Beziehungen (vgl. dazu Identität) sowie zur Selbsttäuschung als Internalisierung der Täuschung.

Das „Ich" besteht in höchst komplizierten Auswahlentscheidungen und Integrationsleistungen, es *ist* diese Leistungen, es entsteht im Erkennen von Situationen, beim Identifizieren von Rollen und Komplementärrollen aus dem Repertoire des eigenen Rollen-Selbst, beim Wahrnehmen der Rollenangebote des Gegenübers und in seinen Reaktionen darauf.

Das „Ich" setzt sich in seinen Funktionen immer wieder neu zusammen. „Der aktionale Charakter des Ich verbietet es, das Ich als stabile, an unterschiedlichen Orten des Zeitkontinuums homologe Größe anzusehen. Das Ich ist ein flüchtiges Phänomen, ein Jetzt-Zustand wacher bewußter Wahrnehmung und Handlung. Es entsteht im Kontakt" (*Petzold* 1982). Wir alle kennen die Veränderung unseres „Ich" in unterschiedlichen sozialen Situationen: Bei X sind wir ruhig, gelassen, bei Y ängstlich, angespannt, in Kontakt mit Y und Z beziehen wir eine scharf linke Position, im Kontakt mit M und N eine mäßigend liberale. Trotzdem „verlieren" wir uns nicht, wir bleiben wir selbst. Zum einen entwickeln wir in unserer Leiblichkeit ein Grundgefühl von „Ich selber" beim Auswählen, Entwerfen, Erproben von Handlungsmöglichkeiten. Zum anderen integrieren wir unser unterschiedliches „So-sein" zu einer neuen Einheit, wir entwickeln in einem synergetischen Prozeß *Identität*, also ein Gefühl, eine Vorstellung davon „wie wir sind mit unserer gesamten Variationsbreite".

Tom Saywer erlebt sich nach der Episode mit dem Zaun nicht nur als Held, sondern als „schlauer Held".

4.6.2 Ich-Funktionen des Selbst

Als *Ich-Funktionen* werden die Fähigkeiten des Selbst bezeichnet, die sich auf *Bewußtsein, Wahrnehmung, Denken* und *Handeln* beziehen, also vor allem auf Integration.

Wir führen hier recht pragmatisch eine Reihe von Ich-Funktionen auf, um diesen Ich-Bereich plastisch anschaulich zu machen, nicht etwa als abschließende oder systematische Darstellung von Ich-Fähigkeiten. Eine solche kann es nicht geben, da sich diese Ich-Fähigkeiten unbegrenzt kreativ neu entwickeln und zusammensetzen.

Zu den Ich-Funktionen werden gemeinhin gezählt: die örtliche und zeitliche Orientierung, das Bewußtsein der eigenen Identität, Kontakt- und Abgrenzungsfähigkeit, die Fähigkeit zur Exzentrizität und Zentrierung, die Fähigkeit zur Unterscheidung von Phantasie und Wirklichkeit, bewußtes und differenziertes Wahrnehmen der Umwelt und der eigenen Befindlichkeit, die Fähigkeit, Gefühle wahrzunehmen und in Beziehung zur Situation zu setzen (Verstehen, Deuten), bewußtes Phantasieren und Erinnern als fakultatives Handeln, Fähigkeit zu logischem Denken, zu assoziativ-kreativem Denken und Imaginationsfähigkeit, Fähigkeit zur Entwicklung von Handlungsstrategien, realistische Einschätzung der Durchsetzbarkeit von Wünschen, Fähigkeit, sich nach Störungen zu stabilisieren, Angst-Toleranz, Ambiguitäts-Toleranz (Toleranz für Mehrdeutigkeit), Wahrnehmen und Verstehen der Befindlichkeit anderer (Rollenübernahme), ausreichendes Rollenrepertoire, Fähigkeit zu Rollendistanz und -flexibilität, zu Normen-Übernahme und Normen-Flexibilität, Fähigkeit, sich selbst in der Lebenswelt darzustellen und zu begreifen, realistische Selbsteinschätzung.

Eine gute Ausprägung dieser Ich-Fähigkeiten wird im allgemeinen als *Ich-Stärke* bezeichnet.

Ich-Funktionen werden auf der Grundlage von Reifungsprozessen durch Beziehungserfahrungen mit Dingen und Menschen entwickelt und ausdifferenziert. So ist zum Beispiel die Fähigkeit, differenziert wahrzunehmen, davon abhängig, daß man hinreichend viele Kontakte mit anderen und seiner Umwelt hatte und daß Wahrnehmen erlaubt und erwünscht war. Wenn solche Gelegenheiten gefehlt haben (Unterstimulierung, vgl. Kapitel „Gesundheits- und Krankheitslehre") oder unterbunden wurden (Störung), wird die Wahrnehmung eher vage, „grobrasterig" oder verschwommen bleiben und die Handlungsfähigkeit sich nur begrenzt entwickeln.

4.6.3 Ich-Strukturen des Selbst

Die *Ich-Strukturen des Selbst* sind die vom Individuum durch Reifung und Erfahrung entwickelten Konzepte, Grundschemata, Rollen, Konstrukte, Handlungsstrategien. Es ist die Art, wie es „die Welt ordnet" und individuelle Bewältigungsstrategien entwickelt (vgl. z. B. *Kelly* 1986 oder *Grawe* 1988). Ich-Strukturen sind Persönlichkeitsstrukturen. Es gibt letztlich keine systematischen Unterschiede zwischen kognitiven und Beziehungsstrukturen. Wahrnehmen, Erfassen, Fühlen, Erleben, Bewerten/Einschätzen, Planen und Handeln gehören zu ein und demselben Prozeß.

> Hier zwei Beispiele für rigide, einengende Ich-Strukturen: Eine Klientin kann ihre Beziehungen zu anderen Menschen, auch die zwischen anderen Menschen und auch die zu Dingen, nur unter dem Gesichtspunkt sehen „ist gut zu mir/ist nicht gut zu mir" oder „ist gut zu XY/ist nicht gut zu XY". Andere Gesichtspunkte hat sie nicht zur Verfügung, etwa „ist interessant/ist nicht interessant".
> Ein anderer Klient ist ähnlich „eindimensional" strukturiert. Er teilt die Welt im wesentlichen ein nach „oben und unten": Seine Intelligenz und sein Verhalten sind wesentlich darauf ausgerichtet herauszufinden, ob und wie jemand ihn „nach unten drücken will". Die Begriffe Klugheit, Interesse, Kraft sind für ihn „oben"-Begriffe und dadurch wertvoll, Liebe und Verständnis sind „unten"-Begriffe und damit gefährlich. Sein „Ich" als Struktur 2. Ordnung ist sehr rigide und erlaubt keine differenzierten Strukturen 1. Ordnung.

Wenn der Wahrnehmungs-, Handlungs- und Beziehungsraum so eingeengt ist wie in unseren Beispielen, sprechen wir von einem *Narrativ* (vgl. oben).

George Kelly (1986) entwickelte das Konzept des „persönlichen Konstrukts". Er kommt damit dem Strukturbegriff der IT recht nahe. Nach *Kelly*s Theorie kann man einen Menschen am besten dadurch verstehen, daß man versteht, wie er sich auf zukünftige Ereignisse einstellt und sie auch herbeiführt. *Kelly* geht davon aus – und belegt dies –, daß Menschen auf der Basis ihrer Erfahrung eigene, meist nicht bewußte Konstrukte entwickeln. Diese Konstrukte müssen nicht unbedingt mit allgemeingültigen Konzepten oder Begriffen übereinstimmen wie z. B. „gut/böse", „erfolgreich/ nicht erfolgreich". Sie können z. B. die Form haben: „lieb/erfolgreich" (als Gegensatz) oder „männlich/väterlich" (als Gegensatz), oder „wie ich/interessant" (als Gegensatz). Wichtig für die kreative Anpassungsfähigkeit eines Menschen sind die Anzahl der Konstrukte, die er zur Verfügung hat, ihre Flexibilität und Reichweite.

Andere Theorien zur Ich-Struktur bzw. Persönlichkeitsstruktur, die in der Intergrativen Therapie eine zunehmend größere Rolle spielen, sind Theorien über *Streßbewältigung* (Coping-Strategien; vgl. *Lazarus* 1976) und über *Daseins-Techniken* (*Thomae* 1988). *Thomae* und seine Mitarbeiter haben in empirischen Längsschnittuntersuchungen über „Reaktionsformen jenseits der Lebensmitte" vorläufig 20 idealtypische Bewältigungsstile, also Verhaltensstrukturen, herausgefunden. Als Beispiel greifen wir vier heraus: „Sich-verlassen-auf-andere", „Akzeptieren der Situation", „Positive Deutung der Situation", „Zurückstellen eigener Bedürfnisse".

Menschen haben nicht nur einen einzigen Bewältigungsstil zur Verfügung, sondern können je nach Situation verschiedene Reaktionsformen in unterschiedlicher Kombination einsetzen. Es wäre also falsch, aus diesen Reaktionsmustern eine Persönlichkeitstypologie machen zu wollen („der Abhängige", „die Realistin", „die Optimistin"). Sie sind Anhaltspunkte, unter denen man die Ich-Funktionen und Ich-Stärke einer Person betrachten kann, also die Fähigkeit, Lebensbelastungen zu ertragen und zu bewältigen. In den Ich-Strukturen bleibt der szenische, der Prozeß-Charakter erkennbar, auch wenn wir abstrakt von Strategien und Handlungsplänen sprechen.

Auch *Abwehrmechanismen* kann man als Ich-Strukturen des Selbst verstehen.

Das psychoanalytische Konzept der Abwehrmechanismen ist von der Integrativen Therapie teilweise übernommen worden, allerdings ohne das zugrunde liegende Instanzenmodell („Ich, Es, Über-Ich"). Die Abwehrmechanismen der klassischen Psychoanalyse (*Anna Freud* 1936/1959) beziehen sich primär auf die Abwehr der Über-Ich-Angst vor verbotenen Triebwünschen, bzw. auf die Abwehr der Triebwünsche selbst. Die Psychoanalyse ist damit in Gefahr, zu einseitig „innerpsychisch" zu denken. Das Konzept der Abwehrmechanismen in der Integrativen Therapie bezieht sich mehr auf die Abwehr und Bewältigung aller Arten von Angst, die durch innere und äußere Konflikte, Belastungen oder Traumata entsteht.

Wenn man allerdings die Instanzen „Über-Ich", „Ich" und „Es" wieder in einen szenischen Bezug zueinander setzt, also sich vorstellt, wie der „Über-Ich-Vater/Pastor/Lehrer" das trotzige oder ängstliche Kind zwingt, seine Bedürfnisse nach Fußball-Spielen, Raufen, Onanieren oder Quasseln („Es") aufzugeben, und dieses Kind dann Wege sucht, seine „verbotenen" Bedürfnisse doch noch ein bißchen zu verwirklichen (Coping-Strategien) oder sonst irgendwie zu beruhigen (Abwehrmechanismen), dann wird man das Abwehrkonzept zur Erklärung neurotischer Reaktionen und neurotischer Bewältigungsstrategien unverzichtbar finden. Man kann dann verstehen, wie durch frühere neurotisierende Beziehungen heutige neurotische Ängste und entsprechende neurotische Abwehrformen entstehen (vgl. Gesundheits- und Krankheitslehre).

Der Begriff Abwehr/Anpassungsmechanismus ist doppelgesichtig, in seiner Definiton sind zwei Aspekte enthalten:

1. Die Abwehr von Angst geschieht teilweise *auf Kosten* der Realitätswahrnehmung (der pathogene Aspekt). Der „eindimensionale" Klient aus unserem obigen Beispiel nimmt nicht wahr, daß andere Menschen ihm auch Zuneigung ohne Machtanspruch entgegenbringen.

2. Die Bewältigung von Angst erfolgt *wegen* der Unerträglichkeit und Überforderung durch die Realität (Bewältigungsaspekt). Beispielsweise kann ein querschnittsgelähmter Wissenschaftler seine Angst vor der Total-Lähmung soweit ausblenden und abspalten, daß er noch in der Lage ist, kosmologische Theorien zu entwickeln.

Wir gehen im Abschnitt „Gesundheits- und Krankheitslehre" noch ausführlicher auf die Abwehrmechanismen ein.

4.6.4 Regression/Progression

Bei der Beschreibung des Persönlichkeitsprozesses, wie er sich über die Gesamtheit von Kontakt-Zyklen realisiert (vgl. oben), sind wir schon ansatzweise auf den Zusammenhang von Ich-Funktionen, Realitätsbezug und Regression gekommen. Wir möchten an dieser Stelle etwas ausführlicher darauf eingehen: Wir haben gesagt, daß die differenzierte Wahrnehmung der gegenwärtigen Realität („was ist?") und die Entwicklung angemessener Handlungspläne ganz wesentliche Leistungen des Ich sind: Wir nennen sie *Realitätsbezug* oder auch Realitätskontrolle. Wir haben auch gesagt, daß bei der Erfassung und Bewertung der gegenwärtigen Situation jeder Mensch „kürzestzeitig" auf seiner „inneren Zeitachse" in die Vergangenheit und in die Zukunft geht. Er aktiviert Erfahrungen und entwickelt daraus Erwartungen. Dieses Vor- und Zurückgehen auf der inneren Zeitachse (Time Line) können wir *Regression* bzw. *Progression* nennen. Sie gehören unabdingbar zum Persönlichkeitsprozeß.

Von Regression und Progression im engeren Sinne sprechen wir im allgemeinen aber erst, wenn der Gegenwartsbezug, die Realitätskontrolle, stärker zurücktritt bzw. gelockert wird und „der innere Prozeß" von Regression und Progression stärker in den Vordergrund tritt, wenn also Vergangenheit und Zukunft die Wahrnehmung, das Verhalten und das Erleben *heute* stärker prägen. In der Regression verhalten Menschen sich so, *als ob* sie mit „Haut und Haaren" in einem früheren Zustand wären.

Regression und Progression sind demnach unter drei Aspekten zu sehen:
- der Lockerung des Realitätsbezugs,
- der damit verbundenen mehr oder weniger ausgeprägten Veränderung des Bewußtseins (man könnte auch sagen, daß die Lockerung des Realitätsbezugs in einer Veränderung des Bewußtseins bestehen kann) und

- dem Zurück- (oder Vor-)gehen auf einen früheren (oder zukünftigen) Entwicklungsstand.

Regressive und progressive Zustände können verschieden lange dauern und verschieden intensiv sein. Sie werden gefährlich, wenn die Lockerung des Realitätsbezuges chronisch und umfassend wird, wie z. B. in chronisch verlaufenden Schizophrenien. Die Lockerung der Realitätsverhaftung gibt uns aber auch die Chance, in frühere Wirklichkeiten zurück- und in zukünftige Wirklichkeiten hineinzugehen. Sie erlaubt uns, diese alternativen Wirklichkeiten in der Erinnerung oder Phantasie neu zu erleben oder ganz neu zu konstruieren und festgefahrene Strukturen in uns selbst oder auch um uns herum zu lockern und zu verändern. Die Belebung früherer Erlebnisformen ist für kreative Prozesse und auch für die Therapie von entscheidender Bedeutung.

Wir können auf frühere Zustände zurückgehen, weil alle diese Zustände in uns gespeichert sind. Ebenso gespeichert ist aber der Zustand, in dem wir „vor der Regression" waren; wir könnten pauschal sagen „unsere erwachsene Persönlichkeit". Insofern ist Regression – außer bei organisch bedingter Regression – nie total. Der „spätere" Zustand bleibt immer mit enthalten. Dies muß man bei der Arbeit mit regressiven KlientInnen oder mit regressiven Techniken beachten.

Bei der Bezeichnung eines Zustandes als regressiv bzw. progressiv gehen wir immer von Vorstellungen und Erfahrungen darüber aus, was *altersangemessenes* Verhalten ist. Dies gehört zum Aspekt des Realitätsbezuges. Wir stützen uns dabei auf die Realität von Reifungsprozessen (ein fünf Monate alter Säugling könnte seinen Stuhlgang nicht kontrollieren, ein fünfjähriges Kind schon), aber auch auf die Realität von sozialen Setzungen („Darf ein Mann von 50 Jahren noch vor Lachen kreischen und quietschen oder beim Tod seiner Katze weinen?"). Wenn eine 10jährige mit lackierten Fingernägeln in den Stöckelschuhen ihrer Mutter durch die Wohnung stolziert, ist das eine kreative Progression. Sie probiert aus, wie es ist, eine Frau zu sein. Wenn sie dauernd in dieser Aufmachung herumgeht, erscheint uns die Progression bedenklich. Wenn Kinder, die sich schon lange alleine anziehen, essen, sich abwischen können, immer mal wieder gefüttert und angezogen und abgeputzt werden wollen, verstehen wir das als Erholung vom Streß des „Groß-Seins" (vgl. Kapitel „Entwicklungstheorie"). Wenn sie diese Haltung über Monate und Jahre beibehalten, verstehen wir es als ernsthafte Störung. Wenn eine Arbeitsgruppe nach einem langen Tag sachlicher Arbeit in Alberei ausbricht oder wenn in einer Therapiegruppe die Aufregung und sinnliche Faszination an der Arbeit mit Ton sich in unartikulierten Tönen Bahn bricht, dann schätzen wir das als normale und notwendige Reaktion ein, solange die Gruppen wieder auf ein altersangemessenes „Niveau" zurückfinden. Ob Regression als kreativ oder problematisch zu bewerten ist, hängt also immer von dem Situationsbezug ab.

Wie wir schon erwähnt haben, kann „Lockerung des Realitätsbezuges" auch eine Veränderung des Bewußtseinszustandes bedeuten: Wir nehmen z. B. nicht mehr so wach wahr und denken nicht mehr so klar und logisch, wenn wir uns früheren Szenen und Leibgefühlen, Traumgedanken, Phantasien, irrealen Bildern überlassen. Wir überprüfen nicht mehr: „kann das sein?", sondern lassen „kommen, was kommt". Typisch für diesen Aspekt der Regression ist das Träumen. Es passiert uns dann, daß wir unser Fuß sind oder daß unser Bein weggeht oder daß wir durch den Weltraum stürzen, einen riesigen Kopf und winzige Beine haben. Wenn wir auch bei dieser Bewußtseinsveränderung von Regression sprechen, so unterstellen wir dabei, daß die Empfindungen des „Traumleibes" (vgl. Abschnitt „Leib-Wissen"), das primärprozeßhafte, das unlogische, phantasiebetonte, irreale Denken in früheren Phasen der Menschheit und des einzelnen Menschen die dominierende Rolle gespielt haben. Dabei kann es jedoch nur um ein Überwiegen gehen, weil weder die Menschheit noch ein einzelner Mensch überlebt hätten ohne früh einsetzenden Realitätsbezug (Sekundär-Prozeß).

Aktuelle Regressionen (nicht unbedingt die chronischen) sind immer mit intensiven Gefühlen verbunden. Frühere Szenen werden zum einen ja eben deshalb erinnert, weil sie gefühlsmäßig intensiv und bedeutsam waren, zum anderen läßt der Prozeß der Lockerung der Realitätskontrolle selbst der „Ausbreitung der Gefühle" Raum. Aber: es beruhen nicht alle intensiven Gefühle auf regressiven Zuständen.

Wenn ich eine große Wut entwickle, weil auf der Autobahn jemand pausenlos drängelt, obwohl er sieht, daß ich nicht ausweichen kann, oder wenn ich bei der Beerdigung eines nahen Angehörigen intensive Trauer, vielleicht sogar Herzschmerzen empfinde, so ist dieses Gefühl aus der Situation erklärlich. Es ist situationsadäquat. Diese Intensität des Gefühls wird auch als „archaisch" bezeichnet, womit das Ursprüngliche und Eindeutige benannt werden soll. Wir kommen damit der Vorstellung von *H. Schmitz* (1989) nahe, der von der „Regression des Ich" spricht als der „Zusammenziehung des Ich" auf einen Punkt intensivster emotionaler Betroffenheit und dieses als das „Ich-Erlebnis" schlechthin bezeichnet.

4.7 Identität

Simon, 8 Jahre: „Mami, ich weiß, daß ich ein ganz besonderer Mensch bin...: aber das kann nicht sein, das denkt ja jeder andere Mensch auch."

Simon hat das Wesen und die Paradoxie von Identität erfaßt: Wir sind einzig, wir fühlen uns einzig und sind doch in diesem Gefühl wieder alle gleich, zumindest ähnlich.

Das Gefühl der Einzigartigkeit ist ein kollektives Gefühl und wie alle Gefühle gesellschaftlich geprägt. Es ist Ausdruck von Zeitströmungen und kulturellen Grundüberzeugungen. Nicht immer und überall wird die Einzigartigkeit, die Identität jedes Menschen so ausdrücklich erfahren, wie in unserer Kultur.

4.7.1 Das Gefühl „Ich-Selber"

Identität ist das Bild und das Gefühl, das ich von „mir selbst" habe. Es entsteht dadurch, daß *ich mich* sehe, fühle, bewerte, vergleiche, Entwürfe von mir mache, Rollen übernehme usw., und dadurch, daß *ich von anderen* gesehen werde, daß sie auf mich gefühlsmäßig reagieren, mich bewerten, vergleichen, Entwürfe von mir machen und mir Rollen zuschreiben. Identität ist also immer doppel-gesichtig: *Ich sehe mich und werde gesehen.* Im Prozeß dieser Integration von

Selbst- und Fremdbildern entsteht das Gefühl und die Vorstellung eines zentralen, halbwegs konstanten *Ich-Zentrums*, das wir „Ich-Selber" nennen. Ich fühle und weiß, wer ich bin und in etwa auch, wie ich so geworden bin. Meine unterschiedlichen Verhaltens- und Seinsweisen in unterschiedlichen Situationen und Entwicklungsphasen sind immer auf dieses „Ich-Selber" bezogen. Die *Selbstähnlichkeit*, das „Sich-Wiedererkennen" und das „Wiedererkanntwerden" bleibt im ständigen Wandel der Situationen und Zeiten der zentrale Kern und der Stützpfeiler der Person.

Identität ist immer gleichzeitig *Ergebnis* und *Motor* der Entwicklung, sie ist die stärkste integrative und stabilisierende Kraft des Menschen. *H. Petzold* (1974) bezeichnet sie als die zentrale Funktion des Ich. Ich bleibe „Ich-selber", selbst wenn ich heute nur herumalbere und morgen in depressive Resignation verfalle. Ich bleibe auch ich selber, wenn ich mein Leben radikal ändere, mich vom Partner trenne, in eine andere Stadt ziehe und meinen Beruf wechsle. Dann verstehe ich mich als „Ich bin in einer Krise" oder „Ich entwerfe mich neu". Wenn wir sagen: „Ich erkenne mich selbst nicht wieder, so lustig, mutig, oder geistreich war ich gestern abend", kommt darin nicht das Gefühl einer Selbstentfremdung zum Ausdruck, sondern die freudige Integration noch nicht entdeckter Möglichkeiten des Selbst, das Selbstbild wird dadurch erweitert. Ähnlich kann es auch sein mit erschreckenden Selbsterfahrungen, z. B.: „Bei dem Streit mit dir war ich nicht ich selbst, ich war außer mir (ich bin aus meiner Selbst-Rolle gefallen)". Dieses Erschrecken zeigt mir, daß ich mich selbst noch nicht hinreichend kenne, daß es noch verborgene Seiten in mir gibt, die ich integrieren muß, daß ich mein Selbstbild erweitern muß. Das „Ich-Selber" bleibt dabei ganz intakt.

Es könnte aber auch sein, daß die Aussage: „Ich kenne mich selbst nicht mehr", der Beginn eines Spaltungsprozesses ist: „So bin ich nicht, und wenn es evtl. doch so scheint, dann irren wir uns alle." Wenn diese Spaltung sich vertieft, wenn die Verbindung zwischen den Ich-Zuständen reißt und das Identitätsgefühl „Ich-Selber" sie nicht mehr zusammenhält, liegt eine schwere Störung vor, eine multiple Persönlichkeit oder tiefe Entfremdungserlebnisse („Ich weiß nicht mehr, wer ich bin", oder „Meine Hände tun etwas oder mein Kopf denkt etwas, was nicht ich bin.").

4.7.2 Das Bild von mir bei mir und anderen

Identität entsteht in einem vielfältigen Kommunikationsprozeß über einen „Gegenstand" namens „Ich-Selber". Das Baby „begreift" sehr früh, was es selbst und was „der Andere" ist: „Ich greife meinen Fuß" fühlt sich anders an als: „Ich greife die Nase meiner Mutter". Über die propriozeptive Wahrnehmung entwickelt sich das Bild des eigenen Körpers. Für Kleinkinder ist dieser Differenzierungsprozeß von höchstem Interesse und gehört zu den wichtigsten und lustvollsten Beschäftigungen (vgl. Entwicklungstheorie).

Identitätsentwicklung ist ein lebenslanger Prozeß, der im Kontakt zum eigenen Leib-Selbst und in der Beziehung zu anderen entsteht. Identitätsentwicklung bewirkt auch Ähnlichkeiten innerhalb der Gruppe, zu der ich gehöre. Wenn ich mich (auch) mit den Augen meines Gegenübers sehe, sein Bild von mir in mich „hineinnehme", so nehme ich damit auch einen Teil von ihm in mich hinein, seine Sichtweise. Mit dem freundlichen Blick meiner Mutter auf mich nehme ich einen Teil von ihrer Freundlichkeit auf. So freundlich, wie sie mich sieht, kann ich mich später auch sehen, ein Teil ihrer Freundlichkeit ist in mich übergegangen. Die anderen mit ihren Ansichten von mir gehen also „in mich über". Es entsteht auf diese Weise so etwas wie eine gemeinsame Identität, gleiche Werte und gleiche Eigenschaften entwickeln sich, es entstehen *Gruppenidentitäten*. Es scheint, daß im Laufe der Menschheitsgeschichte die Gruppenidentität viel früher ausgebildet wurde als die individuelle Identität. Damit sich aus der Gruppenidentität die individuelle Identität herausdifferenzieren kann, braucht das Individuum hierzu mehr oder weniger ausdrückliche Bestätigung.

Damit wir Identität entwickeln können, müssen „die Anderen" anerkennen, daß wir „ein Anderer sind". Ohne diese Bestätigung können wir kein sicheres Gefühl des „Ich-Selber" entwickeln. Wenn man einem Kind immer wieder vermittelt: „Du bist wie dein frühverstorbener Bruder, als ob der liebe Gott ihn wiedergeschickt hätte", so kann es kein sicheres Selbstgefühl und keine sichere Identität entwickeln. Wenn unsere Selbsteinschätzung „Ich bin so und so" über lange Zeit auseinanderfällt mit den Einschätzungen wichtiger Bezugspersonen, so kann dies eine Quelle von mehr oder weniger schweren Störungen werden.

Veränderungen im eigenen Entwicklungsprozeß sind manchmal eine Bedrohung der Identität. Sie sind deshalb nicht nur Chance, sondern auch Gefahr und erzeugen bisweilen massiven Widerstand (vgl. unten Therapietheorie).

In jeder therapeutischen Arbeit, die ja mit einer Verunsicherung der Identität einhergeht, wird dieser Widerstand deutlich. Bei KlientInnen mit starren oder extrem negativen Vorstellungen vom „Ich-Selber" kann eine Veränderung zum „Besseren" zu einer schweren Krise bis hin zu Suizidversuchen führen.

Dies ist nur scheinbar paradox: Wenn die Identität darin besteht, nichts wert zu sein, eigentlich keine Existenzberechtigung zu haben, so wird man diesen äußerst labilen Halt, diese vielleicht einzige Tragestruktur, in der Therapie nicht einfach aufgeben können, egal wie schlecht es einem damit geht. Dahinter droht nämlich die Gefahr des „nichts mehr hält mich", „dann weiß ich gar nicht mehr, wer ich bin oder was ich bin" (vgl. Kapitel „Krisenintervention").

Angesichts der Mächtigkeit des Faktors „Identität" treten andere verhaltenssteuernde Faktoren, wie Belohnung oder Bestrafung, oft völlig in den Hintergrund. Zum Beispiel ist die Abwendung durch andere Menschen für eine KlientIn, die sich ständig selbst erniedrigt, schlimm. Sie weiß, daß sie die anderen durch ihre ständigen Selbstbeschuldigungen irritiert. Diese Erfahrung ist aber nicht *so* schlimm, als daß sie diesen „Halt", diese Identität aufgeben könnte. Da Identität aber ein Ergebnis intersubjektiver Prozesse ist, ist sie intersubjektiv – und damit auch im Rahmen von Therapie – zu beeinflussen. Dies kommt gelegentlich einem Ringen am Rande des Abgrunds gleich.

Widerstand gegen Identitätsveränderungen – wenn auch in einer weniger problematischen Variante – zeigt sich auch dort, wo eine KlientIn im Laufe der Therapie in ihrem spontanen Verhalten beispielsweise klarer und selbstbewußter auftritt, in der Wahrnehmung und Einordnung ihres Verhaltens aber einer „veralteten" Identität anhängt, sich weiter als diffus und gehemmt erlebt. Ihre Vorstellungen von sich selbst „hinken" ihrer Selbstentwicklung hinterher.

Die Bildung von Identität ist wie alle Selbst-Funktionen an Verkörperung gebunden. „Mit sich selbst identisch sein" meint, daß die Vorstellung, die ich von mir habe und äußere, auf eine fast unnennbare, kaum noch differenzierbare Weise übereinstimmt mit den leiblichen Aspekten dieser Vorstellung (Positur, Haltung, Mimik, Gestik, vegetativer Zustand). Wir nennen diese Übereinstimmung Authentizität, Echtheit.

4.7.3 Das Konzept des überangepaßten, sogenannten „falschen" Selbst

In diesem Zusammenhang möchten wir auf das Konzept des „falschen Selbst" (*Winnicott* 1974) eingehen. Der Begriff des Selbst bei *Winnicott* entspricht in etwa dem Konzept der Identität der Integrativen Therapie. Gemeint ist das zentrale Gefühl: „Ich-Selber" und seine Relationen zur Umwelt. (Auf eine ausführlichere Darstellung des komplexen Begriffes des „Selbst" bei *Winnicott* müssen wir hier verzichten. Die LeserInnen mögen sich also durch die Verwendung des Begriffes „Selbst" im Zusammenhang mit dem Konzept der Identität nicht verunsichern lassen.)

Der Begriff des „falschen Selbst" ist u.e. klinisch und theoretisch einerseits relativ fruchtbar, andererseits sehr gefährlich. „Falsches Selbst" im Sinne von *Winnicott* bedeutet, daß ein Mensch sich so sehr durch die Anpassung an die Erwartungen anderer definiert und erlebt, daß er eigene Gefühle, Wünsche und Meinungen gar nicht oder nur sehr vage empfinden kann. Es handelt sich nicht um oberflächlichen Opportunismus, sondern um eine tiefgehende Erlebensstörung.

Zunächst zum gefährlichen Aspekt dieser Definition: Viele SoziologInnen (vgl. *Dahrendorf* 1965) und auch TiefenpsychologInnen (vgl. z. B. *Miller* 1983 oder *Asper* 1987) gehen davon aus, daß das „sozialisierte Selbst" das „falsche Selbst" ist, das durch Anpassung an Rollenerwartungen, vor allem an die Erwartungen der Eltern, geprägt ist. *Asper* spricht z. B. davon, daß die Anpassung des Kleinkindes an elterliche Rollenmuster oder Erwartungen auf der Angst vor dem Verlassensein beruht, daß es also als Abwehrverhalten zu verstehen ist. Sie unterstellt damit, daß ein Kind ohne Angst keine Rollen entwickeln würde, sich Erwartungen nicht anpassen würde.

Diese Vorstellung impliziert, daß es hinter bzw. jenseits sozialer Einflüsse ein „wahres", sozial nicht berührbares Selbst gibt oder daß soziale Einflüsse zu einer „Persona", einer sozialen Maske integriert werden, die das „wahre Selbst" umgeben. Diese Auffassung widerspricht den Erkenntnissen der Entwicklungstheorie sowie den Erkenntnissen und Grundüberzeugungen der Integrativen Therapie mit ihrem intersubjektiven Ansatz. Dieser geht ja davon aus, daß der Mensch von Anfang an und in seinem Kern ein soziales Wesen ist, das seine Individualität und Identität *entwickelt*, und daß in diese Identität immer und „wesensmäßig" soziale Einflüsse einwirken (vgl. dazu *Herzog* 1984). Sogar die Vorstellung von „Individualität" und „Selbst" sind soziale Kategorien.

Die große Gefahr in der Benennung von Anpassung als „falschem Selbst" liegt in der impliziten Bewertung der sozialen Prägung als „unecht". Diese implizite Bewertung kann unter Umständen zu einer unglücklichen narzißtisch getönten Suche nach dem „wahren Selbst" führen. Außerdem erzeugt eine solche Bezeichnung die Frage, was denn ein „richtiges" Selbst sei. Diese ist jedoch prinzipiell nicht zu beantworten.

Der relativ fruchtbare Aspekt des Konzepts vom „falschen Selbst" besteht darin, daß er schlagwortartig eine Persönlichkeitsstörung beschreibt: die *überstarke* soziale Anpassung auf Kosten einer eigenen stabilen *Identität*. Wenn die Identitätsstruktur allzu labil ist, ist die Fähigkeit zu Spontaneität, Abgrenzung und Autonomie beeinträchtigt. Wir spüren dies im Alltagskontakt mit entsprechenden Menschen recht genau als Unbehagen. KlientInnen mit einer solchen Anpassungsproblematik stellen therapeutisch ein besonderes Problem dar, weil sie sich eben auch auf sehr subtile Weise an die Werte, Verhaltensweisen und Erwartungen der TherapeutIn anpassen und auf diese Weise über lange Zeit hinweg „wunderbare therapeutische Fortschritte" machen, ohne daß sich an ihrer Struktur etwas ändert.

Diese Störung beruht auf *zu viel* sozialem Anpassungsdruck, z. B. auf zu rigiden Rollenerwartungen oder Delegationen der Eltern oder Familie, auch darauf, daß Eltern ihre Kinder zu sehr in Anspruch nehmen für ihre eigenen Bedürfnisse („Nur du kennst deine Mama wirklich, mein Kleines. Du weißt immer schon im voraus, wie deine Mama sich fühlt."). Diese Gefahren und die damit verbundenen Schwierigkeiten haben *Winnicott* und *Asper* brillant herausgearbeitet.

Das scheinbar „falsche Selbst" ist also eine Bewältigungsstrategie und damit letztlich nicht falscher oder richtiger als andere Persönlichkeitsstrukturen und Bewältigungsstrategien auch. In der Diktion der Integrativen Therapie würde man eher von einer gestörten Identitätsentwicklung oder auch von Konfluenztendenzen sprechen.

Diese übereinfühlsamen Menschen, die stets in Gefahr sind, sich selber zu verlieren, sind in unserer Gesellschaft nicht etwa die „SuperkontaktlerInnen", sondern „KontaktproblematikerInnen". Kontakt und Interaktionen erfordern nämlich auch Abgrenzung in Form von Identität und persönlicher Einmaligkeit. Wenn ich nur mich selbst und meine eigenen Erwartungen beim Anderen gespiegelt sehe, wenn nur meine eigenen Bedürfnisse erfüllt werden, und die Bedürfnisse der PartnerIn gar nicht sichtbar werden, bleibt bei mir eine Unsicherheit über ihre wirklichen Motive bestehen. Außerdem ist eine vollständig angepaßte PartnerIn langweilig, sie „verdinglicht", weil kein Austausch stattfinden kann.

In diesem Zusammenhang wird die klassische Paradoxie in der Aufforderung „Sei spontan!" erklärlich: „Tu nicht immer, was ich will, sonst kann ich dich nicht erkennen".

4.7.4 *Identität, Gewissen, Selbstwert*

Zur Identität eines Menschen gehört auch sein *Gewissen*, sein *Über-Ich*. Durch seine Bezogenheit auf andere übernimmt er Werte und Normen genauso selbstverständlich und macht sie sich zu eigen wie andere Beziehungsmuster auch. Zum einen werden ihm Werte und Normen als *„gesagte" Werte* vermittelt, die einen Teil der sozialen Identität seiner Beziehungsgruppe darstellen. Diese Werte werden ihm schon mit dem „Etikett" vermittelt: „Dies ist ein Wert, dies ist unsere Identität", z. B. „Wir sind eine christliche Familie" oder „Wir sind sozial engagiert" oder „Man drängelt sich bei uns nicht vor". Zum anderen werden Werte aber vermittelt als *„erfahrene" Werte,* die sich in den Handlungen der anderen manifestieren, die aus den Interaktionen „extrahiert" werden können. (Ich erlebe an meinen

Eltern, daß für sie soziale Anpassung, „Nicht-Auffallen", das wichtigste ist, auch wenn sie oft von Zivil-Courage reden.) Wenn die soziale Gruppe sich nach zwei unterschiedlichen Wertestrukturen richtet, „gesagte" und „gehandelte", wird auch der Einzelne beide übernehmen und unter Umständen, vor allem in der Pubertät, an den Diskrepanzen leiden. Relevanter für das Handeln des Einzelnen ist in der Regel die „erfahrene", nicht die „gehörte" Wertestruktur.

Das *Ich-Ideal* („Wie möchte ich sein?") ist ebenfalls ein wesentlicher Aspekt der Identität, eine wichtige Quelle oder Bedrohung des *Selbstwertgefühls*. Das Ich-Ideal ist ein Zukunftsentwurf, in den in besonderer Weise die Erwartungen der Umwelt mit eingehen. Wenn diese Erwartungen chronisch zu weit weg liegen von meiner eigenen Realität, wenn sie mir angedient, gar „untergejubelt" werden („Du bist der schönste und klügste Sohn weit und breit."), wenn ich also in einer Diskrepanz stecke zwischen oktroyiertem „Ich-Ideal" und Selbstbild, entsteht eine ängtlich angespannte Situation mit depressiven Einbrüchen. Eine „Lösung" kann dann darin bestehen, daß ich lieber „mich selbst" verabscheue, als die wunderbar hohen Erwartungen „der anderen" aufzugeben, die ich ja vielleicht doch eines Tages erfüllen könnte. Oder ich verabscheue die anderen, die mich heute nicht gemäß des Ich-Ideals behandeln, das sie mir früher „versprochen" haben, sondern gemäß des Real-Ichs, das sie heute erleben. „Die anderen" von „damals" sind andere Menschen als „die anderen" von heute. Nur merke ich das nicht: „Die Anderen" sind „generalisierte Andere in mir". Und ich beharre unter Umständen auf meiner „narzißtischen Anwartschaft" und wundere mich, warum Menschen mich so leicht unverschämt oder eitel finden.

4.7.5 Die Säulen der Identität

Gewissen, Wertesystem und Ich-Ideal bilden eine (nämlich die fünfte) „Säule der Identität". Mit dem Begriff „*Säule der Identität* oder *Säulen des Supports*" umschreibt die Integrative Therapie pragmatisch fünf Lebensbereiche, in denen Menschen ihre Identität entwickeln:

- Leiblichkeit (z. B. bin ich ein gesunder oder anfälliger Mensch, bin ich schön oder häßlich, wie gut fühle ich mich in meinem Körper, oder wie lebendig fühle ich mich? Wie sicher fühle ich mich als Mann oder Frau?)
- Soziales Netzwerk (Bin ich ein sozialer Typ oder eher eine EinzelgängerIn? Habe ich genügend FreundInnen oder fühle ich mich einsam? Wie gut erreichbar sind die mir nahestehenden Menschen, räumlich und zeitlich? Wie gut sind meine Kontakte zu Männern und zu Frauen?)
- Arbeit und Leistung (z. B. bin ich das geworden, was ich wollte? Macht mir meine Arbeit Freude? Wie leistungsfähig fühle ich mich insgesamt? Wieviel Sicherheit und Unsicherheit gewinne ich durch Leistung?)
- Materielle Sicherheit (z. B. die finanzielle Situation, die Wohnsituation, Zukunftsperspektiven)
- Bereich der Werte (s.o.) („Wie will ich sein, wofür stehe ich ein, woran glaube ich?")

Um die Wertigkeit dieser Identitätsbereiche abschätzen zu können, muß man natürlich ihre Entwicklung im Lebenslauf und ihre Bedeutung in der gegenwärtigen Situation mit betrachten (Kontext und Kontinuum).

Für die meisten Menschen ist Identität in den verschiedenen Bereichen unterschiedlich sicher. Sie ist vielleicht in einem Bereich klar und stabil und in einem anderen unsicher und diffus. Beispielsweise kann jemand im beruflichen und öffentlichen Bereich wissen, wer er ist, welche Rolle er spielt, was und wen er schätzt und was und wen nicht, hingegen können seine Beziehungen im privaten Bereich eher locker und dürftig sein.

Wenn uns diese „Säulen der Identität" im therapeutischen Prozeß präsent sind, entwickeln wir einen schärferen Blick dafür, wo es in der Identitätsentwicklung zu Störungen und Brüchen gekommen ist, aber auch dafür, wo es stabile, sichere Bereiche gibt, auf die wir zurückgreifen, auf die die KlientIn sich verlassen kann. Im Kapitel „Phasen des therapeutischen Prozesses" gehen wir ausführlich auf die fünf Identitätsbereiche ein.

4.8 Praktische Aspekte von Ko-respondenz

4.8.1 Einführung

Wenn wir von Ko-respondenz sprechen, geht es keineswegs nur um „tiefe Beziehungen" zwischen Menschen. Solche „Tiefe" ist möglich und häufig auch erstrebenswert; unser Leben mit unseren Mitmenschen vollzieht sich aber meistens relativ alltäglich. Auch für diese Beziehungen haben die Konzepte der Ko-respondenz und Intersubjektivität Gültigkeit. Wir sprechen deshalb von „praktischer Intersubjektivität" (*Joas* 1989), also davon, wie Ko-respondenzprozesse von Nahem, im Alltag aussehen.

Die drei folgenden Abschnitte werden sich mit diesen pragmatischen Aspekten beschäftigen: Im Abschnitt über *„Interaktion"* sprechen wir konkret darüber, wie Interaktionen sich gestalten, wie sie gelingen können und wie Störungen entstehen. So können wir als TherapeutInnen die KlientInnen besser verstehen (z. B. ihre Verwirrungen aus früheren Doppelbotschaften), und genauer hören, verstehen und erklären, wo unsere eigenen Interaktionen „haken". Im Abschnitt über *„Kontakt"* beschäftigen wir uns mit Konfluenz, Kontakt, Begegnung, Beziehung und Bindung und deren therapeutischer Relevanz. Anschließend gehen wir auf den *„situativen Aspekt"* von Ko-respondenz ein, nämlich auf Exzentrizität, Zentrierung und Involvierung.

4.8.2 Interaktions-Aspekt von Ko-respondenz

Der *Interaktionsaspekt* von Ko-respondenz betrifft die Frage: „Wie kommen geglückte Interaktionen zustande bzw. warum und in welcher Weise verunglücken Interaktionen?" (*Mead* in *Joas* 1989, *Habermas* 1988, *Watzlawick* u. a. 1969, *Goffman* 1985).

G.H. Mead geht davon aus, daß die Fähigkeit des Menschen, die Handlungen eines anderen zu verstehen, sich als evolutionäre Anpassung entwickelt hat, als Disposition angeboren ist und sich im Laufe der individuellen Entwicklung aus gemeinsamen Handlungsvollzügen (wie z. B. Füttern und Gefüttertwerden oder „gemeinsam einen Tisch tragen") differenziert.

Wenn ich einen Handlungsimpuls verspüre, der auf einen anderen bezogen ist („spiel mit mir"), so setzt sich dieser Impuls in einen Handlungsansatz um, in eine Geste oder Gebärde, die ein Symbol dieser Handlung sein kann. Wenn ich nun bereits beim Ansatz meiner Handlung die Reaktion des anderen mit berücksichtigen, vorwegnehmen und in meinen Handlungsablauf mit einbauen kann, so wird mein Vorgehen wahrscheinlich erfolgreicher sein. Wenn ich also bei meiner ersten, gebärdenhaften Spielaufforderung (z. B. wenn ich den Ball wurfbereit erhoben habe) bei meinem Partner einen starrer werdenden Blick bemerke, könnte ich mit der Intensität meiner Geste zurückgehen, z. B. den Ball zum Rollen ansetzen, in der Hoffnung, daß diese Art der Aufforderung erfolgreicher ist, daß der Blick meines Partners „weicher" wird. Die Geste des anderen (in unserem Beispiel der starre Blick) verstehe ich primär dadurch, daß ich in seine Rolle gehe, meinen eigenen Handlungsansatz durch seine Augen sehe, und schließlich entsprechend reagiere. Bei meinem Gegenüber, spielt sich ein entsprechender Prozeß ab. Die meisten Interaktionen vollziehen sich in dieser Art eines „Gestendialogs", meist gar nicht bewußt und auch nicht verbal. Im Verlaufe dieses gemeinsamen Spiralprozesses können Aktion und Reaktion nicht mehr wirklich unterschieden werden. Der schon öfter beschriebene „Kontakt-Zyklus" ist oft, sogar meistens, nur als „Interaktions-Zyklus" zu verstehen.

Um Störungen der Interaktion auf die Spur zu kommen, lassen sich sprachliche und nicht-sprachliche Interaktionen genauer unter den folgenden vier Aspekten betrachten (vgl. *Habermas* 1988, *Watzlawick* 1969, *Petzold* 1978):
– dem Impuls-/Bedürfnis-Aspekt,
– dem Beziehungs-Aspekt,
– dem Kommunikations-Aspekt
– dem Kooperations- und Konsens-Aspekt.
Jeder dieser Aspekte ist – unterschiedlich deutlich – in jeder Situation enthalten.

1. Mit dem *Impuls* oder *Bedürfnis* einer PartnerIn wird der Anstoß zur Interaktion gegeben und das erste Thema gesetzt: A hat Lust zum Ballspielen und gibt B dieses zu verstehen.

2. Die *Beziehung* zwischen A und B wird geregelt zum ersten durch ein Beziehungsangebot von A, das man als Strukturierung der

Situation, als Rollenangebot bezeichnen kann. In unserem Fall also: „Ich bin Spielerin, du auch?" Gleichzeitig vollzieht sich auf subtilere Weise eine weitere emotionale Regelung der Rollen-Beziehung, z. B.: „Ich bin die Muntere und Pfiffige, du die Lahme." Je nach Gesichtsausdruck und Geste wird eine lockerere, kindliche oder schärfer konkurrierende SpielerInnen-Beziehung angeboten.

3. Den *Kommunikations-Aspekt* könnte man auch den Realitäts-Aspekt der Interaktion nennen: „Wir (A und B) verstehen beide, was die andere will. Wir sind uns einig, daß hier eine verstehbare Anfrage vorliegt. Der Sinn unseres Verhaltens und unserer Situation ist klar, darum brauchen wir keinen weiteren Gedanken daran zu verschwenden." Erst wenn A und B die Äußerungen ihres Gegenübers nicht mehr verstehen, ihren Sinn nicht deuten können, wird der Kommunikations-Aspekt deutlich. A und B müssen meta-kommunizieren: „Was meinst du? Was hat das zu bedeuten, daß du mir den Ball hinhältst, wo ich dich gerade nach der Uhrzeit gefragt habe?" Der Kommunikations-Aspekt tritt immer in den Vordergrund bei Mißverständnissen über die Beziehung, wenn beide PartnerInnen die Situation unterschiedlich interpretiert haben, sich in unterschiedlichen Realitäten bewegen. Wenn dann die Meta-Kommunikation nicht möglich ist bzw. verweigert wird, bricht die Kommunikation zusammen.

4. Beim *Kooperations-/Konsens-Aspekt* geht es schließlich um die Einigung darüber, wie beide mit der gegenwärtigen Situation weiter verfahren wollen. B kann das Beziehungsangebot annehmen, z. B. einladend oder auch herausfordernd die Hand ausstrecken, um den Ball zu fangen, oder sie kann das Angebot ablehnen, lächelnd oder auch abwertend den Kopf schütteln. Oder sie können sich darüber einigen, daß sie erst einmal ihre Beziehung klären oder Mißverständnisse ausräumen müssen. Sie müssen sich evtl. darüber einigen, daß sie unterschiedlicher Meinung sind oder sich mißverstanden haben. Schließlich müssen sie sich darüber einigen, was getan werden soll, z. B., „Wir spielen nachher" oder „Spielen ist nicht so wichtig, was anderes steht im Vordergrund". Der Konsens auf der Kommunikationsebene: „Wir sind uns bewußt, daß es hier etwas zu einigen gibt bzw. daß wir uns nicht einigen können", ist ein beson-

ders wichtiger und oft übersehener Aspekt. Der Konsens darüber, *daß* ein Konflikt auf der Bedürfnisebene vorliegt („Ich spiele doch so gerne Ball, warum willst du immer Halma spielen?") oder auf der Beziehungsebene („Immer bist du so lahm und willst nur aus dem Fenster gucken."), ist letzten Endes entlastend und beziehungsstützend („Ja, wir sind eben sehr verschieden") (Konsens über den Dissens).

Die Fähigkeit zu Ko-respondenz bedeutet also, daß es gelingt, Interaktionen im Hinblick auf alle vier Aspekte befriedigend zu gestalten. Daß die hier erfolgte Schematisierung stark idealtypische Züge trägt, dürfte jeder LeserIn klar sein.

Andererseits wird aus dem Vorgestellten wahrscheinlich noch nicht deutlich, wie selbstverständlich all diese Einzelfunktionen einer Interaktion im allgemeinen ineinander greifen: Verstehen der eigenen Bedürfnisse, Definition der gemeinsamen Beziehungssituation, Verstehen der Intentionen des andern, Aushandeln des Handlungsablaufes – all dies funktioniert normalerweise unterhalb der Bewußtseinsschwelle und nahezu automatisch. Und selbst dort, wo Interaktionen mangels ausreichender Übereinstimmung zum Stillstand kommen, werden oft spontan in erstaunlicher Kreativität Brücken geschlagen, um einen gemeinsamen neuen Ansatz zu finden. („Wenn du es doof findest, mit mir Ball zu spielen – weil ich größer bin und ich viel besser fange – dann machen wir eine neue Regel: Du darfst mit beiden Händen fangen und ich nur mit der einen") (vgl. *Wertheimer* 1964).

In der Entwicklung des Kindes wird die Ko-respondenzfähigkeit durch die Geschicklichkeit der Versorgerperson gefördert, die gestischen Signale des Babys richtig zu deuten und adäquat darauf einzugehen.

> Wenn Baby zum Beispiel satt und wach ist und spielen will und Mama das richtig versteht und das „Bäuchlein-Krabbel-Spiel" erfindet, ist nicht nur die Freude am Spiel befriedigend, sondern es ist auch der Prozeß des Verstehens (Baby – Mama) und des Selbstverstehens (Baby – Baby) gefördert worden. Wenn Baby nicht mehr spielen will, Mama das aber nicht versteht oder verstehen will, Baby es ihr durch Kopfabwenden, Wegblicken, passiv-oder-starr-Werden nicht klarmachen kann, bricht die Kommunikation zeitweilig zusammen: die Beziehung ist gestört, Baby ist *einsam*, weil es *nicht verstanden* wird.

Es ist nachzuweisen (*Stern* 1985) und entspricht auch Alltagsbeobachtungen, daß Versorgerpersonen praktisch vom ersten Tage an ihre Vorstellungen davon haben, wie das Baby werden bzw. wie es auf keinen Fall werden soll und enttäuscht reagieren, wenn es ihren Vorstellungen nicht entspricht („Komm, du kleine lahme Ente; du sollst doch nicht so träge werden wie deine Mama!"). Wichtig ist nicht so sehr, daß die VersorgerInnen keine Erwartungen haben, sondern daß sie flexibel mit diesen Erwartungen umgehen können, und sie sich auf Ko-respondenz mit dem Baby („Aushandeln der Situation") einlassen können, damit keine nachhaltigen Selbst-Störungen entstehen.

Soziale Realität (aber nicht nur diese) ist nicht offensichtlich gegeben, automatisch von beiden PartnerInnen gleich gesehen, sondern sie ist Produkt eines Ko-respondenzprozesses: A und B müssen sich darüber verständigen und aushandeln, in welcher Situation sie sich befinden. Sie müssen ihren Konsens darüber erarbeiten, wie die Realität aus ihrer beider Perspektive aussieht. Die Einigung über das, „was Realität ist", können wir als Annäherungs- bzw. Verstehensprozeß auffassen. Dieser Vorgang entspricht der hermeneutischen Spirale und findet im therapeutischen Prozeß zwischen KlientIn und TherapeutIn fortwährend statt. Er muß nicht verbal vonstatten gehen: Die Verständigung kann auch durch schlüssiges Handeln herbeigeführt werden.

Derartige Konsensprozesse können auch sehr allgemein und abstrakt sein und sich in Konzepten (Begriffen) verfestigen. Wir „wissen" zum Beispiel alle ungefähr, was „Krankheit" ist, wir haben ein Konzept von „Krankheit". Wir müssen uns bewußt bleiben, daß diese Konzepte Ergebnisse von Ko-respondenzprozessen und nicht „ewige" Wahrheiten sind.

Der Vorgang der sozialen Verständigung erstreckt sich auf verschiedene Tiefenbezirke: Wenn auf A's Frage: „Wollen wir spielen?" B etwa antwortet: „Wie kannst du so etwas fragen?", wird schlagartig klar, daß auf einer „tieferen" Kommunikationsebene Gefahren lauern, daß der Boden der Verständigung schwankt. Eine andere Antwort von B: „Nein, ich habe keine Lust zu spielen", ist dagegen vergleichsweise harmlos. Sie bedeutet nämlich in bezug auf die Situation einen Konsens, nur in bezug auf die Kooperation einen Dissens. Hingegen stellt B mit ihrer Bemerkung „Wie kannst du ..?" die gemeinsame Realität, also die Basis der Beziehung infrage. B's Bemerkung enthält nämlich die Bewertung: „Es ist ja abwegig, daß du mich so etwas fragst!" Wenn auf A's folgende Frage: „Wieso kann ich denn das nicht fragen?" B sagen würde: „Also, du hättest mitkriegen müssen, daß ich zwei Stunden lang geputzt habe und furchtbar erkältet bin und einen Brief mit Trauerrand in der Hand halte!", wäre die gemeinsame Realität wieder hergestellt. (A: „Ach so".) Wenn B aber darauf antworten würde: „Du kapierst nie etwas!" und auf A's weitere Nachfrage: „Was ist denn los?" wieder nur sagte: „Wenn du es nicht selber merkst...", bliebe die Kommunikation gestört.

B hat durch ihr Verhalten zu erkennen gegeben, daß sie – angeblich – im „Besitz der Wahrheit", der „richtigen" Definition der Situation ist und nicht bereit ist anzuerkennen, daß über die Situation verhandelt werden muß. Sie spielt ein Machtspiel: „Meine Realität soll gewinnen." Wenn A sich B nicht entziehen kann durch innere oder äußere Distanzierung, verbleibt sie im Zustand tiefer Unsicherheit: Sie sitzt in einer Doppelbindung fest, sie hat keine Möglichkeit, die Beziehung zu B zu klären, weil B die Kommunikationsebene blockiert hält.

Wenn ein solcher Einigungsprozeß über „die Realität der Situation" bewußt oder unbewußt durch Machtausübung der einen PartnerIn entschieden wird, entsteht eine Realitätsverzerrung, die den „unterlegenen Teil" in große Verwirrung und Selbstzweifel stürzen kann.

Die „Herstellung" oder „Anerkennung" der Realität kann auf allen Ebenen des Kommunikationsprozesses behindert werden:
– auf der Impulsebene: „Nein, du willst doch nicht wirklich Würstchen essen, ich weiß doch, daß du Pudding lieber magst!"
– auf der Beziehungs-Ebene: „Nie merkst du, was ich wirklich will", oder auch in Form von Übertragung: A reagiert konsequent so, als ob B ihr Vater wäre, oder ein Genie, oder 5 Jahre alt.
– auf der Kommunikations-Ebene: „Eine echte Mutter opfert alles für ihre Kinder." (Hier wird der Anspruch auf eine einzige Wahrheit über Mütter erhoben.) Oder: „Wie kannst du nur so was fragen!!!" (Implikat: Normale Menschen würden nie so etwas fragen.)

– auf der Kooperations-/Konsens-Ebene: „Wir sind hier nicht im Kindergarten" (Implikat: Nur im Kindergarten darf zum Beispiel gealbert werden) oder durch logische Haarspaltereien, durch „Ja aber..."-Taktiken, subtile Themenwechsel, sobald ein Konsens sich abzeichnet, oder „vergessen", worauf man sich gerade geeinigt hatte.)

Hier ein Beispiel für eine Realitätsverzerrung auf der Beziehungs- und Kommunikationsebene:

Die intelligente und liebenswürdige Klientin litt an Bulimie. Sie fühlte sich depressiv, unentschlossen, unfähig, irgend etwas zu machen.

Sie war fixiert an die Vorstellung, daß sie eigentlich etwas Kreatives leisten müsse, sonst sei sie überhaupt nichts wert. Sie fühle sich ohne Grund irgendwie fremdbestimmt. In zahlreichen Einzelsitzungen und einigen gemeinsamen Gesprächen mit den Eltern ergab sich folgendes Bild: Die Eltern teilten implizit ziemlich deutlich mit: „Uns ist wichtig, daß wir gute Eltern sind, anders als unsere eigenen dominierenden anspruchsvollen Eltern. Gute Eltern zeichnen sich dadurch aus, daß sie ihren Kindern Freiraum und Selbstbestimmung ermöglichen, dann werden die Kinder froh, kreativ und irgendwie erfolgreich. Unser Kind soll also machen, was es für richtig hält, nur soll es nicht lahm, durchschnittlich oder unentschlossen werden. Das würde ja bedeuten, daß wir als Eltern versagt hätten."

Die Eltern *behaupten* also ihre Toleranz, erwarten aber von der Tochter vorzeigbare Erfolge. Da jedoch diese Tatsache nicht wahrgenommen werden darf („Gute Eltern beeinflussen ihre Kinder nicht") (Kommunikationshemmung), gerät die Klientin in einen Konflikt zwischen der eigenen Wahrnehmung („Meine Eltern erwarten etwas von mir") und der „offiziellen" Realität („Du kannst machen, was du willst, Hauptsache du bist glücklich"). Sie kann nicht mehr unterscheiden, ob ihre Wünsche nach Erfolg und Kreativität wirklich ihre eigenen oder die ihrer Eltern sind. Sie kann dies aber auch im Kontakt mit den Eltern nicht überprüfen, da diese ja „keine Wünsche und Vorstellungen für ihre Tochter haben". Die Kommunikation über die Realität der elterlichen Bedürfnisse ist gestört und damit auch die Beziehungs- und erst recht die Kooperationsebene.

Ähnliche „Realitäts-Fallen" sind in therapeutischen Beziehungen häufig zu finden: Wenn die TherapeutIn implizite Werte vertritt (z. B. „Fähigkeit zu Autonomie", oder „Symbiose ist am wichtigsten"), diese aber nicht bewußt wahrnehmen kann oder „nicht zuläßt", weil andere Werte (zum Beispiel: „die KlientInnen so akzeptieren, wie sie sind"), dagegenstehen.

Das hier ausführlich vorgestellte Schema möglicher Interaktionsstörungen erweist sich immer dann als nützlich, wenn man sich darüber klar werden möchte, wo genau eine Interaktion eigentlich hakt. Trotzdem ist sein Gebrauch nicht ganz unproblematisch: Es besteht wie bei allen diagnostischen Instrumenten die Gefahr, seiner „scheinbaren Klarheit" zu erliegen („Aha, diese Interaktion krankt an Punkt X!") und darüber die Offenheit für das Gesamtsystem zu verlieren: „Hier hakt was. Was könnte das bedeuten – gerade jetzt zwischen uns?"

4.8.3 Der Kontakt-Aspekt von Ko-respondenz

Kontakt ist die Grundlage von Ko-respondenz. Wenn man mit etwas oder jemand nicht in Kontakt ist, kann kein Austausch stattfinden. Zu jeder Art von Kontakt gehört *Berührung* und *Abgrenzung*. Dies muß man im Auge behalten, um nicht aus der „naiven" Position heraus zu handeln, daß Berührung „gut" und Abgrenzung „schlecht" sei.

Umgangssprachlich verwenden wir den Begriff Kontakt meist mit einem beschreibenden Adjektiv: sporadischer Kontakt, lockerer Kontakt, intensiver Kontakt und ähnliches. In der Integrativen Therapie (*Petzold*, 1986) wird das Konzept des Kontakts differenziert nach *Art*, *Intensität* und *Dauer*. Daraus ergeben sich fünf Formen der Kommunikation, des menschlichen Miteinander:

1. Konfluenz
2. Kontakt
3. Begegnung
4. Beziehung
5. Bindung

4.8.3.1 Konfluenz

Konfluenz ist die zeitweilige oder partielle Grenzauflösung, die Tendenz, in der Welt oder in einem anderen Menschen aufzugehen.

Konfluenz kann angenehm, lustvoll oder unangenehm und angstbesetzt sein. Positive Konfluenz erleben wir zum Beispiel in dem „ozeanischen Gefühl", in der Welt aufzugehen (S. *Freud*), oder z. B. beim Orgasmus; negative Konfluenz in dem psychotischen Gefühl, von fremden Mächten oder inneren unkontrollierbaren Impulsen ohne Gegenwehr beherrscht zu werden. Dazwischen können „sanftere" konfluente Gefühle liegen wie Todessehnssucht oder die Tendenz, sich aufzugeben oder aufgesogen zu werden, sich aufzulösen.

Konfluenz bedeutet, daß potentiell zwei Wesen da sind, daß aber ihre Grenze zueinander undeutlich oder offen ist. Es kann nicht unterschieden werden, wo der eine anfängt und der andere aufhört: eine „Zwei-Einheit". Jeder Mensch erfährt als Fötus diese „Zwei-Einheit" von Kind und Mutter als totale Geborgenheit im „mütterlichen Milieu" (positive Konfluenz). H. *Petzold* spricht von „primordialer" Geborgenheit, die allem vorangeht, und den Menschen von Geburt an mit Grundvertrauen ausstattet als Basis für alle guten Beziehungen bzw. für die Hoffnung, trotz aller möglichen Verstörungen gute Beziehungen wiederherstellen zu können.

Bereits mit der Zeugung (Bildung von Konfluenz) beginnt aber der Prozeß der Differenzierung, der Abgrenzung, der mit dem Ereignis der Geburt zum ersten, aber nicht zum letzten Mal dramatische Formen annimmt: „... die Lösung aus der Allverbundenheit des uterinen Mikrokosmos zum Erleben der Differenz zwischen dem mütterlichen und dem eigenen Körper (erfolgt) erst durch die Kontakterfahrungen der ersten Lebensmonate" (*Petzold* 1986). Das Stillen und Tragen des Säuglings ist der weiche, sanfte Übergang von der Konfluenz zum Kontakt. Der Säugling ist nicht mehr so geschützt wie als Fötus, er unterliegt allen Gefährdungen der Abgegrenztheit von Menschen, er ist zum Beispiel Mißverständnissen und Überforderungen ausgesetzt.

Der Entwicklungsprozeß der Abgrenzung geht aus von der leiblich-räumlichen Abgrenzung nach der Geburt bis zur Entwicklung von Persönlichkeitsgrenzen (z. B. „Das ist meins!") und zur Abgrenzung durch prägnante Identität („Ich bin so, du bist anders."). Diese Entwicklungslinie ist die *Individuation*.

Konfluenz wird oft mit Symbiose gleichgesetzt (*Mahler* u. a. 1990, *Hartmann-Kottek-Schröder* 1983). Dies ist nur bedingt berechtigt. Symbiose bedeutet ja, daß zwei Wesen, wohl abgegrenzt, engstens zusammenleben, weil sie beide aufeinander angewiesen sind. Dies trifft für die Mutter-Kind-Dyade nur begrenzt zu: Das Kind ist vital auf die Mutter angewiesen, es stirbt, wenn es verlassen wird. Die Mutter ist aber nur bedingt, nur in ihrem positiven Gefühlsleben, auf das Kind angewiesen. Der Begriff Symbiose verschleiert die Eigenständigkeit der Mutter.

Der Begriff Konfluenz ist also weiter gefaßt, er beinhaltet alle Abstufungen von *symbiotischer* bis zu *parasitärer* Beziehung. Bei dem Begriff „Mutter-Kind-Symbiose" (*Mahler* u.a. 1990) entsteht die Vorstellung „glückliches Kind saugend an glücklicher Mutterbrust". Es entsteht meist nicht das Bild: „Mutter nachts übermüdet, naßgeschwitzt vom halbstündigen Stillen in zweistündigem Rhythmus usw...". Wer die Vision heraufbeschwört, es gäbe im Grunde nichts Schöneres als die Mutter-Kind-Symbiose, übersieht die parasitäre Färbung dieser Beziehung und trägt dazu bei, eine gewisse gesellschaftliche Wahrnehmungsverzerrung zu fixieren. Frauen, die beim fünften nächtlichen Aufstehen bei aller Rührung über das kleine Geschöpf auch Wut über ihre Versklavung empfinden, werden durch das Klischee vom reinen tiefen Mutterglück ausgegrenzt. Und für die Situation der noch immer wenigen Väter, die sich beteiligen, gibt es zwar kein schiefes, aber statt dessen überhaupt kein adäquates Denkmodell. Untersuchungen von *Papousek* (1979) haben jedoch gezeigt, daß für die Kommunikation mit einem Baby Männer und Frauen in ganz gleicher Weise ausgerüstet sind. Beide Geschlechter verfügen über höchst differenziert angeborene Muster (der Mimik, des Sprechens, der direkten Zu-Wendung usw.), mit denen sie auf das Baby eingehen können – wenn die gesellschaftlichen Bedingungen ihnen dies gestatten (vgl. auch Entwicklungstheorie).

Konfluenz als Lebenshaltung ist eine Form der Kontaktverhinderung, ist die Unfähigkeit sich abzugrenzen und als Person sichtbar zu werden. Aber auch die fehlende Fähigkeit zu Konfluenz ist eine Persönlichkeitsstörung. Bei der Beurteilung konfluenter Tendenzen ist, wie bei jeder diagnostischen Einschätzung, daher immer nach Intensität und Dauer und vor allem nach dem situativen Bezug zu fragen.

Chronisch konfluente KlientInnen, die nicht unterscheiden können, was sie selbst und was ihre PartnerIn fühlt, brauchen in der

Therapie ein sehr klares, gut sichtbares, einfaches Gegenüber, um die Erfahrung entwickeln zu können, anders zu sein, abgegrenzt zu sein, ohne den Kontakt dabei zu verlieren.

4.8.3.2 Kontakt

Unter Kontakt im engeren Sinne verstehen wir: füreinander aufmerksam sein, verbal oder nonverbal miteinander im Dialog sein. Kontakt ist eine funktionale Verbindung, weniger intensiv als Begegnung, weniger anhaltend als Beziehung oder Bindung. Kontakt vollzieht sich immer in der Gegenwart und beinhaltet Unmittelbarkeit und Nähe: Selbst wenn eine Raumfähre auf dem Flug zum Mond Funkkontakt mit der Bodenstation hat, ist das Gefühl räumlicher Nähe unabweisbar.

Kontakt hat also etwas mit leiblicher Nähe, Berührung und Abgrenzung zu tun. Unsere Nah-Sinne (vor allem die Haut) vermitteln einen unmittelbareren Kontakt als die Fern-Sinne (Sehen, Hören). Kinder in der Isolierstation eines Krankenhauses hinter der Glasscheibe und alte Menschen im Heim geben uns einen Begriff davon, daß Hören und Sehen als Kontakt-Sinne nicht ausreichen, wenn Hautkontakt fehlt. In der Therapie ist es besonders wichtig zu erfassen und zu erspüren, welches Medium geeignet ist, um mit einer bestimmten KlientIn in Kontakt zu treten: eine sehr regredierte KlientIn erreicht man unter Umständen nur über Berührung oder den Klang der Stimme, nicht über verbale Aussagen, eine angstvollpanische oder verzweifelte KlientIn vielleicht nur über Körperkontakt. Manchmal erreichen wir eine KlientIn auch dadurch, daß wir unsere Bereitschaft zeigen, die große Distanz zu wahren, die sie braucht. Manchmal braucht man als TherapeutIn auch Gegenstände, über die man in Kontakt treten kann, z. B. Intermediärobjekte wie Stofftiere, Kasperpuppen (vgl. Kapitel „Therapeutische Interventionen").

Im Kontakt werden Nähe und Distanz ununterbrochen und bis in feinste Feinheiten geregelt. Wieviel Nähe oder Distanz ein Mensch braucht bzw. ertragen kann, hängt von seiner Persönlichkeitsstruktur ab sowie von der Situation, in der er sich befindet, vom Partner, vom Thema und vom jeweiligen Lebenshintergrund. In der Therapie kommen wir oft in die Situation, daß KlientInnen oder wir selbst „aus dem Kontakt gehen", z. B. bei heiklen Themen oder Überforderung. Dieses „Aus-dem-Kontakt-Gehen" ist ein wichtiger Indikator für die Art der Störungen und Ängste der KlientIn. Manchen KlientInnen, vor allem solchen mit frühen Schädigungen, fällt es schwer, Nähe und Distanz kontinuierlich zu regeln. Aus dem Bedürfnis nach Zugehörigkeit heraus verharren sie zu lange in einer für sie belastenden Nähe zu anderen und „katapultieren" sich dann in einem plötzlichen Kraftakt (oft aggressiv) wieder in eine sicherere Entfernung. Dort stellt sich dann leicht das Gefühl der Einsamkeit und Verlassenheit wieder ein. Diese plötzlichen und schwer vorhersehbaren Annäherungen und Distanzierungen können für die PartnerInnen – und damit auch für die TherapeutIn – sehr belastend sein und bringen auch die KlientIn selbst in große Unsicherheit.

Es gibt vielfältige leibliche und verbal-symbolische Möglichkeiten für die Regulierung von Nähe und Distanz, z. B. Mimik, Haltung, Näherrücken mit dem Stuhl oder Aushandeln der Anrede „Du" oder „Sie". Für die Therapie spielt es gerade im Hinblick auf Abstinenz und Klarheit der TherapeutIn eine wichtige Rolle, daß man einer gemeinsamen und feinfühligen Regulierung von Nähe und Distanz *fortwährend* Aufmerksamkeit schenkt. Wenn zum Beispiel das Setting zu sehr festgelegt ist, z. B. der Abstand der Stühle im Therapieraum oder auch die Anrede, und die KlientIn ihre Nähe- und Distanzbedürfnisse nicht spontan regeln kann, wird sich dies als chronischer Störfaktor in der therapeutischen Beziehung bemerkbar machen.

Wir wollen jetzt auf eine für den therapeutischen Zusammenhang spezifische Form von Kontakt, nämlich Rapport, eingehen. *Rapport* bedeutet, daß zwischen KlientIn und TherapeutIn auch unter extremen Bedingungen, wie z. B. in einer tiefen Regression, eine Art Minimal-Kontakt erhalten bleibt, eine direkte Verbindung, die verläßlich ist, auch und gerade dann, wenn alles andere unsicher und verwirrend wird: Der Rapport wirkt wie das Sicherungsseil beim Bergsteigen, es wird zum einzigen zuverlässigen Halt. Dieses Sicherungsseil kann die Stimme der TherapeutIn sein oder die Berührung. Rapport ist dann besonders wichtig, wenn die Ich-Funktionen der KlientIn eingeschränkt sind, wenn Realitätskontrolle und ein sicheres Selbst-Gefühl fehlen, wie zum Beipiel in Trance-Zuständen, tiefen Regressionen, bei „tiefen" Ebenen der therapeutischen Tiefung, oder auch psychotischen Zuständen. Die KlientIn befindet sich dann in einer Spaltung: ein Teil ihres Selbst bleibt im Kontakt mit der Außenwelt (u.a. mit der TherapeutIn), der größere Teil ist involviert in einer „Innenwelt" von Vorstellungen, Erinnerungen oder Wahnbildern.

4.8.3.3 Begegnung

Begegnungen verstehen wir als relativ kurze, aber intensive „existentielle" Kontakte (*Buber* 1973). Eine gute Beschreibung für das Wesen von Begegnung ist das altmodische Wort: „des anderen innewerden", ihn in seinem Wesen für einen Moment intensiv erleben und sich erlebt fühlen. Was mit Intersubjektivität (vgl. Anthropologie), mit dem „zwischen mir und dir" im Kern gemeint ist, ist in Begegnungen erlebbar. Durch die Intensität des Kontaktes weist eine Begegnung immer über die beiden Beteiligten hinaus auf die Beziehung zu allen Menschen und zur Welt: In einer Begegnung mit einem Menschen sind alle meine Möglichkeiten zu Beziehung mit enthalten: Es wird auch etwas von der „Tiefe" des anderen, also seinen früheren Daseinsformen und -möglichkeiten mit erfaßt. Aus Begegnungen geht man verändert hervor, aus Kontakten nicht unbedingt:

> Ein Beispiel:
> Ostern auf einer griechischen Insel: Wir sind die ersten Gäste der Saison bei Petros. Nach einem frühen Spaziergang kommen wir in die Pension zurück. Am Eingang sitzt „Mama Petros", wie sie sich nennt. Sie wünscht uns auf griechisch „Frohe Ostern". Sie blickt meinem Mann intensiv und klar in die Augen, er blickt zurück, bleibt in diesem Blick „hängen", läßt sich für uns andere sichtbar auf den Blick von Mama Petros ein. Er wiederholt auf griechisch „Frohe Ostern". So bleiben die beiden ein paar Sekunden, „als ob die Zeit angehalten und die ganze Welt in diesem Moment anwesend ist". Mein Mann ist tief berührt und „herzensfroh", er hat ein Geschenk erhalten. Wir anderen waren und sind bis heute einbezogen in diese Stimmung, noch die Erinnerung ist herzerwärmend.

Begegnungen müssen ebensowenig wie Kontakte positiv verlaufen, Haß erschüttert ebenso wie Liebe. Wir vermuten aber, daß eine intensive Begegnung im Haß eine kathartische Wirkung in dem

Sinne hat, daß sie zu einem tieferen Verstehen des anderen führt und die Chance einer Veränderung dadurch wächst.

Begegnungen müssen äußerlich nicht dramatisch verlaufen. In Therapien zum Beispiel gibt es Momente des tiefen Verstehens und Verstandenwerdens zwischen KlientIn und TherapeutIn, in denen das spezielle Schicksal dieser KlientIn und das allgemein menschliche Schicksal gemeinsam erlebt werden.

In Momenten der Begegnung sind beide PartnerInnen radikal gleichwertig (aber durchaus nicht gleichartig). Begegnungen vollziehen sich unabhängig von der sozialen Position, vom Geschlecht, von der Erfahrung und vom Alter.

In der Therapie hebt die Dichte des Verstehens und des Verstandenwerdens für diesen Moment mögliche Übertragungen auf.

4.8.3.4 Beziehung

Beziehungen sind dauerhafte Kontakte, die in ihrer Dichte und Intensität variieren. Beziehungen können nur aufrechterhalten werden bzw. sich nur positiv entwickeln, wenn

1. die Fähigkeit zu Abgrenzung und Berührung,
2. die Fähigkeit zu Konfliktprägnanz und Kompromißbildung,
3. die Fähigkeit zu wechselseitiger Einfühlung und
4. ein gemeinsamer Realitätsbezug gegeben sind.

Beziehungen, in denen es nicht zu Begegnungen kommt, bleiben flau und oberflächlich, was – wie z. B. bei Geschäftsbeziehungen – durchaus von Vorteil sein kann. Auf die Dauer können aber viele Begegnungen allein (wie sie z. B. in Selbsterfahrungsgruppen möglich sind) unbefriedigend sein, wenn nicht auch Beziehungen vorhanden sind oder sich daraus entwickeln. Zur inneren Stabilität eines Menschen gehört neben der Erfahrung von Intensität auch die Erfahrung von Dauer.

Beziehungen, in denen die Abgrenzung einer PartnerIn zu kurz kommt (Konfluenz), führen zu Entwicklungshemmungen. Das gleiche gilt für Beziehungen, in denen die Abgegrenztheit zu stark betont wird (z. B. Berührung verhindert wird oder Druck auf zu frühe Autonomie ausgeübt wird).

Die Fähigkeit zur Einfühlung in den anderen ist auf eine rudimentäre Weise angeboren, wird aber immer weiter entwickelt durch die Erfahrung, „eingefühlt zu werden". Die hinreichend gute Einfühlung der Eltern in die Bedürfnisse ihres noch nicht sprachfähigen Kindes ist als Grunderfahrung eine wesentliche Voraussetzung für die spätere Empathie und damit Beziehungsfähigkeit des Menschen (*Winnicott* 1974). Beziehung ist Voraussetzung dafür, daß Beziehungsfähigkeit sich entwickeln kann.

Eine Beziehung, die mit einer Trennung endet, muß nicht unbedingt gescheitert sein. Wenn die Entwicklungs- und Interessenlinien beider PartnerInnen zu weit auseinandergehen, kann Trennung sinnvoller sein als Verharren, auch und gerade dann, wenn es zur gemeinsamen Realität gehört, daß es früher „schön war". Geglückte Trennungen können die Konsequenz einer guten Beziehung sein und auch eine gute Grundlage für eine neue Beziehung. Dies gilt z. B. „normalerweise" für erwachsene Kinder, die das Elternhaus verlassen.

Damit Beziehung entstehen und Bestand haben kann, sind Kontakte, die ja einen relativ flüchtigen Charakter haben, nicht ausreichend: Kontaktlose Zeiten müssen durch *Erinnerung* überbrückt werden. Grundlage für Beziehungsfähigkeit und damit Grundlage für das Gefühl von Stabilität und Sicherheit in der sozialen Welt ist, daß ich mir ein „inneres Bild vom anderen" mit dem ihm innewohnenden emotionalen Gehalt bewahren kann (vgl. *Winnicott* 1974, *Stern* 1985). *Winnicott* hat dies als eine der wichtigsten „holdingfunctions" der „genügend guten Eltern" herausgearbeitet: Der Säugling braucht die häufige und zuverlässige Präsenz der Eltern, damit in Zeiten des Alleinseins die Angst vor Auflösung des Selbst kein panikartiges Ausmaß annimmt. Nur so kann sich ein Gefühl der Stabilität und Kontinuität des Selbst entwickeln (vgl. auch Entwicklungstheorie). Es gibt Persönlichkeiten, bei denen gerade diese Fähigkeit zur Überbrückung der Kontaktpausen gestört ist. Solche Menschen sind in hohem Maße auf die ständige *reale* Gegenwart eines „wesentlichen Anderen" angewiesen. Sie können nur schwer ganz allein sein.

Der Vergleich der Begriffe „Kontakt" und „Beziehung" bringt noch einen anderen interessanten Aspekt: Genaugenommen kann man in Kontakt immer nur mit *einer* anderen Person sein, in Beziehung mit mehreren. (Über den Kontakt zu ganzen Gruppen reden wir später im Abschnitt: „Situativer Aspekt von Ko-respondenz".) In einem Dreier-Gespräch kann man z. B. die Kontakte zu beiden PartnerInnen zwar schnell wechseln, man kann aber nicht mit gleicher Intensität zu beiden PartnerInnen Kontakt haben. Es gibt also Dreiecksbeziehungen, aber keine Dreieckskontakte. Beziehungsdreiecke aufrechtzuerhalten, kann eine hohe Kunst sein, wenn Intensität und Dauer der Kontakte untereinander in der Summe etwa ausgeglichen sein müssen, damit nicht ein Mitglied sich vernachlässigt oder ausgeschlossen fühlt oder ein Mitglied die fehlenden oder problematischen Kontakte zwischen den beiden anderen dauernd ausbalancieren muß. Drei-Personen-Beziehung (Triade) bedeutet, mit einer anderen Person in Konkurrenz zu treten, wahrzunehmen und auszuhalten, daß die Beziehung zwischen zwei anderen Menschen, die einem beide nahestehen, genauso intim sein kann, wie jeweils zu einem selbst und doch ganz andere Qualitäten hat: „Papa ist Mama auf eine ganz andere Weise nahe, als ich es bin."

Die *Triade* ermöglicht die Relativierung eigener Verhaltensweisen und Beziehungen. Sie ist damit z. B. die Grundlage für die Übernahme sozialer Rollen: „Also könnte ich mich auch mal wie Papa verhalten, in Papas Rolle gehen, um Mama nahe zu sein."

Wenn die Entwicklung „triadischer Beziehungen" beim Kind behindert wird, z. B. weil die Eltern um das Kind konkurrieren, so wird seine Beziehungsfähigkeit und seine Rollenflexibilität eingeschränkt. Es bleibt unter Umständen auf rein *dyadische* Beziehungsformen angewiesen, mit entsprechenden Ängsten vor Verlust der PartnerIn, oder es bleibt in einer sogenannten „malignen" Triangulation stecken. Im Verhalten kann sich das zum Beispiel darin äußern, daß nach kurzen Kontakten zu einer Person wie unter Zwang der Kontakt zu einer anderen Person gesucht werden muß. Beziehungen können sich so nicht wirklich entwickeln. Die dahinter verborgene Angst heißt: „Beziehung zu einer PartnerIn gefährdet die zu einer anderen PartnerIn oder schließt sie aus." Ähnlich ist der Hintergrund der sogenannten „Spagat-Kinder" (*Satir* 1977), die durch ihr dauerndes Hin- und Herspringen zwischen beiden Elternteilen den fehlenden direkten Kontakt zwischen diesen zu ersetzen suchen. Die Geschwindigkeit des Kontaktwechsels erzeugt den Eindruck eines Dauer-Spagats.

4.8.3.5 Bindung

Bindung bedeutet eine Steigerung von Beziehung im Sinne von Nähe und Dauer. Bindung enthält in stärkerem Maße ein ethisches Element: eine Entscheidung und Festlegung für den anderen. In der Bindungsfähigkeit ist eine neue Qualität von Beziehungen erreicht, was tiefe Kenntnis des anderen und Fürsorge füreinander betreffen. Als Prototyp hierfür gilt die frühe Eltern-Kind-Beziehung.Wie weit diese allerdings die Grundlagen festlegt für die spätere Bindungsfähigkeit eines Menschen (*Ainsworth* u. a. 1962), ist eine offene Frage.

Ähnlich wie Beziehungen können Bindungen aber auch pathologisch werden, wenn in ihnen keine wirklichen Kontakte und Begegnungen mehr möglich sind oder – noch schlimmer –, wenn die Bindung einen Einheitsbrei (Konfluenz) erzeugt („Wir denken und fühlen alle gleich") oder in Verwicklungen von Übertragungen (Kollusion, J. *Willi* 1975) steckenbleibt. Eine Spielart davon ist die „Verclinchung" in aggressiven Schuldzuweisungen, die nicht mehr der Klärung im Kontakt dienen, sondern der Kontaktvermeidung.

4.8.3.6 Selbst-Kontakt

In der Integrativen Therapie wird oft davon gesprochen, daß ein Mensch in Kontakt mit sich selber ist, z. B. „Er ist in Kontakt mit seiner Angst". Damit ist gemeint, daß seine Wünsche, seine Verhaltensimpulse offenen, angemessenen *Ausdruck* finden können, nicht blockiert oder abgewehrt werden. Dazu muß er sich seines Selbst, also seiner Wünsche, Verhaltenstendenzen, Gefühle leidlich bewußt sein, und sei es auch nur in der Form eines Gefühls von Stimmigkeit oder Nicht-Stimmigkeit. Die Bäuerin von der Niedermoseralb z. B., die fest im Leben steht und weiß, was sie will, ist im Kontakt mit sich, auch wenn sie dies nur sehr schwer in Worte fassen könnte.

Durch mehr Exzentrizität (das „Ich" geht in Abstand zum „Selbst") wird das Bewußtsein von den Vorgängen in einem „Selbst", den Stimmungen, Leibgefühlen und Wünschen, zunächst klarer: Wenn ich sie in Worte fassen kann, erhöhe ich mit Hilfe der Sprache mein Bewußtsein von mir selbst (Introspektionsfähigkeit, Bewußtheit), unter Umständen auch die Intensität meiner Stimmung. Wenn ich bewußt wahrnehme, wie ängstlich ich bin, erhöht sich meine Ängstlichkeit unter Umständen. Man gerät aber von einem gewissen Grad der Exzentrizität an in Gefahr, den Kontakt zu sich „Selbst" wieder zu verlieren, in dem man sich dann eher beim „Beobachten" wahrnimmt als beim „Spüren". Man könnte auch sagen: Ich bin eher im Kontakt mit meinem „Ich" als mit mir „Selbst". Auf diese Weise kommen dann gelegentlich die unauthentischen Zustände und Aussagen zustande, die die Grundlage vieler Psychologie-Witze bilden, z. B.: „Ich spüre gerade, daß ich unheimlich wütend auf dich bin" statt: „Hör mal, das geht jetzt zu weit".

4.8.4 Der situative Aspekt von Ko-respondenz (Exzentrizität, Zentrierung, Involvierung)

In Kontakt sind wir nicht nur mit uns selbst oder einem anderen, sondern mit ganzen Szenen und Situationen.

Den unmittelbaren Kontakt zu sich selbst und der Umwelt nennen wir *Zentrierung*, die distanzierte Beobachterposition *Exzentrizität*.

Zentrierung und Exzentrizität sind Zustände des Selbst. Wir haben oben im Kapitel Anthropologie schon einiges über diese Grundkonzepte gesagt (*Plessner* 1982, *Petzold* 1988).

Zentrierung meint die unmittelbare Verbundenheit des Menschen mit seiner Lebenswelt und seinem eigenen Leib, auch das Verhaftetsein, die Einbindung in organische und ökologisch-soziale Vorgänge. Völlig zentriert ist zum Beispiel ein Bogenschütze, kurz bevor er die gespannte Sehne losläßt: Herzschlag, Bewegung, Stellung, Bewußtsein sind eins. Leib und Situation sind eins. Es gibt keinen „Spalt der Selbstbeobachtung", der Relativierung. So ist auch ein Panther auf der Jagd zentriert oder auch ein Panther beim Dösen. Sein Kontakt zu sich ist „perfekt".

Menschen können aber in Abstand zu sich selbst und ihrer Umgebung treten, sie können die fraglose Einbindung relativieren, sich aus sich selbst und ihrer Situation lösen, den Kontakt lockern, sich selbst beim Fühlen zuschauen.

Wir können die „Kontaktzustände" eines Menschen also danach beschreiben, wo der Schwerpunkt des Kontakts liegt: *außerhalb* von Selbst und Situation (Exzentrizität) oder *innerhalb* von Selbst und Situation (Zentrierung).
Der Zustand der Zentrierung seinerseits kann – schematisch ausgedrückt – drei Formen haben:
1. der Schwerpunkt des Kontakts liegt in der Situation (Involvierung)
2. der Schwerpunkt des Kontakts liegt innerhalb von Selbst und Situation (Zentrierung)
3. der Schwerpunkt des Kontakts liegt im Selbst („affektive" Zentrierung)

1.:
Wenn der Schwerpunkt des Kontakts vor allem *in der Situation* liegt, sprechen wir von *Involvierung*. In unserer Diktion ist Involvierung also eine Spielart der Zentrierung, nämlich das Verhaftetsein in der Situation. Involvierung bedeutet, daß man in die Szene verstrickt und emotional sehr beteiligt ist, unter Handlungsdruck steht und den Überblick zu verlieren droht. Eine Form szenischer Involvierung in frühere bedeutsame Szenen ereignet sich auf der 3. Ebene der Tiefung (vgl. Therapie-Theorie).

Involvierung ist Grundlage für die Hingabe an eine Sache oder Szene, an das Feuer und die Turbulenzen des Lebens, auch für die Fähigkeit zum Mitfühlen und Mitleiden. Wenn Involvierung zu lange anhält, wächst die Gefahr, verwirrt, einseitig und handlungsunfähig zu werden.

Die beiden anderen Zustände der Zentrierung, in denen der Schwerpunkt des Kontakts im „Selbst" oder in „Selbst und Situation" liegt, werden in der Literatur beide als Zentrierung bezeichnet (*Petzold* 1988, *Schmitz* 1989, *Eisler* 1991). (Wir wollen die Unterschiede nicht überpointieren, schlagen aber vor, die Zentrierung „im Selbst" „affektive Zentrierung" zu nennen und die Zentrierung in „Selbst und Situation" – wie bisher vorwiegend üblich – als „Zentrierung".)

2.:
Zentrierung *„in Selbst und Situation"* bedeutet, daß „Selbst" und Umfeld in ihrer Wechselwirkung balanciert sind, so daß kein un-

mittelbarer Handlungsdruck besteht, sondern eine Offenheit für die Situation und ein Gespür für sich selbst. Typisch für einen solchen Zustand ist die „freischwebende Aufmerksamkeit" der TherapeutIn. Der Kontakt zu sich selbst und der Situation ist weit, nicht *kon*zentriert und nicht auf etwas Bestimmtes fixiert. Diese Art der Zentrierung ist am besten zu erreichen über ein Gespür (Awareness) für den eigenen Leib. Viele Anwärm-Übungen und Anwärm-Fragen in der Therapie dienen der Zentrierung im Selbst und in der Situation, der Festigung des Kontakts, der Wahrnehmung der eigenen Befindlichkeit als Ausgangspunkt für Prozesse, die sich auf diesem „offen Hintergrund" entwickeln können.

Als Dauer-Haltung könnte diese Art der Zentrierung zu einer abgehobenen Gleichgültigkeit führen, zu einer „übermenschlichen" Unberührbarkeit.

3.:
Zentrierung ist immer mit einem besonderen „Ich-Selbst-Gefühl", „das bin ich, ich fühle mich" verbunden, einer Schwerpunktbildung in der eigenen Welt, deren Zentrum man ist.

Wenn dieses Zentrum sich weiter verdichtet, wenn das *Selbst sich auf seinen Kern „zurückzieht"*, die Umwelt zurücktritt und ein einziges intensives Gefühl dominiert, sprechen wir von Zentrierung im „Selbst", von „affektiver Zentrierung" (*Eisler* 1991). Wir erleben sie als „existentielles Gefühl" von Ich-Selbst. Sie entsteht durch eine starke affektive Betroffenheit, durch Erschrecken, Freude, Angst, Glück, „ich bin mein Gefühl". Die sonst differenzierteren Fähigkeiten des Ich schrumpfen *für diesen Moment* auf einen zentralen Gefühlskern. *Schmitz* (1989) bezeichnet diesen fundamentalen Vorgang als Regression (Ent-Differenzierung), die lebensnotwendig ist, weil sie den zentralen Bezug zu sich selbst, das zentrale Selbst-Gefühl, aufrechterhält.

In diesem Zustand intensivster affektiver Betroffenheit findet sich das Element des „Ausgeliefert-seins". Hier gehen Zentrierung und Involvierung ineinander über: Ich kann nichts „machen", nichts mehr kontrollieren, ich bin mir und meinem Gefühl ausgeliefert und gerade deshalb unmittelbar in Kontakt mit mir („affectus" bedeutet „getroffen sein").

Unter Umständen ist es dieses Bedürfnis nach dem Selbst-Gefühl, das viele Menschen zu risikoreichen gefühlsintensiven Abenteuern und Aktionen treibt.

Hier nun ein Beispiel für die Zustände von Exzentrizität, Zentrierung, Involvierung und Affekt-Zentrierung aus dem therapeutischen Alltag:

In einer Teamsitzung spricht mein Kollege Klaus mich darauf an, daß der Klient Meyer sich bitter über mich beklagt hätte. Klaus sieht dabei sehr sorgenvoll aus.

1. Ich gehe in Gedanken meine Klienten durch und erinnere mich an Herrn Meyer und meine letzte diagnostische Einschätzung von ihm („frühe Störung"), überlege ob Herr Meyer im Moment mehr Distanz von mir braucht und deshalb schimpft. Ich denke gleichzeitig an die Tagesordnung der Teambesprechung, frage meine KollegInnen, ob wir über den Klienten sprechen können. Außerdem konstatiere ich leicht überrascht, daß ich Klaus nicht anblicke und sage zu mir selbst: Diese Mitteilung scheint mir etwas auszumachen.
Ich bin in einer eher exzentrischen Position.

2. Ich blicke Klaus an und merke, daß er angespannt wirkt. Dabei spüre ich, daß auch ich angespannt bin. Die anderen KollegInnen sehen mich interessiert an. Ich sehe Meyer vor meinem inneren Auge und erinnere mich, wie er mich in der letzten Gruppensitzung heftig kritisiert hat. Ich weiß, daß bei ihm therapeutisch viel in Gang gekommen ist, daß ich ihn aber immer noch nicht ganz verstehe. Ich fühle mich etwas unsicher, nehme wahr, wie gut der Kaffee riecht, und wie bequem mein Sessel ist, atme tief ein und aus und sage zu Klaus: „Erzähl doch mal, was ihm so quer liegt. Wenn es euch anderen recht ist."
Ich bin eher zentriert.

3. Ich blicke überrascht zu Klaus, mein Herz klopft schneller. Ich denke: „Was will Klaus dir schon wieder anhängen?" Ich werde ärgerlich auf Meyer und auf Klaus und sage: „Der blöde Meyer fängt schon wieder an zu stänkern. Was der wohl damit abwehren muß! Klaus, halt du dich da lieber raus, sonst bist du sofort mit am Rummachen. Hoffentlich hast du ihn abblitzen lassen, etwa nicht? Na, dann haben wir den Mist jetzt hier im Team."
Ich bin eher involviert.

4. Bei der Mitteilung von Klaus beginnt meine Herz wie rasend zu klopfen, in meinen Ohren rauscht es, mir wird eiskalt. Ein Gefühl wie: „Das nicht auch noch, nicht noch eine Attacke" überkommt mich. Als meine Kollegin Helga mich fragt, was los sei, fange ich an zu weinen und berichte den KollegInnen von dem Streß und den vielen Kränkungen der

letzten Zeit. Ich schäme mich furchtbar und bin gleichzeitig nach dieser Mitteilung sehr erleichtert.
Ich bin eher „affektiv-zentriert".

Es ist wichtig, flexibel von einem Zustand in den anderen wechseln zu können. In der Therapie arbeiten wir ständig an dieser Flexibilität, sich einlassen zu können und wieder zu distanzieren, sich involvieren zu lassen, sich von einem Gefühl total ergreifen zu lassen, sich auch wieder aus einer exzentrischen Position heraus sehen und Abstand gewinnen zu können für eine Neuorientierung, und immer wieder auf sich selbst zurückzukommen, sich selbst im Kontext leiblich zu spüren, „in seiner Mitte zu sein".

4.9 Zusammenfassung

Unsere Persönlichkeit ist gebildet und bildet sich immer neu aus ungezählten genetischen, ökologischen und sozialen Einflüssen, die in jedem und jeder einzelnen von uns in einmaliger Kombination zusammenwirken. Wir *sind* Individuen („Unteilbare"), weil wir leiblich sind und einen von anderen abgegrenzten Körper haben. Wir *werden* Individuen, weil wir eine Geschichte, eine Biographie entwickeln.

Wir sind in ständigem Austausch mit unserer Umwelt: Nur der geringste Teil dieser Austausch-Prozesse ist uns bewußt. Je nach Umfeld verändern wir uns. Unsere Persönlichkeit ist ein ständiger Prozeß.

Die mannigfaltigen Einflüsse in uns ordnen sich synergetisch. Die Grundstrukturen, die sich dabei entwickeln, werden in der Integrativen Therapie als „Leib-Selbst", „Rollen-Selbst", „Ich" und „Identität" bezeichnet.

Leib, Lebenswelt (Kontext) und Biographie (Kontinuum) in ihrem Zusammenwirken machen unsere Persönlichkeit aus. Innerhalb der Grundstrukturen, die sich mehr oder weniger stabil und flexibel entwickeln können, bilden sich unsere persönlich gefärbten Erlebensstrukturen, unsere individuellen Vorstellungen von der Welt, von den anderen und von uns selbst. Wir entwickeln Verhaltensmuster, durch die wir in Kontakt treten zu uns selbst und anderen, Befriedigung suchen und Herausforderungen bewältigen. Diese Erlebens- und Verhaltensmuster behalten zeitlebens den szenischen und atmosphärischen Charakter, der dem ursprünglichen Erleben zu Grunde lag. Unsere Persönlichkeits-Strukturen kann man also bezeichnen als verdichtete Beziehungserfahrung. Wenn der Kontakt zu uns selbst und unserer Umwelt blockiert ist, weil wir z. B. Veränderungen oder Kontakt fürchten gelernt haben, besteht die Gefahr, daß wir erkranken.

Der Kontakt zu uns selbst und unserer Umwelt kann unterschiedliche Dichte haben. Wir können „auf Abstand gehen", uns reflektieren dadurch, daß wir uns selbst „wie von außen" sehen. Und wir können „in uns selbst ruhen" oder im Innersten von Gefühlen ergriffen sein. Diese Fähigkeit, zwischen Zentrierung und Exzentrizität zu wechseln, ist die Grundlage für unsere Entscheidungsspielräume und letztlich die Grundlage für die Entwicklung unseres Selbst, unserer Identität, unserer ganz persönlichen Geschichte.

5. Entwicklungstheorie

5.1 Einleitung

Das Persönlichkeitsmodell der Integrativen Therapie (Kap. 4), die Krankheits- und Gesundheitslehre (Kap. 6) und die Therapietheorie (Kap. 7) basieren auf der Entwicklungstheorie. Während des gesamten therapeutischen Prozesses beschäftigen wir uns immer wieder mit der Entwicklung der KlientIn im *Lebensganzen*: Wir betrachten ihre gesamte Lebensspanne von der frühen Kindheit bis in die Gegenwart einschließlich aller Vorstellungen und Erwartungen für Zukünftiges. In der Diagnostik „fragen" wir nach Schädigungen und nach guten Erfahrungen in den verschiedenen Altersstufen und nach Kompensationsmöglichkeiten. Während der Arbeit *an* und *in* der Übertragung (vgl. Kap. Therapietheorie) geht es um Bearbeitung und Auflösung unbewußt fortdauernder Konflikte aus früheren Beziehungen. Hierbei arbeiten wir mit der KlientIn in den verschiedenen Altersstufen (in ihren Rollen als Kind, als Jugendliche, als Erwachsene).

Wir können die individuelle Lebensgeschichte und Krankheitsgeschichte unserer KlientInnen um so besser verstehen und das individuelle „Gewicht" von Ereignissen um so besser erfassen, je mehr wir von Kindheit- und Jugendalter im allgemeinen, von natürlichen und außergewöhnlichen Bedingungen in den Phasen der gesamten Lebensspanne in einer jeweiligen Zeit und Kultur wissen. Wir benötigen ein Wissen darüber, womit der Mensch im allgemeinen ausgestattet ist, was er normalerweise braucht, um sich optimal und gesund im Umgang mit anderen (Ko-respondenzfähigkeit) entwickeln zu können. Es ist dann leichter, die „Widerfahrnisse" in einer Lebensgeschichte und ihre individuelle Verarbeitung im Zusammenhang mit den Phänomenen/Symptomen von heute zu bringen und Hypothesen über ihren „Sinn" zu bilden (vgl. die Abschnitte „Kritische Lebensereignisse" und „Bewältigungsfähigkeiten" sowie Kap. 6).

Um die ungeheure Vielfalt von einzelnen Entwicklungsverläufen und Einfluß-Faktoren überschaubar zu machen, wurden in der Entwicklungstheorie im Laufe der Zeit verschiedene Grundmodelle entwickelt: Entwicklung wird verstanden als Abfolge von *Stufen* und *Phasen* (z. B. *Freud* 1981, *Erikson* 1968, *Kegan* 1991, *Kohlberg* 1964, *Cullberg* 1980 sowie für die frühe Kindheit *Stern* 1985, *Petzold* 1991a), als *Abfolge von Krisen* bzw. *Krisenbewältigung* (z. B. *Erikson* 1968, *Cullberg* 1980), als Auseinandersetzung mit „*Entwicklungsaufgaben*" bzw. *Lebensthemen*, mit kulturellen und individuellen Herausforderungen, mit „*kritischen Lebensereignissen*" (z. B. *Oerter* 1987, *Havighurst* 1963, *Thomae* 1988, *Filipp* 1981).

Das gesamte Gebiet der Entwicklungstheorie ist zur Zeit in heftiger Bewegung. Insbesondere herrscht in bezug auf die frühe Kindheit ein wahrer Forschungsboom (*Petzold* 1991a). Neuere Forschungen beschäftigen sich insbesondere mit der Interaktions- und Ko-respondenzfähigkeit des Neugeborenen und kommen zu revolutionierenden Ergebnissen. Psychoanalytische Vorstellungen über die frühe Mutter-Kind-Interaktion (*Mahler* u.a. 1990) müssen korrigiert werden; die „guten alten Phasen-Modelle" (z. B. *Erikson* 1968) sind *so* nicht mehr haltbar, neue Modelle werden erst ansatzweise sichtbar (z. B. *Stern* 1985, *Oerter* 1987, *Baltes* 1979, *Petzold* 1991a).

Wir haben in dieser Situation nicht den Anspruch, eine integrierte Zusammenfassung von Entwicklungstheorien und Ergebnissen der empirischen Entwicklungsforschung vorzulegen (vgl. dazu *Oerter/Montada* 1987, *Stern* 1985, *Petzold* 1991a) – so wünschenswert das auch wäre –, sondern werden uns auf die Darstellung einiger ausgewählter Konzepte beschränken, die uns besonders aus zwei Gründen wichtig erscheinen:

a) weil sie in unmittelbarem Bezug zur Integrativen Therapie, insbesondere zu ihrem intersubjektiven und an der gesamten Lebensspanne orientierten Ansatz („*Life-Span-Development-Approach*") stehen,

b) weil sie historisch und pragmatisch von besonderer Bedeutung sind, z. B. wegen der Art, wie sie sich speziell mit bestimmten Funktionsbereichen beschäftigen.

Wir werden uns zunächst mit den Konzepten der Lebensspanne und der „Entwicklungsaufgaben" beschäftigen. Danach werden wir einige spezifischere Entwicklungsmodelle vorstellen.

Anschließend werden wir die Entwicklung des Menschen als Individuum und kollektives Wesen im Lebensganzen in einem Gesamtüberblick beschreiben (von vorgeburtlichen Prägungen über Geburt, Kindheit, Jugend, Erwachsenenalter bis hin zu Sterben und Tod) und die oben beschriebenen Konzepte dabei mit einbeziehen. Wir geben auf diese Weise eine konkrete Anschauung davon, was ein Leben als Ganzes ausmacht. Auf die Problematik, die damit verbunden ist, sich an Altersgruppen – insbesondere in der Beschreibung des Erwachsenenalters – zu orientieren, werden wir an entsprechender Stelle noch eingehen.

5.2 Die Entwicklung in der Lebensspanne

Entwicklung ist Veränderung in der Zeit. Sie geschieht – wenn auch am dramatischsten in der frühen Kindheit – ein Leben lang. Lernfähigkeit und Plastizität („Anpassungsfähigkeit") kennzeichnen die gesamte Lebensspanne des Menschen, sie sind keineswegs ein Privileg der Kindheit (*Baltes* 1979; *Kagan* 1980; *Thomae* 1988). Diesem Ansatz (Life-Span-Development-Approach, *Petzold* 1990) fühlt sich die Integrative Therapie verpflichtet.

Neugarten (1973, vgl. *Baltes* 1979) spricht von drei Zeitdimensionen oder -perspektiven, unter denen sich die Entwicklung des Menschen betrachten läßt, bzw. die als Kontext und Kontinuum (vgl. Kap. Persönlichkeitstheorie) die Entwicklung des Menschen ausmachen:

– die Lebenszeit,
– die soziale Zeit,
– die historische Zeit.

Diese drei Zeitdimensionen sind selbstverständlich nur als theoretische Betrachtungsweisen voneinander trennbar.

Unter *Lebenszeit* (ein analoger Begriff ist die *„Leib-Zeit"*) ist die biologische Zeit des Lebenszyklus zu verstehen, beispielsweise die Entwicklung von motorischen (z. B. laufen lernen) und kognitiven Funktionen (z. B. Spracherwerb), die Entwicklung der Geschlechtsmerkmale, der Beginn der Menarche, das Älterwerden und Sterben. Bei der Beschreibung der Entwicklung im Lebensganzen (siehe weiter unten) werden wir uns an der lebenszeitlichen Entwicklung orientieren.

Soziale Zeit meint die zeitgebundenen Rollenerwartungen von Bezugspersonen, Bezugsgruppen und Gesellschaft (einbindende Kultur; vgl. auch Kap. Persönlichkeitstheorie), z. B. wann ein Kind „sauber" sein „sollte", mit der Schule fertig sein „sollte", wann ein Mensch eine Familie gründen „sollte", sich nicht mehr „wie eine Jugendliche aufführen sollte" usw. Bei der Beschreibung der Entwicklung im Lebensganzen wird die Bedeutung der sozialen Zeit eine wichtige Rolle spielen.

Unter *historischer Zeit* sind globalere Ereignisse und Strömungen der Zeit, in der ein Mensch lebt, zu verstehen, also übergreifende historische Prozesse, sowohl als plötzlich hereinbrechende Ereignisse als auch als langfristige Bewegungen (z. B. Krieg, Verlust von Heimat, die deutsche Wiedervereinigung, der Bedeutungswandel von Ehescheidungen). Historische Zeit meint, daß jede Zeit und Kultur „ihre" Entwicklungsmodelle und „ihre" Themen hat und „ihre" Themen bedingt, daß jede Zeit und Kultur die Lebensthemen und „Entwicklungsaufgaben" sehr weitgehend beeinflußt (vgl. auch hier Kap. Persönlichkeitstheorie: Kontext und Kontinuum).

Wenn wir von diesen drei Zeitdimensionen als übergeordnetem Konzept ausgehen, wird es möglich, verschiedene Entwicklungsmodelle nebeneinander zu stellen, sie miteinander zu verbinden und voneinander zu unterscheiden. Es wird möglich, ihre verschiedenen Schwerpunkten zu sehen: z. B. als Modelle, die überwiegend reifungs- und lebenszeitbezogen sind oder als solche, die äußere Lebensereignisse erforschen und lebenszeitbezogene individuelle Prozesse dabei (zunächst) außer acht lassen, oder als solche, die sich auf alle drei Zeitperspektiven beziehen. Wir skizzieren hier kurz diese drei Grundmodelle, stellen danach einige spezielle Entwicklungskonzepte vor und kommen dann zur Beschreibung der „Entwicklung im Lebensganzen".

5.2.1 Das Stufen- bzw. Phasenmodell

Das Stufen- bzw. Phasenmodell geht davon aus, daß sich die Entwicklung des Menschen im Voranschreiten in seiner Lebenszeit, also im Prinzip durch seine biologische Entwicklung in Phasen bzw. in Sprüngen vollzieht. *Erikson* (1968) z. B. postuliert, daß sich in jeder Phase in Abhängigkeit von Reifungsprozessen bestimmte „emotionale Grundfragen" bzw. Lebensaufgaben stellen, die der Mensch subjektiv als Krise erlebt und die er bewältigen muß. Dies führt jeweils zu einem „qualitativen Sprung" in der Entwicklung, der eine neue Phase einleitet, die wiederum bewältigt werden muß.

Erikson beschreibt folgende Phasen: Urvertrauen gegen Urmißtrauen / Autonomie gegen Scham und Zweifel / Initiative gegen Schuldgefühl / Leistung gegen Minderwertigkeitsgefühle / Identität gegen Rollenkonfusion / Intimität gegen Isolierung / Generativität gegen Stagnation / Ich-Integrität gegen Verzweiflung.

Die Gefahr eines Phasenmodells liegt darin, daß es „normale" Abläufe biologistisch überbewertet, daß bestimmte Themen, Krisen, Konflikte scheinbar nur in einem bestimmten Alter erwartet werden und sozial „erlaubt" sind und daß sie eine Normalität suggerieren, die *so* der Vielfalt der Entwicklung nicht entspricht.

Menschen können sich z. B. mit vierzig Jahren (in Grenzen) die Lebenswelt eines Zwanzigjährigen schaffen und so (erst jetzt) bestimmte Lebensthemen erfahren. Die Bewertung einer solchen Entwicklung als „pubertär" wäre eine unzulässige, biologistisch rationalisierte normative Sichtweise.

Diese Problematik von Phasenmodellen muß gesehen und beachtet werden. Dennoch haben Phasenmodelle – sofern wir sie in ihrer Eingeschränktheit bezüglich der Zeitperspektiven begreifen – ihre Berechtigung: In jeder Gesellschaft und in jeder Zeit wird die Lebenszeit des Menschen, die ja biologisch sichtbare Veränderungen hervorbringt, als in Phasen gegliedert wahrgenommen (z. B. Kindheit, Jugend, Erwachsenenalter, Alter) und bedeutungsvollen sozialen Erwartungen (Entwicklungsaufgaben) zugeordnet.

5.2.2 Das Konzept der „Entwicklungsaufgaben"

Die Entwicklung des Menschen von Geburt bis Tod wird nach dem Modell der „Entwicklungsaufgaben" (*Havighurst* 1963, *Oerter* 1987) als ein lebenslanger Prozeß mit kreativer Eigendynamik verstanden: Diese entwickelt sich im Miteinander von *physischer Reife*, *kulturellen Anforderungen* und den in diesem Prozeß entstehenden *individuellen Zielsetzungen*.

Alle drei im vorangegangen Abschnitt besprochenen Zeitdimensionen werden im Modell der „Entwicklungsaufgaben" berücksichtigt. Die Entsprechung zwischen diesem Modell und den Vorstellungen der Integrativen Therapie, insbesondere mit ihrem Intersubjektivitätskonzept und dem „Life-Span-Development"-Ansatz ist offensichtlich.

Havighurst (1963) geht von Entwicklungsaufgaben aus, die sich einem Menschen im Laufe seines Lebens stellen und auf irgendeine Weise zu „bewältigen" sind. Auch die „Vermeidung" von Entwicklungsaufgaben ist als eine Form der Bewältigung zu verstehen: sich *nicht* in den Kindergarten bringen zu lassen, sich einer Prüfungssituation *nicht* zu stellen, *keine* feste Bindung einzugehen, sich das Leben zu nehmen, sind Antworten auf Entwicklungsaufgaben. *Havighurst* versteht Entwicklungsaufgaben als organisatorisches Prinzip, das während des ganzen Lebens fortbesteht. Synonyme bzw. zugehörige Begriffe sind etwa Lebens-Anforderungen bzw. -Herausforderungen oder Lebens-Themen.

Es gibt kleine, mittlere und große Entwicklungsaufgaben: z. B. den Löffel zum Mund führen, sich im Spiegel erkennen, erfahren, daß ein anderer etwas anderes fühlt als man selbst. Nicht jede Entwicklungsaufgabe stellt sich jedem Menschen in jeder Kultur und jeder Zeit , z. B. Fährtenlesen, Busfahren, schreiben.

Andere Entwicklungsaufgaben stellen sich *jedem* Menschen, z. B. sich am Leben zu erhalten oder auf irgendeine Weise mit dem Prozeß des Älterwerdens fertig zu werden. Entwicklungsaufgaben bzw. -herausforderungen werden sich immer stellen, sie sind allerdings häufig nicht bewußt, z. B. „seinen Weg gehen, wie er sich ergibt" versus „aktive Auseinandersetzung mit Sinnfragen".

Die Art und Weise, wie wir jede einzelne Entwicklungsaufgabe „bewältigen", wirkt sich jeweils auf die weitere Entwicklung – das Miteinander von physischer Reifung, kulturellen Anforderungen und Bildung individueller Lebensziele – aus und formt somit auch die weiteren übergeordneten „Bewältigungsfähigkeiten", „Coping-Stile", beispielsweise die Fähigkeit, neue Aufgaben neugierig und optimistisch anzupacken, die Fähigkeit, neuen Aufgaben aus dem

Wege zu gehen, die Fähigkeit, Leid zu verarbeiten (vgl. z. B. *Erikson* 1968, *Piaget* 1969a und *Oerter* 1987).

Möglicherweise gibt es so etwas wie eine optimale Schwierigkeit von Entwicklungsaufgaben für den jeweiligen Entwicklungsstand eines Menschen. *Oerter* spricht von Aufgaben der „nächsthöheren Zone", d. h. Herausforderungen, die gleichzeitig schwierig und erreichbar sind und gerade hierdurch einen Anreiz bieten. Entwicklung braucht aber sicher mehr als nur „mittelschwere Aufgaben": auch mit „zu leichten" und „zu schweren" Aufgaben müssen Erfahrungen gemacht werden.

5.2.3 Das Konzept der „kritischen Lebensereignisse"

Das Konzept der „kritischen Lebensereignisse" läßt sich als Spezialgebiet des „Entwicklungsaufgaben"-Modells verstehen: Die Bewältigung „kritischer" – oder genauer „bedeutsamer" – Lebensereignisse gehört zu den „Entwicklungsaufgaben". Der Verdienst dieser Forschungsrichtung ist darin zu sehen, daß die Auswirkungen kritischer Lebensereignisse (in Form präzisierter Kontextvariablen) in zahlreichen Untersuchungen (besonders von *Filipp* 1981, *Holmes* und *Rahe* 1967, *Montada* 1987) nachgewiesen werden konnten.

Mit dem Begriff „kritische Lebensereignisse" sind nicht so sehr einmalige kurzfristige Veränderungen gemeint, sondern Veränderungen von Lebenslagen, die durch kritische Lebensereignisse ausgelöst wurden (z. B. durch Schulabbruch oder Schulwechsel, Umzug, Krankheiten, Todesfälle, Emigration). Zu den kritischen Lebensereignissen gehören nicht nur negative, sondern auch positive Ereignisse, z. B. beruflicher Aufstieg, Heirat oder Lottogewinn. Diese sind nach *Oerter* (1987) weit weniger erforscht als negative Ereignisse, stellen aber ebenso wie diese eine Herausforderung dar, sind eine Entwicklungsaufgabe, die zu bewältigen ist – mit ungewissem Ausgang.

Nach *Montada* (1987) wird zwischen zwei Formen von Lebensereignissen unterschieden. Die einen betreffen normalerweise eine größere Gruppe von Menschen oder alle Menschen einer bestimmten Kultur oder einer bestimmten Zeit. Sie sind also *vorhersehbar* (z. B. der Beginn der Menarche, die ersten grauen Haare, Bedrohung durch Arbeitslosigkeit). Hierfür wird der u.E. wenig glückliche Begriff der „normativen" Lebensereignisse verwendet. In Abgrenzung dazu werden *unvorhersehbare* Lebensereignisse als nichtnormativ bezeichnet (z. B. Unfallfolgen oder eine plötzliche Erbschaft). Nach Untersuchungen von *Filipp* korrespondiert die Fähigkeit, „normative" Ereignisse zu bewältigen, nicht immer mit der Fähigkeit, nichtnormative Lebensereignisse zu bewältigen. Dies erklärt sie vor allem damit, daß bei „normativen" Lebensereignissen die Möglichkeit der Vorbereitung bzw. des Modell-Lernens gegeben ist, also andere Fähigkeiten angesprochen werden als bei der Bewältigung von „nicht-normativen" Ereignissen.

Wir möchten noch einmal in Erinnerung rufen, daß scheinbar gleiche Ereignisse auf verschiedene Personen je nach Persönlichkeitsstruktur unterschiedlich wirken und entsprechend zu unterschiedlichen Reaktionen („Bewältigungen") führen. Diese Persönlichkeitsstrukturen sind ja die „Brille", mit der wir Ereignisse wahrnehmen und bewerten.

5.3 Spezifischere entwicklungstheoretische Konzepte

5.3.1 Das Konzept der Integrativen Therapie

Das Entwicklungskonzept der Integrativen Therapie (*Petzold* 1993) versteht sich, wie bereits gesagt, als „Life-Span-Development"-Ansatz.

Vor allem Ergebnisse der empirischen Säuglings- und Kleinkindforschung sowie Untersuchungen über die Lebenswelten alter Menschen (*Petzold / Bubolz* 1976, *Thomae* 1988, *Lehr / Thomae* 1987, *Bubolz* 1983) stützen das Intersubjektivitäts-Modell der Integrativen Therapie. Die neueren „Babyforschungen" (*Emde* 1989, *Lichtenberg* 1983, *Stern* 1985, *Papousek / Papousek* 1979) haben gezeigt, daß das Kind von Anfang an in Interaktion ist, über ein waches Unterscheidungsvermögen verfügt und daß es von Anfang an aktiv seine Umwelt beeinflußt.

Die genauere Ausformulierung und Integration von Forschungsergebnissen zum Jugendalter sowie zum frühen und mittleren Erwachsenenalter in eine Entwicklungstheorie der Integrativen

Therapie stehen noch aus. Hierbei ergibt sich eine Schwierigkeit, vor der jede Entwicklungstheorie steht, daß Entwicklung Differenzierung bedeutet, daß die Unterschiede zwischen Menschen in ihren individuellen Entwicklungsverläufen zumindest in unserer Gesellschaft mit dem Alter exponentiell zunehmen, so daß ein Phasenmodell, das auf die Gleichartigkeit von Entwicklungen abstellt, individuelle Entwicklungen nur sehr grob beschreiben würde. Im mittleren Altersbereich sind Entwicklungsprozesse also v. a. individuell zu erfassen (vgl. *Faltermaier* u.a. 1992).

Ein wesentliches Konzept der „integrativen" Entwicklungstheorie für das Jugend- und Erwachsenen-Alter (also einer schon „entwickelten" Persönlichkeit) ist das der *„Viation", der persönlichen Verlaufsbahn.* „Viationen... sind höchst individualisierte, biographisch bestimmte und kontextabhängige Verlaufsbahnen intra- und interpersonaler Prozesse (z. B. Gestaltungs-, Problemlösungs-, Therapie-, Krisen-, Trauer-, Sterbeprozesse u.ä.), deren Verläufe gewisse Grade von Variabilität haben, jedoch nach dem Gesetz der ‚guten Kontinuität' auch eine gewisse Bestimmbarkeit aufweisen, besonders wenn schon größere Verlaufsabschnitte bekannt sind, die eine ‚Prägnanztendenz' erkennen lassen" (*Petzold* 1988).

Auf die Lebensthemen, die sich einem Menschen durch Reifung und Einflüsse der ökologischen und sozialen Umwelt stellen, wird er also mit seinem persönlichen Entwicklungsprozeß, seiner Viation, reagieren.

In diesen Zusammenhang gehört auch das Konzept der *Narration*, der *persönlichen Deutung* des eigenen Entwicklungs-Prozesses. Diese beeinflußt den Prozeß, z. B. die Wahl der Lebensthemen, die persönlichen Zielsetzungen ganz erheblich.

Im Entwicklungsmodell der IT verzahnen sich Konzepte der Persönlichkeitstheorie (Leib-Selbst, Ich, Identität) und Ergebnisse der empirischen Entwicklungsforschung.

Im folgenden Abschnitt wird es um die Darstellung der *Entwicklung* dieser Strukturen gehen.

Das Modell basiert, wie schon mehrfach erwähnt, auf der Grundüberzeugung, daß der Mensch als soziales Wesen zu verstehen ist. Es unterscheidet sich damit von früheren psychoanalytischen Entwicklungskonzepten („Der Säugling kommt als weitgehend autistisches Wesen auf die Welt", z. B. *Freud* 1981, *Mahler* u.a. 1990). Die psychoanalytische Entwicklungsforschung beschreibt heute zum Teil gänzlich neue Wege, die mit dem anthropologischen Ansatz der Integrativen Therapie gut übereinstimmen (vgl. *Emde* 1989, *Lichtenberg* 1983, *Stern* 1985).

Petzold (1992) skizziert die Entwicklungsschritte der ersten Lebensjahre folgendermaßen:

1. Das menschliche Lebewesen bildet bereits vorgeburtlich ein *„organismisches Selbst"*.

Der Organismus (vgl. Kap. Anthropologie) entwickelt die Grundlagen der Wahrnehmung und der Reaktionsfähigkeit, „ohne daß das Wahrgenommene schon in komplexer Form gespeichert wird bzw. werden kann" (*Petzold* 1993). Er ist eingebunden in die intrauterine Lebenswelt (Konfluenz) und ist gleichzeitig – ab ca. dem dritten bis vierten Monat der Schwangerschaft – bereits in rudimentärer Weise abgegrenzt und fähig zu Kontakt durch selbst-initiierte Bewegungen und Abstimmung mit Bewegungen der Mutter. In diesem organismischen Eingebundensein wurzelt die Fähigkeit des Menschen zu Grundvertrauen.

2. In der Zeitspanne vom sechsten Schwangerschaftsmonat bis ca. zum dritten Monat nach der Geburt bildet sich das *„archaische Leib-Selbst"*. Dieses ist vor allem gekennzeichnet durch die Fähigkeit zu Affektbildung und affektiver Reaktion, z. B. Erregung und Beruhigung (vgl. „Leib-Affekt" bzw. „Grund-Affekt" im Kapitel Persönlichkeitstheorie).

3. In Abhängigkeit von der Reifung des Zentralnervensystems bildet sich durch „interpersonale Erfahrungen und intrapersonale Daseinsgewißheit" (*Petzold* 1991a) ab ca. dem dritten bis zum siebten Lebensmonat *„das archaische Ich"*. Die Daseinsgewißheit, die „zweite Säule" des Grundvertrauens, beruht auf dem selbstverständlichen, unwillkürlichen Funktionieren des Organismus von Anfang an und dem einfühlenden Kontakt mit und durch die Bezugspersonen.

Kontaktaufnahme und Interaktionsverhalten bilden die Grundlage des „archaischen Ich", aus dem sich in weiteren Differenzierungsprozessen die Ich-Funktionen entwickeln. Sie beruhen auf der

„perzeptionellen Differenzierung, der mnestischen Leistungsfähigkeit und dem Aufkommen des szenischen Gedächtnisses.... sowie der zunehmenden Kontrolle von Haltung, Bewegung und Mikro-Umwelt, und den Interaktions- und Empathie-Erfahrungen von Seiten der wichtigsten Bezugspersonen" (*Petzold* 1991a).

4. Durch diese einfühlende Zuwendung entwickelt sich ca. zwischen dem achten bis zwölften Monat das *„subjektive Leib-Selbst"* (vgl. auch *Stern* 1985). Das Kind bekommt ein Gefühl dafür, daß es ein „Selbst" ist mit eigenen Gefühlen und Wünschen. Es entwickelt Selbst-Gewißheit, die über die Daseins-Gewißheit des „archaischen Ich" hinausgeht. Es zeigt z. B. intensiven Jubel, wenn es die Bauklötze umwirft. Grundlage für dieses Verhalten ist die Gewißheit, daß der andere (als Subjekt) ähnliche Gefühle hat wie das Baby selbst: Aus dem Miteinander (Inter-Subjektivität) bildet sich das Individuelle (Subjektive) heraus.

5. Die Ausformung der Identität beginnt ca. zwischen dem zwölften und achtzehnten Lebensmonat – in Zusammenhang mit der Sprachentwicklung. Wir sprechen hier zunächst von *„archaischer Identität"*: Lieschen lernt in vielfältigen Wiederholungen, daß ihre Bezugsperson „Mama" und „Papa" heißen, und sie lernt ebenso, daß sie auch selbst einen Namen hat. Ebenso bekommen die eigenen Körperteile Namen und werden „wie von außen" als zu Lieschen gehörig gesehen. Das Kind beginnt so, Exzentrizität zu entwickeln. Auf diese Weise wird der eigene Leib noch einmal ganz neu angeeignet. Das Kind lernt, die elterliche Körpersprache bewußter zu lesen (Mama ist böse, wenn sie mit dem Finger droht), also Eigenschaften und Gesten zuzuordnen (Zuschreibungen) und die eigene Mimik und Gestik im Kontakt gezielter einzusetzen. Hierdurch werden die Grundlagen gelegt für eigene Identifikation („*So bin ich*") und Identifizierungen durch andere, die sagen: „So ist Lieschen".

6. Über die Identitätserfahrung, die sprachlich-symbolische Erfassung der Welt, sowie über beginnendes Rollen-Handeln entsteht reflexive Selbsterkenntnis. Damit ist ca. im 4.-5. Lebensjahr die Grundlage gelegt für *„reife Identität"*, *„reifes Ich"*, *„reifes Selbst"*.

Die Bezeichnung dieser grundlegenden Strukturen als „reif" ist natürlich nur im Rahmen der kindlichen Lebens- und Erfahrungswelt zu verstehen. Der Begriff „reif" ist u.E. nicht besonders glücklich gewählt, weil er etwas Fertiges suggeriert, was so nicht gemeint ist. Allerdings erscheint es uns auch schwierig, eine Begrifflichkeit zu entwickeln, die die in dieser Phase erreichte „Plattform von Grundstrukturen" einerseits als einen gewissen Abschluß und andererseits als Phase in einem lebenslagen Prozeß kennzeichnet.

Das Kind hat in dieser Phase eine „solide" Grundlage von Beziehungserfahrungen internalisiert. Entsprechend diesen Erfahrungen geht es mit sich und anderen um. Die Struktur des „inneren Anderen" entwickelt sich weiter, das *Gewissen* bildet sich. Das Kind lernt, immer besser auf *Rollenerwartungen* zu reagieren, spielerisch verschiedene Rollen zu übernehmen, *Selbstbilder* zu entwickeln und im sozialen Kontext zu präsentieren. Erfahrungen werden besser eingeordnet und in Gesprächen und Selbstgesprächen in einen Bezug zu Vergangenem und Zukünftigem gebracht, d. h. die Narration des eigenen Lebens beginnt.

In den folgenden Abschnitten dieses Kapitels kommen wir unter verschiedenen Gesichtspunkten immer wieder auf die weitere Entwicklung von Selbst, Ich und Identität zurück. Deshalb verzichten wir an dieser Stelle auf eine weitere ausführliche Darstellung und verweisen noch einmal auf *Petzold* (1993).

5.3.2 Das Konzept von D. Stern

Das Entwicklungsmodell von *Stern* (1985) weist große Ähnlichkeiten mit dem der Integrativen Therapie auf bzw. hat dieses mitgeprägt. *Stern*s Forschungen über die „Entwicklung des Selbst" in den ersten Lebensmonaten und -jahren bilden heute eine wichtige Grundlage der gesamten Entwicklungstheorie. *Stern* hat sich außerdem dadurch verdient gemacht, daß er in seinem „Tagebuch eines Babys" (1991) die LeserIn sehr sensibel in vorsprachliche Erlebensweisen einführt und sie ihr durch bildliche und lautliche Vorstellungen nahebringt.

Stern versteht die Entwicklung des Selbst, ebenso wie die Integrative Therapie, grundsätzlich vom interaktionellen Ansatz her: Sein Standardwerk trägt den Titel „The Interpersonal World of the Infant" (1985).

*Stern*s zentrales Konzept ist das der „*Intersubjektivität*". Der Aufbau des Selbst geschieht durch intersubjektive Erfahrungen. Er hat dies in empirischen Studien (minutiöse Beobachtungen von Mutter-Baby-Interaktionen) untermauert.

Nach *Stern* entwickelt sich das Selbst-Gefühl aufeinander aufbauend in vier Phasen:

1. Das Gefühl eines „auftauchenden Selbst" („emergent self")
2. Das Gefühl eines „Kern-Selbst" („core self")
3. Das Gefühl eines „subjektiven Selbst" („subjective self")
4. Das Gefühl eines „sprachlichen Selbst" („verbal self")

Zu 1. „*Emergent Self*": Bis zum zweiten Monat entwickelt und hat der Säugling Selbstfunktionen, die am besten zu fassen sind als Empfindung davon, daß Organisations-, daß Lern*prozesse* ablaufen. Dabei bilden sich Bedeutungsinseln (Zusammenhänge), die freilich von einem späteren Zeitpunkt aus gesehen noch weitgehend voneinander isoliert sind. Der Säugling verfügt über eine „*a-modale-Wahrnehmung*" (z. B. kann das Baby seinen Schnuller sowohl optisch als auch taktil [im Mund] erkennen). Die amodale Wahrnehmung beruht auf der angeborenen Fähigkeit des Säuglings, „Gestalt-Qualitäten" wahrzunehmen: Formen, Rhythmen, Intensitäten von Reizen, also „übergreifende" Charakteristika. Anfänglich sind Wahrnehmungen und Erfahrungen noch unverbunden. Allmählich bilden sich einfache *Schemata* heraus, z. B. „Daumen in den Mund".

Die wesentlichen Empfindungen in den ersten Monaten (und danach) nennt *Stern* „*Vitality Affects*" („*Grundaffekte*"). Nach *Stern* verfügen Säuglinge sowohl über „kategoriale Affekte" wie z. B. Ärger, Trauer, Freude als auch über Vitalitätsaffekte: Gemeint sind Bewegungs-Impulsqualitäten wie „Fluten", „Aufbranden", „Wegsickern", „Explodieren", „An- und Abschwellen" etc., also Gestaltqualitäten von vitalen Gefühlen, Empfindungen, Reizkonstellationen, die integrierende, ordnende Funktionen haben (siehe Strukturbildung und Leib-Selbst im Kap. Persönlichkeitstheorie).

Stern nennt das Erleben des Säuglings während des Organisationsprozesses von Wahrnehmung und Bewegung den „Sense of emergent self" (das Gefühl des sich bildenden Selbst). Diese Prozeßerfahrung ist in allen späteren kreativen Prozessen wirksam.

Zu 2. „Core Self": Das „Kern-Selbstgefühl" entwickelt sich in der Zeit von 2 bis 7 bzw. 9 Monaten (wobei mit „Kern" der zentrale Ausgangspunkt gemeint ist, nicht ein in sich abgeschlossenes „wahres" Selbst). In dieser Zeit werden sowohl ein *„Kern-Selbst"* als auch der *„Kern-Andere"* entwickelt. Das Kern-Selbst konkretisiert sich in vier Bereichen als:
- Handlungs-Selbst: die Empfindung davon, Verursacher der eigenen Körperbewegung zu sein – und nicht Verursacher der Körperbewegung anderer –, die Empfindung, einen Willen zu haben (den Arm zu bewegen, wenn man es will) und dadurch Handlungen, Folgen auszulösen.
- Selbst-Zusammenhang: die Empfindung, eine physische Einheit zu sein, mit Grenzen und einem Kern, von dem koordinierte Handlungen ausgehen, in Ruhe und in Bewegung.
- Affekt-Selbst: die Empfindung, geordnete innere Gefühlsqualitäten, Affekte und Wünsche zu haben.
- Geschichtliches-Selbst/Zeit-Selbst: die Empfindung von Dauer, von Wiederholung, von gleichbleibenden Ereignissen, „als der/ die Gleiche weiterzuleben".

In dieser Zeit entwickeln sich die Grundlagen differenzierter Beziehungen. Basis für die Entwicklung von Beziehungen ist eine innere Vorstellung vom Anderen als relativ sicherer Begleiter. *Stern* verwendet dafür zwei sich ergänzende Begriffe: der *„Self-regulating other"*, der Andere, der mein Selbst (meine Bedürfnisse, meine Gefühle, Handlungen) reguliert und den *„evoked companion"*, den inneren Gefährten, den ich in meiner Phantasie, in meinem Gefühl hervorholen, produzieren kann und mit dem ich innerlich in Aktion treten kann (die Übereinstimmung mit G. H. Mead [1934] „sich selbst zum Gefährten werden" ist deutlich).

Zu 3. „Subjective Self": Das Gefühl eines *„subjektiven Selbst"* bildet sich in der Zeit von 7 bzw. 9 Monaten bis zu 2 Jahren.

Charakteristisch hierfür ist die „Entdeckung" des Kindes, daß es „Subjekte" gibt. Der Säugling entdeckt, daß die subjektiven Zustände, die er hat („Das ist schön", „Ich will jetzt toben", „Guck mal, Auto!"), sich auch in anderen Menschen „innerlich" abspielen. In dieser Phase geht es nicht mehr nur um Handlungs-Übereinstimmung, sondern um „Seelen-Übereinstimmung", um das Gefühl des Verstanden-Werdens und Verstehens. Dies ist die Grundlage für Intersubjektivität – z. B. einen gemeinsamen Bezugspunkt haben in dem Gefühl, daß Mama die Enten genauso aufregend findet wie ihr Baby (Co-Affekt) oder genauso gern den Ball ergreifen möchte (Co-Intention).

Eine ganz wesentliche Beziehungs-Qualität in dieser Phase (und später) ist das von *Stern* sogenannte *Attunement* (emotional im Einklang sein bzw. sich diesem Einklang annähern): die emotionale Begleitung der (noch undifferenzierten) Affekte des Kindes durch die Bezugsperson, zum Beispiel das „heia, heia", wenn der Teddy ins Bett gelegt wird („Spiegelungs-Echo-Effekt"). (Das Attunement steht in engem Zusammenhang zu dem, was wir weiter unten als intuitive parenting beschreiben werden.)

Zu 4. *„Verbal Self"*: Das Gefühl eines *„sprachlichen Selbst"* entwickelt sich zwischen 18 Monaten und 4 Jahren. Über die Sprache erweitert sich der soziale Raum des Kindes enorm, es kann auf sehr vielfältige Weise mit anderen in Beziehung treten, Erlebnisse, Gefühle teilen, gemeinsame Bedeutungen (Sinn) finden. Es beginnt in dieser Phase, seine persönliche Geschichte zu entwickeln, seine *Narration*, also sein eigenes Erleben zu verstehen, zu kommentieren, „aufzubewahren" und einzuordnen. Mit ca. 18 Monaten beginnt das Kind, auch sich selbst zu objektivieren, beispielsweise zu wissen, daß sein Spiegelbild nicht es selber, aber auch kein anderer ist (Grundlage der Exzentrizität). Mit der Sprache tritt das Kind ein in die Welt der „kategorialen Bedeutungen", d. h. solcher Bedeutungen, die vom unmittelbaren Erleben abgehoben sind („Begreifen" wird zum allgemeinen Begriff, von der Handlung des Greifens abgelöst).

Stern geht davon aus, daß alle Grundbeziehungen und Grundkonflikte des Menschen – wie z. B. Autonomie, Abhängigkeit, Vertrauen – in *allen Lebensphasen* in ihrer spezifischen Weise entwickelt werden und wieder auftauchen und neu bewältigt werden müssen. *Stern* zeigt z. B., „daß die Entwicklung von Autonomie und Unabhängigkeit keine Besonderheit der analen Phase ist (wie Freud 1940 annahm), sondern sich schon im Alter von 3-6 Monaten im Blickverhalten entfaltet. Das Kind kann in dieser Zeit weder gehen, noch hat es genügend Kontrolle über seine Gliedmaßen, noch verfügt es über eine ausreichende Auge-Hand-Koordination, aber sein visuellmotorisches System ist schon soweit gereift, daß es im Blickverhalten ein bemerkenswert fähiger Interaktionspartner ist. Nach Stern sieht man bei der Interaktion zwischen Mutter und Kind zwei Menschen mit fast gleicher Fähigkeit und Kontrolle über dasselbe soziale Verhalten. Der Säugling kann Beginn und Ende direkten visuellen Kontakts mit der Mutter bestimmen. Er kann sich durch sein Blickverhalten von der Mutter distanzieren, sich zurückziehen und sich gegen diese verteidigen. Er kann den Kontakt wieder aufnehmen, wenn er es möchte. Die Struktur dieses Blickverhaltens ähnelt den Problemen von Autonomie und Unabhängigkeit in den späteren Entwicklungsphasen" (*Stern* nach *Bohleber* 1990).

5.3.3 Das Konzept von J. Piaget

*Piaget*s Verdienst besteht – wie wir weiter unten sehen werden – nicht nur darin, das Fortschreiten intellektueller Fähigkeiten detailliert untersucht und beschrieben zu haben, sondern Grundprinzipien von Entwicklung schlechthin formuliert zu haben. *Piaget* (1969a, 1976) definiert menschliche Intelligenz als eine Fähigkeit, die Denken und Handeln organisiert und der effektiven Auseinandersetzung mit der Umwelt verfügbar macht.

Das geistige Wachstum des Kindes vollzieht sich in einer Stufenfolge: von den zufälligen, diffusen, globalen Reflexen des Säuglings bis zum formal-logischen Denken des Erwachsenen.

Auf jeder Stufe bildet sich eine neue Struktur. *Piaget* spricht von *Schemata*: Schemata für verfügbare Handlungen, die der Mensch in der Wirklichkeit effektiv ausführen und wiederholen kann. Die vorherigen Strukturen fließen in die jeweils neuen Strukturen ein, werden immer differenzierter, komplexer und beweglicher und sichern so ein besseres und stabileres Gleichgewicht (vgl. auch Evolutionstheorie). Dies geschieht durch *Assimilation* und *Akkomodation*.

Bei der Assimilation erwirbt das Kind Informationen über die Dinge der Umwelt und interpretiert sie auf Grund von bereits vorhandener Erfahrung. Oder anders: durch neue Informationen wird ein Denkschema, über welches das Kind schon verfügt, angereichert. Informationen, die in dieses Denkschema nicht oder nicht genau einzuordnen sind, werden entweder nicht wahrgenommen oder diesem Schema angepaßt. Häufen sich solche Fälle, so wird nach einiger Zeit das vorhandene Schema selbst ergänzt, umgebaut, erweitert in dem Sinn, daß dann die bisher vernachlässigten Informationen ebenfalls eingeordnet werden können. Diesen Vorgang nannte *Piaget* Akkomodation. Assimilation und Akkomodation ergänzen einander. Ihr Zusammenwirken ermöglicht ein immer neues Gleichgewicht der Austauschprozesse zwischen Subjekt und Umwelt. Für das Zusammenwirken beider Prozesse prägte *Piaget* den Begriff der Äquilibration.

Hier ein ausführliches Beispiel:
Assimilation
Ein Baby liegt auf dem Rücken und greift nach allem, was ihm erreichbar ist, um es zu erforschen: nach seinem Schnuller, der Rassel, den Bauklötzen. Alles wird in den Mund gesteckt und mit der Zunge untersucht, außerdem mit beiden Händchen hin- und hergedreht und beschaut. Diese Tätigkeit ist für das Baby offensichtlich wichtig, sonst würde es nicht so große Aufmerksamkeit darauf verwenden, ein Ding nach dem anderen auf diese Weise hinsichtlich Geschmack, Form usw. kennenzulernen. Das Entscheidende bei seinem Vorgehen ist die Tatsache, daß es mit verschiedenen Gegenständen immer dasselbe tut: eine Strategie oder ein Schema für eine Vielzahl von Objekten (die Hand ausstrecken, zufassen, herholen – das ist das immer gleiche Schema).

Akkomodation
Anders wird die Situation, wenn das Baby sich für ein Spielzeug interessiert, das es zwar sehen, aber aus seiner bisher beibehaltenen Rückenlage nicht erreichen kann. Nehmen wir an, im Abstand von ungefähr einem Meter läge ein kleiner Teddy, den das Baby nach einiger Zeit erblickt und nun gern ebenso wie die anderen Dinge mit Zunge, Augen und Händchen untersuchen würde. Aber es kann ihn aus seiner Rückenlage nicht erreichen. Um sein Interesse zu befriedigen, muß es daher irgendeine neue Strategie entwickeln, bevor es mit dem eigentlichen Lutschen usw. fortfahren kann. Vielleicht läßt sich durch Schreien je-

mand dazu veranlassen, ihm den Teddy zu geben. Doch wenn es damit keinen Erfolg hat, wenn also der Teddy auf keine Weise zu ihm herkommt, dann muß das Baby sich wohl oder übel seinerseits zu dem begehrten Ding hinbewegen. Es „weiß" auch instinktiv, was es ungefähr zu tun hat („Leib-Wissen", *Merleau-Ponty* 1964). Es muß sich entweder umdrehen, hinwälzen, auf dem Rücken durch Abstoßen mit den Füßchen hinrutschen oder irgend etwas anderes tun, das ihm – vielleicht erst nach vielen vergeblichen Versuchen und unter ziemlicher Anstrengung – möglich ist. Es muß also grundätzlich seine „Ausgangslage" ändern, bevor es weiterforschen kann. Infolgedessen lernt es in diesem Augenblick nicht nur weitere Einzelheiten über den Geschmack, die Form usw. von Dingen, sondern lernt außerdem, eine neue Bewegung zu entwikkeln und sinnvoll einzusetzen. Es hat somit in der Hierarchie seiner sensumotorischen Fähigkeiten eine neue Stufe erreicht, oder, anders ausgedrückt, es hat in Sachen Forschung ein neues, zusätzliches Schema erworben: Kommt der Berg nicht zum Propheten (Assimilation), so muß eben der Prophet zum Berg kommen (Akkomodation).

Heute wird es als das besondere Verdienst von *Piaget* gesehen, als erster das synergetische Prinzip von Assimilation und Akkomodation – als ein allgemeines Prinzip für Lern- und Veränderungsprozesse – erforscht und benannt zu haben.

Wir beschreiben im folgenden die Stufen der geistigen Entwicklung nach *Piaget*. Die Stufen bauen aufeinander auf, keine kann übersprungen werden. Das Alter, in dem ein Kind die jeweils nächste Stufe erreicht, kann hingegen sehr stark variieren.

Stufe 1: Die Ebene der sensumotorischen Intelligenz (ca. 0 bis 2 Jahre)

Das Kind erlebt die Welt über seine Sinnesorgane (Augen, Ohren, Nase, Haut) sowie über seine Körperbewegungen (z. B. Greifen und Stoßen). Die Reflexe und Reaktionen werden zu verschiedenen Schemata (z. B. das Schema des Tastens, des Sehens, des Hörens, des Riechens) koordiniert, die im weiteren miteinander vernetzt werden. Das Kind setzt mehr und mehr bestimmte Reaktionsformen ein, um ein Ziel zu erreichen. Es ist neugierig, mit Unbekanntem umzugehen, neue Erfahrungen zu machen. Es versucht, „Ursache und Wirkung" zu erforschen.

„Die Beziehungen zwischen den Objekten werden von dem Kind nicht durch einfache Strukturierungen der visuellen Eindrücke ‚wahrgenommen', sie werden vielmehr im Laufe des aktiven Experimentierens entdeckt" (*Rosemann* 1973). Gegen Ende dieser Phase beginnt das Kind, Sprache zu verwenden. „Dazu ist es fähig, weil es bestimmte Erfahrungen generalisiert, weil es eine Vorstellung von der ihnen innewohnenden gemeinsamen Eigenschaft gewinnt und weil es diese durch ein Wort symbolisieren kann" (*Sime* 1978).

Stufe 2: Symbolisches, intuitives oder vorlogisches Denken (ca. 2 bis 5 Jahre)

Der „eigentliche" Beginn der Intelligenzentwicklung ist für *Piaget* markiert durch die Fähigkeit, „Vorbegriffe" zu bilden, das heißt, Vorstellungen zu entwickeln, Handeln zu verinnerlichen. Von nun an spielen geistiges Kombinieren und Planen in Sprache und Vorstellung eine immer größere Rolle bei der Steuerung des Verhaltens. Das Kind kann sich jetzt Tätigkeiten vorstellen und zunehmend zwischen Symbol und realem Objekt unterscheiden (z. B. das Kind „füttert" die Puppe. Es unterscheidet zwischen einem realen Apfel und einem Apfelbild). Die Vorstellungen des Kindes sind allerdings noch unbeständig und kurzlebig.

Gegen Ende dieser Stufe entwickelt sich die Begriffsbildung. Ihr räumt *Piaget* einen zentralen Platz ein. Die Grundbegriffe werden wie die Schemata „zum integrierenden und dynamischen Bestandteil des kindlichen Selbst". Sie sind „keine Vorstellung oder Idee, sondern das Destillat aus vielen Vorstellungen, die Teil des ganzen Organismus werden und bestimmte Strukturen geistiger Aktivität in ihm auslösen" (*Sime* 1978).

Die Begriffe sind jedoch noch weitgehend durch zufällige Wahrnehmungen oft einzelner, nebensächlicher Aspekte eines Gegenstandes oder Ereignisses bestimmt.

Das Kind ist noch nicht in der Lage, einzelne Aspekte und Dimensionen einer Situation in Beziehung zueinander zu setzen.

Es erkennt z. B. jetzt, daß es sich um das gleiche Wasser handelt und die Wassermenge gleich bleibt, wenn Wasser von einem Glas in ein anderes Glas gleicher Größe und Form geschüttet wird. Wird dagegen Wasser aus einem breiten niedrigen Gefäß in ein hohes schmales Gefäß geschüttet, wird das Kind die Wassermenge als unterschiedlich beurteilen – je nachdem, ob sein Augenmerk auf die Höhe oder Breite gerichtet ist. Es kann noch nicht den Begriff der konstanten Menge bilden. Dieses anschauliche Denken ist noch relativ starr an Vorstellungen fixiert und wenig reversibel. Das Kind ist noch nicht in der Lage, einzelne Aspekte und Dimensionen einer Situation in Beziehung zueinander zu setzen. *Piaget* sagt, daß schließlich die bewußtwerdenden Widersprüche das Kind zu einer Re-Organisation seiner voroperatorischen Schemata zwingen.

In dieser Stufe findet sich auch das sogenannte magische Denken: Z. B. „Der Mond folgt mir, er will mich fangen!" (vgl. Persönlichkeitstheorie, „phantasmatischer Leib").

Stufe 3: Die konkret operative Stufe (ca. 6 bis 10 Jahre)

Das Kind kann jetzt mehrere Aspekte und Dimensionen einer Situation miteinander in Beziehung setzen. Es ist nicht mehr *gebunden* an ein besonders hervorstechendes Merkmal, sondern kann mit seinem Denken wieder an den Ausgangspunkt zurückgehen. Es kann jetzt erkennen, daß eine Wassermenge gleich bleibt, wenn man sie von einem hohen schmalen in ein breites niedriges Gefäß schüttet. Es bildet sehr einfache Begriffe der Klassifikation (z. B. Obst), der Seriation (z. B. „immer abwechselnd"), der Zahl, der Länge, der Fläche usw. Später entwickelt es einen Begriff vom Gewicht und noch später vom Volumen.

Mit der Fähigkeit, „zwischen den Wahrnehmungen hin und her zu gehen" (d. h. verschiedene Aspekte einer Situation wahrzunehmen – *Piaget* spricht von Reversibilität), entsteht eine psychische Struktur, die Klassen bilden kann. Die Welt, die vorher so leicht veränderlich war bzw. erlebt wurde, gewinnt langsam an Beständigkeit, sie wird konkret. Dies ist ein wichtiges Kennzeichen dieser Stufe. Lieblingsbuch von 10jährigen ist häufig das „Guinnessbuch der Rekorde": Es ermöglicht konkrete Orientierung und Vergleichbarkeit. Das Kind in dieser Phase experimentiert, untersucht, prüft und versucht, im Handeln Probleme zu lösen. (Frage des 10jährigen Till: „Habe ich in meinem Leben schon so viel gegessen, wie in diesen Schrank paßt?")

Stufe 4: Die Stufe des formal-operativen Denkens
Diese Stufe beginnt ca. mit 11 Jahren und erstreckt sich bis ins Erwachsenenalter.

Die Leistung in dieser Phase besteht darin, daß Probleme auf dem Weg über die Entwicklung und Prüfung von Hypothesen angegangen werden können. „Die neuen Operationen und Begriffe werden ‚formal' genannt, weil sie eine Form annehmen (das Wort ist auch mit ‚Formel' verwandt), die sich aus einem auf Abstraktionen gerichteten Denken ergibt und im Widerspruch zu Generalisierungen steht, die aus konkreter Evidenz abstrahiert wurden. Die Erfahrung, die wir dabei machen, ist genauso ‚wirklich', wie es die früheren konkreten Erfahrungen waren, aber sie ist rein intellektueller Art. Häufig handelt es sich um die Einwirkung von Begriffen auf andere Begriffe" (*Sime* 1978).

Neben der Entwicklung kognitiver Strukturen hat *Piaget* auch die Entwicklung der von ihm sogenannten moralischen Urteilsbildung untersucht. Allerdings vermissen wir hierbei, noch deutlicher als bei den Untersuchungen der Intelligenz, die Berücksichtigung des interaktionalen Verflochtenseins aller menschlichen Wachstumsprozesse. Wir können uns z. B. die Entwicklung von Wertmaßstäben nur im menschlichen Miteinander vorstellen.

5.3.4 Das Konzept von L. Kohlberg

Kohlberg (1964) hat sich auf der Grundlage des *Piaget*schen Denkens als einer der ersten Forscher in empirischen Untersuchungen mit der Entwicklung der *Moral* beschäftigt und zwar aus dem Blickwinkel heraus, daß der Mensch im Laufe seiner lebenslangen Entwicklung die soziale Welt immer wieder von einem anderen Standpunkt aus betrachtet und jeweils neu ein-ordnet. Er hat damit einen interessanten Zugang zu diesem Bereich eröffnet. *Kohlberg* teilt die moralische Entwicklung in folgende Stufen ein:

Stufe 1: Orientierung an Strafe und Gehorsam (ca. 0-6 Jahre),

Stufe 2: Orientierung an den eigenen Interessen und Bedürfnissen (ca. 6-10 Jahre),

Stufe 3: Orientierung an der Übereinstimmung mit anderen (ab 11. Lebensjahr bis ins Erwachsenenalter),
Stufe 4: Orientierung an der Gesellschaft (soziales System und Gewissen) (ab spätem Jugendalter und Erwachsenenalter),
Stufe 5: Orientierung an der Vereinbarkeit und Flexibilität von gemeinsam hergestellten Ordnungen, Regeln, Gesetzen zwischen Individuen und Systemen,
Stufe 6: Orientierungen an hohen Ideal-Vorstellungen, wie das Zusammenleben und -wirken von Menschen fair geregelt werden kann.

Unsere kritische Anmerkung zu *Piaget* gilt in noch höherem Maße für *Kohlberg* (1964). Wir finden es besonders gravierend, daß er sich in seinem Modell der moralischen Entwicklung nicht auf ein intersubjektives Modell stützt, sondern dem Stufenmodell einer weitgehend subjektiven Entwicklung verhaftet bleibt (siehe auch *Herzog* 1991). Im übrigen trifft auf sein Modell die generelle Kritik des Stufen-Modelles zu.

5.3.5 Das Konzept von R. Kegan

Stark beeinflußt sowohl von *Piaget* als auch von *Kohlberg* (1964) ist *Kegan* (1991), der mit umfassenderem Anspruch nicht nur die kognitive und die moralische Entwicklung, sondern ganz allgemein die „*Entwicklungsstufen des Selbst*" beschreibt.

Statt von Schemata spricht *Kegan* von „Bedeutungsbildung" und geht davon aus, daß Menschen unterschiedlichen Alters jeweils in ein bestimmtes und für diesen Altersabschnitt typisches Lebensthema so eingebunden sind, daß sie Erfahrungen weitgehend nur im Rahmen dieses Bedeutungszusammenhangs einordnen und dazu keine exzentrische Position einnehmen können, sich nicht lösen können. Eine solche Fixierung (z. B. „der Säugling *ist* Bewegung", „der Elf- bis Achtzehnjährige *ist* Zwischenmenschlichkeit") kann sich jeweils erst durch den krisenhaft erlebten Prozeß einer neuen Bedeutungsbildung lösen. Hierdurch wird eine jeweils neue Stufe erreicht, ein neues Gleichgewicht hergestellt. Z. B. finden von der Stufe 0, in der der Säugling „ganz Bewegung ist" zur Stufe 1, in der das Kind sich mehr und mehr zielgerichtet bewegt, Bedeutungsbildungs-Prozesse statt, in denen die Bedeutung der Bewegung jeweils neu organisiert bzw. gewichtet wird: Das Kind „ist" nicht mehr die Bewegung, sondern es erlebt, daß es sie jetzt selbst steuern kann.

Kegan beschreibt den synergetischen Prozeß von Loslassen und Neubildung von Strukturen sehr konkret und anschaulich. Außerdem gelingt es ihm, die Lebens- und Beziehungswelten bestimmter Altersgruppen in ihrer Phänomenologie sehr lebendig darzustellen. Kritisch ist zu *Kegan* anzumerken, daß er, ohne es deutlich zu machen, ein stark biologistisch gefärbtes Konzept zu vertreten scheint. Zwar ist ständig von Interaktion und Einbettung in die umgebende Kultur die Rede, aber die Wachstumsschübe scheinen sich nach *Kegan* im wesentlichen aus dem Individuum heraus zu entwickeln. Die Einflüsse der individuellen Lebensgeschichte werden dabei u.E. zu gering gewertet.

Außerdem orientiert sich *Kegan*s Modell nur an der westlichen Mittelstandspopulation und ist damit zu eng und normativ. Seine Aussagen über die frühe Kindheit stimmen in keiner Weise mit den Ergebnissen der modernen Babyforschung überein.

Darüber hinaus ist *Kegan*s Terminologie z.T. verwirrend. Er verwendet umgangssprachliche Begriffe in einer anderen als der üblichen Bedeutung, z. B. indem er den Begriff „eingebunden in Zwischenmenschlichkeit" *nur* auf das Jugendalter bezieht und darunter die Orientierung an Gleichaltrigen versteht.

5.3.6 Das Konzept von K. Grawe

Eine wesentliche Erweiterung von *Piaget*s Schemakonzeption finden wir bei *Grawe* (1987).

Nach *Grawe* sind *Schemata* die grundlegenden Organisationseinheiten psychischer Prozesse, die sich spontan über Assimilation und Akkomodation entwickeln. Anders als *Piaget* sieht *Grawe* Schemata als durch und durch „emotional eingefärbt" an: Ihre Entwicklung ist seiner Meinung nach ausschließlich an die Erfahrungen des persönlichen Lebenslaufes gebunden. Sie sind bei jedem Individuum in jedem Augenblick seines Lebens – abhängig von seiner je persönlichen biologischen, sozialen und historischen Zeit – unterschiedlich ausgeprägt. Als wesentliche Komponente aller Schemata nennt *Grawe* die je subjektiven *Zielvorstellungen* – und zwar ihre bewußten wie unbewußten Anteile –, die Erleben und Handeln eines Menschen bestimmen (vgl. den Begriff der Viation und der Narration bei *Petzold* [1988], der Antizipation bei *Filipp* 1981, *Kelly* 1986, *Oerter* 1987 oder auch den der Kognition bei *Thomae* 1988). Beispiel: Jemand hat, ohne sich dessen bewußt zu sein, das Ziel, unter allen Umständen das „Opfer" zu bleiben. Viele Verhaltensungereimtheiten dieses bestimmten Menschen gewinnen vor dem Hintergrund eines solchen „Schemas" durchaus ihren Sinn. Dieser *Grawe*sche Begriff des Schemas entspricht weitgehend dem Strukturbegriff der Integrativen Therapie (vgl. Kap. Persönlichkeitstheorie).

5.4 Beschreibung der Entwicklung im Lebensganzen

Im folgenden stellen wir den angekündigten „Abriß eines menschlichen Lebenslaufes in unserem Kulturkreis" – gegliedert in Altersabschnitten – dar. Wir orientieren uns dabei mit unterschiedlicher Gewichtung an den oben beschriebenen Modellen und sind bemüht, Entwicklung in ihrer „kreativen Eigendynamik" als „Bewältigung von Entwicklungsaufgaben" und Auseinandersetzung mit Themen, die „das Leben" und „die Umwelt" stellen, zu beschreiben.

5.4.1 *Schwangerschaft (vorgeburtliche Prägungen) und Geburt*

Gedanken zur physischen und psychischen Entwicklung des Ungeborenen, seine Verbindung zur Mutter sowie zur Entwicklung dessen, was heute als Urvertrauen (*Erikson* 1968) bzw. Grundvertrauen (*Petzold* 1991a) bezeichnet wird, sind schon seit mehr als 2000 Jahren bekannt.

Schon damals wurde vermutet, daß sich Gefühlsregungen der Mutter auf das Kind übertragen und daß sich das Kind eine Ausdrucksform für die empfangenen Signale sucht. Im Lukas-Evangelium ist beschrieben, wie Elisabeth ausruft: „Denn siehe, als der

Klang Deines Grußes an mein Ohr kam, hüpfte das Kind vor Freude in meinem Leibe" (Lk. 1,44).

Erst in neuerer Zeit versuchten Neurophysiologen, Psychiater, Psychologen und Mediziner genauer zu erforschen, welchen Einflüssen das Ungeborene während der Schwangerschaft ausgesetzt ist (vgl. *Petzold* 1993). Dabei handelt es sich aber nicht um Einflüsse im Sinne einer Wechselwirkung zwischen der differenzierten mütterlichen Erwachsenenpsyche und einer etwaigen kindlichen Psyche im Sinne empirisch faßbarer Phänomene. (Die obige Gleichung: Freude der Mutter = vor Freude hüpfendes Kind, kann demnach nicht in dieser spezifischen Weise übernommen werden.) Vielmehr treffen alle Einflüsse das Ungeborene in eher undifferenzierter Weise.

In der vorgeburtlichen Zeit wird das Grund-Vertrauen angelegt (vgl. *Petzold* 1993). Dieses Grundgefühl scheint stark geschützt zu sein und nur durch schwere Traumata oder anhaltende schwerste Belastungen gestört werden zu können (*Verny* 1981). Beispielsweise wirkt die Plazentaschranke so, daß die Adrenalinausschüttung der Mutter bei Angst, Zorn oder Freude vom Fötus lediglich undifferenziert als Erregungszustände wahrgenommen werden.

Zu Beeinträchtigungen bzw. Schädigungen der physischen und psychischen Entwicklung des ungeborenen Kindes kommt es nur bei massiven Einwirkungen von außen (z. B. Unfälle oder chronische Vergiftungen durch Süchte der Mutter), wahrscheinlich nicht jedoch durch problematische Affektlagen der Mutter.

Die Geburt galt/gilt bei einigen Entwicklungs-Theoretikern als traumatisches Ereignis. *Freud* (1938/1981), *Rank* (1924), *Bernfeld* (1925) u.a. sprechen vom „Trauma der Geburt". In neuerer Zeit wurden diese Vorstellungen durch sorgfältige Beobachtungen an Neugeborenen stark relativiert. Die IT geht davon aus, daß der Geburtsvorgang nicht grundsätzlich traumatisierend wirkt. Geburt ist eher ein kommunikativer Akt zwischen Mutter und Ungeborenem ohne traumatische Wirkung. *Petzold* schreibt: „Bei normal verlaufenden Schwangerschaften und Geburten ist... davon auszugehen, daß das Kind ohne pränatale oder perinatale Schädigungen mit einer gesunden, vitalen Ausstattung ohne Geburtstrauma auf die Welt kommt" (*Petzold* 1990). „Für mich, der ich Babys nach der Geburt sehr genau aus der Nähe beobachtet habe, ist überraschend, wie untraumatisiert sie wirken. Oft beruhigt sich das Baby nach dem ersten lauten

Schrei schnell und liegt dann still da, offenbar zufrieden damit beschäftigt, mit seiner neuen Umgebung zu Rande zukommen" (*McFarlane* 1978). Frauen, die ihre Kinder „auf sanfte Art" geboren haben und die Möglichkeit zum Rooming-in hatten, berichten ähnliches.

Dies entspricht auch den eigenen Erfahrungen einer der Autorinnen: „In den ersten Stunden nach der Geburt unserer Kinder fühlten wir uns eng verbunden und gleichzeitig deutlich getrennt von ihnen. Die Neugeborenen schauten wach und aufmerksam ihre neue Umgebung an und wirkten gleichzeitig zufrieden und ausgeglichen. Alle – Eltern und Kind – schienen tief in sich zu ruhen und dennoch aufeinander bezogen. In diesen Situationen war das Grundvertrauen spürbar, mit welchem ein Säugling geboren wird."

Dieses Grundvertrauen wird günstigenfalls durch die Kommunikation zwischen Mutter/Vater/Kind nach der Geburt weiter bekräftigt und vertieft, unter ungünstigen Umständen aber auch schon früh beeinträchtigt.

Letztendlich läßt sich nicht entscheiden, ob bzw. unter welchen Bedingungen der Geburtsvorgang vom Säugling als existentielle Bedrohung erlebt wird. Und wir wissen auch nicht, ob und inwieweit die Bedrohung – und die Leistung, diese zu überleben – eine für den weiteren Lebenslauf notwendige Erfahrung darstellt.

5.4.2 Altersstufe 0 bis 1 Jahr

Wir werden das erste Lebensjahr aus drei Perspektiven beleuchten:
- Leib-Selbst
- Gedächtnis, Bewußtsein, Wahrnehmung und Lernen
- Ko-respondenz.

Hinsichtlich einer genaueren Differenzierung des ersten Jahres verweisen wir auf *Petzold* und *Stern* (siehe oben).

Leib-Selbst

Säuglinge sind bei der Geburt mit einem „archaischen Leib-Selbst" ausgestattet (siehe oben). Sie „verfügen" über verschieden abgestufte Bewußtseinszustände (*Wolff* 1963). Sie haben Wahrnehmungs-,

Speicher- und Ausdrucksfähigkeiten und sind damit fähig, Intersubjektivität (weiter) zu entwickeln.

Hermann Schmitz (1991) z. B. sieht im Saugen ein frühes leibliches Richten des Säuglings. Auch das Hinwenden des Kopfes – sofort nach der Geburt – zum näheren Oberschenkel der Mutter, gehört zu den ersten gerichteten Aktivitäten.

Die *Grund-Affekte* des Säuglings (vgl. *Stern* 1985: Vitality affects/auftauchendes Selbst; *Petzold* 1992: „basale Emotionen") haben integrierende und damit strukturbildende Funktionen, z. B. wenn der Säugling nach langem Schreien erschöpft „wegsickert" oder vitale Freude zeigt, die sichtbar ist an erregt zappelnden Ärmchen und Beinchen und strahlendem Gesicht. *Schmitz* spricht hier von Leibgefühlen und meint damit Bewegungs- und Impuls-Qualitäten wie „Fluten", „Aufbranden", „Wegsickern", „Explodieren", „An- und Abschwellen", etc..

Die frühen Interaktionserfahrungen des Säuglings sind in erster Linie leiblicher Art: Er wird gehalten, getragen, gestillt, gewickelt. Er befindet sich in leiblicher Kommunikation mit der Mutter, nimmt alle Atmosphären in sich auf und trägt selbst zu der Gestaltung der Atmosphäre bei. Nach *Stern* verfügt das Kind offenbar sehr früh über ein basales Leib-Selbst, ein Gefühl der Abgegrenztheit. Er untersuchte ein Paar siamesische Zwillinge (einige Wochen alt) vor der operativen Trennung. Wenn er den Daumen von Zwilling A Zwilling B in den Mund steckte und ihn dann vorsichtig herauszog, guckte Zwilling B ohne erhöhten Muskeltonus in den Armen in die Gegend, aus der gezogen wurde. Wenn B einen eigenen Daumen im Mund hatte und dieser herausgezogen wurde, hielt B die Augen weiterhin geschlossen, reagierte aber mit vermehrtem Muskelwiderstand des Daumen-Armes. B konnte also sich selbst von seinem noch angewachsenen Zwilling unterscheiden: Er wußte, welches sein und welches der andere Daumen war. Daß der Säugling sich abgegrenzt erlebt, bestätigen auch *Papoušek* und *Papoušek* (1977). Das Neugeborene kann „in verschiedenen Sinnesmodalitäten zwischen sich und seiner Umwelt differenzieren. Es hat die Voraussetzungen, zwischen Selbstberührung und Berührung von außen zu unterscheiden, zwischen selbst erzeugten Lauten und Lauten von Seiten der Umwelt."

Das Kind entwickelt in der Zeit von zwei bis neun Monaten ein Kern-Selbstgefühl, das Gefühl, daß es sich von anderen unterscheidet sowie ein Gefühl der Kontrolle über die eigenen Handlungen (*Stern* 1985).

Gedächtnis, Bewußtsein, Wahrnehmung und Lernen

Für den vorgeburtlichen und nachgeburtlichen Bereich gehen wir von einem „*sensumotorischen* bzw. *propriozeptiven Gedächtnis* aus" (*Petzold* 1991a).

Spätestens ab dem Zeitpunkt der Geburt kommt das „*atmosphärische Gedächtnis*" hinzu, das „das ganze Konzert von Sinneseindrücken auf einem relativ undifferenzierten Niveau aufnimmt als Atmosphäre oder als Stimmung" (*Petzold* 1990). Das „multimodale ikonische (Bild-)Gedächtnis" entwickelt sich etwa ab dem ersten Lebensmonat mit wachsender Kapazität. Voraussetzung für das *ikonische Gedächtnis* ist, daß sich aus der Masse visueller Eindrücke umgrenzte Bilder oder Bildfragmente oder aus Geräuschen Lautgestalten herausgliedern können. All diese Erinnerungen werden mittel- und längerfristig gespeichert und zunächst nur im fungierenden Gedächtnis ‚deponiert' und sind etwa bis zum 8. Lebensmonat nicht aktiv memorierbar" (*Petzold* 1993). (Auf das szenische und verbale Gedächtnis werden wir bei der Beschreibung des 2.-4. Lebensjahres eingehen.) Anzumerken ist noch, daß all diese Gedächtnisbereiche miteinander verbunden sind und ein Leben lang aktiv bleiben (nach *Petzold* 1991a).

Das *Bewußtsein* entwickelt sich aus der aktiven Auseinandersetzung des Kindes mit seiner Umwelt. „Der Ausgangspunkt der Bewußtseinsentwicklung liegt nicht im Menschen selbst, auch nicht in der objektiven Realität allein, *vielmehr in dem Prozeß, durch den der Mensch mit der Umwelt in Beziehung tritt*" (*Rosemann* 1973).

Die *Wahrnehmungsfähigkeit* beginnt bereits vor der Geburt (Hautsinn, Gleichgewichtssinn, Hören und Sehen). Das Neugeborene ist „auf spezifische Weise fähig, seine Umwelt differenziert wahrzunehmen und seine Erfahrungen zu einfachen Vorstellungen zu integrieren. Es hat eine angeborene Vorliebe für menschliche Gesichter und Stimmen. Schon bald vermag es, die Mutter auf Grund ihrer Physiognomie, ihrer Stimme oder ihres Geruchs zu erkennen"

(*Papoušek* 1987). „Wir wissen jetzt, daß Neugeborene bei mittlerer Helligkeit und ca. 20 cm Abstand ziemlich scharf sehen, Muster eines gewissen Komplexitätsgrades vor ungemusterten Stimuli bevorzugen, dem allen aber Gesichter und gesichtsähnliche Formen vorziehen, dabei sogar Attrappen und Fotos vom lebendigen Gesicht unterscheiden. Sie können mit den Augen und dem Kopf einem Stimulus folgen, sofern er ihr Interesse gefunden hat – und all dies in den ersten Stunden nach der Geburt ohne vorherige Seherfahrung mit Menschen" (*Rauh* 1987). Im Frequenzbereich der menschlichen Stimme haben Säuglinge die größte Unterscheidungsfähigkeit. Der Säugling verfügt über die Fähigkeit der amodalen Integration von Erfahrungen, d. h. er „kann Wahrnehmungen aus verschiedenen Sinnesbereichen integrieren, z. B. die visuelle Wahrnehmung vom Öffnen des Mundes auf Seiten der Mutter mit der Gehörwahrnehmung des dabei produzierten Lautes und mit seinem eigenen motorischen Schema vom Öffnen des Mundes" (*Papoušek* 1987). Er kann also zunächst unverbundene Sinneseindrücke miteinander verbinden. Er kann „Gestaltqualitäten", Formen, Rhythmen, Intensitäten von Reizen, also übergreifende *Charakteristika* wahrnehmen (*Stern* 1985). Zum Beispiel kann er die Formen eines Nuckels mit dem Mund ertasten und unter anderen Nuckeln diesen mit den Augen wiedererkennen. Die inneren Bilder der äußeren Wirklichkeit sind anfangs eher fragmentarisch. „Brust, Stimme, Geruch, Gesicht, Bewegungsmuster der Mutter und anderes, was mit ihr verknüpft ist, wird nur langsam zu einer Person integriert, zur Mutter" (*Cullberg* 1980). Ähnlich geschieht es mit den anderen Personen des näheren Umfeldes. Die Vorstellungen, die das Kind jetzt z. B. von dem Vater, von der Mutter, dem Bruder als innere Repräsentanz der Umwelt hat, können je nach Erfahrung entweder vorwiegend gut und zufriedenstellend oder vorwiegend beunruhigend und unzuverlässig sein.

Lernen geschieht spielerisch. Zuerst experimentiert das Kind mit seinem Körper, den Sinnesorganen, den ersten Lauten. Dann werden Gegenstände, die angeboten werden, ins Spiel mit einbezogen. Das Kind beginnt nach und nach, die Besonderheiten der jeweiligen Gegenstände zu beachten, indem es sie mit den Augen verfolgt oder ertastet und herausfindet, was es damit tun kann. *Papoušek* und *Papoušek* (1979) gehen davon aus, daß das Neugeborene nicht nur fähig, sondern auch motiviert ist, ja sogar ein ausgesprochenes Bedürfnis zeigt, sich die unbekannte Umwelt spielend und experimentierend vertraut zu machen.

In den ersten Lebensmonaten orientiert sich der Säugling überwiegend an menschlichen Gesichtern. Ab ca. dem 4. Monat wendet sich sein Interesse zunehmend der weiteren Umgebung zu, es beginnt mehr und mehr, gurrend und lallend nach „Spielzeug" zu greifen. *Papoušek* und *Papoušek* (1985) konnten ab der 11. Woche die für zielgerichtetes Verhalten typischen emotionalen Reaktionen beobachten: Erstaunen, Verwirrung, Vergnügen, Mißvergnügen. Nach erfolgten ‚Leistungen' zeigten die Babys nun zumeist deutliche Freude, nach erfolglosem Bemühen dagegen Mißbehagen.

Ab dem 3./4. Monat werden die Reaktionen des Säuglings zunehmend kontrollierter, überflüssige Reaktionen werden vermieden. Das Kind experimentiert und erfindet neue Möglichkeiten im Umgang mit jeder Art von Spielmaterial.

Beispiel:
„Ein dreimonatiges Mädchen erlebt erstmals ein ihm zunächst unerreichbares Mobile aus hölzernen Klangstäben, das in regelmäßigen Abständen vom Beobachter in Bewegung gesetzt und dadurch zum Klingen gebracht wird. Das anfänglich lebhafte Interesse für diese Stimulation äußert sich in Zuwendungs- und Orientierungsreaktionen; es sinkt bereits nach drei Wiederholungen, d. h. nach einer Minute, deutlich ab und ist nach drei Minuten erloschen (Habituation), das Baby wendet sich ab. Bringt man darauf das Mobile in Reichweite der Händchen, so daß das Baby die erwünschten Effekte durch eigene Bewegungen hervorrufen kann, ändert sich das Verhalten dramatisch. Das Interesse wird erneut und intensiver als zuvor mobilisiert. Das Baby exploriert zunächst mit konzentrierter Aufmerksamkeit, was es mit den Stäben anfangen kann. Bei den ersten hörbaren Erfolgen seiner Manipulationen kommt es zu allgemeiner motorischer Aktivierung und positiven Vokalisationen. Zunehmende Kontrolle über das Spielzeug führt zu freudiger Erregung und zu offenkundigem Vergnügen. Trotz erster Zeichen von Erschöpfung nach zehn Minuten ununterbrochenen Spiels setzt das Kind seine Betätigung fort und äußert beim Erproben immer neuer Varianten unverminderte Freude an den Erfolgen. Selbst als sich in Folge der anhaltenden Aufregung Äußerungen von Unbehagen kundtun, bleibt ein Bedürfnis zur Fortsetzung des Spiels erhalten, was in Mimik und Gestik als Ambivalenz zum Ausdruck kommt. Erst nach siebenundzwanzig

Minuten scheinen die Grenzen der physiologischen Belastbarkeit erreicht zu sein. Erschöpft verdrängt das Baby das attraktive Spielzeug aus dem Blickfeld und wendet sich schließlich endgültig von ihm ab" (Papoušek 1988).

Aus diesem Beispiel lassen sich zwei wesentliche Erkenntnisse ableiten:

1. Die Motivation zum aktiven Erkunden steigert sich, wenn der Säugling als Folge seines eigenen Tuns Konsequenzen auf Seiten der Umwelt erlebt (Bewegung des Mobiles). Papousek verwendet den Begriff „Kontingenz" für die Verbindung zwischen Reaktionen des Säuglings und diesen Umwelt-Konsequenzen. Bereits bei Neugeborenen hat die Entdeckung der Kontingenz, auch wenn sie noch langsam und weniger offenkundig abläuft, diese motivierenden Effekte.

   „In diesem Sinne ist das Neugeborene von den ersten Kontakten an ein weitgehend autonomer neugieriger und aktiver Partner, der die Qualität der Beziehung mitbestimmt" (Papoušek 1988).

   „Der Ablauf der Erlebnisverarbeitung des Säuglings läßt sich sehr deutlich an Mimik, Stimme und Gesamtverhalten ablesen. Er teilt so der Umwelt sein Interesse oder Desinteresse, seine Freude am Erfolg, seine Erschöpfung, Ambivalenz oder Ablehnung in allen feinen Schwankungen mit. Diese Signale erlauben dem erwachsenen Partner, seine Anregungen wohldosiert dem jeweiligen Zustand der kindlichen Aufnahmebereitschaft und Belastbarkeit anzupassen. Beim Neugeborenen sind die Fähigkeiten zu Erlebnisverarbeitung noch sehr eingeschränkt und bedürfen besonderer Voraussetzungen zu ihrer Entfaltung: nämlich Ausnutzung der noch flüchtigen Zeiten optimaler Aufnahmefähigkeiten, einfache Struktur und zahlreiche Wiederholungen der Anregungen und Unterstützung der Motivation durch kontingentes Belohnen" (Papoušek 1988).

2. Mit dem Greifen-Können beginnen Säuglinge auch, sich durch Wiederholungsbewegungen Gegenstände vertraut zu machen. Das Kind beklopft den Gegenstand, schüttelt ihn hin und her, legt ihn von einer Hand in die andere, stößt ihn gegen einen hängenden Gegenstand oder schlägt mit einem Gegenstand gegen einen anderen. Die Bewegungen sind zunächst einfach, werden allmählich immer vielfältiger, schließlich entstehen sogenannte Bewegungsketten. Auf diese Weise werden motorische Leistungen verbessert und geübt, wichtige Informationen über Eigenschaften und Verhalten der Gegenstände sowie der Interaktionsstrukturen werden gespeichert.

Ko-respondenz

Babys sind von der Geburt an in Kontakt, in Interaktion. Alle Lern- und Wahrnehmungs-Prozesse sind in dieses „interaktionelle Anregungs-Feld" mit eingebunden.

Aufgrund der Wahrnehmungsfähigkeiten, die das Kind auf die Welt mitbringt, z. B. daß es sehr früh die Mutter frontal, im Profil und an den zu ihr gehörenden Tönen erkennen kann, entwickelt der Säugling sehr früh eine *Personenkonstanz*, ein inneres Bild vom „*wesentlichen Anderen*" („significant other"). Es kann, wie bereits erwähnt (vgl. die siamesischen Zwillinge) zwischen sich und anderen unterscheiden (*Stern* 1985).

In dieser Zeit, in der sich die Personenkonstanz entwickelt (zwei bis neun Monate), entwickelt sich auch auf dieser Basis eine innere Vorstellung vom Anderen als relativ sicherer Begleiter. Stern verwendet dafür zwei Begriffe, die sich ergänzen: „self-regulating other" und „evoked companion":

Der Säugling „lernt", daß jemand anderer da ist, der seine Bedürfnisse befriedigt: Hunger, Sauberkeit, Körperkontakt, Zuneigung, Anregung, Neugier, Spiel, Ruhe, Sicherheit, Beruhigung. Dieser Andere bestimmt auch, was richtig und falsch, gut und böse ist, er ist also für Wertungen und Beurteilungen zuständig (z. B.: „Ist es böse, Plastiktiere oder Blumentopferde in den Mund zu stekken?"/„Freut sich Mami, wenn ich ihr den Ball zurolle?"/„Wenn ich esse?")

Dieser Andere, der die Bedürfnisse, Gefühle und Handlungen (das Selbst) des Kindes reguliert, und das Wissen des Kindes darum, daß es so jemanden gibt, wird als „self regulating other" bezeichnet. Diesen kann sich das Kind, wenn er nicht anwesend ist, in seiner Phantasie, in seinem Gefühl, hervorholen und mit ihm innerlich in Interaktion treten. *Stern* spricht jetzt vom inneren Gefährten, vom „evoked companion". Der „evoked companion" ist in den Gedächtnisstrukturen des Kindes gespeichert (im ikonischen und später auch im szenischen Gedächtnis). Dieses zeitlebens vorhandene Wissen vom „self regulating other" und die (zeitlebens) hervorrufbaren Vorstellungen vom „evoked companion" bilden ein Reservoir für die Gefühle von Geborgenheit und Zusammengehörigkeit. Wesentlich für die Entwicklung stabiler Beziehungen ist die Erinnerung an die Stimmen oder an die Atmosphäre, wenn die Mutter das Kind hält oder ihm nahe ist. Blick, Geruch, Mimik, Aussehen usw. können belebt werden.

(Das Konzept vom inneren Gefährten ist auch in der therapeutischen Arbeit wichtig; siehe Praxis-Teil „Phasen des therapeutischen Prozesses".)

Beispiel aus einer Therapie: Ein Klient, der öfter zwischen den Sitzungen angerufen und um zusätzliche Stunden gebeten hatte (die er auch bekam), sagte in der 82. Sitzung: „Vorgestern, das war ganz erstaunlich: Ich hatte schon den Hörer in der Hand, um Sie anzurufen, da konnte ich mir plötzlich ganz gut Ihre Stimme vorstellen. Ja, und dann fühlte ich mich direkt besser und brauchte nicht mehr anzurufen."

Wir fassen zusammen: Basis für alle Beziehungen ist die Erfahrung,
– daß das Kind ein relativ sicheres Bild von seiner Mutter/Bezugsperson hat („significant other"),
– daß jemand Anderer (Mutter/Bezugsperson) relativ zuverlässig für das Kind da ist („self regulating other"),
– daß es von diesem Anderen abgegrenzt ist, also irgendwie etwas Eigenes ist,
– daß es sich (nach dem integrierten Bild guter Anderer) einen inneren Gefährten schaffen kann („evoked companion"),
– daß es sich in Zeiten des Alleinseins an Übergangsobjekte halten kann.

Die Bedeutung von *Übergangsobjekten* (*Winnicott* 1974) hängt eng mit den hier beschriebenen Vorstellungen vom Anderen zusammen. Übergangsobjekte sind Gegenstände, die in der Regel weich und griffig sind, die den Geruch von Mutter und Baby angenommen haben, vorhanden bzw. erreichbar sind und mit angenehmen Erfahrungen verbunden sind, z. B. Schmusedecke (Windel), Nuckel, Daumen, Kuscheltier. Sie haben die Funktion, die Frustrationen des Allein-Seins, Getrennt-Seins zu mildern und aushaltbarer zu machen. Sie sind Tröster.

„Wenn das Kind Wangen und Nase an die Schmusedecke drückt, wird es von dieser liebkost... Außerdem kann das Baby seine Decke kratzen, beißen, reiben und schlagen, ohne sich ein ‚Laß das!' anhören zu müssen oder wirklichen Schaden anrichten zu können. Die Decke hält die leidenschaftliche Aufregung des Kindes aus und läßt es nie im Stich. Sie ist immer da, wenn das Baby Sehnsucht (danach) verspürt. Auf die Schmusedecke kann das Baby immer wieder zurückkommen. Deshalb gerät es in Panik, wenn sie nicht auffindbar ist oder wenn die Mutter-Baby-Gerüche aus ihr herausgewaschen worden sind. Ferner erwartet oder wünscht es nicht, daß andere an ihrem Zauber teilhaben. Der Vater oder die Mutter können sie bewundern, ihr einen neuen Namen geben, oder sie wie eine gewöhnliche Decke in den Koffer packen, doch nur das Baby kann ihr Lebendigkeit verleihen. Die Decke ist das erste persönliche Besitztum des Babys. Niemand hat sie ihm gegeben, es hat sie erfunden" (*Kaplan* 1981). Übergangsobjekte sind auch in der therapeutischen Arbeit von Bedeutung, u.a. auch um die Stabilität der Beziehung konkret zu veranschaulichen. (Wir werden im Praxis-Teil darauf zurückkommen.)

Übergangsobjekte gehören in den Bereich der Illusion, des „so tun als ob". *Kaplan* (1981) hält die Fähigkeit, sich Illusionen zu machen, für lebensnotwendig. Späterhin würde kein Mensch ohne den ruhenden Pol der Illusion die Beanspruchungen überleben, die der tägliche Zusammenstoß von Liebe und Haß, beseeltem und unbeseeltem Leben, Ich und Nicht-Ich, Ja-sagender und Nein-sagender Welt, vertrauter und fremder Welt bedeutet. Diese „Illusionen" entsprechen dem evozierten „inneren Anderen" und der Zukunfts-Hoffnung.

Die sozialen Fähigkeiten, über die ein Neugeborenes bereits zum Zeitpunkt der Geburt verfügt, teilt *Rauh* (1987) folgendermaßen ein:
    a) die Fähigkeit, Signale, die eng mit sozialer Interaktion gekoppelt sind, bevorzugt zu beachten,
    b) die Fähigkeit, sich der Umwelt zuzuwenden und Signale auszusenden, die von der Welt als soziale interpretiert werden,
    c) die Fähigkeit zu Interaktionen und kommunikationsähnlichem wechselseitigen bzw. gemeinsamen Spiel zwischen Kind und Erwachsenen.
    Auf Punkt c) werden wir besonders ausführlich eingehen.
    Wie eng diese Fähigkeiten miteinander verbunden sind, wird im fortlaufenden Text deutlich.

Zu a):
Das Kind ist bereits zum Zeitpunkt der Geburt in der Lage, sich zu beruhigen, wenn es in den Arm genommen oder gewickelt wird, ebenso bei rhythmischer Stimulation (z. B. Wiege, Kinderwagen, Auto fahren). Unter allen Geräuschen lauscht es vor allem auf die menschliche Stimme. Auch das oben beschriebene Erkennen der Mutter gehört hierher.

Zu b):
Der Säugling zeigt auf verschiedene Weise seine Orientierung zur Umwelt hin: Kopfwendereflex, Zuwendung zur Geräuschquelle, Lauschen auf die menschliche Stimme, Schauen und Verfolgen mit den Augen, Anschmiegen und Ankuscheln des Körpers und des Köpfchens („Cuddliness"). Hiermit sorgt es dafür, daß die soziale Umwelt sich ihm zuwendet.

Der Säugling muß beachtliche Anstrengungen unternehmen, damit die Versorgerperson ihn versteht. Durch Weinen, Schreien oder Lallen oder anderes Agieren bringt er die Person dazu, ihn zu verstehen und dann zu tun, was er will. Dabei handelt es sich um schwierige Kommunikations-Probleme und nicht – wie *Mahler* u.a. (1990) vermuten – um die Illusion der „Omnipotenz", der totalen Beherrschung anderer *(Stern* 1985).

Den Kontakt aufrechterhalten kann das Kind durch Saugen und Greifen, Blickkontakt und später auch mit Lächeln und Vokalisieren (mit ca. 6 Wochen). Den Kontakt abbrechen kann es durch Blick-Abwenden und Versteifung des Körpers.

Zu c):
Wir berichten zunächst von Beobachtungen und Untersuchungsergebnissen über frühes interaktives Verhalten. *Bower* (1977) stellt fest, daß Neugeborene die menschliche Sprache mit synchronen Bewegungen begleiten. Diese Bewegungen unterscheiden sich je nachdem, ob das Kind z. B. Chinesisch oder Englisch hört.

Nach *Papoušek* (1988) sind Neugeborene in der Lage, „Pseudo"-Nachahmungsleistungen zu erbringen, die als echte Nachahmungsleistungen erst bei mindestens 8-10 Monate alten Kindern beobachtet werden. Sie können z. B. im Wechselspiel mit den Eltern die Zunge herausstrecken oder Stimme-Nachahmen spielen. Sie sind zu dieser Nachahmung fähig, obwohl sie noch nicht in der Lage sind, die Ähnlichkeit der eigenen und der elterlichen Äußerung zu erkennen. Auf diese Weise entdecken und erproben sie die ersten gemeinsamen Kommunikationsformen und verständigen sich so über ihre Empfindungen und beginnen, ihr Erleben zu teilen.

Ab dem dritten Monat beginnt das Baby zu lallen. Eltern führen nun in ihren „Gesprächen" mit ihren Babys Pausen für die Lallantworten des Kindes ein. Zur Freude der Eltern reagiert das Kind nun deutlich variierend auf unterschiedliche mimische und stimmliche Reizmuster. Eltern begrenzen sich nach Beobachtungen von *Papousek* auf „eine kleine Zahl von deutlich differenzierbaren kontrastreichen melodischen Mustern, die in drei Minuten bis zu 44mal wiederholt werden" (*Papoušek* 1984/1985).

„Dadurch werden dem Kind die melodischen Muster der elterlichen Sprache schnell vertraut. Das Vertraut-Werden mit den melodischen Konturen gewinnt dadurch an Bedeutung, daß das Kind dabei gleichzeitig elementare Botschaften, basale Formen der nonverbalen stimmlichen Kommunikation kennenlernt, lange bevor es die Sprache versteht" (*Papoušek* und *Papoušek* 1987). Die *Papoušek*s sind der Ansicht, daß das Neugeborene durch seine sozialen Interaktionen die Pflegepersonen dazu bringt, „dem Kinde die für seine Weiterentwicklung optimalen Lernbedingungen zu schaffen, ohne daß diese sich selbst darüber im klaren sein müssen: selbst wenn sie überzeugt sind, das Baby könne noch nicht sehen, bringen sie es in den optimalen Sehabstand und suchen seinen Augenkontakt. An den Händchen, am Kinn und am Körpertonus ‚prüfen' sie seinen Wachheitszustand. Sie imitieren es, wobei sie vereinfachen und übertreiben und mit unendlicher Geduld wiederholen (ein Neugeborenes braucht bei einfachsten Konditionierungsversuchen zum Lernen ca. dreimal so viele Wiederholungen wie ein dreimonatiges und sechsmal so viele Wiederholungen wie ein fünfmonatiges Baby). Sie reagieren direkt kontingent auf das Baby und vermitteln ihm so das *Gefühl der Wirkung*. Bei Habituierung des Babys lösen sie durch kleine Varianten wieder die Orientierungsreaktion aus. Dieses frühe Optimieren der Lernsituation ist deshalb so wichtig, weil das Baby motorisch noch zu wenig entwickelt ist, um durch motorische Aktionen Wirkungen in der Umwelt auszulösen. Der soziale Partner ersetzt diese Funktion; er meldet durch seine Nachahmungen die jeweiligen Regungen des Kindes zurück und erweist sich so als ‚biologischer Spiegel'" (*Papousek* 1988).

Die obigen Reaktionen von Eltern auf den Säugling werden als intuitives Verhalten verstanden. Petzold (1970) versteht Intuition als „das Zusammenwirken von genetisch angelegten Kompetenzen des Menschen, vorgängigen Erfahrungen und aktuellen Beobachtungen".

Im Alter zwischen sieben Monaten bis zwei Jahren entwickelt sich nach *Stern* (1985) das Gefühl des subjektiven Selbst. Hiermit ist die „Entdeckung" des Kindes gemeint, daß es „Subjekte" gibt, daß sich nicht nur in ihm selbst, sondern auch in anderen Menschen subjektive Zustände „innerlich" abspielen. Dies ist, wie bereits erwähnt, die Grundlage für Intersubjektivität.

Eine ganz wesentliche Beziehungsqualität in dieser Phase (und später) ist das von *Stern* sogenannte *Attunement*, das „emotionale Im-Einklang-Sein", „die emotionale Begleitung" (der noch undifferenzierten) Affekte des Kindes durch die Bezugsperson. Wenn das Baby zum ersten Mal die Treppe hochkrabbelt und die Mutter mit angstvoll aufgerissenen Augen und verhaltenem Schrei oben wartet, wird es ängstlicher und unsicherer reagieren (siehe auch unten: Bedeutung des Blicks) als wenn die Mutter skeptisch oder erstaunthochbefriedigt guckt. Die eigenen Affekte des Babys („Macht Klettern Angst?, Ist Klettern o.k.?") werden geprägt.

Diese subtilen *Ausdruckssignale* der Bezugsperson haben eine wichtige verhaltenssteuernde Funktion. Attunement ist die Grundlage der differenzierten Einfühlung. „Attunements" passieren „in Milli-Sekunden", in der Regel völlig unbewußt und sind oft nur im Film in Zeitlupe nachweisbar.

Dem Blickkontakt, dem Angeschaut-Werden kommt eine zentrale Bedeutung zu. Das Baby kennt sich zuerst über den Blick von Mutter und Vater. Es spiegelt sich sozusagen im „Glanz der Augen der Mutter" (*Lacan* 1942, *Kohut* 1969). Es fühlt sich über die Augen erfaßt und erfaßt seinerseits die Mutter über seine Blicke. „Mutter und Kind schauen zusammen in den Spiegel und das Kind erkennt das Gesicht der Mutter, ehe es sein eigenes zu erkennen vermag. Nur wenn die Mutter auf das Gesicht des Kindes hinweist: ‚Das bist du!', beginnt es zu erahnen, daß dieses Spiegelbild etwas mit ihm zu tun hat. Es muß ihm sein Gesicht oft als ‚seines' bedeutet werden, bis das Erkennen erwacht: ‚Das-bist-du!' heißt ‚Das-ist-Peter! Das-bin-ich!'" (*Petzold* 1990).

Wenn Kinder im Alter von sieben oder acht Monaten, die sich im Spiegel noch nicht selbst erkennen können, sich auf dem Arm der Mutter vorm Spiegel befinden, sind sie manchmal erstaunt oder erschrocken: sie „sehen", daß ihre Mutter zweimal vorhanden ist und „offensichtlich" ein anderes Baby lieb trägt.

Blickdialoge entwickeln und behalten über das ganze Leben hin ihre zentrale Bedeutung, sie bestimmen wesentlich die zwischenmenschliche Kommunikation (zärtlich aufmunternde, vernichtende Blicke usw.). Sie spielen eine wesentliche Rolle bei der Bildung von Persönlichkeitsstrukturen und der eigenen Identität.

Gegen Ende des ersten Lebensjahres tritt häufig das Phänomen der Acht-Monats-Angst auf. Nach Untersuchungen von *Mahler* hängt diese Angst im wesentlichen von der Beziehung zwischen Mutter und Kind ab: Ist die Interaktion eher angespannt oder sonstwie kompliziert, entwickelt das Kind eher Angst vor Fremden (was sich äußern kann in Abwenden, Weinen, und/oder an die Mutter drücken), als wenn die Interaktion weitgehend lustvoll und harmonisch ist.

Am Ende unseres „Berichts über das 1. Lebensjahr" einige Bemerkungen über *Schädigungen*. Ausführlich gehen wir auf dieses Thema im Kapitel Gesundheits- und Krankheitslehre ein. Im ersten Lebensjahr werden die Grundlagen des „Leib-Selbst", die „Fundamente" der Persönlichkeit gelegt, ebenso die Grundlagen (nicht die endgültige Form!) von Beziehungs- und Bindungsfähigkeit (*Spitz* 1930). Entsprechend können frühe Schädigungen sehr schwerwiegend sein.

Aus unserer Beschreibung des ersten Lebensjahres leitet sich ab, daß es für Kinder besonders schädigend im Sinne von Entwicklungshemmungen sein kann, wenn sie in ihren Ausdrucksmöglichkeiten behindert werden, wenn sie still und „artig" sein müssen, sich nicht bewegen dürfen (z. B. festgebundener Schlafsack, damit sie nicht aufstehen). Hier ist jedoch anzumerken, daß dies besonders für unseren Kulturkreis gilt. Die Vorstellung über den Schaden des langen Einwickelns von Säuglingen kann nicht unbesehen für alle Kinder der Welt verallgemeinert werden: Wenn in einem Raum ständig 16 Geschwister spielen, dann mag es für das Jüngste durchaus vertretbar sein, wenn es wohlgewickelt in einer ruhigen Ecke in einer Hängematte liegen und zuschauen darf. Auch das Zuschauen innerviert offenbar Bewegungspläne (vgl. *Danziger* und *Frankl* 1943).

Spitz fand bereits 1930 heraus, daß mangelnde Spielanregungen und unzureichender Kontakt mit Erziehungspersonen dazu führt, daß Kinder stundenlang untätig sitzenbleiben, sich damit zufrieden geben, an den Fingern zu saugen oder mit dem Rumpf hin und her zu schaukeln. Dadurch kann es zu motorischen Verlangsamungen, zu Bewegungsstereotypen und extremer Lethargie kommen (Hospitalismus).

Auch Trennungen von der Mutter können zu Störungen und Retardierungen führen, wenn sie massiv sind. Wenn sie „wohldosiert" sind, können sie dem Kind hingegen zum Anstoß für Entwicklung werden.

Gestörte Kontakte, d. h. solche, in denen der Erwachsene nicht in der Lage ist, im oben beschriebenen Sinne intuitiv auf das Kind zu reagieren (z. B. auch unangemessene Hektik oder Überfürsorge in der Versorgung des Kindes), können ebenfalls zu Störungen in der Entwicklung von Selbstgefühl und Identität führen. Wir haben darüber gesprochen, wie die Mutter Spiegel des Kindes ist. Es gibt aber auch einen „bösen Spiegel", „schreckliche Augen". Laut *Kohut* (nach *Petzold* 1990) war gerade bei Borderline-PatientInnen sowie bei psychotischen und depressiven PatientInnen aufgrund früher Defizite und Störungen häufig entweder kein positives Spiegeln oder ein „böses Spiegeln" vorhanden.

In der therapeutischen Arbeit nimmt besonders das Spiegeln und alles, was mit der Entwicklung der inneren Gefährtenschaft zu tun hat, einen großen Raum ein.

5.4.3 Altersstufe 1-2 Jahre

Auch in diesem Abschnitt halten wir uns an die Einteilung
- Leib-Selbst
- Wahrnehmung und Lernen am Beispiel von Spiel und Sozialverhalten
- Ko-respondenz

Leib-Selbst

Im Alter von 1-2 Jahren lernt das Kind *laufen* – auf den eigenen Beinen stehen. Seine Beweglichkeit erhöht sich. Dadurch ist vieles erreichbar, was vorher nicht erreichbar war. Ausdauerndes Üben und Einsetzen des Körpers ist angesagt. Was da passiert, hat *Kierkegaard* schon 1846 wunderbar beschrieben:

> „Die liebende Mutter lehrt ihr Kind, allein zu laufen. Sie ist weit genug von ihm entfernt, um ihm keine wirkliche Unterstützung bieten zu können, *doch sie streckt ihm ihre Arme entgegen*. Sie ahmt *seine Bewegungen* nach, und wenn es schwankt, beugt sie sich rasch nieder, als wolle sie es festhalten, so daß das *Kind glauben könnte*, es liefe nicht allein und dennoch tut sie mehr. Ihr Blick, mit dem sie das Kind heranwinkt, ist wie eine *Belohnung*, wie eine *Ermutigung*. So läuft das Kind allein, während seine Augen auf das Gesicht der Mutter gerichtet sind und nicht auf die Schwierigkeiten, die auf seinem Wege liegen. Es hilft sich selbst durch die Arme, die es nicht halten – es strebt beständig der Zuflucht in den Armen der Mutter zu. Dabei ahnt es kaum, daß es in eben dem Augenblick, in dem es sein Bedürfnis nach ihr zeigt, beweist, daß es ohne sie auskommen kann, weil es alleine läuft."

Das Kind macht die existentielle Erfahrung, selbständig laufen zu können und gleichzeitig getragen, gestützt und angespornt zu werden.

Ungefähr ab dieser Zeit beginnt es auch zu lernen, Darm- und Blasen-Entleerung zu kontrollieren. Während dieser Phase (*Freud* 1940: anale Phase) kleckern und schmieren Kinder gern mit allem, was sie zu fassen bekommen (Essen, Matschepampe, Kot). Die „Reinlichkeitserziehung" führt zu einer neuen Art von Beziehung zwischen Mutter und Kind (Leistungserwartung, Erwartung von Selbstkontrolle, „Sozialisation"), die bekanntermaßen in Machtkämpfe ausarten kann.

Parallel zum Laufenlernen, beginnen Kinder, ihr Geschlecht auf eine neue Art (visuell und taktil) zu entdecken. Wir zitieren *Kaplan* (1981):

> „Mehrere Monate, bevor der Junge sich zum aufrechten Eroberer gemausert hat, haben seine Hände Penis und Hodensack entdeckt...Wenn seine Eltern sein Interesse am Penis entdecken, liefern sie ihm eine Bezeichnung für den neu entdeckten Körperteil. Sobald er einen Namen hat, verliert er ein wenig von seinem Geheimnis. Gewöhnlich nimmt sich

niemand die Mühe, dem Jungen eine Extrabezeichnung für den Hodensack zu nennen. Man scheint davon auszugehen, daß der kleine Junge Penis und Hodensack als ein Organ begreift... Das Mädchen hat größere Schwierigkeiten, ihre Genitalien in Augenschein zu nehmen, selbst wenn sie sich vornüberbeugt und zwischen ihre Beine blickt. Doch ihr Entdeckerdrang führt gewiß zu einer eingehenden Inspektion durch die Hände... Selten nennt man den Mädchen einen Namen für die Schamlippen oder die Scheide. Dem scheint die unbewußte Annahme zu Grunde zu liegen, daß diese Organe, da sie verborgen liegen, vom kleinen Kind nicht bemerkt werden. Wenn die Körperbeherrschung ihren Höhepunkt erreicht hat, kommt es – weitgehend in Folge der auf Entdeckung und Manipulation gerichteten Neigungen dieses Lebensabschnitts – nicht selten dazu, daß das Kleinkind seine Genitalien streichelt. Viele Kleinkinder praktizieren diese frühe Erscheinungsform genitaler Reizung, bevor sie mittags und abends einschlafen. Die Rhythmen der Selbstbefriedigung sind langsam. Sie beruhigen das Kind. Sie sind nicht begleitet von der orgastischen Entladung, die typisch für die Sexualität des Erwachsenen ist. Auch sind die Körperbewegungen des sich selbstbefriedigenden Kleinkindes nicht so wild und heftig wie bei dem Kind von zwei oder dreieinhalb Jahren. Die Genitalien werden leicht berührt oder gerieben, außerdem wird die Darmmuskulatur spielerisch angespannt und entspannt."

Wahrnehmung und Lernen im Zusammenhang mit Spiel und Sozialverhalten

Das Kind ist im 2. Lebensjahr äußerst lernbegierig. Es hat großes Interesse an seiner Umgebung und möchte alles erforschen. Es scheint, als sei es in dieser Zeit die einzige Aufgabe des Kindes, zu lernen, wie man noch besser klettert, trägt, aufsteht und sich hinsetzt, springt und sich im Kreise dreht und Dinge benennt (*Kaplan* 1981). Dabei hat es eine hohe Frustrationstoleranz gegenüber Püffen, Stößen, Fallen und beachtet seine anwesende Mutter relativ wenig.

Intellektuell geht es im 2. Lebensjahr vermehrt um die Erforschung von Ursache und Wirkung. Dazu ist zunächst aktives Experimentieren notwendig. „Vom 18. Lebensmonat an kann das Kind neue Erfahrungen erfinden, ohne sie vorher angewandt zu haben. Das Lösen von Problemen beinhaltet nun meist eine Ausdehnung auf eine bestimme Strategie oder deren Modifikation. Auf diese

Weise erfolgt das Problemlösen im allgemeinen schneller als vorher. *Piaget* (1976) erklärt diesen Fortschritt nicht allein mit der Schnelligkeit der Assimilation und Akkomodation oder der Koordinierung von Schemata. Er geht davon aus, daß das Individuum über Rudimente von Vorstellungen verfügt, die es ihm ermöglichen, eine Sequenz von Handlungen „durchzugehen" und die Anforderungen der Situation zu antizipieren, bevor es wirklich handelt. Das Phänomen der Vorstellung erklärt *Piaget* (1976) durch die aktive Akkomodation von sensumotorischen Schemata an ein Ereignis in der Außenwelt: die aktive Kopie der Außenwelt in einer Art innerer Nachahmung" (*Rosemann* 1973).

Hellgard Rauh (1987) widerspricht der früheren These, daß Kinder erst ab 3 Jahren fähig seien, mit anderen Kindern zusammen zu *spielen*, und daß Interaktion mit Gleichaltrigen zunächst die Interaktion mit Erwachsenen voraussetze. Das Kind, das bereits ein einfaches Bild von sich selbst gebildet hat, erlebt andere Kinder sich selbst als ähnlich. Es wendet sich ihnen positiv zu. *Mueller* (1979) fand heraus, daß die Peer-Interaktionen bei kleinen Kindern objektbezogener sind und mehr Imitationen enthalten als die Interaktionen zwischen Müttern und ihren kleinen Kindern. Auch die These „Interaktionen zwischen Kleinkindern sind im wesentlichen negativ" widerlegt *Rauh* durch neuere Untersuchungen.

> „Unter ‚negativen' oder gar ‚aggressiven' Interaktionen verstand man unter anderem das Anstoßen, das Wegnehmen von Spielzeug, später auch das Balgen. In neueren Untersuchungen rangieren solche Verhaltensweisen eher in der Rubrik ‚Ungeschicklichkeit', ‚Geben-Nehmen-Spiel' oder ‚spielerisches Tollen und Balgen'" (*Rauh* 1987).

Das von *Piaget* beobachtete parallele Spiel, das entwicklungsmäßig dem Miteinander-Spielen vorangehe und von *Piaget* als Ausdruck der Egozentrik des Kleinkindes verstanden wurde, wird in seiner sozialen Anregungsfunktion heute positiver bewertet: Gleiches oder Ähnliches nebeneinander zu tun, dient sowohl dem Kompetenzerwerb („Replikation") als auch dem Mitfühlen und Miterleben. Das Austausch-Spielen (Ich-Du, Geben-Nehmen) mit rhythmischem Abwechseln der Rollen oder später mit komplementären Rollen hat bereits den Charakter von vorsprachlichen Dialogen (*Oerter / Montada* 1987).

Das Kind ist mit Ende des ersten Lebensjahres in der Lage, von Erwachsenen vorgeführte Handlungen nachzuahmen und kann diese Handlungserfahrungen auf andere Gegenstände übertragen. Es schaut sich nun auch Handeln bei anderen in alltäglichen Lebenssituationen ab, ohne daß sie ihm speziell gezeigt werden.

„Nachdem es... eine Zeitlang von den Erwachsenen mit dem Löffel gefüttert worden ist, nutzt es selbst den Löffel. Das ist für diese Entwicklungsetappe typisch, daß Kinder wichtige Gegenstände des täglichen Bedarfs auch in anderen Situationen als in den alltäglichen verwenden. Es führt zum Beispiel einen leeren Löffel oder eine leere Tasse an den Mund, um zu ‚essen' und zu ‚trinken'. Hier hat sich die Handlung vom Gegenstand getrennt. Das Kind vollzieht die Handlung ohne Gegenstand und ergänzt die Bedingungen durch entsprechende Benennungen. Allmählich überträgt es Handlungen mit Gegenständen des täglichen Gebrauchs auf Spielzeuge, die Nachbildungen der ersteren sind. Das Kind erlebt sich als Urheber seines Werks, das es benennt. Auf diese Weise kommt es dazu, eine bestimmte Absicht zu verwirklichen. In dieser Zeit reproduziert es praktische Handlungen der Erwachsenen, ohne zugleich ihre Rolle zu übernehmen. Es benennt dann seine Handlungen gewöhnlich in der dritten Person: ‚Peter malt.' Diese ‚Rolle in der Handlung' bildet eine wichtige Vorbereitungsetappe des Rollenspiels. Zum späteren Rollenspiel besteht ein deutlicher Unterschied. Es gibt im Kleinkindalter noch keine Verallgemeinerung der Rolle. Das Kind übernimmt z. B. nicht die Rolle eines Erwachsenen im allgemeinen, sondern die Rolle einer bestimmten Person" (*Rosemann* 1973).

Ko-respondenz

Nahezu über das ganze zweite Lebensjahr hin geht es um Loslösung und Abgrenzung. Durch Laufen-Sprechen-Begreifen-Lernen lokkert sich in der Zeit des zweiten Lebensjahres die im ersten Jahr noch sichere „organismische" Eingebundenheit. Soziale Einflüsse, Anforderungen und Orientierungen nehmen weitaus größeren Raum ein, ohne jedoch schon irgendwie „sicher" zu sein. Die emotionale Verletzlichkeit des Kindes ist deshalb im zweiten Jahr wahrscheinlich größer als im ersten Lebensjahr. In dieser Zeit lockert sich die dyadische Beziehung zur Mutter, was mit einer deutlichen Verunsicherung (von Kind und Mutter!) einhergeht.

Noch mehr werden allerdings manche Mütter durch zwischengeschaltete kurze Phasen von Wiederannäherung verunsichert, in denen das Kind gewissermaßen noch einmal Sicherheit auftankt, bevor es zu weiteren Abenteuern startet. Besonders dadurch, daß das Kind laufen lernt, fühlt es sich unabhängiger von der Mutter. Es ist berauscht von sich und seinen neuen Fähigkeiten. Der Entdeckerdrang steht im Vordergrund. Die Mutter ist sozusagen als Sicherheit „in der Nähe", aber das Kind experimentiert alleine, ohne große Rückversicherung bei der Mutter (*Mahler* u.a. 1990). Nach dieser Zeit der heftigen Autonomie-Bestrebungen und einer relativen Lösung von der Mutter geschieht im letzten Drittel des zweiten Lebensjahres wieder eine *Zeit der Wieder-Annäherung* (*Mahler* u.a. 1990). Das Kind bringt der Mutter vielerlei Dinge, die es in ihren Schoß legt. Die Mutter soll mit ihm lesen, malen, etc. Die Mutter soll Anteil nehmen an seiner neu erworbenen Fähigkeit und Geschicklichkeit und es darin bewundern.

*Mahler*s an sich verdienstvolle empirische Untersuchungen kranken wie viele andere daran, daß sie sich auf eine zeit- und kulturspezifische Population (amerikanische Mittelstandskinder, amerikanische Mittelstands-Werte-Systeme) beziehen, ohne dies zu relativieren.

Im 2. Jahr erkennt das Kind deutlicher, daß die Eltern getrennte Individuen sind mit eigenen Interessen. Es kommt oft zu Kämpfen zwischen Mutter und Kind, vor allem, weil die Mutter sich nicht mehr so „bedingungslos" den Wünschen des Kindes anpaßt, sondern Eigenes dagegen setzt. Diese Zeit ist für das Kind auch eine *Nein-Sage-Zeit*: Durch die gewonnene Autonomie wird es stark genug, „Nein" zu sagen und sich abzugrenzen. Beide, Mutter wie Kind, werden eigenständiger. Das Kind verfügt über ein gestärktes Ich. Es ist stolz auf seine Eigenleistungen, kann jetzt vieles selbst und ist weniger auf die Mutter angewiesen. Die Mutter, die diese Entwicklung erlebt, wendet sich vermehrt wieder eigenen Gedanken, Wünschen und Tätigkeiten zu. Sie zeigt also dem Kind gegenüber auch ein verändertes Verhalten, was das Kind möglicherweise verunsichert. Das Verhalten des Kindes in der Zeit der *Wiederannäherung* erklärt sich nicht nur aus den Veränderungen des Kindes heraus, sondern auch aus der veränderten Interaktion zwischen Kind und Mutter. Diese Zeit ist ein Balanceakt zwischen Eltern und Kindern. Wenn dem kindlichen „Nein" nichts entgegengesetzt wird und es alles bekommt, wird es nicht in der Lage sein, seine Fähigkeiten real einzuschätzen, es wird sich permanent überschätzen. Außerdem wird es weniger leicht lernen, Bedürfnisse zurückzustellen und eine gewisse Frustrationstoleranz zu entwickeln. Wenn ihm zuviel „elterliches Nein" entgegengesetzt wird, werden Autonomie, Selbst-Gefühl und Selbstwert u.U. beschädigt.

Das „Nein-Sagen" hat weitere wichtige Funktionen für das Kind: es löscht Gefühle von Hilflosigkeit, es hat etwas Tollkühnes, etwas Mutiges. Es ist eine Möglichkeit, Wut loszuwerden. Die „Neins" des Kindes spiegeln die Neins der Eltern wider, und je mehr es sich durch die Neins der Eltern verletzt fühlt, desto wichtiger wird es, selbst Neins produzieren zu können. *Kaplan* spricht davon, daß das Nein des kleinen Kindes „paradoxerweise" eine Vorstufe zum Ja-Sagen ist. Sie sieht es als ein Zeichen dafür, daß das Kind auf dem besten Wege ist, Einschränkungen und Verbote der Mutter in eigene Verhaltensregeln umzuwandeln.

Diese Nein-Phasen werden auch als Trotz angesehen. Der Prozeß der Loslösung bringt eine „erhebliche Beunruhigung" und Verunsicherung mit sich, da das Kind allein und einsam ist, sobald es sich auf sich selbst stellt. So kommt es, daß die Kinder gerade in der Zeit, in der sie Selbständigkeit finden und sich mit ihrem „Nein" gegen die Eltern stellen, von Zeit zu Zeit mit heftiger Dringlichkeit die liebevolle Zuwendung der Eltern fordern, da ihr gerade sich entwickelndes Ich jetzt in besonderem Maße den liebevollen schützenden Halt der Mutter/des Vaters braucht.

Die Fähigkeiten der Kinder, mit der Abwesenheit der Mutter zurechtzukommen, nehmen in diesem Alter deutlich zu. Sie wählen aktive Formen, wie z. B., sich mit anderen Bezugspersonen oder symbolischen Spielen zu beschäftigen: So spielen sie z. B. mit dem Ball ein symbolisches Wegroll-Wiederfinde-Spiel. Auch die Palette der Übergangs-Objekte nimmt jetzt, im Vergleich zum ersten Lebensjahr, deutlich zu. Hinzu kommen Intermediärobjekte:

Intermediär-Objekte sind Brücken, sind Hilfen, eine Verbindung herzustellen, besonders, wenn direkte Kommunikation (noch) nicht möglich ist. Das Intermediär-Objekt kann Dinge ausdrücken oder Gefühle zeigen, die das Kind selbst noch nicht sagen kann. Kinder sind bereits in der Lage, Beziehungen zu verinnerlichen, und sich mit Mutter oder Vater zu identifizieren. In der Elternrolle geht das

Kind mit Puppe oder Teddy z. B. so um, wie die Eltern mit ihm umgehen. Sie verdeutlichen auf diese Art ihre Beziehungen zu den Eltern in einem Rollenspiel. Diese indirekte Art ist ihre direkteste Möglichkeit, die Beziehung zu den Eltern zum Ausdruck zu bringen. „So will ich nicht behandelt werden" oder „Es ist schön, wie liebevoll du mit mir umgehst" können sie noch nicht sagen.

Darüber hinaus haben Intermediär-Objekte auch die Funktion, zwischenmenschliches Verhalten in großer Variationsbreite einzuüben. Auf die therapeutische Arbeit mit Intermediär-Objekten werden wir im praktischen Teil eingehen.

Vyt (1989) geht davon aus, daß sich die Qualität der elterlichen Zuwendung im 2. Jahr verändert bzw. verändern muß. Es geht nicht mehr „nur" um sozial-emotionale Zuwendungen (Versorgung, Unterstützung, Spiegelung z. B.), sondern um „didaktische", also erklärende Zuwendung, die dem wachsenden Lern-Bedürfnis des Kindes, seinem Bedürfnis nach kognitiver Erfassung der Welt, entspricht. Auch durch diese „didaktische Zuwendung" wird die emotionale Sicherheit des Kindes, seine Beziehung zu den Eltern („der verstehbare Andere"), sein Gefühl der Autonomie gestärkt.

Sprache

Zwischen 18 Monaten und ca. 4 Jahren beginnt das Kind, das „verbale Selbst" (*Stern* 1985) zu entwickeln: Es bildet ein Gefühl davon, daß Dinge in Symbole/Sprache gefaßt werden können. Voraussetzung ist die Fähigkeit, sich selbst zum Gegenstand der Reflektion machen zu können (Fähigkeit zu Exzentrizität). Bedeutungen sind nicht objektiv gegeben, sondern werden zwischen Eltern und Kind verhandelt.

Hier ein persönliches Beispiel dafür, wie Kinder lernen, Erleben auszudrücken und über Sprache mit anderen zu teilen:

> Als ich ungefähr fünf Jahre alt war, quälte mich oft ein unangenehmes Gefühl in den Füßen. Es störte sehr, und das Schlimmste daran war, daß ich mich damit bei niemandem verständlich machen konnte. „Ja, was ist, was hast du?" „Irgendwas am Fuß – es ist so komisch, wenn ich drauf trete." „Tut's weh?" „Nein, nicht weh." „Juckt es?" „Nein, das ist es auch nicht." „Ach, dann wird's ja wohl nichts Besonderes sein – das vergeht dann schon wieder!"

Das tat es auch – es verging immer nach einiger Zeit; aber es kam auch immer wieder. Am häufigsten dann, so fiel mir auf, wenn mich mein Vater auf den Schultern im Wald spazieren trug, was sowohl ich wie mein um zwei Jahre jüngerer Bruder sehr gerne mochten. Immer jedoch, wenn mich mein Vater absetzte und zum Selbergehen wieder auf die Füße stellte, dann kam „es". Und siehe da: Wenn mein Bruder abgesetzt wurde, dann verzog er das Gesicht und jammerte ebenfalls über „komische" Füße. Nun sprachen wir nicht mehr mit den Erwachsenen darüber, sondern nur noch untereinander über dieses Merkwürdige, das keinen Namen hatte. Offenbar meinten mein Bruder und ich dasselbe, auch wenn wir es nicht benennen konnten. Aber eines Tages hatte er eine Eingebung: „Also das ist ja so richtig, so richtig *beng*!" rief er aus. Nun hatten wir ein Wort. Zwar nur wir beide, aber wir wenigstens wußten voneinander, was wir meinten. Wir waren wie erlöst!

Viel später erst habe ich begriffen, daß es doch ein „richtiges" Wort gibt für diese Zustände und daß der Vorgang auch ganz leicht erklärbar war. Beim Tragen hielt unser Vater uns an den Füßen fest, drückte dabei die Venen an den Rückseiten der Beine etwas ab – und nach einer Weile hatten wir eingeschlafene Füße. (Ich finde aber noch heute, daß das Wort „beng" das Gemeinte viel genauer trifft.) (Siehe auch *Kegan* 1986 – Bedeutungsbildung.)

Der Erwerb der Sprache führt zu einer Bereicherung von Gefühlen der Zusammengehörigkeit und Gemeinsamkeit. Sprache ist auch eine zweischneidige Sache: Sie bereichert einerseits das Gebiet gemeinsamer Erfahrungen, verkleinert es andererseits gleichzeitig. Einerseits vervielfacht sich die Begriffswelt, auch abwesende Dinge können benannt werden, andererseits können frühe vorsprachliche Erfahrungen nur zum Teil verbal ausgedrückt werden und in die jetzt v.a. sprachlich geprägten Beziehungen mit einfließen. Indem Erleben an Worte gebunden wird, werden diese frühen Erfahrungen isoliert und z.T. sogar abgewertet und abgespalten. Dies kann sogar mit einer Krise für das Kind verbunden sein „Das Kind spürt, daß seine vor-sprachliche Erfahrung nicht durchgängig in Sprache übersetzbar ist, das Selbst erlebt sich erstmals als geteilt, und das Kind realisiert, daß niemand diese Teilung rückgängig machen kann" (*Stern* 1985). Das Kind verliert auf diese Weise seine Ganzheit, und nicht, wie *Mahler* annimmt, sein „Gefühl der Omnipotenz". Mit der Sprache ist die Grundlage für Spaltungen, für Verdrängungen, Verleugnungen, die Gefahr des Auseinanderfallens von „Sagen" und „Meinen", von Lügen, von unterschiedlichen Botschaften in derselben Mitteilung (z. B. double-bind) gegeben. Mit zunehmender verbaler Kompetenz beginnt das Kind aber auch, sein eigenes Erleben zu verstehen, zu kommentieren, aufzubewahren und einzuordnen, also seine persönliche Geschichte zu entwickeln, seine Narration.

5.4.4 Alterstufe 2-6 Jahre

Leib-Selbst

In dieser Altersphase sind die Kinder damit beschäftigt, auszuprobieren und herauszufinden, was sie alles allein tun können und wo sie Anleitung und Unterstützung brauchen. Die Wahrnehmung des eigenen Körpers beginnt, sich auf diesem Wege zu entwickeln, z. B. „Ich habe Beine, mit denen ich flitzen kann". Ohne Ko-respondenz ist diese Entwicklung nicht möglich. Immer wieder hat jemand zu dem Kind Sätze gesagt wie: „Du kannst aber schnell laufen, rennen, flitzen. Du bist ja schnell mit deinen kleinen Beinen." Ein ganzheitliches Körperbewußtsein ist in dieser Phase – wie wir weiter unten sehen werden – noch nicht vorhanden. Die Grob- und Feinmotorik wird – eingebunden in diese Prozesse von „ich-kann-allein" und „zeig-mir-wie-es-geht" und „zeig-mir-deine-Bewunderung" – immer weiter eingeübt. Die Bewegungen werden differenzierter, komplexer und sicherer.

Das Kind lernt in dieser Zeit unendlich viel: Malen, Kneten, Perlen aufziehen, Spielen mit Lego, Playmobil, Barbie- (u.ä.) Puppen, Dreirad fahren, Fahrrad fahren, Schubkarre-machen, Balancieren, Turnen, Knöpfe-, Schuhe-, Reißverschlüsse auf und zu machen, sich an- und ausziehen, sich waschen, sich den Po abwischen, im Haushalt und in der Werkstatt mithelfen.

Das Wechselspiel von Etwas-allein-tun und Hilfe-bekommen oder gar Ganz-versorgt-werden ist für das Kind besonders reizvoll (z. B. Balancieren mit und ohne Hand des Erwachsenen, sich anziehen und sich den Po abwischen lassen, obwohl es das schon längst allein tun kann). Hier findet eine feine Gratwanderung zwischen zuviel und zuwenig sowohl von Seiten des Kindes als auch von Seiten des Erwachsenen statt.

Die Entwicklung der *Körperwahrnehmung* wird anschaulich, wenn wir die zeichnerischen Darstellungen der drei- bis fünfjährigen Kinder betrachten: Es ist nicht ungewöhnlich, daß sie z. B. den Mund außerhalb des Gesichts und die Zunge außerhalb des Mundes darstellen, oder daß z. B. Ohren, Nase oder Bauch fehlen. Typisch sind Kopffüßler. Es existiert noch kein geschlossenes Körperschema, kein zusammenhängendes Bild vom eigenen Körper. Das Kind erlebt sich zunächst in „Leibinseln" (*Schmitz* 1989), es entwickelt Vorstellungen von einzelnen Leibbereichen. Seine Vorstellungen über die Veränderbarkeit des Körpers und über Ursache und Wirkung sind noch verworren. Es stellt sich z. B. vor, daß Jungen zu Mädchen werden können und umgekehrt, oder daß Tote wieder lebendig werden können. Es kann noch nicht unterscheiden, ob das Thermometer Fieber macht oder ob Fieber das Thermometer steigen läßt. („Ich dachte ganz lange, der Wind entstünde durch die schrecklichen Bewegungen der Bäume. Sie waren es, die den Wind machten, weshalb ich ihnen nach Möglichkeit auf dem Schulweg immer auswich.")

Am Malen zeigt sich sowohl die Entwicklung der Feinmotorik als auch die veränderte (feinere) Wahrnehmung des Körpers. Kinder malen zunächst bevorzugt mit Wachsmalern, Fingerfarben oder dicken Pinseln. Je mehr sie sich als Wahrnehmende aus einer exzentrischen Position sehen können, desto mehr malen sie auch mit Filz- und Buntstiften, nicht nur, weil das ihren weiterentwickelten feinmotorischen Fähigkeiten entspricht, sondern auch, weil sie ihre differenziertere Körper-Wahrnehmungsfähigkeit besser zum Ausdruck bringen können.

In der Therapie mit Erwachsenen können wir uns den unterschiedlichen Aufforderungscharakter verschiedener Malutensilien und die Zugehörigkeit zu unterschiedlichen Entwicklungsstufen zunutze machen. Wenn wir die KlientIn Malutensilien selbst wählen lassen, erhalten wir durch die Wahl und die Art des Malens diagnostische Hinweise über die Entwicklungsstufe, die für die derzeitige therapeutische Arbeit relevant ist. Ebenso geben wir einer KlientIn, die auf eine bestimmte Altersstufe regrediert ist, entsprechend Malmaterial für dieses Alter.

Bei der Entwicklung der *Geschlechtsidentität* besteht die früheste Leistung – bei der Mehrzahl von 26 Monate alten Kindern – darin, daß sie das Erwachsenengeschlecht verbal zuordnen können, also einen Mann einen Mann und eine Frau eine Frau nennen (*Weinraub* et al. 1984). Das Kind erkennt sehr früh, ob es ein Junge oder ein Mädchen ist.

„Die Umwelt erleichtert und unterstützt diese Etikettierung, indem es das Kind als ‚Bubele' oder ‚Mädele' kennzeichnet, geschlechtsspezifisch bekleidet und auch in der Sprache das Geschlecht von Anfang an zuweist (‚er', ‚sie')" (*Oerter/Montada* 1987).

Die Entwicklung der Geschlechtsrolle vollzieht sich nach *Eaton* und *von Barge* (1981) wie folgt:

1. Geschlechtsidentität: Das Kind stuft sich selbst und andere als Junge und Mädchen ein.
2. Stabilität: Das Kind erkennt, daß das Geschlecht über längere Zeit erhalten bleibt.
3. Motiv: Das Kind begreift, daß sich das Geschlecht nicht verändern kann, auch wenn man es wünscht.
4. Konstanz: Das Kind erkennt, daß das Geschlecht unverändert bleibt, auch wenn sich Einstellungen, Aktivitäten (z. B. Jungen spielen Mädchenspiele und umgekehrt) und die äußere Erscheinung (z. B. auch Abschneiden oder Wachsenlassen der Haare) verändern.

Kohlberg (1964) geht davon aus, daß diese Entwicklung mit dem fünften Lebensjahr abgeschlossen ist.

Langlui und *Downs* (1980) stellten in einer Untersuchung bei drei- bis fünfjährigen Jungen und Mädchen fest, daß Mütter ihre Kinder häufiger für geschlechtstypisches Verhalten belohnen (z. B. wenn Mädchen in der Küche helfen), während die Gleichaltrigen gegengeschlechtliches Verhalten eher bestraften (z. B. wenn Jungen mit Puppen spielen, wenn Mädchen Flugzeuge bauen wollen). Die Mütter belohnten allerdings nur geschlechtstypisches Verhalten bei Mädchen, nicht bei Jungen. Die Väter zeigten ein noch deutlicheres geschlechtsstereotypes Erziehungsverhalten: Sie belohnten ihren Sohn bzw. ihre Tochter bei geschlechtstypischem Verhalten und bestraften sie bei gegengeschlechtlichem Verhalten. In einer anderen Untersuchung (*Langlui / Downs* 1980), die zum Ziel hatte, herauszufinden, wie Jungen, die ohne Väter aufwachsen, eine Geschlechtsrollenidentität entwickeln, zeigt sich: Generell hatten Jungen, die ohne Vater aufwuchsen, eine weniger ausgeprägte männliche Identität, die Geschlechtsrollen waren bei ihnen sprachlich weniger ausdifferenziert. Es gibt jedoch keine Hinweise dafür, daß durch die Abwesenheit des Vaters die Übernahme der männlichen Geschlechtsrolle verhindert wurde.

Die unterschiedliche Behandlung durch Mütter und Väter geschieht durch die Einbindung in ihre jeweilige Kultur. Dazu *Hellgard Rauh* (1987): „Es gibt nicht die ‚Frau' und den ‚Mann', sondern eine große Variationsbreite von Merkmalen, so daß Femininität und Maskulinität ineinander übergehen und sich teilweise überlappen. Psychische und verhaltensgemäße Geschlechtsunterschiede liegen vermutlich nicht im Wesen der Geschlechter begründet, sondern sind stark kulturell determiniert".

Lynn (1969) untersuchte die Frage, ob Mädchen, die in der Mutter ihr gleichgeschlechtliches Vorbild als Modell zum Nachahmen haben, gegenüber Jungen, die häufiger das „falsche", nämlich weibliche „Geschlechtsmodell" vor Augen haben, im Vorteil sind. Er kommt zu folgenden Ergebnissen:

- Knaben haben größere Schwierigkeiten beim Erwerb der männlichen Geschlechtsrolle als Mädchen beim Erwerb der weiblichen.
- Mehr Knaben als Mädchen versagen insgesamt bei dem Bemühen um gleichgeschlechtliche Identifikation und münden (als Erwachsene) in eine gegengeschlechtliche Identifikation (was sich beispielsweise in homosexuellen Neigungen auswirken kann).
- Knaben sind ängstlicher als Mädchen darauf bedacht, ihre Geschlechtsrolle richtig zu übernehmen. Knaben werden häufiger für „mädchenhaftes" Verhalten bestraft als Mädchen für „jungenhaftes" Verhalten.
- Knaben entwickeln häufiger feindselige Gefühle gegenüber Mädchen als Mädchen gegenüber Knaben.

Es ist uns wichtig, die hier erwähnten Untersuchungen um folgenden Hinweis zu ergänzen: *Homosexualität* erscheint in Untersuchungen dieser Art häufig als die Folge einer defizitären, u.U. sogar krankhaften Entwicklung. Expliziter oder impliziter Hintergrund solcher Untersuchungen ist nicht selten die Vorstellung, es handle sich bei der Homosexualität um ein Fehlverhalten, das psychische und/oder soziale Ursachen haben müsse. Anderen Theorien zufolge beruht Homosexualität auf hormoneller und/oder genetischer Abweichung. Wieder andere Theorien betrachten sie einfach als eine mögliche Spielart menschlicher Sexualität, für die man sich in gewissem Sinne selbst entscheiden könne, allerdings in Abhängigkeit vom jeweiligen gesellschaftlichen Umfeld. Wir zitieren zu diesem Thema den Anthropologen M. *Harris* (1991):

„Vieles spricht (auch) dafür, daß ein kleiner Prozentsatz von Männern und Frauen in jeder menschlichen Bevölkerung ihrer genetischen oder hormonellen Anlage nach gleichgeschlechtliche Beziehungen bevorzugen. (Aus anthropologischer Sicht allerdings läßt sich der Großteil homosexueller Praktiken nicht auf genetische oder hormonelle Faktoren zurückführen.) ...Ich bezweifle, mit anderen Worten, daß es beim Menschen überhaupt so etwas wie verbindliche, sexuelle Verhaltensweisen gibt, die nicht kulturell vorgegeben sind."

Wahrnehmung und Lernen

Im Alter von zwei bis fünf Jahren befindet sich das Kind in der „voroperativen Phase" (*Piaget* 1969a), es denkt symbolisch, intuitiv oder „vorlogisch".

Das Kind kann sich jetzt Tätigkeiten *vorstellen* und besser zwischen Symbol und realem Objekt unterscheiden (Kind füttert Puppe, wissend, daß es sich um eine Puppe handelt). Die Vorstellungen des Kindes sind allerdings noch unbeständig und kurzlebig. Gegen Ende dieser Stufe entwickelt es strukturbildende Grundbegriffe, die allerdings noch nicht konstant, sondern von der jeweiligen Wahrnehmung abhängig sind (z. B. kann es sich nur schwer Zeiteinheiten in Stunden vorstellen, aber es hat eine Vorstellung, wenn man sagt, eine „Sesamstraße"-lang.).

„Die Sprache wird im Laufe der individuellen Entwicklung immer mehr in die Wahrnehmung mit einbezogen. Das Kind lernt, die verhaltensrelevanten Eigenschaften der Gegenstände in Wörter zu fixieren. Das Wort schließt in der Regel außer dem wahrgenommenen Sachverhalt auch Inhalte ein, die nicht unmittelbar sinnlich gegeben sind. Die Auswahl und das Wiedererkennen wichtiger Klassifikationsmerkmale wird außer durch den Gebrauch der Sprache durch taktiles Erforschen der Objekte unterstützt. Sogar noch fünfjährige Kinder identifizieren Formen leichter als Dreiecke, wenn sie sie vor der Entscheidung in die Hand nehmen können. Zwar verlagert sich im Laufe der Entwicklung die Erkenntnistätigkeit immer mehr auf das visuelle System, es zeigt sich jedoch, daß selbst für den Erwachsenen das Ertasten und Entlangfahren mit der Hand bedeutsam ist, wenn er die Form eines unbekannten Gegenstandes erkennen will" (*Rosemann* 1973).

Über die Wahrnehmung erfährt das Kind die Welt, tritt mit der Welt in Beziehung (Ko-respondenz), bildet seine Meinung über sie. Rückwirkend bestimmt dann wieder seine Meinung seine Wahrnehmung. Sein Urteil über die Dinge der Welt beeinflußt das, was es wahrnehmen und vor allem auch, was es nicht wahrnehmen kann. (Später bedarf es der Augen eines Malers wie z. B. eines *Breughel*, um uns darauf aufmerksam zu machen, daß unter bestimmten Beleuchtungsbedingungen der Schnee keineswegs weiß, sondern grün aussieht.)

Kinder sprechen im Alter von 2 Jahren gern mit sich selbst. Dieses „egozentrische Sprechen" dient der Organisation des Verhaltens. Es geht im Laufe der individuellen Entwicklung in das innere Sprechen über, bei dem das Kind nicht mehr auf lautes Verbalisieren angewiesen ist. Es wird nicht von der sozialkommunikativen Funktion der Sprache abgelöst, sondern bleibt als eigenständige Funktion neben dieser bestehen. (Denken kann teilweise als inneres Sprechen verstanden werden, auch als dialogischer Prozeß mit dem verinnerlichten Anderen.)

Nach Untersuchungen von *Luria* (zit. bei *Oerter / Montada* 1987) dient Kindern bis zum vierten Lebensjahr überwiegend die motorische Komponente der Sprache zur Steuerung des Verhaltens („Bleib stehen!" „Halt dich fest!" o. ä.).

Erst im Alter von vier bis fünfeinhalb Jahren wirkt die Sprache vom Sinn her steuernd. Sprache wirkt sich auch auf die Erinnerungsfähigkeit von Kindern aus: Dreijährige Kinder erinnern sich leichter an Gesichter, wenn sie die Namen zu den Gesichtern erfahren. Drei- bis fünfjährige Kinder lernen leichter Tiere auf Bildern zu unterscheiden, wenn sie benannt werden (verbal-symbolisches Gedächtnis).

Die Spielmöglichkeiten und Spielvariationen des Kindes nehmen in der Zeit von zwei bis fünf Jahren explosionsartig zu – einhergehend mit und als Folge der Erweiterung seines Erfahrungshorizontes und seiner Erprobungsmöglichkeiten.

Die Entwicklung des Spielverhaltens ist in vieler Hinsicht von großer Bedeutung, besonders auch für die Entwicklung von Kooperationsfähigkeit.

Im folgenden beschreiben wir kurz die einzelnen Spielformen im Zusammenhang und veranschaulichen dadurch Lernvorgänge noch einmal aus einer anderen Perspektive:

Sensumotorisches Spiel

Das Kind hat Freude an Körperbewegungen und wiederholt diese immer wieder. Es spielt mit einzelnen Körperteilen (z. B. steckt es immer wieder den Zeh in den Mund). Allmählich richten sich die Bewegungen mehr auf Gegenstände. Zunächst auf einige wenige (z. B. Rassel, Plastikbuch, Spieluhr), mit denen es mehr und mehr experimentiert (bis ca. ein bis zwei Jahre).

Informationsspiel, Explorationsspiel

Die Kinder probieren aus, was sie mit Gegenständen machen können, wie sie beschaffen sind oder wie sie von innen aussehen (z. B. zerlegen von Spielgegenständen, das Auto schieben, den Ball rollen). Der Umgang mit den Gegenständen hat Erkundungsfunktion (ca. ab dem 1. Lebensjahr).

Konstruktionsspiele

Das Kind stellt mit vorhandenen Gegenständen oder Materialien etwas her: ein Bauwerk, eine Zeichnung, eine geformte Figur, ein Fahrzeug etc. Es geht „realitätsgerecht" mit Werkzeug und Materialien um (Holz-Nagel-Hammer, Sandburg-Brücke-Muscheln-Autos) (ca. ab 2. Lebensjahr).

Symbolspiel, fiktives Spiel

Das Kind benutzt Gegenstände, Materialien für sein Spiel. Es deutet die Dinge um, der Teller wird zum Lenker, die Stühle zur Eisenbahn usw.. Hierzu zählen auch Puppenspiele, Cowboyspiele, Supermanspiele, Märchenspiele usw.

Rollenspiele

Hier spielen mehrere Kinder zusammen, die fiktive Rollen einnehmen. Sie können diese Rollen im gemeinsamen Handeln über längere Zeit aufrechterhalten. Sie setzen dabei ihre sozialen und kognitiven Fähigkeiten ein und entwickeln sie im gemeinsamen Spiel weiter. Kinder eignen sich über Rollenspiele (Schneewittchen, Pferd und Medienfiguren wie Alf oder Krümelmonster) die Kultur an (vgl. Persönlichkeitstheorie, *Morenos* „kulturelles Atom" [1982]).

Bei sozial benachteiligten Kindern fand man den Höhepunkt des Symbol- und Rollenspiels nicht schon im Vorschulalter, sondern erst in der ersten und zweiten Grundschulklasse.

Regelspiel
„Hier handelt es sich um soziale Formen des Spiels, bei denen nach festgelegten Regeln agiert wird, deren Einhaltung unabdingbar ist und die zugleich den Reiz des Spiels ausmachen" (*Rauh* 1987). (Wettkampfspiele, Sportspiele, Brettspiele, sogenannte Gesellschaftsspiele, Kartenspiele) Die Regelspielphase beginnt etwa mit dem Grundschulalter.

Die sprachlichen Kompetenzen gehen mehr und mehr in das Spielverhalten ein. „Mit vier Jahren übernimmt das Kind im Rollenspiel als Baby die Babysprache oder spricht, wenn es die Mutterrolle einnimmt, wie man zu einem Baby spricht (*Sachs / Lewin* 1976).

Die Motive des kindlichen Spiels erwachsen aus den konkreten Wechselbeziehungen des Kindes mit seiner Umwelt. Indem es diese Wechselbeziehungen nachgestaltet und erlebt, entwickelt es mehr Verständnis von der Welt des Erwachsenen und seiner Beziehung zu dieser Welt.

Über die gesamte Lebensspanne ist Spiel Entspannungsmöglichkeit, Kontaktmöglichkeit, Ausdrucksmöglichkeit, besonders Ausdruck von Lebendigkeit. Spielen dient auf vielfältige Weise der Verarbeitung von Erlebtem.

Ko-respondenz

Im Alter von drei bis vier Jahren gelten Kinder in unserem Kultur-Kreis als „kindergartenfähig" und mehr und mehr auch als „kindergarten-bedürftig". Ein weiterer Schritt in der Ablösung von den primären Bezugspersonen und der Orientierung in einem neuen „Milieu" mit neuen Herausforderungen muß geleistet werden. Zuwendung zu Gleichaltrigen, Abgrenzung und Konkurrenz/Selbstbehauptung stellen sich dem Kindergartenkind als „Entwicklungsaufgabe". Wenn das Kind diese Aufgabe (mit oder ohne Kindergarten) nicht löst, kann es passieren, daß es sich später in Kontakten mit Gleichaltrigen ohne den „Begleitschutz seiner Lieben" immer wieder äußerst unsicher und ausgeliefert fühlt.

Kinder im Alter von vier bis sechs Jahren erproben sich ausdauernd im Übernehmen von Rollen. Dies geschieht, wie wir oben beschrieben haben, vor allem durch Rollenspiele. Auch wenn 5jährige wissen, daß sie die Rollen, die sie spielen, nicht wirklich sind (Rolf weiß, daß er kein Förster ist, wenn er ihn spielt), so ist es für sie dennoch schwierig, zwischen „dem Anderen" und ihrer „Wahrnehmung vom Anderen" zu unterscheiden. Zuschreibungen bekommen ein besonderes Gewicht. Rollenspiele – als spielerische Erprobung von den gesellschaftlichen, kulturellen (Vor-) Entwürfen für einen Menschen, und als Auseinandersetzung damit, „wie andere sind" und wie man selbst einmal werden will – führen in diesem Alter (3-5 Jahre) zu einer wesentlichen Stabilisierung des Selbstbildes, des Ideal-Selbst, also der eigenen Identität.

Die Zuschreibungen von anderen: „Unser Lieschen wird einmal eine ganz Kokette", oder „Hänschen wird ein Tüftler!" beeinflussen das Selbstbild und die Zukunfts-Vorstellungen, die ein Kind für sich entwickelt.

Das Kind ist noch sehr an seine eigene Wahrnehmung gebunden und kann nur begrenzt von sich aus Kompromisse eingehen und fremde Standpunkte bewußt übernehmen.

Es verwechselt leicht den Standpunkt von wichtigen Personen (Autoritätspersonen) mit dem eigenen und ist auf diese Weise leicht zu beeinflussen und zu betrügen (z. B. ist es schnell davon zu überzeugen, daß es seinem Schwesterchen etwas abgeben „will", aufs Töpfchen gehen „will", den Teller leer essen „will").

Weil das Kind im Alter von vier bis sechs Jahren erst langsam lernt, unterschiedliche Wahrnehmungen miteinander zu vereinbaren, ist es auch noch nicht in der Lage, unterschiedliche Gefühle gleichzeitig zu berücksichtigen. Aus diesem Grund fällt es ihm so schwer, Ambivalenzen zu ertragen. Es hat noch keinen sicheren Orientierungsrahmen, mit dessen Hilfe es widerstreitende Impulse, Gefühle, Standpunkte (in sich selbst oder mit anderen) verstehen und integrieren kann. Deshalb kommt es in diesem Lebensabschnitt oft zur Äußerung von Kummer und Verzweiflung in Form von Wutanfällen.

Die *magische Phase* liegt im Alter von vier bis fünf Jahren. Das Kind fühlt sich seinen Ängsten eher ausgeliefert und hat noch nicht die Möglichkeit, sich davon zu distanzieren und mit der Angst so umzugehen, wie es später in der Zeit des operativen Denkens möglich ist. Es beseelt die Dinge um sich herum (*Piaget* prägte hierzu den Begriff Animismus), es gesteht den Objekten Wünsche und Gefühle zu.

Innere Ängste und Zerrissenheiten des Kindes werden nach außen verlagert, den Objekten und dem eigenen „Ich" wird Magie verliehen. Beispiel: „Der Mond ist böse auf mich, er folgt mir und will mich fangen."

Wir können dem Kind bei diesen Ängsten manchmal dadurch Hilfestellung geben, daß wir uns in seine magische Welt einfühlen. Nehmen wir den Erlkönig als Beispiel. Im Original von Goethe „versagt" der Vater dadurch, daß er nur auf der „Ebene des operativen Denkens" mit dem Sohn spricht, sich nicht auf seine Ängste und magischen Vorstellungen einläßt, und ihn dadurch nicht erreicht:

Wer reitet so spät durch Nacht und Wind?
Es ist der Vater mit seinem Kind.
Er hat den Knaben wohl in dem Arm,
er faßt ihn sicher, er hält ihn warm.

„Mein Sohn, was birgst du so bang dein Gesicht?"
„Siehst, Vater, du den Erlkönig nicht,
den Erlenkönig mit Kron' und Schweif?"
„Mein Sohn, es ist ein Nebelstreif."

„Du liebes Kind, komm, geh mit mir!
Gar schöne Spiele spiel' ich mit dir;
manch bunte Blumen sind an dem Strand,
meine Mutter hat manch gülden Gewand."

„Mein Vater, mein Vater, und hörest du nicht,
was Erlenkönig mir leise verspricht!?"
„Sei ruhig, bleibe ruhig, mein Kind;
in dürren Blättern säuselt der Wind."

„Willst, feiner Knabe, du mit mir gehn?
Meine Töchter sollen dich warten schön;
meine Töchter führen den nächtlichen Reihn
und wiegen und tanzen und singen dich ein."

„Mein Vater, mein Vater, und siehst du nicht dort,
Erlkönigs Töchter am düstern Ort?"
„Mein Sohn, mein Sohn, ich seh' es genau,
es scheinen die alten Weiden so grau."
„Ich liebe dich, mich reizt deine schöne Gestalt;
und bist du nicht willig, so brauch ich Gewalt."
„Mein Vater, mein Vater, jetzt faßt er mich an!
Erlkönig hat mir ein Leids getan!"
Dem Vater grauset's, er reitet geschwind,
er hält in Armen das ächzende Kind,
erreicht den Hof mit Mühe und Not –
in seinen Armen das Kind war tot.

H. Petzold (mündliche Mitteilung) fühlt sich in die magische Welt des Kindes ein und schlägt dem Vater als Alternative, mit der er den Sohn evtl. retten könnte, vor:

„Mein Sohn, mein Sohn, mein silbernes Schwert
hat Erlenkönig abgewehrt."

Wir fügen hinzu:

„Erreicht den Hof mit Müh und Not,
der Knabe lebt – Erlkönig ist tot"

Zum Abschluß dieses Abschnitts wollen wir noch kurz darauf eingehen, wie Kinder in diesem Alter den Tod verstehen. Wir haben bereits weiter oben erwähnt, daß das Kind noch keine Konstanz entwickeln kann, sich also noch nicht vorstellen kann, „tot bleibt tot für immer". So sagt die dreijährige Caroline nach der Beerdigung ihres Großvaters: „Wir müssen ihm Essen bringen, damit er wieder lebt." *Marie Nagy* (zit. bei *Cullberg* 1980) stellte bei einer Untersuchung Budapester Kinder fest, daß diese den Tod als eine Art Abwesenheit, als ein Leben unter anderen Bedingungen verstehen. Die Umschreibung der Erwachsenen drücken Ähnliches aus: „Fortgehen", „in Frieden ruhen".

Für ein Kind ist es das Gleiche, ob es einem Konkurrenten, z. B. Geschwister, wünscht, es solle verschwinden oder es solle sterben. Es kann nicht verstehen, wenn Erwachsene ein Kind sehr böse oder schlimm finden, das zu jemandem sagt: „Du sollst tot gehen". Wenn in dieser Phase tatsächlich jemand stirbt oder ins Krankenhaus kommt, sind Kinder häufig extrem belastet, weil sie glauben, daran schuld zu sein.

5.4.5 Altersstufe 5-12 Jahre

Das Kind beginnt, sich aus aus dem familiären Eingebundensein zu lösen und wird in seiner aktiven Rollenübernahme deutlicher. Mit seinen Wünschen und Bedürfnissen erlebt es sich immer noch als Mittelpunkt seiner Welt, aber es ist mehr in der Lage, sich mit anderen abzustimmen.

Wahrnehmung und Lernen

Piaget nennt diese Stufe die konkret-operative. Das Kind lernt, Zusammenhänge zu verstehen und sich Überblick zu verschaffen. (Es erkennt jetzt z. B., daß es die gleiche Menge Wasser bleibt, wenn Wasser aus einem hohen schmalen in ein niedrigeres breites Glas gegossen wird.) Es erkennt, daß die Dinge konstant bleiben, auch wenn sie sich scheinbar verändern. Und indem es Zusammenhänge herstellt, nimmt es auch Klassifikationen vor, bildet Oberbegriffe (z. B. drei Äpfel, drei Birnen, drei Bananen sind neun Stücke Obst und unterscheiden sich deutlich von Kartoffeln, Sellerie und Zwiebeln). Im Mittelpunkt seines Interesses steht das Nachvollziehen und Verstehen dessen, was es konkret wahrnimmt (z. B.: Wie funktioniert die Uhr, das Fahrrad, das Computerspiel, wieviel Liter Blut hat ein Mensch?). Diese Orientierung am Konkreten wird auch auf der Beziehungsebene z. B. bei Wettkampfspielen deutlich: Wer ist die Stärkste, Größte, Schnellste.

Mit dem Schulbeginn tritt „die Gesellschaft" mit ihren Forderungen häufig zum ersten Mal direkt an das Kind heran. Es lernt in den ersten Schuljahren vor allem, „zur Schule zu gehen" und in einer Welt von Regeln und Rollen zu leben, in der ich-bezogenes Verhalten immer weniger toleriert wird.

Die Schule stellt eine neue eigene Umwelt dar, die eigenständig und von der häuslichen Umwelt des Kindes getrennt ist. Die Schule nimmt im allgemeinen viel weniger Rücksicht auf die persönliche Situation, auf Veränderungen und Krisen bei Schülern und Schülerinnen als die Familie. Sie stellt die Kinder vor Leistungsanforderungen und konstelliert Wettbewerbssituationen, manchmal auf Kosten von Kooperationsbereitschaft und -fähigkeit. Das Schulsystem spiegelt unsere gesellschaftliche Wirklichkeit wieder und läuft damit auch Gefahr, die Kinder zu früh auf die Situation der Arbeitswelt festzulegen. Die Schule stellt neue Entwicklungsaufgaben hinsichtlich kognitiver Leistungen, sozialer Kompetenz sowie Arbeitshaltung und Motivation. Und sie ist ein Setting von Gleichaltrigen mit allen Chancen und Herausforderungen: Die Kinder vergleichen sich, kooperieren und setzen sich auseinander, sie gewinnen Freunde und Freundinnen – oder auch nicht.

In unzähligen Ritualen, Spielen und Abmachungen werden in diesem Lebensabschnitt immer wieder Regeln und Rollen eingeübt. Beispiele: Huckekasten oder Hüpfkasten, Räuber und Gendarm, Spion, Verstecken, Doppelball, Murmeln oder Knickern, Gummi-Twist.

Die Kinder lernen, sich an vereinbarte Regeln zu halten – sonst dürfen sie nicht mehr mitspielen. Im gemeinsamen Spiel erfahren die Kinder, daß das Spiel zusammenbricht, wenn sie sich nicht an die Regeln halten.

Das Verständnis von Regeln und Normen entwickelt sich sehr viel mehr in und durch Interaktionen mit Gleichaltrigen als mit Erwachsenen. Bei diesen Interaktionen erleben die Kinder am eigenen Leibe, wie sie entstehen und warum Regeln und Normen notwendig sind. Sie erfahren sich in neuen Rollen und lernen über Rollenspiele, sich als soziale Wesen zu verstehen, z. B. als SchülerIn gegenüber der LehrerIn und als SchülerIn gegenüber anderen SchülerInnen, als Mutter, als Vater, als Kind. Sie entwickeln ihre Kreativität und Rollenflexibilität. Ihre Identität bildet sich klarer heraus, indem sie Schauspieler, Zauberer, Rock-Idole, Profi-Sportler usw. nachahmen und ihre Rolle mit eigenen Ideen ausgestalten.

Ritualisierte Rollenspiele, bei denen jede weiß, was als nächstes kommt, geben Sicherheit. Beispiel: Gertrud findet in den ersten Schuljahren keinen Kontakt zu Gleichaltrigen, sie ist in einer Sündenbockrolle. In der 3./4. Klasse gelingt ihr der Kontakt zu drei Mädchen, die ihre Schauspieler-Idole in einem über Wochen fortgeführten ritualisierten Rollenspiel nachahmen. Jede hat eine Variationsbreite von vier verschiedenen Rollen. Von nun an ist sie aufgehoben in der „Schauspielergruppe". Auch wenn das zunächst nur ein ritualisierter Kontakt ist, bekommt sie zunehmend mehr Sicherheit durch die Rollen, die sie ausprobiert. Es ist ihre erste Erfahrung, aktiv an der Gestaltung des Kontaktes mit Gleichaltrigen beteiligt zu sein.

Kinder machen in ritualisierten Spielen die Erfahrung, daß sie sich außerhalb der üblichen Regeln und Normen eine eigene Welt schaffen können, die sie mit anderen teilen und aus der sie andere ausschließen können. Sie begrüßen sich mit komplizierten aufeinanderfolgenden Gesten, die für Außenstehende nicht nachvollziehbar sind, oder sie benutzen Geheimschriften, Geheimzeichen, Geheimsprachen. Hier handelt es sich auch um Relikte aus der magischen Zeit, die bis ins Erwachsenenalter erhalten bleiben, z. B. „Daumen halten" oder „dreimal auf Holz klopfen".

Das Kind macht in dieser Phase die Erfahrung, wie sehr seine Möglichkeiten durch die gesellschaftliche „Realität" bestimmt werden. Es bekommt eine Ahnung davon, daß nicht nur sein Wunsch und Wille zu lernen seinen Wert – z. B. als SchülerIn oder Lehrling – bestimmen wird, sondern z. B. auch seine Hautfarbe, seine soziale Abstammung, seine Kleidung und Haarfrisur usw. Diese Erfahrung sozialer Bewertung beeinflußt die Entwicklung seines Identitätsgefühls sehr stark – und gefährdet sie auch.

Der Übergang von der Grundschule zu einer weiterführenden Schule ist noch einmal eine kritische Phase für Kinder, weil sie erneut die Sicherheit einer vertrauten Umgebung verlassen müssen. Genauso kritisch kann sich jedoch die Blockierung des Wunsches nach weiterführendem Schulbesuch auswirken, z. B. durch schichtabhängige Eltern- und Lehrereinstellungen.

Ko-respondenz

Etwa mit dem Beginn des Schulalters ist das Kind nicht mehr so stark wie in der vorangegangenen Phase von seinen Impulsen und Wahrnehmungen bestimmt, sondern kann souveräner damit umgehen, sich von ihnen distanzieren (z. B. an jedem Schultag erst Schularbeiten machen und dann spielen) (*Kegan* 1986). Indem Kinder jetzt mehr ihre momentanen Wahrnehmungen durch den Blick auf den Gesamt-Zusammenhang relativieren können, gewinnt ihre Welt weiter an Beständigkeit: Dinge und Menschen werden als etwas über den Augenblick Beständiges erlebt. Dabei ist am wichtigsten, daß das Kind sich nun selbst *bewußt* als etwas Beständiges erlebt.

Es löst sich, wie bereits erwähnt, aus der familiären Einbindung: Während im Alter von 2-6 Jahren eine starke Bindung an Eltern und Familie vorherrschte, wird in dieser Zeit die Unabhängigkeit extrem wichtig – und ist naturgemäß zunächst überbetont. Es wird sich seiner Identität – in verschiedenen Rollen und Situationen – immer deutlicher bewußt, z. B. seiner Stellung, seiner Rechte und seiner Aufgaben im Familienverband. Das gleiche gilt auch für andere Rollen, z. B. in der Schule und im Sportverein. Ebenso wird sich das Kind seiner Fähigkeiten und Kompetenzen – im Vergleich mit anderen – deutlicher bewußt. Es stellt sich deutlicher damit dar – häufig zunächst in extremer Form, im allgemeinen mit Selbstüberschätzung und Selbsterhöhung, aber auch mit Selbsterniedrigung. Wichtig ist, daß die Umwelt dies als Entwicklungsprozeß verstehen und die Kinder damit annehmen kann. Auf diese Weise übt und entwickelt sich zunehmend die Fähigkeit zu Abgrenzung und Ablösung von anderen.

Kinder erleben ein Versagen jetzt als besonders demütigend, vor allem, wenn es öffentlich zutage tritt. Es hilft, wenn diese Gefühle von Demütigung gesehen und verstanden werden. Beispiel: Zwei Jungen, ca. 5 und 7 Jahre alt, haben in einem Großkaufhaus Spielzeuggewehre gestohlen. Der Abteilungsleiter stellt sie zur Rede, führt ein Gespräch mit den beiden. Der Jüngere der Buben ist „nur" geknickt, weil der Mann mit ihm geschimpft hat, während der Ältere deutliche Gefühle des Gedemütigt-Seins zeigt. Sein Stolz ist verletzt, seine Identität ist getroffen.

Kinder dieser Altersgruppe verwickeln ältere Kinder, Eltern und andere Erwachsene oft in endlose, zum Teil nervtötende Diskussionen und Auseinandersetzungen, in denen sie immer wieder neue Argumente und Vergleiche vorbringen und in denen sie sich immer wieder abfällig und abwertend „gegenüber allem und jedem" äußern. Dies ist notwendig, um sich auszuprobieren: „Hier bin ich und das ist meine Meinung", um das eigene Selbstwert- und Identitätsgefühl weiterzubilden und zu bestätigen.

Es ist wichtig, daß das Kind in dieser Zeit in seinem Können bestätigt wird, daß der Erwachsene einen Rahmen gibt, in dem er Orientierung bietet und Grenzen setzt, ohne allzu sehr festzuhalten und einzuengen.

Zwischen fünf und zwölf Jahren lernen Kinder allmählich, eine exzentrische Position zu ihren Interessen einzunehmen, sich ernsthaft vorzustellen, daß die Wünsche und Bedürfnisse der anderen andere sind als die eigenen. Sie werden fähig, Kompromisse zu bilden. Bisher gültige Strukturen des Kindes beginnen sich zu verändern, sind gefährdet: Die alte Vorstellung, daß seine Bedürfnisse letztlich der Mittelpunkt der Welt sind, gerät ins Wanken. Ausgerechnet in dieser gefährdeten Zeit sind Kinder häufig Doppelbotschaften ausgesetzt, wie z. B.: „Du sollst der Beste sein und am meisten leisten, aber du sollst nicht etwas Besseres als die anderen sein und du sollst gerecht teilen können" (*Cullberg* 1980).

Im Verhältnis der Geschlechter zueinander wurde in dieser Altersphase folgendes Grundmuster beobachtet (*Oerter* 1987): Mit sechs bis neun Jahren beginnt eine deutlichere Geschlechtsdifferenzierung, Jungen und Mädchen spielen überwiegend getrennt, die Trennung ist aber durch gemeinsame Aktivitäten noch überwindbar. Ca. mit zehn bis zwölf Jahren ist diese Trennung am deutlichsten. Gegengeschlechtliche Kontakte werden von anderen negativ kommentiert. Allerdings finden Kontakte zum anderen Geschlecht häufig in Form von „Gruppen-Anmache" statt.

In dieser Phase kommt es besonders bei Jungen oft zur Bildung von Banden (im positiven wie im negativen Sinne), die sich eine feste Struktur mit einem Anführer und bestimmter Rollenverteilung geben.

Ob diese Grundmuster wirksam werden oder ob Freundschaften über die Geschlechtsgrenze hinweg bestehen, hängt von verschiedenen Faktoren ab, z. B. von der Art der Klassengemeinschaft oder davon, wie nah Jungen und Mädchen beieinander wohnen, oder von Schichtzugehörigkeit, also von der Lebenswelt.

Zum Abschluß dieses Abschnitts greifen wir unsere Ausführung über das Verständnis von Tod und Sterben aus dem vorangegangenen Altersabschnitt auf: Etwa im Alter von 5-9 Jahren ist der Tod „etwas Personifiziertes, etwas, das außerhalb des Menschen liegt, aber tötet". Gedanken an Skelett oder an sichtbare oder unsichtbare Gespenster können den drohenden Tod repräsentieren. Das Kind akzeptiert jetzt also den Tod als etwas Endgültiges, aber auch als etwas, gegen das man sich schützen muß, um nicht ergriffen zu werden. Viel in der Science-Fiction-Literatur setzt auf diese Bewältigungsmuster von Todes-Angst.

„Erst im Alter von 9-10 Jahren haben die meisten Kinder den Tod als eine unausweichliche biologische Tatsache akzeptiert. Sie beginnen zu begreifen, daß das eigene körperliche Leben einmal aufhören wird und daß der Tod früher oder später allen begegnet" (*Nagy* 1959, zit. bei *Cullberg* 1980). Häufig wird die Beschäftigung mit dem Tod ausgelöst durch den Tod eines Haustieres. Der Tod von Mitmenschen ist zumeist aus unserem Alltag verdrängt – außer in seiner entfremdeten Form im Fernsehen. Kinder haben im Umgang mit dem Tod kaum die Möglichkeit, sich am Modell der Erwachsenen zu orientieren.

5.4.6 Altersstufe 10-18 Jahre/Jugend

Leib-Selbst

Die körperliche Entwicklung und die Beobachtung der Veränderung des Körpers bei sich und anderen hat in dieser Zeit für Jungen und Mädchen eine sehr große Bedeutung. Die *Pubertät* steht an.

Mädchen beschäftigen sich, lange bevor das Wachstum der Brüste beginnt, damit, wie es wohl einmal sein wird: Claudia, 8 Jahre: „Mami, ich finde das so ekelig, daß die großen Mädchen so komische spitze Brüste bekommen." Claudia, 10 Jahre: „Mami, ich glaube, meine Brust fängt schon ein bißchen an zu wachsen. Jetzt finde ich das auch gar nicht mehr so schlimm."

Die Entwicklung der Brust geht der ersten Menses voraus. Die erste Menses erfolgt zwischen 10 und 16 Jahren. Es kann sehr verunsichernd sein, wenn die Menses oder das Wachstum der Brüste sowie der Schambehaarung sehr früh oder sehr spät beginnt.

Mit 11-15 Jahren beginnt bei Jungen das Wachstum der Schambehaarung, später das Wachsen der Bartbehaarung. Auch Jungen reagieren häufig sehr sensibel auf einen besonders frühen oder besonders späten Beginn der Pubertät. Der erste Samenerguß geschieht etwa zwischen dem 14. und 16. Lebensjahr, der Stimmbruch beginnt etwa zwischen 13 und 17 Jahren und dauert einige Monate oder Jahre. Oft steigert sich in dieser Zeit die sexuelle Spannung.

Onanie ist für Jungen und Mädchen eine Möglichkeit, ihre eigenen Orgasmus- und Sexualfunktionen kennenzulernen, in einem Alter, in dem sie sowohl aus sozialen als auch aus psychologischen Gründen keine geeigneten Sexualpartner finden können. Heute ist das Onanieren mit wesentlich weniger Schuldgefühlen belastet als noch vor dreißig Jahren. Gerade für die Entwicklung der sexuellen Identität spielt es eine entscheidende Rolle, in welcher Atmosphäre die Jugendlichen aufwachsen, welche erotischen Beziehungsmuster sie kennenlernen.

Die körperlichen Veränderungen werden häufig herbeigesehnt und mit Spannung verfolgt, sind aber auch vielfach mit Unlustgefühlen verbunden und können Jugendliche sehr irritieren.

Mädchen bevorzugen in dieser Zeit enge Kontakte zu Freundinnen, übernachten beieinander, experimentieren mit Kleidung, Frisuren und Make up. Sie setzen sich mit der Mutter als weiblichem Modell auseinander „Findest du deine Brüste schön? Was hat deine Mutter dir erzählt, bevor du deine Tage bekommen hast?" Auch Jungen beschäftigen sich zunehmend mehr mit ihrem Äußeren: Frisur, Deo, Männer-Parfüm, Pickelcreme und der „richtigen" Unterhose.

In dieser unklaren und beunruhigenden Situation ist für Jungen und Mädchen die Wahl von Schuhen (z. B. Turnschuhen), Kleidung und Haarfrisur höchst wichtig: Sie soll mit den ungeschriebenen Gesetzen in der Klasse und im Freundeskreis übereinstimmen.

Ko-respondenz

Nach *Havighurst* (1963) sind in dieser Lebensphase von 10 bis 18 Jahren eine Vielzahl von Entwicklungsaufgaben zu bewältigen:
1. Akzeptieren der eigenen körperlichen Erscheinung und effektive Nutzung des Körpers (bei Sport und Freizeit, Arbeit und Bewältigung der täglichen Aufgaben).
2. Erwerb der männlichen bzw. weiblichen Rolle
3. Erwerb neuer reiferer Beziehungen zu Altersgenossen beiderlei Geschlechts
4. Gewinnung emotionaler Unabhängigkeit von den Eltern und anderen Erwachsenen
5. Vorbereitung auf die berufliche Karriere

6. Vorbereitung auf Heirat und Familienleben
7. Gewinnung eines sozial verantwortungsvollen Verhaltens
8. Aufbau eines Wertesystems und eines ethischen Bewußtseins als Richtschnur für eigenes Verhalten
9. Über sich selbst im Bilde sein
10. Aufnahme intimer Beziehungen zum Partner
11. Entwicklung einer Zukunftsperspektive

Im folgenden gehen wir auf einige dieser Entwicklungsanforderungen näher ein:

Die begonnene Ablösung in bezug auf Eltern und andere Erwachsene setzt sich fort und bringt viele Konflikte für Kinder und Eltern mit sich. „Das Kind trägt zwei gleich starke, aber entgegengesetzte Bedürfnisse in sich. Einerseits möchte es selbständig und frei sein und loskommen von Ermahnungen und Kontrollen, andererseits möchte es klein und abhängig sein und Mama und Papa an der Hand halten. Das Hin und Her zwischen diesen Extremen kann sich konkret darin äußern, daß das Kind das Gute-Nacht-Ritual noch wie früher wünscht, gleichzeitig aber auf das Recht pocht, mit den Freunden bis in die Morgenstunden ausgehen zu dürfen" (*Cullberg* 1980).

Jugendliche reagieren den Eltern gegenüber, besonders der Mutter gegenüber, oft mit Aggressionen, Herausforderungen und Verletzungen: Vielleicht, weil die Mutter mehr anwesend ist und damit mehr Reibungsfläche bietet, vielleicht auch, weil sie von der Mutter stärker abhängig waren und sind. „Da sich eine Mutter mit Kindern im Pubertätsalter nicht selten in der Krise ihrer mittleren Jahre befindet, können verletzende Bemerkungen – z. B. über „physische Mängel" – ihr Selbstvertrauen untergraben. Wenn ihre Falten, das Aussehen ihrer Nase, ihre Stimme, ihr Gang, ihre Art Wörter auszusprechen oder auch ihre Kleidung in diesem Kampf verwendet werden, versteht die Mutter gewöhnlicherweise nicht, daß es eigentlich das Band zu ihr ist, das das Kind zerschneiden möchte: Der Angriff scheint gegen sie selbst geführt zu sein. Da auch das Kind dies nicht versteht und dranghaft seine schonungslose Kritik fortsetzt, bekommt es schwere Schuldgefühle, die die äußere Spannung steigern und noch größere Aggressivität zur Folge haben können. Diese Aggressivität ist, in einer Art Selbstbestrafungstendenz, zu einem großen Teil gegen das Kind selbst gerichtet. Auch der Vater kann ein Opfer dieses emanzipatorischen Prozesses sein" (*Cullberg* 1980).

Die beiden pubertierenden Söhne einer der Autorinnen haben dieses Zitat mit höchstem Interesse gelesen, das gemeinsame Dilemma begriffen und kommentiert: „Das müssen unsere Freunde und ihre Mütter auch lesen."

Die Mutter vom Sockel zu holen und in ihrer Identität zu treffen – so wie sie mit ihren Einengungen und Verboten ja auch den Jugendlichen in seiner Identität trifft –, scheint eine Art von Reibung zu sein, die für die Entwicklung der Identität des Jugendlichen wichtig ist. Eine Betroffene:

„Meine beiden Töchter hatten ein absolut genaues Gespür dafür, wie sie meine wundesten Punkte treffen konnten: Die erste machte mir zum Vorwurf, daß ich zuviel als Psychotherapeutin arbeite und mich zu wenig um sie kümmere. Die zweite warf mir vor, daß ich eine schlechte Psychotherapeutin sein müsse, sonst würde ich sie besser verstehen."

Etwa mit elf Jahren entsteht eine neue Art von „Zwischenmenschlichkeit" (*Kegan* 1986), in der die Gruppe der Gleichaltrigen höchste Bedeutung bekommt und nahezu für alles zum Maßstab wird. Diese Entwicklung ist mit großer Unsicherheit verbunden.

In dieser Zeit ist es wichtig, daß die einbindende Kultur den Heranwachsenden unterstützt. „Familie und Schule müssen zulassen, daß sie gegenüber Beziehungen, die auf gemeinsamen inneren Erfahrungen beruhen (der Peergruppe), zweitrangig werden" (*Kegan* 1986).

Ein Beispiel: Tobias bekommt wegen Faulheit eine Vier in Biologie. Mutter ist sauer. Tobias: „Brauchst dich gar nicht aufzuregen. Ich bin heilfroh, daß mir diese Vier nichts mehr ausmacht. Und seit ich so bin, bin ich bei den anderen viel mehr drin." Mutter (schluck!): „Gefällt mir nicht, aber ich habs kapiert."

Subjektive Erfahrungen, Gefühle und Stimmungen werden mit den Peers gemeinsam geteilt. Daß die Jugendlichen bereit sind, dafür auch selbst Opfer zu bringen (die Vier im obigen Beispiel), wird nicht nur akzeptiert, sondern auch kultiviert.

Mit dem Begriff „Jugendkultur" wird den selbständigen Werten und besonderen Kennzeichen dieser Lebensperiode Rechnung getragen. Zu dieser Jugendkultur gehört auch die Verherrlichung und Identifikation mit Idolen (*Marilyn Monroe, Elvis Presley, Madonna, Prince, New Kids on the Block, Metallica, Leo Bronsky*).

Die *Entwicklung der Identität* konsolidiert sich in dieser Altersphase. Über die starke Gruppenidentifikation, die auch abrupt wechseln kann, wird die eigene Identität weiter herausgebildet. Ganz wichtig ist die Entwicklung der geschlechtlichen Identität: Wie erlebe ich mich als Junge in meiner Männlichkeit, als Mädchen in meiner Weiblichkeit? Die Erfolge und Mißerfolge beim eigenen und anderen Geschlecht bekommen besondere Brisanz. Die Sehnsucht nach einem Partner oder einer Partnerin als „Bezugspunkt für Gefühle", aber auch als Ausdruck des sozialen Erfolges, wird zentrales Thema. Oft sind diese Sehnsüchte und ersten Kontakte noch nicht klar sexuell getönt. Eltern mißverstehen es oft, wenn eine Dreizehnjährige und ein Vierzehnjähriger „miteinander gehen", und richten sexuelle Tabus auf, die die Jugendlichen nicht wirklich verstehen („Komm mir ja nicht mit einem Kind nach Hause!").

Aus dem bereits Gesagten wird deutlich, daß es in bezug auf alle „Säulen der Identität" (siehe Persönlichkeitstheorie) – stärker als in den bisher beschriebenen Altersstufen – zu Erschütterungen oder Krisen, zu Umbrüchen und Veränderungen kommt:

– Im *Leib-Bereich* muß u.a. die Verunsicherung bewältigt werden, die mit der körperlichen (und biologischen) Veränderung in der Pubertät einhergeht.
– Im *sozialen Bereich* muß die Integration in die Peer-Gruppe geleistet werden, außerdem müssen die Ablösungs- und Nähe-Wünsche besonders im Zusammenhang mit „Groß-"/„Klein"-Sein in bezug auf die Eltern und andere Erwachsene bewältigt werden.
– Im *materiellen Bereich* muß der Konflikt zwischen steigenden Ansprüchen und der noch bestehenden Abhängigkeit von Eltern (und z. B. vom geringen Lehrgeld) bewältigt werden.
– Im *Bereich Arbeit und Leistung* müssen Weichen für die berufliche Zukunft gestellt werden.
– Im *Bereich der Werte* kann es zu extremen Schwankungen, Auseinandersetzungen, Brüchen und Neuorientierungen kommen (Mutter „gutbürgerlich" versus Tochter „Gruftie", Vater „SPD" versus Sohn „rechtsextrem", Konfirmandenunterricht versus Peer-Gruppen-Ideologie).

5.4.7 Altersstufe 18 bis 25 Jahre

In diesem Altersabschnitt stellen sich als Lebensthemen:
- Leben in Partnerschaft,
- Erfüllung familiärer Aufgaben,
- Aufbau einer beruflichen Karriere.

„Weichen" für die Lebensbahn müssen gestellt werden.

Junge Erwachsene lösen sich aus dem Elternhaus, verlassen vielleicht auch all das, was bis jetzt ihre Heimat war, Freunde, Bekannte, Schul- und Arbeitsgruppen, Freizeitgruppen usw.. Sie müssen sich in vielen Bereichen neu bewähren, ohne Rückgriff auf die bisherige Eingebundenheit.

Häufig kommt es zu einer Lähmung oder Antriebsschwäche, die nicht erklärbar scheint. Einerseits kann dies damit zusammenhängen, daß die Heranwachsenden von ihren Familien in Berufe, Studien „gezwängt" wurden, die nicht wirklich ihrer eigenen Wahl entsprachen. Andererseits kann es sein, daß sie die neugewonnene „Freiheit" noch nicht nutzen können, daß sie sie ängstigt. So fehlt es ihnen an Zeit und Unterstützung, ihre eigenen tiefen Bedürfnisse und Neigungen zu ergründen. *Erikson* spricht von einem „psychosozialen Moratorium" und meint damit, daß viele Jugendliche das Bedürfnis nach einer Art Ruhe- und Überlegungsperiode ohne Rechenschaftspflicht haben.

Kegan (1991) beobachtete bei StudentInnen, die während ihrer Schulzeit angepaßt gute Leistungen erbracht hatten, „unerklärliche" Motivationseinbrüche. Er führt dies darauf zurück, daß diese Menschen sich noch nicht genügend abgelöst haben von den Erwartungen anderer (Eltern, Lehrer, Gleichaltrige) und in dieser neuen Situation noch keinen eigenen Orientierungsrahmen entwickeln konnten. Sie sind noch zu wenig gewohnt, sich nach sich selbst zu richten.

Junge Erwachsene müssen lernen, ein Gleichgewicht zu finden zwischen Orientierung an sich selbst und Anpassung an die institutionellen Anforderungen (Schule, Lehrstelle, Arbeitsstelle, Studium): Sie müssen im Einklang mit ihren Mitmenschen und mit sich selbst ihren Platz innerhalb der Gesellschaft schaffen, innerhalb der Institutionen, in die sie eingebunden sind (*Kegan* 1986). Hierbei brauchen junge Menschen Unterstützung.

Hier steht nun freilich die Gesellschaft selbst vor der Aufgabe, unterschiedlichen und widersprüchlichen Bestrebungen ihrer Mitglieder gleichzeitig Raum zu geben. Nicht nur um Entgleisungen zu verhindern (z. B. Drogenabhängigkeit), sondern um sich selbst als Ganzes zu erhalten und weiterentwickeln zu können, muß die Gesellschaft zu einem erträglichen Gleichgewicht finden, z. B.:
- bei der Entscheidung für Karrieren (von Männern und Frauen) als auch für Alternativen „Hausmann bzw. Hausfrau",
- bei der Entscheidung für als auch gegen Kinder,
- bei der Entscheidung für alternative Lebensformen (Randgruppen) als auch für eher übliche Lebensformen.

Für jeden einzelnen bedeutet dies, daß durch die Gesellschaft höchstens eine gewisse, keinesfalls eine maximale Förderung zu erwarten ist.

Männer und Frauen im jungen Erwachsenenalter haben (noch) unterschiedliche Schwerpunkte in ihren Orientierungen (*Kegan* 1986): Junge Männer lösen sich eher aus der Phase des sogenannten „zwischenmenschlichen Gleichgewichts". Ihr Bedürfnis nach Distanz und Unabhängigkeit ist ausgeprägter, sie lassen sich in der Regel weniger auf intensive Beziehungen, insbesondere auf frühe enge Bindungen ein. Sie suchen sich häufiger Aktivitäten, denen sie alleine nachgehen. Sie orientieren sich früher und stärker an Dingen, die ihre Unabhängigkeit fördern und unterstützen, z. B. Beruf und Karriere, Motorrad, Auszug von zu Hause.

Junge Frauen lösen sich später aus dem „zwischenmenschlichen Gleichgewicht" und haben vor allem ein stärkeres Bedürfnis nach Verbundenheit und Bindung. Frauen haben es in der Regel schwerer, selbständig das eigene Lebensziel zu bestimmen. Sie gehen auch heute noch oft bewußt oder unbewußt mit dem Gefühl in die Ausbildung oder in das Berufsleben, dies sei nur ein Provisorium, da sie ja schließlich doch heiraten, Kinder bekommen und sich der Familie widmen werden. Das hat zur Folge, daß ihre Ausbildung oft schlecht geplant und durchgeführt wird.

Wenn in dieser Zeit Familiengründungen zustandekommen, sind junge Frauen sehr viel stärker gefordert als Männer: durch Schwangerschaft, Geburt, Mutterschaft, als Hausfrau, als Partnerin eines in dieser Zeit häufig beruflich belasteten Mannes, meist ohne spezielle Unterstützung durch Großfamilie und Gesellschaft. Dies führt häufig zu krisenhaftem Erleben.

Wie durchgängig diese Muster sind und wie lange sie so noch bestehen, ist eine offene Frage. Für viele junge Erwachsene bringt die Spannung zwischen Abgrenzung, Entwicklung und Entfaltung der eigenen Persönlichkeit einerseits und Beziehung und Bindung an einen anderen Menschen andererseits innere Zerreißproben mit sich. Die Erfahrung der Integration dieser Pole kann großes Glück bedeuten, die Erfahrung der Unvereinbarkeit (z. B. wegen der Trennung von Familie und Beruf) auch großes Unglück.

5.4.8 Altersstufe 25 bis 50 Jahre

Wir haben für das Erwachsenenalter große Zeitspannen gewählt, weil gerade im Erwachsenen-Alter die Differenzierung in den Entwicklungsprozessen, also die Unterschiede in den Lebensthemen und Entwicklungs-Aufgaben der Menschen so groß sind, daß überindividuelle Gleichförmigkeiten nur noch in sehr groben Umrissen sichtbar sind (etwa Eintritt der Menopause ca. zwischen 45 und 55 Jahren, oder Beginn des Ruhestandes oft zwischen 62 und 65 Jahren). Ein Phasenmodell ist zur differenzierten Beschreibung des Erwachsenen-Alters nicht gut geeignet. Wir sind daher im folgenden mit den Zuordnungen und Entwicklungs-Aufgaben zu bestimmten Alters-Klassen noch vorsichtiger bzw. freier umgegangen als zuvor (vgl. *Faltermaier* u.a. 1992).

In der großen Zeitspanne zwischen 25 und 50 Jahren geht es häufig darum, sich in der gewählten Lebensform, im gewählten Beruf zu bewähren, mit all den Konsequenzen umzugehen, die frühere Entscheidungen, insbesondere für Beruf und PartnerIn, mit sich gebracht haben. Gegen Ende dieser Periode gibt es oft noch einmal eine Zeit, in der Entscheidungen hinterfragt, Um-Orientierungen möglich und neue Perspektiven entwickelt werden.

In unserer Gesellschaft haben sich für das Leben in Partnerschaft inzwischen relativ viele Formen herausgebildet (vgl. Kapitel Persönlichkeitstheorie, Stichwort „Bindung"). Das Leben und die Beziehungen als alleinlebender „Single", als „Single" in einer WG, als Paar zusammen- oder getrenntlebend, als Familie mit Kindern, als

„Halb-Familie" oder aus 2 „Halb-Familien" gegründete „Neu-Familie" und so fort bringen ihre spezifischen Entwicklungschancen und Belastungen mit sich.

Die Entscheidung, als *Single* zu leben, ermöglicht Menschen ein großes Maß an individuellem Entfaltungsraum, bringt aber auch hohe „emotionale Kosten" mit sich. In einer Welt, die noch (!) von Paaren und Kleinfamilien bestimmt ist, sind Singles manchen Kränkungen ausgesetzt, z. B. bei Einladungen. Viele unfreiwillige Singles erleben das Alleinleben als Versagen, als Demütigung. Das Alleinleben klammert bestimmte Erfahrungsdimensionen aus: Niemanden zu haben, um den man sich täglich kümmern muß, und/oder der Verzicht auf Elternschaft kann dazu führen, daß das Leben als sinnleer empfunden wird. Außerdem kann die persönliche Entwicklung dadurch erschwert werden, daß Reibungen, Auseinandersetzungen, Anforderungen, Verantwortungsübernahme für Kinder/PartnerIn usw. als kontinuierliche Herausforderung fehlen: Dazu gehört z. B., sich ständig immer wieder kritisch hinterfragen lassen zu müssen – was in nahen, täglich gelebten Beziehungen unvermeidlich, wenn auch oft anstrengend ist. Genau dies sind die Anstrengungen, die in Partnerschaften häufig als Überforderung erlebt und nicht geleistet werden, was dazu führen kann, daß „man" sich zu schnell trennt.

Indem wir auf langfristige Beziehungen und eine Gemeinschaft von relativer Dauer verzichten, gewinnen wir einerseits größere Entfaltungsmöglichkeiten und Freiheiten, zahlen aber einen hohen Preis. Wenn wir uns nicht verlieren wollen, wenn es uns gelingen soll, uns wieder zu finden, müssen wir in die Gesichter von Menschen schauen können, die uns Erleichterung verschaffen, weil sich unsere Geschichte in ihren Gesichtern widerspiegelt, und die unseren Blick mit Liebe erwidern. Es ist zu wenig, in Gesichter zu schauen, die uns widerspiegeln, wie wir jetzt sind, ohne die gemeinsame Geschichte von Scham, Ärger, Schuld (zitiert nach *Kegan* 1991).

In *Zweierbeziehungen* ist sowohl die Möglichkeit gegeben, Nähe zu erleben, als auch individuelle Wünsche zu entwickeln und zu befriedigen. Es besteht allerdings die Gefahr, daß sich Paare nach außen abschotten und zu einem in sich „geschlossenen" System werden, das im Extrem selbstgenügsam ist und kaum Austausch zur Mitwelt, kaum Entwicklungsmöglichkeiten mehr hat oder sich gar als Kollusion, als Dauer-Frustration erweist (vgl. *Willi* 1975, und Kap. Persönlichkeitstheorie).

Wenn in eine Zweierbeziehung Kinder hineingeboren werden, verändert sich diese dramatisch: Mann und Frau haben als Eltern plötzlich neue existentielle Rollen zu spielen. Sie müssen sich in einem völlig neuen Beziehungssystem zurechtfinden (vgl. *Schneewind* 1987). Meist kommt es zu einer Arbeitsteilung (im allgemeinen entsprechend traditioneller Rollenverteilung). Dies kann eine starke Belastung für die Zweierbeziehung und für die Familie bedeuten. Da sich beide um unterschiedliche Arbeitsbereiche kümmern (der Mann eher um die berufliche Karriere, die Frau eher um die Kinder, Haushalt und um den Mann), bewegen sie sich allein deswegen schon thematisch auseinander.

Die berufliche Entwicklung kann für den Mann mit viel Streß, Überforderung, Identitätsunsicherheit verbunden sein. Erschwerend kommt hinzu, daß er sich häufig nicht in der Lage fühlt, die Anforderungen von Frau und Kindern zu erfüllen. Diese Anforderungen werden manchmal als Anfrage an die männliche Identität erlebt, zumal die Väter der heutigen Väter dafür kein Modell waren.

Die Beziehung ist in dieser Zeit krisenanfällig. Die Frau ist häufig – besonders wenn sie sich nachts um die Kinder kümmern muß – übermüdet und entnervt. Hinzu kommt die Sorge um die Kinder, die Unsicherheit im Umgang mit ihnen und nicht selten die Kritik von Partner, Schwiegereltern oder Eltern an ihrem Umgang mit den Kindern. Besonders belastend ist für die meisten Frauen die Isolierung – viele Frauen kommen wochenlang nicht dazu, sich mit erwachsenen GesprächpartnerInnen auf einem „geistig interessanten Niveau" auszutauschen. Es ist eher üblich, daß Frauen rund um die Uhr – auch am Wochenende – für die Kinder zuständig sind, ohne daß es Entlastungsmöglichkeit gibt.

Viele Paare werden mit diesen Problemen physisch, psychisch und auch finanziell nur schwer fertig.

Heute empfinden viele Männer es auch als Verlust, daß sie so wenig miterleben können und so wenig daran beteiligt sind, wie ihre Kinder groß werden. Zunehmend mehr Partner und Partnerinnen versuchen, die Last und die Freuden der Kinderbetreuung und der Sicherung des Lebensunterhaltes unter sich aufzuteilen. So haben sie mehr Austauschmöglichkeiten, sie bleiben sich als Paar näher und werden im allgemeinen mit späteren Umbrüchen in ihrem Leben besser fertig (z. B. wenn die Kinder aus dem Haus gehen).

Dadurch, daß sie Eltern sind, gelingt es Männern und Frauen häufiger, sich noch einmal auf eine neue Art von ihren eigenen Eltern abzulösen. Sie wissen jetzt, wie es ist, Eltern zu sein und Kinder zu haben, die von ihnen abhängig sind. Sie können ihre eigene Kindheit aus anderer Perspektive, der Elternperspektive, betrachten. Es kann sich ein neues Verständnis für die Eltern entwickeln und vielleicht zu einer Versöhnung führen. Außerdem wächst möglicherweise das Verständnis für die Traditionen, die die Eltern und die Eltern der Eltern geprägt und weiter getragen haben (z. B. Weihnachten feiern, Musik spielen, Wandern). Delegationen von Generation zu Generation können jetzt manchmal erkannt und manchmal auch aufgelöst werden („Der älteste Sohn ist immer für alle finanziellen Dinge zuständig", „Frauen haben es immer schwer – die Tochter muß das Leid der Mutter mittragen").

Im Bereich „Arbeit und Leistung" (vgl. Säulen der Identität) ist diese Phase die der „Etablierung": seinen Stand und Platz im gesellschaftlichen Leben zu finden und zu erkämpfen. Die Kräfte dazu sind in dieser Phase am größten. Viele Männer und auch Frauen müssen aber im beruflichen Bereich die Erfahrungen verarbeiten, nicht so kompetent zu sein, wie sie sein möchten, nicht die Karriere machen zu können, die sie sich vorgestellt haben. Wenn „Größenwahn" auf ein realistisches Maß gebracht werden muß, kann dies für lange Zeit zu Versagensgefühlen und Depressionen führen.

Die Konflikte, Auseinandersetzungen und Reibungen an und mit der einbindenden Kultur und der persönlichen Lebenswelt finden ihren Höhepunkt in der sog. „midlife-crisis". (Dieses populäre Konzept ist allerdings auch umstritten [vgl. *Thomae* 1988].) Im Alter zwischen 40 und 50 Jahren findet oft noch einmal eine Irritierung und mögliche Veränderung statt. In diesem Alter wird der Lebensentwurf noch einmal überdacht (Beziehungen, Lebensformen, berufliche Situation).

Kann dies nicht befriedigend bewältigt werden, kommt es häufig zu Resignation, zu verbittertem Aushalten und Ausharren mit den entsprechenden neurotischen und/oder psychosomatischen Begleiterscheinungen.

Eine positive Lösung dieser „Krise" kann zu einem kreativen Neubeginn führen. Die „alte" Beziehung, die alten Strukturen werden neu überdacht, neue Wünsche entstehen, z. B. nach Weiterbildung, politis3chem Engagement, noch einem Kind, Beginn oder Wiederaufnahme der Berufsarbeit. Oder es kommt durch Scheidung, Trennung von der Arbeitsstelle und/oder „alten" Beziehungen zu einem „kreativen Neubeginn". Dabei entstehen nicht selten noch einmal heftige Leidenschaften, neue Kraft und Inspirationen. Manchmal sind diese Leidenschaften verbunden mit einer bis dahin nicht bekannten Tiefe des Sich-Einlassens.

Kegan (1986) nennt diese Zeit die Phase des „überindividuellen Gleichgewichts". Er versteht sie als höchste Stufe der „Entwicklung des Selbst". Er geht allerdings davon aus, daß nicht jeder Mensch diese Entwicklungsstufe erreicht. Mit „überindividuellem Gleichgewicht" meint er, daß Menschen zu den Werten und Ideologien, in die sie eingebunden sind, in eine exzentrische Position gehen können. Das heißt, daß sie in der Lage sind, sozusagen von außen die sie bestimmenden (z. B. religiösen) Werte und Normen zu betrachten und ihre Position im beruflichen Bereich, ihre intimen Beziehungen und Lebensformen auf diesem Hintergrund begreifen können. Sie können auch die Wechselseitigkeit zwischen diesen Ideologien und ihrem So-Sein und So-geworden-Sein verstehen (*Kegan* spricht von Interdependenz). Der Mensch ist jetzt fähig, Zentrierung und Exzentrizität miteinander zu verbinden. Das, was er aus der exzentrischen Position begreift, fließt in sein Erleben in der Zentrierung mit ein.

In *Kegan*s Beschreibung der letzten Stufe der „Differenzierung des Selbst" geht die Wertung mit ein, daß das Ziel des Lebens darin besteht, diese höchste Stufe zu erreichen. Diese Vorstellungen haben eine lange Tradition. Ob man sie übernimmt, bleibt jedem einzelnen überlassen. Die Gefahr dieser Bewertung besteht darin, alle anderen Lebensalter als „minder-wertig" oder unvollkommen anzusehen. Welches die höchste Zeit eines individuellen Lebens ist, läßt sich aber nicht durch irgendein Modell bestimmen. Wenn etwa ein Pensionär beschließt, mit 62 Jahren das Studium zu beginnen, das er vorher nicht hat machen können, dann könnte dies die „höchste" Zeit seines Lebens sein.

5.4.9 *Altersstufe 45-65 Jahre*

Das Alter zwischen 45 und 65 Jahren ist die Zeit der Integration, der Reife und der persönlichen und gesellschaftlichen Sicherheit – *wenn* Umwelt und persönliches Schicksal diese Entwicklung zugelassen haben und zulassen. Wesentliche Lebenskonflikte sind – so oder so – durchgestanden: „Man kennt sich und die Welt".

Die Altersgruppe zwischen 40 und 50 Jahren stellt die „Stützen der Gesellschaft", sie trägt *noch* die Generation der Kinder und trägt *schon* die Generation der eigenen alten Eltern.

In dieser Phase kommen Frauen und Männer in die Wechseljahre, ihre Identität ist u.U. noch einmal neu in Frage gestellt, bei Frauen deutlicher, bei Männern weniger deutlich. Einige Frauen leiden in dieser Zeit mehr oder weniger stark unter körperlichen Beschwerden der Wechseljahre. Zu verarbeiten sind nicht nur Beschwerden und körperliche Veränderungen, sondern bei beiden Geschlechtern auch die Befürchtungen, an körperlicher und sexueller Attraktivität und Leistungsfähigkeit zu verlieren.

Die Angst und die Unsicherheit der Gesellschaft vor dem Älterwerden und vor dem Verlust der sexuellen Potenz drückt sich gelegentlich in Witzen über Frauen im Klimakterium und über ältliche Ehemänner mit jüngeren Frauen aus. Oft ist diese „Reifezeit" aber gerade die Zeit intensivster sexueller Begegnungen bei Mann und Frau.

Wie alle Umbruchszeiten stellt die Zeit der Wechseljahre auch eine Chance dar, eine Zeit, in der Neu-Besinnung, Veränderung von Werten, die Entwicklung neuer Fähigkeiten, neue Schwerpunktsetzungen und Weichenstellungen möglich sind. Diese Zeit bringt auch Entlastung von Ansprüchen an sich selbst und andere.

Das Bewußtsein dafür, vergänglich zu sein, wird im Alter von 50 bis 65 Jahren vor allem geprägt durch die Wahrnehmung des körperlichen Alterungsprozesses (weniger Kraft, weniger Figur, mehr Falten). Das Leib-Schema muß wieder einmal verabschiedet und neu entwickelt, die Identität wieder einmal umgebaut werden. In der sozialen Auseinandersetzung, z. B. am Arbeitsplatz und auf dem Arbeitsmarkt, müssen/werden jetzt andere Kompetenzen eingesetzt.

Daß eine vernünftige Beanspruchung aller, besonders auch der geistigen Funktionen, den Alterungsprozeß merklich verzögern kann, ist bekannt. Weniger bekannt ist die vom Beginn des Lebens an vorhandene Tendenz, sozusagen Quantität durch Qualität zu ersetzen, sowie die Möglichkeit, eben dies bis ins hohe Alter zu nutzen. Die Zahl der Synapsen des Zentralnervensystem geht bereits in den ersten Lebensjahren, die der Gehirnzellen ab dem 11. Lebensjahr zurück. Was hingegen steigt und bei entsprechendem Training sehr lange weiterentwickelt werden kann, ist die Fähigkeit, Zusammenhänge zu erfassen. Dadurch ist es möglich, daß scheinbar genauso leicht erinnert werden kann wie früher und daß Problemlösungen sogar leichter als früher gefunden werden können. Die Obergrenze der geistigen Entwicklung scheint weniger durch Erschöpfung der geistigen Kapazität im engeren Sinne gegeben, als dadurch, daß die Fähigkeit zu geistigem Austausch – zu Ko-respondenz – nicht entsprechend Schritt hält, auch weil sie weniger gefragt ist. Die Mühsal der Auseinandersetzung ist es, der sich alte Menschen mehr und mehr entziehen und mehr und mehr entzogen werden. Mit *Piaget* ausgedrückt: Indem die Fähigkeit zur Akkomodation nachläßt, leidet sekundär auch die Assimilationsfähigkeit.

Ab 55 bis 60 Jahen wird die Pensionierung, die Frage nach dem Herauslösen aus dem Beruf und die Frage nach neuen Zielen im Alter relevant. Eine völlig neue Zukunftsperspektive muß entwickelt werden (ähnlich wie mit 17-20 Jahren), damit der „Pensionierungs-Schock" nicht entsteht bzw. überwunden werden kann. Frauen fällt dieser Übergang erfahrungsgemäß leichter, weil für sie der Wechsel der Lebenswelt und des sozialen Netzes in der Regel nicht so radikal ist wie für viele Männer.

Es tauchen Fragen auf wie: Wie und wo will ich später leben? Wer soll mich versorgen?

In dieser Phase beginnt auch die intensivere Auseinandersetzung mit Alter und Tod, dem Bewußtsein der eigenen Sterblichkeit und der Erfahrung, daß nahestehende Menschen sterben.

5.4.10 Altersstufe ab 65 Jahre

Die Jahre zwischen 62 und 65 sind gesellschaftlich ebenso radikale Einschnitte wie die zwischen fünf und sechs: „Einschulung in" und die „Verabschiedung aus" der Produktivgesellschaft. Vor dem Alter von sechs und nach dem Alter von 65 Jahren ist man in der Regel „Privat-Mensch", stärker auf Familie und Freunde bezogen. Das entlastet von gesellschaftlichen Aufgaben, eröffnet neue Freiheiten und Freuden, z. B. die des Großeltern-Daseins oder des Reisens – vorausgesetzt Gesundheit und Finanzen lassen dies zu („Säulen des Supports"). Aber: dieser Wechsel birgt auch erhebliche Gefahren. Es kommt häufig zu einem Zerfall sozialer Gruppen, das „soziale Atom" (*Moreno* 1982) stirbt ab. Die lebensnotwendigen sozialen Netzwerke atrophieren und „ein Verlust der in ihnen einstmals anwesenden bedeutungsvollen Bezugspersonen" stellt sich ein (*Petzold/Petzold* 1991b), was zunehmende Einsamkeit und Isolierung bedeuten kann. Hinzu tritt u.U. eine zunehmende Verständnislosigkeit gegenüber Veränderungen der Gesellschaft („Alles nur noch auf Computer!"), Angst vor dem Gedanken, daß der Tod nahe sein könnte. *Petzold* (1985) hat diese Schattenseiten sehr deutlich beschrieben:

> „Die Lebenssituation alter Menschen steht nicht nur unter der Bedrohung des biologischen Verfalls, des physischen Kräfteabbaus, der cerebralen Abbauerscheinungen. Sie steht unter der Bedrohung von zwei mächtigen Feinden, wenn wir die Phänomene des Alterns unter psychologischer und soziologischer Perspektive betrachten.
> *Der Feind von außen.* Es sind dies die gesellschaftlichen Kräfte, die dem alten Menschen den Lebensraum wegnehmen: ihn in den Ruhestand versetzen – erzwungenermaßen; die ihm sagen, du bist alt, krank, leistungsunfähig; ihm die Arbeit wegnehmen, die ihn aus der Gemeinschaft der Jungen ausschließen, die ihn betulich infantilisieren, die ihm die kustodialen Institutionen Freiheit, Würde und Selbstbestimmung rauben. Der alte Mensch wird Rentenempfänger, und das ist vom Almosenempfänger nicht weit entfernt. Er hat nichts mehr zu melden, ist ‚altes Eisen'.
> *Der Feind von innen.* Das sind die Selbstbilder, die der alte Mensch von sich hat, daß er kränklich sei, zu nichts tauge, wohlverdiente Ruhe genießen sollte, daß er zurückgezogen, schwarz angezogen, möglichst lautlos leben solle. Dies sind Klischees, die er in sich aufgenommen hat,

als er noch jung war, Haltungen, die er als junger Mensch Alten gegenüber praktiziert hatte und die er nun auf sich selbst anwendet. Die negativen Alters-Selbstbilder der alten Menschen sind ein mächtiger Feind, der ein guter Verbündeter für den ‚Feind von außen' ist. Beide verstärken sich wechselseitig."

Wir können nur hoffen, daß die „gesellschaftliche Potenz" alter Menschen dadurch zunimmt, daß sie und andere Bewußtsein für ihre Lage entwickeln (siehe z. B. Graue Panther) und daß sich, ähnlich wie die Jugendkultur, eine „Alterskultur" mit neuen Formen von Beziehungen entwickelt. Auch notwendig werdende andere Wohnformen bergen noch Chancen: Manche Menschen erleben im Altersheim heute noch einmal einen neuen wichtigen Lebensabschnitt mit neuen Kontakten und Beziehungen.

5.4.11 Sterben und Tod

Sterben ist integraler Bestandteil des Lebens. Wenn man erkennt und zulassen kann, daß es ans Sterben geht, melden sich unbewältigte Konflikte und ungelebte Gefühle häufig noch einmal sehr massiv. Wenn Zeit und Raum dafür ist, kann Ungesagtes noch gesagt werden, können Wünsche noch erfüllt, Dinge noch geregelt und aus der Hand gegeben, „das Haus noch bestellt" und auch Erbsachen noch geklärt werden. Nicht nur Materielles wird vererbt: Auch der Umgang mit Abschied und Sterben kann über das Gespräch mit der nachfolgenden Generation an diese weiter vererbt werden.

Früher gehörte der Tod zum Leben und war öffentlich. Die Tür zum Sterbezimmer stand offen, nicht nur für die nächsten Angehörigen. Anders als heute fühlten die Menschen, daß das Ende nahte, bereiteten sich vor auf ihren Tod, leisteten Abbitte bei Gott und bei ihren Angehörigen. Nur ein plötzlicher Tod wurde als schrecklich empfunden.

In unserer Kultur ist Sterben im allgemeinen eher tabuisiert, Abschied und Trauer werden weniger gelebt. Es gibt kaum Rituale, kaum Modelle. Es ist auch nicht die Regel, daß zu Hause gestorben wird, daß Anteilnahme und Berührung möglich sind. Das macht diesen Lebensabschnitt – auch für die Angehörigen – schwieriger als früher: Ebenso wie der Sterbende sich aus dieser Welt zurückzieht, diese Welt aufgibt, muß die Welt auch den Sterbenden aufgeben. Indem die Angehörigen zurückgelassen werden, empfinden sie die Welt als fremd. Wenn wenig Raum für Abschied und Trauer war, wird der Tod oft als massiver Bruch in der Beziehung erlebt (*Lückel* 1990 / *Plügge* 1986, *Spiegel-Rösing, Petzold* 1985, *Schweidtmann* 1992).

Der Tod der Eltern wird häufig auch deshalb als bedrohlich erlebt, weil nun keiner mehr zwischen der nachfolgenden Generation und dem Tod steht: Das eigene Sterben rückt näher.

Es gibt so viele Weisen zu sterben, wie es Weisen zu leben gibt: Viele Menschen wollen oder können sich auf das Wissen um den nahenden Tod nicht einlassen, sie versuchen, ihn zu verleugnen. Auch dies ist eine Möglichkeit (und vielleicht sogar die einzige), mit dem Unausweichlichen umzugehen. Dies zu akzeptieren, ist manchmal schwer. Aber auch plötzliches Sterben ohne Zeit zum Abschied ist eine Realität, die von den „Zurückgelassenen" manchmal schwer angenommen werden kann.

Bei langen Sterbeprozessen, bei denen der Sterbende immer weniger wird, wird der Übergang vom „Leib" zum „Körper" augenscheinlich. Der Mensch sinkt langsam weg, ist vielleicht lange Zeit nur noch Körper, der gepflegt wird, aber immer noch einmal gibt es ein „Aufscheinen", noch einmal ist der ganze Mensch zu sehen (*Plügge* 1986, *Simone de Beauvoir*).

In jeder Lebensstufe sind wir eingebunden in das, was in dieser Stufe wesentlich ist – und müssen uns wieder lösen aus dem „Eingebundensein". Indem wir sterben, lösen wir uns ein letztes Mal aus unserem „Eingebundensein" in dieses Leben – es ermöglicht sich noch einmal eine neue Form von Bezogenheit auf das Leben, auf die Menschen oder auf das Göttliche.

5.5 Zusammenfassung

Wir hoffen, daß der Begriff des „Life-Span-Development" sich mit Bedeutung gefüllt hat, daß die ungeheure Reichhaltigkeit und Vielfältigkeit des menschlichen Lebenslaufs von Anfang bis Ende mit all den verschiedenen Lebensthemen anschaulich geworden ist.

In jedem Lebenslauf müssen immer wieder „Klippen umschifft" und Engpässe bewältigt werden. Die Möglichkeiten des „Stürzens", des „Steckenbleibens" und „Scheiterns" sind immer auch gegenwärtig.

Sich auf die persönlichen Lebensthemen einzulassen, wenn sie und wie sie sich stellen durch Reifung und Schicksal, ist wahrscheinlich die Grunderfahrung, die zu einem Gefühl vom Reichtum des eigenen Lebens führt. Damit ein solches Gefühl entstehen kann, gilt „im Großen" des gesamten Lebenslaufes das gleiche, was wir „im Kleinen" der einzelnen Beziehung immer wieder erleben: wir sind darauf angewiesen, daß unsere Um- und Mitwelt „gut genug" ist. D. h. unter anderem, daß wir nicht in Umwelten von extremen Mangel oder extremer Entfremdung gepreßt werden, sondern Spielräume behalten.

Von Klippen und Engpässen, vom Durchhalten, Überwinden und Scheitern, von Brüchen und Notmaßnahmen handelt unser nächstes Kapitel: Gesundheits- und Krankheitslehre.

6. Gesundheits- und Krankheitslehre

6.1 Einführung: Zu den Begriffen „Gesundheit" und „Krankheit"

Wenn wir von Gesundheit und Krankheit sprechen, sprechen wir immer auch von anthropologischen Konzepten, von unserem Verständnis vom Menschsein: Krankheit gehört zu unserem Leben, ebenso wie Schmerzen und wie der Tod. Ziel von Heilungsprozessen ist daher nicht Gesundheit in einem absoluten Sinne, sondern allemal das Anstreben von Gesundheit. Nötigenfalls müssen wir Verständnis für unsere eigenen und für fremde Krankheiten entwickeln und die Fähigkeit, sie zu tolerieren und uns auf sie einzustellen.

Auch als TherapeutInnen sind wir immer mehr oder weniger gesund und wir begegnen Menschen, die mehr oder weniger gesund und mehr oder weniger krank sind. Indem wir Krankheit als Möglichkeit des Lebens sehen, relativieren wir unsere therapeutischen Omnipotenzbestrebungen.

Gesundheit im Sinne von optimalem Funktionieren ist häufig etwas ganz anderes als Gesundheit im Sinne von Lebendigsein. Körperliche Fitness schließt Entfremdungsphänomene oder innere Starre nicht aus. Eine Klientin hat dies im folgenden Gedicht gut zum Ausdruck gebracht, in dem sie ihr Erschrecken über die Bemächtigung ihres eigenen Körpers, ihre diktatorischen Forderungen an ihn, in Worte faßt:

> Mein Körper, mein Leib
> wir gehören zusammen – mehr
> ich habe dich, ich benutze dich,
> du sollst funktionieren
> sollst schön sein, stark und fit,
> sollst nicht empfindlich sein, nicht müde, nicht alt,
> ich hasse dich,
> wenn du nicht mitmachst,
> wenn ich mich auf dich nicht verlassen kann,
> wenn du kaputt bist.

> Ich vergesse, daß du kein Instrument bist,
> daß ich ohne dich nicht wäre,
> ich vergesse, was dir angetan wurde,
> von den anderen und von mir,
> wie wenig Liebe du bekamst,
> von den anderen und von mir,
> ich vergesse, was du mir geschenkt hast –
> Spaß, Lust und vor allem zwei Kinder,
> es tut mir weh,
> ich möchte dich mehr sehen, mehr lieben können.

Die Wendung dieser Klientin zu ihrem Körper ist die Hinwendung zur eigenen Person. Die Klientin hebt in dem Gedicht einen Teil der Entfremdung auf und wird – wieder – vertraut mit sich.

6.2 Allgemeine Krankheitslehre

6.2.1 *Zur sozialen Definition von Gesundheit und Krankheit*

Die Beurteilung von gesund und krank schwankt in weiten Grenzen. Was in der einen Gesellschaft als krank gilt, kann in einer anderen als „nicht der Rede wert" gelten. Große, sichtbare Tumore z. B., deren Anblick bei uns allseits Erschrecken auslösen würde, werden in den übervölkerten Straßen Indiens als „normal" toleriert, niemand regt sich darüber auf. Alkoholismus gilt bei vielen nicht als Krankheit, sondern als verwerfliches Laster, und Menschen, die Halluzinationen haben, wurden und werden in manchen Gesellschaften als Heilige verehrt.

Menschen übernehmen soziale Normen bekanntlich als eigene, ohne sich der Prägung „von außen" bewußt zu sein. Das betrifft nicht nur allgemeine Werthaltungen, sondern in weiten Bereichen auch das Verständnis für das eigene Befinden. Das subjektive Krankheitsgefühl, das Bewußtsein von „Ich bin krank" oder „Ich werde kank" entspricht auf diese Weise nicht mehr unbedingt der unmittelbar gespürten leib-seelischen Befindlichkeit. Überspitzt: Ich empfinde nur als krank/mir tut „nur" weh, was bei uns als schmerzhaft gilt. Das Gefühl, krank zu sein, ist nur scheinbar unmittelbar gegeben. In Wirklichkeit ist es ein höchst komplexes, sozial vermitteltes Phänomen. So kann sich beispielsweise der „an sich" muntere Dicke wegen der gesellschaftlichen Ächtung von „Dicksein" selbst als krank empfinden, anders als sein Kollege aus dem 17. Jahrhundert oder der von den Fidji-Inseln. Die Datenverarbeitungs-Assistentin kann ihre allabendlichen Kopfschmerzen nach einem Acht-Stunden Tag vor dem Monitor als normale Angestrengtheit, aber keineswegs als Krankheit empfinden.

Als krank gelten im allgemeinen also diejenigen Abweichungen vom normalen Reagieren, über deren Krankheitswert in einer gegebenen Gesellschaft zu einem je gegebenen Zeitpunkt Konsens herrscht. In unserer Gesellschaft gilt der Alkoholiker als krank, die Kassen müssen für seine Behandlung bezahlen. Wenn sich jemand jedoch, ebenso süchtig, in immer neue Arbeiten stürzt, gilt er nicht als krank. Er hat zu viele Menschen um sich, die ihm ähnlich sind, er vertritt die Norm – den gesellschaftlichen Wert „Arbeit" –, auch wenn er ihn bis zum Exzeß treibt. Entfremdung kann so zum gesellschaftlich Normalen werden, selbst wenn sie zu Krankheiten führt (vgl. *Petzold / Schuch* 1992).

Die Entscheidung, krank zu sein bzw. die Tatsache, daß er von anderen für krank gehalten wird, definiert für den Menschen eine neue Rolle, berührt seine Identität, zeitlich befristet oder permanent. Mit der Krankenrolle sind bestimmte Erwartungen verbunden: Der Kranke darf, muß sogar bisweilen, sich zurückziehen, was leicht zur Ausgrenzung führen kann. Er hat Anspruch auf Rücksicht und Versorgung, „muß" aber auch erkennbar leiden und unbedingt den Willen zur Besserung haben. Die Krankenrolle ist immer zwiespältig: Sie kann positiv wirken (z. B. Schonung, Erholung, Narrenfreiheit bringen) oder negativ (z. B. zu Abwertung, Einsamkeit, Abhängigkeit, Unfreiheit führen). Krankheit kann eine Rettung vor sonst unerträglichen Bedingungen sein, sie kann dadurch auch zur Verführung werden (Flucht vor Verantwortung, Abhängigkeit durch sekundären Krankheitsgewinn), oder sie kann als Bestrafung eingesetzt werden, wie man im Extrem im Mißbrauch psychiatrischer Diagnosen in der ehemaligen UdSSR sehen konnte, wo auf diese Weise Abweichler zum Schweigen gebracht wurden.

Nicht nur, *ob* jemand krank ist, wird in hohem Maße gesellschaftlich bestimmmt, sondern auch, *wie* er mit seiner Krankheit umgeht, welchen Verlauf sie nimmt. Gesellschaftliche Atmosphären bestimmen

Krankheitsbilder: Die Hysterie in ihrer ausgeprägten Symptomatik (dramatische Ohnmachten etwa) gehört in eine Zeit rigider bürgerlicher Sexualmoral und ist uns heute beinahe unbekannt. Statt dessen erleben wir mehr die „vageren" narzißtischen Störungen. Auch die somatische „Begleitmusik" ändert sich. So ist z. B. das Schwangerschaftserbrechen bei uns extrem zurückgegangen, wohingegen es sich in Entwicklungsländern, jeweils in einem bestimmten Stadium der Annäherung an westliche Lebensweisen, zunehmend beobachten läßt (Molinski 1972).

Auch als TherapeutInnen nehmen wir laufend Einfluß auf die sozialen Vorstellungen von Gesundheit und Krankheit und sind diesen verhaftet. Wenn wir diese Tatsache aus unserem Bewußtsein drängen, geraten wir in die Gefahr diffuser Bewertungen in der Therapie zum Schaden unserer KlientInnen. Man denke beispielsweise an Gesundheitskonzepte und entsprechende Ratschläge wie: „Die Wut muß raus! Schrei dich frei!" oder: „Intellektuelle Frauen leiden alle am Penisneid", oder man denke an den Beziehungsbrei, der entstehen kann aus Slogans wie „Ich bin o.k., Du bist o.k.". Wir sind uns bewußt, daß dieser Slogan zur Zeit seiner Entstehung in den 60er Jahren die wichtige Funktion erfüllte, eine rigide gesellschaftliche Werte- und Normorientierung zu relativieren.

6.2.2 Zum subjektiven Erleben von Gesundheit und Krankheit

Krankheit äußert sich für die Kranken in Leiden, Schmerzen, Beschwerden und Angst vor der Zukunft, in Mattigkeit, Spannung, Krämpfen, Erschöpfung, Verwirrung, Schwitzen und Frieren, Übelkeit, Durchfall, roten Pünktchen auf der Zunge, Irritationen, Resignation, Verlust der Kontrolle über sich und ihre Handlungen und in vielen anderen Phänomenen, deren Sinn und deren Ursachen zunächst nicht klar sind. Dies gilt insbesondere für psychische Krankheiten. Wenn jemand überall Schmerzen hat, stundenlang weint, nicht schlafen kann, nachdem seine Frau gestorben ist, so versteht er den Sinn seines Leidens als intensive Trauerreaktion und bezeichnet sich nicht als krank. Wenn jemand unter den gleichen

Symptomen leidet, ohne den Grund zu kennen, fühlt er sich krank, unbekannten „Mächten" (wie einem unbekannten Virus) ausgeliefert.

Den „Sinn" und die Ursachen psychischen und psychosomatischen Leidens herauszufinden bedeutet, den Situationsbezug des Leidens, des Symptoms wieder herzustellen, die Szenen zu finden und zu verstehen, zu denen das Symptom „paßt", in denen es adäquat war/ist oder sein könnte.

Ein Beispiel hierfür: Ein Klient litt jahrelang unter dem Zwangsgedanken, daß er – beim Anblick eines Messers oder einer Schere – seine Frau erstechen könnte. In der Pubertät hatte er dasselbe Symptom in bezug auf Mutter und Stiefvater. Wegen der „Ungeheuerlichkeit" seines Symptoms hatte er nie darüber gesprochen. Seine Leiden besserten sich in kurzer Zeit, als er seine Symptome in einen größeren biographischen Zusammenhang einordnen konnte: er kannte seinen leiblichen Vater nicht, weil dieser die Mutter vor seiner Geburt verlassen hatte. Er erfuhr dies erst in der Pubertät von seinem Stiefvater. Nach dieser Eröffnung wurde nie wieder über die Angelegenheit gesprochen. Die gebremste Wut und Enttäuschung über den rücksichtslosen leiblichen Vater, evtl. auch auf die „schweigende" Mutter, das Sprechtabu und die unklare Identität („Bin ich evtl. so fies wie mein leiblicher Vater?") hatten in konflikthaften Situationen („Zoff" mit dem Stiefvater in der Pubertät und mit der Ehefrau kurz nach der Heirat) zu einer Verschiebung seiner Wut, die dem leiblichen Vater galt, auf andere nahe Angehörige geführt. Da er seine Wut wegen des Redetabus nicht im Kontakt verarbeiten konnte, tauchte sie in abgespaltener symbolischer Form in Zwangsvorstellungen wieder auf.

Wir wollen mit diesem Beispiel nicht suggerieren, daß dieser Zusammenhang zwischen Symptom und Biographie der einzig mögliche wäre. Der „Sinn" bestand vor allem darin, daß der Klient eine Orientierung und Einordnungsmöglichkeit finden konnte. Das Geflecht von Krankheits-Ursachen werden wir nie zur Gänze durchschauen und verstehen.

Ob ein Symptom als sinnvoll, als verstehbar angesehen wird, hängt immer von der subjektiven Sicht des Betrachters ab. Der Sinn als „eindeutige Ursache" läßt sich kaum je beweisen. Es kommt in der Therapie oft darauf an, den subjektiven Ausgangspunkt, die Szene, zu finden, an dem die *Krankheitsnarration*, evtl. auch das

Krankheitsnarrativ der KlientIn beginnt: Im Falle unseres Klienten war es also die Mitteilung der unehelichen Geburt durch den Stiefvater und evtl. die Vorstellung der verlassenen Mutter mit dem neugeborenen Kind.

Häufig erfolgt die „Sinn-Suche" über Schuld-Zuweisung (ich bin schuld/der andere ist schuld). Das dient dem Bemühen, eine stimmige Weltordnung (wieder) herzustellen („Alles hat einen tieferen Sinn"). Leiden wird dann als Strafe im Sinne höherer Gerechtigkeit erlebt (z. B. Aids). Manchmal wird, selbst um den Preis der Selbstanklage, eine Beherrschbarkeit der Krankheit angenommen, die es so nicht gibt: „Wenn ich nur nicht alles in mich hineingefressen hätte, hätte ich jetzt keinen Krebs" oder „Wenn ich mich jetzt richtig ernähre, bekomme ich bestimmt keine Metastasen".

PsychotherapeutInnen sind ebenso in der Gefahr, die Forschung nach den Ursachen der Krankheit unbewußt mit der Suche nach dem oder der Schuldigen zu verwechseln. Die Schuldige ist dann: die KlientIn selber („Du hast verbotene Triebwünsche!"), oder es sind die Eltern („Deine Eltern, die haben dich nicht gesehen"), oder „die Gesellschaft" („Die Machogesellschaft beutet die Frauen aus!"). Derartige monokausale Schuldzuweisungen verengen den Blick. Sie führen zu monokausalem Denken („Meine Mutter hat mich nicht geliebt, darum habe ich jetzt Asthma"), das der Komplexität des Krankheitsgeschehens nicht angemessen ist.

Auch wir finden uns bei der Abfassung des Buches oft in der Gefahr und Versuchung, Schuldzuweisungen an die Umwelt als monokausale Ursachen anzugeben und das Ursachen-Geflecht („Warum reagiert denn die Mutter nicht auf ihr Baby?") und die „Ursache hinter den Ursachen" nicht zu erwähnen. Wir bitten unsere LeserInnen, dies, wenn es geschieht, als Konzession an die Überschaubarkeit des Buches zu verstehen.

Vielfach wird Krankheit als ein „sinnvolles Geschehen" interpretiert in dem Sinne, daß „mein Körper mir etwas sagen will"/„daß ich falsch lebe oder gelebt habe", daß Krankheit gewissermaßen als „Freund und Helfer" angesehen wird.

Dies *kann* eine Möglichkeit sein, zum Beispiel mit unheilbaren Krankheiten fertig zu werden, eine Bewältigungsstratie. Wir sind aber der Meinung, daß Krankheit immer ein Übel ist, der Zusammenbruch eines potentiell gesunden Systems, ausgelöst durch Überforderung oder Mangel. Krankheit ist u.E. kein „Anzeichen" für einen Zusammenbruch, sondern sie ist der Zusammenbruch oder der Teilzusammenbruch selbst.

Aus Erkrankungen *kann* ich den Schluß ziehen, daß ich möglicherweise falsch lebe oder zu leben gezwungen bin. Ich kann so evtl. versuchen, durch Veränderungen meines Lebens schlimmere Krankheiten oder eine Chronifizierung zu verhindern. Es fällt oft sehr schwer, diesen „Sinn" von Krankheiten zu akzeptieren, weil das unter Umständen die Aufgabe alter Lebenstechniken erfordert oder zumindest den Abschied von alten Selbstbildern nahelegt. Wenn ein Klient zum Beispiel hartnäckig ignoriert, daß sein Chefposten *ihn* überfordert und nicht nur seinen „blöden Magen, der dauernd Geschwüre entwickelt", dann muß man ihm mehr oder weniger deutlich sagen, daß nicht sein Magen zusammengebrochen ist, sondern er: daß nicht sein Magen möglicherweise sterben wird, sondern er.

6.2.3 Krankheit und Gesundheit als Schicksal

Über der Betrachtung der gesellschaftlichen Relativität von Krankheit und der subjektiven Beziehung zu Krankheit wollen wir den wichtigsten Faktor, der über Gesundheit und Krankheit entscheidet, nicht vernachlässigen: das *Schicksal*.

Der mächtigste Schicksals-Faktor ist die *Vererbung*. Beispielsweise sind das Temperament, (Introversion/Extraversion, Aktivität), die Musikalität, die Begabung, die Schönheit, der Klumpfuß, die Hasenscharte, die empfindliche Haut, das Geschlecht total oder weitgehend genetisch bestimmt. Wie stark sie bestimmend für den Lebensweg sind, hängt aber davon ab, wie das jeweilige Kind mit dem, was es mitbringt, von seiner Mitwelt aufgenommen wird und in ihr weiterwächst (*Montada* 1987).

Krankheit entsteht auch aus „Widerfahrnissen" bzw. als „Widerfahrnis" (*H. Petzold*). Die Ölspur, auf der ich mit dem Fahrrad ausrutsche, die Geisterfahrerin, die meinen Vater oder meine Ehefrau umbringt, der sadistische Klassenlehrer während der gesamten Grundschulzeit, die nachlässige Hebamme, die ein Geburtstrauma und damit eine cerebrale Dysfunktion meines Kindes verschuldet, sind solche „Widerfahrnisse". Schlimme „Widerfahrnisse" sind bzw. waren vor allem chronische Armut, Hunger und Kriege, eine chronisch überforderte Mutter, der niedrige Bildungsstand der Eltern, also alles in allem *schlimme Lebenswelten*. Diese Faktoren, vor allem die Kombination mehrerer dieser Faktoren, haben sich in empirischen Untersuchungen als diejenigen erwiesen, die „wahrscheinlich psychisch krank machen", wenn sie lange genug anhalten und nicht kompensiert werden können (*G. Kagan* 1980, *Kohlberg u.a.* 1984).

Wenn wir die Macht gesellschaftlicher und genetischer Faktoren betonen, bedeutet dies nicht, daß schlimme individuelle Erfahrung, wie emotionaler Mangel, Abwertung, Mißbrauch keine langfristigen Folgen hätten. Diese sind aber zum einen wissenschaftlich noch schwerer zu erfassen als die gesellschaftlichen und genetischen „Faktoren", zum anderen spielt bei ihnen z.t. die Möglichkeit der Kompensierbarkeit eine größere Rolle. Wenn z. B. die „liebe Oma" in der Nachbarschaft wohnt und man zu ihr flüchten kann, wenn die „böse Oma" und der volltrunkene Vater mal wieder auf Mama losgehen, oder wenn bei einer verzweifelten Geschichte von dauernder Abwertung durch beide Elternteile die Lehrerin zu der 10jährigen z. B. sagt: „Heul nicht, Mädchen, lern was! Ich helf dir", dann könnten das Anstöße oder Entlastungsmöglichkeiten sein, die die Balance zugunsten einer gesunden Entwicklung entscheidend beeinflussen.

Auch Psychotherapie ist eine solche Kompensationschance, eine Gelegenheit zu einer neuen positiven Erfahrung mit einem Mitmenschen und – in der Folge – auch mit sich selbst und anderen. Diese Betrachtung zeigt aber auch noch einmal die Grenzen von psychotherapeutischer Wirkungsmöglichkeit.

6.2.4 Grundlegende Thesen zur Krankheitsentstehung

Wir fassen die grundlegenden Aussagen zur Entstehung von psychischen und psychosomatischen Krankheiten, soweit sie bis heute empirisch beantwortbar sind (vgl. oben *Kagan* 1980, *Petzold* 1991a)

hier thesenartig zusammen. Wir werden sie in den folgenden Abschnitten zur Krankheitslehre immer wieder aufgreifen.
1. Entwicklungen, die zu einer psychischen Erkrankung führen, sind niemals eindimensional-ursächlich zu verstehen. Sie sind komplex. Bei der Entwicklung von Krankheit sind im allgemeinen somatische, psychische und soziale Faktoren beteiligt, die in ihrer *Interdependenz* gesehen werden müssen.
2. Bei jeder pathogenen Entwicklung spielt die genetische (vererbte) Disposition eine bedeutsame Rolle. Inwieweit ihr Einfluß entscheidend war, ist oft schwer zu bestimmen und auch unter ExpertInnen in vielen Fällen strittig (*Oerter/Montada* 1987).
3. Ein traumatisierendes Ereignis allein, auch in der Kindheit, führt in aller Regel nicht zu einer Erkrankung. Es müssen *negative Ereignis-Ketten*, permanente negative Milieus/Atmosphären/Beziehungen vorliegen.
4. Zu einer Erkrankung kommt es nur dann, wenn langfristig keine *Kompensationsmöglichkeiten* gegeben sind, und
5. wenn die vergangenen Erfahrungen und die gegenwärtige Lebenswelt zu weitgehend *negativen Erwartungen* für die Zukunft führen.
6. Schädigungen, die zu seelischen und psychosomatischen Störungen führen, können *in jedem Lebensalter* wirksam werden, wenn sie schwer und chronisch sind. Chronische Schädigungen in der Kindheit wirken sich in der Regel nachhaltiger aus, weil das Kind weniger Abwehr- und Kompensationsmöglichkeiten hat.

Das konkrete Verständnis für unsere KlientInnen in ihrer individuell immer wieder anders gefärbten Symptomatik wird durch die allgemeine Aussage, daß genetische und gesellschaftliche Faktoren eine große Rolle spielen, natürlich noch nicht sehr gefördert. Wir brauchen genauere Modelle, erkenntnisfördernde Theorien, die uns zumindest plausibel machen können, warum diese KlientIn erkrankt und eine andere unter ähnlich schwierigen Bedingungen nicht. Vor allem brauchen wir aber Modelle, um die individuelle Krankheit verstehen zu können, die KlientIn mit ihrer Krankheitsgeschichte zu begreifen und um ihr therapeutisch helfen zu können. Dazu dienen die *„klinischen Krankheitslehren"*, die Arbeitsmodelle, auf die wir im folgenden eingehen.

6.3 „Klinische Krankheitslehre"

6.3.1 Einführung

Die Integrative Therapie geht davon aus, daß jeder Mensch seine ganz persönliche Krankheit entwickelt und daß man, wenn überhaupt, seine Symptomatik nur verstehen und näherungsweise erklären kann, wenn man seine ganz persönliche Struktur und Lebensgeschichte erforscht (*Petzold* 1993). Klassifikatorische Zuordnungen nach der Art: „Jeder Anorexia nervosa liegt ein sexueller Konflikt zugrunde" oder „Penible Menschen entwickeln eine Zwangsneurose" betrachtet die IT mit Skepsis, sie versteht sie lediglich als Suchraster, die den Blick für die Komplexität des Ursachengeflechts nicht verdecken dürfen. Außerdem sind solche Zuordnungen keineswegs empirisch gesichert.

Zur Orientierung und groben Klassifizierung von Krankheitstypen (Syndromen) orientiert sich die IT am DSM III (Diagnostisches und statistisches Manual [1991]), in dem pragmatisch Krankheitssyndrome auf der Grundlage der Phänomenologie der Symptomatik definiert werden.

Die Vorstellungen der Integrativen Therapie über Krankheitsentstehungen im Einzelfall beruhen vor allem auf der Persönlichkeitstheorie und der Entwicklungstheorie. Sie gehen aus von den Einflüssen von Kontext und Kontinuum. Sie leiten sich also ab von zwei Grundmodellen:

1. Von dem *beziehungstheoretisch* begründeten *Streßmodell* (*Kontextbezug*): Was ist hier und heute im Umfeld der KlientIn problematisch und wie reagiert sie darauf? und
2. von dem *entwicklungstheoretisch* begründeten *Strukturmodell* (*Kontinuumsbezug*): Was war früher in entscheidenden Entwicklungsphasen im Umfeld der KlientIn los und wie hat sie reagiert?

Kontext und Kontinuum sind dabei nur begrifflich, niemals real zu trennen. Es gibt das eine nicht ohne das andere. Wir geben einen kurzen Überblick über diese beiden Modelle und gehen später ausführlich auf jedes ein.

Wenn ein Mensch über lange Zeit in einer Situation lebt bzw. leben muß, in der wesentliche Bedürfnisse nicht ausreichend befriedigt werden, in der er sich nicht orientieren und nicht angemessen verhalten kann und/oder in der ihm direkt geschadet wird, gerät er in einen Zustand von chronischem Streß, der mit Angst, Anspannung, Depression und psychophysischen Störungen verbunden ist und entsprechend zu Abwehrversuchen, zu Rückzug, Apathie, generellem Beziehungsabbruch oder Beziehungseinschränkungen führt.

Wenn ein Kind, vor allem ein sehr junges Kind, solchen Situationen bzw. Beziehungen über längere Zeit ausgesetzt ist, gerät es nicht nur in die beschriebene Streßsituation mit den angedeuteten Folgen. Es bilden sich darüberhinaus diese Situationen und Beziehungen in der sich entwickelnden Persönlichkeit des Kindes als *„innere Strukturen"* ab. Dieses sind dann seine Erlebens- und Verhaltensstrukturen, mit denen es seiner zukünftigen Welt begegnet.

Wenn nun diese „inneren Persönlichkeitsstrukturen" des Kindes gekennzeichnet sind von Angst, Mißtrauen, Spannung, Rückzug, Apathie, Überkompensation, Hilflosigkeit und ähnlichem, so kann es späteren Herausforderungen nicht adäquat begegnen und mögliche Chancen nur in eingeschränktem Maße wahrnehmen und nutzen. Auf diese Weise entsteht leicht ein Teufelskreis, der schließlich zu chronischem Unglück, zu Dekompensation und Krankheit führen kann. Die Fixierung an die eingeschliffenen Bewältigungsstrategien wird schließlich selbst zur Krankheitsursache. Diese strukturelle Fixierung, die die Probleme immer wieder aus sich selbst heraus erzeugt, wird in einem allgemeinen Sinne als *Neurose* bezeichnet. Sie ist in der Biographie, im „Kontinuum", begründet.

Für die Erkrankungen, die auf *aktuellen Störungen* und Belastungen des Umfeldes beruhen (Kontext) und sich noch nicht als Persönlichkeitsstörungen „eingegraben" haben, gibt es u.E. keinen allgemein gebräuchlichen, sinnvollen Namen. Sie werden als „Aktual-Neurosen", als „Erschöpfungs-Depressionen", auch als „psychosomatische Streßreaktion" bezeichnet. Im DSM III werden sie *„Anpassungsstörungen"* genannt und mit dem Zusatz versehen, daß sie „nicht länger als sechs Monate dauern oder sich, falls der Belastungsfaktor andauert, nach Erreichen eines neuen Anpassungsniveaus zurückbilden". Wir wollen an dieser Stelle nicht in eine kritische Analyse des DSM eintreten. Die zitierte Stelle macht aber deutlich, wie wenig die allgemeine Psychopathologie in ihrer

Terminologie und Ätiologie (Ursachenlehre) auf chronische Belastungssituationen, auf *schlimme Kontexte*, eingeht. Wenn wir Krankheitsentstehung unter dem Kontextaspekt betrachten, dann denken wir auch im Rahmen der klinischen Krankheitslehre an so mächtige Faktoren wie Entfremdung, Armut, Arbeitslosigkeit, Wohnungsnot und Vereinsamung. Wie viele neurotische und psychosomatische Krankheiten und Störungen direkt durch diese Faktoren verursacht werden, machen die Untersuchungen über „life-events" (*Siegrist* 1977) deutlich. Diese Untersuchungen zeigen, daß drastische Veränderungen der Lebenswelt zu neurotischen und psychosomatischen Störungen führen können, wenn sie massiert auftreten und vor allem zu chronischen Belastungen werden. Sie zeigen auch, daß die sichtbare, „meßbare" Störung, wie z. B. der Herzinfarkt, erst nach einem halben Jahr auftreten, nachdem der/die Betreffende sich bemüht hat, mit der belasteten Umweltsituation fertigzuwerden, die er/sie nicht positiv verändern konnte („autoplastische Reaktion", *Ferenczi* 1982).

Für die Art der Therapie ist es natürlich wichtig zu erkennen, wo wir den Schwerpunkt der Störung vermuten: in der Biographie, der Persönlichkeitsstruktur der KlientIn oder den Belastungen der Umwelt (vgl. Therapietheorie „Vier Wege der Heilung").

In den folgenden Abschnitten werden wir zunächst auf die Fragen eingehen,
– wie Streß als Störung im Austausch zwischen Individuum und Umwelt entsteht und
– wie die Streß-Reaktionen zu beschreiben sind.
Wir greifen dabei zurück auf das Modell des „normalen" Persönlichkeitsprozesses, vor allem das Modell des *erweiterten Kontaktzyklus*. Anschließend stellen wir Streß-Ursachen systematisch auf der Grundlage des *„Modells schädigender Stimulierungen"* dar. Wir werden dann beide Modelle (den „erweiterten Kontaktzyklus" und das „Modell der schädigenden Stimulierungen") zusammenfassen. Dadurch gewinnen wir ein grobes Gesamtmodell, mit dem wir Störungen und Blockierungen besser erfassen können. Das „Kontaktzyklus-Modell" und das „Modell schädigender Stimulierungen" gehören also zum *„Streß-Modell"*.
Vor diesem Hintergrund gehen wir dann zunächst kurz auf Erklärungsmodelle psychosomatischer Erkrankungen ein und beschäftigen uns dann ausführlich damit, wie Störungen der Struktur und Strukturbildung (Leib-Selbst, Rollen-Selbst, Ich, Identität) entstehen (*Struktur-*

modell). Danach folgt ein ausführlicher Abschnitt über Abwehrmechanismen als besondere Aspekte pathogener Strukturbildung.

Das gesamte Kapitel Gesundheits- und Krankheitslehre wird beendet mit einer Zusammenfassung der wichtigsten Faktoren, die zu psychischer Erkrankung führen, und der wichtigen Aspekte, unter denen wir gestörtes Verhalten und Erleben betrachten können.

6.3.2 Das beziehungstheoretisch begründete Streßmodell

6.3.2.1 Interaktion – Kontaktzyklen – Streßreaktion

Im Krankheitsmodell der IT arbeiten wir mit vier Grundfaktoren von Ko-respondenz, vom Austausch des Individuums mit seiner Umwelt:
1. den *Bedürfnissen* des Menschen,
2. dem *Entgegenkommen der Umwelt*,
3. der *Bewältigungsfähigkeit* des Menschen und
4. den *Anforderungen der Umwelt*.

Wenn den Bedürfnissen des Menschen das Entgegenkommen der Umwelt und den Anforderungen der Umwelt die Bewältigungsmöglichkeiten des Menschen langfristig nicht entsprechen, entsteht Streß (*Lazarus* 1976).

Bewältigungsfähigkeit und Bedürfnisse des Menschen hängen von seinen Anlagen ab, von Reifungsprozessen und sozialen Prägungen. Anforderungen der Umwelt und das Entgegenkommen der Umwelt hängt natürlich ab von Bewältigungsfähigkeiten und den Bedürfnissen der Bezugspersonen, aber auch von sozialen Normen und gesellschaftlichen Strukturen. Anforderungen der Umwelt sind nicht unbedingt Belastungen, sie sind auch reizvolle Herausforderungen für einen Menschen, die seinem Bedürfnis nach Anregung und Entwicklung entgegenkommen. Wenn sie ausbleiben, z. B. durch extreme Verwöhnung, entsteht Langeweile und Stagnation, eine spezielle Form von Streß.

Diese vier Grundfaktoren, mit denen sich eine Situation kennzeichnen läßt, sind natürlich Vereinfachungen. Sie sind jeder in sich differenzierter: jede Situation z. B. besteht aus vielen Reizen und Anforderungen, jeder Mensch hat auch in jeder Situation meist mehr als ein Bedürfnis.

Alle vier Faktoren stehen in engem Zusammenhang miteinander: Die Anforderungen der Umwelt, z. B. nach Sauberkeit oder Individualität oder Weiblichkeit, werden im Laufe der Zeit zu inneren Bedürfnissen des Menschen. Außerdem beeinflussen sich die vier Faktoren dauernd gegenseitig. Die Anforderungen an einen Menschen beeinflussen auch seine Bewältigungsfähigkeit und umgekehrt.

In der Regel sprechen wir deshalb nicht nur von „Situationen" sondern viel allgemeiner von *„prävalenten Milieus"* (vorherrschenden Milieus), in denen ein Mensch lebt. Milieus lassen sich charakterisieren durch atmosphärische Begriffe: Es gibt liebevolle Milieus, kalte, stumme Atmosphären, diffuse, nebelhafte Beziehungen, anregende Milieus. Prävalente Milieus können nachhaltige Wirkungen haben, sich als Grundstimmungen eines Menschen ein Leben lang fortsetzen, ohne daß die Betreffende die Ursachen kennen müßte (z. B. als dumpfe Freudlosigkeit oder als chronische latente Angst). Sie können sich als „Erwartungen an das Leben" oder als „Lebensgrundregeln" einnisten (z. B. „Es nützt alles sowieso nichts," oder „Niemals auffallen"), oder sie können als schwer zu überwindende Atmosphären mit bestimmten Orten oder Menschen oder Beziehungskonstellationen verbunden sein. Ein Klient wurde z. B. jedes Mal von einer kalten dumpfen Lähmung ergriffen, wenn er sein Elternhaus besuchte: Nur auf der Toilette, auf die er sich früher zurückziehen konnte, wurde ihm etwas leichter. Ein anderer „durfte"/konnte seine eigene Wohnung nicht gemütlich einrichten („Familienleben ist eben nicht gemütlich"). Bewußt wurde ihm das erst durch die Kommentare von Bekannten. Die Wahrnehmung solcher Atmosphären führt uns in der Therapie oft zum Verständnis der Einzelfaktoren, der Summe von Minibeziehungen, aus denen sich die Lebenswelt der KlientIn zusammengesetzt hat. Milieus sind ja „Synergien" aus Einzelbeziehungen.

Unter dem Begriff des *„erweiterten Kontakt-Zyklus"* sind wir den oben genannten vier Grundfaktoren und ihren Zusammenhängen schon in der Persönlichkeitstheorie begegnet (Hartmann-Kottek-Schröder 1983, v. Uexküll/ Wesiack 1986). Wir beleuchten diesen Kontakt-Zyklus jetzt unter dem Aspekt der Streßentstehung.

Ein Kontaktzyklus kann zwei Ausgangspunkte haben. Zum einen die Bedürfnisse und die Gestimmtheit des Individuums, zum anderen die Stimulierungen (Reizungen, Anforderungen) aus der Umwelt. Beide Faktoren lassen sich nur im Modell trennen, sie gehen im aktuellen Geschehen fließend ineinander über. Beide Aspekte lassen sich im Konzept der „Motivation" zusammenfassen (vgl. Kap. 5 Persönlichkeitstheorie: Leib-Selbst). Unser komplexes Modell des erweiterten Kontaktzyklus sieht also ungefähr folgendermaßen aus:

– Aus einer allgemeinen *Gestimmtheit* heraus oder als noch ganz undifferenzierte *Reizung* aus der Umwelt entwickeln sich *Bedürfnisse*.
– Diese werden langsam bewußt, werden *wahrgenommen*.
– In der Phantasie entstehen „*Suchbilder*" („Ich möchte was essen"), durch die das Bedürfnis prägnanter wird („Ich möchte was Süßes essen"). Wenn die Stimulierungen mehr von der Situation ausgehen („Hier riecht es irgendwie gut"), wird die Situation jetzt genauer analysiert, ihre *Bedeutung* wird erfaßt. Die Situation wird im Hinblick auf mögliche Bedeutungen und mögliche Bedürfnisbefriedigungen „abgeklopft" („Aha, da steht ein Obstkorb").
– Dabei werden *frühere Erfahrungen* mit solchen Bedürfnissen, mit dem Ausdruck solcher Bedürfnisse und ähnlichen Situationen mobilisiert. Sie führen zu *vorgestellten Handlungsplänen*. Diese Vorstellungen sind mit *Gefühlen* und vegetativen Reaktionen verbunden (Freude, Angst, Wut u.a.), die unter anderem ein *Signal* über die Brauchbarkeit und Gefahr der vorgestellten Handlungspläne in dieser Situation darstellen. An dieser Stelle des Kontaktzyklus spätestens kommt die gesamte *Persönlichkeitsstruktur* mit ins Spiel („Was habe ich wann und wie und wo mit Obstkörben erlebt?") Der Handlungsplan wird, evtl. in vielen Durchläufen, in der *Phantasie* modifiziert. Dabei kommen *Bewältigungs-* und *Abwehrmechanismen* der Betroffenen zum Zuge („Wenn ich mir einen ganzen Apfel nehme, gibt es furchtbaren Ärger, ich nehme mir eine Weinbeere ganz von unten").
– Und schließlich kommt es zu einem *konkreten Verhalten*.
– Wenn dann die Umwelt *passend* reagiert, kommt es u.U. zu einer Fortsetzung dieses befriedigenden *Austausches* (Papa sagt: „Nimm dir doch ruhig noch ein paar mehr Beeren") und schließlich zu einer Beendigung, weil *Befriedigung, Beruhigung* und Sättigung

eingetreten sind. Ein neues Bedürfnis kann entstehen, eine neue Situation aufgesucht werden.

Wenn die Umwelt *nicht passend* reagiert (Papa: „Klaust du schon wieder?!") muß der alte Zyklus noch einmal durchlaufen werden, bis der Handlungsplan zur Situation paßt oder das Ziel bzw. das *Bedürfnis so weit verändert* ist, daß es in der Situation befriedigt werden kann („Ich hab doch noch altes Schulbrot"). Oder es kommt zu einem echten Verzicht, oder alles bleibt *irgendwie in der Schwebe*.

Nun ist auch der sogenannte „erweiterte Kontaktzyklus" zu eng, um menschliches Verhalten befriedigend zu beschreiben. Er läßt ja die „Ziele des Bedürfnisses", also vor allem BeziehungspartnerInnen, die ja nicht nur Äpfel, sondern Zuneigung, Wertschätzung, Sicherheit und Anregungen gewähren oder verweigern können, weitgehend außer acht. Wenn wir das Modell trotzdem benutzen, um individuelle Prozesse genauer zu erfassen, so immer mit dem „Begleitbewußtsein", daß die Kontaktzyklen mit denen anderer Menschen permanent verschränkt sind.

Wenn wir den obigen Zyklus nun aus der Sicht der Umwelt, etwa der Eltern eines Kindes, durchlaufen, stehen wir schnell vor der Frage, was denn passende und unpassende Reaktionen für diese Situationen sind. Wir reagieren als „Umwelt" ja nicht „aus dem Nichts heraus", sondern eingesponnen in ein Netz von eigenen Bedürfnissen und Erfahrungen, normativen Vorstellungen und Empathie mit den Bedürfnissen des Kindes. Wir müssen uns klarwerden, welche Umwelten und Reaktionen wir für passend oder „noch passend" halten („good enough" im Sinne von *Winnicott*). Unsere Vorstellungen davon, „was ein Kind braucht", haben eine enorm große Bandbreite: von dem zwingenden biologischen *Muß*: „Ein Kind muß irgendwann etwas essen", bis zum relativ vagen gesellschaftlichen *Kann*: „Ein Kind braucht vor allem Liebe", oder „Ein Kind braucht vor allem eine feste Hand", bewegen sich unsere Maßstäbe.

Unsere gegenwärtigen mitteleuropäischen Vorstellungen über die kindliche Entwicklung sehen z. B. vor, daß ein Kind in Panik am besten durch Körperkontakt beruhigt wird, nicht durch „Ausreden" oder durch „Mundzuhalten", daß ein Kind, das fragt, eine realitätsgerechte Antwort bekommt, die in etwa seinem Horizont entspricht, nicht einen „Philosophie-Vortrag", nicht strafende Blicke für „unverschämte Fragen", daß ein Kind, das versucht, seine Schuhe zuzubinden, Ermutigung und angemessene Hilfe bekommt.

Die Beruhigung und Zufriedenheit des Kindes ist *ein* Maßstab für elterliches Verhalten, auf das sich wohl *heute* die meisten Menschen einigen würden. Noch vor 50 Jahren wäre das Hauptkriterium oftmals „gutes Gedeihen" des Kindes gewesen oder „Abhärtung". Auch die Zufriedenheit des Kindes ist aber kein absolut verläßliches Fundament für elterliche Entscheidungen. Es droht, jedenfalls ab einem bestimmten Alter, die Gefahr der Verwöhnung.

Wir haben ungefähre Vorstellungen vom richtigen elterlichen Verhalten als „gesellschaftliche Werte" und „innere Überzeugungen". Als „genügend gute Umwelt" bleiben wir doch auch immer Menschen. Wir richten uns nicht nur nach unseren Wertvorstellungen, sondern auch nach unseren eigenen unmittelbaren Bedürfnissen. Darin besteht ja der *„höhere Wert der Intersubjektivität"*: Wenn wir uns als super-gute Eltern nur nach „höheren Werten" richten würden, würden wir totalitäre Ansprüche vermitteln und/oder unglaubhaft werden.

In jeder speziellen Interaktion muß neu ausgehandelt werden zwischen Eltern und Kind, was einen Bedürfnis-Handlungs-Zyklus bei *beiden* Beteiligten gut genug zu Ende bringt. Eigentlich ist es ein Wunder, daß das überhaupt so oft klappt. Was als Fehlerquote bleibt, als Frustration auf der einen oder anderen Seite zu bewältigen ist, sind dann diejenigen frustrierenden Stimulierungen, die die Fähigkeit stärken, mit Frustrationen fertig zu werden, *sofern* diese nicht zu groß sind und zu lange andauern.

Wenn aber die Kontakte in massiver oder subtiler Weise dauernd gestört werden, so daß das Entgegenkommen der Umwelt langfristig nicht zu den Bedürfnissen des Kindes paßt, *wenn* das Entgegenkommen zu dürftig oder auch schief ist (wenn das Kind statt Zuwendung z. B. Nahrung bekommt), oder *wenn* die Anforderungen der Umwelt die Fähigkeiten des Kindes permanent überschreiten (wenn von einem sechs Monate alten Säugling Disziplin erwartet wird), *dann* entsteht eine *Krise*. Eine solche Krise, also z. B. eine Krankheit des Kindes, kann güngstigenfalls zu einer Veränderung im Verhalten der Umwelt führen, oder bei einem Erwachsenen zu einer aktiven Veränderung seines Verhaltens oder seiner Lebenswelt. Im günstigen Falle wird also durch eine *Krise* eine neue *„Passung"* erreicht. Im schlimmeren Falle wird vom Betroffenen aber *Anpassung durch Notmaßnahmen* erzwungen, die sein Verhalten, sein Fühlen, seine Wahrnehmung, sein Denken, also den Austausch mit der Umwelt einschränken. Wenn auch diese Notmaßnahmen kein neues oder nur ein sehr labiles Gleichgewicht herstellen können, entsteht eine *chronifizierte Krise*, die zu schwerer Krankheit führen und gelegentlich sogar mit Tod enden kann.

Ein solcher krisenhafter Ablauf des Kontakt-Zyklus wird mit dem Streßmodell beschrieben, auf das wir im folgenden näher eingehen (*Selye* 1957; *Lazarus*, 1976). *Petzold* hat dieses Streßmodell dadurch erweitert, daß er den *Ausdruck* von Gefühlen als wesentlichen Bewältigungsfaktor mit in dieses Modell einbezieht (*Petzold* 1988).

Wenn ein Kind schädigenden Einwirkungen ausgesetzt ist (z. B. geschlagen wird), wird es auf dreierlei Weise reagieren:

1. Es wird seinem Schmerz oder seinem Ekel *spontan Ausdruck* verleihen. Dieser Ausdruck kann allerdings z. B. durch verschärfte Schläge unterbunden werden. Auf längere Sicht kann das zu einer generalisierten *Ausdrucksblockierung* führen.

2. Das Kind wird außerdem versuchen, entweder zu *flüchten*, also beispielsweise wegzulaufen oder um Verschonung bitten, oder es wird versuchen zu *kämpfen*, sich zu wehren, mit Vergeltung drohen oder ähnlichem. Wenn Kampf oder Flucht erfolgreich sind, kann dieser Zyklus zu Ende geführt werden, der Streß läßt nach.

Aber ebenso wie Ausdruck können natürlich auch Kampf und Flucht unterbunden werden. In einem solchen Fall können generalisierte *Handlungsblockierungen* entstehen: Wenn besonders die Fluchttendenz blockiert worden ist („Komm, du alter Waschlappen!"), könnte sich langfristig die Tendenz zu überkompensatorischem Aushalten ergeben („Ich darf niemals feige sein, ich darf niemals ‚Aua', niemals ‚hör doch auf' sagen"). Wenn der Kampfimpuls dauernd blockiert wird („Ich werde dich lehren, die Hand gegen deinen Vater zu erheben!"), ergibt sich langfristig u.U. die Tendenz zu Unterwerfungen und Überanpassung.

3. Wenn die „schädigende Einwirkung" durch Flucht oder Kampf nicht verändert werden kann *und* das spontane Gefühl des

Schmerzes nicht zum Ausdruck gebracht werden darf, kommt es zu einer *Notanpassung*. Diese kann dadurch erfolgen, daß die Wahrnehmung blockiert wird, daß es zu einer *Anästhesierung* gegenüber dem Schmerz kommt. Dies kann langfristig zu generalisierten *Wahrnehmungslücken* führen. Die Abschottung gegen die Wahrnehmung des Schmerzes kann aber nicht oder nur sehr unzureichend verhindern, daß die physiologischen Gefühlsreaktionen (z. B. Pulssteigerungen, Adrenalinausschüttung, später vermehrte Cortisolausschüttung und Sekretion von Magensaft) weiter ablaufen und fixiert werden, weil der Kontakt-Zyklus nicht zu Ende kommt, die Situation nicht bereinigt wird (*Tewes* 1977). Auf diese Weise kann es zu chronischen *vegetativen Störungen* kommen.

Die Notanpassung kann aber auch darin bestehen, daß ähnliche Situationen in Zukunft *vermieden* werden, also bestimmte Menschen, bestimmte Gefühle, bestimmte Bedürfnisse „nicht mehr vorkommen". Die andauernde Erfahrung von Einflußlosigkeit kann dabei zu der (strukturellen) Grundüberzeugung führen, daß eigene Aktivität nichts nützt, weder Ausdruck, noch Flucht, noch Kampf, daß der „Ansatzpunkt der Kontrolle" ausschließlich bei anderen liegt (Theorie des „Locus of control" von *Rotter* 1966).

Ein Beispiel für einen Streßablauf mit einer anderen Ausgangssituation wäre etwa folgender:

1. Das Baby hat „Lust" auf Kontakt und blickt Mama aufmunternd an. Wenn von Mama keine Reaktion kommt (z. B. weil sie depressiv ist), kommt es

2. zur „Kampfphase": Baby wird unruhig, weint, schreit und strampelt. Wenn Mama weiterhin nicht reagiert, steigert sich die Erregung. Kontaktbedürfnis und Angst, Wut, Unruhe überlagern sich. Das Baby kann die unterschiedlichen Affekte schließlich nicht unterscheiden und nicht differenzieren lernen. Eine Chronifizierung solcher Beziehungen führt dann schließlich dazu, daß

3. das Baby apathisch wird, sich in sich selbst zurückzieht. Außerdem kann es dazu kommen, daß die Bedürfnisbildung selbst blockiert wird und daß Bedürfnisse nach Kontakt mit denen nach Flucht bzw. Kampf „vermischt" werden. Auf diese Weise können z. B. tiefreichende Nähe-Distanz-Probleme entstehen.

6.3.2.2 Das Modell „schädigender Stimulierungen"

Um die Art der schädigenden Beziehungen zwischen Individuum und Umwelt besser erfassen zu können, hat die Integrative Therapie ein relativ grobes, aber nützliches Klassifikationsraster entwickelt, das Modell der *„schädigenden Stimulierungen"* (Petzold 1988).

Im allgemeinen Sprachgebrauch der Integrativen Therapie wird der Begriff „Stimulierung" vor allem zur Kennzeichnung der Einwirkung von außen benutzt. Gelegentlich wird aber auch von „innerer Stimulierung" gesprochen und zwar zum einen als propriozeptive Reizung, wie etwa bei Magenschmerzen oder Spannungsgefühl im Rücken, zum anderen gelegentlich auch in einem metaphorischen Sinne als „innere Reizung" durch Bilder, Vorstellungen und Gefühle.

Wir möchten hier die Problematik, die mit dem Begriff „innere Stimulierung" verbunden ist, nur ganz kurz erwähnen. „Innerleiblich" (innerhalb der Grenzen der Haut) bedeutet etwas anderes als „innerseelisch" (nämlich die Gefühle und Beziehungen betreffend). Das „Innerseelische" ist als Beziehungsstruktur ebenso innen wie außen (vgl. Persönlichkeitstheorie). Das Konzept des Stimulus selbst ist Teil eines umfassenderen Beziehungs-Konzepts: nur was auf irgendeine Resonanz beim Individuum stößt, ist ein Reiz (*Bischof* 1978).

Im folgenden werden wir der Einfachheit halber von Stimulierung als äußere Einwirkung sprechen und alles andere genauer bezeichnen.

Schädigende Stimulierungen werden unterteilt in:
1. *Überstimulierung*, d.h. etwa Traumatisierungen durch Unfall oder Mißbrauch.
2. *Unterstimulierung*, also Defizite oder sehr einseitige Stimulierungen etwa nach der Art „Es ist nichts da, es gibt nichts" (keine Zuneigung, keine Spielsachen) oder „Es gibt immer nur das gleiche".
3. *Inkonstante Stimulierung*, d.h. Störungen etwa nach der Art „Heute so, morgen so", oder „Nichts wird zu Ende gebracht" oder „Alles wird gleichzeitig getan: essen und streiten, ausruhen und arbeiten oder lieb sein und abwerten oder wahrnehmen und doch nicht-wahrnehmen".
4. *Konträre Stimulierung*, also Konflikte, etwa nach der Art „Papa will es so, Mama aber so" oder „Mach Karriere, aber bleib bescheiden", „Wasch mir den Pelz, aber mach mich nicht naß".

zu 1.: *Über-Stimulierungen* (Traumata) können einzelne Ereignisse sein, wie etwa schwere Unfälle oder Mißhandlungen. Vor allem aber sind es schädigende Beziehungen, also langanhaltende, immer wiederkehrende Ereignisse im Kontakt mit anderen Menschen. Schlimme Einzelereignisse, z. B. der Tod der Mutter, wirken sich langfristig nicht traumatisierend, also krankheitserzeugend aus, wenn sie kompensiert werden können, wenn eine genügend gute Umwelt dieses Kind und die spätere Erwachsene umgibt (vgl. *Kagan* 1980).

Ein stark verkürztes Beispiel hierzu: Eine Klientin wurde als zweieinhalbjähriges Mädchen durch Verbrennungen im Gesicht schwer verletzt und war lange entstellt. Ihr Vater, dessen Liebling sie war, besuchte sie kein einziges Mal im Krankenhaus, auch nicht bei den folgenden sieben Operationen, die bis zu ihrem elften Lebensjahr vorgenommen werden mußten, weil er „das nicht aushalten konnte". Diese Klientin zog sich in sich zurück, schränkte ihre Mimik auf ein konstant leise ironisches Lächeln ein und fühlt sich bis heute als Frau „doof". Das Verhältnis zu ihrem Vater, das natürlich nicht nur im Hinblick auf die Krankenhausbesuche belastet war, hat das Trauma durch die Verbrennungen und die Krankenhausaufenthalte wahrscheinlich zu einem chronifizierten Trauma verstärkt.

Manchmal sind solche Traumatisierungen als solche gar nicht zu erkennen, sie werden nicht erinnert, etwa Schläge von gewalttätigen Eltern oder sexueller Mißbrauch im Säuglings- und Kleinkindalter. Sie werden nur leiblich erinnert, z. B. durch chronische körperliche Beschwerden, Haß auf den eigenen Körper, Mißbrauch des eigenen Körpers, diffuse existentielle Ängste.

Wenn Traumen ein lebensbedrohliches Ausmaß haben, können sie zu einer permanenten Angstreaktion, die unbeeinflußbar erscheint, und zu einer völligen Vermeidung bestimmter Verhaltensweisen führen. In der Terminologie der Verhaltenstherapie werden solche Traumatisierungen „löschungsresistent" genannt. Solche KlientInnen vermeiden peinlichst jede Situation, die auch nur entfernt Ähnlichkeit mit der ursprünglich traumatisierenden Situation haben könnte, so daß sie auch keine Chance haben, die alte Erfahrung zu korrigieren.

Zu 2.: Unter-Stimulierung (Defizite)
Zur Entwicklung seiner emotionalen, kognitiven und sozialen Fähigkeiten braucht ein Kind entsprechende Anregungen seiner Mit- und Umwelt. Ein erwachsener Mensch braucht dies fast ebenso nötig zur Aufrechterhaltung seiner Balance und seines inneren Wohlbefindens. Dabei ist es wichtig, daß sich das „Entgegenkommen" der Umwelt nach den entwicklungsbedingten Bedürfnissen richtet, daß z. B. ein Säugling im Alter von 6 Wochen im engen leiblichen Dialog mit seiner Mutter ist, gehalten und getragen wird, daß mit einem Kleinkind von eineinhalb Jahren gesprochen wird und daß es interessante Gegenstände um sich herum be-greifen kann, daß ein 3–4jähriges Kind Männer und Frauen kennenlernt, um sich Rollen anzueignen, daß eine 16jährige Modelle von Weiblichkeit vorfindet, an denen sie sich orientieren kann (vgl. Entwicklungstheorie).

Das Entgegenkommen der Umwelt bzw. die Defizite der Umwelt bleiben das ganze Leben lang relevant, fördernd und schädigend. Sie haben aber natürlich in den Lebensphasen besonderes Gewicht, in denen die Einflußmöglichkeiten des einzelnen auf seine Umwelt relativ gering sind, also in der frühen Kindheit und im hohen Alter. Die Therapie muß unter Umständen diese Defizite auffangen und auszugleichen versuchen (vgl. die „Wege der Heilung", Kapitel Therapietheorie).

Langanhaltende Defizite im emotionalen Kontakt, in der Resonanz, im leiblichen Dialog von Wollen und Aushandeln wirken sich in den ersten Lebensjahren besonders problematisch aus, weil in dieser Zeit ja die Grundstrukturen für alle weiteren differenzierteren Beziehungen und Gefühlsmuster gelegt werden. Ein Kind beispielsweise, das bis zu seinem dritten Lebensjahr kaum jemals erfahren konnte, wie es ist, liebevoll beruhigt zu werden, wird sich später nur schwer selbst beruhigen können und „dem Leben" kaum zuversichtlich entgegentreten können. Es wird evtl. kaum wissen, daß es diese Art von Gefühl, von Sicherheit gibt. Es wird sie unter Umständen deshalb gar nicht erkennen, wenn sie ihm „angeboten" wird, und nur ein *unklares Bedürfnis* nach Sicherheit behalten. Weil die Bedürfnisse nicht klar gefühlt und in Kontakt und Handlung umgesetzt werden können, kommen die entsprechenden *Kontaktzyklen* in solch einem Falle nicht wirklich zum Abschluß, ebensowenig wie früher.

Es scheint deshalb so, als wenn KlientInnen, die diese frühen Defizite erlitten haben, auch in der Therapie nicht wirklich etwas bekommen würden: die Phase der Beruhigung und Befriedigung entfaltet sich bei ihnen nicht.

Ebenso können Kinder, die nicht genug emotionale Resonanz, Spiegelung und „Interpretationen" ihrer Gefühle durch Erwachsene erfahren haben, später ihre eigenen Gefühle nicht gut verstehen, evtl. spüren sie nur „Aufregung" statt „Freude" oder statt „Ärger". Eine sehr kluge Klientin sagte einmal in der Therapie, daß sie erst mit 20 Jahren über die Reaktion ihrer Freunde gelernt habe, was sie eigentlich fühlte.

Sehr frühe und/oder langanhaltende Defizite und Traumatisierungen können zu *Schädigungen des Leib-Selbst* führen. Dies zeigt sich oft in Einschränkungen von Energie, Initiative und Handlungsbereitschaft; in einem chronischen Gefühl, ohne Kontakt zur Welt zu sein, einem Gefühl von Leere und Sinnlosigkeit; oder in einem Mangel an Selbstgefühl, Gefühl der eigenen Prägnanz und Identität. Sie können auch zum Ausdruck kommen in einer Entfremdung vom eigenen Leib, der z. B. als Maschine oder wie eine undifferenzierte Masse erlebt wird. Oder sie führen dazu, daß der Körper als das einzig Akzeptable der Welt sexuell „angeboten" wird.

Menschen mit solchen *frühen Defiziten* erscheinen sich und anderen (z. B. in der Therapie) manchmal wie unersättlich. Sie sind anstrengend und gehen gleichzeitig der TherapeutIn meist nahe, weil die Not ihrer *frühen Verlassenheit* (vgl. K. Asper 1987) deutlich spürbar ist. In solchen Fällen muß die TherapeutIn als „guter Elternteil" handeln, um diese Defizite ansatzweise ausgleichen zu können (vgl. das Konzept der Nachbeelterung bei frühen Schädigungen im Kapitel Therapie-Theorie).

Zu 3.: Inkonstante und uneindeutige Stimulierungen
Inkonstante und uneindeutige Stimulierungen sind bzw. führen zu Störungen im Erlebens- und Verhaltensablauf. Der Kontaktzyklus kann z. B. ständig zu früh abgebrochen werden oder es können zwei thematisch unterschiedliche Zyklen gleichzeitig ablaufen. Wenn z. B. eine junge Mutter beim Stillen chronisch angespannt und ungeduldig ist, verhindert sie beim Kind zwar nicht die Sättigung, wohl aber das mit Sättigung verbundene Gefühl der Beruhigung.

Außerdem wird das Lustgefühl des Saugens gestört durch die leiblichen Abwehrsignale der Mutter, die beim Kind Unruhe auslösen. Oder wenn ein Kind versucht, sich Lebenstechniken anzueignen, z. B. die Treppe raufzugehen, die Schuhe zuzubinden, Suppe zu kochen oder Türme zu bauen, und wenn dabei ein Erwachsener ständig interveniert mit Verbesserungsvorschlägen, dann wird der Kontaktzyklus zwischen Kind und Objekt („Das krieg ich schon hin") zugunsten eines Kontaktzyklus zwischen Kind und Erwachsenem verdrängt: „Ich weiß nicht, ob ich es wirklich kann. Du kannst es bestimmt besser." Auf diese Weise können sich auf die Dauer keine stabilen inneren *Erlebensgestalten* herausbilden.

Eine „Hunger-Sättigung-Gemütlichkeits-Folge" verläuft etwa so: „Ich komme hungrig und erschöpft nach Hause, gehe an meinen gut bestückten Kühlschrank, mache mir eine wunderbare Portion Lasagne, lege mich aufs Sofa und genieße Ruhe und Entspannung" (Modell: Kater Garfield). Diese Abfolge kann sich nicht entwickeln, wenn mit dem entsprechenden Gefühl von Befriedigung aufgrund früherer Erfahrungen gleichzeitig ein anderer Zyklus abläuft: „Ich muß arbeiten, ich muß etwas erledigen", wenn Unruhe und Unbehagen die Situation von Sättigung und Ruhe überlagern bzw. unterlaufen.

Diese konträren Stimulierungen lösen natürlich entsprechende physiologische Reaktionen aus: Durch die uneindeutige Stimulierung auf der physiologischen Ebene entstehen wahrscheinlich viele psychosomatischen Störungen (z. B. die Asthma-Spastik) bzw. werden verstärkt.

Besonders schlimme Störungen entstehen u.E. aus Eingriffen der Umwelt, die die *Realitätswahrnehmung* verzerren (vgl. Persönlichkeitstheorie, Interaktion), wenn der Prozeß des „Aushandelns der Realität" unterbunden wird (vgl. z. B. *Alice Miller* 1983). Es gibt unzählige Beispiele für „normale" und auch extreme Realitätsstörungen dieser Art: „Du glaubst das doch nicht wirklich!" statt: „Ich bin aber anderer Meinung als du"; oder: „Mein Schätzchen ist doch gar nicht böse auf ihre Mutti", statt: „Na ja, dann bist du jetzt eben böse auf mich"; oder wenn als Antwort auf eine Frage des Kindes: „Warum weinst du, Mama?" die Antwort kommt: „Ich weine gar nicht", oder „Geht dich gar nichts an". Hierher gehören auch die Diskrepanzen zwischen „gesagter/behaupteter" Moral und tatsächlich gelebter Moral. Wenn etwa dem Kind das Lügen bei Höllenstrafen verboten wird, der Vater aber seine Geschäftsgenossen erkennbar übers Ohr haut.

Alltägliche und unalltägliche Doppelbindungen gehören auch in diese Kategorie.

Ein Beispiel: „Ja, geh nur zu deiner Freundin, mein Kind, es gefällt dir bei anderen Leuten ja doch besser als bei mir." „Mami, das stimmt doch gar nicht, nur heute möchte ich hingehen." „Ja ja, geh nur hin, du brauchst mich nicht zu trösten." „Warum sagst du denn sowas, Mami?" „Ach, laß man, Kind."
Natürlich gefällt es diesem Kind in der lustigen Familie der Freundin besser, aber wie kann sie es ihrer leidenden Mutter ins Gesicht sagen? Diese benutzt die „Wahrheit" auf der Impulsebene („Ich will lieber zu Elfie gehen, als hier bleiben.") zur Verdrehung der Wahrheit auf der Beziehungsebene („Du liebst mich nicht genug, sonst...") und verhindert eine Klärung auf der Kommunikationsebene („Ach, laß man.") (vgl. Persönlichkeitstheorie/Interaktionsaspekt).

Dieses Kind hatte als Erwachsene später die größten Schwierigkeiten, eigene Bedürfnisse direkt auszusprechen. Sie verhedderte sich ständig in vorweggenommenen Anpassungen an die vermeintlichen Wünsche ihres Gegenübers, der Kontakt zu ihr war äußerst schwierig. Sie fühlte sich weiterhin am besten, wenn sie „woanders" war, wie damals bei der Freundin. Enge Beziehungen machten ihr Angst und diese Angst machte sie hilflos und verführte sie zum „Herumstreunen".

Auch die Konfluenz in den Beziehungen der Familienmitglieder (vgl. unten „Delegation") kann man als uneindeutige Stimulierung betrachten. Sie kommt etwa in folgenden Erwartungen bzw. Normen zum Ausdruck: „Du bist (wie) ich", oder „Wir fühlen und denken alle gleich", oder „Wir bleiben immer zusammen", „Du bleibst immer Papas süßes Püppilein". Sie verleugnen die Realität von Andersartigkeit und Veränderungen der Entwicklung und führen gelegentlich zu schlimmen Ich-Störungen des Wahrnehmens, der Abgrenzungsfähigkeit und Identitätsbildung. Oft sind psychische und psychosomatische Erkrankungen wie Depression, Abhängigkeit, Angst oder Anorexia nervosa eines Familienmitgliedes die Folge einer solchen Realitätsverzerrung durch Konfluenz.

Zu 4.: Konträre (gegenläufige) Stimulierungen erzeugen Konflikte.
Konflikte werden von den Betroffenen meist prägnanter erlebt als Störungen. Im Konflikt streben ja zwei schon relativ klar ausgebildete Tendenzen gegeneinander. Konflikte zeugen daher meistens von einer klareren Ich-Struktur als Störungen. Letztere werden diffuser, quälender erlebt.

Konflikte ergeben sich oft aus Defiziten und der daraus resultierenden Angst. „Ich habe keine Ahnung, wie Frauen sind, deshalb vermeide ich lieber den Kontakt mit ihnen, aber andererseits möchte ich natürlich Kontakt mit Frauen haben." Chronische Ambivalenzen („einerseits/andererseits") sind u.U. Konflikte, die ein Defizit oder eine Störung überlagern.

Lewin (1963) hat Konflikte eingeteilt nach der Wertigkeit, die die Konfliktziele für das Individuum haben und nach den Verhaltenstendenzen, die sie auslösen:

1. Appetenz-Aversions-Konflikte (hin zu A und gleichzeitig weg von A)
2. Appetenz-Appetenz-Konflikte (hin zu A und gleichzeitig hin zu B)
3. Aversions-Aversions-Konflikte (weg von A und weg von B, wobei „weg von A" mich zu B führt und „weg von B" mich näher zu A führt).

Ein klassischer Appetenz-Aversions-Konflikt wäre folgender: „Ich möchte mir den Ball holen, muß dabei aber an dem großen Hund vorbei." Ein anderer: „Ich möchte so stark und durchsetzungsfähig werden wie mein Vater, aber auf gar keinen Fall so autoritär und hart." Ein ausführlicheres klinisches Beispiel: Eine Klientin, die als Kind mit großer Wahrscheinlichkeit von einem Onkel mißbraucht worden war, konnte sich in einem szenischen Spiel nicht von diesem Onkel „befreien". „Wie hypnotisiert muß ich hier stehenbleiben, er lacht mich so falsch an." Wenn sie sich dem vorgestellten Onkel bis auf ca. 50 cm näherte, wurde sie starr vor Angst. Bei einem Abstand von ca. zwei Metern mußte sie anhalten; weiter weggehen durfte sie nicht, weil: „Erwachsene lügen doch nicht, er meint es doch gut mit mir, ich hab ihn doch auch gern." Bei 50 cm Nähe wurde aber das Gefühl ganz deutlich: „O Gott, gleich greift er mich."

Lewin und seine Mitarbeiter haben dieses Phänomen experimentell oft untersucht und fast exakt so beschrieben: Wenn eine Person gleichermaßen anziehend und abstoßend erlebt wird (geliebt und gehaßt wird), entsteht bei einem bestimmten Abstand eine *Fixierung*, man kann nicht weiter weg und nicht näher herangehen: der Mensch bleibt in Spannung, die Situation in der Schwebe. Dies wäre z. B. der klassische Fall für einen Nähe-Distanz-Konflikt (im wörtlichen und Beziehungs-Sinn).

Appetenz-Appetenz-Konflikte konstellieren sich nach dem Muster: „Ich möchte beides, aber beides geht nicht zusammen." Etwa: „Ich liebe beide Männer und will beide heiraten", oder „Ich möchte ein großer Held sein und gleichzeitig ein Schmusebaby". Die Lösung in diesem letzteren Konflikt läge im Nacheinander, also in einer Rollenflexibilität. Ein anderer Appetenz-Appetenz-Konflikt: „Ich möchte so gerne sein, wie Mama es will, und so, wie Papa es will. Aber beide wollen etwas anderes und dulden nicht, daß ich von beidem nur ein bißchen werde." Dieser Konflikt könnte zu Spaltungen in der Identität führen, weil durch die unbewußte Loyalitätsbindung an beide Eltern und die frühe Beziehungskonstellation („Es kann nur einer recht haben") eine Integration verhindert wird. Hier liegt ein Grundmuster für viele innere und äußere *Rollenkonflikte*, die u.U. durch Gefühlsspaltungen und Ausblendungen von Realität gelöst werden müssen. Eine Klientin z. B. hatte den chronischen Konflikt zwischen ihren Eltern über „weibliches Aussehen", den sie internalisiert hatte, so gelöst, daß sie eine sehr „brave" Frisur hatte und „oberhalb der Gürtellinie" äußerst brav gekleidet war, „unterhalb der Gürtellinie" frivoler mit Minirock und Netzstrümpfen. Die Spaltung war deutlich sichtbar.

Ein weiteres Grundmuster, das man als Appetenz-Appetenz-Konflikt bezeichnen könnte, wären *Gewissens-Konflikte*. Ihre Entstehung beruht auf dem Konflikt zwischen: „Ich möchte das, was ich will, durchsetzen" und „Ich möchte meine Eltern nicht enttäuschen". Später spielt sich dieser Konflikt dann als innerer Gewissenskonflikt ab: „Ich möchte meinen Wertvorstellungen treu bleiben, aber gleichzeitig auch mein Geld lieber für mich behalten." Ich muß also irgendwie beides mit meiner *Identität* vereinbaren, ich bin in einem Appetenz-Appentenz-Konflikt.

Es gibt aber auch Moral-Konflikte, die sich besser als Appetenz-Aversions-Konflikte verstehen lassen. Der Prototyp dafür ist: „Ich möchte diese Bluse stehlen, habe aber Angst vor Strafe." *Kohlberg* (1971) hat diese Art des Gewissens-Konflikts einem frühen Stadium der Gewissensentwicklung zugeordnet.

KlientInnnen mit sehr abwertenden, zum Teil bösartigen und moralisch unerbittlichen Gewissensinstanzen und negativer Identität („Ich tauge nichts", „Ich bin an allem schuld") können die eigenen Bedürfnisse und die eigenen Gewissensnormen bzw. die eigene Identität oft nicht integrieren. Das eine bleibt ganz rigide vom anderen getrennt. Sie haben die „bewertende Instanz" nicht integrieren können als „eigene Werte". Eine Seite ihres Konflikts muß abgespalten werden (Aversion): Entweder die moralische Instanz ist fremd und unerbittlich oder – und das öfter – die eigenen Wünsche sind unakzeptabel („Ich bin ein Schwein"). Beide Appetenzen (Bedürfnisse und Gewissensnorm) können nicht als Konflikt „unter dem Dach des Ich" vereinigt werden. Auf einen besonders wichtigen Aspekt von Selbstwert-Konflikten, nämlich Scham, weist *Wurmser* (1990) in seinem Buch „Die Maske der Scham" hin.

Aversions-Aversions-Konflikte bedeuten klassischerweise die Wahl zwischen zwei Übeln, also etwa: „operieren oder abwarten", „Chemotherapie oder nicht".

Doppelbindungen (*Watzlawick* u.a. 1969) funktionieren nach der Art von Aversions-Aversions-Konflikten: „Sage ich meine Meinung, gelte ich als frech. Sage ich sie nicht, gelte ich als feige und verlogen." Oder: „Du lachst und freust dich des Lebens, obwohl es mir so schlecht geht!!" und eine Stunde später: „Du lachst überhaupt nicht mehr, du bist wohl nicht gern mit mir zusammen."

6.3.2.3 Das Modell gestörter Kontakt-Zyklen

Nach diesem „Konflikt-Puzzle" wollen wir jetzt untersuchen, wie sich die schädigenden Stimulierungen auf den Persönlichkeits-Prozeß auswirken. Wir fassen dazu das „Modell der schädigenden Stimulierungen" und das „Modell des erweiterten Kontaktzyklus" zusammen und erhalten daraus das Modell „gestörter/blockierter Kontaktzyklen" (*Hartmann-Kottek-Schröder* 1983).

Dieses Modell erlaubt uns, die Erscheinungsformen („Phänomenologie") der Schädigungen und Blockierungen und ihre möglichen Ursachen genauer zu erfassen:

1. *Bedürfnisse können sich nicht klar herausbilden.* Die KlientIn fühlt keine Wünsche, hat nur vage Gefühle, oder sie hat nur ein einziges Motiv, fühlt sich meist nur aufgeregt oder ruhig. Sie entwickelt nur ungenaue „Leibgefühle" (wie z. B. Anspannung), deren Situationsbezug nicht deutlich ist.

Gründe hierfür können sein: Keine leibliche Resonanz der frühen Bezugspersonen, z. B. durch Hospitalismus oder andere Arten früher Vernachlässigung (Defizit); frühe schwere körperliche Traumata oder Mißbrauch (Über-Stimulierung); häufiges falsches oder Nicht-Reagieren der Bezugsperson, z. B. Nahrungsangebot bei Kontakt- oder Spielbedürfnis; keine Abgrenzung von „meinen und deinen Bedürfnissen" (Konfluenz) durch überfordernde, z. B. extrem bedürftige oder leistungsorientierte Eltern (Über-Stimulierung).

2. *Die Wahrnehmung des Bedürfnisses oder der Ausdruck des Bedürfnisses gelingt nicht,* z. B. weil Wahrnehmung und Ausdruck insgesamt tabuisiert sind oder weil sie im Konflikt mit anderen Bedürfnissen stehen.

Gründe hierfür können sein: Mißbrauch und Gewalt (Überstimulierung), die tiefreichende Ängste vor Bedürfnis-Ausdruck erzeugt haben; permanente grobe Verwöhnung (Dauer-Stimulierung); mangelnde frühe Resonanz und Interpretation des emotionalen Zustandes des Kindes durch Erwachsene (Defizite); systematisches „Danebenreagieren" der Bezugspersonen; Übersehen, Überhören bestimmter emotionaler Qualitäten (z. B. von Aggressivität, von Sexualität, Trauer oder Wut); die Dominanz eines einzigen „Familienbedürfnisses", dem alles andere unterstellt worden ist; zu viele nicht erfüllte Bedürfnisse (eigene und fremde) in einem Beziehungsfeld; strenge Tabus und Wertekonflikte.

3. *Die Gelegenheit zur Bedürfnisbefriedigung wird nicht gesehen oder falsch eingeschätzt.* Hier sind vor allem *Übertragungen* ursächlich („Mich mag sowieso keiner."), aber auch z. B. rigide Bindungen an Rollenvorschriften und Verhaltensweisen einer bestimmten Sozialschicht („Immer sparsam und bescheiden sein", oder „Der Besuch

des Gymnasiums ist doch undenkbar"). Auch chronische akute oder frühere Leistungsüberforderungen behindern die Wahrnehmung von Gelegenheiten. Wenn z. B. eine 6jährige acht Stunden lang auf dem Feld arbeiten mußte (Überstimulierung), sieht sie auch später die Gelegenheit zum Spielen nicht. Ebenso behindern chronische Zurücksetzungen in der Familie (z. B. *„Du* bekommst das nicht", Störung) die Wahrnehmung von Gelegenheiten. Auch Konflikte zwischen Bedürfnis und Angst können Blockierungen der Wahrnehmung auslösen („Ich sehe die Gelegenheit nicht, mein Bedürfnis zu befriedigen, dann kann mir nichts passieren").

4. *Die Umwelt stellt keine Befriedigung bereit.* Solche Defizite können bedingt sein z. B. durch Armut, das Leben im Waisenhaus, im Altersheim, durch Arbeitslosigkeit, Bindung an behinderte Angehörige oder Verwitwung, chronisch überlastete Eltern.

5. *Es gibt keine oder falsche Vorstellungen über Handlungsmöglichkeiten.* Der KlientIn fehlen Erfahrungen und Modelle, wie sie etwas machen könnte. Sie hat nur inadäquate Modelle und keine entsprechenden Rollen zur Verfügung, z. B. keine altersgemäßen Kontakte (Defizite der Rollenkompetenz). Auch Verwöhnung und mangelnde Information können Vorstellungen von Handlungsmöglichkeiten einschränken, ebenso permanente Entmutigung oder altersinadäquate Forderungen (Über-Stimulierung). Auch ein dauernder Wechsel der Umwelten und Bezugsgruppen kann Anlaß für Rollendiffusion werden (Störung).

6. *Geplante Handlungen können nicht ausgeführt werden,* z. B. wegen eines inneren Konflikts zwischen verschiedenen Handlungstendenzen, durch Werte-Konflikte („Sei eine fesche selbständige Frau"/ „Sei eine liebevolle mütterliche Frau"). Durch Unvereinbarkeit von Rollen, durch Delegationen und/oder chronische Ambivalenz (Konflikte) können Einschränkungen der „Rollen-Performanz", der Handlungsfähigkeit, entstehen. Ambivalenzen können sich auch als allgemeine Identitäts- oder Ich-Problematik („Ich bin doch viel zu dumm/ungeschickt/schüchtern dazu") zeigen.

7. Die KlientIn *fühlt keine Befriedigung oder Beruhigung,* weil sie z. B. als Kleinkind das Gefühl der Befriedigung zu wenig erfahren hat (frühe Defizite). Sie fühlt keine Befriedigung, z. B. wegen tabu-

bedingter Scham (Konflikt), wegen Perfektionismus oder Dauerstimulierung, verbunden mit Gier oder Maßlosigkeit. Beruhigung kann auch verhindert werden durch die Unfähigkeit zu Verzicht und Trauer, z. B. wegen unbewußter Rachebedürfnisse.

8. *Die Umwelt oder die KlientIn lassen den Ausdruck der Befriedigung bzw. Beruhigung nicht zu*, z. B. durch ein Verbot zu trauern, durch eine allgemeine asketische Lebenshaltung, durch die Tabuisierung von Lust oder Freude oder durch Neid als Grundbeziehung in der Familie.

Kontaktzyklen und Ko-respondenzprozesse, die auf diese Weise permanent gestört und blockiert werden oder wurden, kann man als *unvollendete Gestalten* ansehen, die auf Abschluß und Beruhigung dringen, also einen Motivationscharakter behalten („Wiederholungszwang"). Man kann vor diesem Hintergrund auch ein Phänomen verstehen, das man in der Therapie immer wieder beobachten kann: Bevor eine KlientIn verzichten und trauern kann über das, was sie als Kind nicht gehabt hat und nicht mehr bekommen wird, muß sie ihre Wut darüber empfinden und ausdrücken. Vor der Beruhigungsphase, also auch der Trauerphase, steht die Aktionsphase.

Wenn man bedenkt, daß es sich bei den Schädigungen um vitale Bedürfnisbereiche handeln kann, wie z. B. das Bedürfnis nach Unabhängigkeit oder nach Abhängigkeit, nach Nähe oder Distanz, das Bedürfnis nach Ausdruck in Bewegung und Mimik, das Bedürfnis nach Achtung und Anerkennung, nach Sexualität, so wird deutlich, welche Intensität chronischer Streß durch Bedürfnisblockierung erreichen kann, *sofern es keine Kompensationsmöglichkeiten gibt*.

Alle Menschen können bis zu einem gewissen Grade das, was sie wollen, aber nicht bekommen, ersetzen und ausgleichen durch das, was sie nicht so intensiv wollen, aber bekommen können. Die „Motivationszyklen" sind bis auf bestimmte Grundbedürfnisse nicht rigide festgelegt (deshalb der Begriff „Motivation"). Wenn ein Kind aus der Kälte und Hektik seiner Familie gelegentlich in die gemütliche Wohnung der Großmutter gehen kann oder aus der Dauerberieselung durch Mutters Vorwürfe öfter mal in die lustige Familie der Freundin, so kann der Streß in der Grundbeziehung unter Umständen bewältigt und ausgehalten werden. Voraussetzung hierfür ist es allerdings, daß die Umwelt differenziert genug ist, damit überhaupt Kompensationsmöglichkeiten bestehen.

Totale Umwelten (wir benutzen den Begriff der „totalen Institution" von *Goffman* in etwas abgewandelter Form, *Goffman* 1974) wie z. B. manche Kliniken, Gefängnisse, hermetische Sekten oder „hermetische Familien" schließen durch Vereinheitlichung und meist auch Zwang die Kompensationsmöglichkeiten praktisch aus bzw. schränken sie sehr stark ein.

Dauerkompensationen bringen immer die Gefahr mit sich, daß schließlich der Ersatz, die Kompensation, für das „Eigentliche" gehalten wird, daß man nur noch das will, was man bekommen kann, also z. B. „Schokolade" statt „einen Mann". So kann es passieren, daß man unter Umständen gar nicht mehr wahrnimmt, daß die Gelegenheit zur Befriedigung des eigentlichen Bedürfnisses jetzt gegeben wäre. Als Phase 3 und 5 des erweiterten Kontaktzyklus haben wir dieses Phänomen beschrieben. Wenn wir erleben, daß ein Mensch das, was er doch „eigentlich" will, nicht anstrebt, muß das nicht in jedem Fall auf Angst oder einem inneren Konflikt beruhen (Phase 6 des Kontaktzyklus), es kann auch eine chronifizierte Kompensation, beruhend auf früheren Defiziten, sein.

6.3.2.4 Bereitstellungs- und Ausdruckserkrankungen

Wir kommen in diesem Abschnitt noch einmal zurück zu einem anderen Aspekt des erweiterten Kontaktzyklus. Wenn „angefangene" Kontaktzyklen *chronisch blockiert* werden, kann es zu einer Dauererregung bestimmter vegetativer Systeme und u.U. schließlich zu krankhaften Veränderungen kommen. Der Organismus ist schon in den ersten Phasen des Kontaktzyklus physiologisch auf eine bestimmte Stimmung, ein sich entwickelndes Bedürfnis eingestellt (z. B. Ruhe oder Flucht). Diese Gestimmtheit braucht überhaupt noch nicht bewußt zu sein, als Bedürfnis überhaupt noch keine Prägnanz zu haben. Wenn diese Bedürfnisbildung sehr früh blockiert wird (z. B. aus Angst vor Enttäuschung oder Rache), oder wenn sich Gestimmtheiten nicht voll zu Bedürfnissen entwickeln können, weil die entsprechende Differenzierung nie gelernt worden ist (z. B. die Unterscheidung von Ärger und Angst), dann kann der

Mensch sich nicht so verhalten, daß sein Bedürfnis wirklich befriedigt wird. Es bleibt also in der Schwebe. Diese physiologischen Dauererregungen können dann zu funktionellen und organ-pathologischen Veränderungen wie Entzündungen oder Schwächungen des Immunsystems führen, also auch zu schweren somatischen Erkrankungen. Weil der Organismus sich physiologisch bereitstellt für ein bestimmtes Handlungs- und Reaktionsmuster (z. B. die Produktion von Magensaft bei Hunger oder von Adrenalin und Noradrenalin bei Kampfstimmung), werden die Krankheiten, die aus dieser Bereitstellung resultieren, auch *Bereitstellungserkrankungen* genannt (*von Uexküll / Wesiack* 1986). Der essentielle Bluthochdruck ist z. B. eine solche Erkrankung: der Blutdruckanstieg ist eine Bereitstellungsreaktion für Kampf- oder Fluchtaktionen, die ohne Ausführung entsprechender Handlungen (Kämpfen oder Flüchten) nicht zu einem Abklingen kommen, der Organismus bleibt „bereit".

Diejenigen Erkrankungen, die darauf beruhen, daß Bewegungsentwürfe, Handlungsansätze gebremst bzw. eingefroren werden, werden „*Ausdruckserkrankungen*" genannt. Wenn wir im Modell des Kontaktzyklus bleiben, so sind diese Bedürfnisse gewissermaßen schon „weiter gediehen", nicht mehr in der Phase der Bedürfnisbildung, sondern schon in der Phase des Handlungsplanes. Der Handlungsansatz mit entsprechenden muskulären Reaktionen ist schon sichtbar, wird aber kurz vor der Ausführung blockiert (Phase 6 des Kontaktzyklus), wie z. B. die Faust, die zuschlagen will, oder der Kopf, der sich anlehnen will. Dies sind Erkrankungen, die mehr die Funktionen der Sinnesorgane und vor allem der Willkürmotorik betreffen (den perzeptiven und expressiven Leib). Die „eingefrorenen" Verhaltenstendenzen bringen die Problematik der Beziehung, den Konflikt der KlientIn direkter *zum Ausdruck* (wie z. B. der zeitweilig gelähmte Schlagarm). Sie eignen sich deshalb auch besser für den *symbolischen Ausdruck* von Beziehungsstörungen: man denke z. B. an die „schlappen" hängenden Augenlider eines Menschen, der nichts mehr sehen will, oder die leicht schiefe und abgewandte Kopfhaltung dessen, der seinem Gegenüber nicht traut.

Das *szenische Leibgedächtnis* (vgl. oben memorativer Leib) führt uns mit Hilfe eines leiblichen Symptoms oft relativ direkt zu den Ursprungsszenen, in denen dieser Handlungsimpuls „eingefroren" wurde (z. B. als Ausdruck eines Konflikts über „Zuschlagen oder

Dulden") (*H. Heinl* 1991). Die szenische Darstellung, z. B. im psychodramatischen Rollenspiel, ermöglicht es unter Umständen, die eingefrorene Handlung auszuführen und sie dadurch in ihrer ursprünglichen Tendenz wiederzuerkennen. Die Spannung wird dadurch abgebaut; es können adäquatere Formen der Auseinandersetzung entwickelt werden. Nach einem solchen Rollenspiel sagte ein Klient einmal spontan zu seiner Faust: „Also, das hast du gewollt!"

Der Begriff „Ausdruckserkrankung" für einen bestimmten Typus psychosomatischer Störungen darf nicht verwechselt werden mit den Störungen der Ausdrucksfähigkeit, der Mimik und Gestik, also etwa einem chronisch versteinerten Gesicht oder einem hölzernen automatenhaften Gang. Diese Störungen werden von der KlientIn selbst unter Umständen nicht als Problem empfunden. Sie können aber Ausdruck von Krankheit sein, wie im Extremfall die Ausdrucksstarre bei schweren Depressionen und katatoner Schizophrenie zeigt.

Der *Uexküll*sche Begriff der „Ausdruckserkrankungen" ist ein theoretisches Konzept, es enthält eine *Erklärung* der sichtbaren Symptome, also etwa der Lähmung des rechten Armes als Ausdruck eines aggressiven Beziehungskonflikts. Der Begriff der „Erkrankung der Ausdrucksfähigkeit" ist zunächst ein *beschreibender* Begriff, er bezieht sich auf ein Phänomen: „Etwas mit der Ausdrucksfähigkeit dieses Klienten stimmt nicht." Das *kann*, muß aber nicht, darauf beruhen, daß ein Beziehungskonflikt auf diese Weise zum Ausdruck kommt.

Bereitstellungs- und Ausdruckserkrankungen sind nicht prinzipiell voneinander zu trennen. Auch Bereitstellungserkrankungen können – wenn auch wesentlich indirekter und vielschichtiger – Beziehungsstörungen symbolisch zum Ausdruck bringen. Im Rahmen unseres Buches können wir jedoch die schwierige theoretische Auseinandersetzung über die Symbolisierungsfähigkeit vegetativer Systeme nicht führen.

6.3.3 Das entwicklungstheoretisch begründete Struktur-Modell

6.3.3.1 Entstehung und Formen geschädigter Strukturen

In diesem Abschnitt werden wir uns zunächst mit Schädigungen des *Leib-Selbst*, des *Rollen-Selbst*, des *Ich* und der *Identität* beschäftigen. Wir werden dann, anhand eines komplexeren Beispiels, auf Abwehrmechanismen eingehen und verdeutlichen, wie diese sich verfestigen und nun ihrerseits zu Strukturen werden können.

Wenn Menschen in dem Prozeß der Entwicklung von Handlungsstrategien, Lebenstechniken, Motivationen und Beziehungsmustern vor allem *Notfallprogramme* entwickeln *müssen* (z. B. Unterwerfung), weil sie ständig oder zu oft in Gefahr sind, oder wenn sie nur Notprogramme entwickeln *können*, weil sie nicht genügend Angebote oder Modelle bekommen oder weil ihre Bedürfnisse dauernd nicht befriedigt werden, so sind sie für das Leben in anderen Situationen und in anderen Beziehungen und Milieus nicht gut gerüstet. Sie merken beispielsweise, meist nach einer langen Leidensgeschichte und evtl. auch nur in groben Umrissen, daß „etwas mit ihnen nicht zu stimmen scheint". Ein Klient spürt zum Beispiel, daß die meisten Menschen, anders als seine Eltern und Großeltern, es nicht mögen, wenn er sich sehr schnell unterwirft bzw. anpaßt. Ändern kann er sein Verhalten nur schwer, die Anpassung als Abwehr von Beziehungsangst ist zu seiner *Persönlichkeitsstruktur* geworden, seinem Basis-Beziehungssystem. Diese Struktur, die früher in seiner Familie evtl. die einzig mögliche „Überlebensstrategie" war, reicht heute nicht aus, um in neuen Beziehungen und neuen Milieus zurechtzukommen. Der Klient gerät so erneut in eine permanente Gefahr (Streß), gegen die er weitere Notprogramme (Abwehr und Bewältigung) entwickeln muß. Er „entwickelt" z. B. chronische Kopfschmerzen, die den Kontakt mit anderen Menschen verhindern und ihn zeitweilig aus dem Streß herausnehmen. Diese „Notlösung" löst aber seinen gegenwärtigen Konflikt nicht: Ein Verhalten, das bisher seine Angst erleichtert und ihm leidlich gute Beziehungen ermöglicht hat, die Strategie der Anpassung nämlich, ist nun die Quelle von Gefährdung. Und was ihm heute die ersehnte

Sicherheit und Stabilität in seinen Beziehungen bringen *könnte*, nämlich selbstbewußtes Auftreten, das war früher fast lebensbedrohlich. Er gerät in einen Teufelskreis, wenn er sich vornimmt, sich genau richtig zu verhalten, damit die Leute ihn mögen; oder im Gegenteil, sich betont nichtangepaßt zu verhalten, damit die Leute ihn auf diese Art mögen.

Gerade durch seine permanente Bemühung erzeugt er die Situationen, die er fürchtet. Er ist in seinem Programm und Gegen-Programm, in seinem *Narrativ* gefangen: „Ich kann tun, was ich will, Sie verachten mich doch." *Freud* hat diese Situation *Wiederholungszwang* genannt.

Dem Phänomen der *schicksalhaften Wiederholung von selbst-schädigendem Verhalten* sind wir in unserer Darstellung schon in verschiedener Form begegnet. Zum einen in der eben besprochenen Form der *Bewältigungsstruktur*: mit früheren Notprogrammen, die heute untauglich sind, versucht ein Mensch immer wieder, seine Probleme zu lösen. Dabei *erzeugen* seine Notprogramme heute sein Problem – *Watzlawick* (1969) nennt dieses Muster „mehr desselben".

Wiederholungszwänge ergeben sich aber auch in der Form der *schicksalhaften Wiederholung*: „So wie die Welt mit ihren Szenen und Beziehungen sich mir eingeprägt hat, so sehe ich sie und so kommt sie durch mich auch wieder zum Ausdruck": „Familie ist eben so", „Männer sind eben so", „So spielt sich das Leben eben ab" (*Eindrucks-Ausdrucks-Struktur*). Diese Wiederholungen kann man als Modell-Lernen, als soziales Lernen verstehen (*Bandura* 1971). Aus der Fülle der Verhaltens- und Erlebensmöglichkeiten, die es gibt, bietet mir meine Umwelt eine Auswahl von Lebensweisen und Rollen an, die ich aufnehme und die mir latent als Modell zur Verfügung stehen (Rollen-Repertoire). Welche von ihnen ich – teilweise oder gänzlich – übernehmen werde (Rollen-Performanz), hängt von sehr vielen Faktoren ab. Einer davon ist sicher die emotionale Intensität, mit der mir diese Rollen und Lebensweisen vermittelt worden sind. Wenn mein Großvater, mein Großonkel und mein Onkel mit 45 Jahren am Herzinfarkt verstorben sind, mein Vater mit 45 Jahren eine Herzneurose entwickelt hat, dann kann ich mich im Alter von 45 Jahren unter Umständen nicht gegen hypochondrische Ängste wehren, auch wenn mir mein Arzt hundertmal versichert, daß mein EKG völlig in Ordnung ist.

Schließlich kann man selbstschädigende Wiederholungszwänge auch als *Motivations-Struktur* verstehen, als Bemühen, „alte Rechnungen" zu begleichen, „unerledigte Geschäfte" zu erledigen, „offene Gestalten" zu schließen (*Goldstein* 1934): „Endlich sich rächen", „Endlich Gerechtigkeit erfahren", „Endlich restlose Geborgenheit spüren".

Wenn man den Begriff des Wiederholungszwangs unter diesen drei Aspekten (Bewältigungsstruktur, Eindrucks-Ausdrucksstruktur, Motivations-Struktur) sieht, kann man das Wesen geschädigter Persönlichkeitsstrukturen recht gut erfassen.

Gestörte oder defizitäre Persönlichkeitsstrukturen finden sich einerseits wieder in eingeschränkter und unzureichender Aktions- und Ko-respondenzfähigkeit (Kontakt nach außen) und andererseits in gestörten inneren Prozessen im Umgang mit sich selbst (Kontakt nach innen): Wenn jemand in seinen früheren Beziehungen vor allem Druck und Einengung erfahren hat, dann wird er auch in heutigen Beziehungen Druck und Einengung erwarten, sich entsprechend verhalten und zur „scheinbaren Lösung" von Problemsituationen auch Druck und Einengung auf sich selbst ausüben. Wenn z. B. eine KlientIn als Kind erfahren hat, daß sie nur dann Wert hat, wenn sie für ihre Eltern sorgt, wird sie unter Umständen ihr Leben lang entweder direkt bei ihren Eltern bleiben und diese versorgen (in einer „Elternrolle" für die Eltern bleiben) oder sie wird andere Menschen vor allem unter dem Aspekt der Fürsorge sehen und behandeln (Übertragung). Wenn die anderen Menschen ihre Fürsorge aber gar nicht wollen, wird sie möglicherweise in eine Selbstwertkrise geraten.

Wenn Menschen kein klares *Leib-Selbst* entwickelt haben, keine integrationsfähigen *Ich-Funktionen* oder eine *diffuse und/oder negative Identität*, wenn ihr Bild vom *„inneren Anderen"* unzuverlässig, bösartig oder diffus ist, dann sprechen wir von *Schädigungen der Grundstruktur*, der Persönlichkeitsstruktur 2. Ordnung (vgl. Kapitel Persönlichkeitstheorie). Solche KlientInnen gehen schlecht mit sich um, können sich auf sich selbst nicht verlassen. Oder es fehlen ihnen „Ur-Rollen", „Schemata" von „guter Väterlichkeit und guter Mütterlichkeit", d.h. sie können sich bei Krisen nicht selbst gut versorgen oder vor Selbstschädigung bewahren.

Solche gravierenden Strukturschädigungen zeigen sich auch darin, daß komplizierte Sachverhalte, etwa daß ein Mensch zornig ist und gleichzeitig lieben kann, zu *Verwirrung* oder *Spaltung* führen: „Heute bin ich zornig, morgen liebevoll, aber von meinem Zorn von gestern weiß ich dann heute nichts mehr." Die beiden konträren Gefühle können nicht integriert werden in eine gemeinsame Struktur etwa nach der Art: „Ich bin zwar zwiespältig im Moment, aber ich bin doch eine Person." Deshalb sprechen wir davon, daß der Prozeß der Strukturbildung selbst gestört ist, daß das *„Ich"* unterschiedliche Strebungen nicht genügend integrieren kann.

Von Schädigungen der *Identität* sprechen wir, wenn die KlientIn z. B. nicht klar unterscheiden kann, wer sie und wer „der Andere" ist, was sie fühlt und was „der Andere" fühlt. Damit kann sekundär ein quälendes Defizitgefühl verbunden sein: „Ich habe keine eigene Persönlichkeit."

Ein solches Konfluenzgefühl (Strukturproblem 2. Ordnung) unterscheidet sich prinzipiell von einem Strukturproblem 1. Ordnung. In einem Konflikt z. B. zwischen Abgrenzungswunsch und Liebesbedürfnis („Ich darf nicht nein sagen, sonst mag der andere mich nicht mehr") ist die Abgrenzung zwischen „Ich" und der „andere" klar, auch der Konflikt ist klar: „Ich will mich selbst behaupten" steht gegen „Ich will geliebt werden".

Störungen der Struktur 1. Ordnung lassen sich meist klarer erfassen und sind umschriebener, bewußtseinsnäher.

Hier zwei Beispiele, mit denen wir den Unterschied zwischen Schädigungen der Stuktur 1. und 2. Ordnung deutlich machen wollen:

Schädigung 2. Ordnung, Störung der Grundstruktur: Eine Klientin bekam Anfälle panischer Angst, sobald sie längere Zeit allein war. Sie empfand dann eine Bedrohung, als würde sie sich völlig auflösen. Ohne den ständigen leibhaftigen Kontakt zu irgendwelchen Menschen, die sie gar nicht besonders gern haben mußte, verlor sie das Grundgefühl, überhaupt als eigenes Wesen vorhanden zu sein.

Schädigung 1. Ordnung: Eine andere Klientin bekam ebenfalls Anfälle panischer Angst, sobald sie allein war. Hier ergab die genauere Schilderung der Umstände aber, daß diese Angst nur aufkam, wenn sie in der Wohnung der Eltern allein war. Es gab dort ein wertvolles Kaffeeservice, das den zwanghaften, aber weitgehend verdrängten Wunsch bei ihr auslöste, dieses zu zertrümmern. Es lag also ein klarer Konflikt mit den Eltern vor.

Defizite und Störungen wirken sich besonders gravierend aus, wenn sie in einer Phase eintreten, in der sich im Reifungsprozeß eine neue Funktion entwickelt, man kann auch sagen, ein neues Lebensthema anklingt. Ohne kompensatorische Erfahrungen können so ganze Funktionsbereiche unterentwickelt bleiben und zu tiefgreifenden Schädigungen der Persönlichkeitsstrukturen führen. Wenn z. B. ein Kind, das laufen lernt und die Welt erobern will, dauernd daran gehindert wird, wird es als Erwachsene unter Umständen Schwierigkeiten haben mit dem „Draufzugehen". Wenn beim Sprechenlernen ein Dreijähriger veralbert wird oder wenn niemand antwortet, wird er Schwierigkeiten im sprachlichen Ausdruck und sprachlichen Austausch haben. Wenn ein Kind nicht spielen durfte, kann es sein, daß es als Erwachsener u.U. knochentrocken und pflichtfixiert bleibt und Lust am Spielen kaum oder gar nicht mehr entwickeln kann. Eine Jugendliche, der die körperliche sexuelle Reifung nur als Elend oder „Schweinkram" interpretiert und vorgelebt wird, wird wahrscheinlich Schwierigkeiten mit der sexuellen Empfindungsfähigkeit haben, sofern sich keine Kompensationsmöglichkeiten ergeben. Jede Entwicklungsstufe schafft ja gewissermaßen eine neue Urszene: Der erste Schulbesuch, das erste Mal in der Disco, der erste Freund eröffnen ganz neue Lebensbereiche, die gefördert oder auch blockiert werden können. Wir haben darüber ausführlich im Kapitel Entwicklungstheorie geschrieben und belassen es hier deshalb bei der kurzen Andeutung dieser Art von strukturellen Persönlichkeitsproblemen.

6.3.3.2 Schädigungen der Grund-Strukturen Leib-Selbst, Rollen-Selbst, Ich, Identität

Im folgenden stellen wir überblicksartig zusammen, wie sich Schädigungen der Grundstruktur (also frühe Schädigungen) in bezug auf Leib-Selbst, Rollen-Selbst, Ich und Identität zeigen können.

Schädigungen des Leib-Selbst zeigen sich z. B. in Energie-Verlust, leiblicher Entfremdung, Roboter-Gefühl, Haß auf den eigenen Körper, Bedürfnis-Diffusion, chronifizierten Zuständen von Engung (Angst) oder Weitung (Zerfließen), Gefühlen von Leere, Sinnlosigkeit, in groben Verzerrungen des Körperbildes, in Chronifizierungen von Grundstimmungen, vor allem Düsternis, Panik, Euphorie, im Abspalten des Körpers oder einzelner Körperteile („Von der Taille abwärts spüre ich mich nicht, ich bin wie ein Kloß.").

Schädigungen des Rollen-Selbst zeigen sich in fehlender oder mangelnder Rollenflexibilität und Rollendifferenzierung (es gibt unter Umständen nur ein Verhaltens-Schema, nur eine Rolle für alle - Situationen), oder darin, daß kaum konsistente Verhaltens-Schemata existieren, daß die Rollenbildungsfähigkeit beschränkt ist und die Tendenz zu „totaler" Anpassung überwiegt. Störungen des Rollen-Selbst zeigen sich auch in einem Mangel an Empathie oder einer schwer bestimmbaren Unfähigkeit, Atmosphärisches wahrzunehmen oder auszustrahlen.

Schädigungen des Ich können sich zeigen in ständigem Wechsel von Gefühlen, Themen oder Standpunkten, so daß unklar bleibt, wer agiert oder was gemeint ist. Dabei bemerkt die KlientIn diese Wechsel nicht (Spaltung). Sie können bestehen in einer Unfähigkeit zu Exzentrizität (also sich zu relativieren) und in mangelnder Fähigkeit, über Beziehungs-Störungen zu sprechen (Meta-Kommunikation), in mangelnder Fähigkeit zu Phantasie, zu Zukunfts-Gefühlen. Sie können sich zeigen in chronischer Verwechslung von Wunsch und Wirklichkeit, in der Unfähigkeit, Impulse zu kontrollieren, in der Unfähigkeit, „Gefühle" zu haben, nicht nur „leibliche Empfindungen" (vgl. Kap. Persönlichkeitstheorie).

Schädigungen der Identität werden deutlich in starren Trennungen zwischen den verschiedenen Säulen der Identität (Im materiellen Bereich z. B. fühle ich mich wie ein ‚reicher Potentat', im Leibbereich wie ein ‚mickriges Hühnchen') oder auch in Trennungen innerhalb der „Identitätsbereiche": „Ich finde mich schön *und* ich mag mich nicht berühren." Im Extrem können sich „getrennte Identitäten", nämlich eine multiple Persönlichkeit, herausbilden: „Heute bin ich die böse Anna, und morgen bin ich, ohne den Wechsel zu merken, die engelsgleiche Berta." Es kann auch zu krassen Unterschieden zwischen Fremd- und Selbstwahrnehmung kommen (einer Tendenz zu Projektionen und paranoiden Reaktionen: „Du bist raffgierig, nicht ich!").

Besonders problematisch als Identitäts-Störungen sind die Vernichtungs-Identitäten („Ich bin nichts") und die sadistischen Gewissens-Instanzen.

Eine gute Darstellung dieser Grund-Schädigungen findet sich bei *Scharfetter* (1991), eine leicht lesbare Beschreibung der „Borderline-Persönlichkeit" bei *Kreisman/Straus* (1989).

6.3.3.3 Abwehrmechanismen

6.3.3.3.1 *Konzeptklärung: Abwehr, Widerstand, Blockierung*

Das Konzept des Abwehrmechanismus stammt aus der psychoanalytischen Tradition. Es beruht – vereinfacht ausgedrückt – auf dem Modell des inneren Konflikts zwischen „Über-Ich" und „Es" (vgl. Persönlichkeitstheorie). Abwehr in diesem Sinne sind „alle Operationen des psychischen Apparates gegen unannehmbare Impulse". Von vielen TherapeutInnen wird Abwehr auch weitgehend in diesem Sinne, nämlich als Impuls-Abwehr, verstanden.

In der Integrativen Therapie ziehen wir es vor, Abwehr unter einer etwas erweiterten Perspektive zu betrachten: Als psychophysische Überlebenstechnik schlechthin, als Abwehr von Angst, unabhängig davon, ob die Bedrohung aus einem inneren Konflikt erwächst, aus Traumatisierungen, Defiziten oder Konflikten zwischen Individuum und Umwelt. (Mehr dazu im Abschnitt „Spezielle Aspekte der Abwehr" weiter unten.)

Wir besprechen Abwehrmechanismen hier unter dem Struktur-Aspekt, als eingeschliffene Strategien. Dies ist eine relativ willkürliche Einengung, weil auch Abwehrmechanismen irgendwann zum ersten Mal auftreten oder zur Bewältigung einer Notsituation überhaupt nur ein einziges Mal auftreten können. Als krankheitsrelevante Faktoren kommen sie nur in Betracht, wenn sie „chronisch" geworden sind.

Wir haben *Abwehrmechanismen* charakterisiert als Strategien zur Bewältigung einer angsterzeugenden Situation, die auf einem erheblichen Maß an *Realitäts-Verzerrung* oder *Realitäts-Einengung* beruhen und/oder dazu führen. Ob wir ein Verhalten als Bewältigungs-Strategie oder als Abwehrmechanismus bezeichnen, ist also abhängig vom Kontext. Wenn die Realität z. B. unerträglich ist, so kann die normale Bewältigung u.U. gerade darin bestehen, die Realitätswahrnehmung einzuschränken.

Der Begriff der Abwehr wird häufig gleichgesetzt mit dem Begriff *„Widerstand"* und *„Blockierung"*. Es gibt aber feine und bedeutsame Unterschiede.

Widerstand entsteht, wenn in einer aktuellen Situation die gewohnten Bewältigungs- und Abwehrstrategien durch äußere Einflüsse in Frage gestellt werden bzw. nicht mehr ausreichen. Von Widerstand im engeren Sinne spricht man in *therapeutischen Beziehungen*, wenn die TherapeutIn ein Thema berührt oder Verhaltensweisen erwartet, die die KlientIn aus Angst nicht berühren oder leisten will. Widerstand kann bewußt sein, meist „geschieht" er aber unbewußt, als Weghören, Den-Faden-Verlieren, Das-Thema-Wechseln, Termine-Vergessen usw. und dies in unendlicher Vielfalt und Variation.

Mit dem Begriff Widerstand wird im allgemeinen die Ebene der Phänomene erfaßt, mit dem der Abwehr eher die Ebene der Struktur: Widerstand läßt sich beobachten, er ist situationsspezifischer. Abwehr muß man erschließen, z. B. aus den speziellen Formen des Widerstands. Weghören und Themenwechsel könnten z. B. Indizien für eine allgemeine Abwehrform der Verleugnung sein (*Thomae / Kächele* 1989). Mehr über den Begriff des Widerstandes, insbesondere über den Umgang mit Widerstand, findet sich in den Kapiteln „Therapietheorie" und „Phasen des therapeutischen Prozesses".

Der Begriff *Blockierung* gehört zum Konzept der organismischen Selbstregulation *(F. Perls* 1942/1978, *K. Goldstein* 1934). Als Bild drückt er die Hemmung eines Flusses oder eines Prozesses aus.

Der Begriff Blockierung betont u.E. ganz besonders den leiblichen Aspekt der Hemmung: Der Atem wird angehalten, die Stimme zurückgehalten, die Bewegung gestoppt. Wahrnehmung und Gefühl, auch Denken, werden gebremst, „Löcher", Black-Outs entstehen gelegentlich. Man kann sagen, daß z. B. der Abwehrmechanismus der Verdrängung aus vielen Blockierungen der Wahrnehmung und der Erinnerung besteht, der Abwehrmechanismus der Anästhesierung aus vielen Blockierungen der Wahrnehmung und der Empfindung.

Wir verwenden Widerstand und Blockierung nahezu synonym, nämlich um aktuelles Geschehen zu beschreiben. Den Begriff der Abwehr verwenden wir mehr im Sinne überdauernder struktureller Abwehr- und Bewältigungsstile. Gelegentlich gebrauchen wir auch den Doppelbegriff „Abwehr/Bewältigung" bzw. „Widerstand/ Blockierung", um den Doppelcharakter deutlich zu machen.

Wir bringen ein kurzes Beispiel zur Verdeutlichung der Begriffe: Eine Klientin entwickelte im Laufe der Therapie große Sehnsucht nach körperlichem Kontakt, nach Nähe und Zärtlichkeit. Sie war früher von beiden Elternteilen strikt auf Distanz gehalten worden und spürte, daß die gleiche Distanzierung auch von ihrem Ehemann auszugehen schien. Im Rollenspiel – als typische Szene hatte sie die Begrüßung ihres Ehemannes bei seiner Heimkehr gewählt – versuchte sie zunächst, den Kontakt zu ihm über Geschäftigkeit herzustellen (Tee kochen, Mantel abnehmen und ähnliches). Dabei ergab sich aber kein wirklicher Kontakt. Dann versuchte sie mit einem „Hechtsprung" – wie sie es selber nannte – ihn schnell in die Arme zu nehmen, ohne ihn anzusehen. Auch hier ergab sich kein wirklicher Kontakt. Wenn sie ihren Mann ansehen, also wirklich in Kontakt zu ihm treten wollte, blieb sie bei ca. 2 m Abstand wie angenagelt stehen. Ihr „fiel nicht mehr ein, was sie jetzt tun könnte", und nach kurzer Zeit verschwand auch ihr Bedürfnis nach einem liebevollen Kontakt. Sie fand sich nur noch „komisch".

Ein *Widerstand* der Klientin gegen die Anregung der Therapeutin war in dieser Situation nicht zu spüren. Sie ließ sich voll auf die Selbsterkundungs-Situation ein. Im Rollenspiel stellte sie ihre Formen der *Abwehr* als Kompromißlösungen im Konflikt zwischen Wunsch nach Kontakt und Angst vor Ablehnung deutlich dar: Geschäftigkeit und todesmutiger Überfall („Hechtsprung"). Auf diese Weise hatte sie „ein bißchen Kontakt", aber nicht den, den sie eigentlich wollte. Eine Begegnung war ihr nicht möglich.

Der Aufforderung der Therapeutin, diese Begegnung zu erproben, setzte sie keinen Widerstand entgegen, sie bemühte sich. Aber „es" kam zu einer Blockierung: „Es ging nicht". Ein unbewußtes „Brems-System" vollzog eine „Notbremsung". Diese „Notbremsung" war früher absolut angemessen gewesen im Kontakt mit ihren Eltern. Diese hatten sie permanent auf Abstand gehalten und sie bei Übertretungen der imaginären Grenze abgewiesen, ignoriert und vor allem verspottet.

Wir haben bei unserer Kurz-Analyse schon einige besondere Aspekte der Abwehr genannt. Im folgenden wollen wir diese vertiefen und erweitern. Wir sprechen über: Regression und Progression als Abwehrform, archaische Formen der Abwehr; Abwehr als interpersonelles Geschehen, schließlich Abwehr als leibliche Verhaltensform und Abwehr als Delegation.

6.3.3.3.2 Regression und Progression als Abwehrform

Wir beziehen uns hier auf den Abschnitt „Regression" im Kapitel Persönlichkeitstheorie.

Wenn die Realität in Gegenwart oder Zukunft als zu gefährlich, schmerzhaft, verwirrend oder aussichtslos erscheint, kann eine Bewältigungsmöglichkeit darin bestehen, den Realitätsbezug zu lockern. Wir können in solchen Situationen auf Phasen unserer Entwicklung regredieren, in denen unsere Abstimmung mit unseren Mitmenschen noch von einfacherer Struktur war. Dies geschieht nicht als bewußte Entscheidung; es geschieht spontan. Allenfalls kann es im Nachhinein bewußt werden. Es scheint, als ob wir bei den altvertrauten Sicherheiten früherer Tage neue Kräfte sammeln könnten. Wenn z. B. eine Studentin, die ihr Examen nicht bestanden hat, sich zu Hause eine zeitlang intensiv bemuttern läßt und sich dadurch wieder „berappelt", nennen wir dies „Regression", und zwar eine heilsame, *„benigne" Regression* (*Balint* 1987). Sie bietet die Chance für einen *Neubeginn*. Diese Form benigner Regression spielt in der Therapie vor allem als „2. Weg der Heilung" eine große Rolle (vgl. Kap. Therapietheorie; *Petzold* 1988).

Regression ist aber nicht immer benigne, sie kann sehr einengende und belastende Konsequenzen haben. Wenn ein Sechsjähriger im Kinderheim unglücklich und isoliert ist und wenn er nicht in angemessener Form getröstet und aufgehoben wird und andere Bewältigungsversuche nicht greifen, beginnt er u.U. wie ein Kleinkind einzunässen. Er regrediert (teilweise) in die Kleinkindphase als Versuch, die Realiät zu bewältigen, indem er ein Symptom (einen symbolischen Hilferuf) entwickelt. Aber er muß dafür Scham, Bestrafung und anderes in Kauf nehmen. Ein typisches Notprogramm.

Regressive Symptome können nur für Minuten oder Tage, für Wochen oder längere Zeiten auftreten. Pathologisch werden Regressionen dann, wenn eine dauerhafte Fixierung an diesen Zustand erfolgt, wenn aus dem Prozeß oder dem Symptom eine Haltung, eine Struktur wird. Wenn sich ein Mann z. B. unfähig fühlt, sich von der materiellen und emotionalen Versorgung durch seine

Mutter freizumachen und wenn diese Haltung in einem *von ihm* als unheilbar angesehenen schweren Stottern zum Ausdruck kommt, dann sprechen wir von einer *malignen*, bösartigen *Regression (Balint 1987)*. Maligne ist nicht der Klient, sondern die Regression. Nicht jede pathologische symptombildende Regression wird also bereits als maligne bezeichnet. Von maligne sprechen wir erst, wenn es sich um eine Lebenshaltung handelt und um die chronische „Weigerung", Verantwortung für sich selbst zu übernehmen.

Daß es zu pathologischen Regressionen kommt, kann viele Gründe haben: Möglicherweise bedroht die Umgebung Veränderungen zu sehr oder scheint sie zu bedrohen, oder sie belohnt zu sehr das regressive Verhalten. Aber auch schwere innere Konflikte zwischen zwei Strebungen, beispielsweise der Konflikt zwischen Sexualität und Sicherheit, erzeugen oft als Ausweg Regressionen auf eine Phase, in der es solche Konflikte überhaupt noch nicht geben konnte.

Die häufigste Ursache für pathologisch fixierte Regressionen sind aber Defizit-Erfahrungen bzw. Nicht-Erfahrungen: Man kann sich nicht zu einem unabhängigen Erwachsenen entwickeln, wenn man nicht weiß, wie man Freunde gewinnt, wie man sich selbst behauptet, wie man sich selbst ausreichend gern hat, seinem Leben ausreichend Struktur gibt und wenn man sich nicht zutraut, dieses alles nachzuentwickeln. Dann kann es passieren, daß man diese Ich-Funktionen anderen andient mit der Erwartung, sie mögen sie für einen selbst übernehmen. Man begibt sich in regressive Abhängigkeit, also eine maligne Regression.

Von Regression oder Progression sprechen wir, wenn wir den Eindruck haben, daß ein Mensch sich *altersunangemessen* verhält. Dies kann auch durch Umstände im sozialen Feld erzwungen werden. Die Realität der Entwicklungsstufe eines Menschen kann übersehen, kann ignoriert werden. Die *„Lockerung des Realitätsbezugs"* liegt dann nicht beim Einzelnen, sondern bei seiner Bezugsgruppe. Solche Fälle können schicksalhaft bedingt sein. Wenn ein Zwölfjähriger nach dem Tod des Vaters die Regelung der Finanzen und der gesamten Außenkontakte der Familie übernehmen muß, z. B. in einer Einwandererfamilie, kann dies zu einer frühreifen, allzu vernünftig-kontrollierten Haltung führen, einer Unfähigkeit zu spontanem Verhalten. Oder sie können in der Haltung infantiler Eltern begründet sein, die von ihrem Kind viel zu früh eine erwachsene

Haltung erzwingen. *Balint* spricht in solchen Fällen von *maligner Progression*: „Zu schnell, zu viel, zu früh." Das gleiche gilt aber auch für Regressionen, in die ein Kind hineingezwungen werden kann, etwa wenn Eltern und Großeltern eine Achtjährige so behandeln, als ob sie zweijährig wäre, das niedliche Püppchen, das noch gar nichts kann und immer so süß bleibt. Möglicherweise tun sie das, weil die Freude an dem süßen Kind die einzige Freude und Verbindung ist, die diese Familie noch zusammenhält (vgl. Delegation). Die Folgen für „Püppilein" können aber grausam sein.

Die Grenzen zwischen noch benigner und schon maligner Regression und Progression sind fließend. Es gilt hier dasselbe wie für alle anderen Persönlichkeitsprozesse: Wechsel und Flexibilität ist nötig und sogar lebenserhaltend. Fixierung wirkt sich pathologisch aus.

6.3.3.3.3 Archaische Abwehrformen

Wenn eine Umwelt chronisch traumatisierend oder defizitär ist und andere Formen der Bewältigung, der Beeinflussung (des Coping) noch nicht oder nicht mehr möglich sind, wenn die Intensität der Erregung und Angst sich bis zu Vernichtungsgefühlen steigert, bleibt als letzte Abwehr nur noch die Möglichkeit, das Fühlen selbst zu beseitigen, d.h. vor allem seine leiblichen Grundlagen: das Bewußtsein setzt aus oder es ergibt sich ein Starre-Zustand, ein Stupor. Dies sind *organismische*, sehr frühe *Abwehrstrategien* (fundamentale Regressionen). „Früh" bezieht sich in diesem Fall auf die ontogenetische Entwicklung des Menschen. Die Regression kann unter Umständen zu einem Stadium vor der Geburt zurückgehen, in dem Ruhe und völlige Befriedigung geherrscht haben (primordiale Korespondenz) oder auf eine psychisch noch sehr undifferenzierte Stufe von ganzheitlicher leiblicher Reaktionsweise, wie in den ersten Monaten nach der Geburt: das Kind wird unter Umständen starr, verweigert Nahrung und Kontakt, oder es macht stereotyp Schaukelbewegungen oder entwickelt ein schweres Ekzem. Diese pathologische Regression kann im schlimmsten Fall über eine sogenannte „anaklitische Depression" zum Tode eines Kindes führen (*Bowlby* 1951).

Für archaische Abwehrformen gilt besonders, was wir für Abwehrmechanismen allgemein gesagt haben: Die frühe, organismische Abwehr selbst kann die Grundlage für die Verschärfung oder Chronifizierung der Schädigung werden.
Petzold (1988, 1990) hat vorerst vier Formen dieser archaischen Abwehrmechanismen herausgearbeitet.

1. *Die archaische Regression*
Sie bedeutet Rückzug aus der schädigenden Außenwelt wie in die Atmosphäre des Mutterleibes, das totale Versorgtwerden. Außenreize, nicht nur negative, sondern auch positive, werden ausgeblendet, Entwicklung und Wachstum (im wörtlichen Sinne!) wird gebremst. In weniger dramatischen Fällen werden Ich-Funktionen (wie z. B. Interesse an der Umwelt, Bewältigungsbemühungen) abgegeben an andere, dadurch stagniert die Entwicklung noch weiter. Diese Art der archaischen Regression führt später, vor allem unter fortgesetztem Streß, zu Konfluenz-Tendenzen, zu einer als total erlebten Abhängigkeit von anderen mit entsprechenden panischen Ängsten vor dem Verlassen-Werden, und unter Umständen zu einer Verwischung von „Ich" und „Du" in der Psychose.

2. *Die archaische Retroflexion*
Retroflexion als Abwehr bedeutet, daß Gefühle und Impulse, die eigentlich einem anderen gelten, auf die eigene Person zurückgelenkt werden, weil der Ausdruck dieser Gefühle und Impulse zu gefährlich wäre oder weil „ein Anderer" nicht da ist. Wir haben im Kapitel „Persönlichkeitstheorie" bereits ausführlich darüber gesprochen, wie flexibel menschliches Erleben und Verhalten in dieser Hinsicht sind: „Wenn ich dich nicht angreifen kann, greife ich mich selbst an." Retroflexion ist ein klassischer Abwehrmechanismus, der zu Depressionen führen kann: „Nicht auf Dich bin ich wütend, sondern auf mich."

Er führt evtl. auch zu bestimmten Arten von narzißtischen Störungen: „Wenn Du meine Zuneigung nicht erwiderst, dann versuche ich eben, mich selbst zu lieben." In der Depression bleibt der ursprüngliche aggressive Impuls meist ein wenig spürbar, in der narzißtischen Störung die unerfüllte Sehnsucht nach der echten Liebesresonanz.

Mit der Benennung der Retroflexion als „archaisch" ist gemeint, daß diese Rückwendung gegen die eigene Person auf einem organismischen Niveau erfolgt: Ein Säugling oder Kleinkind kann sich schädigenden Einflüssen nicht entziehen. Seine noch ganz undifferenzierte Wut, die eher eine allgemeine Erregung ist, wird blockiert, entweder weil sie niemand zur Kenntnis nimmt und beruhigt, oder weil sie aktiv (z. B. durch Schläge oder Erstickungsversuche) zum Schweigen gebracht wird. Diese Dauererregung und ihre Blockierung führt zu organischen Funktionsstörungen und schließlich u.U. zu psychosomatischen Erkrankungen (vgl. oben „Bereitstellungserkrankungen"). Wenn die Blockierung im Verlauf des Kontakt-Zyklus so früh einsetzt und so total ist, daß Affekte und Gefühle gar nicht differenziert entwickelt bzw. wahrgenommen werden, wenn es also vor allem nur zu unklaren Erregungszuständen kommt, so daß auch kaum passende Handlungs- und Bewältigungspläne entwickelt werden können, ist in der Regel eine Disposition für psychosomatische Erkrankungen gegeben. Der Organismus „schädigt" sich selbst, indem er krank wird. Wir glauben nicht, daß die archaischen Retroflexionen die einzige Ursache für psychosomatische Erkrankungen sein können, sicher aber eine schwerwiegende.

3. Archaische Anästhesierung

Archaische Anästhesierung heißt „Betäubung": nichts mehr empfinden, nicht mehr wahrnehmen. Die Betäubung kann einem Stupor gleichkommen, also einer archaischen Regression. Sie besteht aber vor allem im Abschalten der eigenleiblichen Empfindungen und Gefühle. Das Selbst-Gefühl wird gestört. Es kommt zu einer tiefgehenden Entfremdung vom eigenen Leib, der unter Umständen wie ein Roboter erlebt und ausgebeutet wird. Anästhesierung ist gleichsam die Grundlage der Verdrängung: Nicht-Mehr-Wahrnehmen ist der erste Schritt, Nicht-Mehr-Erinnern der zweite. Wenn der perzeptive, der memorative und damit in der Regel auch der expressive Leib so gehemmt wird, die Selbst-Entfaltung so eingeengt ist, bleibt unter Umständen nur ein nach außen „funktionierendes Selbst". Solche Menschen leiden oft an Leere in den Beziehungen, Mangel an sinnlichem Empfinden und damit auch Mangel an Sinn. Dies kann dann zu einer blassen Depressivität eigener Art führen.

4. Archaische Spaltung

Wenn die Umwelt einem Kleinkind gespalten begegnet, wenn sie ihm krasse Wechsel in der Qualität der Beziehungen zumutet (Mama ist heute impulsiv-zärtlich und morgen kalt und distanziert), wenn immer wieder traumatisierende Ereignisse (z. B. Mißbräuche) erfolgen oder ständige schlimme Doppelbindungen auf das Kind niedergehen („Wehe, du entwickelst dich gut, du Blutsauger! Aber wehe auch, du entwickelst dich nicht gut, bei den Opfern, die ich für dich bringe!"), dann kann es passieren, daß die nicht zu vereinbarenden oder ängstigenden Ereignisse vom Fluß der Ich-Entwicklung abgezweigt werden, einen Extra-„Kanal" bilden, auf ein „Abstellgleis" kommen. Sie können nicht wirklich verdrängt, aber auch nicht integriert werden. Sie tauchen als Stimmung, als diffuse Ängste, Träume, Bilder (als Selbst-Zustände) jederzeit wieder auf, sind dem Bewußtsein greifbar nahe und können ihre Bedrohlichkeit daher nicht wirklich verlieren. Die Abwehr ist in diesem Falle sehr wackelig. Spaltungen erzeugen eine labile Stimmungslage und eine Zwei- oder Mehrgleisigkeit des Selbst, ein Gefühl der Fragmentierung, wie es vor allem in den Borderline- Syndromen zu finden ist.

6.3.3.3.4 Abwehr als Beziehungsform

Abwehrmechanismen lassen sich auch verstehen als *Beziehungsformen*, die als labile Kompromißlösungen aus einem chronischen zwischenmenschlichen Konflikt hervorgegangen sind und internalisiert wurden. Diese Kompromißlösungen beruhen darauf, daß bestimmte Gefühle, Impulse, Themen, Verhaltensweisen, Situationen *vermieden* und *ausgeklammert* werden, oder nur in *versteckter* oder *verdrehter* Form erlebt werden können. „Mein Anteil" und „dein Anteil" an der Störung, „meine Gefühle, meine Meinung" und „deine Gefühle, deine Meinung" werden dabei oft unbewußt vertauscht, wie z. B. bei der Projektion.

Die einfachste Abwehr unangenehmer Beziehungen ist Vermeidung und Ausblendung. Fritzchen hört z. B. beim Spielen einfach nicht, daß seine Mutter gerufen hat, er solle aufräumen und zum Essen kommen. Diese Ausblendung ist eine angemessene Lösung seines Konflikts, wenn er sie nur gelegentlich einsetzt. Wenn sie chronisch wird (das könnte z. B. dann passieren, wenn Fritzchens

Mutter dauernd redet und auffordert) wird sie problematischer, weil „Ausblendung und Verleugnung" dann zu einem Grundzug von Fritzchens Persönlichkeit werden könnten, auch im Kontakt zu anderen, weniger bedrängenden Menschen.

Wir möchten im folgenden an einem konstruierten Beispiel die „geläufigsten" Abwehrmechanismen relativ kursorisch darstellen. Der LeserIn wird dabei deutlich werden, daß auch Abwehrmechanismen, wie alle Ich-Funktionen, fast *unbegrenzt variabel* und kombinierbar sind. Daß immer wieder neue „erfunden" und „entdeckt" werden können.

Wir beziehen uns in unserem Beispiel hauptsächlich auf nichtarchaische Abwehrmechanismen, gehen also davon aus, daß die Akteure schon als relativ gut abgegrenzte und differenzierte „Iche" interagieren:

> Anna (A) ist die 8jährige Tochter von Barbara (B). Annas Eltern sind getrennt, der Vater lebt weit weg. A und B leben in einer Wohngemeinschaft zusammen mit Christa und Daniel. A und B kommen seit einiger Zeit nicht gut miteinander aus. A möchte von B mehr trostreiche Zuwendung, die B ihr aber nicht gibt, weil sie genug andere Sorgen habe und das Geschmuse doof findet.
>
> Was kann A tun?
>
> Sie hat drei grundsätzliche Möglichkeiten mit unterschiedlichen Schwerpunkten: *Ausdruck ihrer Gefühle, Veränderung des Umfeldes, Selbst-Veränderung.*
>
> Ferenczi (1982) hat die beiden zuletzt genannten Möglichkeiten „allo-plastisch" (fremd-verändernd) und „auto-plastisch" (selbst-verändernd) genannt. Wir kommen später auf diese Konzepte zurück. Wir werden sehen, daß die drei Prototypen sich nicht prinzipiell unterscheiden lassen, daß z. B. die Projektion eine Fremd- und Selbst-Veränderung bedeutet.
>
> Im einzelnen können A's Abwehr-/Bewältigungsmechanismen u.a. folgende Formen annehmen:
>
> A kann versuchen, ihre Gefühle zum Ausdruck zu bringen.
> 1. A kann klagen und B als egoistisch beschimpfen. Sie bekommt dann zwar nicht, was sie will, aber ihr Wunsch als solcher bleibt klar und ihre Identität intakt. Außerdem hat sie eine gewisse emotionale Entlastung.
> 2. A kann Geschichten erfinden, z. B. über einsame verlassene Vogelkinder (*Sublimation*), und so ihre Frustration zum Ausdruck bringen.

A kann versuchen, ihre Umwelt in ihrem Sinne irgendwie zu verändern.
3. Sie kann zu Christa gehen und versuchen, sich von Christa trösten zu lassen (Christa kann notfalls auch ein Hund sein) (*Verschiebung und Kompensationsversuch*).
4. A kann im Fernsehen alle Filme mit traurigen Kindern angucken und stellvertretend mitleiden und getröstet werden (*Kompensation durch Identifizierung*).
5. Sie kann aber auch Tobsuchtsanfälle bekommen und B auf diese Weise zwingen, wenigstens kontrollierend, wenn schon nicht tröstend, auf sie einzugehen (Kompensation, *Verschiebung des Bedürfnisses*).
6. A kann die Rollen tauschen: Wenn sie z. B. Daniel trifft, der noch trauriger ist als sie, könnte sie ihn trösten. Sie könnte sich also so verhalten, wie sie gern möchte, daß B sich zu ihr verhält. Auf diese Weise schafft sie eine Beziehung, in der so oder so Trost gespendet wird. (Sie geht in die „erwünschte" Komplementärrolle.)
7. Sie könnte aber auch herablassend sagen: „Also Daniel heult aber auch andauernd." (Sie ginge damit in B's Rolle, d.h. die „reale" Komplementärrolle.)
8. Sie könnte diesen Mechanismus auch zum System machen und Daniel weiter unterschwellig nahelegen, daß er trostbedürftig ist, auch wenn er sich ganz munter fühlt. Sie könnte ihren Kummer auf Daniel *projizieren*: „Du siehst aber wieder traurig aus", oder in schärferer Form: „Du läufst vielleicht traurig durch die Gegend".

A kann aber auch, und muß vielleicht, versuchen, sich den Gegebenheiten anzupassen und sich selbst verändern.

9. Sie kann vor allem versuchen, ihren ursprünglichen Wunsch nicht mehr wahrzunehmen. Sie kann ihn verdrängen und abspalten, weil sie inzwischen weiß, daß „Abhängigkeit unerwünscht ist". Sie muß dann auch noch versuchen, die Erfahrung, daß B sie abweist, unbewußt zu machen. Sie muß also auch die Wahrnehmung der Interaktion zwischen sich und B *verdrängen*.
10. Sie muß auch mit dem Affekt, der mit dieser Erfahrung verbunden ist, und dem leiblichen Gefühl von Ärger und Trauer fertigwerden. Sie kann bei geglückter Verdrängung sehr wohl noch die leiblichen Begleiterscheinungen ihrer Gefühle spüren, aber abgespalten, z. B. als unerklärliche Gliederschwere (Depressivität) mit verborgener Unruhe (Ärger). Sie erlebt *„Verdrängung in den Leib hinein"*.
11. Sie kann die Situation („Ich bin abgewiesen worden") noch wahrnehmen, aber den begleitenden Affekt, den Ärger unschädlich machen dadurch, daß sie ihn ableugnet („Ärgerlich macht mich das nicht").

Sie kann auch die Schwierigkeiten in der Beziehung zu B selbst konsequent nicht wahrnehmen (*verleugnen*), sie braucht dann nicht zu reagieren und zu fühlen.

12. Sie kann auch die Situation dadurch entschärfen, daß sie die Grenzen verwischt, die Prägnanz ihrer Wahrnehmung vermeidet („Hauptsache wir sind zusammen, was wir fühlen, ist nicht so wichtig.") (*Konfluenz*)
13. A kann die Abweisung von B internalisieren und sich selbst, sobald sie ihr Bedürfnis nach Anlehnung und Trost spürt, sagen: „Ach, jetzt geht es doch nicht." (Sie kann sich also mit B's Definition der Realität *identifizieren*.)
14. Sie kann die Normen und Bewertungen übernehmen, die sie bei B wahrgenommen oder vermutet hat: „Du hast ja recht. Heulen bringt doch nichts." Damit schützt sie sich vor den eigenen Gefühlen. (*Introjektion*)
15. Sie kann auch noch einen Schritt weitergehen und den in der Situation entstandenen Affekt auf sich selbst zurücklenken: „Ich bin auch wirklich immer so was von jammerig!" (*Retroflexion*)
16. Sie kann sich überdies, muß es vielleicht auch, mit Barbaras Affekten und Motiven (Ärger) identifizieren: „Du ewiges Jammerbaby!" wird dann zu „Ich bin ein Jammerbaby." (*Retroflexion, Identifizierung mit dem Angreifer*)
17. Oder sie kann sich mit Barbaras Bedürftigkeit identifizieren: „Ich, B, hab es doch viel schwerer als du" kann dann werden zu: „Die anderen haben es noch viel schwerer als ich." (*Identitätsverzerrung, Übernahme von Delegation*)
18. A kann sich auch ins Bett legen und eine leichte Grippe bekommen, weil es ihr wirklich elend geht (Regression). Sie kann aber auch noch einmal intensiver an B oder C appellieren: „Ihr müßt mir helfen, ich trau mich nicht mehr in die Schule." (*Regression*)
19. Sie kann ihre Stimmungslage, ihre Traurigkeit und den Ärger, wie auf einer Wippe „kippen" lassen auf die positive Seite: „Ach, mir geht's doch eigentlich gut, ich versteh nicht, wie die Leute manchmal so lange rumhängen können." (*Reaktionsbildung*)
20. Eine der subtilsten Formen der Abwehr ist die *Anpassung*, die als Form der Introjektion oder auch als Form der Konfluenz verstanden werden kann. Für die therapeutische Beziehung stellt sie oft ein besonders großes Hindernis dar. A könnte in unserem Beispiel sagen und fühlen: „Ja, Barbara, du hast recht" oder sie könnte sagen: „Ich weiß gar nicht, was ich immer habe, mir geht's doch eigentlich ganz gut."

21. A kann aber auch zwischen ihren beiden Impulsen: „Trostbedürfnis" und „Ärger auf Barbara" abrupt hin- und herschwanken und jeweils die Alternative *nicht wahrnehmen*: „Gut, daß du da bist! Wenn du nicht wärst!", und zehn Minuten später ohne Kommentar zum Sinneswandel kommen: „Du bist einfach nur hundsgemein!" (*Spaltung*)

22. Sie könnte auch im Zustand der Zwiespältigkeit verharren, sich aber „offiziell" für eine Variante entscheiden, z. B. für die Zuneigung, die andere aber nicht wirklich aufgeben (*Ambivalenz*): „Ich bin so froh, daß du wenigstens da bist, man kann ja schließlich nicht alles haben. Mütter sind eben manchmal gemein."

Nach dieser Kompaktdarstellung von möglichen Abwehrformen kommen wir noch einmal zurück auf die Unterscheidung von *auto- und alloplastischer Abwehr*.

Dieses Konzept ist deshalb so wichtig, weil Kinder in der alles bestimmenden Zuneigung zu ihren Eltern und in ihrer Abhängigkeit oft auch deren „böse Motive" auf sich nehmen, um einen geliebten Elternteil und damit die Beziehung zu schützen. Sie nehmen das Problem, das in der Beziehung herrscht, in sich selbst hinein, statt zu protestieren und es als Problem des Erwachsenen deutlich werden zu lassen. Die tiefe Scham eines kleinen Mädchens bei sexuellen Übergriffen des Vaters ist auch die stellvertretende Scham für den Vater. Auf diese Weise kann u.U. die Entwicklung von positivem Selbstbild und Ich-Stärke verhindert werden: „Alles, was mir im Verhältnis zu meinen Eltern Schlimmes widerfährt, ist meine eigene Schuld. Ich bin nichts wert."

Die Untersuchung von Abwehrmechanismen unter dem Aspekt der Auto- und Alloplastik bringt die Machtverhältnisse in einer heutigen oder früheren Situation sehr deutlich ans Tageslicht. Wer muß sich anpassen, damit eine Beziehung bestehen bleibt?

6.3.3.3.5 Einige leibliche Aspekte der Abwehr und Bewältigung: Blockierung, Identifikation, Rollenübernahme

Urformen autoplastischer Abwehr – und von *Ferenczi* ursprünglich auch so konzipiert – sind leibliche Veränderungen, die Selbstumformung im wahrsten Sinne des Wortes: Anästhesierung der Wahrnehmung, „Amputation" und Blockierung der Motorik und psychosomatische Erkrankungen.

Abwehr ist immer auch leiblich. Jedem individuellen Abwehrstil wird eine individuelle leibliche Abwehrhaltung entsprechen. Auf eingefrorene Bewegungen, auf Dämpfung der Gefühle und des Ausdrucks, z. B. durch Anhalten des Atems, auf Blockierung von Wahrnehmung und Erkenntnis durch halbgeschlossene oder ständig zum Himmel erhobene Augen, haben wir schon hingewiesen. Sie können dazu führen, daß sich Symptome entwickeln. Ein *nie geäußerter*, aber drängender Schmerz kann z. B. in den ständig geröteten Augen und den chronisch herabgezogenen Mundwinkeln unbewußt zum Ausdruck kommen. Ein Ekel vor Männern kann sich in den Falten des Mundes eingegraben haben. Eine konfluente Bedürftigkeit kann sich „in schmelzenden Gesten und Blicken" äußern, die Resignation eines aggressiv-Gehemmten in hängenden Armen und Händen, die „unendliche" Anpassungsbereitschaft in einem stets offenen freundlichen Lächeln.

Ein Klient z. B. leidet an chronischen Verspannungen und lähmenden Schmerzen im Nacken-Schulterbereich. Es stellt sich heraus, daß er „der Lastesel" seiner Familie ist, alle Sorgen der anderen glaubt tragen zu müssen. In seiner Haltung kommt seine Rolle in der Familie zum Ausdruck: er hält sich körperlich so, *als ob* er reale Lasten tragen müßte. Der Versuch, diese imaginären Lasten auf seinen Schultern abzuschütteln und sich aufzurichten, führt zu einer Intensivierung des Schmerzes: er ist schon erst recht nicht mehr gewohnt, sich ohne Last wohlzufühlen. Erst nach einer längeren Bearbeitung seiner Identitätsprobleme und seiner Unfähigkeit, „Nein" zu sagen, veränderte sich seine Gesamthaltung so, daß die Schmerzen nachlassen konnten.

Bewegungs-Tics haben gelegentlich Symbolfunktion: abruptes Wegdrehen des Kopfes, weil man z. B. eine bedrückende Szene nicht sehen darf, oder eine typische „Windung" des Halses, so als ob man sich aus einem zu engen Kragen befreien müßte. Solche Tics werden auch oft imitatorisch und identifikatorisch von nahen Verwandten übernommen, so daß sich diese „Symbole" von Beziehungsstörungen durch mehrere Generationen fortsetzen können.

Nicht nur muskuläre „Panzerungen" und Verhärtungen dienen der Abwehr (wie Bioenergetiker wie z. B. *Lowen* [1982] betonen), sondern auch „Zerfließungen" oder die Kombination von beidem, oder sogar Intensivierungen von Gefühl und Ausdruck, wie z. B. durch Hyperventilation.

Wenn solche Haltungen zu Störungen oder Krankheiten werden, sprechen wir von Ausdruckserkrankungen, Erkrankungen als Symbolisierung von Beziehungsproblemen. Das Szenische ist in der Symptomatik repräsentiert. Bei diesen Erkrankungen kann auch die Identifizierung mit der BeziehungspartnerIn eine große Rolle spielen, der altbekannte Rollentausch. Die Beziehungsstörung kann also dadurch zum Ausdruck kommen, daß die eigenen Impulse und Haltungen symbolisiert werden, aber auch dadurch, daß die Impulse und Haltungen der PartnerIn symbolisiert werden, oder auch in einem „Gemisch von beidem".

In der Praxis gleicht es oft einer intensiven Detektivarbeit, die Empathie und eine Menge Lebenserfahrung erfordert, um aus den symbolischen Bruchstücken die unbewußte, vergessene Szene zu rekonstruieren, damit sie bewußt werden und aufgelöst werden kann. Diese Arbeit ist klassisch phänomenologisch: Von den Phänomenen der Symptomatik, des Ausdrucks, hin zu den szenischen Strukturen, die „dahinter" liegen könnten.

Als typisches Beispiel für eine Symbolisierung als Ausdruck der Blockierung von Schutz- und Angriffshaltung wollen wir ein klinisches Beispiel von H. Heinl (1980/1990, mit freundlicher Genehmigung der Autorin) anführen.

Wir übernehmen das Beispiel mit geringfügigen Kürzungen:

„Eine vierzigjährige kaufmännische Angestellte leidet seit einigen Wochen an einem typischen Bizepssehnensyndrom. Trotz detaillierter Exploration ergeben sich in der Anamnese keine Anhaltspunkte für eine berufliche oder freizeitbedingte Überlastungsschädigung des Muskels. Trotz orthopädischer Behandlung und 14tägiger Arbeitsunfähigkeit tritt keine Besserung ein. Danach stellt die Patientin selbst die Frage, ob nicht eine psychosomatische Störung vorliegen könnte... Sie selbst berichtet über einen schon vier Jahre schwelenden Konflikt mit einer jüngeren Vorgesetzten, die sich auf Kosten der Mitarbeiter profilieren will. Die Situation war für die Patientin so unerträglich geworden, daß sie vor hat, die Arbeit aufzugeben. Aber was hat der Konflikt am Arbeitsplatz mit dem Bizeps zu tun? ...

Das Verhalten der Vorgesetzten wird von der Patientin unbewußt als körperliche Bedrohung interpretiert, die in ihr nicht nur eine starke Gefühlsaktion, sondern auch unbewußt ein Muster von körperlicher Schutz- und Abwehrhaltung auslöst, die auf muskulärer Ebene, d.h. hier auf Bizepsebene, psychomotorisch blockiert wird. Dies führt zwar zur

Innervation der Kennmuskeln für diesen Bewegungsentwurf, die Handlung aber wird nicht ausgetragen, so daß die nichtvollzogene Bewegung gleichermaßen einfriert. Es resultiert ein überhöhter Dauertonus in der betreffenden Muskelgruppe. Der Dauertonus führt zu Schmerzsymptomatik mit den typischen Insertionsdruckschmerzpunkten.

Auf diesem Hintergrund frage ich die Patientin gezielt, ob und wie sie sich gegen die Vorgesetzte gewehrt habe? Sie antwortet, daß sie nie gelernt habe, sich zu wehren, weil dies in ihrer Familie als unfein galt. ... Ich sage zu der Patientin: „Wollen Sie versuchen herauszufinden, wie Ihre Schmerzen entstehen?" Die Patientin bejaht. „Dann schließen Sie bitte die Augen und versuchen sich vorzustellen, daß Sie körperlich angegriffen werden. Aus welcher Richtung kommt der Angreifer und wie schützen und wehren Sie sich?" Die Patientin schließt die Augen und in der Vorstellung erlebt sie einen Angriff, der sich von rechts hinten gegen die Schulter richtet. Dabei zieht sie die Schulter nach vorn, duckt sich, zieht den Kopf ein, ballt ihre Hand zur Faust, die Haut über den geballten Hand blaßt ab und der Bizeps spannt sich kräftig an und mit der Beugung des Ellbogengelenks tritt der Schmerz auf. Die Patientin nimmt jetzt zum ersten Mal wahr, daß sie schon *in Gedanken* an die Vorgesetzte die Faust ballt und damit ständig den Muskeltonus isometrisch erhöht (vgl. *Kontakt-Zyklus Phase 3, die Verf.*).

Wir besprechen den Konflikt und Lösungsstrategien und sie geht mit dem Entschluß, sich gegenüber der Vorgesetzten zur Wehr zu setzen. Die Patientin erschien zu keiner weiteren Konsultation, da sie, wie sie mir einige Monate später berichtet, ohne weitere Behandlung beschwerdefrei wurde, nachdem der Konflikt gelöst werden konnte."

Diese Patientin hatte ihre Wut auf ihre Vorgesetzte zwar gespürt, hatte aber vermieden, sie in eine adäquate Handlung zu überführen; den Handlungsteil hatte sie wie früher in ihrer Ursprungsfamilie wegblenden, abwehren müssen.

H. Heinl geht im übrigen davon aus, daß jeder Mensch auf Grund ganz spezifischer früherer Interaktionserfahrungen sein ganz individuelles Muster von Schutz-, Abwehr-, Angriffs- und Zuneigungsbewegungen hat. In diesen Bewegungsmustern und ihren Störungen kann sich der „Interaktionsstil" einer Familie recht deutlich zeigen. Man kann also kaum allgemeingültige Zusammenhänge zwischen bestimmten Störungen von Bewegungsmustern und bestimmten Beziehungskonflikten herstellen. Die Phänomene müssen in jedem einzelnen Fall phänomenologisch erschlossen werden.

Identifikation ist, wie wir schon oft betont haben (vgl. oben Kap. Persönlichkeitstheorie), ein sehr früher und normaler Beziehungsmodus. Identifikation bedeutet: in die Haut einer anderen schlüpfen; sie ist also immer auch leiblich.

Man kann sich auch mit bestimmten Einzelaspekten der BeziehungspartnerIn identifizieren, ihrer Bedürftigkeit, ihrer Wut, auch ihren Werten.

Über Identifikationen können Beziehungskonflikte „einfach" symbolisch zum Ausdruck gebracht werden. Hier wieder ein Beispiel aus der Arbeit von *H. Heinl* (aus dem oben zitierten Aufsatz):

„Dieser Patient ist Hochschulprofessor, Mitte 40, mit chronischem Kreuzschmerz nach Chemonukleolyse eines Bandscheibenprolapses. Er ist der Sohn armer Einwanderer, die Tag und Nacht über die Nähmaschine gebeugt gearbeitet haben, um die Familie zu ernähren und ihm das Studium zu ermöglichen. Schon während des Studiums und noch heute, wenn er arbeitet, sitzt er vornübergebeugt, *als ob auch er an der Nähmaschine säße*. Die körperliche Haltung und der körperliche Schmerz, der Kreuzschmerz, wird zum unbewußten Maß seiner Leistung, so wie wenn nur die Arbeit seiner Eltern Arbeit wäre und als Arbeit zählte... Dieser Patient kann nach dem Erleben und Erkennen der Zusammenhänge nicht nur seine Körperhaltung, sondern auch seine Einstellung zu seiner eigenen Arbeit verändern. In dem Maße wie ihm das gelingt, gehen auch seine Beschwerden zurück."

Im folgenden möchten wir die *„Identifizierung mit dem Angreifer"* an einem komplexen Beispiel verdeutlichen:

Diese Klientin spricht in der Therapie über ihre emotionale Bedürftigkeit, „daß sie *noch* auf ihre Bedürfnisse Rücksicht nehmen müsse und wolle". Plötzlich wird sie blaß, ihr ist schlecht, sie würgt, als ob sie sich übergeben müsse. Sie weint zunächst laut und verzweifelt und schließlich leise und angstvoll (sie wimmert). Nachdem sie sich beruhigt hat, sagt sie, daß sie physisch spüre, daß „Bedürfnisse haben" ekelhaft sei, abstoßend. Ihr kommt ein Foto in den Sinn, das sie als sexuell frühentwickelte Neunjährige zeigt. Sie „weiß plötzlich", daß es jetzt hier in der Therapiesitzung um die Reaktion ihres Vaters geht, der sich „damals" angeekelt spontan von ihr abgewandt hat. Sie spürt im Moment identifikatorisch seinen Ekel. Ihr Elendsgefühl enthält aber auch die eigene Vernichtung: „Ich bin ekelhaft."

Im Gespräch kommen wir zu der Vermutung, daß ihr emotional und sexuell stark gehemmter Vater auf die sich entwickelnde Weiblichkeit der erst Neunjährigen mit krasser Abwendung reagiert hat, so daß ihre spontanen „normalen" Wünsche nach Körperkontakt traumatisch blockiert wurden. In der autonomen Körperreaktion (würgen) kommt also verdeckt eine Beziehung, eine Szene zum Ausdruck: die angeekelte Abwendung des Vaters und der Schock der Klientin. Sie spürt als spontane leibliche Empfindung den Ekel des Vaters, sie ist mit den Gefühlen des Vaters identifiziert.

Besonders tragisch ist es, daß die traumatisierende Ablehnung sich bei ihr schließlich auf alle Bedürfnisse, auf das Gefühl, überhaupt Bedürfnisse zu haben, verallgemeinert hat. Die leibliche Blockierung wird damit fast allumfassend. Wenn eine solche „Identifizierung mit dem Angreifer" (*Ferenczi, Anna Freud*) chronisch wird, so werden auch ihre physiologischen „Begleiterscheinungen" chronisch, so daß KlientInnen dadurch schließlich krank werden können. In unserem Fall hatte der Ekel und die Ablehnung nicht nur zu Ekel vor dem eigenen Körper, sondern auch zu starken Schluckbeschwerden geführt, die in dieser Phase der Therapie zeitweilig wieder auftraten. Dieser chronische Ekel könnte z. B. auch zu einer funktionellen oder entzündlichen Störung der Speiseröhre oder des Magens führen, wie wir es bei anderen KlientInnen mit einem ähnlichen Hintergrund erlebt haben.

Verhaltensweisen und Symptomatiken, die auf Identifikationen und Delegationen beruhen, sind oft auch als „szenisches Geschehen" zu verstehen, als Rolle, die man übernommen hat, als Tradition. Der schicksalhaften unbewußten Überzeugung: „Es geschieht eben so, weil es immer so geschehen ist", fehlt der Abwehr-Charakter des zweckhaften *individuellen* Handelns. Manchmal hat man den Eindruck, als ob über-individuelle Strukturen (z. B. familiäre Muster) sich in individuellem Verhalten verkörpern und daß darin letztlich der „Sinn" des individuellen Verhaltens liegt.

Natürlich liegt in dieser „Einpassung" des Individuums in übergreifende Strukturen auch ein individueller „Bewältigungs-Sinn": Das bewußte Heraustreten aus den Vorstellungen der Bezugsgruppe vom Leben, von der Arbeit, von den Geschlechtern, vom Kindererziehen, das Aufgeben einer kollektiven Identität, kann angsterzeugend sein. Unter dem Gesichtspunkt eines nicht hinterfragten „kulturellen Wertes" von Individuation werden Identifikation und Delegation oft als Abwehr verstanden. Unter dem Gesichtspunkt der Zentrierung und Einbindung in soziale Beziehungen sind sie auch als kreative Anpassungsleistungen zu sehen. Wenn allerdings die über-individuellen Strukturen so geartet sind, daß sie zu Erkrankungen führen, und die Einpassung nur um den Preis der Erkrankung zu haben ist, dann wird bewußte Individuation zur Notwendigkeit und das Verharren zur Abwehr.

6.3.3.3.6 Delegation

Das Konzept der Delegation (*Richter* 1972, *Stierlin* 1988) stellt eine besondere Betrachtungsweise vom Abwehr- und Bewältigungsgeschehen dar: Delegationen sind nur interaktionell zu verstehen. Delegation heißt: Jemandem einen Auftrag über eine Tätigkeit erteilen oder jemandem eine Rolle übertragen, die man selbst ausfüllen könnte oder müßte. Ein typischer Fall von Delegation liegt zum Beispiel vor, wenn ein Vater alles daran setzt, damit sein Sohn das Studium absolviert, das er selbst nicht hat machen können; Vater und Sohn brauchen sich dabei des Wunsches nicht bewußt zu sein. Unter Umständen spürt der Sohn nur ein unklares Unbehagen, Unsicherheit und Passivität im Studium und seinem Vater gegenüber.

Wir „widmen" der Delegation einen besonderen Abschnitt, weil sie Beziehungsgeschehen oft unter einem neuen und weiteren Blickwinkel zu sehen erlaubt, weil sie den Blick auf *generationsübergreifende Zusammenhänge* richtet.

Delegation ist eine Form von Projektion („Du erreichst meine Ziele, nicht ich."), die bewirkt und darauf abzielt, daß das „Schwierige", das „Abgewehrte" von einem anderen zum Ausdruck gebracht wird, „gelebt wird". Delegiert werden Gefühle, Funktionen, Rollen, manchmal sogar Krankheiten.

Delegation „funktioniert" auf vielfältige Weise: Sie kann direkt, bewußt ausgesprochen werden: „Du übernimmst mal die Firma", oder „Du sollst es unbedingt besser haben als ich". Diese Forderungen können dann durch offenen oder verdeckten Druck („Wenn du dich weigerst, bist du mein Sohn nicht mehr!") oder offene oder verdeckte Verführung („Guck mal, du bist doch der Tüchtigste von allen deinen Geschwistern") mehr oder weniger masssiv unterstützt werden.

Meistens erfolgen Delegationen aber unbewußt. Familiäre Milieus, Beziehungsstrukturen „enthalten" ja bestimmte Handlungsimpulse und Gefühle: z. B. Trauern/Trösten, Angreifen/Verteidigen, Bewundern/Beneiden/Herabsetzen oder Glänzen usw.. Diese werden in unterschiedlicher Weise von einzelnen Mitgliedern verkörpert und aufgegriffen, aber von allen Beteiligten im Familienverband gefühlt: der Angreifer und alle anderen spüren die Angst des Angegriffenen; der Star und alle anderen spüren den Neid der Geschwister; der sachlich Beherrschte spürt den Bewegungsdrang und die Gefühls-Spontanität der Impulsiven oder die Trauer der Traurigen.

Wenn nun der oder die Hauptbetroffene nicht entsprechend den Erwartungen reagiert, wenn also der „familiäre Kontaktzyklus" nicht abgeschlossen wird, wird ein anderes Mitglied diese Funktion übernehmen. Wenn also z. B. der Vater sich bei permanenten Angriffen und Herabsetzungen durch die Mutter nur in sich zurückzieht und sich nicht wehrt, wird wahrscheinlich ein Kind, oft ist es das älteste, die verdrängte Wut und Verletzung des Vaters zum Ausdruck bringen und die Mutter attackieren. Ein anderes Kind könnte unbewußt dafür sorgen, daß der Vater wieder „aufgebaut" wird, indem es Vaters Geduld und Güte oder sonstige Leistungen immerfort bewundert oder „in Anspruch nimmt". Der Vater hätte in diesem Beispiel seine Aggressivität und seinen Wunsch nach Bestrafung seiner Frau, evtl. sogar seine Fähigkeit zur Auseinandersetzung, an sein ältestes Kind delegiert. Dieses Kind könnte – Konstanz dieser Beziehung vorausgesetzt – langfristig einen besonders aggressiven Umgangsstil mit älteren Frauen oder Frauen überhaupt entwickeln und sich manchmal selbst darüber wundern. Problematisch würde die Lage, wenn es von der Mutter, vom Vater und den Geschwistern wegen „seiner Aggressivität" abgelehnt würde, also keinen Dank, sondern Ablehnung für seine schwierige familiäre Rolle bekommen würde. Noch komplizierter würde es, wenn Vater und Mutter dieses Kind zwar öffentlich ablehnen und bestrafen, es insgeheim aber bewundern und anstacheln. Vertrackte Delegationsmuster gibt es in großer Zahl.

Was wir hier als Delegation beschrieben haben, geht wie alle Abwehrmechanismen aus sehr normalen gewöhnlichen familiären Beziehungsmustern, normalen Prägungen, Einflüssen und Rollendifferenzierungen hervor. Nicht jede familiäre Tradition, die weitergegeben wird, ist schon eine Delegation. Erst wenn der Wille und die Fähigkeit des Kindes zu Selbstbestimmung, Abgrenzung und Selbstbehauptung durch Machtausübung den Bedürfnissen der Eltern und der Familie untergeordnet wird, dann werden Ich-Fähigkeiten und Identität beschädigt.

6.4 Zusammenfassung

Wir beschließen das Kapitel Gesundheits- und Krankheitslehre, indem wir unseren Abschnitt über die klinische Krankheitslehre noch einmal durchgehen und aus einer sehr exzentrischen Position betrachten. Dabei ergeben sich sechs Perspektiven, sechs Arten von „Fragen über die KlientIn":

1. Liegen die Ursachen für das *heutige* Leiden der KlientIn hauptsächlich in ihrer Umgebung oder in ihr selbst (die Frage nach Kontext und Kontinuum)?
2. Wie deutlich oder undeutlich, wie rigide oder flexibel, wie stabil oder instabil ist sie in ihrem Erleben und Verhalten, in ihren „Selbst"-,„Ich"- und Identitäts-Strukturen (Strukturaspekt)?
3. Wie sehr lebt sie in der heutigen Realität, wie weit in Vergangenheit und Zukunft? Wie weit überlagern alte Szenen, Rollen oder Normen ihren Bezug zur heutigen Umwelt (Realitätsaspekt, Frage nach Regression und Progression und Übertragung)?
4. Mit welchen Seiten ihres Selbst und ihrer Umwelt ist sie im Kontakt? Wie weit sind unterschiedliche Seiten integriert oder abgespalten? Wo sind evtl. die „inneren" Kontaktzyklen blockiert: auf der Ebene der Bedürfnisbildung und der Wahrnehmung, auf der Ebene des Verhaltens im Kontakt oder der Ebene der Befriedigung (Kontakt- und Blockierungsaspekt)?
5. In welchen Beziehungsmustern bewegt sie sich? Tendiert sie zu auto- oder alloplastischen Reaktionen und in welcher Intensität?

Reagiert sie z. B. mit psychosomatischen Erkrankungen, ist sie Delegierte (Beziehungsaspekt)?

6. Welche Grundängste bewegen sie und wie wird sie damit fertig (Abwehr- und Bewältigungsaspekt)?

Diese Fragen sind nicht bzw. nur teilweise als „diagnostische Folie" gedacht, sondern eher als Perspektiven, unter denen wir gestörtes Verhalten und Erleben differenzierter erkennen und auf seine möglichen Ursachen zurückführen können. Jeder Aspekt enthält für sich eine „Mini-Krankheitslehre".

Wenn wir etwa eine Klientin mit einer blanden Depressivität haben, so können wir uns fragen, was sie *nicht* fühlt. Wir und sie selbst könnten z. B. beobachten, daß sie in empörenden oder traurigen Situationen nichts fühlt, daß sie mit ihren Gefühlen nicht in Kontakt ist, daß die Gefühlsbildung blockiert ist (vgl. die „4. Frage" [Kontakt-Aspekt]).

Oder wir haben einen Klienten mit chronischen sozialen Ängsten. Wir könnten unter anderem vermuten, daß er ein sozialer Aufsteiger ist und sich im neuen Milieu noch nicht sicher fühlt (Punkt 1); oder daß seine Identität so labil ist, daß er sich in Gegenwart anderer „verliert" (Punkt 2, Strukturaspekt).

Wenn wir einen Klienten mit Arbeitsstörungen haben, könnten diese u.U. damit zusammenhängen, daß der Klient auf keinen Fall besser sein darf als sein Vater oder es auf jeden Fall weiter bringen muß als sein Onkel! (Punkt 5, Beziehungsaspekt).

Wenn wir eine Frau sehen, die ständig weint und das Gefühl äußert, alles schlüge über ihr zusammen, könnten wir fragen, ob die Situation, in der sie lebt, diesem Gefühl entspricht, wie es z. B. bei 5 Kindern, Arbeitslosigkeit und einem krebskranken Ehemann leicht vorzustellen ist (Punkt 1).

Oder wir haben jemanden in einem ähnlichen Erschöpfungszustand, der sich selbst immer mehr Arbeit aufhalst, weil er Schwäche und Erschöpfung nicht fühlen darf (Punkt 6, Abwehraspekt).

Wenn jemand verzweifelt von einer Beziehung zur nächsten wechselt, könnte das daran liegen, daß er immer noch seine verstorbene Mutter sucht (Punkt 3) oder sie nicht verlassen darf (Punkt 3 oder Punkt 5).

Der Vielfältigkeit der Störungen entspricht letztlich die Vielfalt der Erklärungsmodelle, die wir brauchen. Je genauer wir hinsehen, desto komplexer wird unsere Erklärung. Ganz werden wir die KlientInnen und ihre Krankheiten nie verstehen.

7. Therapietheorie

7.1 Einleitung

Unter Therapie verstehen wir in der Integrativen Therapie die Gesamtheit aller Maßnahmen, die dazu dienen, die eingeschränkte Ko-Respondenzfähigkeit eines Menschen, der mit sich und mit anderen nicht zurecht kommt, wieder in Gang zu bringen oder zu entwickeln. Wenn die KlientIn und die TherapeutIn miteinander arbeiten, werden Störungen in der Ko-Respondenz deutlich und damit veränderbar: Indem beide sich immer besser aufeinander beziehen, entwickelt sich Intersubjektivität, entwickelt sich heilsame Ko-Respondenz. Diese Modellerfahrung vor allem bewirkt und trägt den Heilungsprozeß.

Die Gestaltung der jeweils einzigartigen therapeutischen Beziehung bildet das „Rahmengeschehen" des therapeutischen Unternehmens: Die direkte therapeutische Beziehung weist immer mehr oder weniger große Ähnlichkeiten mit früheren Beziehungen aus der gesamten Lebensgeschichte sowohl der KlientIn als auch der TherapeutIn auf und kann nicht losgelöst von dieser Geschichte verstanden werden. Was immer die KlientIn in ihren sonstigen Beziehungen erfahren hat, wird sich früher oder später, deutlicher oder weniger deutlich in der Art des Umgangs mit der TherapeutIn wieder ereignen: Im Prozeß der direkten, therapeutischen Beziehung verdichten sich – zeitweilig – die typischen früheren Beziehungserfahrungen der KlientIn. (vgl. Stichwort „Übertragung").

Der Verlauf der Therapie orientiert sich an der Bearbeitung dessen, was *ist* (Diagnose, Wahrnehmen, Erkennen), was *war* (Erinnern, Wiedererleben, Bearbeiten), und *was sein soll* (Zielbildung, Neuorientierung).

Die Entdeckung der Zusammenhänge von Gegenwart, Vergangenheit und Zukunft eröffnet der KlientIn auf dem Weg der Therapie immer neue Blickwinkel, die ihr dazu verhelfen, erstarrte Strukturen zu lockern, Narrative in Fluß zu bringen. Dieser Weg verläuft nicht gradlinig und nicht nach festgelegten Regeln, sondern folgt so schmiegsam wie möglich der Entwicklung der KlientIn, ihren Ängsten und ihrem Widerstand. Krisen lassen sich dabei nicht vermeiden, im Gegenteil: Psychotherapie läßt sich definieren als „Folge von Minikrisen am Halteseil der therapeutischen Beziehung" (*Petzold*, mündliche Mitteilung; vgl. auch Kap. Evolutionstheorie). Letztlich sind es immer die Angst der KlientIn und ihr Widerstand, die Richtung und Tempo des therapeutischen Prozesses bestimmen. Und es sind die Fähigkeiten der KlientIn, sich auf diese Ängste einzulassen, sie zu überwinden und zu bewältigen, die den Prozeß in Gang halten. Dabei können wir der KlientIn mit unterschiedlichen Mitteln („therapeutischen Techniken") zu Hilfe kommen, unterschiedliche Medien anbieten, die den Weg erleichtern, Hindernisse zu überwinden oder zu umgehen.

In den folgenden Abschnitten werden wir uns mit diesen Zusammenhängen beschäftigen. Insbesondere werden wir uns mit den Zielen der Therapie, mit der therapeutischen Beziehung – vor allem mit Übertragung und Gegenübertragung – sowie mit wesentlichen Aspekten der Prozeßdynamik, u. a. mit Widerstand, auseinandersetzen. Auf Diagnostik, Techniken und Medien sowie den Ablauf der Therapie in ihren einzelnen Phasen werden wir in diesem Kapitel nur relativ kurz eingehen, weil wir sie im „Praxis-Teil" ausführlich behandeln werden.

Um einer Antwort auf die Frage: „Was wirkt eigentlich in der Therapie?" näher zu kommen, erörtern wir noch einmal – relativ kurz – die Grundlagen der therapeutischen Arbeit, wie sie sich aus der Persönlichkeitstheorie, der Entwicklungstheorie und der Gesundheits- und Krankheitslehre ergeben.

7.2 Grundlagen der therapeutischen Arbeit – die vier Wege der Heilung

Die Integrative Therapie stützt sich im wesentlichen auf vier Grundfähigkeiten des Menschen: Die Entwicklung dieser Fähigkeiten ist immer gleichzeitig Ziel und – zumindest in minimaler Ausprägung – Voraussetzung der Therapie:

1. Die *Ko-Respondenz* des Menschen mit seiner sozialen und ökologischen Umwelt. (Wer durch „schlechte Umwelten" und

Beziehungen krank geworden ist, kann durch gute gebessert oder sogar geheilt werden.)
2. Das *spontane, kreative Potential*, die Fähigkeit des Menschen zu Wahrnehmung, Ausdruck und Gestaltung, die Fähigkeit, Neues zu erproben.
3. Die Fähigkeit zu *Exzentrizität*, d. h. die Fähigkeit, sich selbst und seine Umwelt in Vergangenheit und Gegenwart bewußt erleben, reflektieren und relativieren zu können, und dadurch – zumindest in der Phantasie – alternative Entwürfe entwickeln zu können, ohne den Gegenwartsbezug zu verlieren.
4. Die Fähigkeit des Menschen zu *Regression*. Diese ermöglicht, emotional in frühere Szenen und Beziehungen zurückzugehen, so „als ob sie heute wären" und eröffnet damit die Chance einer emotionalen Neuerfahrung auf dem Hintergrund der alten Szene. Letztlich ist es diese Fähigkeit zu Regression, die es ermöglicht, den Sinn *heutiger* Gefühle und Symptome zu verstehen, indem diese Gefühle und Symptome mit den *damaligen* Szenen in Verbindung gebracht werden. Diese Art des emotionalen Verstehens (Evidenz) geht über das rein kognitive Verstehen hinaus.

Diese vier Grundfähigkeiten spielen in jedem therapeutischen Prozeß in unterschiedlicher Zusammensetzung und Gewichtung eine Rolle. Die TherapeutIn wird je nach Bedürfnissen und Fähigkeiten der KlientIn ihr Vorgehens mehr auf die eine oder mehr auf die andere Grundfähigkeit stützen. *Petzold* (1988) hat aus der Vielzahl therapeutischen Vorgehens vier Grundstrategien, vier Prototypen des therapeutischen Handelns herausgearbeitet, die die vier oben genannten Grundfähigkeiten in unterschiedlicher Weise betonen.

Die „*Vier Wege der Heilung*":
1. Bewußtseinsarbeit/Sinnfindung/emotionales Verstehen
2. Nachsozialisation/Bildung von Grundvertrauen/„Nach-Beelterung"
3. Erlebnisaktivierung/Persönlichkeitsentfaltung
4. Solidaritätserfahrung/Engagement.

Keiner dieser Wege schließt den anderen aus, im Gegenteil: In jeder Therapie ist jeder, wenn auch in unterschiedlicher Gewichtung, enthalten.

Wir werden die „Vier Wege" im folgenden kurz vorstellen und im Verlauf der nächsten Kapitel immer wieder auf sie Bezug nehmen:

7.2.1 Bewußtseinsarbeit/Sinnfindung/emotionales Verstehen

Im *ersten Weg der Heilung* geht es vor allem um *Evidenz*: Die KlientIn erlebt und versteht ihre Problematik, indem sie deren Ursprünge wieder erlebt und in den Zusammenhang ihrer damaligen und heutigen Erfahrungen stellt. Sie erschließt den Sinn von Symptomen, indem sie ausgeblendete, schmerzhafte Gefühle und Erinnerungen szenisch wiedererlebt, sich trotz ihrer Angst damit konfrontiert und dadurch ihre heutigen Abwehrstrategien und Narrative (z. B. Vermeidung von Gefühlen oder Kontakten) erkennt und unter Umständen verändern kann. Die TherapeutIn steht ihr bei diesem Prozeß stützend und anregend zur Seite.

Der erste Weg der Heilung stützt sich auf alle vier Grundfähigkeiten, insbesondere aber auf die Fähigkeit zu Regression und Exzentrizität. Die KlientIn muß zeitweilig regredieren, also alte belastende Szenen wiedererleben und dabei mehr oder weniger stark involviert werden. Sie hat dadurch die Chance der Katharsis, der „emotionalen Abfuhr". Allerdings reicht Katharsis allein nicht aus, wenn sie nur der „Entladung" dient. Es muß zumindest szenisch, also beispielsweise im Rollenspiel, der Adressat des Affekts miterlebt und erreicht werden. Es reicht nicht, „die Wut rauszulassen". Die Wut muß ihren Adressaten, z. B. die ewig betrunkene Mutter, mindestens symbolisch erreichen. Die Wut muß als Beziehung gespürt werden, damit Beziehungen verändert werden können, sonst fällt die KlientIn nach gehabter Katharsis in die alten Strukturen zurück.

Die Chance der KlientIn zu Neuerfahrung beruht aber über die Regressionsfähigkeit hinaus auch auf der Fähigkeit zu Exzentrizität, zu einer „positiven Persönlichkeitsspaltung" in einen regredierenden Teil und einen Teil, der im „Hier und Jetzt" bleibt: Die KlientIn hat heute in einem viel größeren Ausmaß als „damals" ihre Wahrnehmungs-, Ausdrucks- und Handlungsfähigkeit zur Verfügung, kann also heute anders reagieren als damals in der schädigenden Situation. Sie kann also nicht nur ihr inneres „Drama" zum Ausdruck bringen und dabei von der TherapeutIn verstanden werden, sondern sie kann es heute neu gestalten. Sie kann z. B. ihre Empörung und Wut auf die Mutter zum Ausdruck bringen ohne die

„damalige" Angst, deshalb von ihr verlassen zu werden. Unter Umständen kann sie sogar – nach der Wut – das Verhalten ihrer Mutter begreifen, langfristig vielleicht sogar verzeihen und so zu einer größeren inneren und äußeren Ruhe kommen. Die Chance der Neuerfahrung und des *Neubeginns (Balint* 1987) beruht letztlich darauf, daß diese Erfahrung im Rahmen der *therapeutischen Beziehung* stattfindet und die KlientIn anders als „damals" in ihrem Schmerz, ihrer Wut, ihrer Scham, ihrer Liebe oder Lebensfreude gesehen und verstanden wird. Die „damals" verletzende Beziehung wird also gewissermaßen in eine gute Beziehung eingebunden. Dies ermöglicht der KlientIn die Integration der alten, schmerzhaften Szene, die nun nicht mehr verdrängt oder abgespalten werden muß.

In der Reflexion des Erlebten aus größerer emotionaler Distanz (Exzentrizität) heraus, im Kontakt mit der TherapeutIn oder TeilnehmerInnen der Therapiegruppe kann diese Erfahrung dann weiter verstanden oder vertieft werden. Die bisher unklaren, quälenden Gefühle und Symptome bekommen ihren Sinn zurück: Z. B. kann eine Klientin die für sie unverständlichen Wutausbrüche gegen ihren Ehemann, wenn dieser sie scheinbar nicht wahrnimmt, einordnen als Wut, die auch und vor allem ihrer Mutter galt und noch gilt.

„Regressive" Szenen stellen sich häufig in der Beziehung zur TherapeutIn spontan her: Die Klientin verhält sich so, als ob die Therapeutin „der geistig abwesende Ehemann" oder „die überforderte Mutter" wäre. Dieser Vorgang wird als Übertragung bezeichnet. Darüber mehr im Abschnitt „therapeutische Beziehung".

7.2.2 Nachsozialisation/Bildung von Grundvertrauen/ „Nach-Beelterung"

Der *zweite Weg der Heilung* dient dazu, der KlientIn die Möglichkeit des Vertrauens in ihre Mitwelt wieder zu eröffnen, ihre Fähigkeit, Vertauen zu entwickeln, zu fördern. In einer guten „Als-ob-Eltern-Beziehung", die ihr zeitweilig und partiell die Last des Erwachenseins, der Abwehr von Angst, der Selbstbehauptung, der inneren und äußeren Auseinandersetzungen tragen hilft, hat die KlientIn eine Chance, das Gefühl des Grundvertrauens und das

Bild, den Klang der „guten inneren Anderen" nachzuentwickeln. Nach-Beelterung heißt unter Umständen auch, haltende Strukturen zu setzen, z. B. bei der Gefahr der Selbstschädigung der KlientIn Grenzen zu setzen. Das eigentlich Heilsame am zweiten Weg der Heilung ist aber die Erfahrung, wirklich regredieren zu dürfen im Sinne von Sich-Anvertrauen und Abhängig-Sein.

Im ersten Weg der Heilung äußert sich Regression vor allem im zeitweiligen Wiedererleben von früheren Szenen und Beziehungen, im Rahmen einer im Prinzip „erwachsenen" Beziehung zwischen TherapeutIn und KlientIn. Im zweiten Weg der Heilung geht die Regression weiter: Die TherapeutIn bietet sie, zumindest eine Zeitlang, als Beziehungsangebot an.

Im ersten Weg der Heilung bezieht sich die Regression mehr auf die punktuelle Arbeit an bestimmten Szenen oder Symptomen, im zweiten Weg der Heilung ist Regression selbst eher ein strukturelles Merkmal der therapeutischen Beziehung, als durchlaufendes Charakteristikum, in der die KlientIn eine Zeit des „Nachnährens" erleben kann. Dies geschieht dann, wenn die KlientIn die TherapeutIn vor allem als (als-ob) „guten Vater" , als (als-ob) „gute Mutter" oder sogar als (als-ob) „gute, frühe Atmosphäre" braucht bzw. aufnehmen und erleben kann. Das „als-ob" bezieht sich auf die jeweilige Rolle: Vater, Mutter, Atmosphäre, keineswegs auf die Echtheit der Gefühle. In der Bezeichnung „als ob" bringen wir zum Ausdruck, daß die KlientIn nicht wirklich, nicht total, in die Kinderrolle zurückgeht (regrediert), daß sie – auch nicht für kurze Zeit – total zur „Zweijährigen" wird. Der Wunsch der KlientIn nach einer regressiven Beziehung bezieht sich immer auf eine bestimmte Gefühlskonstellation, meist auf Erfahrungen, die sie nicht hat machen dürfen, wie z. B. die Erfahrung des Grundvertrauens, die Erfahrung des Gehalten- und Genährtwerdens, die Erfahrung des Verstandenwerdens und des Verstehens. Die regressive Beziehung ist immer eine Teilregression: In Therapien mit Schwergewicht auf der „Nach-Beelterung" ist immer auch der erwachsene Mensch zugegen.

Die „Nach-Beelterung" ist als therapeutische Strategie vor allem bei sogenannten frühgeschädigten KlientInnen angezeigt, deren grundlegende Beziehungsstrukturen fragil sind. Sie ist immer eine schwierige Gratwanderung: Eine wirkliche Wiedergutmachung, ein wirklicher Ersatz für die früheren, unbefriedigenden Eltern- und

Beziehungserfahrungen ist in der Therapie – wie auch im realen Leben – nicht möglich. Die Vergangenheit, die Lebens- und Entwicklungsgeschichte kann nicht verändert werden, wohl aber die Schatten, die sie auf die heute möglichen Beziehungen werfen.

In den therapeutischen „als-ob"-Beziehungen arbeitet die TherapeutIn in der Rolle, in der Funktion als guter Elternteil, genauer: in einer fördernden „guten" Komplementärrolle, die dem unbewußten Verhalten, den Signalen der KlientIn darüber, was ihr fehlt, entspricht. Wenn die KlientIn z. B. zu oft von ihren Gefühlen überschwemmt wird, oder wenn sie leibliche Zustände wie Anspannung oder Erregung nicht in einen Zusammenhang mit der Situation bringen kann, in der sie sich befindet, so muß die TherapeutIn ihr helfen, Distanzierung zu finden bzw. die szenische Interpretation zur Verfügung stellen, möglicherweise in Form ihrer eigenen Phantasien. Sie muß – je nach „Rolle" der KlientIn – zeitweilig in der Komplementärrolle von Vater oder Mutter eines emotional verwirrten Jugendlichen agieren, oder in der Rolle des Vaters einer „als-ob"-Dreijährigen, die die Welt genauer erklärt haben will, oder die getröstet werden will, oder Grenzen gesetzt bekommen muß, oder als Mutter eines noch nicht sprachfähigen Kindes, dem seine Gefühle durch Resonanz, durch Spiegelung „gedeutet" werden müssen, damit es den Zusammenhang zwischen Gefühl und Situation herstellen kann.

Die TherapeutIn muß je nach der Problematik und der Situation der KlientIn entscheiden, wie lange und in welcher Weise sie auf diese Rollenerwartungen eingeht: Bei einer KlientIn mit sogenannten frühen Schädigungen (die z. B. keine gute „innere Andere" hat oder keine klaren Bedürfnisse ausbilden kann) wird sie in der Regel relativ lange in der Rolle der „guten, verstehenden, strukturierenden Anderen" bleiben und diese Rolle unter Umständen sogar gegen die negativen Erwartungen der KlientIn verteidigen müssen. Menschen mit weniger weitreichenden Schädigungen hingegen kann sie früher mit Übertragungsdeutungen konfrontieren, sie kann z. B. den Wunsch der KlientIn benennen, in der väterlichen/ mütterlichen Geborgenheit der TherapeutIn zu bleiben. Auf diese Weise kann sie der KlientIn eine klarere Sicht auf die Realität, auch die Realität der Therapie, und auf die Notwendigkeit der Selbstverantwortung eröffnen.

7.2.3 Erlebnisaktivierung/Persönlichkeitsenfaltung

Beim *dritten Weg der Heilung* geht es um die Aktivierung von kreativen Fähigkeiten, die Förderung des Ausdrucksvermögens und der praktischen Ko-Respondenzfähigkeit der KlientInnen. Dieser Weg (wie auch der vierte Weg) setzen die Fähigkeit zur Erfassung der eigenen Situation, also zur Exzentrizität, voraus. Dieser dritte Weg ist angezeigt, wenn die Störung der KlientIn durch eine Verarmung der Lebenswelt bedingt ist, wie es z. B. oft bei alten Menschen, oder bei Frauen und Männern in einer – ausschließlichen – Kinderbetreuungsphase oder auch nach der „Familienphase" der Fall ist. Weg drei ist auch dann angezeigt, wenn die Störung auf einer resignativen Haltung beruht, die es verhindert, Angebote der Umwelt zu suchen, neue Erfahrungen zu machen, in Kontakt mit den eigenen Möglichkeiten zu kommen. In den meisten Fällen, aber nicht in jedem Falle, wird hier der Kontakt zu einer Gruppe indiziert sein, damit zunächst das Selbsterleben in der Vielfalt eines *„sozialen Atoms"* gefördert wird. Die „lahmen", brachliegenden, gehemmten, unterforderten, kreativen Potentiale können angeregt werden: Die KlientIn kann wieder lernen wahrzunehmen, daß sie ein lebendiger Mensch ist, sich bewegt, atmet, Kraft hat und ausruhen – kurz: ihre Leiblichkeit spüren kann. Sie kann ihren Gefühlen, Phantasien, Plänen Ausdruck verleihen, z. B. in Bildern, Worten, Bewegung, Tanz, Schauspiel, Puppenspiel oder auch Arbeit. Diese Wachstumsreize können beispielsweise dazu beitragen, eine depressive und/oder psychosomatische Krise zu überwinden und einen neuen Lebenssinn zu finden. Voraussetzung bzw. Hintergrund für dieses *„Wachstum aus der Verarmung heraus"* wird in der Regel eine stützende, fördernde Beziehung sein, z. B. einer therapeutische Beziehung. Die verschiedenen Formen kreativer Therapie (Tanz-Bewegungs-Gestaltungs-Musik-Poesietherapie) haben hier *ein* großes Aufgabenfeld.

Aber auch in vielen anderen Bereichen sind erlebnisaktivierende Übungen und Anregungen zur Persönlichkeitsentfaltung prophylaktisch und „therapeutisch" äußerst nützlich: Einrichtungen der außerschulischen Jugendbildung und der Erwachsenenbildung erweisen sich in dieser Hinsicht als sehr hilfreich.

7.2.4 Solidaritätserfahrung

Im *vierten Weg der Heilung* geht es um die Erfahrung von Solidarität, Mitmenschlichkeit, Mitgefühl, von miteinander Handeln und Arbeiten im Alltag. Diese Erfahrung macht den Kern von Intersubjektivität aus und ist eine Grundsäule von Therapie. Menschen, die leiden, mangelt es oder hat es gemangelt an Solidaritätserfahrung im Alltagsleben. Wenn jemand in innerer oder äußerer Not ist, braucht er jemanden, der ihn damit versteht, ihm zur Seite steht, sich um Hilfe bemüht. Wenn das soziales Netzwerk, aus welchen Gründen auch immer, brüchig geworden ist (Eltern, Kinder, Nachbarn, Freunde nicht „da" sind), muß ein neues Netz aufgebaut werden. Dabei wird evtl. Hilfe gebraucht, die vielleicht in engagierten Gruppen zu finden ist.

In manchen Gruppen, wie z. B. in Selbsthilfegruppen, ist die Erfahrung und Entwciklung von Solidarität Kern und Ziel der Gruppenaktivität. In anderen Gruppen, z. B. in Therapie- und Selbsterfahrungsgruppen, wird die Fürsorge füreinander außerhalb des Therapieraumes oft vernachlässigt. Unbeabsichtigt und/oder fahrlässig kann dadurch das Gefühl der Isolierung sogar noch gefördert werden: „Ich rede hier über meine sehr persönliche Not und Angst, alle sind betroffen, und draußen kümmert es anscheinend keinen mehr." Therapeutische Arbeit kann und sollte aber noch über die Arbeit im geschlossenen Raum hinausgehen. Sie kann z. B. auch in der Initiierung und Unterstützung von Projekten bestehen, die überindividuell sinnvoll erlebt werden (z. B. ökologische Projekte, Stadtteilinitiativen). Über diese Art von Engagement kann das Gefühl der gesellschaftlichen und der persönlichen Entfremdung verringert werden.

Der Aufbau und die Arbeit in Selbsthilfegruppen, sozialen Netzwerken, Projektgruppen kann daher ein wichtiger Aspekt therapeutischer Arbeit sein, als Soziotherapie, als Beratung, als therapeutische Institution und auch in Form von Therapiepolitik.

7.3 Spezielle Themen des therapeutischen Prozesses

Von diesen übergeordneten Grundsatzüberlegungen kommen wir nun zu speziellen Themen im Therapieprozeß, nämlich zu *Diagnostik*, zu *Zielbildung*, zur *therapeutischen Beziehung*, zum *Therapieverlauf* und zu *Krisen*.

7.3.1 Diagnostik

Die Aufgabe von Diagnostik besteht im Erkennen, Benennen, Zuordnen und Erklären der Probleme der KlientInnen. Die TherapeutIn ordnet dabei die Phänomene, die die KlientIn ihr anbietet, in ihr Begriffssystem, in ihr subjektives und objektives Theorieraster ein. Sie stellt vor dem Hintergrund dieser mehr oder weniger bewußten Theorien direkt oder indirekt ihre Fragen an die KlientIn und entwirft therapeutische Handlungsstrategien. Diagnostik geht also weit über die „gute Einfühlung" in die KlientIn hinaus. Sie ist ein systematischer, theoriegeleiteter Erkenntnisprozeß.

Nun lassen sich die Probleme der KlientIn nur in sehr geringem Umfang „objektiv" vermessen (z. B. durch Tests), noch viel weniger lassen sich die diesen Problemen zugrundeliegenden Ursachen objektiv erfassen. Wenn, wie die Integrative Therapie annimmt, Schädigungen auf gestörter Ko-Respondenz beruhen, so muß man für eine „richtige Diagnose" die KlientIn in Ko-Respondenzprozessen wahrnehmen und erleben. An diesem Prozeß ist die TherapeutIn immer beteiligt. Wenn sie sich sachlich-objektiv verhält, also als „objektive DiagnostikerIn" oder, „noch objektiver", nur noch als Fragebogen in Erscheinung tritt, so prägt sie den Ko-Respondenzprozeß zwischen KlientIn und TherapeutIn genauso, wie wenn sie sich „subjektiv", persönlich verhält.

Der diagnostische Prozeß fordert in besonderer Weise das Wechselspiel von *Involvierung* (Beteiligtsein am Gespräch, an der Interaktion) *Zentrierung* (Bei-Sich-Selbst-Sein) und *Exzentrizität* (Beobachten, Erklären): Die KlientIn und die TherapeutIn sind gleichzeitig Objekte und Subjekte ihrer Beobachtungen, sie „machen/erleben" die Beziehung und beobachten sich selbst dabei.

Die Theorie, vor allem die Persönlichkeitstheorie und die Gesundheits- und Krankheitslehre dienen im diagnostischen Erkenntnisprozeß als Hilfsmittel, die bewährte und fruchtbare Fragestellungen ermöglichen. *Petzold* verwendet für diesen Prozeß von Suchen und Einordnen das Bild von den *Folien*, die auf das Geschehen aufgelegt werden und das Geschehen in eine bestimmte Ordnung bringen, wobei die jeweilige Folie nur einen begrenzten Geltungsbereich hat. In der Integrativen Therapie verwenden wir als Grobraster (Folie) u. a. die folgenden fünf Fragestellungen (vgl. Kap. Gesundheits- und Krankheitslehre):

7.3.1.1 Ursachen-Analyse

Worin bestehen die Schädigungen der KlientIn? Sind es Defizite, Traumatisierungen, Störungen oder Konflikte?

Die Entscheidung, ob ein Defizit, ein Trauma, eine Störung oder ein Konflikt vorliegt, ist dem einzelnen Symptom oft nicht anzusehen; man muß die Ursachen- und die Entwicklungsgeschichte des Symptoms zu verstehen suchen, um es einordnen zu können

Als Hinweis auf ein *Defizit* ist z. B. zu werten, wenn eine KlientIn auch bei schlimmen persönlichen Verlusten nicht traurig ist, sondern im Erleben sachlich bleibt, aber ein schweres Ekzem oder schwere Rückenschmerzen entwickelt und nicht wirklich spürt, daß sie nicht trauern kann. Es könnte sein, daß in ihrer frühen familiären Sozialisation Trauer „nicht vorkam", sondern nur Krankheit.

Hinweis für *Traumatisierung* ist z. B., wenn eine KlientIn um schwere Erlebnisse wie Verletzungen, Verluste, Todesfälle oder Außenseitersituation „herumredet", sie evtl. im Erstgespräch kurz erwähnt, aber dann für lange Zeit nicht mehr davon spricht, oder wenn eine KlientIn sich an gravierende Ereignisse, wie z. B. den einjährigen Aufenthalt im Sanatorium mit 8 Jahren, nicht mehr erinnern kann.

Ein Hinweis für eine *Störung* ist es z. B., wenn die KlientIn den verbalen Äußerungen der TherapeutIn, besonders den freundlichen, mißtraut und nicht wagt, die TherapeutIn anzusehen, um die Übereinstimmung von Sprache und Gestik zu überprüfen.

Ein Hinweis für *Konflikte* ist z. B., wenn die KlientIn ständig in „einerseits/andererseits" fühlt, oder wenn sie, kaum daß sich KlientIn und TherapeutIn auf den Sinn einer bestimmten Verhaltensweise geeinigt haben, diesen durch Gegenargumente wieder in Frage stellt.

7.3.1.2 Bedürfnis-Ziel-Analyse

In der Bedürfnis-Ziel-Analyse fragen wir: Was sind die Wünsche, Ziele und Hoffnungen der KlientIn? Wie klar sind sie? Wie bewußt sind sie? Wie „gutartig" oder „bösartig" sind sie (z. B. „Ich will mich *nur* noch zudröhnen", „*Nur* noch gut arbeiten können", oder: „Ich sehne mich nach absoluter Ruhe")? Wir fragen dies, um zu erfahren, was die KlientIn bewegt, woraus sie ihre Energie schöpft, was ihre Werthaltungen sind. Wir erfahren damit Wesentliches über die Identität der KlientIn, auch ganz konkret über ihre Beweggründe für die Therapie.

7.3.1.3 Lebensweltanalyse (Kontext-Analyse)

In der Lebensweltanalyse werden die Faktoren untersucht, die mittelbar und unmittelbar auf die KlientIn einwirken: Die subjektive, soziale und objektive Welt, in der sie sich bewegt. Die Lebensweltanalyse umfaßt den umittelbar persönlichen Bereich (Mikroebene) der KlientIn: Wie ist die familiäre Situation, ihre Arbeitssituation, wie ist das „soziale Atom", in welchem fmiliären „Milieu", in welchem Werte- und Normensystem bewegt sich die KlientIn täglich? Sie umfaßt die sogenannte Mesoebene, z. B. die Schichtzugehörigkeit, das Milieu mit seinen Werten und Normen, die soziale Lage mit ihren beruflichen Perspektiven. Und sie umfaßt als Makroebene z. B. die allgemeine soziale, politische, ökologische und wirtschaftliche Situation der Region und des gesamten Landes. Sie umfaßt auch Zeitgeist-Phänomene, Lebensstile und sogar die weltpolitische Lage, wie z. B. politische Veränderungen. Wie stark sich Global-Ereignisse im Einzelnen auswirken können, zeigt das Beispiel einer leicht depressiven Klientin, die nach der Reaktorkatastrophe von Tschernobyl einen Putzwang entwickelte: „Alles was von draußen kommt, ist vergiftet". Dieser Putzwang hielt drei Jahre lang an. Die Reaktorkatastrophe war hier sicherlich nicht alleinige Ursache, aber ein starker Auslöser.

7.3.1.4 Kontinuums-Analyse

Die Kontinuums-Analyse umfaßt die Analyse der unterschiedlichen Lebensbereiche in ihrem zeitlichen Ablauf, also die Abfolge von Szenarien, in die die KlientIn hineingeboren, gelegentlich hineingestoßen wurde oder auch aktiv hineingegangen ist (prävalente Milieus). Die Kontinuumsanalyse betrachtet in der Regel auch die Lebenswelten und Biographien der Eltern, weil diese für das Verständnis von Lebensentwürfen und Normen, von Traumatisierungen und daraus resultierende Delegationen durchaus wichtig sind. (*Petzold*: „Die Ursachen hinter den Ursachen").

Die Kontinuumsanalyse ist die tiefenpsychologische Dimension der Diagnostik. Wir verstehen „Tiefe" als gespeicherte, meist unbewußte Vergangenheit.

Die Kontinuumsanalyse erfordert von der TherapeutIn gute Kenntnisse über die normale Entwicklung des Kindes, weil sie nur so die „damals" schädigende Situation, vor allem das Ausmaß und die Art der Schädigung, erfassen und einordnen kann: „In welcher Entwicklungsphase ist dieses spezielle Defizit oder Trauma vermutlich entstanden? In welcher hat es sich verstärkt oder besonders dramatisch ausgewirkt?" Der Tod der Mutter beispielsweise bei einem guten „Mutterersatz" wird sich auf ein drei Monate altes Kind nicht so schlimm auswirken wie auf ein 15 Monate altes Kind, weil dieses schon eine feste, unverwechselbare Beziehung entwickelt hat. Oder: Eine über lange Zeit depressiv erstarrte Mutter wird bei einem Säugling größere Defizite in der Selbstentwicklung (Energie, Kontaktaufnahme) „hinterlassen", als bei einem sechsjährigen Kind. Die Kontinuumsanalyse bezieht sich nicht nur auf die Kindheit, sondern auch auf die Zeit der Jugend und des Erwachsenenalters (z. B. auf Traumatisierungen, wie Abbrüche in der Karriere, Krankheiten, Pensionierung und andere Lebensereignisse). Sie geht aus von der lebenslangen Entwicklung des Menschen, also auch von der Möglichkeit, in einem späten Lebensalter durch Defizite, Traumatisierungen, Störungen oder Konflikte mehr oder weniger schwer geschädigt zu werden. (vgl. Entwicklungstheorie)

7.3.1.5 Ressourcen-Analyse

Die Ressourcen-Analyse ist ein ganz wesentlicher Bereich von Diagnostik und Therapie, der unter dem allgegenwärtigen Krankheitsaspekt manchmal vernachlässigt wird: Was kann oder hat die KlientIn ausreichend oder besonders gut? Z. B. eine gute körperliche Konstitution, tragfähige soziale Beziehungen, viel Geld, Bildung oder interessante Hobbies, Engagement, Lebenserfahrung, gut eingefahrene Kompensationsmöglichkeiten, („Ich kann nicht gut reden, darum mache ich alles schriftlich!"). Zu den Ressourcen einer KlientIn können auch ihre guten Erinnerungen, ihre Beziehungen zu „guten Personen" gehören, auch solche, die ihr früher begegnet sind. Die Ressourcenanalyse wird besonders wichtig bei KlientInnen mit chronischen sozialen oder/und gesundheitlichen Behinderungen z. B. Arbeitslosigkeit oder Diabetis oder in bedrohten Situationen wie z. B. bei Krebserkrankung oder Aids-Infektionen.

Als praktisch-therapeutisches Handwerkszeug bei der Therapieplanung, aber auch während des gesamten therapeutischen Prozesses, dienen uns 4 Fragen, die wir im folgenden aufführen und mit Hilfe eines verkürzten Beispiels aus einem Therapie-Gutachten beantworten und veranschaulichen:

1. Was ist gesund und funktionsfähig und sollte erhalten werden? (Konservierende Behandlungsstrategie). „Die Klientin lebt in relativ stabilen sozialen Verhältnissen, sie ist arbeits- und lernfähig in ihrem Studium, aktiv und neugierig."
2. Was ist gestört und in seiner Funktion beeinträchtigt und muß restituiert werden? (Reparative Behandlungsstrategie). Was sollte, wenn Restitution nicht möglich ist, durch Verzichtsleistung oder Substitution bewältigt werden? (Copingstrategien) „Das Selbstwertgefühl der Klientin ist sehr gering. Unter Angst und Druck hat sie die Tendenz zu Retroflexion, leichter Konfluenz und Realitätsverzerrungen in Wahrnehmung und Erinnerung sowie zu Starre und Anästhesierung des Leibes."
3. Was ist defizitär, weil es nicht vorhanden ist oder nie vorhanden war und muß deshalb bereitgestellt werden? (Substitutive Strategie). „Die Klientin hat nicht die Erfahrung machen können und deshalb auch kein Gefühl dafür entwickeln können, aus eigenem

Recht und mit eigenen Rechten auf der Welt zu sein. Es besteht ein Mangel an Grundvertrauen".
4. Was wäre möglich, was ist noch nicht genutzt und könnte erschlossen oder entwickelt werden? (Evolutive Strategie) „Ihr Wissendurst, ihre Neugier sollten bestätigt und gestärkt werden. Sie braucht Unterstützung bei ihren Auseinandersetzungen, zunächst in ihrer Rollenprägung als Frau, auch im Hinblick auf Abgrenzung allgemein. Größere Spontaneität wäre möglich, evtl. über ihre Lust am Laienschauspiel".

Aus der Antwort auf diese Fragen leiten sich die vorläufigen Ziele, Methoden und Techniken für die Behandlung ab. Sie sind beileibe(!) keine Zielfestlegungen der TherapeutIn *für* die KlientIn, sondern lediglich Markierungspunkte zur Orientierung der TherapeutIn *und* der KlientIn.

7.3.2 Der Prozeß der Diagnostik (Struktur-, Abwehr-, szenische Diagnosen)

Diagnostik geschieht während des gesamten Verlaufs der Therapie: Am Anfang der Therapie intensiver und systematischer, ebenso in kritischen Phasen, aber auch in jeder gewöhnlichen Sitzung. Eine endgültige Diagnose gibt es nicht. Um diesen Aspekt der fortlaufenden Diagnostik deutlich zu machen, wird in der Integrativen Therapie von *prozessualer Diagnostik* gesprochen, einer Diagnostik, die den gesamten Therapieprozeß begleitet. Anders ausgedrückt: Diagnostik kann nur in einem Prozeß sinnvoll erfolgen. An diesem Prozeß sind immer KlientIn und TherapeutIn beteiligt.

Eine der wesentlichen Grundlagen für diesen Prozeß ist das Verstehen, die Entwicklung von Erkenntnis durch phänomenologische Analyse im hermeneutischen Prozeß (vgl. Kap. Erkenntnistheorie): von der Wahrnehmung von Phänomenen (z. B. Symptomen) gelangen wir über das Erfassen und Verstehen ihres Sinnes, also ihrer Entstehungsgeschichte, zu den Strukturen dieser Persönlichkeit. Dies geschieht dadurch, daß wir Sinnzusammenhänge, Beziehungen zwischen Symptomen, Verhaltens- und Erlebensweisen und der Lebensgeschichte der KlientIn herstellen. Diese Zusammenhänge nennen wir (jeweils vorläufig) die Struktur der KlientIn. Wir sprechen deshalb auch von phänomenologisch-struktureller Diagnostik.

Die Phänomene (Verhaltensweisen, Symptome, Erlebnisse der KlientIn) werden in einer Art Mikro-Diagnostik erfaßt, einer Diagnose von Mini-Ereignissen. Nehmen wir die Klientin aus obigem Beispiel: sie reagiert auf einfache Nachfragen, als ob sie kritisiert worden wäre. Die Pänomene werden dann in einen Zusammenhang „mittlerer Reichweite" gestellt. (TherapeutIn:„Neulich hat sie ihre Geschichte doch auch so erzählt, als ob ich sie für blöd halten würde oder unverschämt.") (Meso-Diagnostik). Dieser Prozeß führt dann als Makro-Diagnostik zu einer Struktur-Diagnose, die als Arbeitshypothese aufgefaßt wird. („Sie scheint Kritik und Abwertung schon in ihr Erleben mit einzubauen, vorwegzunehmen. Eine Tendenz zur Retroflexion?"). Um eine Struktur-Diagnose zu stellen, betrachten wir in der Regel auch die Biographie der KlientIn („Der Vater der Klientin scheint ja alles, was sie gut konnte, für blöd erklärt zu haben und sie dauernd darauf hingewiesen zu haben, was sie nicht kann. Jedenfalls erinnert sie es so.").

Strukturdiagnose bedeutet also, daß wir das erfaßte Phänomen im Zusammenhang der Persönlichkeitsstruktur der KlientIn verstehen: Aufgrund welcher Erfahrungen und welcher Bewältigungsstrategien „zeigt" die KlientIn in dieser Situation dieses Phänomen? Jede Diagnose mit längerfristigem Geltungsanspruch muß eine Strukturdiagnose sein.

Wir fahren fort mit unserem Beispiel (die berichteten Ereignisse fallen ungefähr in die 50. Stunde): Mir fällt auf, daß die Klientin in dieser Stunde „daneben redet", am Kern meiner Frage oder Bemerkungen vorbei antwortet. Sie wirkt „wie dumm". (Mikro-Diagnostik) In der nächsten Stunde taucht dieses „Phänomen" wieder auf. Ich spreche die Klientin daraufhin an: Nach einigen Erklärungen meinerseits beginnt sie zu verstehen, daß und in welcher Weise sie „daneben liegt". Das Phänomen scheint neu für sie. Ich erinnere mich aber, daß sie sich in den ersten 20 Stunden der Therapie relativ oft so verhalten hat (Beginn der Meso-Diagnostik). Wir vermuten, daß es sich um Angst oder Orientierungslosigkeit in einer neuen Phase der Therapie, in einer neuen Entwicklungsphase handeln könnte: Die Klientin hatte vor drei Wochen, statt wie bisher stumm zu grollen, ihrem Mann erstmals gesagt, daß sie nicht mehr allein für sämtliche Hausarbeiten zuständig sein wolle. Ihr Mann hatte sich daraufhin von ihr zurückgezogen. Die Klientin bekam es mit der Angst zu tun, wie so oft, wenn sie sich von der traditionellen Frauenrolle entfernen wollte (Beginn der Makro-Diagnostik). Sie konnte sich selbst und der Therapeutin gegenüber diese Angst nicht eingestehen. Sie hatte unbewußt den Wunsch, in die Sicherheit der alten Rollenbeziehungen zurückzugehen und dem Konflikt mit ihrem Mann auszuweichen. Dieser Wunsch brachte sie aber in einen anderen Konflikt, nämlich den mit den eigenen Zielen und den von ihr vermuteten Zielen der Therapeutin. Um dem Konflikt in der therapeutischen Beziehung nun auszuweichen, „verstand sie nicht mehr ganz richtig", was ich meinte. Sie leistete Widerstand aus Angst.

Die Diagnose, die sich auf eine übergreifende und grundlegende Struktur dieser Klientin bezieht, lautet in unserem Beispiel also: „es scheint so, daß die Klientin dazu tendiert, in angstbesetzten Beziehungssituationen mit leichteren Störungen des Wahrnehmens, des Denkens und der sozialen Kompetenz zu reagieren". Noch einmal: Diese Diagnose und die gemeinsame Interpretation der Phänomene sind vorläufig und sicher auch einseitig. Es sind Arbeitshypothesen.

In der *Struktur-Diagnostik* (der Verbindung der Phänomene mit anderen Phänomenen und mit der Lebensgeschichte der KlientIn) stehen wir immer vor zwei Fragentypen: *Warum* bzw. auf welchem Hintergrund verhält die KlientIn sich so und *wozu* verhält sie sich so, was bezweckt sie damit? Dieses „Bezwecken" darf natürlich nicht im Sinne von „völlig bewußter Absicht" mißverstanden werden.

Im obigen Beispiel haben wir eine „Wozu?"-Interpretation angeboten (eine *„finale Ursache"* herausgearbeitet): Die Klientin „redet vorbei", *um* einen Konflikt zu vermeiden. Wir haben also eine Diagnose über die Abwehrstruktur formuliert (*Abwehr-Diagnose*). Im Verlauf der nächsten Therapiesitzungen kamen wir auf die Entstehungsgeschichte, nämlich auf die vielen Situationen, in denen sie als noch relativ kleines Kind bei Konflikten von ihrer Mutter regelrecht „niedergedonnert" wurde, wenn sie sich eine eigene Ansicht erlaubte oder widersprach. Dies nun sind Situationen und Erfahrungen gewesen, in denen das Kind sicherlich schwer verwirrt wurde, in denen seine „Ich-Funktionen" beschädigt worden sind. Es konnte nicht die Fähigkeit entwickeln dafür zu sorgen, im Gespräch und sogar im Konflikt verstanden zu werden und andere zu verstehen. In einer solchen „verdonnernden" Beziehung kann ein Kind nichts mehr verstehen, es hat nur Angst und muß sich irgendwie „abschotten". Dieser Aspekt wäre eine Antwort auf eine „Warum-Frage" (nach einer „*kausalen*" Ursache): weil die Klientin in früheren Konfliktfällen von ihrer Mutter nicht gehört wurde und sich nicht verständlich machen konnte, tendiert sie dazu, in Fällen eines befürchteten oder eingetretenen Konflikts in ein ähnliches Gefühls- und Verhaltensmuster zu „verfallen": nicht mehr zu verstehen. Wir könnten dies als „*szenische*" Struktur-Diagnose bezeichnen: Wie sieht die Szene aus, in der dieses Verhalten entstanden ist? Diese wäre Teil des Narrativs dieser Klientin: Sie hat die Erwartung, daß es in Konfliktfällen mit engen Bezugspersonen zu Katastrophen kommt.

Letztlich beziehen sich auch Abwehrdiagnosen auf szenisches Geschehen, wenn auch indirekter: Auch was und wie ich abwehre, hat sich ja in früheren Szenen entwickelt. Trotz dieser Unschärfe behalten wir die Unterscheidung von Abwehrdiagnosen und szenischen Diagnosen bei, weil wir sie erkenntnis- und handlungsleitend fruchtbar finden.

Wie auch in unserem Beispiel deutlich wird, schließen sich beide Diagnosetypen nicht aus, sondern ergänzen sich: „Angstbewältigung durch leichtere Wahrnehmungs- und Denk-Blockierungen – verstehbar vor dem Hintergrund früher Störungen der Eltern-Kind-Kommunikation."

Die szenische Diagnose geht in der Regel weiter und tiefer. Wir kommen unter Umständen von einer ersten Szene zu ähnlichen problematischen Szenen, die in der Entwicklung früher lagen.

Gleichzeitig eröffnet das szenische Verstehen die Perspektive für das weitere therapeutische Handeln im Umgang mit der Abwehrform, die aus Schädigungen entstanden ist. Die früheren traumatisierenden Szenen müssen bearbeitet werden, damit die KlientIn danach ihre heutige Kraft und Widerstandsfähigkeit als Erwachsene überhaupt spüren und das „alte" Abwehrverhalten aufgeben kann.

Abwehr- bzw. szenische Diagnosen haben unterschiedliche behandlungstechnische Qualitäten: Abwehr-Deutungen wirken, wenn sie der KlientIn mitgeteilt werden, eher konfrontativ: „Sie verstehen mich nicht, um sich nicht einem zweiten Konflikt aussetzen zu müssen!". Szenische Deutungen wirken in der Regel eher supportiv, unterstützend: „Sie können mich so schwer verstehen, weil Sie wieder so verwirrt sind wie damals, als Ihre Mutter Sie so heftig beschimpft hat."

Der „Königsweg" zum Verständnis von Phänomenen (Mikro-Diagnostik) ist das *atmosphärische und szenische Erfassen*. Dies geschieht in der Empathie für und in der Identifizierung mit der Rolle der KlientIn oder aus der Komplementärrolle heraus. Diesen Prozeß nennen wir Gegenübertragung. Sie beruht auf dem Gespür der TherapeutIn dafür, was in Ausdruck und Stimmung zwischen den Zeilen mitschwingt. Ein Beispiel: Ich merke in der mittleren Phase einer Therapie, daß ich nach jeder Sitzung angestrengt und enttäuscht zurückbleibe, mich aber immer wieder nach ein paar Tagen auf diese Klientin freue. Ich betrachte daraufhin die folgende Sitzung unter dem Aspekt „Freude-Enttäuschung" genauer und stelle fest, daß die Klientin auch freudig kommt, wir eine Zeitlang sehr ergiebig und angenehm zusammenarbeiten und daß sie dann meist kurz vor Schluß der Stunde Bemerkungen macht wie: „Na mal sehen, ob ich damit was anfangen kann", oder: „Na, ich hoffe, daß sich bei mir auch mal was ändert", oder daß sie in den letzten 10 Minuten wiederholt auf die Uhr guckt und sich dann sehr schnell verabschiedet. Der Schluß der Sitzung „entwertet" die vorhergehende gute, intensive Beziehung. Ich spreche das Phänomen an und erfahre von der Klientin: „Ja, gegen Ende werde ich unruhig und überlege, wie ich hier heil wieder rauskomme." „Heil?" Klientin: „Gegen Ende wird mir immer unwohl, als ob ich nicht mehr wegkomme und Ihnen ausgeliefert wäre." (Meso-Diagnostik). Wie wir in weiteren Sitzungen herausfanden, verliefen viele Beziehungen der Klientin entsprechend folgender Struktur: „Wenn jemand sehr freundlich ist und so tut, als verstände er dich, dann mußt du besonders aufpassen. Sie versuchen immer möglichst unauffällig, dich zu verändern." Ihr Narrativ war: „Am besten fährst du allein. Vertrau dich niemandem an, schon gar nicht, wenn er dich zu verstehen scheint." (Strukturdiagnose) Die Fähigkeit der Klientin zu Ko-respondenz und ihr natürliches Bedürfnis nach Mitteilung, nach Verständnis und nach Vertrauen wird quasi auf den „letzten Metern" des Kontaktes blockiert, abgebremst durch Mißtrauen. In jeder Sitzung spielte sich gewissermaßen dieselbe Szene ab: Freude an der Begegnung, zunächst Vertrauen, Mitteilung, dann Abbruch, Mißtrauen und Flucht. Die Verflüssigung des Narrativs der KlientIn, also die Narration, bewirkte, daß durch die Meta-Kommunikation über die Beziehung ihre Fähigkeit wieder in Bewegung kommen konnte, über ihr Mißtrauen und dessen Geschichte in einer nun vertrauensvolleren Beziehung zu sprechen. Allmählich konnte sie lernen, das Vertrauen zur Therapeutin bis zum Abschied, bis zur Beendigung der Stunde aufrechtzuerhalten und die Sicherheit mitzunehmen, daß die Therapeutin sie nicht manipulieren wolle. Auf diese Weise entstanden für sie Möglichkeiten, überhaupt längerfristige Beziehungen einzugehen, unterschiedliche neue Beziehungserfahrungen zu machen und ihr Narrativ „Traue niemandem" zu den Akten zu legen.

7.3.3 Zielbildung

Die Entwicklung der Fähigkeit zu Zielbildung im allgemeinen sowie zur Bildung von Therapiezielen im besonderen ist für die KlientIn von großer Bedeutung. Gleichzeitig ist Zielbildung – als innerer Prozeß der TherapeutIn – ein vorläufiger Entwurf, eine vorläufige Übersicht über das, was wünschenswert, was möglich ist und auch, was wahrscheinlich nicht möglich sein wird. Um sich einen solchen Überblick zu verschaffen, braucht die TherapeutIn ein theoretisches Raster, ein Suchraster. Auf diese eher „ojektiven" Raster werden wir im zweiten Teil dieses Abschnitts eingehen.

Warum kommt ein Mensch in Psychotherapie? Wir sagten: weil seine Ko-repondenzfähigkeit eingeschränkt ist, weil er mit sich, anderen, seiner Umwelt, seinem Leib nicht mehr ausreichend zurechtkommt. Es gibt eine Vielzahl halbwegs günstiger Lebensumstände, unter denen eine blockierte Ko-respondenzfähigkeit sozusagen von allein wieder in Fluß kommen kann. Dies ist zum Glück eher die Regel als die Ausnahme. Auf der anderen Seite gibt es viele Menschen, die so eingeengt und so blockiert sind, daß sie über Jahrzehnte hinweg weit unter ihren Möglichkeiten leben. Nicht alle leiden darunter. Vielen gelingt es, ihre Mitwelt entsprechend ihren eingefahrenen Rollen unbewußt so in ein Komplementärverhalten zu manipulieren, daß ein Teil ihrer Beeinträchtigung auf Kosten anderer aufgefangen wird und sie auf diese Weise ein immerhin erträgliches Lebensgefühl behalten können. Nur wo der „Lastenausgleich" durch die Mitwelt allzu sehr erschwert ist, entsteht für den einzelnen ein Leidensdruck, so daß er sich unter Umständen nach therapeutischer Hilfe umsieht. Dieser Schritt wird nur erfolgen, wenn eine Hoffnung besteht, „dagegen etwas tun zu können."

Natürlich ist die Verbesserung der Ko-respondenzfähigkeit nicht das Ziel, um dessentwillen die KlientInnen uns aufsuchen. Was bewußt gesucht wird, klingt eher wie: „Symptome wegbekommen, Trost, Bestätigung, Anerkennung finden, Techniken lernen, um Konflikte besser als bisher zu lösen" und ähnliches.

Es gibt aber viele Wünsche und Ziele, die den bewußten Zielen, den offiziell benannten nur vage oder überhaupt nicht entsprechen, ihnen oft krass entgegenstehen. Neben dem bewußten: „Helfen Sie mir, mich zu ändern!" steht oft ein: „Helfen Sie mir, meinen Mann zu ändern!" oder auch: „Helfen Sie mir, mich zu ändern, aber akzeptieren Sie mich vor allem so, wie ich bin." Diesen Zielen ist eins gemeinsam: Es lassen sich daraus keine klaren Zielaufträge an die TherapeutIn ableiten. Insofern beginnt die therapeutische Interaktion genau wie die meisten zwischenmenschlichen Interaktionen auf der Basis einer relativ unklaren Zielbestimmung.

Wenn wir versuchen wollen, die Ko-respondenzfähigkeit einer KlientIn zu verbessern, so müssen wir am Anfang beginnen: nämlich bei der Zielbildung. Die Fragen: „Was führt Sie hierher, was erhoffen Sie sich von einer Therapie? Was soll dabei auf gar keinen Fall passieren?" müssen so oder ähnlich am Anfang einer Therapie immer gestellt werden. Indem wir die KlientIn nach ihren Zielen fragen, regen wir sie nicht nur an, diese zu präzisieren, sondern, darüber hinaus, überhaupt wieder Ziele zu phantasieren. Unser eigenes Globalziel: „Wiederherstellung der Ko-respondenzfähigkeit" fächert sich also im Kontakt mit der KlientIn auf in viele einzelne Akte von „ein Ziel entwerfen", z. B. „Was ist jetzt?, Was möchtest Du gerade?" Diese Fragen nach den Zielen sind für die KlientInnen oft schwierig. Sie „zwingen sie auf eine Metaebene", in die Exzentrizität. Sie erfordern erhöhte Bewußtheit. Diese Fragen können sehr hilfreich sein und zur Stärkung des Ich-Gefühls und des Kontakts führen (Zentrierung). Sie können aber auch einen Prozeß unterbrechen, der noch unklar ist oder mit starker emotionaler

Involvierung abläuft. In diesem Falle können sie auch zu einer Entfremdung innerhalb der therapeutischen Beziehung führen.
Jede einzelne KlientIn entwickelt eigene Zielhierarchien. In diesem Prozeß kann das, was anfänglich als klares Ziel genannt wurde, völlig verschwinden. „Ich muß mich unbedingt ändern" ist ein Ziel, das in der ersten Phase der Therapie oft genannt, später aber häufig fallen gelassen wird. Wie kommt das? Ist das Ziel erreicht oder hat die KlientIn mitbekommen, daß ihre TherapeutIn von solchen Zielen nicht viel hält?!! Vielleicht hat die KlientIn in der Therapie erlebt, daß Verstehen und Akzeptieren mehr bewirkt, als sich unter Handlungsdruck und Veränderungsdruck zu setzen. Vielleicht hat sie, ohne es formulieren zu können, das therapeutische Paradoxon erfaßt: Eine Situation bzw. ein Symptom verstehen und akzeptieren bedeutet, die Situation/das Symptom zu verändern.

Die bewußten Zielformulierungen der KlientInnen lassen sich fast immer hinterfragen und erweitern. Die meisten Menschen haben gelernt, nur „vernünftige" Ziele zu haben. Die sehr persönlichen, meist nur vage bewußten Ziele zu erkennen, ist aber ein wichtiges Ziel Integrativer Therapie: „Was wollen Sie wirklich? Versuchen Sie, das genau zu spüren."

Zielbildung ist immer auch mit Identitätsbildung und Identitätsstärkung verbunden. Je sorgfältiger eine KlientIn sich einlassen kann auf das, was im jeweiligen Augenblick in ihrem wirklichen Interesse liegt, je prägnanter sie es werden lassen kann, desto größer ist die Wahrscheinlichkeit, daß sie auf dieser Basis „stimmige persönliche Utopien" entwirft: daß sie Zukunftshoffnung und Handlungsalternativen entwickelt und miteinander verbindet. Fragen wie: „Mir scheint, Sie möchten am liebsten .... Stimmt das?", „Was hindert Sie?", sind dabei förderlich. Mit Hilfe der Frage nach den Hindernissen: „Was befürchten Sie, welcher Horror passiert in Ihrer Phantasie, wenn Sie sich vorstellen, sich einem solchen Ziel zu nähern?" ergibt sich ein Zugang zu der persönlichen Geschichte der Klientin („Woran erinnert Sie das?").

Es ist wichtig, die Einmaligkeit dieser Zielbildungen zu erfassen: Sie lassen sich kaum in eine allgemeine Zielbildungs-Systematik einordnen. Und doch sind wir als TherapeutInnen auf eine solche Systematik angewiesen, weil sie als Leitfaden und Orientierungshilfe unerläßlich ist: Wo im therapeutischen Prozeß befinden wir uns derzeit? Welche Ziele sind bisher noch gar nicht aufgetaucht und weshalb? Vermeidet die KlientIn oder vermeiden wir beide solche Ziele? Sind diese Ziele der KlientIn im Moment oder grundsätzlich nicht zugänglich? Eine KlientIn etwa, die innerlich und äußerlich in ein enges „Pflichtenkorsett" eingebunden ist, und die Befriedigung nur als Plichterfüllung erleben kann, kann ein Ziel wie etwa „spielerisch Freude erleben" zu Beginn der Therapie nicht fühlen. Die TherapeutIn wird es aber im Auge behalten und zu einem günstigen Zeitpunkt im Verlauf der Therapie als mögliche Entwicklungsrichtung anregen.

Der folgende Abschnitt beschäftigt sich mit „objektiven Rastern" zur Systematisierung von Zielen. Es ist notgedrungen ein relativ grobes Raster und muß für den Einzelfall vor allem anhand der Persönlichkeitstheorie, der Entwicklungstheorie und der Gesundheits- und Krankheitslehre differenziert werden.

1. *Globalziele* sind übergeordnete allgemein gültige Ziele, wie z. B. Förderung der Leibfunktionen (Perzeption, Expression, Memoration), Integration von Abgespaltenem, Förderung von Kontakt-, Begegnungs- und Beziehungsfähigkeit, Förderung der Fähigkeit, sich selbst im Lebensganzen verstehen zu lernen und „sich selbst zur Begleiterin zu werden", sein Leben gemäß der eigenen Persönlichkeit zu gestalten. Auch das Ziel für die oben beschriebene KlientIn im Pflichtenkorsett, nämlich spielerische Freude erleben zu können, würde in diesen Bereich gehören.

2. *Persönlichkeitsorientierte Ziele* orientieren sich an den Fragen: Wie sicher sind die Funktionen des Leib-Selbst, des Rollen-Selbst, des Ich und der Identität? Wie ist es z. B. bestellt um die Abgrenzungsfähigkeit der KlientIn oder um ihre Fähigkeit zum Rollentausch oder zur Wahrnehumng ihrer eigenen Bedürfnisse? Wichtige Hilfen für die Zielbildung ergeben sich natürlich vor allem aus der Krankheitslehre z. B. anhand der Frage, an welcher Stelle des erweiterten Kontaktzyklus der Prozeß hauptsächlich gestört ist:
   - Bereits bei der Bedürfnisbildung und -wahrnehmung (wenn die KlientIn sich nur leer und dumm fühlt), müßte die KlientIn z. B. empathisch durch die TherapeutIn gespiegelt werden, um sich fühlen zu lernen.

- Beim Verstehen einer Situation oder auch bei der Entwicklung von angemessenen Handlungsplänen (wichtig wäre hier z. B. die Förderung ihrer Rollenkompetenz und Rollenflexibilität).
- Bei der Blockierung durch innere Konflikte (wenn z. B. die KlientIn Angst hat, jemandem nahe zu kommen, weil sie befürchtet, doch wieder verlassen zu werden, müßte der Konflikthintergrund aufgeklärt werden, die Übertragungsbeziehung besonders beachtet werden).
- Beim Ausdruck bzw. Handlungsvollzug (wenn eine KlientIn auf jemanden zugehen möchte, sich aber wie festgenagelt fühlt, müßte die Blockierung, vor allem durch szenisches Erleben und Agieren „veräußert" und dann überwunden werden).
- Bei der Wahrnehmung von Beruhigung und Befriedigung (Bearbeitung des Wertesystems der KlientIn – eines möglicherweise malignen Gewissens –, z. B. Angst, wenn sie sich etwas gönnt).

3. *Lebensweltorientierte Ziele* ergeben sich aus der Lebensweltanalyse. Es ist zu fragen, ob die Umwelt für die KlientIn zu wenig Möglichkeiten bereitstellt und/oder ob sie sie nicht wahrnehmen kann. Ein wesentliches Ziel wäre hier zum Beispiel die Arbeitsplatzsuche (mit aktiver Hilfe durch die TherapeutIn, auch in Form von Verhaltenstraining), aber auch Abbau von Ängsten vor sozialen Kontakten oder vor Leistungsversagen.

4. *Methodenbestimmte Ziele* ergeben sich aus den verwendeten Methoden sowie aus den Bedingungen des Settings (z. B. Praxis oder Klinik). Sie sind damit letztlich den persönlichkeits- und lebensweltorientierten Zielen untergeordnet. Wenn die Diagnostik z. B. ergeben hat, daß einer KlientIn Gruppenerfahrungen fehlen, und das Setting (z. B. Klinik) vor allem Gruppentherapie vorsieht, so wäre das methodenbestimmte Ziel: Aushalten einer Gruppensituation. Oder wenn die KlientIn mehr spielerische Lebensfreude entwickeln „soll", müßte sie mit spielerischem Material in Kontakt kommen und umgehen lernen.

Eine sorgfältige Diagnostik stellt immer ein breites Spektrum möglicher Ziele und therapeutischer Methoden bereit. Die Reihenfolge, in der diese Ziele „angegangen" werden, ergibt sich aus dem Weg, den die KlientIn einschlägt und der Bereitwilligkeit, mit der sie auf

Anregungen der TherapeutIn eingeht. Dieser Weg, also der Verlauf der Therapie, zeigt beiden, KlientIn und TherapeutIn, zunehmend deutlicher, welche Wege „endgültig" verbaut sind, welche Ziele nicht erreicht werden können, obwohl sie eigentlich wünschenswert wären. Auch der Verzicht auf bestimmte Ziele, wenn er als Einsicht und Verzicht wirklich erlebt wird, ist ein wichtiger Prozeß in der Zielbildung: Er kann die KlientIn und die TherapeutIn vor großen Enttäuschungen und quälendem Entwicklungsdruck bewahren. In den Fällen, in denen solcher Verzicht geleistet werden muß („Ich werde wohl nie richtig spontan sein können im Kontakt mit anderen Menschen."), stellt sich dann die Frage nach den Bewältigungs-Strategien (Coping-Strategien), also die Frage: „Wie werde ich mit diesen Einschränkungen fertig, wie kann ich trotz dieser Einschränkungen möglichst gut leben?" („Ich könnte z. B. meine sozialen Hemmungen als sachlich zurückhaltende Art definieren und sie als Qualitätsmerkmal ansehen und anderen gegenüber entsprechend auftreten.")

7.3.4 Die therapeutische Beziehung

7.3.4.1 Grundlagen

Die therapeutische Beziehung ist der entscheidende Faktor in der Therapie: Sie ist Rahmen, Basis und auch Medium des therapeutischen Entwicklungsprozesses. Da jede seelische Erkrankung immer mit defizitären Beziehungen zusammenhängt, können gute Beziehungen nur dadurch entstehen, daß die TherapeutIn und die KlientIn sich in der Therapie wirklich aufeinander einlassen, sich auseinandersetzen. Die TherapeutIn muß also bereit sein, sich zu stellen, in die „Beziehungsarbeit" einzutreten. Gleichzeitig muß sie aber auch den Überblick behalten: Sie muß wechseln können zwischen Involvierung (Betroffenheit), Zentrierung (bei sich selbst sein) und Exzentrizität (den Blickwinkel erweitern, Überblick gewinnen). Diese Flexibilität in der Beziehung nennen wir, wie bereits erwähnt, *„partielles Engagement"*.

Die Beziehungsarbeit ist gleichzeitig befriedigend und schwer. Die TherapeutIn darf und muß wirklich anwesend sein in diesem

Prozeß: mit ihren Beziehungskompetenzen und mit ihren Beziehungs*un*fähigkeiten.

Die Beziehung zwischen KlientIn und TherapeutIn ist anfangs durch soziale Rollenvorstellungen gekennzeichnet, durch Erwartungen, die sich an die „ExpertIn", die ÄrztIn, die PsychotherapeutIn, evtl. sogar die „HeilerIn" richten. KlientInnen beginnen die Therapie oft mit der Vorstellung, daß ihnen etwas fehlt, daß sie etwas brauchen, was die TherapeutIn ihnen geben kann und daß sie dafür etwas tun müssen, z. B. sich anstrengen, sich offenbaren. Für die Entwicklung von „guter" Ko-respondenz, von Intersubjektivität, ist es erforderlich, „die KlientIn da abzuholen, wo sie ist". Dazu gehört auch, den Erwartungen zu entsprechen, mit denen sie die Therapie beginnt, allerdings ohne die eigenen Überzeugungen und Einstellungen aufzugeben. Manchmal ist es wichtig, der KlientIn die psychotherapeutische Arbeitsweise zu erklären, auch die Gesundheits- und Krankheitslehre, die hinter dieser Arbeitsweise steht: Die TherapeutIn muß dann evtl. verdeutlichen, daß es zwar auch um Programme zur Verhaltensänderung, um Lernen und Ratschläge geht, auch um Machen und Anstrengen, in erster Linie aber immer um Entwicklung von Beziehung.

Möglicherweise wird die KlientIn diese Erklärung ablehnen, weil sie eine klassische „ÄrztIn-PatientIn-Beziehung" will, aber sie wird sich – so ist zu hoffen – durch unsere Erklärungen in ihrem Anliegen ernstgenommen fühlen, so daß eine therapeutische Kooperation möglich wird. Manchmal kann die Kooperation sogar darin bestehen, daß *keine* Therapie vereinbart wird, weil die Erwartungen sich nicht entsprechen (Konsens über den Dissens, vgl. Kap. Persönlichkeitstheorie).

Wenn es zu einer Therapievereinbarung kommt – und das heißt immer auch, daß die KlientIn der TherapeutIn Vorschußvertrauen gibt –, so weiß die KlientIn häufig noch nicht, *wie* ihre Beteiligung am Prozeß aussehen könnte. Sie wird sich zunächst nach den Strategien und Strukturen verhalten, die sie für unsichere „Lebenslagen" entwickelt hat. Sie wird z. B. nett sein, bescheiden oder trotzig fordernd, besonders hilfsbedürftig erscheinen, die TherapeutIn idealisieren oder kritisieren. Derartige Strategien und Strukturen sind das Stützsystem der KlientIn in einer für sie unsicheren Situation und dürfen daher, wenn überhaupt, zunächst nur sehr vorsichtig und sehr taktvoll benannt bzw. in Frage gestellt werden. In der Anfangsphase der Therapie zeigen sich diese Muster meist am deutlichsten.

Oberstes Ziel der IT ist die Fähigkeit zu möglichst gleichgewichtigem Austausch zwischen Mitmenschen (Gelingen von Ko-respondenz/Intersubjektivität). Das schließt ein, daß beide PartnerInnen in einem gemeinsamen Prozeß lernen, zu erkennen und zu verstehen, was mit ihnen selbst und was mit dem Gegenüber ist, war und werden könnte. Es schließt weiter ein, daß diese Erfahrungen und Wünsche von der KlientIn unzensiert ausgesprochen werden dürfen. Beide PartnerInnen müssen sich zu erkennen geben. Die *Klarheit und Eindeutigkeit der Therapeutin in der Beziehung zur KlientIn* ist daher enorm wichtig. Sie ist für die Integrative Therapie das, was die Abstinenz für die Psychoanalyse ist.

Selbstverständlich wird die KlientIn sich weniger für die Wirklichkeit der TherapeutIn interessieren: *Sie* braucht Hilfe, es muß um *sie* gehen. Dennoch ist die Fähigkeit zu Intersubjektivität, auch wenn diese Fähigkeit im Moment nicht voll entwickelt ist, Voraussetzung für den weiteren Prozeß. Daher arbeiten integrative TherapeutInnen aus „unterstellter Intersubjektivität" heraus.

Intersubjektivität heißt, sich auf die PartnerIn einzustellen. Für die TherapeutIn bedeutet das, sich zu fragen, wieviel Subjektivität und Offenheit von ihrer Seite die KlientIn vertragen kann bzw. was für sie angststeigernd ist. „Alles, was gesagt wird, muß echt sein, aber nicht alles was echt ist, muß gesagt werden." Dieses Prinzip *der selektiven Offenheit* (auch als *selektive Authentizität* bezeichnet) ist für die therapeutische Beziehung ebenso wichtig, wie das des *partiellen Engagement*. Ein Satz wie: „Ich bin im Moment ärgerlich auf Sie.", kann sich destruktiv auswirken, wenn er zu früh oder im falschen Moment kommt, er kann aber auch der Beginn einer neuen Qualität in der Beziehung werden.

Ein besonderer Aspekt der selektiven Offenheit ergibt sich aus der Expertenrolle: Die TherapeutIn verfügt über Modelle zum Verständnis von Beziehungen und therapeutischen Entwicklungen, sie ist der KlientIn – in diesem Bereich – im Erkennen voraus. In ihrem Handeln aber sollte sie möglichst einen Schritt hinter ihr bleiben, damit Vorstellungen, Szenen, Gefühle prägnant werden können, ohne daß diese Entwicklungen zu früh durch Deutungen gestört werden (vgl. *Martin Buber* 1973). Die sich entwickelnde Sicherheit der KlientIn, sich nicht fremden Zuschreibungen oder Erwartungen anpassen zu müssen („Du *bist* so und so, du *solltest* so und so sein."), ist die Kraft, die den Heilungsprozeß in Gang hält bzw. bewirkt. Der Moment, in dem diese Überzeugung bei der KlientIn prägnant wird, ist ein Wendepunkt in der Therapie: ein Schritt in die Autonomie.

Die TherapeutIn sollte mit dem Ziel „Intersubjektivität" nicht wie mit der Tür ins Haus fallen, also keinen neuen „Sollens-Satz" den vielen anderen hinzufügen. Die Kunst besteht darin, die Wünsche der KlientIn nach Sicherheit und Anleitung zu erfüllen, ohne sich längerfristig auf eine einseitige Rollen-Beziehung festlegen zu lassen. Die oder der sein zu dürfen, die oder der man ist, ist immer auch eine zwiespältige Erfahrung für die KlientIn: Sie vermittelt das Erlebnis von Freiheit und Selbstverwirklichung im Rahmen einer zuverlässigen Beziehung *und* sie schließt die Konfrontation mit der eigenen Schwäche, Scham, Hilflosigkeit, destruktiven Wut und anderem ein. Der Erkenntnis: „Ich bin, wie ich bin und werde nicht verlassen" geht in der Therapie meist ein Kampf um die Erkenntnis der schmerzenden bzw. der verachteten Seiten voraus („Ich als hilfloser, verlassener Säugling", „Ich als beschämter Neunjähriger, das ist zu grauenhaft, das kann ich nicht ertragen"). Die Vorstellung, daß die TherapeutIn diese verachteten Seiten (oft die „Kinderrollen" in uns) versteht, nicht verbessern oder „ungeschehen machen" will, bringt die KlientIn schließlich dazu, dieses „Kind in sich" nicht mehr zu verlassen und abzuspalten.

Wenn die KlientIn in der Beziehung und am Modell der TherapeutIn gelernt hat, sich selbst zu vertrauen, sich selbst sein zu lassen ohne sich zu verlassen, hat ihre Integrationsfähigkeit einen qualitativen Sprung getan: Sie kann mit ihrer Angst, mit ihren dunklen Seiten „besser fertigwerden". Sie hat eine *„genügend gute GefährtIn"* in sich entwickelt, so daß sie sich selbst verstehen und beruhigen und mit ihren Schmerzen relativ autonom umgehen kann. Sie ist einerseits unabhängiger geworden und kann andererseits leichter auf andere zugehen, weil ihre Angst vor Zurückweisung nicht mehr so groß ist. Ihre Ich-Stärke hat zugenommen. Die Integrationsfähigkeit ist in jedem Fall der Beginn einer neuen Phase in der Therapie, in der das „Durcharbeiten und Neuorientieren" im Rahmen einer für beide offeneren und verläßlicheren Beziehung erfolgen kann, in der

z. B. Übertragungen weitgehend aufgelöst sind und in der Kritik wechselseitig möglich ist.

7.3.4.2 Übertragung

Wie jede andere wichtige Beziehung wird auch die Beziehung zwischen KlientIn und TherapeutIn durch Übertragungen mehr oder weniger stark beeinflußt. „Übertragungen sind die unbewußte Vergegenwärtigung alter Atmosphären und Szenen in einer Art und Weise, daß die Gegenwart verstellt wird und die Realitäten der anderen nicht gesehen werden können. Sie werden aufgelöst, wenn die motivationalen Quellen, aus denen die Übertragung gespeist wird, d. h. die alten Szenen, bearbeitet werden" (*Petzold*, mündl. Mitteilung). In der Übertragungssituation verhalte ich mich so, als ob mein Gegenüber beispielsweise mein Vater, meine Mutter, mein Lehrer oder ähnliches wäre, d. h. ich erlebe mein Gegenüber in der Rolle meines Vaters etc. Ich reproduziere also alte Beziehungsmuster. Dabei kann es geschehen, daß ich, ohne es zu merken, die anderen dazu bringe, mein „Spiel" mitzuspielen, eine Komplementärrolle zu übernehmen. Wenn eine KlientIn z. B. vermutet, daß die TherapeutIn sie loswerden will, so kann das die Übertragung einer früheren Situation mit einer wichtigen Bezugsperson auf die heutige Therapiesituation sein. Die KlientIn „verwechselt" Situationen von früher, in denen sie nicht erwünscht war, mit der Situation, wie sie heute ist. Möglicherweise bringt sie die TherapeutIn sogar dazu, sie wirklich loswerden zu wollen. Diese Übertragungen sind wesentliches Material für die therapeutische Arbeit – sofern sie erkannt werden. Allerdings muß die TherapeutIn sich auch immer wieder fragen, wie sie tatsächlich zur KlientIn steht, ob es sich wirklich ausschließlich um Übertragungen der KlientIn handelt.

Übertragungen können in jeder Lebenssituation entstehen, sie gehören zum normalen Alltag von Beziehungen. Sie dienen der Reduktion von „zuviel" Information und der Strukturierung von Erfahrungen und Verhaltensmöglichkeiten (z. B. dem Umgang mit dem Lehrling, dem Chef, einer unbekannten Frau, einem unbekannten Mann, im Supermarkt, im Krankenhaus). In der Regel sind wir allerdings in der Lage, unsere Vorerfahrungen, unsere Erwartungen an eine Situation so flexibel zu halten, daß wir das Neue dieser spezifischen Situation, die uns gerade widerfährt, mit erfassen und wahrnehmen können. Erst wenn Übertragungen „notorisch" werden, d. h. wenn Vorerfahrungen bzw. alte Muster relativ unbeweglich auf jede neue Situation übertragen werden und wenn dieser Vorgang nicht bewußt wird, dann werden Übertragungen pathologisch, es entstehen Narrative.

Übertragung und *Beziehung* stehen im therapeutischen Prozeß (und nicht nur da) in einem dauernden Spannungsverhältnis: Die TherapeutIn muß die Übertragungen der KlientIn zunächst akzeptieren: Sie sind das Kontakt- und Beziehungsangebot der KlientIn, diese hat zunächst keine anderen Verhaltensweisen für diese spezifische Situation zur Verfügung. Die TherapeutIn muß aber immer darauf hinarbeiten, daß diese Übertragungs-Beziehung zugunsten einer unverstellten zwischenmenschlichen Beziehung aufgelöst wird.

Bei der therapeutischen Arbeit mit Übertragungen erweisen sich u. E. vier Vorgehensweisen als nützlich.

1. Arbeit *an der Beziehung*: Die Beziehung zwischen TherapeutIn und KlientIn wird bearbeitet bzw. entwickelt.
2. Arbeit *an der Übertragung*: Die Übertragung wird bearbeitet, d. h. nach Möglichkeit aufgelöst
3. Arbeit *in der Übertragung*: Die TherapeutIn verkörpert bewußt postive Aspekte einer Rolle, die die KlientIn ihr „anträgt".
4. Arbeit *in der Beziehung*: Eine positive, konfliktfähige, weitgehend übertragungsfreie und verläßliche Beziehung ist entstanden und bildet die Basis für die weitere therapeutische Arbeit.

(Die Anregung zur Unterscheidung von Arbeit *an* der Übertragung und *in* der Übertragung verdanken wir *Chr. Ludwig-Körner*, 1991.)

1. Arbeit *an der Beziehung*

Hierbei handelt es sich um die Meta-Kommunikation zwischen KlientIn und TherapeutIn über die gemeinsame Beziehung. Wenn beispielsweise im therapeutischen Prozeß eine Störung, eine Stagnation oder Irritation eintritt, kann die TherapeutIn das direkt ansprechen, z. B.: „Wie geht es Ihnen gerade mit mir?", „Hat sich zwischen uns etwas verändert?", „Gibt es etwas, das Ihnen schwer fällt, mir zu sagen?", „Ich glaube, Sie sind irgendwie von mir enttäuscht oder haben sich über mich geärgert, könnte das stimmen?", „Ich bin jetzt verwirrt...", „Ich weiß im Moment nicht genau, worum es hier im Gespräch jetzt geht ...", „Ich habe den Eindruck, als ob hier dicke Luft wäre. Geht es Ihnen auch so?" oder ähnliches. Wenn die KlientIn äußert, daß sie sich von der TherapeutIn nicht gemocht oder abgelehnt fühlt, sind z. B. Interventionen möglich wie: „Wie ist dieser Eindruck entstanden?", „Was haben Sie von mir wahrgenommen?", „Woran könnten Sie an mir merken, ob Sie gemocht werden?", „Und woran merken Sie sonst, ob andere Sie mögen?", „Ja, da ist was dran: Ich war von dem, was Sie vorhin gesagt haben, tatsächlich verärgert/erschrocken/irritiert/traurig." Bei der Arbeit *an der Beziehung* spielt sich der Therapieprozeß direkt und ausschließlich zwischen den beiden Personen ab, zwischen der TherapeutIn und der KlientIn in der *jetzigen* Situation.

2. Arbeit *an der Übertragung*

Hierbei handelt es sich *auch* um Meta-Kommunikationen: die TherapeutIn sieht die gegenwärtige Beziehung zwischen der KlientIn und sich selbst jetzt allerdings *schwerpunktmäßig* im Lichte einer früheren Beziehung: Sie vermutet oder erkennt eine frühere Szene oder Person in der gegenwärtigen Beziehung. (*Übertragung ist die Anwesenheit einer nicht sichtbaren Dritten in der Zweier-Beziehung.*) Sie stützt sich dabei auf ihre Gegenübertragungsreaktionen. Die Arbeit *an der Übertragung* dient immer der Auflösung der Übertragung, die der KlientIn nicht bewußt ist. Bei der Bearbeitung der Übertragung im obigen Beispiel könnte die KlientIn, nachdem die Beziehung zur TherapeutIn geklärt ist, gefragt werden: „Kommt Ihnen das von irgendwoher bekannt vor?", „Gibt es oder gab es andere Menschen, von denen Sie sich auf ähnliche Weise behandelt fühlen?", „Woher kennen Sie solche Situationen?" und ähnliches. Möglicherweise ergibt sich hieraus die Erinnerung an diejenigen Erfahrungen, die die KlientIn früher mit wichtigen Bezugspersonen wie einem Lehrer aus den ersten Schuljahren oder den Eltern gemacht hat, und die auf diese Weise erinnert und durchgearbeitet werden können.

Wie dieses Beispiel nahelegt, ist es meist sinnvoll, die Arbeit an der Beziehung und an der Übertragung miteinander zu verbinden. So könnte die obige KlientIn nach oder während der Bearbeitung einer Situation mit einer früheren Lehrerin gebeten werden, noch einmal zu prüfen, wie es ihr jetzt mit der TherapeutIn geht (Rückführung in die gegenwärtige Beziehung).

Eine Arbeit an der Übertragung ist beispielsweise auch dann sinnvoll bzw. notwendig, wenn die TherapeutIn vermutet, daß die KlientIn sie so behandelt, wie sie selbst früher von einer wesentlichen Bezugsperson behandelt worden ist, z. B. wenn die KlientIn die TherapeutIn permanent zurückweist, abwertet oder ähnliches. Hier muß nicht in jedem Fall direkte Beziehungsarbeit geleistet werden, z. B. in der Art „Ich habe den Eindruck, daß Sie mich in den letzten Sitzungen ständig kritisieren ...". Wenn deutlich ist, daß die KlientIn alte Beziehungskonstellationen mit umgekehrtem Vorzeichen in der Therapiesituation erlebt, also sich heute in der Rolle der „Mächtigen" erlebt und die TherapeutIn in die Rolle der „Ohnmächtigen" manövriert (so wie sie es damals als Kind erlebt hat), könnte die TherapeutIn das Übertragungsmuster direkt ansprechen, z. B. sagen: „Die Art, wie Sie mich in letzter Zeit kritisieren, erinnert mich an ihre Erzählung, wie Sie als Kind dauernd von Ihrem Kindermädchen herabgewürdigt worden sind. Könnte es sein, daß wir das hier, wenn auch mit vertauschten Rollen wiedererleben?" Wenn dann die frühere Situation bearbeitet wird, ist es sinnvoll, im Anschluß daran noch eine Schleife zu finden zur jetzigen Beziehung zwischen beiden: Die TherapeutIn könnte z. B. die KlientIn fragen: Welche Bedeutung ihre abwertenden oder zurückweisenden Sätze von vorhin jetzt haben, damit deutlich bleibt, daß die TherapeutIn für „wahre" Kritik offen bleibt.

3. Arbeit *in der Übertragung*

Bei der Arbeit in der Übertragung ist die therapeutische Beziehung stärker bestimmt durch die Rolle, die die TherapeutIn übernimmt: Diese Rolle wird zunächst nicht oder nur in Notfällen hinterfragt. In der Regel handelt es sich um eine positive Elternrolle, die sich auf die verschiedenen „Kind-Stadien", die verschiedenen Defizite oder traumatischen Erfahrungen der KlientIn in ihrer Entwicklung bezieht. Der Übertragungsaspekt in dieser Beziehung zwischen der KlientIn und der TherapeutIn besteht darin, daß die TherapeutIn sich so verhält, *als ob* sie eine Elternfunktion in der Beziehung zur

KlientIn hätte, jedenfalls in einigen wesentlichen emotionalen Bereichen. Diese Rolle, diese Funktion hinterfragt sie für längere Zeit nicht (vgl. *Zweiter Weg der Heilung*). Ein solches Verhalten ist für die längerfristige Beziehung zwischen zwei erwachsenen Menschen ja „eigentlich" nicht angemessen. Wenn aber die KlientIn zu wenig „gute" Beelterung erfahren hat, mit der Elternrolle schlimmstenfalls nur „Hunger, Ablehnung oder Verneinung" erlebt hat, also ganz tiefgehende negative Übertragungen mitbringt, muß die TherapeutIn versuchen, dieses Defizit bzw. diese negativen Erwartungen durch die positive Verkörperung der Elternrolle zu kompensieren. Dann ist es für die KlientIn gut oder hilfreich, wenn die TherapeutIn ihren negativen Erwartungen bzw. Defiziten eine positive Verkörperung der Elternrolle entgegensetzen kann, also z. B. ihre Bedürfnisse empathisch nachvollzieht, sie spiegelt, sie beruhigt, tröstet, ggf. auch berührt, sich klar und eindeutig verhält, notfalls aber auch Grenzen setzt. Deutungen, das „Reden über", nützen ihr zunächst wenig.

Für manche KlientInnen ist „die gute Therapie-Mutter" oder „der gute Therapie-Vater" eine zu prägnante Rolle, die von ihnen zu viel Beziehung verlangt. Sie schrecken z. B. vor Fürsorglichkeit der TherapeutIn zurück, weil sie zu kontakt-intensiv ist, weil sie zu prägnante „Antworten" (Respondenzen) verlangt (nicht unbedingt, weil sie Nähe nicht ertragen können). In solchen Fällen muß die TherapeutIn die Beziehung und ihre Rolle auf das Atmosphärische beschränken, sich selbst sehr zurücknehmen, um das sich entwickelnde Selbstgefühl der KlientIn nicht zu bedrohen.

Selbst in dieser, von der TherapeutIn angebotenen Rollenbeziehung wird die KlientIn zunächst entsprechend ihren negativen Erwartungen handeln. Sie erwartet und „findet" dann auch entsprechende Enttäuschungen, Abweisung, Hoffnungslosigkeit und kalte Atmosphären. Dem standzuhalten ist für die TherapeutIn gelegentlich äußerst schwierig, weil KlientInnen die realen Unsicherheiten, blinden Flecken und Schwachpunkte der TherapeutIn äußerst sensibel erspüren.

Bei dem Versuch, eine möglichst positive Übertragungsbeziehung zu entwickeln, wird die TherapeutIn auch die negativen früheren Erfahrungen der KlientIn sehen und ansprechen und damit auf diese Weise auch Arbeit *an* der negativen Übertragung der KlientIn leisten, ohne allerdings die eigene positive „als-ob-Elternrolle" aufzugeben. (Arbeit *in* der postiven Übertragung, der positiven Rolle).

„Arbeit in der Übertragung" darf nicht dahingehend mißverstanden werden, daß KlientIn und TherapeutIn beide in alten Rollen stecken oder daß die TherapeutIn, ohne es zu merken, in die ihr von der KlientIn unbewußt angediente Komplementärrolle geht (z. B. der verwöhnenden oder ungeduldig kühlen Mutter). Dies würde man als *„Agieren in einer Übertragungsverschränkung"* bezeichnen: Beide merken in einem solchen Falle nicht, daß sie in alten Rollen handeln.

4. Arbeit *in der Beziehung*

Hiermit meinen wir die Arbeit innerhalb einer guten, tragfähigen Beziehung, also die Art von belastungsfähiger, relativ übertragungsfreier Beziehung, wie wir sie oben als Globalziel von Therapie (Intersubjektivität) genannt haben, wie sie in der Mehrzahl der therapeutischen Prozesse eher gegen Ende der Therapie erreicht wird, manchmal auch schon früher und in manchen Therapieprozessen auch schon von Anfang an. In einer solchen Beziehung ist der Aspekt der Rollenübertragung weitgehend in den Hintergrund getreten, die TherapeutIn wird als eigene Persönlichkeit gesehen, ertragen und auch angesprochen. Eine positive Beziehung ist entstanden, wenn die KlientIn weiß, daß die TherapeutIn „ihr gut ist", „sie sich auf sie verlassen kann", auch unter Belastungen. Genauso wichtig ist es, daß die KlientIn erfährt, daß sie selbst die TherapeutIn immer wieder erreichen kann und die Interaktion auch selbst aktiv beeinflussen kann im Sinne ihrer Wünsche und Bedürfnisse. Auf dem Hintergrund einer derartigen Beziehung wird es für die KlientIn immer besser möglich, (auch) frühere oder auch weniger weit zurückliegende Beziehungssituationen zu erinnern, zu wiederholen und durchzuarbeiten. „Rückfälle" in Übertragungen können locker angesprochen und geklärt werden. Die KlientIn lernt, die eigenen Übertragungen selbst zu erkennen. Die Hilfe und das Verständnis der TherapeutIn hat in der Beziehung mehr den Charakter allgemein zwischenmenschlicher Hilfe, die viel deutlicher die Fähigkeit der Hilfesuchenden zu Selbstverantwortlichkeit mitbetont, als den der Hilfe aus der „Elternrolle" heraus. Auf dem Hintergrund einer solchen positiven Beziehung ist es verhältnismäßig einfach, an der Übertragung oder auch mit Regression zu arbeiten und dabei dann auch zeitweilig in die Elternrolle zu gehen.

7.3.4.3 Gegenübertragung

Unter Gegenübertragung verstehen wir eine bewußtseinsfähige Resonanz der TherapeutIn auf das, was ihr die KlientIn entgegenbringt, eine empathische Reaktion (*Petzold & Ramin* 1987). Gegenübertragung kann verschiedene Rollenaspekte ansprechen und damit auch ganz unterschiedliche Qualitäten annehmen:
1. Ich fühle als TherapeutIn empathisch mit dem Klienten mit, z. B. „wie er damals als der kleine zornige Junge", in seiner Rolle, in seiner Haut, als ob ich er wäre.
2. Ich fühle mich wie der damalige Partner oder die damalige Partnerin, z. B. wie der strenge, ewig enttäuschte Vater oder die überprotektive Mutter des kleinen Jungen: Ich bin in der Komplementärrolle.
3. Ich fühle mich von dem Klienten so behandelt, als ob ich in seiner früheren Rolle und er selbst in der Komplementärrolle wäre: z. B. ich der kleine Junge und er der strenge Vater oder die überprotektive Mutter (Rollentausch).

M. Jacobi (1987) nennt diese Formen 1. konkordante, 2. komplementäre und 3. reziproke Gegenübertragungen.

Diese Gegenübertragungen ergeben sich aus dem szenischen Charakter des Verhaltens und Erlebens als Rollen und Komplementärrollen. Wenn eine KlientIn sich wie ein bockiges kleines Mädchen verhält, können wir als TherapeutIn, als PartnerIn in der gegenwärtigen Szene erst einmal nichts anderes tun, als in die entsprechende Komplementärrolle zu gehen, nämlich wie eine verständnisvolle oder autoritäre Erwachsene zu fühlen. Wir tun dies und können dies, weil jede von uns ähnliche Szenen erlebt oder miterlebt hat. Erst wenn wir die Szenen, z. B. durch unsere eigenen Reaktionen, verstehen, können wir uns, wenn wir wollen, von unserer Komplementärrolle „befreien".

Bei „heftigen" Übertragungen können alle drei Formen der Gegenübertragung spürbar sein. Die TherapeutIn ist dann gleichsam in drei Gegenübertragungsrollen, die sie – bei guter Zentrierung in der eigenen Person – als unterschiedliche Gefühle wahrnehmen kann und – bei guter Exzentrizität – als Gegenübertragung erkennen kann. Solche problematischen Doppel- oder Dreifach-Übertragungen werden in der Gegenübertragung oft zuerst spürbar als Gefühl, in der Zwickmühle zu sitzen. Wenn der Klient die TherapeutIn beispielsweise so behandelt, wie der strenge Vater seinen kleinen Sohn behandelt hat („von oben herab"), gleichzeitig aber auch *als* der kleine Junge verstanden werden will (Mitgefühl erwartet) und darüber hinaus noch unbewußt erwartet bzw. befürchtet, daß die TherapeutIn ihn wie sein strenger Vater behandelt („Sie werden sicher böse sein auf mich!"), ist die Gefahr der Beziehungsverwirrung groß! Das Konzept von Szene und Rolle in der Übertragung ist ausgesprochen hilfreich für das differenzierte Erfassen und Verstehen dieser komplexen Übertragungs-/Gegenübertragungsmuster.

Je mehr Lebenserfahrung eine TherapeutIn hat, je differenzierter ihr Rollenrepertoire und ihre Fähigkeit zum szenischen Erfassen ist, desto klarer und schneller wird sie an ihrer Gegenübertragung die Übertragungen der KlientIn erkennen können. Manche Übertragungsangebote „liegen" einem als TherapeutIn mehr (z. B. die Varianten der Mutterrolle), sie werden schneller erkannt, andere sind fremder (z. B. Vaterrollen).

Zu relativ klaren Rollenübertragungen kommt es nur, wenn zur Zeit der primären Schädigung solche Rollen- bzw. Personen-Vorstellungen bereits entwickelt waren (das szenische Gedächtnis entwickelt sich im 3. Lebensjahr). Frühere Erfahrungen der KlientIn können sich der TherapeutIn als Atmosphären empathisch mitteilen, z. B. als „Weltraumkälte", „Verlorenheit", „tiefster Rückzug", „unklare Unruhe, Anspannung und Angst". Die TherapeutIn spürt, daß die KlientIn sich so verhält und so fühlt, als ob sie in einer solchen Atmosphäre sei. Atmosphären sind ansteckend, sie lassen sich nur empathisch erleben bzw. miterleben.

Manchmal sind Gegenübertragungen vor allem als leibliche Reaktionen spürbar, z. B. als Ermüdung, wenn die KlientIn viel redet und gleichzeitig Kontakt vermeidet; als Atembeklemmung, wenn die KlientIn ganz sachlich von hochaggressiven Szenen berichtet; oder als körperlich besonders straffe Haltung als Gegenreaktion zu der Schlaffheit der KlientIn. Manchmal werden Gegenübertragungen auch über Handlungen deutlich, z. B. mit sogenannten Intermediärobjekten: Wenn die TherapeutIn z. B., ohne sich dessen bewußt zu sein, nach einem herumliegenden Teddy (Intermediärobjekt) greift, und ihn streichelt, kann sie merken, daß dieses Halten und Streicheln möglicherweise der KlientIn gilt: daß diese sich den engeren Kontakt vielleicht sehr wünschen würde, ihn aber real sofort abwehren müßte. Manchmal ist es dann möglich und auch angezeigt, etwa zu sagen: „Vielleicht streichle ich jetzt den Teddy an Ihrer Stelle."

7.3.4.4 Übertragung der TherapeutIn

Unter Übertragung der TherapeutIn verstehen wir „eine unbewußte, in der Eigenproblematik der TherapeutIn begründete notorische Übertragung", die in der Beziehung zur KlientIn ausagiert wird. (*Petzold / Ramin* 1987)

Die Übertragung der TherapeutIn behindert den therapeutischen Prozeß, verhindert intersubjektive Beziehung. Damit diese Übertragungen der TherapeutIn aufgelöst werden können, müssen sie zunächst einmal bewußt werden. Dazu dient nicht zuletzt die langwierige Ausbildung, insbesondere die Einzel- und Kontrollanalyse sowie die Supervision. Im konkreten Fall ist ein hohes Maß an Selbstkontrolle und ethischer Verantwortlichkeit erforderlich sowie die kontinuierliche, solidarisch-kritische Zusammenarbeit mit KollegInnen. Die Verführung für die TherapeutIn, z. B. Schwierigkeiten in der Therapie und den damit verbundenen Ärger als Gegenübertragungsreaktion zu interpretieren („er scheint das unbewußte Bedürfnis zu haben, mich ärgerlich zu machen") ist ziemlich groß. Selbst wenn „viel Übertragung" von der KlientIn ausgeht, muß die TherapeutIn sich immer noch fragen: Was an mir hat gerade jetzt diese Reaktion ausgelöst?

7.3.4.5 Widerstand

Im Kapitel Gesundheits- und Krankheitslehre haben wir uns ausführlich mit Abwehr und Bewältigungsmechanismen und mit dem Konzept der Blockierung beschäftigt. Wir sind dort bereits kurz auf Widerstand eingegangen, indem wir das Zueinander der Begriffe Widerstand und „Abwehrformen" sowie Widerstand und Blockierung erklärt haben.

Widerstand wird definiert als die Fähigkeit sich gegen Einflüsse auf das Selbst und die Identität zur Wehr setzen zu können. Widerstand ist eine positive Fähigkeit, eine Kraft und ein Schutz, die sich im Laufe des Lebens entwickelt hat und entwickelt. Sie dient der Abwehr von Angst und schmerzlichem Erleben. Widerstand kann aber auch pathogen werden, wenn er starr und rigide ist, sich in eingefahrenen Abwehrstrategien äußert, wenn keine Offenheit mehr für Veränderung vorhanden ist.

Widerstand dient vor allem der Vermeidung bestimmter oder sogar aller Gefühle. Er dient der Abwehr der Angst, von Gefühlen überflutet zu werden, die nicht bewältigt werden können. Evolutionstheoretisch ausgedrückt dient er der Erhaltung der alten Ordnung.

Um Widerstand genauer zu verstehen, wird zwischen *intrapersonellem* und *interpersonellem Widerstand* differenziert: Widerstand als Schutz innerhalb der Person versus Widerstand als Schutz in der Beziehung zu einer oder mehreren anderen Personen.

Wir sprechen von *intrapersonellem Widerstand*, wenn die KlientIn sich dagegen wehrt, mit schmerzlichen oder gefährlichen Erinnerungen, Gefühlen oder Leibempfindungen in Kontakt zu kommen bzw. von diesen Gefühlen oder Leibempfindungen überschwemmt zu werden. Die Angst vor dem Unbekannten, vor der Veränderung, vor der Erschütterung oder Auflösung all dessen, was bis dahin die Struktur ausgemacht hat, kann zu einer mächtigen Quelle von Widerstand werden.

Bei *interpersonellem Widerstand* ist die Grenze, der Schutzwall weiter nach außen verlegt: Die KlientIn schützt sich davor, daß der Einfluß der anderen (der TherapeutIn) übermächtig wird, daß der Einfluß von außen die befürchtete Überflutung von chaotischen Gefühlen bewirkt.

Wir sprechen auch dann von interpersonellem Widerstand, wenn die KlientIn ihr Leben so einrichtet, daß sie Situationen, die mit bestimmten Gefühlen verbunden sind, z. B. Aggressivität, Erotik oder Verantwortung, vermeiden kann, und wenn sie auch entsprechende PartnerInnen wählt, die bei dieser Vermeidungsstrategie „mitspielen". In der therapeutischen Beziehung kann sich dieser Widerstand zum Beispiel daran zeigen, daß eine KlientIn jede kritische Äußerung vermeidet, aus Angst vor einem Konflikt, oder wenn sie hauptsächlich kritische Äußerungen tut, aus Angst vor Nähe.

In der Therapie (übrigens auch an uns selbst) erleben wir dauernd, daß die KlientIn bestimmte Oberziele will (z. B. sich selbst besser behaupten), den damit verbundenen konkreten Weg mit seinen konkreten Zwischenzielen (z. B. dem Chef widersprechen) aber fürchtet und nicht gehen will. Sie erfindet Ausreden, wichtigere Themen, fühlt sich krank, sie leistet Widerstand gegen sich selbst auf alle mögliche Art und Weise. Dazu muß sie zeitweilig ihre eigenen Oberziele als „fremd" abspalten. Wenn ihr Zeit gelassen wird, kann ihr ihre eigene Ambivalenz und Angst, auch die Art ihres Widerstandes, in ihrem eigenen Tempo deutlich werden. Auf diesem Wege kann sie ihn allmählich überwinden. Wenn die TherapeutIn sich mit dem Oberziel der KlientIn aber zu eng identifiziert hat und unflexibel versucht, sie auf den „richtigen" Weg zu bringen und möglicherweise beginnt, gegen die Angst und den Widerstand der KlientIn zu kämpfen („Ja, da sind Sie aber sehr inkonsequent!"), erzeugt sie sogenannten *„technischen Widerstand"*. Sie macht einen behandlungstechnischen Fehler, indem sie die KlientIn auf ein bestimmtes Tempo oder auf einen bestimmten Weg zu drängen versucht. Die KlientIn wird dann ihre Kräfte zur Abwehr der TherapeutIn einsetzen und nicht zur Bewältigung ihrer Angst. Es erscheint ihr dann so, als ob die Oberziele der Therapie die Ziele der TherapeutIn wären und nicht mehr ihre eigenen.

Dem Widerstand kann alles dienen: Verhaltensweisen wie Zuspätkommen, Intellektualisieren oder „immer etwas Dramatisches zu berichten haben", sowie die Abwehrmechanismen, die wir in Kapitel Gesundheits- und Krankheitslehre beschrieben haben.

Widerstand ist manchmal schwer zu erkennen, besonders wenn er sich äußert in *zu* schneller Erkenntnis, in *zu* intensivem dramatischem Fühlen und Darstellen, also in einem starken *Bemühen*, das eher auf Anpassung an vermeintliche Werte der TherapeutIn als auf Entwicklung von innen beruht.

Den Widerstand frontal anzugehen („Mir scheint, Sie wollen sich gar nicht mit Ihrer unterdrückten Wut beschäftigen!") ist in aller Regel nicht günstig, weil sich dadurch der Widerstand häufig eher verstärkt. In der Integrativen Therapie wird davon gesprochen, den Widerstand „abzuschmelzen", also die KlientIn in gangbaren Schritten in das angstbesetzte Terrain zu führen, ihr die schwierigen Themen oder Gefühle in kleinen Portionen immer einmal wieder nahe zu bringen. Die PsychoanalytikerInnen sprechen davon, „vor dem Widerstand" zu arbeiten, also der KlientIn nicht Themen aufzuzwingen, vor denen sie Angst hat, sondern „vor der Angst" zu bleiben, in der Erwartung, daß die KlientIn dann diese Themen von selbst ansprechen wird. Mit körpertherapeutischen Methoden (z. B. bestimmten bioenergetischen Übungen) ist Widerstand relativ leicht zu unterlaufen. Das kann – im schlimmsten Fall – zu Angstattacken und Dekompensation führen: Oft führt es zu intensivem Erleben, das aber situations-gebunden bleibt (z. B. an Psychogruppen) und nicht integriert werden kann. Im besten Falle wird dadurch ein Widerstand abgebaut, der nur noch „aus Gewohnheit" aufrecht erhalten wurde: „Jetzt habe ich bis zu meinem vierzigsten Lebensjahr nicht getanzt, jetzt fange ich damit nicht mehr an."

Wie wir im praktischen Teil sehen werden, ist Widerstand der Wegweiser für unser therapeutisches Handeln. Wir werden uns dort ganz konkret mit drei verschiedenen, ineinander verwobenen Leitlinien für den therapeutischen Umgang mit Widerstand beschäftigen:
– Akzeptieren des Widerstandes,
– Verstehen des Widerstandes,
– Sicherheit schaffen.

7.3.4.6 Zur Frage der Berührung in der Therapie

Das Thema „Berührung in der Therapie" ist ungeheuer vielschichtig und wird entsprechend heiß diskutiert. Wir wollen es im Rahmen unseres Buches nur knapp darstellen.

Weil die Integrative Therapie auf den zentralen Konzepten von Leiblichkeit und Ko-respondenz beruht, sind leibliche Berührungen und Interventionen Bestandteil der therapeutischen Arbeit. In dem Maße, in dem wir verstehen, daß und wie sehr die frühen fundamentalen Beziehungen und damit auch die fundamentalen Schädigungen leiblich sind, müssen wir in unseren Therapien die leiblichen Beziehungsformen mit integrieren, wenn wir nicht riskieren wollen, daß neue Abspaltung oder neue Beziehungslosigkeit entsteht (*Ferenczi*).

Leibliche Kontakte ergeben sich in der IT zum einen als mehr funktionale Berührungen *im Rahmen leibtherapeutischer Interventionen*, zum anderen *direkt aus der Beziehung* zwischen TherapeutIn und KlientIn, aus dem Berührtsein (*Eisler* 1991).

Wenn ich einer KlientIn, die mir mitteilt, sie habe „so einen Druck auf der Brust", ihn aber nicht „orten" kann, auf den Brustkorb drücke, damit ihre Empfindung prägnanter wird, oder wenn ich einen Klienten, der besonders schmerzhafte Verspannungen im Nacken hat, bitte, den Kopf noch starrer zu halten oder ihn an die Sessellehne oder meine Hand anzulehnen, damit er herausfinden kann, welche Art von Impuls oder Beziehung in seinem starren Nacken festgehalten ist, so sind dies *leibtherapeutische Interventionen.* Direkter ergeben sich *leibliche Berührungen aus der Beziehung*, aus dem „Berührtsein" der TherapeutIn, von den intensiven Empfindungen und Gefühlen der KlientIn, ihrer Angst, Verlorenheit, Wut, Trauer oder Freude, also aus der affektiven Betroffenheit heraus. Wenn ich eine KlientIn in die Arme nehme, die nach einer szenisch wiedererlebten schlimmen Auseinandersetzung mit ihrer Mutter weinend zusammensinkt vor Erschöpfung und Trauer, oder wenn ich einem Klienten, der „die Kälte des Weltraums" um sich herum spürt, die Hand auf den Unterarm lege, ist dies eine spontane menschliche Geste. Ich muß mir jedoch über ihre Bedeutung und mögliche Wirkung im klaren sein.

Wir bewegen uns in einem brisanten, vielfach tabuisierten Bereich des Körper-Kontakts. ÄrztInnen, KosmetikerInnen und Angehörige ähnlicher Berufe dürfen Körperkontakt nur soweit haben, wie dieser „beziehungslos" bleibt. Eine Orthopädin, die ihrer Patientin nach der Untersuchung zart über den Rücken streicht, würde letztere wohl ziemlich verwirren.

Wir sind in unserer Kultur diesen starken Einschränkungen des leiblichen Kontakts und entsprechenden Hemmungen unterworfen – auch wenn wir diese Entfremdung bedauern sollten – und müssen insbesondere bei unseren KlientInnen damit rechnen. Leibliche Kontakte sind Nah-Kontakte, sie schaffen Intimität. Stimmig sind sie nur, wenn und soweit diese Nähe der Beziehung zwischen KlientIn und TherapeutIn entspricht, wenn sie von beiden gewollt ist.

Alle leiblichen Kontakte können – und zwar in besonderem Maße – sowohl zu Chancen als auch zu Gefährdungen der therapeutischen Beziehung werden. Sie bedürfen einer besonderen therapeutischen

Sensibilität. Viele KlientInnen, gerade solche mit schweren Schädigungen, leiden auch an einer Geschichte von körperlichen Übergriffen und Grenzverletzungen, z. T. gewalttätiger und/oder sexueller Art, so daß sie durch eine „naive" (falscher Zeitpunkt, falsche Art) körperliche Berührung der TherapeutIn verletzt oder verschreckt werden, evtl. sogar ihren Schrecken in Form körperlicher Erstarrung (wieder) abspalten müssen, um die Beziehung nicht aufs Spiel zu setzen. Manchmal kann ein solcher „Kunstfehler" aber auch positiv bewirken, daß körperliche Erstarrung durch die „zu frühe" Berührung der TherapeutIn sichtbar wird, daß verschüttete, abgespaltene Gefühle ansprechbar und damit auch längerfristig bearbeitbar werden.

Es empfiehlt sich in jedem Falle, genau zu spüren und die KlientIn lieber einmal zu viel als einmal zu wenig zu fragen, *ob* die Berührung paßt und ob sie *so* paßt.

Die Folgen einer nicht bearbeiteten „Übertragung der TherapeutIn" sind im Bereich des leiblichen Kontakts besonders schwerwiegend, wenn die TherapeutIn etwa aus eigenen Bedürfnissen nach leiblicher Nähe („die wahren Kontakte sind doch die leiblichen") oder aus ihrem narzißtischen Bedürfnis heraus („ich bin doch die liebste Mutter/TherapeutIn") der KlientIn ihre Nähe überstülpt oder wenn sie körperliche Nähe – ohne es zu merken – zum Therapie-Ziel macht.

Auch Übertragungen der KlientIn können gerade im leiblichen Bereich besonders schwierig werden: wenn die KlientIn ihren intensiven Wunsch nach Nähe und Geborgenheit nicht unterscheiden kann von dem Wunsch nach sexuellen Kontakten, wird bei leiblichen Berührungen z. B. nicht Beruhigung entstehen, sondern Irritation oder Erstarrung, ähnlich dem, was die KlientIn wahrscheinlich früher erlebt hat.

Bei der Arbeit mit leiblichen Kontakten wandeln wir oft auf einem äußerst schmalen Grat: eine rigorose Ablehnung würde die KlientIn erheblich zurückstoßen, ein noch so leichtes Eingehen auf sexualisierte Wünsche würde sie selbst und die Beziehung noch mehr verwirren. Die TherapeutIn muß hier sehr genau ihrer eigenen Ruhe oder Irritation nachspüren, um einen angemessenen Kontakt zu finden.

7.3.4.7 Konsonanz und Dissonanz

Wir möchten jetzt noch einmal aus einem anderen Blickwinkel heraus betrachten, wie sich die Beziehung zwischen KlientIn und TherapeutIn entwickelt, welche Haltung der TherapeutIn dazu beiträgt, daß die Beziehung eine heilsame werden kann. Wir beschreiben diese Entwicklung in vier Schritten (in Übereinstimmung mit *Yalom* (1974), der einen guten Überblick über die entsprechende Therapieforschung gibt).

1. Basis ist die *Konsonanz* zwischen KlientIn und TherapeutIn, d. h. die Unterstützung, das Verständnis und das Mitgefühl der TherapeutIn sowie die Leistung der KlientIn, diese zu erkennen und anzunehmen (Solidaritätserfahrung).

2. *Aufbauend auf der Konsonanzerfahrung* kann die Erfahrung von *Dissonanz* zu einer heilsamen Erfahrung werden, wenn in ihr die intersubjektive Beziehungsqualität deutlich wird und von der KlientIn auch gesehen und verstanden werden kann. Mit *Dissonanz* ist dabei die unterschiedliche, neue Sichtweise der TherapeutIn auf die „altbekannten Abläufe" gemeint, die Konfrontation, der „emotionale Stubs" („Da ist jemand freundlich mit mir verbunden und sieht es doch ganz anders") – (auch das ist Solidarität).

3. *Aufbauend auf der Konsonanz- (aber auch der Dissonanz-) Erfahrung* ergibt sich die wachsende Fähigkeit der KlientIn, sich selbst zu verstehen, Mitgefühl mit sich selbst zu entwickeln („*Selbst-Solidarität*").

4. *Auf der Basis dieser drei Erfahrungsschritte*, besonders aber aus der Erfahrung heraus, daß Dissonanzen ertragen werden können, daß sie die Beziehungen nicht zerstören, entwickelt die KlientIn dann die Fähigkeit, ihre eigenen Dissonanzen, ihre „Schatten", ihre abgelehnten Seiten auszuhalten und zu integrieren. *Sie wird sich selbst zur GefährtIn.*

7.3.5 Therapieverlauf

Jede Therapie ist Maßarbeit, ist einmalig. Es gibt aber Grundmuster. Mit diesen Grundmustern, mit der Dynamik des therapeutischen Prozesses wollen wir uns in diesem Abschnitt beschäftigen. Es geht um die Frage, *wie* die therapeutische Entwicklung verläuft und *was* den Veränderungsprozeß bewirkt.

Dabei können wir den therapeutischen Prozeß aus verschiedenen Abständen betrachen:

- aus großem Abstand in seiner Gesamtheit (Makro-Aspekt)
- aus mittlerem Abstand, indem wir uns auf eine Sequenz von einer oder mehreren Sitzungen konzentrieren (Meso-Aspekt)
- oder ganz aus der Nähe, indem wir unser Augenmerk auf einen Zeitabschnitt von nur wenigen Minuten richten (Mikro-Aspekt).

Jeder dieser Standpunkte hat seine besonderen Vorzüge, obwohl der gewählte Maßstab nicht grundsätzlich verschiedene, sondern bis zu einem gewissen Grade ähnliche Merkmale erkennen läßt. Das fällt vor allem im Vergleich zwischen Meso- und Makro-Aspekt immer wieder auf: Zusammengehörige Sequenzen von einigen Sitzungen wie auch der Gesamtverlauf einer Therapie (dieser jedoch weniger deutlich) zeigen die Charakteristika des von H. Petzold (1988) herausgearbeiteten tetradischen (vierschrittigen) Modells:

7.3.5.1 Das tetradische Modell

1. Initialphase,
2. Aktionsphase,
3. Integrationsphase,
4. Konsolidierungs- und Neuorientierungsphase.

Dieses Modell, das wir weiter unten näher ausführen, läßt sich als eine therapiespezifische Ausformung allgemeiner synergetischer Selbstorganisationsprozesse verstehen (vgl. Kapitel Evolutionstheorie): Von einer *Phase der Ordnung* (1), die unter Umständen zu rigide oder sonstwie dysfunktional geworden ist (deshalb kommt die KlientIn in Therapie) verläuft der Prozeß über eine *„Chaos-Phase"* (2), d. h. über Beunruhigung, kleine oder größere Erschütterungen und Krisen zu einer neuen Ordnungsphase, einer *Neu-Integration* (3), der sich eine *Konsolidierungsphase* (4) anschließt.

Nach Abschluß einer solchen Sequenz beginnt ein neuer Zyklus Der Prozeß verläuft als Spirale, bei der jede Windung die vier Schritte umfaßt. Dabei kehren die gleichen Themen immer wieder, jedoch in jeweils erweiterter Form auf einer neuen Integrationsstufe (einer neuen „Windung der Spirale").

In bezug auf den gesamten Verlauf der Therapie bedeutet dies, daß wir im allgemeinen (!) etwa mit folgendem tetradischen Ablauf rechnen können: Die KlientIn kommt mit ihren „alten" problematisch gewordenen Verhaltens- und Erlebensstrukturen in die Therapie. Sie wird befragt und wird sich, so gut sie kann, äußern über ihre Problematik und deren Hintergründe (Exploration). Damit sie sich der Beunruhigung durch die Therapie, den „drohenden" Veränderungen aussetzen kann, muß sie „angewärmt" und „gesichert" werden, durch Information, Bestätigung, Klarheit und Verständnis der TherapeutIn, kurz: durch eine tragfähiger werdende therapeutische Beziehung. *Anwärmen* und *Explorieren* sind Charakteristika der *Initialphase* (1) einer Therapie, in der die „alte Ordnung" noch vorherrscht.

Zu einem Zeitpunkt, der mit der Sicherheit der therapeutischen Beziehung zu tun hat, aber sehr schwer „operational" zu bestimmen ist, tritt der Prozeß in die sogenannte *Aktionsphase* (2) ein, in der es zu stärkeren Erschütterungen kommt, alte Wunden wieder aufbrechen, alte Dramen sich wieder abspielen, wieder *erlebt* und *durchgearbeitet* werden. Die *Aktionsphase* ist die „Chaos-Phase", der sich, wenn alles gutgeht, eine positive *Integrationsphase* (3), eine Neu-Ordnungsphase anschließt.

Jetzt sind die Erschütterungen im allgemeinen nicht mehr so stark, weil der Sinn der alten Schmerzen begriffen werden und, unter Umständen auch die bisher abgespaltenen verteufelten, gefürchteten Gefühle und Verhaltensweisen verstanden und integriert werden können.

Wenn in der therapeutischen Beziehung etwas „schiefgeht", kommt es *auch* zu einer neuen Ordnung, in der das Erlebnis einer scheiternden oder enttäuschenden Therapie „irgendwie" integriert wird. Synergetische Selbstorganisation von Therapieprozessen bedeutet ja nicht eine Garantie dafür, daß *diese* spezielle Therapiebeziehung zu einer positiven Veränderung führen wird. Die TherapeutIn kann lediglich Rahmenbedingungen für gute Neuorganisation bereitstellen.

Am Ende einer Therapie ist *Konsolidierung* (4), Befestigung der neuen Sicht, der neuen Ordnung angesagt sowie eine gute Ablösung, damit nichts „nachhängt", nichts mitgeschleppt wird (die Therapie als Gestalt leidlich geschlossen ist), so daß die KlientIn offen ist für neue intensive Beziehungen, in eine nächste Lebensphase eintreten kann.

Wenn wir mittlere Sequenzen der Therapie betrachten (Meso-Aspekt), tritt uns das tetradische Muster in der Regel prägnanter entgegen als im Gesamt-Verlauf. Deshalb werden wir uns bei der Betrachtung spezieller Aspekte des Therapie-Prozesses in den folgenden Abschnitten auf die Sequenzen mittlerer Dauer beschränken. Im Praxis-Teil gehen wir noch einmal ausführlich auf die Kurz-Interaktion sowie auf den Gesamtverlauf der Therapie ein.

Wenn wir eine Therapie-Einheit von einer oder mehreren Stunden betrachten, erkennen wir – mal deutlicher, mal weniger deutlich – im tetradischen Muster Psychodrama-Verläufe wieder. Das ist nicht verwunderlich, das Psychodrama ist eine der Hauptwurzeln der Integrativen Therapie (vgl. Kap. Persönlichkeitstheorie). Drama-Abläufe sind auch eine Form synergetischer Selbstorganisation.

Wie in einem Drama entwickelt sich auch in Therapie-Sequenzen zunächst die Ausgangssituation, eine Problemkonstellation, „die Phänomene treten in Erscheinung" (*Erinnern, Explorieren*) (1). Dann erfolgt Inter-Aktion, das Spiel läuft, die Beziehungen und Gefühle werden lebendig, die Personen, real in einer Gruppe oder in der erinnerten Szene der KlientIn, handeln bis zu einem Höhepunkt des Geschehens, der Krisis (*Agieren, Durcharbeiten*) (2). Dann erfolgt eine Beruhigung. Personen und Beziehungen konstellieren sich neu, neue Aspekte werden gesehen. Das Erlebte wird verstanden, in Beziehung gesetzt zu ähnlichen Erfahrungen der Protagonistin (*Integrieren*) (3). Und in der vierten Phase werden schließlich die Möglichkeiten der Veränderung, der *Neuorientierung* entwickelt und evtl. erprobt, ein neues Skript wird entworfen (4). Die nächste „Windung der Spirale" kann beginnen.

Wir möchten dies an einem Beispiel erläutern: Mit einer Klientin wurde das Thema „Wut auf die Mutter" bearbeitet, das Thema schien befriedigend erledigt, die Gestalt geschlossen. Danach folgte eine Phase der Konsolidierung, und plötzlich fanden sich Therapeutin und Klientin wieder vor demselben Thema, derselben alten Wut, deren Übertragung auf die gegenwärtigen Beziehungen so viel kaputt gemacht hatte. Scheinbar ein Rückfall! In Wirklichkeit hatte sich aber etwas verändert: Es war diesmal nicht ganz so mühsam, den Einstieg zu finden, weil die therapeutische Beziehung sich verbessert hatte, und es konnte jetzt sichtbar werden, daß die alte Wut auch noch in anderen Lebensbereichen eine Rolle spielte, wo wir ihren Einfluß bisher gar nicht gesehen hatten.

Abgesehen von solchen Wiederbegegnungen mit bekannten Strukturen in neuen Kontexten gewinnt das Thema selbst oft tiefere Dimensionen. Anstelle eines Beziehungskonfliktes (z. B. Beeinträchtigung der gegenwärtigen Beziehungen durch übertragungsbedingte Wahrnehmungsverzerrungen), kommt möglicherweise die dahinter bestehende Defizit-Struktur, z. B. als Störung des Selbstwertgefühls zum Ausdruck.

Um im Beispiel zu bleiben: Zu Beginn einer Therapie könnte eine KlientIn versuchen, jede Kritik an ihre TherapeutIn zu vermeiden, weil sie sich ausmalt, daß diese sehr schroff reagieren würde, falls sie sich irgendwelche „Frechheiten" erlaubte. (Ihr Problem hat die Struktur eines inneren Konflikts). In einer späteren Phase könnte sich zeigen, daß sie die Intensität ihrer Wut ahnungsweise spürt, eine Äußerung aber nicht mit ihrem Selbstbild vereinbaren kann (sie kennt sich nur als durch und durch guten Menschen) und sie aus diesem Grunde nicht wirklich wahrnimmt oder gar zeigt. (Ihr Problem hat die Struktur von Ausblendung und Abspaltung.) Noch später erlebt sie evtl., daß ihre Wut ein so großes zerstörerisches Potential entwickeln könnte, daß sie fürchtet, ihre Kontrolle zu verlieren und sich, ihren Beziehungen und jemanden anderen wirklich zu schädigen. (Ihr Problem hat die Struktur der Angst vor Desintegration des Ich.)

Sie erlebt und zeigt dann die „tiefste Ebene" ihrer Störung, den Verlust der Bezogenheit in der Wut, ihre archaische Qualität. Entsprechend geht es zu diesem Zeitpunkt nicht mehr darum, den Übertragungskonflikt oder auch ihr einseitiges Selbstbild zu bearbeiten, sondern darum, das „erschütterte Ich" der KlientIn zu stützen.

Wenn eine solche regressive tiefgehende Phase (im Modell: eine Spiralwindung) durchlaufen ist, die Ich-Gefährdung in ihrem ganzen

Ausmaß sichtbar geworden und vorläufig bearbeitet ist, kann sich dann durchaus wieder eine Arbeit an Beziehungs- und Übertragungskonflikten, ein neues Thema auf ich-stärkerem Niveau anschließen.

Das *Tempo*, mit dem ein solcher tetradischer Zyklus verläuft, seine Tiefe und die Reichweite der Beziehungen, die er erfaßt, unterscheiden sich natürlich erheblich je nach der Persönlichkeit der KlientIn und nach der Phase, in der die Therapie sich befindet. In der Mittelphase der Therapie kommt es in der Regel zu größeren Tiefungen als am Anfang, und in der Abschlußphase zu größeren Reichweiten.

Therapeutische Prozesse verlaufen aber nicht immer so klar und idealtypisch nach dem tetradischen Modell. Es gibt auch andere, komplexere Verläufe: Ein neuer Zyklus kann etwa durch plötzlich aufflammende heftige positive oder negative Gefühle für die TherapeutIn beginnen (unbewußtes Wiederholen, Aktion). Diese müssen soweit durchgearbeitet werden, daß sie vorläufig integriert sind, daß es z. B. zu einer klaren Erinnerung daran kommt, auf welcher frühen Erlebnisszene diese heftigen Gefühle beruhen. Erst dann, mit dieser Erinnerung, beginnt der „eigentliche" tetradische Zyklus mit (1) *Exploration* und Erweiterung der *Erinnerung* und (2) erneuter *Aktion*, z. B. als bewußte Regression und erneutem *Durcharbeiten*, (3) *Integrieren* und (4) *Neuorientieren*.

> Ein verkürztes Beispiel hierzu aus der Therapie einer bereits erwähnten Klientin: Die Klientin betrachtet die Therapeutin mißtrauisch:
> „Sie mit Ihrem Verständnis, das ist doch alles nur gespielt." (Agieren in der Übertragung)
> Th.:„Was ist los, wie kommen Sie darauf, daß ich spiele?"
> Kl.: „Weil Sie viel zu viele Klienten haben, um wirkliches Interesse zu haben."
> Th.:„Das ist auch ein wirkliches Problem. Aber trotzdem habe ich Interesse an Ihnen und nicht nur, wenn Sie hier sind. Vielleicht habe ich aber auch wirklich für das, was Sie brauchen, nicht genug Interesse gehabt oder es nicht deutlich genug gezeigt." (Durcharbeiten: *an* der Beziehung)
> Kl.: (beginnt zu weinen) „Früher war es immer dann am schlimmsten, wenn ich gerade Vertrauen gefaßt hatte. Dabei stellte sich meistens heraus, daß meine Eltern nur an sich dachten."

Nach dem vorläufigen Abschluß der Arbeit an der Beziehung wird intensiveres Erinnern möglich und erst ab jetzt verläuft der weitere therapeutische Prozeß nach dem „klassischen" tetradischen Muster: Die Klientin erlebt Szenen mit ihrem Vater wieder, evtl. im Rollenspiel, dann wird durchgearbeitet, besprochen, was damals und hier geschehen ist. In der Abschluß-, der Neuorientierungsphase wird dann z. B. praktisch besprochen, woran die Klientin erkennen kann, wann sie vertrauen kann, wann nicht. Diese Klientin „erinnerte sich" also, indem sie sich unbewußt in der Übertragung in bestimmter Weise verhielt. Sie konstellierte frühere Szenen und Beziehungen, die die Therapeutin als Botschaft aus der Vergangenheit bzw. als Material der Erinnerung und auch als Zukunftserwartung der Klientin erkennen konnte. Das Erinnern kann also manchmal zunächst als unbewußtes Verhalten/Agieren erfolgen, und erst im Durcharbeiten zu einem bewußten Erinnern an „damalige" Ereignisse und in der Folge zu einer Neuorientierung als bewußte Trennung zwischen Hier und Damals werden.

Wenn wir uns die Spirale als idealtypisches Modell vorstellen, so ist damit bereits angedeutet, daß ein solches Idealmodell praktisch nicht vorkommt: Wir müssen vielmehr davon ausgehen, daß gerade die Abweichungen vom Ideal der fortschreitenden Spirale für den individuellen therapeutischen Prozeß besonders bedeutsam sind: Mit mindestens der gleichen Regelmäßigkeit, in der sich Fortschritte entwickeln, kommt es im therapeutischen Prozeß zu Blockierungen, Stagnationen und zu „Rückschritten" (Rebound-Effekten, vgl. Praxis-Teil). Letztere dürfen wir uns allerdings nicht so vorstellen, als bliebe die Spirale stehen oder ginge zurück: Die Entwicklung schreitet auf der Zeitachse immer weiter fort. Die Blockierungen und Rebound-Effekte äußern sich als Angst, als Widerstand, als Übertragungen. Wir werden im Praxisteil noch ein mal darauf eingehen und vor allem in Form von Beispielen darstellen, wie wir mit diesen Blockierungen umgehen können.

7.3.5.2 „Direkte" und „innere" Beziehungsarbeit

Die Vorstellung vom Therapieprozeß als fortschreitender Spirale ist eine Metapher für ein äußerst vielschichtiges Geschehen. Eine dieser Vielschichtigkeiten äußert sich darin, daß wir uns vorstellen müssen, daß dieser spiralige Verlauf eigentlich aus unendlich vielen miteinander verwobenen Prozessen besteht. Dabei ergänzen sich zwei besonders wichtige Prozesse, von denen einmal der eine, einmal der andere im Vordergrund steht: nämlich (a) die direkte Beziehungsarbeit zwischen TherapeutIn und KlientIn und (b) „die innere Beziehungsarbeit", die innere Dynamik, die Beziehungsarbeit zwischen der KlientIn und den in der Therapie nicht direkt anwesenden Personen aus dem Leben und der Geschichte der KlientIn. Beide Prozesse bedingen einander und gehen ineinander ein. Um hervorzuheben, daß es sich bei beiden Prozessen um ein Ineinander handelt, haben wir uns für die etwas umständlichen Bezeichnungen: „direkte Beziehungsarbeit" und „innere Beziehungsarbeit" entschieden. Der von *H. Petzold* oft benutzte Begriff der „Meta-Szene" für die therapeutische Beziehung spiegelt dies: Die „inneren Beziehungen" der KlientIn werden in der Beziehung zur TherapeutIn – quasi in einer Meta-Szene – deutlich und bearbeitbar.

Was immer „in der KlientIn" geschieht, beeinflußt die Beziehung zwischen KlientIn und TherapeutIn.

Hierzu ein weiteres Beispiel: Wenn in der Bearbeitung der Biographie die Mutter eines Klienten in einem unerwartet schlechten Licht erscheint, beeinflußt das die Atmosphäre zwischen Klient und Therapeutin, weil dem Klienten in der Tiefe durchaus klar ist, daß die Therapeutin es war, die seinen Widerstand, seinen Schutz um das gewohnte Mutterbild infrage gestellt hat. Deshalb wird er der Therapeutin vielleicht böse sein oder dankbar. Er wird sich vor ihr wegen seiner Mutter schämen oder vielleicht andere Gefühlsregungen in bezug auf die Therapeutin erleben. Die Bearbeitung der Biographie, der „innere Prozeß", wird also immer auch begleitet von atmosphärischen Schwankungen der emotionalen Beziehung zwischen TherapeutIn und KlientIn. Diese Schwankungen können uns als hilfreicher Wegweiser in der Therapie dienen: Wir gehen von den Phänomenen in der direkten beobachtbaren Beziehung zu den inneren Ereignissen der KlientIn.

Es hat sich bewährt, Störungen im Hier und Jetzt der direkten Beziehung immer vorrangig zu bearbeiten, zum einen, weil sie vertiefte Einsichten in die inneren Beziehungsprozesse ermöglichen, zum anderen, weil die Bearbeitung inneren Materials in einer unklaren, durch Übertragung gestörten Beziehung nicht gut möglich ist.

Wenn wir von den „Phänomenen" der KlientIn, ihren Symptomen, ihren Ängsten oder ihren ihr unbewußten Verhaltensweisen zu ihren Strukturen kommen, finden wir in der Regel typische Szenen, die sich *in ihr* (wie auf einer „inneren Bühne") abspielen. Früher waren sie *und andere* daran beteiligt, heute verläuft der Prozeß in ihr selbst: Sie spielt alle Rollen selbst. Sie erlebt z. B. die kritisch abwertenden Stimmen von Vater und Brüdern am Eßtisch heute als ihre eigene Selbstabwertung oder als Gefühl der Wertlosigkeit. Dieser innere Prozeß spielt sich selbstverständlich nicht nur in Therapien ab, er ist Teil der meist unbewußten inneren Dynamik eines jeden Menschen und äußert sich in all seinen Verhaltensweisen und seinen Beziehungen. (Wir bezeichnen dies als memorative Funktion des Selbst; vgl. Kap. Persönlichkeitstheorie.)

Im Therapieprozeß werden diese inneren Szenen bewußt konkretisiert, sie werden verleiblicht und „ver-äußerlicht". Aus der *intrapersonellen* wird wieder eine *interpersonelle* Dynamik. Die inneren Szenen werden als frühere Interaktionen zwischen Menschen verstehbar. Diesem Prozeß der „Veräußerlichung" dienen viele Techniken der Integrativen Therapie, z. B. alle Arten von Rollenspiel und die Arbeit mit dem „leeren Stuhl" (vgl. Kap. Therapeutische Interventionen).

7.3.5.3 Die Ebenen der Tiefung

Im folgenden wollen wir auf das Konzept der Tiefungsebenen eingehen, das unsere Vorstellungen vom therapeutischen Prozeß weiter differenziert.

Die IT unterscheidet vier Ebenen emotionaler Tiefung, in denen die therapeutische Arbeit, der Weg zu den frühen Szenen, verlaufen kann:
1. Die Ebenen der Reflexion.
2. Die Ebene der Affekte und Vorstellungen.
3. Die Ebene der emotionalen Involvierung.
4. Die Ebene der autonomen Körperreaktion.

Tiefung hängt mit Gefühlsintensität und mit dem „Maß an rational-reflexiver Kontrolle zusammen, das der Klient im therapeutischen Geschehen hat" bzw. aufgibt (*H. Petzold* 1988).

Von der *ersten Tiefungsebene* sprechen wir, wenn es um Bericht und Exploration geht, wenn die KlientIn relativ sachlich und mit einiger Distanz zum Geschehen erzählt. Eine typische Einstiegsfrage, mit der diese erste Ebene angesprochen wird ist: „Was ist bzw. was war, erzählen Sie einfach mal." Wenn die KlientIn stärkere Beteiligung zeigt, z. B. Tränen in den Augen hat, seufzt, längere Pausen oder unruhige Bewegungen macht, „selig" lächelt oder kichert, beim Erzählen die Faust ballt, die Zähne aufeinander beißt oder stark emotional geladene Wörter wählt („Scheißkerl"), ist die *zweite Ebene der Tiefung* erreicht, die Ebene der Affekte und lebhaften szenischen Vorstellungen. Eine typische Frage, die zu dieser Ebene hinleitet, wäre z. B.: „Was spüren Sie im Moment?" oder „Sie ballen jetzt so die Faust ...?" (Technik des Aufmerksam-Machens; vgl. Kap. Therapeutische Interventionen). Wenn die KlientIn weitergeht, sich auf die szenische Vorstellung weiter einläßt, „in ihr zu leben beginnt", die Gegenwart, die TherapeutIn und das Therapiezimmer weiter zurücktreten (der Realitätsbezug gelockert wird), ist *Ebene drei* erreicht: Die Ebene *der emotionalen Involvierung*. Die KlientIn ist bzw. fühlt in der damaligen Szene und Rolle, der zeitliche und emotionale Abstand ist „aufgehoben". Eine Frage, die zu Ebene drei hinleiten kann, lautet: „Woran erinnert Sie das?" (z. B. die geballte Faust), oder auch Fragen die der Konkretisierung der damaligen Szene dienen: „Wie sah denn das dort aus?, Wer war denn noch da?, Wie war es denn da?" Die Arbeit mit Träumen und kreativen Medien oder mit Rollenspielen erfolgt meist auf dieser dritten Ebene bzw. führt zu ihr hin. Manchmal wird dann die *Ebene vier der autonomen Körperreaktion* erreicht, die dadurch definiert ist, daß hier intensivste Gefühle vorherrschen und Reflexion und Kontrolle eingeschränkt sind, manchmal bis zu dem Grade, daß körperliche Reaktionen das Geschehen bestimmen, daß es z. B. zu Hyperventilation, Erbrechen, Schüttelfrost und ähnlichen Erscheinungen kommt.

Nicht jede – auch nicht jede deutliche oder intensive – Körperreaktion ist eine autonome Körperreaktion im Sinne des Tiefungskonzeptes: Jeder Gedanke, jede gegenwärtige Beziehung, jede szenische Erinnerung, geht mit einer autonomen Körperreaktion einher, die je nach Situation manchmal stärker, manchmal schwächer ist (wie z. B. das Rotwerden). Das bedeutet nicht automatisch, daß wir auf der vierten Ebene der Tiefung sind. Aber: manchmal ist diese körperliche Reaktion die einzige Erinnerung, die wir haben, weil anderes möglicherweise abgespalten ist, oder weil wir tatsächlich noch sehr jung waren (noch keine szenische Erinnerung hatten), als wir diese Erfahrung gemacht haben (atmosphärisches und Leib-Gedächtnis). Wenn diese leiblichen Erinnerungen mit ihren körperlichen Reaktionen ganz im Vordergrund des Geschehens stehen, sprechen wir von der vierten Ebene der Tiefung.

Autonome Körperreaktionen können auch ganz leise und ohne Ankündigung auftreten: z. B. wenn eine KlientIn in einer Situation diffusen Unbehagens, das sie nicht erklären kann, eine Gänshaut bekommt und friert, vielleicht als Anzeichen einer frühen, ihr nicht bewußten Verlassenheit. Und vielleicht können KlientIn und TherapeutIn den szenischen Kontext zu diesem Körpergefühl hinzuphantasieren und dadurch seinem Sinn näherkommen, oder sie können durch „wärmende Maßnahmen" die heutige Szene verändern und auch damit die Struktur der Verlassenheit beeinflussen.

Ein Beispiel für die Arbeit auf den vier Ebenen der Tiefung: Ein Klient fühlt sich starr und steif und hat Rückenschmerzen in der Kreuzbeingegend.
Therapeutin: „Ist etwas gewesen, etwas vorgefallen?" (Erste Ebene der Tiefung: Exploration, Bericht)
Klient: „Ich habe Krach mit meiner Frau gehabt über die Hausarbeit, sie hat mir ungerechte Vorwürfe gemacht." (Er wirkt erregt, und in gewisser Weise überengagiert angesichts eines relativ alltäglichen Konflikts bei einer sonst relativ guten Beziehung.) (Ebene 2, Affekte)
Therapeutin: „Was empfindest du im Moment?"
Klient: „Ich bin stinksauer, daß sie wegen dieser Kleinigkeiten so auf mich eindrischt."
Therapeutin: „Eindrischt? Erinnert Dich das an etwas? (Fragen nach dem Gefühl und der Erinnerung haben tiefende Wirkung.)
Klient (starrer Blick, schmale Augen, versteifte Haltung): „Mein Vater. Bei jeder Kleinigkeit hat er geprügelt."
Therapeutin: „Wie war das, wohin hat er geschlagen?" (Konkretisierung der früheren Szene)
Klient: „Mit dem Gürtel auf den Rücken. Wenn ich schon am Boden gelegen habe, hat er manchmal mit dem Fuß noch getreten, in den Rücken." (Ebene drei. Starke Involvierung in die frühere Szene.)

Therapeutin: „Spür mal, wie dein Vater dich anguckt und spür auch die Schläge auf dem Rücken."
Der Klient beißt die Zähne zusammen, krümmt sich immer mehr und macht abwehrende Handbewegungen. „O Gott."
Therapeutin: „Versuch, einen Ton herauszubringen, nicht die Zähne zusammenzubeißen."
Klient: „O nein, o Gott hör auf, hör auf, du Mistkerl, o verdammt, hör auf." Er weint laut und kämpft mit einem Würgereiz (Ebene der autonomen Körperreaktion, tiefe Involvierung). (Seine Wahrnehmung für die gegenwärtige Situation ist reduziert, aber nicht aufgehoben.)
Die Therapeutin setzt sich neben den Klienten und redet leise, legt vorsichtig die Hand auf die schmerzende Rückenstelle. Der Klient zuckt zurück. (Ebene 4)
Die Therapeutin nimmt die Hand zurück und legt sie auf den Unterarm des Klienten: „Ach ja, die Stelle ist zu empfindlich. Ist es besser so?"
Klient nickt und weint weiter. Die Therapeutin redet über die damalige Szene und die jetzigen Rückenschmerzen. Sie redet quasi „vor sich hin", ist dabei aber im Kontakt mit dem Klienten. Der Klient ist noch zu involviert, um zu antworten. (Phase 3, Beginn der Integration durch die Präsenz eines verstehenden anderen.) Der Klient beginnt von sich aus zu sprechen und verschieden schlimme Situationen zu erzählen. (Ebene 3 und 2) Er weint weiter.
Therapeutin: „Wie geht es jetzt Deinem Rücken?"
Klient: „Es tut noch sehr weh."
Therapeutin: „Vielleicht legst Du Dich hin?"
Der Klient legt sich hin und entspannt, immer noch im Kontakt mit der Therapeutin. Nach einer Weile setzt der Klient sich auf: „Ich glaube, ich habe gar keinen Unterschied gemacht zwischen den Schlägen meines Vaters und den Vorwürfen meiner Frau..., die will mich ja nicht wirklich schlagen." (Tiefungsebene 2, Phase der Intergration und Neuorientierung)

Nach derartigen intensiven therapeutischen Sitzungen brauchen KlientInnen im allgemeinen einige Zeit, um wieder ganz in die Gegenwart (Ebene 1) zu kommen.

Für die Entscheidung, ob Tiefung angezeigt ist, sollte der gesamte situative und zeitliche Rahmen im Blick behalten werden, es muß z. B. auch berücksichtigt werden, ob die KlientIn unmittelbar nach der Therapiesitzung eine dienstliche Besprechung leiten muß. Die Arbeit auf der 4. Stufe der Tiefung setzt im besonderen Maße Erfahrung und Sicherheit und Verantwortungsbereitschaft der

TherapeutIn voraus: sie muß insbesondere in der Lage sein, den ständigen *Rapport* zur KlientIn aufrechtzuerhalten und – soweit wie möglich und angezeigt in Absprache mit der KlientIn – entscheiden, welche Ebene der Tiefung jeweils angemessen ist für die Phase des Prozesses, für die Tragfähigkeit der Beziehung, für die Angst der KlientIn und für Art und Ausmaß der Schädigung. Eine Therapie ist nicht desto besser, „je tiefer" sie geht.

Tiefung mit ihren vier idealtypischen Ebenen ist primär ein *behandlungstechnisches* Konzept, das aus dem Konzept der Regression abgeleitet ist. Regression ist ja ein vielschichtiger Begriff; wir haben in den Kapiteln Persönlichkeitstheorie und Krankheitslehre schon einiges darüber geschrieben. Tiefung umfaßt vor allem zwei Aspekte des Regressionskonzepts: den der Gefühlsintensivierung in der Regression und durch Regression und den des Wiedererlebens alter Szenen. Das Konzept der Tiefung bezieht sich *nicht* auf den Abwehraspekt von Regression und schon gar nicht auf Regression als Haltung. Wenn die therapeutische Beziehung selbst regressiv geprägt ist, wie im zweiten Weg der Heilung („Nach-Beelterung") spricht man nicht von Tiefung, sondern eher von regressiver Struktur der Beziehung. Tiefung ist also immer eine zeitweilige und gewollte Regression in der Therapie. Wenn die KlientIn (wie in unserem Beispiel) genug Vertrauen zur TherapeutIn hat, sich sicher gehalten fühlt, ist sie in der Lage, zugunsten der emotionalen Erkundung ihrer Biographie, vor allem ihrer bis heute schmerzenden Erfahrung, die Kontrolle über die jetzige Situation (ihr normales Sicherungssystem) zu lockern, und frühere Szenen wieder zu be- bzw. zu erleben. Die „Regression" braucht dabei zeitlich nicht sehr weit zurückreichen: Es gibt unbewältigte, gefühlsgestaute traumatische Szenen und Erfahrungen des Erwachsenen, die ebenso aufgearbeitet werden müssen wie entsprechende Kindheitserfahrungen.

Die zeitweilige Regression (in die persönliche Geschichte) durch Lockerung der Situations-Kontrolle basiert immer darauf, daß die KlientIn diesen Prozeß zuläßt, und zwar an jedem Punkte der Tiefung. Durch Störungen von außen (z. B. durch falsche Fragen der TherapeutIn oder auch Störungen durch Dritte) kann der Prozeß jederzeit fast völlig zurückgenommen werden: die KlientIn kann bzw. könnte ziemlich rasch in die gegenwärtige Situation zurückgehen (z. B. bei Feueralarm). Wenn die Sicherheit nicht gegeben ist, daß der Klient dies kann, verbietet es sich im allgemeinen, „tiefe Tiefungen" anzuregen bzw. zu fördern.

Die Phasen des „klassischen" tetradischen Ablaufs einer Therapiesitzung (Anwärmen, Exploration – Agieren – Integrieren – Neuorientieren) stehen in lockerem Zusammenhang mit den vier Ebenen der Tiefung: In der Regel wird es in der Anwärm- und Explorationsphase eher bei den Tiefungsebenen eins und zwei (Reflexion, Bericht, leichter Affekt) bleiben und diese Ebenen sollen im allgemeinen auch am Ende der Sitzung wieder erreicht werden.

„Tiefe Tiefungen" geschehen in der mittleren Phase, der Aktionsphase. Häufig kommen KlientInnen allerdings auch schon stark involviert in eine Sitzung, z. B. sehr wütend oder gleich „in Tränen aufgelöst". Dies geschieht eher in schon länger dauernden Therapien. In einem solchen Fall muß die TherapeutIn spüren und erkunden, inwieweit diese emotionale Involvierung als „Spontan-Tiefung" zu verstehen ist, als Involvierung in frühere Szenen und/oder inwieweit als Ausdruck einer akuten Beziehungsstörung mit der TherapeutIn oder mit anderen Menschen.

In bezug auf den Gesamtverlauf der Therapie (vgl. Praxis-Teil) gilt das gleiche: In der Anfangsphase wird die KlientIn in der Regel mit einer mittleren emotionalen Beteiligung im Berichtstil bleiben (Ebene eins). Es kommt aber ständig vor, daß KlientInnen in der oder den ersten Stunden „die Fassung verlieren", z. B. deshalb, weil endlich ein „Damm brechen darf" (Ebene 3). Dies ist ein intensiver Einstieg in die Therapie und muß von der TherapeutIn verstanden und beruhigt, aber nicht verhindert werden. In keinem Falle sollte die TherapeutIn in der Initialphase darauf hinarbeiten, daß solche starke Involvierungen erfolgen.

In der Abschlußphase einer Therapie (vgl. Praxis-Teil) werden tiefend-regressive Arbeiten eher selten, aber es kann zu intensiven nicht-regressiven Gefühlen kommen, z. B. als Dankbarkeit, als Glück des Neubeginns oder als Trauer des Abschiednehmens.

Letztlich können alle Gefühlsintensitäten in allen Phasen auftreten. Ob sie als Tiefungen im Sinne regressiver Involvierung zu verstehen sind, muß im Kontext erfaßt werden.

Wir haben uns bei der Darstellung des therapeutischen Prozesses weitgehend auf den Prozeß der KlientIn konzentriert. Dies ist eine Verkürzung aus pragmatischen Gründen: Wir möchten am Schluß betonen, daß das gesamte Verhalten der TherapeutIn, ihre gesamten Lebenserfahrungen, ihr therapeutisches Handwerkszeug, ihre Kenntnisse und ihre persönliche Involvierung mit in diesen Prozeß eingehen, ihn mitprägen und daß sie auch durch ihn geprägt wird.

7.4 Zusammenfassung

Am Ende des Kapitels wollen wir nun eine Zusammenfassung dessen versuchen, was den therapeutischen Veränderungsprozeß ausmacht.

Übergeordnetes Ziel von Therapie ist die Weiterentwicklung von Ko-respondenzfähigkeit, von Fähigkeit zu Kontakt, Begegnung und Beziehung sowohl in bezug auf die Gegenwart als auch auf die Lebensgeschichte der KlientIn. *Voraussetzung* für die therapeutische Arbeit ist ein Minimum an Ko-respondenz zwischen KlientIn und TherapeutIn, eine – wenn auch noch so geringe – gegenseitige „Erreichbarkeit", an die angeknüpft werden kann, über die Einschränkungen und Behinderungen der Ko-respondenzfähigkeit überhaupt erfahrbar und veränderbar werden.

Medium der Therapie ist vor allem die therapeutische Beziehung. Der Weg, den TherapeutIn und KlientIn gemeinsam gehen, ist – wie alle Entwicklungsprozesse – ein *synergetischer Selbstorganisationsprozeß*. Wir können ihn uns als Spiralmodell vorstellen, als Prozeß, der in der Zeit spiralig fortschreitet. Veränderungen geschehen in einem Wechsel von Erschütterung (Chaos-Phasen) und Konsolidierung (Ordnungs-Phasen). Dieser Prozeß ist nicht frei von Störungen und Blockierungen, im Gegenteil, diese sind wesentlicher Bestandteil von Veränderungsprozessen. In der therapeutischen Arbeit sind Blockierungen bzw. Widerstände – sofern sie erkannt und bearbeitet werden können – die „Chancen an der Schwelle zur Veränderung".

Der diagnostische und therapeutische Weg verläuft von den *Phänomenen* zu den *Strukturen* der KlientIn: Im Verlauf der Therapie lernen TherapeutIn und KlientIn zunehmend besser, die Phänomene der KlientIn wahrzunehmen, zu erfassen, zu verstehen, zu erklären (hermeneutisches Verstehen), so daß neue *Entwürfe* möglich werden. Zu den Phänomenen gehören sowohl relativ „offensichtliche

Phänomene" (z. B. KlientIn lächelt, ihre Stimme wird leiser, eine Bewegung wird nicht vollendet, aber auch: TherapeutIn fühlt sich angestrengt oder froh, verspricht sich, usw.) sowie höchst komplexe Phänomene (z. B. Symptomatik).

Aus den Phänomenen können in einem gemeinsamen Verstehensprozeß Strukturen erschlossen werden, und zwar sowohl relativ offensichtliche als auch höchst komplexe (z. B. Skripts, Narrative, innere Annahmen über die Welt, Abwehrstrukturen, Persönlichkeitsstrukturen). Hilfsmittel auf diesem Weg sind die *Techniken* der Integrativen Therapie (siehe Praxis-Teil). Sie helfen, Phänomene zu verdeutlichen und zu verstärken und führen auf diesem Wege zu szenischem Erleben von Vergangenem (Regression).

Unter allen Phänomenen, die uns im Therapieprozeß „erscheinen", sollten diejenigen handlungsleitend sein, die uns Hinweise auf Widerstand geben, und zwar ganz vorrangig, wenn es sich um Blockierungen in der Weiterentwicklung einer ko-respondenten Beziehung zwischen KlientIn und TherapeutIn handelt. Richtungsweisend sind hier unsere Ausführungen über die Arbeit *in* und *an der Übertragung* und *in* und *an der Beziehung* sowie über die Arbeit mit *Widerstand*. Im Praxis-Teil finden sich zahlreiche Beispiele hierzu.

Im therapeutischen Prozeß sind Erschütterungen der Persönlichkeitsstrukturen notwendig. Bereits szenisches Erleben von Vergangenem oder das Erkennen von Strukturen kann diese „erschüttern". Ebenso erschütternd kann es wirken, wenn bisher unbekannte Qualitäten von Vertrauen zwischen KlientIn und TherapeutIn entstehen, wenn bisher „unbekannte" oder tabuisierte Gefühle ausgedrückt werden oder wenn eine neue Verhaltensweise „ausprobiert" wird. (In diesem Sinne sind auch unsere Betrachtungen über Konsonanz und Dissonanz zu verstehen.) Auch Krisen lassen sich bei tiefgreifenden Veränderungsprozessen nicht vermeiden (vgl. Kap. Krisenintervention). KlientIn und TherapeutIn müssen darauf vorbereitet sein.

Jeder einzelne von diesen Schritten wird von der KlientIn – bevor es zu Neu-Organisation und -Integration kommt – als krisenhaft erlebt.

Zum Abschluß des Theorie-Teils noch ein letzter Satz für uns TherapeutInnen. Wir werden immer wieder neu lernen müssen, uns zu bescheiden. Es ist nicht alles machbar. Meist nur wenig. Das tut manchmal weh. Besonders, wenn wir uns „mit ganzer Seele" einsetzen. So wichtig sind wir-mit-unserer-Therapie nun auch wieder nicht: Es gibt ungeheuer viele bedeutsame Beziehungsmöglichkeiten im Leben unserer KlientInnen. Unser Angebot ist eine davon – und zwar von seiner Natur her eine sehr begrenzte.

Praxis

8. Therapeutische Interventionen

8.1 Einleitung

Wir verstehen die *Interventionen* (als Kürzel verwenden wir ab und zu den Begriff *Techniken*) der IT als Hilfsmittel im Prozeß einer sich entwickelnden Begegnungs- und Beziehungsfähigkeit der KlientIn in Ko-respondenz mit der TherapeutIn. Durch die Verwendung der Interventionen der IT kann Geschehen konkret, bewußt und/oder szenisch erlebbar werden. Sie helfen der KlientIn, sich selbst besser verstehen zu lernen, und zwar mehr und mehr über den Moment der Therapie hinaus, und sie helfen, vom Ausdruck zum Verstehen und vom Verstehen zum Ausdruck zu kommen, zum Tun, zum Erschließen neuer Möglichkeiten und Spielräume. Sie intensivieren den im vorangegangenen Kapitel beschriebenen spiralförmigen Prozeßverlauf und machen es möglich, daß Narrative sich wieder zu Narrationen verflüssigen.

Bevor wir näher auf die Techniken eingehen, möchten wir noch einmal hervorheben, daß sie nur dann sinnvoll eingesetzt werden können, wenn ihnen ein integratives Therapiekonzept entsprechend dem hier beschriebenen zugrunde liegt: Sie dienen dem übergeordneten Ziel der Entwicklung von Ko-respondenzfähigkeit, vor allem der Entwicklung einer intersubjektiven Beziehung zwischen der KlientIn und der TherapeutIn. Sie stehen damit im Dienste der Übertragungs- und Beziehungsarbeit, wie wir sie im vorangegangenen Kapitel beschrieben haben. Für alle Techniken gilt, daß sie zu Konsonanz- oder Dissonanz-Erleben bei der KlientIn führen können. Wie wir im vorangegangenen Kapitel ausgeführt haben, sind provokative Interventionen (Dissonanz) nur hilfreich und heilsam, wenn sie an Erfahrung von Konsonanz anknüpfen.

Aus didaktischen Gründen haben wir uns entschieden, die Techniken in einer aufeinander aufbauenden Reihenfolge darzustellen. So beginnen wir mit der grundlegenden Technik des „Aufmerksam-Machens", die Voraussetzung für alle weiteren Techniken ist. In der Arbeit mit Rollenspielen können sämtliche bis dahin besprochenen Interventionsmöglichkeiten zur Anwendung kommen, in der Arbeit

mit Kreativen Medien verwenden wir auch Rollenspiele. Wir werden folgende Techniken beschreiben:
1. Aufmerksam-Machen
2. Wiederholen
3. Übertreiben
4. Assoziieren
5. Aushalten
6. Umkehren ins Gegenteil
7. Arbeit an sprachlichen Äußerungen
8. Verwendung von Beispielen
9. Vergegenwärtigen von Vergangenheit und Zukunft
10. Imagination/Phantasiearbeit
11. Identifikation
12. Dialoge/Rollenspiele
13. Techniken, die Veränderung von Verhalten/Rollenverhalten initiieren
14. Arbeit mit kreativen Medien
15. Arbeit mit Übergangs- und Intermediärobjekten
16. Leibliche Interventionen

Die Techniken der IT sind zum Teil stark erlebnisintensivierend, die von uns gewählte Reihenfolge kann als ein erster – allerdings sehr grober – Anhaltspunkt für die Intensität ihrer Wirkung dienen. Manchmal kann bereits ein „Aufmerksam-Machen" (1.) auf eine bestimmte Bewegung eine Arbeit auf Tiefungsebene vier (vgl. Kap. Therapietheorie) auslösen, manchmal mündet die Arbeit auf einer höheren Tiefungsebene darin, daß die TherapeutIn der KlientIn leiblich Halt gibt (16.). Die „Dosierung" ist also von größter Wichtigkeit.

8.2 Beschreibung der therapeutischen Interventionen

Grundsätzlich lassen sich alle beschriebenen Techniken bei jeder Art von Schädigung, bei allen „vier Wegen der Heilung" und in allen Phasen des therapeutischen Prozesses anwenden. Allerdings werden wir unterschiedliche Schwerpunkte (verschiedene Techniken, verschiedene Dosierungen) wählen, je nach Weg der Heilung, je nach Persönlichkeitsstruktur, je nach Art der Schädigung und Fähigkeiten der KlientIn, je nach Phase des therapeutischen Prozesses und je nach Erfahrung und therapeutischer Kompetenz der TherapeutIn und nicht zuletzt auch je nach Lust und Vorliebe von beiden. Z.B. werden wir im allgemeinen in der Mittelphase des therapeutischen Prozesses stärker erlebnisintensivierend arbeiten als am Ende oder am Anfang. Vor den großen Ferien oder in Krisenzeiten werden wir eher stützend und stabilisierend arbeiten als sonst. Wenn wir uns schwerpunktmäßig für den zweiten Weg der Heilung, Grundvertrauen/Nachsozialisation, entschieden haben, werden wir – sofern sich eine tragende Beziehung zwischen der TherapeutIn und der KlientIn entwickelt hat – mit leiblichen Interventionen, sofern angezeigt auch z. B. mit Wiegen und Halten, arbeiten. Wenn wir uns schwerpunktmäßig für den dritten Weg der Heilung (Persönlichkeitsentfaltung) entschieden haben, werden wir besonders mit kreativen Medien, Phantasiearbeit und Imagination arbeiten. Bei KlientInnen, deren Hauptschädigung zu einem frühen Zeitpunkt liegt, werden wir langsamer und vorsichtiger vorgehen als bei weniger schwer geschädigten KlientInnen. Eine TherapeutIn mit weniger Erfahrung wird die Techniken besonders behutsam dosieren, eine TherapeutIn, die besonders gern und sicher mit Bewegung, Phantasie oder kreativen Medien arbeitet, wird sich eher diese Techniken aussuchen.

Die hier dargestellten Grundformen von Techniken werden, wie aus den ausführlichen Beispielen hervorgehen wird, in der Praxis eher flexibel angewendet, werden variiert, miteinander kombiniert, neue, auf die jeweilige Situation zugeschnittene Techniken werden erfunden. Es gibt eine Vielzahl weiterer Techniken, auf die wir hier nicht eingehen, um die Darstellung nicht zu lang werden zu lassen. Die Beschreibung der folgenden Techniken erfolgt zum Teil in Anlehnung an die Ausführungen in „Gestaltberatung" (*Rahm* 1990).

8.2.1 *Aufmerksam-Machen*

Hierbei geht es darum, KlientInnen auf Gefühle, Gedanken und Verhaltensweisen aufmerksam zu machen, die die TherapeutIn für bedeutungsvoll hält, auch wenn die KlientIn selbst sie nicht wichtig nimmt bzw. nicht bewußt erlebt. Dies geschieht sowohl in Form von Konsonanz als auch in Form von Dissonanz (vgl. Kap. Therapietheorie): Spiegeln und Aufmerksam-Machen auf Diskrepanzen ist häufig konfrontativ.

Es gibt hier eine Fülle von Möglichkeiten, von denen nur einige in Form von Beispielen dargestellt werden sollen:

- Der TherapeutIn fällt bei der KlientIn etwas auf, auf das sie sie aufmerksam machen möchte:
  - „Ich sehe, daß Sie Tränen in den Augen haben, wenn Sie über Ihre Freundin sprechen."
  - „Wenn Sie darüber sprechen, wird Ihre Stimme auf einmal ganz leise."
  - „Ich sehe, daß Sie die Fäuste ballen. Können Sie mal dahin spüren? Haben Sie eine Ahnung, was da los ist?"

- Die KlientIn sagt nichts, die TherapeutIn vermutet, daß etwas Wichtiges in der KlientIn vorgeht:
  - „Was ist jetzt?"
  - „Was denken/fühlen Sie gerade eben?"
  - „Was wir gerade besprochen haben, macht Sie das nachdenklich/traurig?"

- Die TherapeutIn macht durch Spiegeln auf eine Äußerung oder Verhaltensweise der KlientIn aufmerksam, z. B. auch auf das Zusammenwirken von verbalen Äußerungen und Gestik: „Du setzt dich so hin .. und sagst dabei.." (macht vor)
  - Die TherapeutIn übernimmt die monotone Stimme der KlientIn und wiederholt die letzten Worte: „Ich bin heute richtig froh..?" oder sie sagt: „Schau mal" .. und spiegelt dann einen Gesichtsausdruck, eine Haltung, eine Bewegung.

- Der TherapeutIn fallen bei der KlientIn Diskrepanzen (insbesondere zwischen verbalem und nicht-verbalem Ausdruck) auf, und sie macht sie darauf aufmerksam:
  - „Sie schimpfen auf Ihren Sohn und lächeln dabei!"
  - „Sie sagen mit ganz leiser Piepsstimme, daß Sie Ihrem Chef endlich mal die Meinung sagen wollen!"
  - „Sie schlucken die ganzen Vorwürfe Ihrer Frau und machen dabei ein unbeteiligtes Gesicht.. gleichzeitig rutschen Sie unruhig auf Ihrem Stuhl hin und her.."

- „Sie sagen, Sie werden demnächst wieder mehr mit Ihrer Frau gemeinsam unternehmen und schütteln den Kopf dabei.."

- Die TherapeutIn registriert bei der KlientIn Lücken im Fühlen, Denken oder Handeln und macht darauf aufmerksam:
  - „Nach allem, was Du so über Deine Freundin erzählt hast, hätte ich erwartet, daß Du jetzt sehr wütend auf sie bist. Davon sehe ich gar nichts."
  - Die KlientIn sagt: „...am liebsten möchte ich.." und schluckt. TherapeutIn: „Am liebsten möchten Sie..?", oder: „Das ist schwer, das laut zu sagen..?", oder: „Was schlucken Sie jetzt runter?"
  - Die KlientIn stockt mitten in einer Bewegung. TherapeutIn: „Was ist jetzt..?", oder: „Ich sehe, daß Du plötzlich aufhörst zu.." (Hierbei ist es oft hilfreich für die KlientIn, wenn die TherapeutIn die Bewegung vormacht.)

- Wenn die TherapeutIn vermutet, daß bei der KlientIn ein bestimmtes Muster im Denken oder Fühlen vorliegt, das vielleicht festgefahren ist, bietet sich folgendes an:
  - Die TherapeutIn bittet die KlientIn zu prüfen, ob eine bestimmte Aussage für sie zutreffen könnte. Z. B.: „Können Sie mal probieren, ob dieser Satz für Sie stimmt: Wenn ein Mann sich ausgerechnet in mich verliebt, dann kann ja nicht viel mit ihm los sein?"
  - In ähnlicher Weise kann die KlientIn von der TherapeutIn gebeten werden, einen Satz zu vervollständigen: „Wenn ein Mann sich in mich verliebt, dann denke ich..?"
  - Die TherapeutIn kann das Muster auch direkt ansprechen: „Mit diesem Muster tun Sie sich oft sehr weh", oder: „Was für ein destruktives/schädigendes Denkmuster!"

Eine Übung zum Training von Aufmerksamkeit ist das „Bewußtheitskontinuum" (Continuum of Awareness). Diese kann gezielt als Trainingsmethode im Sinne einer Konzentrations- und Meditationsübung eingesetzt werden. Die KlientIn konzentriert sich dabei auf sich selbst und stellt sich immer wieder die Frage: „Was erlebe ich jetzt?" Sie achtet dabei auf Gefühle, Gedanken, Bewegungen, Signale aus dem Körperinnern. Sie bemüht sich, alle Sinneseindrücke (Sehen, Riechen, Hören, Schmecken, Fühlen) zu registrieren. Gedanken sollen möglichst nur flüchtig wahrgenommen und gleich wieder losgelassen werden. Auf diese Weise läßt sich Selbst-Bewußtheit (Awareness) allmählich verbessern. Z. B.: „Ich sehe graue Wolken vorüberziehen, höre die Autos auf der Straße, fühle, wie ich meine Stirn anspanne, meine Füße sind kalt, ich sehe, wie ich gerade schreibe, jetzt ist es ganz still, ich schmecke meinen Speichel, spüre den Druck meines Gesäßes auf dem Stuhl, spüre mein Herz schlagen.."

Selbstverständlich ist diese Awareness-Übung für TherapeutInnen ebenso geeignet wie für KlientInnen. Wir verwenden sie manchmal bei StudentInnen oder AusbildungskandidatInnen zur Einstimmung von Rollenspielen, die eingesetzt werden können, um eine Verbesserung der Wahrnehmungsfähigkeit zu trainieren.

Grundlage für die Technik des Aufmerksam-Machens – sowie für alle weiteren Techniken – ist die Wahrnehmungsfähigkeit der TherapeutIn, das Aufmerksam-Sein. Erst aus dem Reichtum dessen, wofür wir aufmerksam sind, können wir auswählen, worauf wir aufmerksam *machen* wollen.

Da die Hauptaufmerksamkeit üblicherweise dem gesprochenen Wort gilt, möchten wir in Form einer – unvollständigen – Liste das Augen-, Ohren- und Nasenmerk der LeserIn auf das richten, was außer dem geprochenen Wort wahrnehmbar ist. (Wegen der Schwierigkeit der Vermittlung verzichten wir auf das, was wir mit unseren Tastsinnen erfahren können, gehen also beispielsweise nicht darauf ein, wie wir spüren können, wenn sich jemand innerlich dagegen wehrt, die Hand auf die Schulter gelegt zu bekommen.)

Körperteil:	*Zu beachten*:
Kopf	Haltung und Veränderung der Haltung, Bewegungen
Mund/Kiefer	Lippenzittern, Lippen lecken, auf Lippen beißen, Lippen zusammenpressen, Mundwinkel verziehen, Kiefer zusammenbeißen, „mahlende" Kiefer, Lächeln
Augen	Blickkontakt, Senken der Augen, Schließen der Augen, Blinzeln, Unstetes Hin- und Herwandern, Starren, zur Decke schauen, in eine Richtung schauen, Tränen in den Augen
Nase	Nasenflügel zittern, Nase rümpfen, Farbänderung der Nasenspitze, Schnaufen/Schniefen

Hals/Nacken/Schultern	Nacken reiben, Hals bewegen, rote Flecken am Hals, Muskelanspannung des Halses, Schultern hochziehen, Schultern hängenlassen, Schultern nach hinten ziehen, eine Schulter hochziehen
Arme	Haltung und Veränderung der Haltung, Bewegungen
Hände	dgl.
Beine/Füße	dgl.
ganzer Körper	steif – beweglich, eckig – rund, Atmung, Rotwerden, Körperteil verdecken, nach vorn beugen
Stimme	hoch – tief, laut – leise, langsam – schnell, gepreßt, monoton, abgehackt, lebhaft
Haut	Änderung der Hautfarbe, rote Flecken, Gänsehaut, schweißglänzend
Atmung	Unterbrechung, Veränderung
Herzschlag	Herzschlag und Veränderung des Herzschlages (sichtbar an Hals/Schläfe/unter dem T-Shirt)
Körpergeruch / Schweiß	zu sehen, zu riechen

Die Wahrnehmungsfähigkeit für die hier aufgeführten Phänomene ist relativ einfach trainierbar, z. B. als Übung in einer Kleingruppe mit einer KlientIn, einer TherapeutIn, einer BeobachterIn: Beispielsweise können Sie sich nacheinander als Aufgabe stellen, sich jeweils eine Sequenz lang nur auf Wahrnehmung der Atmung/der Stimme/der Augen usw. zu konzentrieren. Wenn Sie sich anschließend über Wahrgenommenes und Nicht-Wahrgenommenes (besonders wichtig!) austauschen, werden Sie spezifische Einschränkungen Ihrer Wahrnehmungsfähigkeit erfahren und bereits damit Ihre Wahrnehmungsfähigkeit erweitern (für weitere Wahrnehmungsübungen vgl. *Stevens* 1980).

8.2.2 Wiederholen

Bei dieser Technik wird die KlientIn gebeten, bestimmte – mehr oder weniger nebenher und ohne deutliche Bewußtheit geäußerte – Gedanken, Gefühle und Verhaltensweisen zu wiederholen, bei denen die TherapeutIn annimmt, daß es sich um wichtige Äußerungen der KlientIn handelt.

- Der Klient sagt ganz nebenbei: „Naja, da hab' ich mich längst damit abgefunden, daß meine Eltern mich nie richtig geliebt haben."
Therapeutin: „Können Sie das noch mal sagen ...?"
Klient: „Ich habe mich damit abgefunden, daß sie mich nicht geliebt haben."
Therapeutin: „Noch mal ...!"
Klient: „Meine Eltern haben mich beide nicht gewollt ..." (fängt an zu weinen und erzählt ...)
- Der Klient hält sich die Hand vor den Mund, nimmt sie dann wieder weg.
Therapeutin: „Kannst du das noch einmal machen?"
Der Klient wiederholt die Bewegung.
Therapeutin: „Nochmal."
Klient wiederholt.
Therapeutin: „Was fühlst du dabei?"
Klient: „Naja, ich glaube, ich wollte nicht über das Thema sprechen, aber eigentlich will ich's ja doch."

8.2.3 Übertreiben

Das Übertreiben hat eine ähnliche Funktion wie das Wiederholen. Es sollte allerdings vorsichtiger eingesetzt werden, da es häufig intensiver wirkt und Angst auslösen kann. Eine gute Möglichkeit besteht in der Kombination von Wiederholen und Übertreiben.

- Klient: (zaghaft im Rollenspiel zu seiner Frau) „Ich will mir nicht mehr alles von dir gefallen lassen."
Therapeutin: „Sag es mal mit lauter Stimme!"
Klient: „In Zukunft werde ich mir nicht mehr alles von dir gefallen lassen."
Therapeutin: „Noch lauter, übertreiben Sie's mal!"
Klient: „Ich will auch mal meinen Willen durchsetzen, verdammt nochmal!" Therapeutin: „Wie fühlen Sie sich jetzt?"

- Der Klient schlägt mit der Hand auf ein Sitzkissen, das neben ihm liegt und sagt: „Ich möchte, daß mein Vater endlich kapiert, daß das meine Sache ist."
Therapeutin macht die Bewegung mit: „Übertreib das mal!"
Klient verstärkt die Bewegung.
Therapeutin: „Noch stärker!"
Klient verstärkt weiter. Therapeutin: „Was heißt das jetzt für Dich?"
Klient: „Am liebsten möchte ich solange auf meinen Vater einhämmern, bis er kapiert hat, daß ich die Stelle annehmen kann, die ich will. Das will einfach nicht in seinen Schädel rein, daß ich nicht in seiner Firma arbeiten will!"
Therapeutin: „Möchtest Du ihm das mal im Rollenspiel direkt sagen?"

8.2.4 Assoziieren

Dies ist eine Möglichkeit, Zugang zu nicht-bewußten Szenen und Atmosphären zu bekommen, Erinnerungen lebendig werden zu lassen.
- Klient: „Eigentlich hab' ich noch nie einen wirklichen Freund gehabt. Besonders wenn es schön ist, denke ich irgendwie immer: ‚Das kann gar nicht gut gehen.'"
Therapeutin: „Kennst Du das sonst noch irgendwoher?"
Klient: „Das ist was anderes..., aber das hat was damit zu tun... mit meiner Mutter... immer, wenn ich mich so wirklich auf sie eingelassen habe und ihr auch was von mir gesagt habe... immer, wenn ich ihr nah war, dann habe ich gedacht, ich bin schuld daran, daß sie sich das Leben nehmen wollte..."
- Therapeutin: „Kannst Du mal deine Zähne noch fester zusammenbeißen, als Du es jetzt tust?... Was fällt Dir dazu ein?"
Klient: „Nichts... ich merke nur, daß da ganz viel Kraft sitzt."
Therapeutin: „Was spürst Du dabei noch?"
Klient: „Nichts weiter... höchstens, daß das auch Ärger bedeutet."
Therapeutin: „Erinnert Dich das an irgend etwas?"
Klient: „Höchstens früher, da habe ich die Zähne auch immer so zusammengepreßt. Immer wenn... "
- Klient: „Ich weiß nicht, ob Sie es aushalten, wenn ich anderer Meinung bin als Sie."
Therapeutin: „Sind Sie *jetzt* anderer Meinung?"
Klient: „Ja, ich ärgere mich, daß Sie so auf Ihrem Standpunkt beharren."

Therapeutin: „Und Sie fragen sich, ob ich Ihren Ärger wohl aushalten kann?"
Klient: „Genau!"
Therapeutin: „Kann es sein, daß Ihnen sowas ganz vertraut ist?"
Klient nickt.
Therapeutin: „Gab es vielleicht früher jemanden, der Sie mit Ihrem Ärger nicht haben wollte?"
Der Klient beginnt zu erzählen.

8.2.5 Aushalten

Diese Technik ist besonders wichtig, wenn KlientInnen schnell über irgend etwas hinweggehen wollen oder nur kurz etwas andeuten, das nicht ausreichend geklärt ist, bzw. nach Ansicht der TherapeutIn von Bedeutung sein könnte. Oft ist Aushalten, Erkennen und Annehmen von Schwierigkeiten, von Nicht-weiter-können oder von „Sackgassengefühlen" ein erster Schritt in eine neue Richtung: Etwas, das bisher tabuisiert oder vermieden werden mußte, wird wahrgenommen und zugelassen. Die TherapeutIn muß je nach Situation möglichst gemeinsam mit der KlientIn entscheiden, ob es angemessen ist, das bisher Vermiedene prägnant werden zu lassen. (Arbeit mit dem *Widerstand*.)

– Klient: „Naja, reden wir von was anderem..."
Therapeutin: „Ich habe den Eindruck, daß Sie über dieses Thema ganz schnell hinweggehen möchten. Vielleicht versuchen Sie doch noch mal, vielleicht nur ganz kurz, sich auf dieses Gefühl einzulassen und lassen sich etwas Zeit, um zu spüren, was da los ist..."
Der Klient hat Tränen in den Augen und wechselt das Thema.
Therapeutin: „Können Sie mal etwas dabei bleiben und sehen, wie sich das anfühlt...?", oder: „Versuchen Sie mal, dieses Gefühl eine Weile auszuhalten... Sie schlucken, was ist jetzt?", oder: „Ja, ich weiß, daß das so schlimm ist, daß Sie am liebsten gar nicht daran denken mögen."
Klient: „Es ist ja auch zu furchtbar, daran will ich mich nicht mehr erinnern."
Therapeutin: „Und Sie waren auch noch ganz klein damals, und niemand war bei Ihnen."
Klient: „Ja, das war das Schlimmste."
Die Therapeutin setzt sich näher zu ihm. „Merken Sie, daß ich jetzt bei Ihnen bin?"

Klient nickt.
Therapeutin: „Vielleicht können Sie ja doch erzählen, wie es war... Ich geh ganz bestimmt nicht weg."

8.2.6 Umkehrung ins Gegenteil

Diese Technik geht davon aus, daß extreme Haltungen, Gefühle, Gedanken und Verhaltensweisen immer nur die eine Seite der Medaille sind, daß zwei entgegengesetzte Pole zueinander gehören, daß es kein Zufall ist, wenn jemand sich auf eine extreme Position festlegt, und daß es von daher sinnvoll ist, Extreme anzusprechen.

- Klient: „Ich bin jemand, der seine Traurigkeit nie zeigen würde."
  Therapeutin: „Kannst Du mal ein Experiment machen? Kannst Du Dir für die nächsten Minuten vorstellen, daß Du jemand wärst, der seine Traurigkeit nicht zurückhält, jemand, der gleich weint, wenn ihm danach zumute ist?"
  Klient: „Ich weiß noch, wie die anderen Kinder meinen Bruder aufgezogen haben, daß er 'ne Memme wär. Ich weiß noch, wie schlimm das war. Da habe ich mir geschworen, daß es mir niemals so gehen sollte."
- Klient: „Manchmal bin ich wie versteinert."
  Therapeutin: „Stell Dir doch mal die letzte Situation vor, in der das so war."
- Klient malt sich die Situation aus.
- Therapeutin: „Stell Dich doch mal hin und sei so versteinert, wie Du nur kannst... und noch ein bißchen mehr... und nun probier mal das Gegenteil, probier aus, wie sich das anfühlt, ganz lebendig zu werden..." In der Weiterarbeit wird deutlich, was der Klient mit seinem „Steinern-Werden" vermeidet.

8.2.7 Arbeit an sprachlichen Äußerungen

Das Beachten und Ansprechen von sprachlichen Äußerungen wird von KlientInnen ganz selbstverständlich aufgenommen, es entspricht ihren Erwartungen. Diese Technik ist nicht nur in Therapien, sondern auch in Beratungssituationen anwendbar, und zwar auch dann, wenn die TherapeutIn keine intensiven Erfahrungen mit

Gestaltarbeit hat. Durch das Ansprechen sprachlicher Äußerungen wird sich die KlientIn ihrer Gefühle und Gedanken deutlicher bewußt, besonders solcher, die sie „eigentlich" nicht wahrhaben will. Je konkreter sie erzählt, desto lebendiger wird das Erzählte für sie selbst und die TherapeutIn. Außerdem wird in der ich-nahen Sprache deutlicher, daß sie für sich selbst zuständig ist, Verantwortung trägt und Entscheidungen fällen kann, bzw. wie sie vermeidet, sich für ihre Entscheidungen verantwortlich zu fühlen.

Dies gilt besonders für Äußerungen, die
- das Gesagte in irgendeiner Weise einschränken bzw. relativieren (z. B. ziemlich, eigentlich, relativ, wenigstens),
- dazu beitragen, daß ein bestimmter Sachverhalt nur vage bzw. unkonkret ausgedrückt wird (Wörter, die darauf hinweisen, sind z. B.: vielleicht, das könnte sein, ich glaube, ich weiß nicht so recht...),
- auf eine Widersprüchlichkeit hinweisen (z. B.: ja, aber...; natürlich, allerdings...; einerseits, andererseits...),
- verallgemeinern (z. B. immer, nie, alle, niemand, ...)
- eine eigene Verantwortlichkeit verschleiern (Verben wie „ich sollte", „ich kann nicht" statt „ich will nicht", Verwendung der unpersönlichen Pronomen „man", „wir", „es" anstelle von „ich"; Verwendung von Fragen anstelle von persönlichen Aussagen).

Wir bemühen uns, mit der KlientIn gemeinsam zu einer Sprache zu finden, durch die das Mitzuteilende möglichst anschaulich und konkret wird (z. B. Andeutungen durch klare Aussagen ersetzen, bei Stimmungsbeschreibungen nach dem konkreten Anlaß oder Vorfall fragen). Auch weitschweifiges oder pausenloses Sprechen, das nach Vermeidungsverhalten aussieht, kann von der TherapeutIn angesprochen werden.

Hier einige Beispiele:
- Klientin: „Ich glaube, ich bin jetzt nicht mehr so sehr darauf angewiesen, daß mich alle nett finden."
  Therapeutin: „Ich glaube?"
  Klientin: „Also, wenn jemand mich gut kennt, dann möchte ich schon, daß er mich auch gut findet..."
  Therapeutin: „Vielleicht könnten Sie Ihren Freund einfach mal fragen, wie er Sie findet?"
  Klientin: „Ja, das kann ich mal machen, aber es wird ja doch nichts bei rauskommen."

Therapeutin: „Sie sagen ja... aber. Für mich klingt das so, als hätten Sie genauso gut nein sagen können..."
Klientin: „Ich kann ihn doch nicht fragen. Das sieht ja dann so aus, als würde ich hinter ihm herlaufen."
- Klient: „Alle lachen über mich."
Therapeutin: „Wirklich alle? Oder gibt es auch irgend jemanden, der nicht lacht?", oder: „Kann es sein, daß Dir nur die auffallen, die lachen, und daß die anderen für Dich gar nicht zählen?"
- Klient: „Es ist langweilig."
Therapeutin: „Ich langweile mich!", oder: „Ich würde jetzt lieber etwas anderes tun."
- Klient: „Ich kann einfach nichts dagegen tun."
Therapeutin: „Ich will einfach nichts dagegen tun?"
- Klient: „Ich brauche (bin angewiesen auf) Deine Hilfe."
Therapeutin: „Ich möchte gern, daß Du mir hilfst?"
- Klient: „Dauernd werde ich geärgert (gekränkt)."
Therapeutin: „Ich ärgere (kränke) mich selbst."
- Klient: „Er macht mir Schuldgefühle."
Therapeutin: „Du machst Dir Schuldgefühle?", oder: „Wenn Du es mal aus einem Abstand heraus betrachtest: Hältst Du Dich dann für schuldig?", oder: „Es ist ja auch schwer zu ertragen, daß man manchmal wirklich schuld ist."
- Klient: „Ich werde nicht geliebt."
Therapeutin: „Wer liebt Dich nicht?", oder: „Denkst Du dabei an jemanden Bestimmtes?"
- Klient: „Ich glaube (hoffe), daß ich das jetzt mal in Angriff nehmen werde. (Ich werde versuchen, ...)"
Therapeutin: „Probier mal: Ich werde jetzt damit anfangen.", oder: „Glaubst Du das nur, oder wirst Du es tun?"
- Klient: „Warum habt ihr mich nicht eher gefragt?"
Therapeutin: „Ich finde es eine Unverschämtheit (bin sehr betroffen), daß ich als letzter gefragt werde."
- Klient: (zur Therapeutin) „Was halten Sie von mir?"
Therapeutin: „Was vermuten (befürchten, hoffen) Sie von mir?", oder: „Was war gerade?/Wie kommt es, daß Ihnen jetzt gerade diese Frage einfiel?", oder: „Ich mag Sie gern", oder: „Mir gefällt nicht, daß Sie ständig lächeln."
Es handelt sich hierbei um eine Anfrage an die Beziehung und damit um eine Chance für eine gemeinsame weitere Klärung. (Näheres dazu siehe unter Beziehungsarbeit im Kapitel „Phasen des therapeutischen Prozesses".)

- Klient: „Wie soll das bloß weitergehen?"
Therapeutin: „Können Sie diese Frage in eine Aussage umwandeln?"
Klient: „So kann das nicht weitergehen. Was kann ich nur tun?"
Therapeutin: „Was wollen Sie tun?"
Klient: „Ach, ich weiß auch nicht."
Therapeutin: „Also werden Sie nichts tun?"
Klient: „Ach, das hat was mit den Einstellungen meiner Frau zu tun, das hat gar keinen Sinn, davon zu sprechen."
Therapeutin: „Was hat Ihre Frau denn für Einstellungen?"
Klient: „Sie war letzte Nacht mit einem Mann zusammen und findet es albern, daß ich eifersüchtig bin."
Therapeutin: „Ja, da kann ich gut verstehen, daß Sie sich niedergeschlagen fühlen."
Klient: (ganz erstaunt) „Wirklich?"

- Klient: (redet ohne Punkt und Komma)
Therapeutin: „Ich hab den Eindruck, Sie hören selbst gar nicht hin, wenn Sie sprechen.", oder: „Ich habe den Eindruck, Sie legen gar keinen Wert darauf, daß ich Ihnen zuhöre." oder: „Stop, Sie überschütten mich so, daß ich gar nicht zuhören kann/müde werde/ ärgerlich werde. Vielleicht machen Sie erst einmal eine Pause/spüren dem nach, was ich von Ihnen hören/erfahren/wissen soll... und was nicht."

8.2.8 Verwendung von Beispielen

Manchmal ist es für die KlientIn zu dicht, wenn die TherapeutIn etwas direkt anspricht, und zwar unabhängig davon, ob es sich um konfrontative oder annehmende Äußerungen handelt. Wenn die TherapeutIn den Eindruck hat, daß die KlientIn etwas *so* noch nicht annehmen kann und bei einem direkten Ansprechen eher einen vorhandenen Widerstand verstärken würde, kann sie Beispiele verwenden. Damit schafft sie eine Distanzierung, durch die *Widerstand* weniger notwendig ist. Auf diese Weise wird das, was sie zu sagen hat, leichter annehmbar, Schwellen werden niedriger, Widerstand kann sich auflösen. Je nach den Erfordernissen der Situation hat die TherapeutIn mit Beispielen die Möglichkeit, die Nähe zum Thema der KlientIn beliebig zu variieren:

„Ich möchte Ihnen eine Geschichte erzählen/das Märchen vom Drachen vorlesen." – *Augenzwinkernd*: „Das hat mit Ihrem Thema direkt gar nichts zu tun, ist mir nur gerade eingefallen: Ich habe mal einen Bericht gelesen von einem Mann, der vor Jahren gelebt hat...,/der in Südamerika gelebt hat ..." Oder: „Das erinnert mich an eine Filmszene ..." Oder: „Ich weiß, daß Sie das jetzt nicht hören möchten, aber ich stelle mir vor, daß ein kleines Kind in so einer Situation am meisten braucht ..." (Derartige leicht paradoxe Formulierungen können manchmal hilfreich sein, weil sie einen „Sicherheitsabstand" schaffen können. Gleichzeitig ist im Augenzwinkern das Einverständnis zwischen beiden ausgedrückt: Die TherapeutIn weiß, daß die KlientIn natürlich auch weiß, daß das Beispiel mit ihr zu tun hat.)
Oder: „Ich habe eine Bekannte, die mag auch nicht..., aber neulich ist folgendes passiert: ..."

„Wenn Sie jetzt jemand anders wären, jemand, der sein Verhalten überhaupt nicht zensieren müßte, dann würden Sie jetzt wahrscheinlich am liebsten ..."

„Haben Sie irgendwelche Vorstellungen, wie sich andere Menschen in dieser Situation fühlen/verhalten würden?"
Oder: „Ich weiß, daß Sie das nicht mögen, aber *sagen* möchte ich es wenigstens: Am liebsten würde ich Sie jetzt in den Arm nehmen und trösten." (Zustimmende Geste der Klientin.) Vielleicht augenzwinkernd: „Dann muß ich wohl jetzt den Teddy streicheln." (Hier stellt das Aussprechen Nähe her, der Sicherheitsabstand bleibt gewahrt, indem die TherapeutIn ankündigt, daß sie ihren Impuls nicht in Handlung umsetzen wird.)

8.2.9 Vergegenwärtigen von Vergangenheit und Zukunft

Mit dieser Technik wird verhindert, daß die KlientIn lange und vielleicht nahezu unbeteiligt über vergangene und zukünftige Situationen spricht. Sie wird gebeten, Vergangenes und Zukünftiges in die Gegenwart zu holen und so davon zu erzählen, als erlebe sie es gerade hier in diesem Augenblick.

Auf diese Weise werden Berichte zu Narrationen, zu erlebter Lebensgeschichte. Längst vergessene Empfindungen, Gefühle, Gedanken und Verhaltensweisen werden wieder lebendig, werden erlebt. Diese Interventionen führen manchmal sehr schnell zu einer intensiven Tiefung, müssen also sehr sorgsam verwendet werden.

Wir verwenden diese Technik nicht nur bei weit zurückliegenden Lebensereignissen, sondern auch für Berichte aus der heutigen Zeit, in denen es um Situationen geht, die außerhalb der therapeutischen Situation liegen. Wie wir später sehen werden, wird diese Technik auch in der Traumarbeit verwendet und ebenso in der Arbeit mit zukünftigen Situationen. Besonders wenn Angst oder totale Ausweglosigkeit empfunden werden, kann die Vergegenwärtigung helfen, diffuse Katastrophenerwartungen in konkrete Befürchtungen umzuwandeln, mit denen die KlientIn vielleicht leichter umgehen kann.

- Klient: „Wenn ich das jetzt nicht schaffe, werde ich bestimmt bald arbeitslos sein, und dann kann ich mich gleich begraben lassen."
Therapeutin: „Stellen Sie sich einmal vor, Sie sind jetzt im Moment arbeitslos. Malen Sie sich aus, wo Sie gerade sind, was Sie gerade tun, wie Sie sich fühlen ..."
Klient: „Ich bin in meiner Wohnung." Therapeutin: „Wie sieht es da aus?"
Klient beschreibt.
Therapeutin: „Was tun Sie gerade? ... Wie fühlen Sie sich dabei?"
Klient: „Das hat sowieso alles keinen Zweck. Früher mit meinem großen Bruder, da war das schon genauso, und da wird sich auch niemals was dran ändern."
Die Therapeutin bittet den Klienten, sich die frühere Situation in allen Einzelheiten vorzustellen, wobei der Klient seine damalige Wehrlosigkeit und Ohnmachtsgefühle dem älteren Bruder gegenüber deutlich erlebt. Es wird klar, daß es damals vom Klienten aus gesehen keine Verhaltensalternative gegeben hat. Die Therapeutin läßt den Klienten sich dann vorstellen, er wäre heute in genau der gleichen Situation. Dem Klienten wird jetzt deutlich, daß er nicht mehr der hilflose kleine Junge ist, der alles hinnehmen muß und sich nicht wehren kann. Ausgehend von dieser Einsicht kann dann an den Möglichkeiten gearbeitet werden, die der Klient heute hat.

- Ein Klient mit Dunkelangst erzählt, daß er früher immer die Getränke aus dem Keller holen mußte, kann sich aber nicht daran erinnern, ob er Angst gehabt hat.
Therapeutin: „Weißt Du noch, wie die Kellertreppe aussieht?"
Klient beschreibt.
Die Therapeutin hilft, die Situation so konkret wie möglich sinnlich erlebbar und gegenwärtig zu machen: „Wieviele Stufen sind es?", „Wie sieht die Kellertür aus?", „Faß sie mal an ...", „Hast Du den

Kellerschlüssel in der Hand? ...", „Schließ die Tür mal auf ...", „Riech mal, wie es hier riecht ..." Langsam wird die Erinnerung lebendiger. Klient: „Einmal, da hat mein Bruder einfach die Tür hinter mir zugeknallt..." Therapeutin: „Stell Dir das jetzt mal vor, wie die Tür zuknallt, hör das mal, und jetzt ist es ganz still und dunkel." Die alte Angst wird wieder deutlich spürbar. Da die Therapeutin dabei ist, wird er von der Angst nicht überwältigt: diesmal ist er nicht allein. Der kleine Junge wird mit seiner Angst verstehbar. Gemeinsam können Therapeutin und Klient ihn beruhigen..., und er kann sich beruhigen lassen.

8.2.10 Imagination/Phantasiearbeit

Wir arbeiten in der Therapie immer wieder mit Imagination, mit Phantasievorstellungen. Wir haben alle unsere Vorstellungen, wie jemand von uns denkt, wie etwas gewesen wäre oder sein würde, wenn... All diese Vorstellungen beziehen wir in die Therapie mit ein, induzieren als TherapeutInnen auch immer wieder selbst solche Vorstellungen. Die im letzten Abschnitt geschilderte Arbeit des Vergegenwärtigens ist auch Phantasiearbeit, ebenso die beiden folgenden Abschnitte „Identifikation" und „Dialoge". In diesem Abschnitt wollen wir uns speziell mit induzierten Phantasieübungen beschäftigen.

Bei zu starker, insbesondere zu bedrohlicher Involvierung kann mit Hilfe von Imaginationen Exzentrizität geschaffen werden: Hierdurch wird eher möglich, sich von einer Bedrohung zu distanzieren, sich einen Überblick zu verschaffen, das Ganze in einem anderen Licht zu sehen, oder zu sehen, was es außerdem noch gibt. Z. B. könnte die TherapeutIn die KlientIn in der Vorstellung einen Berg besteigen lassen, so daß sie sich die jetzige Lebenssituation von oben bzw. von weit weg betrachten kann, oder sie könnte sich mit der KlientIn in einen Kinosaal oder in ein Kabarett setzen, wo beide Zuschauer des Geschehens sind, es aus anderer Perspektive erleben und sich darüber unterhalten können, oder die KlientIn bzw. die KlientIn und die TherapeutIn könnten in eine Zeitmaschine steigen, mit der sie sich beliebig weit in Richtung Vergangenheit oder Zukunft bewegen können und – wenn sie wollen – aus dieser Zeit-Perspektive heraus auf die jetzige Situation schauen. Für diese Art der

Arbeit gilt der Satz: Der Phantasie sind keine Grenzen gesetzt. (Vorsicht: Reisen in die Vergangenheit können regressive Tendenzen auslösen oder verstärken.) Weiter können Imaginationsübungen eingesetzt werden, um neue Spielräume zu erschließen, um in der Phantasie auszuprobieren, was in der Realität noch nicht möglich oder (noch) zu bedrohlich ist.

Wie wir im letzten Beispiel von vergegenwärtigter Vergangenheit (Kellertreppe) gesehen haben, können durch induzierte Imaginationen Atmosphären geschaffen werden, alte Atmosphären „werden erlebt". Ebenso können wir Atmosphären entstehen lassen, in denen KlientInnen Kraft schöpfen können, z. B. die Vorstellung, auf einer Wiese zu liegen, Grasduft in der Nase, die Sonne im Gesicht, das Plätschern des Baches, Vogelzwitschern, Pusteblumen, oder die Vorstellung, im Herbst durch trockene Blätter zu laufen, oder die Erinnerung an eine Zeit im Leben der KlientIn, in der sie sich aufgehoben gefühlt hat. Die Imaginationen sind umso wirksamer und intensiver, je mehr dabei sinnliche Qualitäten angesprochen werden.

Imaginationsübungen regen die Kreativität an, fördern die Fähigkeit zu träumen und spielerisch neue Möglichkeiten erwachsen zu lassen, die Rollenflexibilität wird erweitert. Sie sollten möglichst passend für eine jeweilige Situation zugeschnitten sein, am besten jeweils neu erfunden werden.

Zur Anregung wollen wir hier einige solcher Übungen wiedergeben, eine Vielzahl weiterer Übungen enthalten *Stevens* (1980) sowie *Reichel et al.* (1987), *Ernst und Goodison* (1981), *Rush* (1977).

- Rucksack: „Stell dir vor, du steigst mit einem Rucksack auf einen steilen Berg. Es ist heiß, der Weg ist steinig, du fühlst, wie der Rucksack dir immer schwerer wird. Der Rucksack enthält alles, was dich belastet. Guck dir die Lasten jetzt einmal näher an. Such dir aus, was am stärksten drückt, und wirf es aus dem Rucksack raus. Was hast du herausgeworfen? Geh jetzt weiter und beobachte, ob es schon leichter geht. Sieh nach, was jetzt noch drückt. Was willst du als nächstes auspacken? Im weiteren kann u.a. folgendes ausphantasiert werden: Ankunft auf dem Berg mit leichtem Rucksack, ein beschwingter Abstieg, eine Betrachtung der Lasten, die auf der Strecke geblieben sind."
- Umkehrung der vorherrschenden Charakterzüge: „Denken Sie sich zwei oder drei Eigenschaftswörter, mit denen Sie sich selbst am treffendsten beschreiben würden, drei Wörter, die am besten aus-

sagen, was Sie von Ihrer Person halten ... Nehmen Sie sich Zeit zur Auswahl... Jetzt denken Sie sich das Gegenteil dieser Wörter... Werden Sie zu einer Person, die diese gegenteiligen Eigenschaften hat... Beschreiben Sie sich... Wie sind Sie...? Wie fühlen Sie sich dabei? ... Wie läuft Ihr Leben ab? ... Was ist Ihnen an dieser Rolle angenehm, was unangenehm? ... Lassen Sie sich Zeit, in richtige Fühlung mit der Tatsache zu kommen, daß Sie diese Art von Mensch sind... Werden Sie nun wieder Sie selbst und vergleichen Sie Ihre Erlebnisse in beiden Rollen..." *(Stevens* 1980, S. 158).

– Oder wir leiten die Vorstellung an, ein Baum zu sein, mit den Wurzeln tief in die Erde zu greifen, die Jahreszeiten vorüberziehen zu lassen, das Wetter zu spüren, die Zweige auszubreiten, ein Vogelnest in den Zweigen zu tragen.

– Oder wir bitten die KlientIn, sich eine weise Frau oder einen weisen Mann vorzustellen, jemand, der sie beim Namen nennt, sie von Kindheit an kennt, sie schon immer von fern liebevoll begleitet hat. Hiervon ausgehend können wir vielleicht zu einem Dialog zwischen KlientIn und weiser Frau/weisem Mann kommen, vielleicht mit dem Thema, das Schöne zu sehen, das, was Kraft gegeben hat, oder um herauszufinden, was diesem ehemaligen Kind heute gut tun würde, oder um sich der Vorstellung anzunähern, sich selbst ein weiser, verstehender Begleiter zu werden (die Vorstellung vom „benignen Anderen"). Auf ähnliche Weise läßt sich auch ein Schutzengel erfinden oder wiederfinden.

Als ausführliches Beispiel wollen wir hier eine Imaginationsarbeit mit einem jungen Krankenpfleger beschreiben. Herr C. führt ein ausschweifendes Leben. Er kann nirgends etwas finden, mit dem er zufrieden ist, so daß er ständig nach etwas Neuem Ausschau halten muß. Er hat hohe Schulden und fühlt sich dadurch sehr belastet.

Therapeutin: „Ich möchte Ihnen vorschlagen, sich jetzt einmal in der Phantasie eine Reise ins Zauberland auszumalen. Sie können dort tun, was Sie wollen. Was Sie sich wünschen, geht in Erfüllung. Sie haben immer so viel Geld, wie Sie wollen." Herr C.: „Na, das wär so richtig was für mich."

Therapeutin: „Am besten, Sie schließen erstmal die Augen und stellen sich darauf ein, daß Sie bald im Zauberland ankommen werden. Sie werden gleich dort sein. Um Sie herum ist Dämmerung, es wird eine Zeitlang dauern, bis Sie sich zurechtfinden ... Wo sind Sie?"

Herr C.: „Ich bin mitten in einer Großstadt. Das könnte vielleicht London sein oder New York. Ach du lieber Himmel, dabei kann ich gar nicht gut Englisch..."

Therapeutin: „Können Sie mal beschreiben, was um Sie herum vor sich geht?"

Herr C. schildert Leuchtreklame, Menschengedränge, Verkehr, Geräuschkulisse, Geruchsmischungen.

Therapeutin: „Was wollen Sie jetzt tun?"

Herr C. beschreibt einen Kinobesuch/verläßt das Kino mitten in der Vorstellung, weil es ihm zu langweilig wird/besucht einen Nachtclub, der ihn dann auch nicht sonderlich interessiert/geht in ein Spielcasino und gewinnt viel Geld. Zunächst freut er sich darüber, dann... Er erfüllt sich in der Vorstellung einen Wunsch nach dem anderen. Es gelingt ihm nicht, befriedigt zu sein.

„Also wissen Sie, wenn man tun und lassen kann, was man will, dann ist das gar nicht mehr so interessant. Vielleicht sehne ich mich immer nur nach den Dingen, die ich mir nicht leisten kann? Wollten Sie das damit erreichen?"

Therapeutin: „Für mich ist es wichtig, daß Sie herausfinden, was Sie eigentlich möchten, wie das Leben für Sie sein müßte, um damit zufrieden sein zu können."

Herr C.: „Ach so. Ja, dann könnte ich mir erstmal ein tolles Haus wünschen, mit allen Schikanen, alles vollautomatisch, und zwei Wagen, am besten gleich einen Rolls Royce und einen Jaguar, einen roten, ja, und was noch?"

Therapeutin: „Es gibt sicher noch vieles, was Sie sich wünschen könnten..."

Herr C: „Ja, aber irgendwie wird es davon auch nicht besser, als es jetzt ist. Irgendwas stimmt bei mir nicht. Vielleicht will ich mich einfach mit nichts zufrieden geben? ..."

Therapeutin: „Probieren Sie mal den Satz für sich aus: Ich will nicht zufrieden werden."

Herr C.: „Ich will nicht zufrieden werden... Das wäre ja verrückt... aber irgendwie stimmt das... komisch, ich versuche doch alles, um mich besser zu fühlen."

Therapeutin: „Mir scheint, Sie tun genau das Gegenteil. Sie tun alles, um unzufrieden zu sein."

Herr C.: „Das kapier' ich nicht. Wenn ich doch alles tue..."

Therapeutin: „Ja, sie tun alles, und wenn Sie soweit sind, dann sind Sie doch nicht zufrieden."

Herr C.: „Naja, weil mir dann immer gleich was Neues einfällt."

Therapeutin: „Eben." Pause.

Herr C.: „.... Und Sie meinen, ich such' mir was Neues, um nicht zufrieden sein zu müssen?"

Therapeutin: „Ist es so?"

Herr C.: „Naja, das ist ganz schön blöd. Aber was könnte ich denn tun, damit das anders wird?"
Therapeutin: „Ja, was könnten Sie tun?"
Herr C.: „Zufrieden sein." (lacht)
Therapeutin: „Sie sagen ‚zufrieden sein' und lachen darüber..."
Herr C.: „Das ist ja auch zu dumm. Das klingt wie die einfachste Lösung von der Welt... aber genau das kann ich nicht!"
Therapeutin: „Probieren Sie mal den Satz: Das will ich nicht!"
Herr C.: „Ich will nicht zufrieden sein. Ja, ja das ist schon so, aber warum bloß? Vielleicht..." (schluckt)
Therapeutin: „Was haben Sie da eben runtergeschluckt?"
Herr C.: „Ich denke immer, wenn ich zufrieden bin, dann geht's nicht mehr weiter, dann hab' ich nichts vom Leben... und dabei..."
Therapeutin: „Und dabei...?"
Herr C.: „Eigentlich ist es das Gegenteil, ich hab ja erst was vom Leben, wenn ich zufrieden bin."
Therapeutin: „Das scheint mir nicht so. Mir scheint, Ihnen ist wichtiger, nicht zufrieden zu sein."
Herr C.: „Naja, gerade das will ich ja jetzt ändern."
Im Anschluß an diese „spielerische Phantasiereise" wurde Herr C. sehr nachdenklich, begann zu spüren, daß ihm in seinem Leben etwas fehlte, daß ihm etwas verlorengegangen war. Erinnerungen an früher konnten lebendig werden, altes Leid wurde schmerzhaft bewußt, es wurde möglich, darum zu trauern.

8.2.11 Identifikation

Die Fähigkeit, sich identifizieren zu können, ist eine Grundlage für Intersubjektivität. Identifikation bedeutet, sich in eine andere Rolle, in eine andere Vorstellung hineinzuversetzen, vorübergehend so zu sein, wie dieses Andere. Identifikation ist Grundlage für alle Rollenspiel- und Dialogtechniken. Mit Hilfe von Identifikation können Gedanken und Handlungen verdeutlicht werden. Z. B. bittet die TherapeutIn die KlientIn, sich vorzustellen, was die geballte Faust wohl sagen würde, wenn sie sprechen könnte, oder sie bittet sie, der Kloß im Hals zu werden, oder ein Baum, und die Wurzeln zu spüren. Für KlientInnen ist es häufig zunächst ungewohnt, sich per Vorstellung zu identifizieren, sich in der Identifikation zu beschreiben und verstehen zu lernen. Je vertrauter diese Technik der TherapeutIn selbst wird, desto leichter wird es ihr gelingen, der KlientIn mit ganz selbstverständlichen kleinen Hilfestellungen die Identifikationsarbeit zu erleichtern.

Als Identifikationsobjekte bieten sich an:
- andere Personen,
- Körperteile (vgl. Tabelle zu „Aufmerksam-Machen"),
- Gefühle, Gedanken, Handlungen,
- Träume, Ideen, Vorstellungen,
- Gegenstände.

Die Technik der Identifikation eignet sich auch besonders gut für Arbeit mit kreativen Medien und speziell für Traumarbeit. Wir werden später ausführlicher darauf eingehen. Anhand von zwei Beispielen wollen wir die Technik der Identifikation veranschaulichen:

- Die Klientin sieht die Therapeutin nicht an, schaut unruhig hin und her, ohne etwas Bestimmtes länger zu fixieren.
  Therapeutin: „Kannst Du spüren, was Du mit Deinen Augen tust? Versuch doch mal, Dich da hineinzuversetzen, als Deine Augen zu sprechen."
  Klientin: „Das geht nicht."
  Therapeutin: „Wir sind die Augen."
  Klientin: „Ich weiß nicht, wie ich das machen soll..., die Augen gehen immer hin und her..."
  Therapeutin: „Wir gehen immer hin und her."
  Klientin: „Ja, wir wollen anscheinend nicht hingucken, wir schauen immer schnell weg."
  Therapeutin: „Was wollt Ihr nicht sehen?"
  Klientin: „Ja, ich weiß auch nicht. Vielleicht wollen die Augen Dich nicht sehen?"
  Therapeutin: „Wir wollen D. nicht ins Gesicht sehen?"
  Klientin: „Mmh... Dann würden wir es ja sehen. Daß das gar nicht stimmt, was ich vorhin gesagt habe, daß mich keiner erst nimmt und so..."
  Therapeutin: „Sieh mich jetzt mal an, Hanna."
  Klientin tut es. „Was siehst Du?"
  Klientin: „Daß Du mich anschaust und ernst nimmst." Tiefes Atmen/ offene Blicke füreinander.
  Therapeutin: „Und das paßt gar nicht zu dem, was Du sonst erwartest?" (Klientin nickt)
- Klient: „... Manchmal stell ich mir so einen großen, mächtigen Vulkan vor, vor dem alle Angst haben ..."

Therapeutin: „Stellen Sie sich mal vor, Sie sind jetzt der Vulkan: Ich bin ein großer, mächtiger Vulkan ..."
Klient: „Ja, ich habe eine große Kraft und kann alle zerstören, alle zittern vor mir. Ich könnte ja ausbrechen. Niemand wagt es, mir zu nahe zu kommen."
Therapeutin: „Wie fühlt sich das an, ein ganz starker Vulkan zu sein?"
Klient: „Das tut gut. Da kann mir wenigstens nichts passieren."
Therapeutin: „Nichts ...?"
Klient: „Oh doch, ich bin ja ganz hohl, ich könnte auseinanderbrechen und auslaufen ..." (fängt an zu schluchzen) „Wenn ich stark bin, ist alles nur Fassade."
Therapeutin: „Und in Wirklichkeit haben Sie auch eine ganz andere Seite, zerbrechlich und empfindlich? ..."

Die Identifikationstechnik eignet sich ausgezeichnet für die Arbeit mit Widerstand. (Näheres dazu in unseren Ausführungen zur Arbeit mit Widerstand im Kapitel „Phasen des therapeutischen Prozesses".) Sie ermöglicht es, den Widerstand kennenzulernen, sich mehr oder weniger spielerisch anzunähern, festgefahrene Widerstands-Muster zu lockern: Wenn eine KlientIn an einer Stelle nicht weiterkommt, kann sie gebeten werden, sich mit dem jeweiligen „Block" zu identifizieren. Wir finden bei Widerständen oft bildliche Vorstellungen:

- „Hier habe ich eine Sperre."
- „Ich renn da immer gegen eine Mauer."
- „Über diese Klippe komm ich nicht hinweg."
- „Ich komme immer nur bis an diese Stelle, dann hört's auf."
- „Ich sehe nur Nebel/Dunkelheit/Leere/schwarzes Loch."
- „Das ist ein totales Wirrwarr."
- „Irgendwie habe ich Angst, diese Hürde (Schwelle/Schranke) zu überspringen."

Die Identifikation mit dem Widerstand, mit der Blockierung kann folgendermaßen aussehen:

Klient: „Ich bin die Sperre... ich bin ganz raffiniert gebaut... ich mache den Eindruck, als sei ich leicht zu nehmen, aber dabei bin ich absolut zäh... wie ein Vollgummi-Ball... man kann gegen mich anrennen und dagegen prallen... ich tue erstmal so, als gäbe ich nach, aber im Grunde kann mir niemand was anhaben..."
Therapeutin: „Wozu bist Du da?"

Klient: „Zum Abschirmen! ... Ich bin eine richtige Sperranlage. Ich sorge dafür, daß da drin alles unberührt bleibt. Ich bin wie so eine große runde Wallanlage und sorge dafür, daß im Innenkreis alles geschützt ist. Ich bin unbezwingbar."
Therapeutin: „Völlig unbezwingbar?"
Klient: „Jedenfalls bin ich so fest, daß mir mit Gewalt keiner was anhaben kann. Höchstens mit Tricks, aber die meisten Tricks kenne ich schon, da fall ich nicht drauf rein... (Pause) ... oder mit meinem Einverständnis, aber da muß man schon viel Mühe aufwenden und viel Geduld haben. Schließlich bin ich für mein Inneres verantwortlich."
Im weiteren könnte erarbeitet werden, unter welchen Bedingungen die Wallanlage zum Nachgeben bereit ist. Ein anderer Weg bestünde darin, das „Innere" sprechen zu lassen, herauszufinden, was „das Innere" möchte, oder einen Dialog zwischen „Innerem" und „Sperre" zu beginnen.

8.2.12 Dialoge/Rollenspiele

Hierzu gehören neben der Dialog- und Rollenspieltechnik („Technik des leeren Stuhls") auch alle Psychodrama-Techniken, auf letztere wollen wir allerdings hier nicht eingehen. Voraussetzung für diese Techniken ist die Identifikation: Nur wenn ich mich in andere Rollen, Gegenstände, Körperteile usw. hineinversetze, kann ich sie sinnvoll miteinander in Dialog treten lassen, sie in Dialogform miteinander sprechen, sich auseinandersetzen, sich annähern lassen. Alle im vorigen Abschnitt genannten Identifikationsobjekte sind für die Dialogtechnik geeignet.

- Karsten: „Ständig muß ich aufpassen, daß die anderen nichts davon merken, wie feige ich bin."
 Therapeutin: „Was ist für Dich so schlimm daran, feige zu sein?"
 Karsten: „Das möchte ich auch mal wissen. Schließlich sind alle irgendwann mal feige."
 Therapeutin: (stellt ihm einen leeren Stuhl gegenüber) „Du könntest mal versuchen, beide Seiten zu spielen, die feige und die mutige. Der mutige Karsten, der sitzt auf diesem Stuhl, und da drüben sitzt der Feigling." (Zeigt auf den leeren Stuhl.) „Fang jetzt erstmal auf dieser Seite an: ‚Ich bin immer mutig...'"
 Karsten: „Alle bewundern mich, keiner hätte mir das zugetraut. Wenn ich auf diesem Stuhl sitze, kann ich alles anpacken und habe überhaupt keine Angst ..."

Therapeutin: (zeigt auf den anderen Stuhl) „Geh mal da rüber."
Karsten: „Scheiße, natürlich habe ich Angst. Früher habe ich mir vor Angst in die Hose gemacht und mein Bruder hat mich dann noch ausgelacht..."
Therapeutin: „Geh mal wieder zurück, und laß die beiden weiter miteinander reden."
(Karsten geht zurück)
Therapeutin: „Ich will nicht ausgelacht werden. Ich will überhaupt nichts mit Dir zu tun haben, Du Feigling!"
Karsten: „Dann geh doch weg, Du verstehst sowieso nichts!"
(Beide Seiten kämpfen eine Weile gegeneinander an.)
Therapeutin: „Beide Seiten wollen nichts miteinander zu tun haben... und trotzdem gehören sie beide zu Dir dazu, der mutige Teil und der feige Teil... Kannst Du mal versuchen, ob die beiden auch was Freundliches zueinander zu sagen haben?"
(Die Integration von Polarisierungen ist eine wichtige Ich-Leistung: Beide Zustände – „Mut" und „Feigheit" – sind möglich und haben unter einem Dach Platz.)

- Ein Klient hält beharrlich daran fest, alles läge nur daran, daß er und seine Frau zu Anfang der Ehe bei den Schwiegereltern gelebt hätten und daß der Schwiegervater ihn nicht genügend anerkannt, sondern immer unterdrückt habe.
Therapeutin: (stellt einen leeren Stuhl gegenüber) „Stellen Sie sich mal vor, daß Ihr Schwiegervater Ihnen da gegenüber sitzt ... Können Sie ihn sehen?" (Nickt) „Beschreiben Sie mal genau, wie er so dasitzt, seine Haltung, was er anhat, seinen Gesichtsausdruck." (Der Klient beschreibt ihn.) „Jetzt sagen Sie ihm mal, was er Ihnen alles angetan hat..."
Klient: „Das hat doch sowieso keinen Zweck. Das ist lange her, das ändert sowieso nichts mehr."
Therapeutin: „Setzen Sie sich mal auf den Stuhl vom Schwiegervater." (Klient wechselt den Platz.) „Da drüben sitzt jetzt Ihr Schwiegersohn, der hat vor, Ihnen mal seine Meinung zu sagen."
Klient: „Das tut der sowieso nicht. Der traut sich nicht mal ..."
Therapeutin: „Rollentausch!" (Klient wechselt Platz)
Klient: „Das ist komisch, ich habe immer noch Angst vor ihm... Nach der langen Zeit..."
Therapeutin: „Sagen Sie ihm das."

Wenn wir mit Rollenspiel-Techniken arbeiten, geschieht unmittelbar etwas anderes als beim reinen Erzählen. Indem sich die KlientIn jeweils mit der anderen Person identifiziert, mit der sie im

Rollenspiel in Kontakt tritt, sich auseinandersetzt, kann sie diese Person auch fühlen, wird sie ihr lebendig. Sie spürt ihre Kraft, wenn sie es wagt, so loszupoltern wie damals der Lehrer, spürt wie sie als seine Schülerin den Atem anhält, mit einem großen schwarzen Ball im Bauch vor lauter Wut. Vielleicht ist es dann nur wichtig, daß sie und die TherapeutIn die Wut dieses Mädchens verstehen, vielleicht will sie auch ausprobieren, den Ball explodieren zu lassen und erfährt dann ganz Neues, sowohl in der Rolle des Lehrers als auch des Mädchens.

Oder sie identifiziert sich mit der ewig depressiven Mutter und erfährt plötzlich, welche Macht sie in dieser Rolle hat. Oder sie probiert im Rollenspiel, Gefühle auszusprechen, die sie bisher verborgen hat, zeigt z. B. jemandem, daß sie ihn gern mag und erfährt in der Komplementärrolle, wie sehr sie ihn bisher verletzt hat oder auch, daß bisher eine fällige Auseinandersetzung zwischen beiden ausgeblendet wurde. Oder sie spürt die Lust, die es ihr macht, wenn sie trotzig ist. Viele KlientInnen blühen regelrecht auf, wenn sie in die „fremde" Rolle gehen, die ja immer auch einen eigenen – evtl. bisher nicht integrierbaren – Anteil enthält.

Das Rollenspiel bietet vielfältige und sehr unterschiedliche Möglichkeiten: Die KlientIn kann Szenen aus ihrer Lebensgeschichte spielen und auf diese Weise Atmosphären lebendig und Erinnerungen konkret werden lassen, sich vielleicht auf Gefühle einlassen, die sie bisher abgewehrt hat. Oder sie spielt Situationen aus der heutigen Zeit, die sie bisher nicht bewältigen konnte. Oder sie „erfindet" Rollen, die sie sich zu eigen machen möchte. Auch für die TherapeutIn bieten sich vielfältige Möglichkeiten, Rollenspiele mitzugestalten (vgl. auch das erste Beispiel im folgenden Kapitel). Z. B. kann sie die KlientIn darin unterstützen, sich auf die jeweilige Rolle einzulassen (z. B. durch Konkretisieren, Verdeutlichen, Intensivieren mit Hilfe der bisher beschriebenen Techniken), oder sie stellt sich hinter/neben die KlientIn, um sie zu stärken, oder um etwas auszusprechen, das die KlientIn sich – noch – nicht zu sagen oder zu denken traut, oder sie übernimmt selbst eine Rolle, fügt Eigenes hinzu usw.

Besonders wenn wir komplexere Situationen spielen wollen, können wir verschiedene Medien (vgl. Abschnitt 14 „Kreative Medien") miteinbeziehen. Die Klientin kann also eine Familie nicht nur durch fünf leere Stühle darstellen, sondern z. B. durch einen Stein (Vater), einen Hagebuttenzweig (Oma), einen Haufen Blätter (Geschwister) und einen Ball (Klientin), so daß sie die Qualitäten und das Zueinander dieser Personen auf diese Weise ganz neu erfahren kann.

Oder die Klientin stellt in einem Gruppensetting eine bestimmte Familienszene dar, indem sie sich dafür TeilnehmerInnen der Gruppe aussucht und sie in entsprechender Körperhaltung skulpturiert: Die Teilnehmerinnen A, B, C und D spielen die Eltern und Großeltern in der Wohnküche, E spielt die Falltür zum Dachboden, der Rückzugsmöglichkeit und liebster Ort zum Spielen ist, F ist der verbotene Koffer voller Dinge, die sich zum Verkleiden eignen, G ist der Spiegel, dem sie sich zeigt, H ist der Bruder, der manchmal auf den Boden kommt und droht, sie zu verpetzen.

Anschließend an dieses Rollenspiel geben A, B, C, D, E, F, G und H der Klientin eine Rückmeldung über das, was sie in ihrer Rolle und besonders auch in ihrer Beziehung zur Klientin erlebt haben.

Besonders gut eigenen sich auch der Sceno-Kasten oder aus Ton geformte Familienmitglieder (bzw. andere wichtige Personen) für Rollenspiele.

Rollenspiel-Techniken bieten in Gruppensettings, aber auch in Einzeltherapien (dort u. U. mit Zuhilfenahme von Stühlen und anderen Gegenständen) eine wichtige Möglichkeit, Szenen und Atmosphären in ihren Erlebnisqualitäten lebendig werden zu lassen. Z. B. skulpturiert eine Klientin das Foto von „damals unterm Weihnachtsbaum": Mit dem einen Arm hält sie, siebenjährig, den schweren vierjährigen Bruder, der noch nicht stehen kann, der Arm der Mutter liegt auf ihrer Schulter – während sie am liebsten ganz weit weg möchte, weil sie die Anweisungen der Mutter (Bauch einziehen, lächeln) kaum ertragen kann, und der Bruder in ihrem Arm immer schwerer wird. Der Vater, der das Foto machen soll, nimmt eine immer drohendere Haltung ein, weil ihm alles zu lange dauert. Über die Skulpturierung erlebt sie die Belastung, die Anstrengung, in dieser Haltung auszuhalten.

8.2.13 Interventionen, die Veränderung von Verhalten/Rollenverhalten initiieren

Diese Techniken sind besonders nützlich in der Endphase der Therapie, in der Neuorientierungsphase. Sie lassen sich aber auch während des gesamten Verlaufs immer wieder gezielt einsetzen, ganz besonders in Form von Hausaufgaben.

Sie bieten eine Möglichkeit, „Abkürzungen zu nehmen". Am wirkungsvollsten sind sie, wenn sich neue Verhaltensweisen nur aus Gründen von alter Gewohnheit oder mangelnder Übung noch nicht realisieren lassen, wenn diesen neuen Verhaltensweisen also keine größeren Widerstände entgegenstehen, wenn es „lediglich" neuer oder korrigierender Erfahrungen bedarf, damit sich neue Handlungsspielräume eröffnen, die dann weiteres selbstverstärkendes Lernen ermöglichen können (vgl. Kap. Evolutionstheorie: Stabilisierung neuer Ordnung).

Eine dieser Techniken, die sowohl als Hausaufgabe als auch als Übung während der Sitzung vorgeschlagen werden kann, wollen wir in Form eines Beispiels beschreiben:

„Veränderungen auf Probe" bieten die Möglichkeit, verändertes Rollenverhalten einzuleiten. Darüber hinaus kann die Übung dazu verhelfen, vorhandene Widerstände zu verdeutlichen.

Therapeutin: „Stellen Sie sich vor, Sie haben sich gerade entschlossen, Ihrer Kollegin die Meinung zu sagen. Malen Sie sich genau aus, wie Sie es tun werden... Was fällt Ihnen dabei ein? ... Was spricht dagegen, es jetzt zu tun?" Oder: „Stellen Sie sich vor, Sie sagen Ihrer Kollegin gerade die Meinung. Sehen Sie sie dabei die ganze Zeit an. Malen Sie sich aus, was Sie ihr alles an den Kopf knallen... Jetzt haben Sie alles gesagt, was Sie loswerden wollten. Achten Sie genau darauf, wie Sie sich jetzt fühlen... Achten Sie besonders auf die unangenehmen Gefühle: Was ist jetzt nicht in Ordnung? ... Was befürchten Sie jetzt?" Oder: Die Klientin wird gebeten, sich bis zum nächsten Kontakt täglich während eines vorher festgelegten Zeitraumes so zu verhalten, zu fühlen oder zu bewerten, wie sie es auf längere Sicht anstrebt: „Stellen Sie sich täglich von 15.00 – 16.00 Uhr vor, Sie seien völlig unabhängig vom Urteil Ihrer Mutter. Egal, was sie an Ihnen auszusetzen hat, es läßt Sie völlig kalt. Aber nur von 15.00 – 16.00 Uhr. Hinterher sollen Sie wieder wie üblich sich schämen, zerknirscht sein, sich Vorwürfe machen. Ich möchte, daß Sie beides ganz bewußt erleben und den Unterschied spüren."

Im allgemeinen ist es sinnvoll, eine solche Übung eine Zeitlang genau zu protokollieren. Über Veränderungen auf Probe sagte eine Klientin nachträglich: „Irgendwie hatte ich immer noch gewartet, daß die Veränderungen langsam von selbst kommen müßten, darum habe ich wohl nie richtig damit angefangen. Als wir das dann verabredet hatten, war das nur noch der letzte Anstoß, das endlich zu tun."

Neben der Integrativen Therapie verfügen auch andere therapeutische Verfahren, insbesondere das Psychodrama und die Verhaltenstherapie, über eine Vielzahl von Techniken, in denen neues Rollenverhalten in realen oder imaginierten Situationen eingeübt wird (vgl. *D. Rahm* 1990).

8.2.14 Kreative Medien

Die Arbeit mit kreativen Medien umfaßt die gleichen Medien, die auch in den Kunstformen zur Anwendung kommen: Matsch und Ton, Musik, Tanz, Märchen, usw. (s. u.). Es sind die gleichen Medien, die ein Kind im Laufe seiner Entwicklung zum Spielen verwendet. Ähnlich wie kindliches Spielen bietet auch der therapeutische Umgang mit kreativen Medien die Möglichkeit, sich besser kennen und verstehen zu lernen, sich auszuprobieren, sich auszudrücken: Die Arbeit mit kreativen Medien setzt also unmittelbar am perzeptiven, expressiven und memorativen Leib (siehe Persönlichkeitstheorie) an. Der Zugang zu unbewußtem Material ist meist viel direkter als bei der Arbeit mit sprachlichem Ausdruck. Auch der Umgang mit Widerständen wird auf diese Weise leichter, Widerstände werden u. U. unmerklich „unterlaufen". Kreatives Tun ist im allgemeinen lustvoll, mit Freude verbunden. Kraft und Potentiale werden entdeckt bzw. ausgedrückt. Schon allein deswegen sollte die Arbeit mit kreativen Medien einen großen Raum in unseren Therapien einnehmen. Da die meisten Erwachsenen eine sozialisationsbedingte Angstschwelle zu überwinden haben, bevor sie sich auf kreatives Tun einlassen, müssen wir bei der Einführung von kreativem Arbeiten sorgsam darauf achten, ob Ängste auftreten und uns möglichst so ausdrücken, daß wenig Angst entsteht. Z. B. sollte die TherapeutIn am Ende einer imaginativen Einstimmung ganz bestimmt *nicht* sagen: „So, und nun stellt das Ganze bitte mal in einem möglichst genauen Bild dar", sondern eher: „Wenn Ihr soweit seid, wählt Euch zwei oder drei Farben aus und malt mit der linken Hand die Bewegungen und Bilder, die jetzt in Euch sind. Alles, was dabei geschieht, ist richtig."

Wenn z. B. jemand zum ersten Mal mit Ton arbeitet, kann die TherapeutIn vielleicht gleichzeitig auch ein Stück Ton in die Hand nehmen und sagen, daß der Ton erstmal warm und weich geknetet, kennengelernt werden muß. Damit Freude entsteht und nicht Frust über Mißerfolg, kann sie vorschlagen, mit einer Kugel, einer Schlange etc. anzufangen.

Aus der Vielzahl der kreativen Medien wollen wir hier diejenigen aufzählen, die uns besonders wichtig erscheinen.

- Farben (Fingerfarbe, Volltonfarbe, Abtönfarbe, Wachsstifte, Kreide, Wasserfarbe, Buntstifte, Kohle, Bleistifte)
- Ton/Sand/Matsch/Knete/Kleister
- Kochen
- Musik (Rhythmusinstrumente, Gong, Singen, meditative Musik, Trommelmusik u. a.)
- Fotos (aus der Lebensgeschichte oder von heute)
- „Tastsack"/„Geruchsikone"
- Puppen/Kasperlfiguren/Kuscheltiere etc.
- Bilder und Collagen (Farbe, Papier, Wolle, Zeitschriften...)
- Naturmaterialien (Steine, Erde, Rinde, Tannenzapfen, Kastanien, Hagebutten, Blätter)
- Märchen/(Kinder-)Bücher/Gedichte/Briefe/Tagebuch
- Masken/Pantomime
- Tanz/Bewegung
- Träume und Imaginationen

Diese Aufzählung enthält sowohl Material, das zu kreativer Arbeit verwendet wird (z. B. Farben, Kleister, Blätter), als auch fertige Produkte, mit denen dann kreativ weitergearbeitet wird (z. B. Fotos, Marionetten, Träume). Wie wir weiter unten beschreiben werden, umfaßt die Arbeit mit kreativen Medien sehr häufig sowohl die Produktion als auch das Produkt (z. B. Maskenbau und Maske, Schreiben und Text, Arbeit mit Ton und mit der fertigen Figur, Arbeit mit Farbe und mit dem fertigen Bild).

Durch ihre natürlichen Charakteristika sind den Medien ganz unterschiedliche Möglichkeiten zu eigen, Kontakt zu gestalten und Ausdruck zu ermöglichen. Dies wird als *kommunikative* und *expressive* Valenz bezeichnet: Es leuchtet unmittelbar ein, daß Puppenspiel, Tanz, Pantomime, Maskenspiel von sich aus zu einer anderen Art von Kommunikation anregen, als eine Arbeit mit Tagebuch, Meditationsmusik, Ton oder Traum und daß allen Medien ein unterschiedliches Ausdruckspotential innewohnt und daß sie eine jeweils eigene Resonanz erzeugen: Mit Fingerfarben, Erde oder Ton drücken wir uns anders aus als mit einem Bleistift, mit einer Marionette anders als mit einem Kuscheltier, mit einem Gedicht anders als mit Gong oder mit Maskentanz.

Daraus ergibt sich beispielsweise, daß zwanghafte Klienten eher langsam – vielleicht mit Bleistiftzeichnungen beginnend – zu einem Umgehen mit Wasserfarben oder gar Matsch hingeleitet werden sollten oder daß wir bei Regression auf das Alter von 2 Jahren weder Bunt- noch Bleistift anbieten oder daß mit Psychotikern – außer bei besonderer Indikation – eher nicht mit Fingerfarben gearbeitet werden sollte. (Näheres zur Indikation von kreativen Medien siehe *Petzold / Orth* 1990.) Wann und wie wir kreative Medien einsetzen, ist also von vielem abhängig: von der kommunikativen und der expressiven Valenz, mit der das Medium geladen ist, von den Vorlieben und Möglichkeiten der KlientIn und der TherapeutIn, davon, wie das Medium eingesetzt wird und davon, um welche Art von Schädigung es sich bei der KlientIn handelt und zu welchem Zeitpunkt die Schädigung entstanden ist. Bei defizitärem Rollenrepertoire bietet es sich beispielsweise an, mit Masken, Puppenspiel, Pantomime zu arbeiten, also mit Medien, die von sich aus eine höhere kommunikative Valenz haben. Liegen Schädigungen des perzeptiven Leibes vor, beginnen wir die Arbeit vielleicht mit einem Tastsack, in dem „blind" Steine, Muscheln, Nüsse, ein Stück Fell, und vielleicht auch eine Klangkugel oder ein Stück Knisterpapier erfühlt werden können. Wenn wir dann echte oder vorgestellte Geruchsbilder dazu nehmen können (Äpfel, Herbstlaub, Erde, Hyazinthen, Klebstoff, frische Wäsche, der Geruch nassen Hundefells...) tauchen vielleicht Erinnerungen auf, kann Lebensgeschichte wieder lebendig werden.

Durch das Medium Ton wird häufig Regression ausgelöst, es kann frühe archaische Gefühle und Szenen beleben, insbesondere, wenn mit geschlossenen Augen und ohne strukturgebende Elemente gearbeitet wird. Die regressive Arbeit mit Ton setzt immer voraus, daß zwischen KlientIn und TherapeutIn eine tragfähige Beziehug entstanden ist. Ton ist geeignet, massiven Gefühlen Ausdruck zu verleihen: Wut, Freude, usw. können in den Ton hineingedrückt werden. Darüber hinaus bietet sich Ton als Medium an für die Bearbeitung sprachlicher Blockierungen, zwanghafter Folgen von Reinlichkeitserziehung und bei defizitärer Leiberfahrung. Für letzteres hat sich besonders der leibtherapeutische Ansatz (Thymopraktik) als hilfreich erwiesen, z. B. als Arbeit mit Selbstbildern, mit dem eigenen Körperbild: sich selbst mit geschlossenen Augen aus Ton formen.

Auf ganz andere Weise können wir mit Ton arbeiten, wenn wir beispielsweise eine Familienskulptur bauen lassen und diese dann vielleicht zum Ausgangspunkt für Rollenspiele nehmen. Bei einem so strukturierten Ansatz ist Regression weniger wahrscheinlich.

Wir möchten Sie jetzt einladen, uns bei einer Vorstellungsübung mit kreativen Medien zu folgen:

Stellen Sie sich bitte vor, Sie seien in einem sehr großen Raum, in dem Ihnen eine Vielzahl von Medien zur Verfügung stehen. Nehmen Sie sich Zeit, sich all die verschiedenen Medien in Ruhe anzuschauen... und entscheiden Sie sich dann für eines davon ... wenn Sie mögen, lassen Sie sich diese Vorstellung noch ein wenig weiterentwickeln, schauen Sie sich noch ein wenig zu bei dem, was Sie mit Ihrem Medium tun... bevor Sie weiterlesen.

Diese Imaginationsübung wurde in einer sich neu zusammensetzenden Gruppe als Einstieg von Ilse Orth durchgeführt. Im anschließenden Austausch erzählte eine Teilnehmerin: „Ich war wie magisch angezogen von dem schwarzen Ton. Ich sah schon einen richtigen großen Scheißhaufen daraus geformt. Aber dann habe ich gedacht, ‚das kannst du nicht machen. Du kennst hier doch gar keinen, das ist zu peinlich.' Dann bin ich weitergegangen, habe mir einen Zeichenblock genommen, Tuschkasten und Pinsel. Ich habe das Blatt ganz naß gemacht und es dann mit blauen Wellenlinien vollgemalt, immer nur Wellenlinien und bin dabei furchtbar traurig geworden. Wie Wellen von Tränen."

In einer späteren Sitzung, in der schon mehr Vertrauen in der Gruppe entstanden ist, nimmt sich die Teilnehmerin dann doch ihren schwarzen Ton. Es entsteht eine tiefe Arbeit, in der eine sehr frühe Sauberkeitserziehung thematisch anklingt. Die Teilnehmerin läßt sich soweit auf den Ton ein, daß sie über einige Minuten wie ein Säugling nicht mehr unterscheiden kann „Was bin ich/was ist Nicht-Ich?", „Bin das ich oder der Ton?", „Was ist innen, was ist außen?". Diese Arbeit ging bis zur vierten Tiefungs-Ebene (autonome Körperreaktion). Anschließend hatte die Teilnehmerin ein sehr klares Gefühl von „das bin ich" verbunden mit der Sicherheit „und niemand kann mir das nehmen".

Folgende spezifische Techniken werden in der Arbeit mit kreativen Medien häufig verwendet, weil sie auch diagnostisch von großem Wert sind:

– Lebenspanorama
– Ressourcenfeld
– Identitätssäulen
– Soziales Atom
– body-chart.

Wir geben hier zunächst eine ausführliche Einstimmung für das Malen des *Lebenspanoramas* (vgl. auch *Heinl/Petzold* 1983) in einer Gruppe (je nach Schwerpunktsetzung sind natürlich ganz verschiedene Versionen möglich).

„Legt euch Papier und Farben zurecht und sucht euch einen Platz an dem ihr gut sitzen könnt. Setzt euch entspannt hin, spürt euren Atem, nehmt über den Atem euren Körper wahr ..." „Macht euch jetzt klar, heute ist Samstag, der 29. 2. 1992, 19.15 Uhr ..., dies ist mein Hier und Jetzt, ich bin soundsoviele Jahre alt und von da aus zählt die Jahre zurück..."

Im allgemeinen sollten Hinweise auf Distanzierungshilfen gegeben werden, z. B.: „Wenn ihr an Szenen kommt, die euch stärker ängstigen oder belasten, benennt sie nur, und geht dann weiter", oder „... macht die Augen auf und schaut euch hier im Raum um", oder: „Stellt euch vor, ein Mann oder eine Frau begleitet euch auf eurem Weg in die Vergangenheit, jemand, der euch gut kennt, der euch gut ist, der euch Sicherheit vermittelt ...."

„Geht durch jedes Jahr hindurch, denkt an Menschen, Orte, Ereignisse, Lebensphasen... bis ihr an den Tag eurer Geburt kommt. Sagt dann laut in den Raum euren Namen und euer Geburtsdatum..." (Warten, bis alle

ihr Geburtsdatum gesagt haben.) „Zählt jetzt 7, 8, 9 Monate zurück, geht durch die Schwangerschaftsmonate, werdet euch bewußt, ‚das ist mein Anfang'...."
(Nach insgesamt ca. 15-20 Minuten) „Nehmt jetzt eine Farbe und beginnt, euer Lebenspanorama zu gestalten bis zum heutigen Tag und darüber hinaus bis in die Zukunft hinein... Nehmt nach und nach andere Farben dazu..."

Anschließend läßt sich zum Beispiel mit dem Lebenspanorama weiterarbeiten, indem wir eine Ausschnittvergrößerung von der Stelle malen, „die mir besonders lieb ist", dann schauen, was wir davon ins Heute mitnehmen können, und abschließend jemanden aus der Gruppe aussuchen, um gemeinsam darüber zu sprechen.

Wenn ein *Ressourcenfeld* gemalt werden soll, können wir die KlientIn z.B. dazu auffordern, in einen großen Kreis all das hinein zu malen, was für sie im Leben wichtig ist und sie unterstützt: Personen, materielle Güter, Kenntnisse... All das soll sie in ihren Kreis aufnehmen und die Wichtigkeit der einzelnen Dinge durch Größe, Form, Farbe, Symbole darstellen.

Mit einer ähnlichen Anleitung können die *„5 Identitätssäulen"* gemalt werden: Nach einer entsprechenden Einstimmung sollen die Bereiche Leiblichkeit, soziales Netz, materielle Sicherheit, Arbeit und Leistung, Werte und Normen in Form von Bildern auf einem Blatt miteinander dargestellt werden.

Beim Malen des *„Body-chart"* (*Petzold/Orth* 1991) legt sich die KlientIn auf ein großes Blatt Papier und läßt sich ihre Körperumrisse von der TherapeutIn oder einer GruppenteilnehmerIn nachzeichnen. Die Ausmalung erfolgt durch die KlientIn selbst. Mit Hilfe von Farbe, Form, Größe und Symbolen werden (je nach Anleitung) Körperbereiche („Leibinseln") verdeutlicht, bewußte und auch unbewußte Leibvorstellungen werden auf diese Weise dargestellt.

Wir können die Arbeit mit kreativen Medien ergänzen bzw. vertiefen, indem wir weiter *intermedial* oder *intramedial* damit umgehen, z. B. indem wir (intermedial) von einer Imaginationsübung zum Malen kommen, das Gemalte tanzen und unsere Empfindungen anschließend in Versform ausdrücken. Ein beeindruckendes ausführliches Beispiel für intermediales Arbeiten in einer Ausbildungsgruppe findet sich in dem Buch „Die neuen Kreativitätstherapien" (*Petzold, Orth* 1990, S. 749/750).

Beim intramedialen Arbeiten bleiben wir innerhalb eines Mediums, z. B. indem wir zunächst ein Body-chart und danach eine Ausschnittvergrößerung – sozusagen eine Nahaufnahme von einem Körperteil – malen lassen, der vielleicht besonders vernachlässigt oder auffällig wirkt. Ob wir anschließend inter- oder intramedial weiterarbeiten, hängt von vielen Faktoren ab, nicht zuletzt ist es auch eine Zeitfrage.

Überhaupt ist für die Arbeit mit kreativen Medien wichtig, daß viel Zeit zur Verfügung steht. In der Arbeit mit EinzelklientInnen sollte bei der Planung dieser Arbeit überlegt werden, ob Doppelstunden möglich sind.

Die therapeutische Arbeit mit kreativen Medien umfaßt, wie bereits erwähnt, sowohl die kreative Produktion als auch das fertige Produkt. Während der Produktion gibt es vielfältige Möglichkeiten für die TherapeutIn: Sie kann „einfach-da-sein", verbal Kontakt aufnehmen, gestalterisch mitmachen, indem sie etwa selbst ein Stück Ton formt, oder indem sie der KlientIn ein größeres Stück Ton reicht, das von der Klientin geformte „Ton-Baby", das auf dem kalten Boden liegt, in eine Handvoll Blätter bettet, den Abstand zwischen den Figuren verändert, usw. Bei anderen Medien, wie z. B. Puppenspiel, kann die TherapeutIn eine zugewiesene oder auch selbstgewählte Rolle übernehmen.

Wenn wir mit dem fertigen kreativen Produkt arbeiten, ist es sinnvoll, mit dem Ganzen zu beginnen und erst mit einem zweiten Blick auf Details zu schauen: Wir fragen z.B., welche innere Resonanz das Ganze bei der KlientIn, bei den übrigen GruppenteilnehmerInnen (sofern vorhanden) und auch bei der TherapeutIn hervorruft. Das fertige Produkt verstehen wir als eine Botschaft: *eine Botschaft von der KlientIn, über die KlientIn, an die KlientIn und an andere* (Petzold/Orth 1990). KlientInnen und GruppenteilnehmerInnen werden gebeten, ihre Assoziationen auszudrücken, z. B. gab es zu dem Pferd, das H. gemalt hat, die Assoziationen: „Wie zügele ich meine Kraft?", „Wildpferd", „fliegendes Pferd", „der Tänzer auf dem Rücken des Pferdes steht nur auf der Zehenspitze/könnte leicht fallen".

H. wird gefragt, wie diese Anmutungen der anderen für ihn klingen. In Gruppen sollten auch Fragen gestellt werden, wie: „Was hat das Pferd mit dem Kontext der Gruppe zu tun?"

Weiter bietet es sich an, vom statischen Bild in die Bewegungsimprovisation zu gehen: „Wie ist es, die Bewegung des Pferdes zu spüren? Tänzer zu sein?" Es sollte auch auf Details geschaut werden: Assoziationen zu den Farben, Geruchsassoziationen, usw.: „Wie würde es sich wohl anfühlen, über das Fell zu streichen?"
Auch mit der Identifikationstechnik kann hier weiter gearbeitet werden: H. mag sich vielleicht darauf einlassen, in wechselnder Identifikation einen Dialog zwischen Pferd und Tänzer zu führen, oder sich mit dem überdimensional großen Auge des Pferdes zu identifizieren. Welche Details die „kritischen" sind, welcher Weg der „lohnende" ist, müssen KlientIn und TherapeutIn (und eventuell Gruppe) gemeinsam herausfinden (z. B. durch Fragen wie: „Welche Stelle auf deinem Bild magst du gar nicht anschauen?")
Im folgenden Beispiel verbinden sich die Medien Lebenslauf-Schreiben, Lebenslauf-Malen und Schmuck-Tragen.

In einer Gruppe, in der mit der Arbeit am Lebenslauf begonnen wurde, konnte Sabine über Monate nicht anfangen, ihren Lebenslauf zu schreiben. Als ihr Lebenslauf „fertig" war, sagte sie, daß sie nichts davon erzählen wolle, nie wieder etwas damit zu tun haben wolle, alles sei so schrecklich. Sabine, die bisher in der Gruppe nur verschlossen und zurückhaltend war, beginnt still vor sich hin zu weinen. Die anderen setzen sich zu ihr – die Nähe ist deutlich, obwohl überhaupt nicht gesprochen wird. Auf nochmaliges Nachfragen sagt Sabine, sie wolle überhaupt nichts dazu sagen, das alles sei ganz schrecklich, aber sie fühle sich jetzt anders, bisher habe alles für sie immer nur schwarz und grau ausgesehen, die Welt käme ihr jetzt farbiger vor. Am liebsten wolle sie das als Bild malen. Da die Gruppenzeit zu Ende ist, verabreden wir, daß Sabine „ihr Bild" zu Hause malt. Damit sie dabei nicht allein ist, bietet eine andere Gruppenteilnehmerin an, zu ihr in die Wohnung zu kommen und auch für die Zeit bis zur nächsten Gruppe für sie erreichbar zu sein. In der nächsten Sitzung ist Sabine kaum wiederzuerkennen: Ihre triste Kleidung ist verschwunden und vor allem trägt sie eine auffallend schöne Halskette, die den Goldton ihrer Haare widerspiegelt: „Die habe ich mir neu gekauft. Eigentlich wollte ich schon seit Jahren so eine Kette haben, aber ich habe mich nicht getraut." Von dem Bild, das Sabine zu Hause gemalt hat, ist die Gruppe zunächst bestürzt: Eine kleine schwarz durchgestrichene Vergangenheit, eine mickerige Gegenwart, eine farbenprächtige Zukunft: „Du kannst doch nicht einfach deine Vergangenheit durchstreichen!" Mit großer – und offensichtlich notwendiger – Distanz beginnt Sabine zu erzählen, was sie da alles streicht. Die Gruppe beginnt zu verstehen, daß dieses Bild mit seiner betonten Fülle und Farbigkeit für die Zukunft *jetzt* für Sabine ein „genau richtiges" Bild ist.

8.2.15 Arbeit mit Übergangs- und Intermediärobjekten

In der Entwicklungspsychologie haben wir Übergangsobjekte als „Tröster" definiert, als das Vertraute, das das Kind bei sich haben „muß", das es zum Einschlafen „braucht", das über das Weggehen der Mutter hinweghilft: Die berühmte Schmusedecke, der Teddy, der Pullover mit Mamas Geruch, das Foto des geliebten Hundes, der nicht mit in die Ferien durfte, aber auch die lebendige eigene Schildkröte, etc. Intermediärobjekte haben wir definiert als Brücken, als Hilfe, eine Verbindung herzustellen, wo direkte zwischenmenschliche Kommunikation (noch) nicht möglich ist.

In der Therapie sind Übergangs- und Intermediärobjekte ebenso wichtig und hilfreich, wie in der Entwicklung des Kindes. Wir verwenden beide in doppelter Funktion: Zum einen, um Verbindung zu schaffen und Ver-bindung zu halten in der Beziehung zwischen der KlientIn und der TherapeutIn, zum anderen, damit die KlientIn wieder mehr Zugang zu frühen Erinnerungen, zu szenischem Erleben bekommen kann. Die Übergänge zwischen Übergangs- und Intermediärobjekt können fließend sein: Ein Teddy ist meist beides.

Anknüpfend an das, was eine KlientIn berichtet, oder als Einstieg in oder Annäherung an eine bestimmte Thematik können wir etwa fragen, ob sie sich erinnern kann, ob sie etwas zum Einschlafen mit im Bett hatte, womit und wie sie sich getröstet hat, wenn sie traurig war, ob es etwas gab, das überall mit hin mußte, ob sie noch weiß, wie ihr zumute war, wenn Vater oder Mutter weggingen, usw. Konkreter und damit auch lebendiger werden die Erinnerungen, wenn wir die KlientIn dann bitten können, sich vorzustellen, wie der Hase genau ausgesehen hat/sich angefühlt hat/gerochen hat, wie es war, als das Sägemehl herausrieselte/als die Mutter ihn gewaschen hat/als er verlorenging/verschenkt wurde. Noch intensiver werden szenische Erinnerungen, wenn der Hase „noch lebt" und in die Therapiesitzungen mitgebracht werden kann, so daß die KlientIn mit geschlossenen Augen die abgewetzte Stelle fühlen, ihn an ihrem Gesicht reiben kann. Wenn wir danach fragen, wie sie mit ihm gespielt und geredet hat, was er ihr geantwortet hat oder wie die Mutter den Hasen gefragt hat, wenn ihre Tochter nicht antworten wollte, wird er zum Intermediärobjekt.

Übergangsobjekte sind wie gesagt nicht nur Kuscheltiere: Eine Klientin erzählte, sie habe, wenn sie abends bei ihrer Oma Angst hatte, Abzählverse mit Gardinen, Kleiderschränken u.a. erfunden, sozusagen die Gegenstände belebt, damit sie nicht so alleine war. Auch der Daumen und das Nase-Streicheln oder Ohr- oder Bettzipfel-Zwirbeln sind wichtige Übergangsobjekte. Die Fragen nach Übertragungs- und Intermediärobjekten lassen die Defizite oft besonders deutlich werden.

In der Beziehung zwischen TherapeutIn und KlientIn gibt es häufig Intermediärobjekte, die in schwierigen Momenten, in denen Kontakt abzubrechen droht, in denen etwas nicht oder noch nicht ausgesprochen werden kann, helfen können, die Brücke zu bauen, eine Verbindung herzustellen. Das mag die Klangkugel sein, mit der die TherapeutIn gespielt hatte und die sie jetzt der KlientIn in die Hand gibt, das mag die Geschichte sein, die die TherapeutIn der KlientIn vorliest, das mag das Bild, der Stein, die Geschichte sein, die die KlientIn von zu Hause in die Therapiestunde mitbringt. Manchmal ist es möglich, daß die TherapeutIn dem Teddy, der brummen kann, etwas anvertraut, das die KlientIn nur von ihm – und noch nicht von der TherapeutIn – annehmen kann, oder die KlientIn erzählt dem Teddy etwas, das sie der TherapeutIn direkt (noch) nicht sagen will. Manchmal ist selbst der gemeinsam getrunkene Tee oder ein Dominospiel verbindungschaffendes Intermediärobjekt, etwa im Sinne von: „Ich verstehe Ihre Angst, von all dem überflutet zu werden, Tee oder Domino sind jetzt eine Möglichkeit, beisammen zu sein und gleichzeitig ausreichend Sicherheit und Abstand zu haben."

Kreative Medien sind in der therapeutischen Arbeit im allgemeinen ebenfalls als Intermediärobjekt zu verstehen.

Übergangsobjekte sind – besonders in regressiven Phasen – wichtig, wenn die KlientIn noch nicht sicher genug weiß, daß die Beziehung eine bestimmte Zeitspanne überdauern kann. Zum einen tröstet das Übergangsobjekt, zum anderen hilft es eine sehr lang erscheinende Zeit abzusichern: In einer regressiven Phase erscheinen drei Tage bis zum nächsten Termin als eine schwer überschaubare lange Zeit. Beispiele für „Übergangsangebote":

- Der KlientIn etwas von der TherapeutIn verleihen: ein Buch/ein Musikstück/die Klangkugel/der brummende Teddy, der alles gesehen und gehört hat, der weiß, wie TherapeutIn und KlientIn zueinander stehen und der alles der KlientIn zu Hause noch einmal erzählen kann.
- Der KlientIn etwas schenken: (Näheres zu Geschenken siehe Abschiedsphase im Kapitel „Phasen des therapeutischen Prozesses") z. B. das Tagebuch, in das die KlientIn regelmäßig schreiben kann, Farbstifte, eine Mappe zum Sammeln ihrer Bilder.
- Etwas, das die KlientIn der TherapeutIn von sich dalassen will: der Blumenstrauß, das gemalte Bild, das Foto ihres Sohnes usw.
- Sicherheiten schaffen: z.B. der KlientIn die Telefonnummer geben, unter der die TherapeutIn in den Ferien erreichbar ist (auch wenn recht sicher ist, daß diese Telefonnummer nicht verwendet werden muß) oder absprechen, wann die TherapeutIn in den kommenden Tagen zu erreichen sein wird, bzw. an welche KollegIn sich die KlientIn wenden kann, wenn sie die TherapeutIn nicht erreicht.
- „Lange" Zeiten unterbrechen: Durch ein vorher fest vereinbartes Telefongespräch/durch die Zwischendurch-Postkarte von der TherapeutIn/durch die Verabredung, daß die KlientIn zwischendurch so viel schreiben kann, wie sie mag.

Wichtig ist, daß diese „Übergangsangebote" für beide, TherapeutIn und KlientIn, stimmig sind, und daß sie die Abhängigkeit der KlientIn nicht vergrößern. Sie dürfen keinesfalls aufgedrängt werden. Und sie dürfen nicht benutzt werden, um etwas anderes zu vermeiden, z. B. Abschied und Trauerarbeit oder notwendige Auseinandersetzungen.

8.2.16 Leibliche Interventionen

Auf leibtherapeutische Interventionen gehen wir nur kurz ein (vgl. auch Kap. Therapietheorie). Körper- und Leibtherapie als gesondertes Verfahren bedürfen einer Körpertherapieausbildung. Auf Seiten der TherapeutIn erfordert die Verwendung leibtherapeutischer Interventionen Erfahrung, Sicherheit und Genauigkeit im atmosphärischen Erfassen. Sie können stärker erlebnisintensivierend wirken als alle anderen beschriebenen Techniken, können also relativ schnell zu Tiefungsebene 3 (Ebene der Involvierung) und 4 (Ebene der autonomen Körperreaktionen) führen (vgl. das Beispiel von Lore im folgenden Kapitel, bei dem die Verstärkung einer Körperhaltung die „leibliche Erinnerung" an frühe Kindheitsszenen evoziert).

Wir werden leibliche Interventionen hier unter drei Fragestellungen betrachten:
- Interventionen aus der Begegnung heraus,
- Interventionen als einen Aspekt der „Nach-Beelterung",
- leibtherapeutische Intervention.

Leibliche Interventionen aus der Begegnung heraus: Diese Interventionen müssen stimmig der bestehenden therapeutischen Beziehung zwischen der KlientIn und der TherapeutIn sowie der vorliegenden Situation entsprechen, z.b. ein kräftiger Händedruck, eine leichte Schulterberührung, eine herzliche Umarmung beim Abschied, ein Hand-halten oder ein Angebot zum Anlehnen bei Trauer, eine halt-gebende Berührung bei Verwirrung oder Panik.

Leibliche Interventionen im Rahmen von „Nach-Beelterung" (vgl. hier unsere Ausführungen zum „Zweiten Weg der Heilung"): Auch hier geht es um tröstende, beruhigende, unterstützende, halt-gebende Berührungen, die für die vorliegende Situation und die gegebene therapeutische Beziehung stimmig sein müssen. In bezug auf Nach-Beelterung bedeutet dies auch, daß sie der bestehenden Übertragungsbeziehung und der jeweiligen „regressiven Szene" entsprechen müssen (vgl. Kap. Entwicklungstheorie). Wir müssen also die Qualität des Gefühls der KlientIn genau erfassen und in der „richtigen Sprache" darauf antworten, z. B. bei einer regredierten KlientIn in Angst eher wiegen und beruhigen, bei Panik eher halten, bei Regression auf ein „Alter von vier bis sechs Jahren" eher an die Hand nehmen, „in der Pubertät" eher die Hand auf die Schulter legen und eher Raum geben, eher allein lassen, wenn es darum geht, ein „starkes Ich" zu erleben und zu zeigen.

Leibtherapeutische Interventionen: Pragmatisch lassen sich leibtherapeutische Interventionen unterscheiden in solche mit und solche ohne direkte Berührung:

Zu den Interventionen mit direkter Berührung gehört beispielsweise das Anfassen bei Körpermodellierung und Skulpturarbeit (siehe Rollenspieltechniken), das nonverbale Austragen eines Machtkampfes, das Auflegen der Hand auf eine verspannte Stelle, die Verstärkung des Druckes, etc.

Zu den Interventionen ohne direkte Berührung gehören alle bereits erwähnten Techniken des Aufmerksam-Machens und Verstärkens, sofern sie sich auf Körperhaltung und Bewegung beziehen, also z.b. die Verstärkung der geballten Faust und des damit einhergehenden Gefühls oder einer Schaukelbewegung oder das Spüren und Intensivieren eines Sich-Wegdrehens. Hierzu gehören auch Entspannungs-Suggestionen, Anregungen weiterzuatmen, langsamer auszuatmen, eine Stimmung in Bewegung umzusetzen, sich in einer „neuen Bewegung" auszuprobieren usw.

Beispiel: Eine Klientin, die in nahen Beziehungssituationen leicht Angst bekommt und sich dann „abrupt zurückziehen muß", sagt, sie sähe gerade als Bild, wie ihre kleine Tochter die Arme nach ihr ausstreckt. Die Therapeutin bittet die Klientin, in diese Haltung zu gehen.
Klientin: „Mama, Arm!"
Therapeutin (Mama): „Nachher ... Ich hab doch jetzt zu tun."
Klientin (weiter mit hochgereckten Armen): „Mama, ich will aber jetzt!"
Therapeutin (Mama): „Jetzt nicht! Das mußt du doch einsehen, daß es jetzt nicht geht." Klientin zieht sich abrupt zurück, wird ganz still. Leise: „Schäm dich, hat sie zu mir gesagt."

Die Klientin hatte bisher ihren Rückzug in Beziehungen als nicht verstehbar erlebt, fand ihn mit ihren lebensgeschichtlichen Erfahrungen nicht vereinbar, hatte das „unerschütterliche" Bild, von ihrer Mutter immer nur angenommen worden zu sein. Ihrer Mutter die Arme entgegenzustrecken, immer wieder und leiblich zu spüren, wie sie keine Resonanz bekommt, löst lebhafte Erinnerungen an verschiedene ähnliche Szenen aus. In den nachfolgenden Sitzungen beginnt sie, an diesen Szenen zu arbeiten, in denen sie sich weggeschubst gefühlt hat, die für sie so verletzend und beschämend waren, daß sie sie vergessen „mußte".

Sie beginnt, ihre Angst, gerade in einer nahen Beziehung verletzt werden zu können, besser zu verstehen.

9. Falldarstellungen

Es gibt so viele verschiedene therapeutische Stile, wie es TherapeutInnen gibt. Und mit jeder einzelnen KlientIn wird sich wiederum ein ganz eigener Stil entwickeln, der der Beziehung dieser beiden Menschen entspricht. All dem können wir mit unserem Kapitel Falldarstellungen nicht Rechnung tragen.

Wir werden hier zwei ausführlichere und zwei kürzere Ausschnitte aus der Therapie von vier verschiedenen Menschen beschreiben, durchgeführt von zwei verschiedenen Therapeutinnen.

9.1 Fallbericht

Der erste Fallbericht veranschaulicht Beziehungarbeit, verschiedene Möglichkeiten im Umgang mit Widerstand (vgl. dazu auch das folgende Kapitel) sowie Arbeit mit induzierter Regression.

Die im vorangegangenen Kapitel beschriebenen Interventionen sind Hilfsmittel in der therapeutischen Arbeit, sie helfen zu konkretisieren, zu verdeutlichen, zu intensivieren. Um zu zeigen, wie sie im therapeutischen Verlauf wirken, werden wir sie in dieser Falldarstellung jeweils in Klammern kenntlich machen.

Wir schildern einige Szenen aus einer noch nicht abgeschlossenen knapp 2jährigen Therapie: Gisela ist eine 43jährige attraktive Lehrerin an einer Körperbehinderten-Schule. Seit sie nicht mehr bei ihren Eltern wohnt, lebt sie allein, hat einige oberflächliche Kontakte, keine nahen Freundinnen oder Freunde, das Verhältnis zu ihren Eltern und zum Bruder ist gespannt, gleichzeitig ist die Familie sehr wichtig für sie. G. kommt zur Therapie wegen häufiger Magenschmerzen, wegen Übelkeit, Erbrechen und schwerer Migräneanfälle. Ich habe sie von Anfang an gern, was mir die Therapie mit ihr leicht macht. Es dauert eine Zeit, bis sie begreifen kann, wie unglaublich schwer es ihr fällt, ihre Gefühle wahrzunehmen, zu benennen oder gar auszudrücken. Gleichzeitig hat sie ein genaues Gespür dafür, welche Therapieschritte als nächstes an der Reihe sind, sie kündigt sie jeweils an, indem sie konstatiert, was noch nicht geht: „Ich könnte mich nie von Ihnen trösten lassen!", „Das werde ich meinem Vater niemals direkt sagen". Später lachen wir gemeinsam bei dieser Art von Ankündigungen und verstehen sie unmittelbar als „Los, packen wir's an."

G.: erzählt von einem Wochenendbesuch bei ihren Eltern, schlägt dabei heftig mit dem Fuß aus – diese nicht übersehbare Fußbewegung tritt bei ihr häufig auf, wenn sie von Situationen erzählt, die verborgenen Ärger vermuten lassen.
Ich: schaue auf ihren Fuß, lächle – sie sieht meinen Blick, weiß, was ich meine. (Technik: Aufmerksam-Machen) „Ja, wenn der sprechen könnte für Sie, der hätte wohl viel zu sagen."
G.: „Ich sag's aber nicht."
Ich: „Es sieht aus wie Wut auf Ihren Vater. Fast als könnten Sie ihn treten."
G.: guckt weg
Ich: „Ich glaube, Sie haben eine Ahnung von dem, was Sie nicht äußern konnten am Wochenende."
G.: nickt
Ich: „Könnten Sie sich vorstellen, wir setzen Ihren Vater dort auf den Stuhl und sagen ihm ein bißchen von dem, was zu sagen wäre?" (Dialog-Technik)
G.: schüttelt heftig den Kopf
Ich: „Auch nicht, wenn ich mich neben Sie setze?"
G.: Kopfschütteln
Ich: „Und wenn ich es für Sie sage? Sie müßten es mir nur zuflüstern." (Technik: Schwelle niedriger machen, Arbeit mit dem Widerstand)
G.: zuckt die Schultern.
Ich: rücke meinen Stuhl zu ihr hin.
G.: beginnt zu weinen, wird weicher durch mein Nah-Sein.
Ich: lege meine Hand leicht auf ihre Schulter, G. spannt sich an, ich nehme die Hand zurück, sage leise zu ihr Worte wie zu einem kleinen Kind, das ich trösten will: „Ja, ist gut, wenn du weinst." „Ich bleibe jetzt bei dir." „Und wird schon alles wieder gut." „Ich mag dich gern in den Arm nehmen – wenigstens mit Worten kann ich das ja tun." (Es gibt auch so etwas wie verbales In-den-Arm-nehmen, das manchmal den Weg bahnen kann zum wirklichen Tun.) Ich hole ihr Taschentücher.

G.: sieht mich an und ihr Blick sagt so etwas wie: „Ich weiß, daß Sie da sind und ich bin froh darüber." Dann schaut sie zum Vater-Stuhl: „Ich verachte ihn dafür, daß er das so perfekt hingekriegt hat, daß ich mich nicht äußern kann."
Ich: für sie zum Stuhl „Und es gäbe verdammt viel, was ich Dir zu sagen hätte."
G.: zu mir „Aber das muß ich heute noch nicht machen, nein?"

G. hatte direkt vor meinem Urlaub einen operativen Eingriff, ich hatte versprochen, anzurufen, um den Befund zu erfahren. Ich hatte es mehrfach versucht, sie nicht erreicht und den Anruf dann vergessen. Im Urlaub fiel es mir wieder ein, aber es war mir zu mühsam, aus dem Ausland anzurufen. In der Stunde nach den Ferien beginnt sie von ihrer Arbeit zu erzählen, ich merke, daß mich das gar nicht interessiert.

Ich: „Wie war es denn für Sie, daß ich nicht angerufen habe?"
G.: „Erst habe ich gar nichts davon gemerkt. Erst später. Dann habe ich gedacht ‚die Therapie ist gelaufen', ‚zu der will ich nicht mehr', ‚aber so wollte ich auch nicht gehen!"
Ich: „Und ich sollte gar nicht wissen, wie sehr ich Sie verletzt habe?"
G.: „Nee, das sollten Sie nicht auch noch sehen!"
Ich: „Was ist denn, wenn ich das sehe?" (Technik: Konkretisieren)
G.: „Wenn Sie merken würden, daß ich wütend bin, und gar nicht mehr damit aufhöre, dann würden Sie wütend auf mich. Und das wäre das Allerschlimmste. Dann wäre alles aus."
Ich: „Das klingt ja wirklich ganz schlimm... Ich denke, daß es in Ihrem Leben solche Erfahrungen gibt, wo vielleicht jemand so wütend auf Sie war – oder Sie auf jemanden."
G.: „Kann ich mich nicht dran erinnern. Das mußte immer vermieden werden. So schlimm ist das."
Ich: „Das war wohl gar nicht auszuhalten für die *kleine* Gisela?"
G.: „Wenn ich die Tür zugeknallt habe und dann in meinem Zimmer war, das war das Ende."
Ich: „Da hätte die kleine Gisela jemanden gebraucht, der zu ihr gekommen wäre."

G. schaut mich trotzig-verständnislos an. Ich frage, ob sie eine Ahnung davon hat, was ihre Erstklässler wohl in einer ähnlichen

Situation brauchen würden (Technik: Rollentausch). Sie antwortet nicht, wirkt immer noch wie ein trotziges Kind. Ich erzähle ihr von meiner Tochter (Technik: Beispiel), wenn sie nach einem Wutanfall die Tür zuschlägt, hinter der Tür allein, verzweifelt und in Not ist, sich noch lange nicht trösten lassen kann, gegen die Tür trampelt, und ich von draußen dennoch versuche, sie zu trösten: „Dann braucht sie, daß ich ihr ihre Wut lasse und gleichzeitig Brücken baue, braucht, daß ich etwas sage wie: ‚Ich komme nachher noch mal zu dir.'" Die „kleine Gisela" hört zu und macht große Augen, sie fühlt sich genau verstanden. Dann bricht es aus ihr heraus:

G.: „Das war wirklich gemein von Ihnen, daß Sie nicht angerufen haben. Ich war schon soweit, daß ich geglaubt habe, Sie mögen mich, und jetzt ist alles wieder kaputt."

Ich: „Vielleicht ist ja noch nicht alles kaputt. Können Sie mal zu mir hingucken, jetzt?" (kleiner verstohlener Blick) „Haben Sie sehen können, daß mich das getroffen hat, was Sie gesagt haben?" (nickt) Pause „Es tut mir leid, daß ich Sie nicht angerufen habe... Ich glaube nicht, daß das bedeuten muß, daß Sie sich nicht mehr aufgehoben fühlen können bei mir. Ich glaube, Sie wissen, daß ich Ihnen nah bin, obwohl ich etwas getan habe, was schlimm für Sie ist."

G.: „Aber das geht doch gar nicht zusammen."

Ich: „Anscheinend doch."

Lange Pause.

G.: „Aber wieso ist es denn schmerzlich für *Sie*, das ist doch Ihre Arbeit, dafür werden Sie doch bezahlt."

Ich: „Bezahlt werde ich für die Arbeitszeit, die ich zur Verfügung stehe, für die Kompetenz, die ich mir erworben habe. Nicht für mein Betroffensein, Beteiligtsein, daß ich Sie gern habe. Das kann man nicht bezahlen – und auch nicht kaufen. Und schmerzlich ist es für mich, wenn wir uns lange um etwas bemühen, beide, ... Wenn etwas zu entstehen beginnt... und ich dann etwas getan habe, was das gefährdet, was ich nicht rückgängig machen kann... wo ich schuld habe."

G.: nickt, scheint viel zu verstehen. Lange Pause. „Ich kann immer nicht verzeihen und vergessen."

Ich: „Verzeihen und Vergessen ist nicht das Gleiche. Ich finde es wichtig, daß Sie nicht vergessen, was gewesen ist. Und Verzeihen ist vielleicht irgendwann später einmal möglich."

Gisela lächelt, beide haben wir Tränen in den Augen, ein bißchen Verzeihen scheint schon jetzt in ihrem Blick zu liegen. Am Schluß lese ich ihr das Buch von *Maurice Sendak* „Wo die wilden Kerle wohnen" vor: Vom kleinen Max, der ungezogen war, ohne Essen ins Bett muß, sich weit weg träumt zu den wilden Kerlen, wo er deren König wird, bis ihn ein Duft anweht und er zurücksegelt übers Meer – ein Jahr und einen Monat und einen Tag – und in seinem Zimmer ankommt „und das Essen war noch warm".

Ich gebe ihr mit dieser Geschichte noch einmal das, was ihr als Kind so sehr gefehlt hat, das, wonach sie jetzt als Erwachsene anfangen kann, Sehnsucht zu entwickeln: die Qualität von „alles wird wieder gut".

G.: Spricht über ihre Mutter. Wieder einmal „schlägt ihr Fuß aus".

Sie mag „wie üblich" nicht auf das eingehen, was ihr Fuß zum Ausdruck zu bringen hat (Techniken: AufmerksamMachen/ Verstärken/Identifikation). Ich schlage einen Dialog mit der Mutter vor, sie traut sich nicht – weder laut noch im Flüsterton.

Ich: „Was wäre denn, wenn ich was von Ihrer Wut zu sehen bekäme?"

G: „Sie würden mich *lächerlich* finden und kalt und abweisend werden." (Eine ihrer großen immer wiederkehrenden Befürchtungen.)

Ich: „Wie Ihre Mutter?"

G: „Genau." Ich grinse wirklich. Ihr ständig ausschlagender Fuß, die ruckartige und gleichzeitig gebremste Bewegung sehen ausgesprochen komisch aus. „Ja, sieht zum Lachen aus, wie Sie gleichzeitig wollen und zurückhalten." Wir lachen beide, ein schönes gemeinsames Lachen, das gar nichts zu tun hat mit „lächerlich gemacht werden".

Ich: „Über Ihre ganze bitter-ernste Wut werde ich ganz sicher nicht lachen. Und das wissen Sie auch."

G.: nickt

Dann erfinden wir gemeinsam, wie man Lautwerden und Wütendsein spielerisch üben könnte. Ich schlage ihr vor, die „Schimpfwort-

Kissenschlacht" mit mir zu spielen. Um ihre Angst-Schwelle zu verringern, sage ich, daß das ein Lieblingsspiel aus meiner Kinderpsychiatrie-Gruppe sei und daß mich daher gar nichts schrecken könne. Wir beginnen, uns mit Kissen zu bewerfen und bei jedem Wurf ein Schimpfwort zu schreien. Sie wird dabei immer mutiger. (Technik: Üben/Schwelle erniedrigen) Am Ende der Stunde schlägt sie von sich aus vor, zu Hause aufzuschreiben, worüber sie sich bei ihrer Mutter geärgert hat. Ich frage, ob sie mir das dann vorlesen wolle. Sie wünscht sich, daß ich es ihr vorlese und wir vereinbaren vorsorglich, daß sie „Stop" sagen kann, wenn es ihr zuviel wird.

G. sagt, daß sie kaum Erinnerungen an ihre Kindheit hat, sie sitzt dabei ganz schief, hat eine Schulter hochgezogen... Ich bitte sie, diese Haltung zu verstärken... „Ja, und noch mehr!" (Technik: Aufmerksam-Machen/Verstärken)

Ich: „Und jetzt spür mal, was Dein Gegenimpuls dazu ist." (Technik: Gegenimpuls/Gegenpol)

G.: „Arme ausbreiten", schreit: „Da ist ja keiner."

Ich.: mein Stuhl steht direkt neben ihrem. „Ich bin da." Sie fällt mir in die Arme, weint, schluchzt eine lange Zeit, sie kann sich von mir trösten lassen..., kann spüren, daß ich jetzt für sie da bin. Am Ende dieser Stunde mag sie nicht gehen. Ich sage ihr, daß manchmal gerade nach Sitzungen, in denen es um das kleine Kind geht, die Zeit bis zum nächsten Mal sehr lang sein kann und bitte sie, mich zwischendurch anzurufen, wenn ihr danach ist. Sie meint, sie würde sich doch nicht trauen anzurufen. Ich leihe ihr meinen Teddy, der brummen kann, er soll ihr sagen, wann sie mich anrufen soll. Bevor ich ihn ihr gebe, nehme ich den Teddy nochmal: „Den streichel ich jetzt für dich. Das wird er die ganze Zeit über nicht vergessen." (Wir hatten den Teddy schon häufig per Streicheln, Brummen, Tanzen, Treten als Intermediär- Objekt einbezogen.)

In der nächsten Sitzung spreche ich an, daß ich sie gern duzen würde, daß ich das stimmiger fände, daß ich sie schon öfter aus Versehen geduzt habe und es mir immer schwerer würde, beim „Sie" zu bleiben. Gisela freut sich, hat es sich auch gewünscht, sich nur nicht getraut, es anzusprechen.

In der folgenden Zeit wird es ihr zunehmend leichter und selbstverständlicher zu regredieren. Immer mehr verschollene Erinnerungen tauchen auf. Sauberkeitserziehung und Trotz werden wichtige Themen. Sie ist zutiefst gerührt von meinem Satz, „jemand" müßte den Eltern sagen, „dieses vitale Kind darf nicht so gezwungen werden". Sie will diesen Satz immer wieder von mir hören, schreibt ihn sich auf, sagt ihn zu sich selbst, zu ihrer kleinen Gisela, beginnt mehr und mehr, das kleine Mädchen zu verstehen und liebzuhaben. Und das kleine Mädchen kann diese ganz unerwartete Liebe entgegennehmen.

Bei einer Arbeit mit ihren mitgebrachten Fotos (Technik: Kreative Medien) kann sie ihrer maßlosen Wut auf die Mutter Ausdruck verleihen, ohne später Schuldgefühle dafür zu empfinden. „Warum hat sie mich denn gekriegt, die Scheißkuh, wo sie doch gar kein Kind mehr wollte." (Das Foto zeigt sie im Alter von sieben Monaten, als sie für einige Wochen bei den Großeltern „abgegeben" worden war.)

Im Leben „draußen" gibt es schöne Veränderungen für sie, Kontakte werden mehr und mehr zu Begegnungen, ihre wachsende Beziehungsfähigkeit macht ihr Freude. Probleme, die in diesem Zusammenhang auftauchen, lassen sich relativ leicht bearbeiten.

Dennoch gibt es Bereiche, die weiter im Dunkeln bleiben. Wir entwickeln gemeinsam Ahnungen, worum es gehen mag, kommen aber nicht viel weiter. Auch bestehen ihre Migräne-Attacken noch immer und belasten sie schwer. In einer Identifikationsarbeit mit ihrer „Schwelle" sagt sie: „Die Schwelle ist braun wie die Schwellen zu Hause und ganz hoch. Ich komme da nicht drüber, meine Beine sind zu schwer. Meine Beine müssen noch wachsen oder die Schwelle muß kleiner werden." ...dann fällt ihr noch ein, „daß der Linoleumfußboden unterm Bett blau ist". Zu Hause erinnert sie sich wieder daran, daß sie immer schreckliche Angst vor der Klospülung hatte, als wolle jemand von unten nach ihr greifen. Am Tag nach dieser Erinnerung hat sie wieder eine heftige Migräne-Attacke. Auch bei der Arbeit mit Ton und mit Krakelbildern kommen wir ständig an Grenzen, wo es „nicht weitergeht". Was auch immer „das Geheimnis" ist, es soll geschützt bleiben oder braucht zumindest noch Zeit. Erlebnisse, die vor der Zeit des Spracherwerbs liegen, können auch nur atmosphärisch erinnert werden.

Auftauchende Erinnerungen haben jetzt meist mit der Verlassenheit oder Verletztheit der kleinen Gisela zu tun. Gleichzeitig nimmt die Beachtung unserer Beziehung in der Arbeit weiter einen breiten Raum ein.

G.: „Ich kann nicht weinen, ich will auch gar nicht weinen."
Ich: „Das wäre so gut, jetzt weinen zu können."
G.: „Immer ist keiner da, wenn man ihn braucht."
Ich: „Ja, Du mußt weinen, weil keiner da war." Ich sitze mit offenen Armen vor ihr. „Komm mal her." Sie läßt sich in meine Arme fallen und kann den vielen Kummer ausschütten. Nach einer ganzen Weile: „Kannst Du denn jetzt merken, daß ich da bin?"
G.: nickt. „Ich vergesse es nur immer so schnell wieder." Wir überlegen gemeinsam, was man tun könnte, um „sowas" nicht immer so schnell zu vergessen. Sie beschließt, ein Gedicht an die kleine Gisela zu schreiben (Technik: Kreative Medien).
G.: „Ich will das gern schreiben, ich will es aber nicht vorlesen." Ich gebe ihr mein großes Ehrenwort, daß sie es nicht vorlesen muß.
Ich: „Vielleicht kannst Du es ja dem Teddy vorlesen, oder ich Dir oder wir falten ein Schiffchen daraus und lassen es schwimmen." Sie mag ihr Gedicht in der nächsten Sitzung wirklich nicht vorlesen: ich würde dann *noch* mehr von ihr sehen. Das sei ihr zu nah und auch noch zu neu. Sie weint, weil sie merkt, wie schwer es ihr noch immer fällt, gesehen, gemocht und angenommen zu werden. Und sie weint, weil ihr Gedicht so schön ist.

Vor dem nächsten Urlaub bringt sie selbst ein Buch mit, das sie gern vorgelesen haben möchte: „Ich mach dich gesund, sagte der Bär" (*Janosch*). Der kleine Bär pflegt den kleinen Tiger gesund, die Geschichte endet mit den Worten: „Das nächste Mal bin *ich* aber krank, und dann machst *du* mich gesund, kleiner Tiger."

Schön, wie Gisela mehr und mehr in beiden Rollen zuhause ist: die Genesende und die Heilerin – das ist: sich selbst zur Gefährtin werden.

9.2 Fallbericht

Eine Klientin beklagt, daß die Streitereien mit ihrem Freund immer auf dieselbe erfolglose Art verlaufen.

Klientin: „Gestern war es wieder genau dasselbe Theater. Aber irgendwann muß er doch mal begreifen, daß es so nicht weitergeht!"
Therapeutin: „Es scheint, daß er es nicht begreift?"
Klientin: „Nee, der ist stur wie sonst was!"
Therapeutin: „Und für Sie ist es ganz klar, daß sich was ändern muß?"
Klientin: „Also wissen Sie, ich gehe ja richtig vor die Hunde so langsam!"
Therapeutin: „Und ihm ist das ganz egal?"
Klientin: „Ihm? Der merkt das ja noch nicht einmal, wie es mir geht!"
Therapeutin laut vor sich hin denkend: „Was könnte man bloß machen, damit er es endlich mal merkt?" Dann, direkt an die Klientin gewendet: „Was meinen Sie, worauf würde er denn reagieren?"
Klientin: „Wenn der wüßte, daß ich ja direkt an Trennung denke..."
Therapeutin: „Haben Sie ihm das schon mal gesagt?"
Klientin: „Ich?"
Therapeutin: „Wer sonst?"
Klientin: „Ja genau, immer ich! Ich soll alles machen und wenn ich es nicht tue, dann bin ich natürlich wieder die Schlechte. Alles ist immer meine Schuld. Nee, wissen Sie, das reicht mir jetzt aber! Und daß Sie nun auch noch in dasselbe Horn blasen!"
Pause.
Therapeutin: „Irgendwie ist das schon blöd, und ich kann Ihre Wut auch verstehen. Auf der anderen Seite, ich weiß wirklich nicht, wer außer Ihnen es ihm klarmachen könnte, daß die Beziehung tatsächlich auf der Kippe steht..."
Klientin: „Wenn ich mit so was anfangen würde – wissen Sie, was der dann sagt?"
Therapeutin: „Na?"

Klientin: „Was du immer hast!, sagt der dann."
Therapeutin: „Ehmh. Und was sagen Sie dann?"
Klientin: „Ich? Ja, was soll ich dann dazu sagen? Da fällt mir dann natürlich auch nichts ein."
Therapeutin: „Und doch kochen Sie innerlich?"
Klientin: „Und ob!"
Therapeutin: „Und wenn Sie Ihrem Freund genau das sagen? Daß Sie sich so nicht mehr abspeisen lassen wollen?"

Es folgte nun ein Rollenspiel, in dem „von der Seite des Partners" der folgende Satz fällt „Ausgerechnet Du! Du hast es gerade nötig, dich hier so aufzuspielen, wo Du doch..." Und dann folgt eine Liste ihrer Sünden, unter der sie zusammenzuckt und förmlich zum Nichts wird.

Therapeutin: „Also eigentlich denken Sie in der Tiefe selber, daß Sie die Schlechte sind und an allem Schuld?"
Klientin: „Irgendwie ja – obwohl es mich zur Weißglut bringt – aber im Grunde hat er recht – und da kann ich nichts machen..."
Therapeutin: „Ja?"

Hieran schlossen sich einige sehr erschütternde Sitzungen, in denen an ihrer „Grundschuld" gearbeitet werden konnte, die vor mehr als 30 Jahren dem kleinen Mädchen aufgebürdet worden war.

Was der Klientin wirklich schwer fiel, einen wirklichen Schritt ins Unbekannte von ihr forderte, war das Aufgeben dieser ihrer „Weltsicht": Ich bin von Grund auf schlecht – das hat meine Mutter schon immer gesagt.

So lebensfeindlich solche Weltsichten auch sein mögen – daran ernsthaft zu rütteln, kostet häufig ungeheuer viel Mut.

Einige Wochen später eröffnete jene Klientin die Sitzung mit folgenden Worten:

Klientin: „Also wissen Sie, eigentlich geht es mir gut jetzt – meine Galle hat sich eine ganze Weile nicht mehr gerührt – aber irgend etwas fehlt."
Therapeutin: „Etwas Wichtiges fehlt?"
Klientin: „Ja, komisch!"

Therapeutin: „Etwas, das vorher da war?"
Klientin: „Ja, etwas das da war und ganz klar war. Wissen Sie – ich sag jetzt mal was, aber lachen Sie mich bloß nicht aus – ich lauf jetzt immer rum und hab so ein Gefühl: Bin ichs oder bin ichs nicht?"
Therapeutin: „Ehmh – und obwohl es Ihnen eigentlich gut geht, ist das doch irgendwie unheimlich?"
Klientin: „Ja, aber ich bin froh, daß Sie mich nicht ausgelacht haben."

9.3 Fallbericht

Mit folgenden leise und monoton gesprochenen Worten eröffnete ein Klient die erste Sitzung:
Klient: „Ich bin bloß ein Mitbringsel aus Süd-Frankreich!"
So faßte er zusammen, daß ihn seine Mutter nach einem Urlaub als uneheliches Kind geboren hatte. Der Vater scheint Algerier gewesen zu sein.

Der Klient war aufgewachsen in einem streng katholischen Dorf in Westfalen, wo er gemeinsam mit seiner Mutter „für die Schande seines Daseins zu büßen hatte".

Mit 10 Jahren schickte man ihn in ein Internat, das die Großeltern bezahlten und wofür sie von ihm lebenslange Dankbarkeit erwarteten. Als im Internat seine große Sprachbegabung auffiel, gab ein Kaplan ihm Privatunterricht in Latein und Griechisch, was allerdings durch ein jahrelang anhaltendes Mißbrauchsverhältnis „bezahlt" werden mußte. Außerdem gab es in seiner Anamnese einen schweren Motorradunfall, der den 17jährigen für Monate ans Bett fesselte, und von dem ein leichtes Hinken zurückblieb. Trotzdem wurde er innerhalb seiner Schulgemeinschaft nicht zum Außenseiter, sondern war wegen einer gewissen (aufgesetzten?) Fröhlichkeit sogar ziemlich beliebt. Innerlich muß er aber in dieser Zeit sehr einsam gewesen sein.

Das Abitur bestand er durchschnittlich, obwohl seine Intelligenz weit über dem Durchschnitt liegt. Kurz nach Beendigung seiner Schulzeit starb seine Mutter. Er begann dann zu studieren (Theologie und Geschichte für Lehramt) und setzte, entgegen dem Willen der Großeltern, durch, daß er das in Berlin tun konnte. Hier fand er zum erstenmal Anschluß an Menschen, deren Art und Denken ihm lagen.

Klient: „Die wußten genau wie ich, was das heißt, wenn das Schicksal einem immer alles schuldig bleibt."

Er selbst war ständig festgelegt worden auf Dankbarkeit – den Großeltern gegenüber, dem Kaplan gegenüber – aber wo blieb das Glück, das er seinerseits, wie er meinte, nun endlich auch einmal beanspruchen durfte? Andere konnten am Wochenende „ihre Füße unter den Tisch ihrer Eltern strecken", bekamen Taschengeld extra – „einem Freund von mir wurde mir nichts dir nichts ein Saxophon geschenkt, als er sich das wünschte". Und wie ging es ihm? Kein Mensch kümmerte sich um ihn, und „von Bafög allein kann man schließlich nicht leben", und weil „man" das nicht kann, mußte er viel jobben.

Klient: „Ja, wenn ich groß und blond wäre – aber so! Da muß ich schon mit 'nem ordentlichen Karren vorfahren, wenn ich die Mädchen beeindrucken will."

Seine Studienerfolge wurden immer mäßiger, er litt zunehmend unter Arbeitsstörungen, war ständig übermüdet und voller Angst vor der nächsten Prüfung und kam mit seiner Semesterzahl „nicht zu Potte".

Er geriet nicht, wie man so sagt, auf Abwege. Die verinnerlichte Moral der Großeltern scheint ihn davon abgehalten zu haben – aber um so unverständlicher wurde für ihn, daß „Gottes Lohn" trotzdem ausblieb. Ihm widerfuhr offenbar eine grenzenlose Ungerechtigkeit. In seinem Bewußtsein lastete er sie nicht eigentlich Gott an, sondern mehr dem Schicksal im allgemeinen, auch dem Staat, den Politikern, der herzlosen Gesellschaft, genau genommen überhaupt keinem klaren Adressaten. Aber er entwickelte sich mehr und mehr zu einem einzigen, klagenden Vorwurf.

Nach einem Suicidversuch kam er zu mir in die Therapie. Zuletzt war, wie sich zeigte, einfach alles schiefgegangen:

Freunde hatten sein Auto kaputtgefahren, in einem seiner Jobs schuldete man ihm mehrere hundert Mark, um die er nicht streiten konnte, in seiner winzigen Wohnung lebte eine ältere Cousine mit, die sich mehr oder weniger von ihm ihre Diplomarbeit schreiben ließ, weil sie selbst ständig „fix und alle" war, usw..

Indem er sein Elend vor mir ausbreitete, entwickelte der Klient schnell eine fast kindliche Anhänglichkeit, auf die ich innerlich gut antworten konnte. Ich spürte, wie er anfing, die „Füße unter meinen Tisch zu strecken". Es fiel mir leicht, ihn darin anzunehmen. Trotzdem sah ich in dieser Anfangsphase auch deutlich, wie sehr er selbst an seinem ständigen Pech „mitbastelte".

Hier ein Ausschnitt aus der 14. Stunde:
Klient: „Mit mir kann man ja auch machen, was man will."
Therapeutin: „Sie lassen alles mit sich machen?"
Klient: „Ja, wirklich."
Therapeutin liebevoll ironisch: „Gut zu wissen."
Klient stutzt: „Wie meinen Sie das?"
Therapeutin freundlich grinsend: „Naja, vielleicht suche ich ja auch mal einen Dummen, der alles macht, was ich will."
Pause
Klient: „Ich weiß nicht – manchmal finde ich ja auch, es geht zu weit – aber ich *kann* mich einfach nicht wehren!"
Therapeutin „Also ich bekäme mit Sicherheit keine Schwierigkeiten mit Ihnen?"
Klient fängt nun gottseidank doch an, zu grinsen: „Naja, aber ehrlich: Was soll ich denn meiner Cousine sagen, wenn sie wieder so K. O. ist?"
Therapeutin: reicht ihm ein Blatt Papier: „Hier, schreiben Sie mal ganz heimlich auf, was Sie ihr am liebsten sagen *würden*."

Folgsam, wie er ist, spielt er mit – aber ohne rechten Schwung. In den folgenden Stunden wurde klar, daß er sich nicht wehren wollte.

Auf eine sonderbare, fast beleidigt wirkende Art strahlte er etwas aus wie „Das ist schließlich nicht meine Sache!", was ich schwer fassen konnte. Es war ihm kein Funke von Aggression zu entlocken. Nur ganz selten, wenn er sich nebenher über jemanden äußerte, schimmerte etwas Gehässiges durch, verbunden mit scharfer Beobachtungsgabe, die normalerweise kaum zu ahnen war. Aber was nicht nebenher lief, sondern seine höchsteigenen Interessen betraf – damit schien er sich nicht identifizieren zu wollen (als ob er eine Art Berührungsangst davor gehabt hätte).

Klient: „Ich kann nicht für mich selber kämpfen – das habe ich noch nie gekonnt." (Schulterzucken, resignierter, vorwurfsvoller Ton)

Obwohl mich der Klient zunehmend auch nervte, fiel es mir schwer, angesichts seines Schicksals und angesichts seiner traurigen, dunklen Augen nur „partiell engagiert" zu bleiben. Um ihm das Leben wenigstens etwas zu erleichtern, erlaubte ich ihm, Abmachungen sehr kurzfristig nicht einzuhalten (um eines vielversprechenden Jobs willen) und mit der Bezahlung immer weiter in Rückstand zu geraten. Ich überzog auch die Stunden und schützte ihn gewissermaßen mehr und mehr vor der harten Realität des Lebens. Erst, als mir eine befreundete Kollegin deutlich machte, wie ungewöhnlich nachgiebig ich ihm gegenüber war, wurde mir klar, in welcher Falle ich saß. „So gut, wie es mir geht, da kann ich ihn doch nicht zwingen, mich pünktlich zu bezahlen, wo es ihm so schlecht geht. Das wäre doch schrecklich ungerecht!" (So etwa meine innere Stimme.) Nach dem Gespräch mit der Kollegin korrigierte ich meinen Kurs und fragte den Klienten ernsthaft, wann er seine Schulden bezahlen wolle. Prompt kam es zu Ärger.

Klient: „Also doch!"
Therapeutin: „Was heißt das?"
Klient: „Sie sind also doch auch wie die anderen, denken zuerst an sich. Und ich hatte manchmal gedacht, *Sie* arbeiteten wirklich aus Idealismus!"
Pause.
Therapeutin: „Ja, so idealistisch arbeite ich tatsächlich nicht."
Klient: „Gemein ist das! Zuerst verlocken Sie mich und ich werde schon ganz weich – aha, und dann kommt doch die Rechnung: Nichts ohne Bezahlung. Und pünktlich, bitte."

Der Klient eiferte sich zunehmend, warf mir vor allem meine Falschheit vor, und traf damit natürlich genau den Punkt, in dem ich mir auch selbst Unklarheit anlastete. Aber er überzog gewaltig, so daß ich

	merkte, ich bekam die geballte Enttäuschung vieler Jahre entgegengeschleudert. Als er erschöpft eine Pause gemacht hatte und dann erneut einsetzte:
Klient:	„Mir erst was vormachen und dann nicht halten – typisch!" forderte ich ihn auf:
Therapeutin:	„Können Sie sich mal eben neben sich stellen und sehen, was Sie gerade gemacht haben?"

Er stand auf, schaute sich von der Seite sein wütendes Ich an und kommentierte ohne zu überlegen laut und heftig:

Klient:	„Ich kämpfe darum, daß man mich nicht herabwürdigt!"
Therapeutin:	„Sie kämpfen für sich?"
Klient	immer noch ganz erregt: „Ja, ich kämpfe für mich!"
Therapeutin:	„Sagen Sie es nochmal!"
Klient:	„Ich kämpfe für mich!", plötzlich schaut er mich an, voll ungläubigen Staunens: „Ich habe ja für mich gekämpft?"
Therapeutin:	„Allerdings haben Sie gekämpft! Und wie!"
	Im nächsten Augenblick saßen wir beide da, lachend und weinend zugleich. Er hatte für sich gekämpft – zum erstenmal!

Nach dieser Stunde, so dachte ich, würde er anfangen, auch außerhalb der Therapie hin und wieder für sich selbst energisch einzutreten – aber weit gefehlt!

Er reduzierte sich im Gegenteil in den folgenden Wochen erst recht auf seine bisherigen Strategien. Er ließ sich von den verschiedensten Leuten nach Strich und Faden ausnutzen und quittierte alles ausschließlich mit seiner spezifischen Form von Selbstmitleid, die auf so merkwürdige Weise gemischt war mit neidischer Anspruchshaltung. Hatte ich ihm meine Begeisterung über seine aufkeimende Aggressivität zu laut gezeigt?

Er war jammerig, klammerig und gräßlich – nichts ging mehr.

Therapeutin:	„An wen eigentlich richtet sich Ihr Klagen?"
Klient:	„Naja, an mich wohl. Wenn ich mich wehren würde..."
Therapeutin:	„Wer ist Schuld, daß Sie so geworden sind?"

Klient: fängt an aufzuzählen, unterbricht sich dann jedoch: „Es ist einfach mein ganzes Schicksal – von Anfang an war mein Schicksal gegen mich!"

Therapeutin: „Ihr Schicksal?"

Klient: „Zum ersten Mal habe ich das ganz deutlich gemerkt, als ich fünf war. Mein Opa hatte gesagt, bei einem Gewitter muß man beten; das habe ich auch getan und noch mein ganzes Taschengeld neben den Weihwasserkessel gelegt, weil ich so Angst hatte – aber nachher war das Geld weg und das Gewitter war doch gekommen, ganz schlimm sogar. Da hat mich Gott zum erstenmal so richtig reingelegt."

Therapeutin: „Vielleicht wenden Sie sich wirklich mal an Gott und werfen ihm vor, was er Ihnen alles angetan hat?"

Erst zögernd, dann immer fester geht der Klient auf diesen Vorschlag ein. Punkt für Punkt rechnet er mit Gott ab: Alle Anstrengungen, die er erbracht hat und wofür er nichts, nichts, nichts bekommen hat. Es wird eine erschütternde Anklage.

Therapeutin: als schließlich eine Pause eingetreten war: „Was antwortet Gott?"

Der Klient, der vorher immer in Richtung auf einen bestimmten Ohrensessel gesprochen hatte, sieht sich plötzlich ganz entsetzt im Zimmer um.

Klient: „Gott? Ich weiß eigentlich gar nicht, wo der ist?"

Therapeutin: „Fragen Sie ihn."

Klient: „Gott, wo bist du überhaupt? Hast du mir überhaupt zugehört?"

Pause, dann zu mir: „Vielleicht schinde ich mich ab und schinde mich ab, und den interessiert das überhaupt nicht? Und ich dachte immer, der *muß* doch endlich mal reagieren, wenn ich mich immer so anstrenge?"

Therapeutin: „Ich weiß nicht, ob Gott irgend etwas *muß*?"

Lange Pause.

Klient: „Also dann ... dann muß ich aber auch nicht mehr. Dann ist *damit* jetzt aber auch Schluß!"

Als der Klient nach dieser Sitzung gegangen war, hatte ich wirklich Angst. Was würde geschehen? Er hatte seinen einseitig geschlossenen Pakt mit Gott aufgekündigt – wie würde er das verkraften? Würde er vielleicht auf irgendeine Art mit dem Teufel paktieren? Er hat es nicht getan. Er hat ganz einfach von dieser Sitzung an die Verantwortung für sein Leben selbst übernommen. Es ging nicht ohne Rückschläge, aber alles in allem ging es von dieser Sitzung an stetig aufwärts. Seine Bedeutungsstruktur, die er nun hatte aufgeben können, war gewesen: „Wenn es mir so schlecht geht und ich trotzdem nicht böse werde, dann mußt du (Gott, Schicksal, sogar die Therapeutin) auch mal was für mich extra tun. Daß du das nicht tust und mir statt dessen zumuten willst, mich um alle meine Belange selbst zu kümmern – das geht nun wirklich zu weit!"

Nach seinem sehr guten Staatsexamen haben wir die Therapie beendet. Inzwischen sind Jahre vergangen. Manchmal ruft er an, „nur so", erzählt und läßt mich wissen, wie sein Leben sich für ihn anfühlt. Er hat einen kleinen Sohn, der seiner Frau und ihm mehr bedeutet als „bloß ein Mitbringsel".

Bei diesem Klienten war die Gefahr – der ich zunächst ja auch erlegen bin – groß, seinen unausgesprochenen Erwartungen („Mir ist es so schlecht ergangen, daß ich jetzt aber auch mal Anspruch habe auf Fürsorge") nachzukommen, ihn auf eine unreflektierte, involvierte Art zu „beeltern", ohne die Falle zu bemerken, in der er sich und ich mich durch dieses Motto gefangen hielt.

9.4 Fallbericht

Im vierten Beispiel wird wieder eine Therapie, beschrieben, die noch nicht beendet ist. Die Protokollauszüge stammen aus dem Zeitraum von knapp einem Jahr. Wir haben dieses Beispiel besonders deswegen ausgewählt, weil wir hier auf vielfältige Weise mit Medien gearbeitet haben, u. a. mit Ton, Bewegung, Fotos, Träumen, Leopardenpullover, Plüschlöwe, Teddy, Skulptur, Film, Märchen,

Gedicht und dem Dackel, mit dem sie als Kind gespielt hat. Auch die Gestaltung der Beziehungsarbeit nimmt großen Raum ein. Lore ist mit einem Juristen verheiratet, ist Hausfrau und Mutter von 3 Kindern im Alter von 3-7 Jahren. Sie ist Goldschmiedin und möchte wieder mit ihrem Beruf anfangen, wenn die Kinder größer sind. Lore kommt zur Therapie, „um etwas für sich zu tun". Sie habe Schwiergkeiten, „ihre weibliche Rolle anzunehmen", sie könne nicht streiten, bei Auseinandersetzungen ziehe sie sich zurück. Mit den Kindern fühle sie sich sehr wohl.

Lore sieht attraktiv aus, kleidet sich nett, wobei sie ihre Weiblichkeit eher versteckt. Während der ersten Sitzungen fällt mir auf, daß ich mich weniger gut an die jeweils vorausgehende Sitzung erinnern kann, als es sonst bei mir der Fall ist. Dieses Phänomen ist für mich nicht greifbar, besonders weil ich mich auf die Sitzungen mit Lore jedesmal vorher freue. Nachdem ich beschließe, mich in meiner eigenen Supervision damit zu beschäftigen, haben wir folgende Sitzung:

Lore schaut mehrfach in die Richtung meiner Mondsegler-Skulptur.

Ich: „Gucken Sie mal, wo Sie hinschauen..."

Lore: „Ja, das fasziniert mich."

Ich: „Was sehen Sie denn?"

Lore: „Das sieht aus wie ein Schiff. Ich stelle mir vor, ich fahre damit übers Meer."

Ich: „Ja, gehen Sie mal weiter in der Vorstellung."

Lore: „Das Schiff ist ganz klein auf dem grauen Meer, und das kleine Schiff ist ganz sicher, obwohl die Wellen so groß sind. Ich bin ganz allein in dem Schiff und bin noch ziemlich klein. Es ist schön auf dem Meer. Ich habe gar keine Angst."

Ich: „Könnten Sie sich vorstellen, daß jemand bei Ihnen wäre?"

Lore: heftig erschrocken/ihre Haltung wird starr: „Das geht nicht. Jemand würde mich dann nicht fahren lassen. Der würde mich von meinem Weg abbringen. Ich wäre ja auch nicht mehr so aufmerksam auf meinem Weg, wenn ich mich auseinandersetzen müßte." Schaut mich an.

Ich: „Ist das mit uns beiden ähnlich?"

Lore nickt: „Wenn ich Kontakt mit jemandem habe, verliere ich mich ja. Ich spüre von mir dann gar nichts."

Ich bitte sie, sich nochmals die Skulptur anzuschauen, sie sieht jetzt, daß es zwei Gesichter sind: Sie nimmt erstaunt zur Kenntnis, daß sie sich ver-sehen hatte. Es wird benennbar, daß sie mich nicht – noch nicht – als Begleitung annehmen kann, das ist Neuland für sie, macht ihr Angst.

Es fällt ihr ein, daß sie jedesmal mißtrauisch wird, wenn ich an ihrer Stelle (also in Identifikation mit ihr) etwas sage. Umso mehr, wenn ich genau das treffe, was sie empfindet: als wolle ich es ihr damit wegnehmen.

Ihr fällt ein, daß ihre Mutter nicht „nein" gesagt hat, wenn sie etwas nicht sollte, sondern sie abgelenkt hat, „bis sie vergessen hatte, was sie wollte".

Ihr fällt weiter ein, wie sie beim Essen rumgekaspert hat und auf den Flur geschickt wurde, „bis sie wieder lieb war"... In ihrer Erinnerung steht sie eine Ewigkeit allein am Flurfenster und schaut auf den Hof: „bis sie wieder lieb ist"... so lieb, daß sie sich kaum noch spürt.

Am Ende der Sitzung sage ich ihr, daß ich heute viel von ihr verstanden habe. Vor allem verstanden habe, wie sehr sie aufpassen muß, daß sie sich nicht verloren geht, wenn ich „da bin". Wir nehmen uns gemeinsam vor, darauf zu achten, wann und wo es für sie gefährlich wird, nehmen uns vor, dafür aufmerksam zu sein und zu benennen, wenn sie sich verloren zu gehen droht, wenn sie sich nicht mehr spüren kann. Neu ist für sie, diese Bedrohung bewußt wahrzunehmen, und darüber hinaus durch das gemeinsame Sprechen „jemanden" daran teilhaben zu lassen. Das macht sie verwirrt und sie spürt ihre Angst – gleichzeitig fühlt sie sich „freudig-aufgeregt". Bei der Verabschiedung sagt sie: „Jetzt geht es richtig los, ja?" Mit dieser Stunde wird mir auch meine Vergeßlichkeit begreifbar: Ich war ausgeschlossen aus ihrer Welt und habe das in meiner Gegenübertragung (Vergessen) spiegelbildlich zum Ausdruck gebracht. Jetzt können wir uns – an den Grenzen ihrer Welt – begegnen... von dieser Stunde an verschwindet meine Vergeßlichkeit.

Durch die folgenden Sitzungen ziehen sich parallel zueinander und einander ergänzend mehrere Themen:
– Was ist jeweils zwischen uns beiden?, Wie begegnen wir uns?, Was ist möglich?, Was läßt sich daraus entwickeln?
– Stehen und Laufen-Lernen

- auftauchende Erinnerungsbilder, besonders in bezug auf die Mutter, wachsende Auseinandersetzungsfähigkeit, Dialoge mit der Mutter (der Mutter von früher und der Mutter von heute)
- Was tut ihr gut?, Was nährt sie?, Wo sind ihre Kraftquellen? (früher und heute)

Die nächste Sitzung beginnt wieder mit einem Blick auf die „Mondsegler". Ich schlage ihr vor, sich damit zu identifizieren: Lore steht ganz steif, nur die Beine sind beweglich, sie macht eine leichte Schaukelbewegung. Auf meine Bitte, das zu verstärken, entsteht ein Pendeln, von einem Bein aufs andere, hin und her, ohne vorwärts zu kommen. Sie fühlt sich „oben unbeweglich und schwer, wie ein Klotz". Als sie beginnt, Wut zu verspüren, wagt sie sich nicht weiter. Die Gitterstäbe vom Kinderbett fallen ihr ein. Ich füge noch hinzu „und die vom Laufstall". Auch daran kann sie sich erinnern. Ich sage ihr noch meine Assoziation zu ihrer Bewegung: „Laufgeschirr". Lore ist betroffen, weil diese Assoziation genau das trifft, wie sie sich bei dieser Bewegung fühlt. Sie weiß nicht, ob sie je so ein Laufgeschirr hatte, will auch ihre Mutter nicht danach fragen. Sie hält es aber für möglich, weil sie früh laufen gelernt hat und die Mutter mit dem Bewegungsdrang von Lore wohl überfordert war, zumal sie ein zweites Kind bekam als Lore ein Jahr alt war.

In der nächsten Zeit schaut Lore mehrfach mit großem Genuß einem kleinen Jungen aus ihrem Haus zu, der gerade laufen lernt. Es scheint, als lerne sie noch einmal neu mit ihm mit.

Später, als wir mit Fotos arbeiten, bestätigt sich unsere Vermutung: Sie entdeckt das Foto mit dem Laufgeschirr.

Einmal, als es wieder um das „Feingewebte", um das Entstehende zwischen ihr und mir geht, sagt

Lore: „Ich weiß, daß Sie ganz viel von mir verstehen. Daß Sie aufmerksam sind, daß Sie Zeit haben."
Ich: „Was fehlt?"
Lore: „Ich weiß nicht wirklich, ob Sie mich mögen... Das ist anders als bei Freundinnen, fremder."
Ich: „Was müßte denn sein, daß es vertrauter wäre?"
Lore: „Wir müßten uns auch außerhalb der Stunde treffen, auch mal nur klönen. In der Stunde ist die Zeit so reduziert, da mach ich das nicht, weil das andere *noch* wichtiger ist."
Ich: „Worüber würden Sie denn gern mit mir klönen?"

Lore: „Einfach so, dann wüßte ich auch mehr von Ihnen."
Ich: „Vielleicht könnten Sie ja auch einfach sagen, was Sie gern wissen würden." (Es geht um mein Greifbar-Werden für sie... bei einer Mutter, die ja nicht greifbar gewesen ist.)
Lore: „Ich weiß nicht, ob Sie sagen, was Sie denken. Ob Sie nein sagen würden, wenn Sie etwas nicht wollen. Ob Sie zeigen würden, wenn Sie sich über mich ärgern."

Ich lasse Lore zunächst einige Situationen vorstellen und selbst phantasieren, wie ich mich wohl verhalten würde. Sie ist selbst erstaunt über das Bild, das sie von mir entwirft. Während sie es ausmalt, verändern sich ihre Übertragungen auf mich: Sie vermutet, daß ich doch wenig Ähnlichkeit mit ihrer Mutter habe. Sie kann auch deutlich benennen, wie sie mich gern hätte, nämlich klar abgrenzend, wo es für mich wichtig ist. Ich bestätige ihr, daß ich das sowieso tue, daß ich mir aber vornehme, bei ihr in dieser Hinsicht besonders genau zu sein. Sie ist erleichtert. Wir schauen gemeinsam zurückliegende Situationen an und sie stellt erstaunt fest, daß ich klar und eindeutig gewesen bin. Sie kann sich jetzt an Situationen erinnern, in denen ich mich abgegrenzt habe, verunsichernde Situationen fallen ihr nicht ein.

Wir gehen noch einmal zurück zu ihrer Ausgangsfrage:
Ich: „Wie kann man denn feststellen, ob einen jemand mag?"
Lore: „Am Verhalten... und am Gesicht..."
Ich: „Und was sehen Sie bei mir?"
Lore: „Ich gucke meistens nicht so genau hin."

Es folgt das „ABC des Schauens": Lore lernt allmählich, dem zu trauen, was sie sieht und hört: Wenn auf meinem Gesicht Freude zu sehen ist, weil es ihr gut geht, dann heißt das vielleicht, daß ich sie gern habe. Wenn ich ihre Wut, ihre Trauer mitempfinden kann, könnte das ja vielleicht mit Mögen zu tun haben. Wenn ich nicht mitmache, daß sie sich um etwas herummogelt, heißt das ja vielleicht auch, daß ich sie ernst und wichtig nehme. Wir sind dabei „behutsam". Vertrauen zu lernen braucht Zeit.

Sie kann jetzt schon einmal benennen, daß sie Angst davor hat, von einer Frau berührt zu werden. In ihrer Vorstellung gibt es das Bild der vollbusigen Frau, von der sie „fleischlich überschüttet" wird bis zum Ersticken. Eßszenen fallen ihr ein, wo sie festgehalten und mit Essen vollgestopft wird „bis zum geht-nicht-mehr". Es ist mir leicht, ihr zu versprechen, sehr genau auf ihre Signale zu achten, ihr nicht körperlich näher zu kommen, als sie mag, und sie im Zweifelsfall zu fragen. Und ich kann ihr auch versichern, daß mich ihre Grenzsetzung nicht kränkt, weil ich sie da verstanden habe. Das ist wichtig für sie.

Ein anderes Mal kommt sie durch Verstärkung einer „abwägenden" Handbewegung dahin, auszuprobieren, wie sie sich fühlt, wenn sie auf mich zugeht und wie sie sich fühlt, wenn sie weggeht. Wenn sie weggeht, ist sie erleichtert, wenn sie auf mich zugeht, hat sie „Angst, gepackt zu werden". Wieder tauchen Erinnerungen auf, die mit Zwang, rigider, sexualfeindlicher Erziehung, zu früher Sauberkeitserziehung zu tun haben. Je mehr sie diese Szenen nacherleben kann, mit all den ihnen eigenen Gefühlen, desto mehr lernt sie, zu trennen zwischen mir und ihrer Mutter. Sie wird offener, kann zulassen, was sich zwischen uns entwickelt. Mißtrauen wird weniger not-wendig. Sie kann in einer Bewegungsübung entscheiden, welche Distanz zu mir gut für sie ist.

Ich: „Von meinem Empfinden her bin ich Ihnen viel näher. Dennoch kann ich den Sicherheitsabstand, wie Sie ihn jetzt hergestellt haben, gut respektieren und ich werde ihn nicht überschreiten."

Wir arbeiten an einem Traum, in dem das frühere Schlafzimmer der Mutter vorkommt: Schönes Schlafzimmer, geblümte Tapeten, herrlich weiche Federbetten. Lore liegt im Bett, will ausruhen, hat gleichzeitig das Gefühl, „Ich kann hier nicht raus, werde nicht freigelassen". Hier endet der Traum. Lore geht in die „Traumhaltung": sie spürt das Festgehaltensein, bis sie begreift, „Ich kann meiner Mutter ausweichen durch Bewegung", „Sie hält mich ja gar nicht mehr fest". Lore steht auf und verläßt das Bett.

Am Ende dieser Arbeit greife ich nochmals ihren Satz auf: „Sie kann mich nicht festhalten, ich kann ihr ausweichen durch *Bewegung*".

Ich: „Und wie ist das mit mir?"

Lore: „Mit Ihnen kann ich mich verbal auseinandersetzen. Das geht jetzt. Ich habe keine Angst, daß Sie mich festhalten."

In einer anderen Sitzung führt sie als Erwachsene einen Rollen-Dialog mit ihrer Mutter.

Mutter: „Ich kann nicht anders als immer alles für Dich zu tun. Und Du mußt mich mögen dafür."
Lore: „Nein, das muß ich nicht, ich bin nicht mehr wie tot und sprachlos."
Mutter: wird nachdenklich (das ist weit mehr, als Lore erwartet hatte).
Lore an mich: „Darf ich so sein?"
Ich: „Aber ja!"

In weiteren Dialogen mit der Mutter merkt sie, wie wichtig es für sie ist, zu *stehen*. Im Stehen „steht sie zu sich", „steht für sich ein". Die Gefahr, „nicht bei sich" zu bleiben, wird kleiner. Der Film „Der Club der toten Dichter" fällt ihr ein, wie sie mit der Szene des auf-die-Tische-Steigens identifiziert ist: Leiblich-eintreten-können für jemanden, für eine Sache, für sich selbst. Bisher hatte sie häufig Angst, mit ihrer Mutter zu telefonieren, jetzt telefoniert sie im Stehen mit ihr – und „hat einen anderen Stand".

Zwischendurch, gerade wenn wir mit vielen schmerzenden Erinnerungen arbeiten, schauen wir nach dem Schönen, das es auch gibt. Sie hat zum Beispiel zunehmend mehr Freude an Zärtlichkeit und Körperkontakt mit den Kindern. Glück ist zusammengefaßt in dem Satz ihres jüngsten Sohnes „Du hast so viel Knutsche." Auch das, was früher wichtig und nährend für sie war, rückt wieder näher: der Dackel, der in ihrem Haus gelebt hat, bis sie vier war, wird wieder „lebendig". Er gehörte zwar den Nachbarn, aber es war „ihr" Dackel. Sie erinnert sich, wie sie ihn geliebt hat – und er sie. Und die Bäume werden wieder wichtig, auf die sie geklettert ist, wo sie „ganz oben" war.

Sie gräbt ihren alten kleinen Teddy wieder aus: es ist sichtbar, wie sie ihn geliebt hat, und sie kann es wieder spüren, wenn sie ihn in den Händen hält und an ihr Gesicht reibt. Er bekommt einen Ehrenplatz.

„Ich als Frau" wird zum Thema der folgenden Sitzungen: sich als Mädchen fühlen, sich als Frau fühlen, gestreichelt werden wollen. Lore formt sich aus Ton, teils mit offenen, teils mit geschlossenen Augen, läßt sich viel Zeit, den Ton in den Händen zu spüren, es wird

ein Gefäß daraus, eine Vase oder Schale, liebevoll-vertraut geht sie damit um. Als sie sie am Ende der Sitzung hinstellt, ist sie nicht sicher, ob sie fertig ist, das Gefäß steht noch nicht gut, wirkt noch sehr wackelig. Ich lege für sie ein feuchtes Handtuch darum und sie kann in der nächsten Stunde daran weiterarbeiten. Während dieser Arbeit spricht sie leise mit ihrem Gefäß. „Gut, daß Du unversehrt geblieben bist." Sie hält inne, lauscht dem Satz nach.
Ich: „Ja, gut daß Du unversehrt geblieben bist, trotz allem."
Lore: „Und gut, daß Du noch nicht hart bist."
Sie hat große Freude daran, wie das Gefäß unter ihren Händen stabiler wird – auch „weiblicher" wird – und es bekommt jetzt einen festen Stand. An diesem Tag verabschieden wir uns mit einer „leiblichen" Umarmung. Sie bittet mich, ihren Ton noch einmal in ein feuchtes Handtuch zu schlagen. Ich stelle eine Vase mit einer Rose daneben.

In der folgenden Sitzung identifiziert sich Lore mit ihrer Ton-Figur, beginnt sich zu regen, zu wachsen, alles noch ganz vorsichtig. Sie hört einen Ton in sich klingen, mag ihn aber nur nach innen hören und dabei spüren, wie sie steht. Sie bekommt Angst, es könnte sich etwas verändern, wenn sie ihn herausläßt, „Angst, daß ich dann nicht mehr ich bin".
Ich: „Da würde ich ja etwas ganz Intimes, ganz Wichtiges von Ihnen hören können."
Lore nickt.
Ich: „Kann ich gut verstehen, daß das in Ihrem Innenraum geschützt bleiben soll."
Am Ende der Stunde sagt Lore: „Das Tongefäß und daß es da steht neben der Rose, ist wie ein Symbol, eine Garantie, daß ich unversehrt geblieben bin, daß ich das über-standen habe, und daß ich jetzt zurückschauen kann in meine Kindheit."

Lore bringt zwei Kinderfotos mit. Einmal ist sie auf Mutters Arm, einmal auf Vaters Arm. Ob ich auch den Unterschied sehe, ob ich die Abwehr sehe, wenn sie auf Mutters Arm ist, als ob sie nicht mit dem Köpfchen an Mutters Haut wolle.
Ich bitte sie, die Augen zu schließen, dem nachzuspüren. Sie macht eine Handbewegung und ich bitte sie, diese zu verstärken, sie beginnt zu strampeln, ihr Greinen wird zu schimpfendem Wüten,

„die ist da irgendwie eingeklemmt!" Sie strampelt und tobt immer heftiger. Endlich schafft sie es, sich freizustrampeln, glücklich, selig, glucksend, beginnt sich anzufassen, zu fühlen, „kam da immer nicht dran" mit dem Erstaunen des ersten Mals: ihr Gesicht mit den Händen erfühlen, den Mund ertasten, die Ärmchen, die Beinchen, immer und immer wieder. Sie ist zutiefst berührt von dem, was sie erlebt – und ich auch.

Hinterher sagt sie: „Das Allerwichtigste war, so strampeln zu können, bis ich frei bin – und nicht allein zu sein. Immer wissen, da ist jemand bei mir. Daß immer noch alles gut ist."

Sie mochte in dieser Stunde gar nicht wieder erwachsen werden. (Die Szene, die wir erlebt haben, ist „nichts weiter" als die bekannte festgeklammerte Zudecke, damit das Kind sich nicht bloßstrampelt und erkältet – manchmal steckt das Kind darunter dann auch noch in einem Strampelsack..., damit es sich nicht überall hinfassen kann.)

Ich frage Lore, was sie bezüglich Duzen meint. Sie findet es stimmig. (Ich fand es für Lores „Sicherheitsabstand" wichtig, lange beim „Sie" zu bleiben, obwohl das „Sie" für mich selbst immer unpassender wurde.)

Die ganze folgende Sitzung besteht nur aus Spüren, Loslassen, Tränen-laufen-lassen. Die kleine Lore liegt im Bettchen und fühlt sich überall. Ich bin bei ihr. „Das bin ich." Mund fühlen, Gestalt fühlen. „Das darf ich."

Ich: „Ja, Lore, ist alles gut."

Die Füße kommen dazu: mit den Beinen gegen das Bett bollern. Laut. Füße gegen das Bettende. Boden fühlen. Keine kalten Füße mehr! Sich über die Beine streichen „Überall bin ich...!", „Ich fühle mich." Und alles, was Lore tut, wird noch doppelt bestätigt durch mein Da-sein: „Ja, das ist dein Mund", „deine Beine", „Ja, das ist gut so." Auf den Bauch zu fassen, traut sie sich auch schon. Etwas tiefer lieber nicht.

Später sagt sie, „als ob auf meiner Haut drauf eine Schicht ist, die nicht fühlt – und jetzt erreiche ich das Darunter".

Lore erzählt, sie habe sich über einen Freund ihres Mannes geärgert, „der macht es sich wirklich zu einfach, ist unzuverlässig, trotzig, wie ein kleines Kind".

Ich: „Die kleine Lore hat sich nicht getraut, so trotzig zu sein."

Lore: sieht mich groß an.
Ich: „Könntest du dir vorstellen, du wärst so trotzig?"
Lore: schüttelt den Kopf, fängt an zu weinen „Daß ich soviel verloren habe, daß ich die kleine Lore verloren habe..."
Ich: „Mir scheint, du bist gerade dabei, sie wiederzufinden."
Lore: nickt, weint noch ein wenig, faßt sich auf den Bauch, auf den Mund.

Nachher fällt ihr ein, daß sie mit Freude teilhaben kann an den Trotzanfällen ihres Sohnes: Das ist auch ein bißchen „Kleine-Lore-Wiederfinden".

Etwas später wird sie zum Tiger: mit Beinen und Fäusten, schreit und brüllt, schiebt die Matratze (die Mutter) weg, hat eine TIGER-KRAFT.

„Gut, diese Tigerkraft zu haben", „Als Raubkatze muß ich nicht getröstet werden", „Ich bin gefährlich, verletzte Tiger sind gefährlich".
„Ich brauche das, um danach... mein Gesicht in die Hände nehmen lassen zu können."

Sie hat Angst vor den Ferien – eine lange Zeit ohne mich. Ich leihe ihr meinen Kuschellöwen.

Nach der Sommerpause beginnt die Arbeit mit dem Vater. Lores Vater starb, als sie 14 war, für alle völlig unerwartet an „Herzversagen".

Sie beginnt vorsichtig, einen Dialog mit ihm zu führen. Die Szene spielt in der 4. Klasse. Sie erklärt ihm, wie schrecklich es ist, immer gute Leistungen bringen zu müssen, immer nur funktionieren zu müssen. Zu mir: „Gut, daß du da bist. Meine Mutter wäre mir sofort in den Rücken gefallen, wenn ich sowas zu meinem Vater sage."

Ihr fällt ein Foto von ihrem Vater ein, das sie nicht mag: „Sieht aus wie eine Fratze." Es ist ein Foto, das sie mir schon gezeigt hatte. Ihre Mutter hatte das Foto nach dem Tod ihres Vaters vervielfältigen lassen und überall aufgehängt, allen Freunden und Bekannten geschickt.

Ich gebe ihr einen großen Klumpen Ton. Sie soll damit einfach machen, wonach ihr ist. Sie knetet und drückt. Es sieht aus wie Zerkneten, Zerquetschen, Augen eindrücken. Dann wirft sie den Klumpen immer wieder mit Wucht auf die Unterlage. Er ist so weich, daß er jedes Mal ganz platt davon wird.

„Da hast du's!" Platsch. „Daß du es nur weißt!" Platsch. Dann formt sie eine Fratze aus dem Ton, ein Monster. Der riesige Mund ist wie ein großes Loch. Dämonenaugen. Hörner. Sie läßt ein kleines, übriggebliebenes Stück Ton darauf fallen. Ich gebe ihr einen größeren Klumpen. Sie läßt ihn auf die Fratze fallen, nimmt ihn wieder auf, schleudert ihn erneut. Jedesmal bleibt ein Stück der Fratze am größer werdenden Tonklumpen hängen, bis vom Monster nichts mehr übrig ist. „So, jetzt bist du verschwunden! Jetzt brauche ich keine Angst mehr vor dir zu haben." Den Klumpen soll ich ihr im Handtuch weichhalten.

In der nächsten Stunde liest sie mir das Gedicht vor, das sie über die Fratze geschrieben hat. Erschrickt beim Lesen. „Jetzt siehst du, wie aggresssiv ich bin ... Findest du das ganz schlimm?" An meinem Lächeln sieht sie, daß alles in Ordnung ist.

Dann nimmt sie sich noch einmal ihren Ton. „Ich habe meine Macht in der Hand. Keiner kann mir was tun." Dann legt sie sich damit hin zum Ausruhen. „Gut, den Ton in der Hand zu spüren." Plötzlich bekommt sie einen Schreck. Jemand könnte von hinten kommen. Sie phantasiert, was sie beschützen könnte, es fällt ihr der silberne Mann aus einem Traum ein. Zu mir: „Du sollst das sehen", „Du sollst sehen, daß Du nicht der Mittelpunkt für alles bist", „Du sollst sehen, daß ich Sehnsucht habe, daß ein Mann ganz für mich da ist".
Ich: „Ja, Lore, das sehe ich. Und ich hab das verstanden." (Die Phase der Triangulation beginnt; vgl. Kap. Entwicklungstheorie.)

Es folgt eine Serie von Träumen:
Auf einer Burgmauer über der Stadt stehen steinerne Stand-Bilder. Es sind die Wächter. Sie stehen dort schon ewig. Z. B. ein Gorilla. Ein Löwe. Neben dem steinernen Löwen liegt ein lebendiger Löwe „zum Kennenlernen". In der Bearbeitung des Traumes wird Lore zum Löwenstandbild. Schaut über die Stadt und die Menschen, kann „die Ängste der Menschen verstehen", beginnt behutsam, sich ein wenig zu bewegen, „mehr lieber noch nicht", beginnt, zu dem lebendigen Löwen zu äugen, sich zu fragen, wie es wohl weitergehen wird: „Ich kam ja damit gut durch, immer ein bißchen steinern zu sein."

Etwas später träumt sie, sie bringt ihre Tochter mit zur Therapie, sie läßt sie im Nebenzimmer auf sie warten. Ihre Erklärung zu dem

Traum: „Bei Kindern und bei Tieren, da mußte ich mich nie schützen." Zu ihrem Erstaunen fallen ihr jetzt weitere Träume aus der letzten Zeit ein, bei denen sie sich gar nicht mehr schützen mußte, bei denen sie sich gestellt hat: „Ich bin stehengeblieben und habe den Monstern in die Augen geschaut!"

Heute kommt Lore im Leopardenpullover in die Therapiestunde. Sie bringt einen Traum mit, der im Katzenstall spielt. Sie kommt als Baby darin vor und als erwachsene Lore. Auch ihre drei Kinder sind mit dabei. Lore ist ein Baby, das schon laufen kann. Sie wird von der großen Lore im Katzenstall gefunden. Die Große ist verwundert, daß sie im Katzenstall ist. Sie hatte zwar von ihr gewußt, aber doch nicht richtig. Sie hatte ihr „ja nicht mal was zu essen gegeben", das tut ihr jetzt leid. Die Baby-Lore sieht dünn aus, aber nicht verhungert. Sie ist auf Lores Arm. Die anderen Kinder sind mit dabei, sie sind schon größer. Die Kleine kann sich noch nicht ankuscheln, sie muß noch vorsichtig sein, ist noch ein bißchen mißtrauisch. Sie ist ja auch noch kleiner als die anderen Kinder. Wenn sie sich ankuschelt, nicht mehr allein ist, hat sie Angst, nicht mehr genug Raum zu haben. „Sie hat ja auch noch keinen Namen". Und jetzt möchte sie lieber wieder in den Stalll zu den Katzen. Die Katzen kennt sie gut. „Ich bin im Katzenstall und die anderen sollen zu mir kommen, damit ich mich an sie gewöhnen kann". (Pause)

Lore: „Von Katzen kann man viel lernen... die kommen, wann sie mögen... die lassen sich nicht dressieren." Wieviel Verletztworden-sein dieses Wort ausdrückt, weiß Lore. Und sie weiß auch, daß ich es weiß.

Lore: „Das war mir wichtig, daß Du diesen Traum kennenlernst. Du solltest sehen, woran Du mit mir bist."

Ich: „Meinst Du, daß ich's verstanden habe?"

Lore: „Ja, ganz viel Zeit brauche ich."

Und so lese ich ihr heute das Märchen vom steinernen Löwen vor, von dem Löwen, der nach 300 Jahren nicht mehr Standbild sein wollte und beschloß, sich zu bewegen, das war sehr mühsam: „Vier Wochen dauerte es, bis er zum ersten Mal die Augen öffnen und schließen konnte... Schließlich war es soweit, daß er seinen Mauersockel verlassen konnte. Schweren Schrittes stieg er die Treppe hinab..." Wie es weiterging, verrate ich nicht (*Flemming*: Blätter vom fliegenden Märchenbuch).

10. Die Phasen des therapeutischen Prozesses

10.1 Einleitung

Wir bauen dieses „praktische" Kapitel auf dem auf, was wir im Kapitel „Therapietheorie" zum Therapieverlauf erarbeitet haben. Ausgehend von den (zumindest minimalen) Fähigkeiten der KlientInnen – Fähigkeit zu Ko-respondenz/zu Spontaneität und Kreativität/zu Regression und Progression – ist es unser Ziel, die Entwicklung eben dieser Fähigkeiten zu fördern. Das geschieht überwiegend auf dem Weg der Beziehungsgestaltung zwischen uns und den KlientInnen und erfordert unsere theoretische, praktische und menschliche Kompetenz. Handlungsleitend für diese Arbeit sind unsere Gegenübertragung sowie Übertragung und Widerstand der KlientInnen im Hier und Jetzt. Wir verstehen diese praktischen Anregungen als Orientierungshilfe, nicht als „Muß".

Wir unterteilen den therapeutischen Prozeß pragmatisch in *Anfangsphase, Mittelphase* und *Endphase*, wohl wissend, daß gerade die Übergänge zwischen den einzelnen Phasen das Interessanteste sind. Wir verstehen diese Einteilung als Strukturierungshilfe, nicht als Versuch, das Geschehen in eine feste Struktur zu pressen. Mit dem *tetradischen System* von H. Petzold (siehe Kap. Therapietheorie) besteht folgende Übereinstimmung: Die Anfangsphase entspricht in etwa der Initialphase, die Mittelphase entspricht in etwa der Aktions- und der Integrationsphase, die Endphase der der Neuorientierung.

In unserer Darstellung des Therapieverlaufs gehen wir von einer mittel- bis längerfristigen Therapie aus, wie sie etwa bei einer psychosomatischen oder neurotischen Erkrankung bzw. bei der Behandlung einer frühen Schädigung angezeigt ist. In einer solchen Therapie kommen im allgemeinen alle „vier Wege der Heilung" (siehe Kap. Therapietheorie) mit unterschiedlichen Schwerpunkten zum Tragen, besonders aber Weg zwei (Grundvertrauen/Nachsozialisation) und Weg eins (Bewußtseinsarbeit).

Die Diskrepanz zwischen dem hier dargestellten Verlauf einer vielleicht ein- bis mehrjährigen Therapie und der üblichen Kassen-

Abrechnungs-Praxis ist uns bewußt. Die zeitliche Beschränkung durch die Krankenkassen ist für viele KlientInnen schlimm. Wir sind allerdings der Meinung, daß diese Beschränkung *nicht nur* und *nicht immer* negative Auswirkungen auf den therapeutischen Prozeß hat.

10.2 Anfangsphase

Die beiden wesentlichen Aufgaben der Anfangsphase liegen im *diagnostischen Bereich* und im Aufbau und der Gestaltung der *therapeutischen Beziehung*. Wie im Kapitel „Therapietheorie" besprochen, arbeiten wir über den gesamten Therapieverlauf immer auch diagnostisch, der Schwerpunkt von *Diagnostik* liegt allerdings in den ersten Sitzungen. Das gleiche gilt für die Entwicklung der therapeutischen Beziehung: Sie erstreckt sich über den gesamten Prozeß, beginnt aber bereits mit dem ersten Kontakt und ist in der Anfangsphase von besonderer Bedeutung.

Wir unterteilen die Darstellung der Anfangsphase in folgende Abschnitte:

- Erstkontakt,
- Erstgespräch,
- probatorische Sitzungen,
- Initialphase.

Danach bringen wir Fallbeispiele zu Aufbau und Gestaltung der therapeutischen Beziehung

10.2.1 Erstkontakt

Unter Erstkontakt ist das allererste, häufig telefonisch geführte Gespräch zu verstehen: Die KlientIn wendet sich an die TherapeutIn. Obwohl in diesem Erstkontakt scheinbar nur die wichtigsten äußeren Daten übermittelt werden, konstellieren sich bereits hier in Umrissen mögliche Übertragungs- und Gegenübertragungsmuster. Aus diesem Grund ist es sinnvoll, erste Eindrücke schriftlich zu notieren.

Beispiele:
Während der telefonischen Anmeldung bekommt die Therapeutin so viel Interesse an einem Klienten, daß sie ihm sofort einen Termin anbietet, obwohl ihr Terminkalender sehr voll ist – erst später merkt sie, daß ein Teil ihres Interesses darin begründet ist, daß er (z. B.) den gleichen Beruf ausübt, den ihre Eltern sich immer für sie gewünscht hatten.

Während einer telefonischen Anmeldung reagiert die Therapeutin zunehmend gereizt und kurz angebunden. Sie kann es sich zunächst nicht erklären, bis ihr einfällt, daß die Stimme des Klienten sie an jemanden erinnert, mit dem sie eine heftige Auseinandersetzung hat, o. ä..

Oder: Die Klientin verhält sich bei der Anmeldung so, daß die Therapeutin sich wie eine strenge/überbehütende/liebevolle Mutter oder wie ein stolzer/ablehnender Vater fühlt und verhält.

Zwischen Erstkontakt und Erstgespräch muß die TherapeutIn eine vorläufige Entscheidung darüber fällen, welchem *Zweck* das Erstgespräch dienen wird: Einer Kurz-Beratung, der Vorbereitung einer Therapie oder einer Krisenintervention. Durch diesen Rahmen werden die Schwerpunkte des Gesprächs vorläufig bestimmt.

10.2.2 Erstgespräch

Beide PartnerInnen sitzen sich zum ersten Mal zu einem vorher verabredeten Termin gegenüber. Die TherapeutIn muß sich vor Augen halten, daß sie die KlientIn vielleicht nur dieses eine Mal sieht, die KlientIn darf durch dieses Gespräch nicht zu sehr labilisiert, nicht zu sehr berührt werden. Die TherapeutIn muß daher alles unterlassen, was die KlientIn kränken, ohne Gegengewicht verunsichern oder bereits zu sehr binden würde. Die KlientIn sollte am Ende der Stunde mit mehr Klarheit und nach Möglichkeit mehr Hoffnung gehen können, als sie zu Beginn gehabt hat. Dies wird dann gelingen, wenn es im Verlauf des Gesprächs wenigstens für „Augenblicke" zu einem intersubjektiven Kontakt, zu einer Ich-Du-Begegnung kommen konnte.

Das Erstgespräch stellt eine in sich abgeschlossene diagnostische Einheit dar, an deren Ende eine erste, wenn auch meist vorläufige therapeutische Entscheidung steht. Es müssen in knapper Zeit problemrelevante Daten in ihrem situativen und biographischen Zusammenhang erhoben werden (Kontext und Kontinuum). Dies würde eine relativ straffe Strukturierung nahelegen. Andererseits lassen sich die für die psychische Problematik wesentlichen Interaktionseigentümlichkeiten der KlientIn besser aus ihrem spontanen Verhalten und aus den dabei in der TherpeutIn aufkommenden Empfindungen erschließen. Dies spricht eher gegen eine straffe Strukturierung.

Um zwischen diesen teilweise konträren Erfordernissen einen vertretbaren Mittelweg zu finden, empfiehlt es sich, die KlientIn zunächst von sich aus erzählen zu lassen und strukturierende Fragen erst später anzuschließen: Wie beschreibt und interpretiert die KlientIn die Problematik und die Entstehungsgeschichte der Schwierigkeiten? Wie belastet erlebt sie sich? An die Problemsicht der KlientIn lassen sich im allgemeinen Fragen zu Therapiemotivation und Therapievorstellungen gut anschließen: Wieviel Mut/Hoffnung/ Kraft, das Problem anzupacken, hat sie ihrer eigenen Meinung nach? Welche Veränderungen strebt sie an?

Welche Befürchtungen hat sie? Welche Vorstellungen von der Wirkungsweise von Therapie bringt sie mit? Welche therapeutischen Vorerfahrungen gibt es? Kann sie auf etwaige andere Therapievorstellungen der TherapeutIn eingehen?

Bei derartigen Fragen müssen die sprachlichen Fähigkeiten, der soziokulturelle Hintergrund, die Selbstsicherheit und Abgrenzungsfähigkeit der KlientIn berücksichtigt werden: Die Frage „Was erwarten Sie von der Therapie" *kann* zwar einen selbstreflektorischen Prozeß über die TherapeutIn-KlientIn-Beziehung in Gang setzen, sie *kann* aber bei einer braven, „psychologisch aufgeklärten" KlientIn wie eine Aufforderung verstanden werden, ja keine Ansprüche zu stellen („Ich weiß schon, daß es vor allen Dingen auf mich selbst ankommt"), sie *kann* aber auch wie blanke Ironie aufgefaßt werden („Besserung natürlich, was denn sonst?").

Der Prozeß der *Anamneseerhebung* (Übersicht und Datenerhebung über gegenwärtige Lebenssituation und Biographie der KlientIn) beginnt im Erstgespräch, erstreckt sich meist über die probatorischen Sitzungen und wird über den gesamten Verlauf der Therapie weiter vertieft (prozessuale Diagnostik, siehe Kap. Therapietheorie). Bei dem Begriff Anamnese liegt das Schwergewicht nach unserem Verständnis nicht so sehr auf dem Aspekt des diagnostischen Überblicks, sondern vielmehr auf dem Aspekt der Entwicklung des Leidens im Lebensganzen und schließt alle positiven Erfahrungen mit ein. Wir nehmen bei der Anamneseerhebung nicht nur die Geschichte der KlientIn und die gegenwärtige Situation in den Blick, sondern ebenso auch den Zukunftsentwurf, antizipierte Möglichkeiten und Phantasien.

Wenn die TherapeutIn im anamnestischen Prozeß mit der KlientIn über ihr Leben spricht, geht es immer auch um Sinnfragen (um Ursachen, Zusammenhänge und Bedeutungen des Leidens, auch um typische Szenen und um erlebte Schuldzuweisungen). Indem die TherapeutIn die erfragten und wahrgenommenen Informationen verknüpft, erfährt sie vielleicht von nicht oder kaum bewußten Krisen oder Umbruchzeiten und erkennt vielleicht wiederkehrende (familiale) Muster.

In bezug auf die Anamneseerhebung möchten wir noch einmal betonen, daß die TherapeutIn sich immer wieder bewußt machen sollte, daß es sich um einen weitreichenden Eingriff in einem *noch* unsicheren Beziehungsgefüge handelt.

Das folgende Schema kann als Leitfaden für eine *Anamneseerhebung* dienen bzw. dafür verwendet werden, die Daten, Wahrnehmungen und Überlegungen aus der Anamneseerhebung nachträglich zu strukturieren.

Das Schema ist nach drei thematischen Schwerpunkten untergliedert:
1. *Was* hat die KlientIn berichtet? Welche Informationen fehlen noch? (Inhalt)
2. *Wie* hat die KlientIn berichtet? Was hat die TherapeutIn wahrgenommen? (Art und Weise)
3. *Welche* Wahrnehmungen und Hypothesen hat die TherapeutIn bzgl. Beziehung, Übertragungen der KlientIn, Gegenübertragungen sowie in bezug auf mögliche Übertragungen der TherapeutIn?

Zu 1.:
Was hat die KlientIn berichtet? (Subjektive Sicht der KlientIn und biographische Daten)

Subjektive Sicht: Mit welchen Sätzen wurde die Beschreibung des Problems eingeleitet (am besten wörtlich notieren)? Wie sieht die KlientIn ihr Problem? Worauf führt die KlientIn es zurück? Wie wirkt sich das Problem im Gesamtzusammenhang ihres Lebens aus? Sind der TherapeutIn Schlüsselwörter aufgefallen? Gibt es inhaltliche oder andere Diskrepanzen/überraschende weiße Flecken? (Z. B. die KlientIn erwähnt den frühen Tod der Mutter nicht oder geht nicht auf ihre Berufstätigkeit oder auf eine offen-sichtliche Behinderung ein, etc.) Auch die Antworten auf die oben erwähnten Fragen zu Therapiemotivation und Therapievorstellungen gehören an diese Stelle. Besondere Beachtung sollten auch „programmatische Ankündigungen" finden – ganz besonders, wenn sie in Verneinungsform auftauchen. Sie sollten ebenfalls entsprechend notiert werden, häufig beinhalten sie einen Entwurf für die gesamte Therapie incl. aller Warn-Signale in bezug auf Ängste und Widerstände: „Mit der Beziehung zu meinem Mann will ich mich aber nicht auseinandersetzen." „Kommen Sie bloß nicht auf die Idee, daß meine Eltern daran schuld waren. Ich werde sowieso schon immer für besser angesehen als ich bin." „Ich will mich verändern..., aber ich will nichts fühlen." „...ich will nicht, daß Sie mir wichtig werden." „Ich will über alles mit Ihnen sprechen, nur nicht über Sexualität und Politik."

Biographische Daten und gegenwärtige Situation – anhand der fünf Identitätsbereiche: Die fünf „Säulen" der Identität (vgl. auch Kap. Persönlichkeitstheorie) bieten eine gute Möglichkeit zur Erfassung und Gliederung sowohl situativer als auch biographischer Daten:

Leiblichkeit:

– Wie ist der körperliche Allgemeinzustand? Wie belastbar ist die KlientIn?

– Gibt es Beeinträchtigungen/Krankheiten/Behinderungen: In welcher Hinsicht? Seit wann? Wie werden Sie behandelt?

– Gibt es Süchte/Abhängigkeiten (Medikamenten-, Nikotin-, Alkohol-, Drogen-, Beziehungs-, Sex-, Mager-, Freß-Sucht)? Seit wann? Wie geht die KlientIn damit um?

- Sieht die KlientIn psychosomatische Zusammenhänge? Gibt es symptomfreie Zeiten? Symptomwandel?
- Gibt es Erkrankungen einzelner Organbereiche? (evtl. einzeln erfragen)
- Welche früheren Krankheiten werden erwähnt? Wie wurden sie behandelt? Welche Krankheiten sind aus der Ursprungs- und der Gegenwartsfamilie bekannt? (Auch hier nach Süchten fragen)
- Wie ist das Verhältnis zum eigenen Körper? Werden Streß und Krankheitssignale beachtet? Mag die KlientIn sich ansehen/anfassen? Gibt es hypochondrische Tendenzen? Welche Erfahrungen bestehen im Umgang mit Schmerz?
- Wann ist die KlientIn angespannt? Kann sie sich angemessen und häufig genug entspannen? Übt sie körperliche Aktivitäten aus? (Sport, Tanz, Sauna, Spaziergänge, Wandern, etc.)?
- Welches Körperbild hat die KlientIn von sich selbst? Welchen Körperausdruck vermittelt sie? Wie bewegt sie sich?
- Wie fühlt sie sich in bezug auf ihre Sexualität? Gibt es spezifische Probleme? Z. B. mit bestimmten Körperzonen?

Beziehungen/Soziales Netz:
Wie waren/sind die Beziehungen in der früheren/heutigen familiären Situation? Welche Stellung hat die KlientIn in der Geschwisterreihe?
Soziales Atom: Wer ist besonders wichtig? (Enge Beziehungen zu Freunden und Familienmitgliedern heute) Wieviele Kontakte hat die KlientIn in „mittlerer Distanz"? Wie zufrieden ist sie mit dieser Situation? Wie verfügbar sind diese Menschen im Falle einer Krise?

- Gab es Veränderungen der sozialen Beziehungen (z. B. Verluste, Umzüge, Schulwechsel, Ablösungen)? Welche?
- Gibt es tragende Freundschaften? Welche Geschichte haben sie? Welche Geschichte haben evtl. Freundschaftsabbrüche?
- Gibt es besonders belastende Personen (heute oder früher)?
- In welchen Rollen erlebt sich die KlientIn? Wie?
- Welche liebenswerten, welche problematischen Züge sieht die KlientIn an sich?
- Wie löst die KlientIn Konflikte? (Besonders achten auf Verclinchung oder Leere im intimen Bereich.)

Arbeit und Leistung:
- Welche Ausbildungen hat die KlientIn? Wie steht sie damit im Vergleich zu Geschwistern und sozialem/familialem Umfeld? Was wurde erwartet (von der Familie oder von ihr selbst)?
- Welchen Beruf/welche Berufe hat die KlientIn? Gibt es Berufswechsel? Wie verlief die Schulkarriere? (sozialer Bereich und Erfahrungen bzgl. Leistung)
- Wie zufrieden ist die KlientIn mit ihrer jetzigen Tätigkeit?
- Welche Erfahrungen hat sie mit Anerkennung/Ehrgeiz/Konkurrenz/Ermutigung und Entmutigung?
- Welche beruflichen Perspektiven hat sie? Welche Hoffnungen? Welche Ängste?
- Wie steht es mit dem Verhältnis zwischen Arbeit und Freizeit?

Materielle Situation:
- Fühlt sich die KlientIn finanziell abgesichert? (Manchmal ist es auch sinnvoll, nach realen Zahlen zu fragen.)
- Wie sieht der Vergleich mit Familienmitgliedern, dem sozialen Umfeld und den selbstgesetzten Zielen in bezug auf finanzielle Sicherheit aus?
- Wie ist die Wohnsituation und die Zufriedenheit damit?
- Gibt es sozialen Auf- oder Abstieg in ihrer eigenen oder der Geschichte ihrer Familie?
- Wie ist das Verhältnis zwischen Abhängigkeit und Selbständigkeit?
- Welche materiellen Perspektiven gibt es? (Sicherheit am Arbeitsplatz/bevorstehende finanzielle Belastungen/bevorstehende Erbschaft, usw.)

Werte und Normen:
- Welchen Werten (sozial, politisch, religiös) fühlt die KlientIn sich persönlich verbunden? Welche bringt sie bewußt, welche unbewußt zum Ausdruck?
- Wie weit entsprechen diese den Werten ihres derzeitigen sozialen Umfeldes (Familie, Schicht, etc.) und denen früherer wichtiger Bezugsgruppen (vor allem Primärfamilie)?
- Wie rigide/flexibel/vage sind diese Überzeugungen?
- Wie gut integriert bzw. aufgesetzt/fremdbestimmt wirken sie?

- Gibt es/gab es Normen-/Rollenkonflikte (z.B. durch Wechsel des sozialen Milieus)?
- Welche Umbruchstellen gibt es in der Entwicklungsgeschichte ihrer Werte?

Das Thema „Werte" sollte in den ersten Sitzungen gar nicht oder nur sehr vorsichtig direkt angesprochen werden. Werte werden zunächst eher – mehr oder weniger direkt – bei den anderen vier Identitätsbereichen mit zum Ausdruck kommen.

Die TherapeutIn sollte versuchen, sich darüber Klarheit zu schaffen, inwieweit Werte und Normen der KlientIn mit ihren eigenen vereinbar sind.

Ressourcen:
Den Stärken und Kraftquellen der KlientIn bei allen fünf Identitätsbereichen sollte besondere Aufmerksamkeit geschenkt werden. Hier ist allerdings eine flexible Haltung der TherapeutIn angebracht: Sie sollte der KlientIn zwar den Blick auf ihre Stärken ermöglichen, aber ihr nicht „wohlmeinend" eine bestimmte Sicht „aufdrücken", die ankommen könnte als: „Es ist doch alles gar nicht so schlimm."

- Was gefällt der KlientIn an sich selbst? An ihrer Situation?
- Welcher Potentiale ist sie sich bewußt?
- Welche Potentiale scheint die KlientIn objektiv zu haben? (Auch wenn sie sich vielleicht im Augenblick ohne jede positive Eigenschaft erlebt?)
- Welche Ressourcen hat die KlientIn in bezug auf das soziale Netz?
- An wen oder was hat die KlientIn gute Erinnerungen?
- Hat die KlientIn eine geistige Heimat, ein ihr wichtiges Engagement?
- Wo hatte sie Erfolg (danach muß man oft besonders beharrlich graben)?
- Welche schlimmen Ereignisse hat die KlientIn relativ heil überstanden?
- Welche spezielle Potenz steckt evtl. gerade in ihrem Verhaltensmuster?

Ebenso wichtig wie die angesprochenen Themen sind diejenigen Themen, die nicht angesprochen wurden (möglicherweise, weil der Bereich unproblematisch war, möglicherweise aus Zeitgründen, möglicherweise aber auch, weil bestimmte Themen für eine oder beide GesprächspartnerInnen angstbesetzt sind). Diese Themen sollten ganz besonders im Blick behalten werden.

Zu 2.:
Wie hat die KlientIn berichtet?
Körperausdruck:
- Wie waren Gestik und Mimik, wie die Gesamtmotorik, die Haltung, die Atmung, der Kontakt zum Boden?
- Wie waren Stimme und Tonfall zu Beginn, im Verlauf und am Ende der Sitzung?
- Wann gab es in Sprachmelodie und/oder Bewegungsqualität Veränderungen? Bei welchen Themen bzw. welchen Aktionen der TherapeutIn? Konnten dergleichen Veränderungen bei der KlientIn angesprochen werden? Wie hat die KlientIn darauf reagiert?

Kommunikation:
- Wie hat die KlientIn die Gesprächsbeiträge der TherapeutIn aufgenommen (eifrig, kühl, reserviert, gar nicht)? Falls gar nicht: Wie hat die KlientIn sie übersprungen (z. B. durch Vorbeireden, Verstummen, Themen-Wechsel)?
- Wann und wie hat sie Blickkontakt aufgenommen bzw. vermieden?
- Kann die KlientIn Mitgefühl der TherapeutIn annehmen?
- Kann die KlientIn sich abgrenzen? (Hat die KlientIn der TherapeutIn z. B. irgendwo widersprochen, sich zu behaupten versucht, z. B. bei der Terminabsprache. Hat die KlientIn etwas, das die TherapeutIn mißverstanden hatte, korrigiert?)
- War die KientIn während des Gespräches bei bestimmten Stellen besonders offen und lebhaft oder besonders blockiert?

Zu 3.:
Welche Wahrnehmungen und Hypothesen hat die TherapeutIn bezüglich Beziehung, Übertragungen der KlientIn, Gegenübertragungen und möglichen Übertragungen der TherapeutIn?

Wahrnehmungen aus der Übertragung und Gegenübertragung beziehen sich auf die Atmosphäre, die die KlientIn bzw. die KlientIn und die TherapeutIn während des Gesprächs herstellen, auf die Szenen, die die KlientIn unbewußt mit der TherapeutIn als PartnerIn konstelliert, auf die Rollen, die die KlientIn der TherapeutIn unbewußt anträgt.

Folgende Fragen sind hilfreich, um Übertragungs- und Gegenübertragungsreaktionen deutlicher werden zu lassen:
- In welcher Richtung hat die KlientIn die TherapeutIn beeinflußt (Mitleid, Ärger, Öde/Müdigkeit, Angst, Irritation, Aktivität, „pädagogische Maßnahmen", etc.)?
- Hat sich die TherapeutIn beim Zuhören spontan mit der KlientIn identifiziert oder war ihr Gefühl eher distanziert?
- Welche Bilder gingen der TherapeutIn durch den Kopf? Wie hat sich die Stimmung der TherapeutIn während der Stunde verändert?
- Was spürt die TherapeutIn körperlich, woher ist ihr das evtl. bekannt?
- An wen fühlt sich die TherapeutIn durch die KlientIn erinnert?

Am Ende der ersten Sitzung sind in der Regel die ersten *Entscheidungen* zu treffen. Die TherapeutIn muß sich über folgende Fragen ein Bild machen:
- Wie stark ist die gegenwärtige Belastung der KlientIn (Krisenhaftigkeit, Suizidalität)?
- Wie stark ist die gesundheitliche Gefährdung?
- Hat die KlientIn ein soziales Netz und wie zuverlässig ist es?
- Wie gut ist der Realitätsbezug?
- Wie steht es um die Kontaktfähigkeit?
- Wie sicher ist das Identitätsgefühl?

Erste Antworten zu differentialdiagnostischen Fragestellungen werden erforderlich:

Liegt eine psychotische Entwicklung, eine Suchtproblematik, eine Neurose, eine Psychosomatose, eine „äußerliche" Belastungssituation vor? Auch in bezug auf folgende Fragen muß die TherapeutIn zu ersten Entscheidungen kommen: Soll der KlientIn eine Klinik empfohlen werden? Soll die KlientIn an KollegInnen oder andere Institutionen überwiesen werden? Soll eine ärztliche/psychiatrische

Konsultation angeregt werden? Kann und will die TherapeutIn selbst eine Beratung/Therapie/Krisenintervention übernehmen? Wenn die TherapeutIn erwägt, die KlientIn selbst zu behandeln, so ist zu überlegen:
- Versteht die TherapeutIn die KlientIn gut genug?
- Hatte die TherapeutIn beispielsweise ähnliche, inzwischen bearbeitete Verhaltensmuster?
- Ist der TherapeutIn der biographische/soziale oder berufliche Hintergrund der KlientIn genügend vertraut?
- Womit könnte die TherapeutIn bei dieser KlientIn Schwierigkeiten bekommen (z. B. genügend Ausdauer?/gleichzeitig zu viele KlientInnen mit ähnlichen Schädigungen?)?
- Hat die TherapeutIn eine hinreichend gute professionelle Erfahrung mit dieser Art von Schädigung?

In diesen Prozeß der Entscheidungsfindung wird die KlientIn soweit wie möglich einbezogen. Insbesondere muß die TherapeutIn bei einer Ablehnung oder Weiterleitung eine ehrliche und für die KlientIn annehmbare Begründung geben (siehe selektive Authentizität). Die TherapeutIn muß dafür aufmerksam sein, wie die Ablehnung oder Weiterleitung von der KlientIn aufgenommen wird.

Wenn die TherapeutIn zu diesem Zeitpunkt erwägt, die KlientIn selbst zu behandeln, so werden als nächster Schritt die probatorischen Sitzungen geplant.

10.2.3 Probatorische Sitzungen

Im allgemeinen werden fünf probatorische Sitzungen vereinbart. Sie sind dazu da, daß von beiden PartnerInnen weiter geklärt wird, ob es gut ist, gemeinsam zu arbeiten.

Am Ende der probatorischen Sitzungen sollte es zu einer gemeinsamen Entscheidung für oder gegen den Beginn einer Therapie kommen können.

In den probatorischen Sitzungen wird der diagnostisch-anamnestische Prozeß des Erstinterviews verdichtet und erweitert. Häufig empfiehlt es sich, die KlientIn während dieser Zeit einen Lebenslauf schreiben zu lassen (manchmal ist dazu sehr viel Zeit und therapeutische Arbeit erforderlich, so daß erst viel später damit begonnen werden kann). Anregung zum Lebenslauf-Schreiben:

> Bitte schreiben Sie einen Lebenslauf, in dem Sie mitteilen, was aus Ihrer heutigen Sicht für Ihr Leben bedeutsam war und ist (das beinhaltet sowohl äußere Daten als auch inneres subjektives Erleben).
> Bitte gehen Sie auf folgende Punkte ein:
> - Derzeitige Situation: Wohnen, Ausbildung/Arbeit, Finanzen, Familie, Partnerschaft, Freundschaften.
> - Anlaß für den Therapiewunsch: Beschreibung der Schwierigkeiten und deren Entwicklung; Beschreibung von Behinderungen und körperlichen Krankheiten (die Sie hatten und/oder jetzt noch haben) und deren Entwicklung; Beschreibung von Medikamenten-, Nikotin-, Alkohol-, Beziehungs-, Sex-, Mager-, Freßsucht u. a. Süchten; Beschreibung von früheren psychischen Erkrankungen. (Gehen Sie bei diesem Punkt bitte auch auf Schwierigkeiten bei anderen Familienmitgliedern ein.)
> - Welche Erfahrungen haben Sie bisher mit Therapie und Therapieversuchen gemacht? Welche Möglichkeiten, sich zu helfen, haben Sie bisher selbst gefunden?
> Was tut Ihnen gut und wo liegen Ihre Stärken? Auf welche Weise könnte die geplante Therapie Ihrer jetzigen Vorstellung nach dazu beitragen, daß Sie Ihre Schwierigkeiten/Probleme besser bewältigen bzw. anders damit umgehen?
> - Bitte beschreiben Sie die Geschichte Ihrer Familie, auch der Vorfahren und einzelner Familienmitglieder (soweit bekannt): Was gibt es Wichtiges über den Hintergund Ihrer Großeltern und Eltern mitzuteilen? Bitte gehen Sie auch auf Geschwister und Verwandte ein, sowie auf Menschen, die irgendwann in Ihrem Leben/Ihrer Familie eine wichtige Rolle gespielt haben.
> Vielen Dank!

Während der probatorischen Phase sollten noch fehlende Daten zum Problem bzw. zur Symptomatik erhoben werden (z. B. biographische Daten, weitere Fragen zum gegenwärtigen Kontext, ärztliche Untersuchungen, Berichte von früheren Therapien und Klinikaufenthalten, etc.).

Die bisherigen diagnostischen Vermutungen werden erweitert und präzisiert. Die TherapeutIn sollte sich in dieser Phase eine erste Klarheit darüber verschaffen können, in welchem Umfang Defizite, Störungen, Konflikte und Traumata vorliegen: Indem typische

Szenen- und Rollenmuster herausgearbeitet werden, beginnen Grundkonflikte und Grundstrukturen der KlientIn sichtbar zu werden, so daß sie vorläufig benannt werden können. Art, Ausmaß und Variation von Übertragung und Gegenübertragung werden klarer. Die TherapeutIn sollte auch noch einmal die eigenen emotionalen (Sympathie/Antipathie) und professionellen (Erfahrung) Möglichkeiten überprüfen, um endgültig zu entscheiden, ob sie gerade mit dieser KlientIn arbeiten kann.

Es bietet sich an, bereits jetzt damit zu beginnen, die „therapeutischen Möglichkeiten der KlientIn" zu erproben: Z. B. die Fähigkeit, auf kleine Rollenspiele einzugehen, „Bilder" oder Szenen lebendig werden zu lassen, auf ein Beziehungsangebot der TherapeutIn zu reagieren. Wenn man die Qualität der Beziehung zwischen TherapeutIn und KlientIn anspricht, kann das zu wichtigen diagnostischen Erkenntnissen führen. Andererseits kann das Ansprechen dieser Thematik eine erhebliche Belastung bedeuten (grenzüberschreitend, peinlich, zu direkt wirken) und muß deshalb gut eingebettet werden. Genügend Zeit zur Bearbeitung ist notwendig.

In den probatorischen Sitzungen sollte es im allgemeinen nicht zu einer *Tiefung* (siehe Kap. Therapietheorie) über die Ebenen eins (Bericht/Reflektion) und zwei (Affekte und Bilderleben) hinaus kommen: Das Vernetzen der Lebensdaten zu „Mustern" ist wichtiger als Tiefung.

Von wesentlichem diagnostischen Wert sind auch die Reaktionen der KlientIn auf die vorangegangenen Gespräche: sowohl längerfristige Reaktionen auf Beziehungsfragen und Konfrontationen als auch die kurzfristige Verarbeitung im Verlauf des therapeutischen Gesprächs.

In den probatorischen Sitzungen sollten auch mögliche Schwierigkeiten angesprochen werden, die im Laufe einer Therapie auftauchen könnten (sowohl Erwartungen der KlientIn als auch der TherapeutIn).

Ganz wesentlich ist das gemeinsame vorläufige Festlegen von therapeutischen Zielen und entsprechenden Erwartungen: Welche Ziele sind realistisch?, Welche nicht (mehr)?, Was sollte das Mindeste sein?, Was wäre das Höchste?, Gibt es Ähnlichkeiten/Unterschiede zwischen der KlientIn und der TherapeutIn in der Sicht der Therapieziele?

Sämtliche Überlegungen einschließlich Indikationsstellung sowie eine nochmals kritische Eigenüberprüfung der Fähigkeiten und Ressourcen der TherapeutIn führen dann entweder zu einer Trennung bzw. Weitervermittlung oder zu einer mündlichen oder schriftlichen Therapievereinbarung über die praktischen Modalitäten der Therapie (z. B. Termine, Ort, Finanzen, Urlaubsregelung).

10.2.4 Die Initial- oder Aufbauphase

Wir verstehen die Initialphase als eine Zeit, in der im wesentlichen Beziehungsarbeit geleistet wird (daher der Begriff „Aufbauphase"); sie ist damit eine Vorbereitung, eine Art Weichenstellung für die Arbeit in der Mittelphase.

Wir werden zunächst schildern, was in dieser Phase grundsätzlich zu bedenken und zu berücksichtigen ist und werden dann am Ende dieses Abschnittes konkrete Beispiele zur Gestaltung der gemeinsamen Beziehung beschreiben.

In mittel- und längerfristigen Therapien nimmt die Initialphase einen Raum von etwa zwanzig bis dreißig Sitzungen ein. Die wesentlichste Aufgabe dieser Phase liegt darin, ein möglichst gutes *Arbeitsbündnis* für den Verlauf des gesamten therapeutischen Prozesses „herzustellen". Hierzu ist erforderlich, die vorhandenen Kontaktbereitschaften der KlientIn aufzugreifen und zu fördern. Die KlientIn und die TherapeutIn brauchen die Gelegenheit, sich aufeinander einzustimmen, sich kennenzulernen. Dazu gehört auch, daß die TherapeutIn aufmerksam und sorgfältig auf Unverstandenes, auf „falsche" Töne und „falsches" Tempo achtet (z.B. eine zu große oder zu kleine räumliche Distanz, eine zu persönliche oder zu unpersönliche Begrüßung oder Verabschiedung, ein zu frühes „Du" oder ein von der KlientIn „falsch" verstandenes „Sie", Unklarheiten bezüglich der zeitlichen oder finanziellen Regelung, usw.).

Auch die Bearbeitung kleiner, bewußtseinsnaher „Mißverständnisse" kann positiv zum „Kennenlernen" beitragen. Beispiele: Die KlientIn deutet es als Ablehnung, wenn ihr Stuhl an anderer Stelle steht als sonst, wenn die TherapeutIn vor ihrer Stunde nicht gelüftet hat, den nächsten Termin der KlientIn nicht im Kopf hat, die Sitzung pünktlich beendet, vor Ende der Sitzung einer nachfolgenden KlientIn die Tür öffnet, sie nicht nach der Sitzung zur Tür begleitet, anders geschminkt/frisiert/gekleidet ist, so daß die KlientIn vermutet, sie sei weniger mit der KlientIn beschäftigt als mit einer Verabredung nach der Therapiesitzung. Für manche KlientInnen ist es wichtig, die Arbeitsweise der TherapeutIn nicht nur zu erleben, sondern auch ihren Theoriebezug hinterfragen zu können (siehe hierzu auch die differenzierten Ausführungen von *Greenson* (1973): „Fragen beantworten ja oder nein?")

Für das Kennenlernen der KlientIn sind unter anderem folgende Bereiche bedeutsam:

- Welche Medien (siehe Kapitel Therapeutische Interventionen) liegen der KlientIn am meisten? Vielleicht kann die KlientIn ihre lauernde Skepsis weit besser z. B. in einem Kritzelbild zum Ausdruck bringen als in Worten.
- Welches sind die Entspannungsformen, die Angstsignale, die psychosomatischen Symptome der KlientIn?
- Wieviel Spaltungstendenz hat die KlientIn? (Vorsicht: der Einsatz von Rollenspielen könnte diese Tendenz verstärken.)
- Wieviel Kreativität, Intelligenz und Kraft kann die KlientIn in „unverfänglichen" Bereichen einsetzen?
- Bei welcher Art von Humor ist sie empfindlich, für welche ist sie zugänglich?

Die TherapeutIn wird sich bemühen, die für jede KlientIn ganz spezifischen Brücken zu ihrem Erleben kennenzulernen. Wir können z. B. danach fragen:

- Welches waren ihre Übergangsojekte?
- Welches die Koseworte, die die KlientIn liebt (oder haßte!)?
- Wie sind die Bilder, Redensarten, Helden oder auch der Dialekt ihrer Subkultur?
- Wo und wie hat die KlientIn als Kind gern gespielt?

Außerdem sollte die TherapeutIn auch solche Bereiche ansprechen, die die KlientIn evtl. nicht von sich aus nennt, die aber für die Identitätsentwicklung relevant sind (z. B. die häufig ausgeklammerte psychosexuelle Entwicklung). Die KlientIn berichtet in der Initialphase aus ihrer Geschichte, sie läßt die TherapeutIn daran teilnehmen und ist in dieser Preisgabe von Eigenem oft sehr empfindlich. Wie die TherapeutIn mit dem Anvertrauten umgeht, hat Einfluß auf die Entwicklung der Beziehung. (Z. B.: Erinnert sich die TherapeutIn auch später noch an ein für die KlientIn wichtiges Detail?) Oft entsteht hier ein kleiner Privatwortschatz, der nur zwischen dieser KlientIn und „ihrer" TherapeutIn gilt und verstanden wird. („Unter der Treppe" – wird dann gewissermaßen die Chiffre für „jene bestimmte Szene".)

Die TherapeutIn wird im Verlauf der Initialphase sensibler für die Signale, die auf subakute Krisenzustände (siehe Kapitel Krisenintervention) bei der KlientIn hinweisen. Folgende Fragen können hier hilfreich sein:

- Wie bewußtseinsnah ist der KlientIn die Gefahr einer Labilisierung?
- Wie hat die KlientIn sich bis zum gegenwärtigen Zeitpunkt dagegen gewehrt? Wie ist sie damit umgegangen?
- Was kam zusammen, daß die KlientIn gerade jetzt bereit ist, „den Stier bei den Hörnern zu packen"/in die Therapie zu gehen?

Selbstverständlich haben die einzelnen Phasen in jeder Therapie ihren einzigartigen Verlauf. Manchmal kann ein im Vordergrund stehendes Symptom, das vielleicht am meisten zum Ausmaß des Leidensdrucks beigetragen hat, bereits in der Initialphase verschwinden (eine Migräne läßt deutlich nach, ein nicht mehr erhofftes Examen wird bestanden oder dergleichen) und die KlientIn und die TheapeutIn sind zufrieden. Hier geht es im therapeutischen Prozeß um eine Weichenstellung, um eine konsequenzenreiche Entscheidung: War es das? Soll man dann feiern und aufhören? Soll man überhaupt in die Mittelphase eintreten? Falls zum Beispiel die bisherigen Beziehungen der KlientIn durch Übertragungsverzerrungen belastet waren und die Beschwerden damit ursächlich in Zusammenhang gebracht werden können – auch wenn sie derzeit beseitigt erscheinen –, so ist das Problem mit Sicherheit nicht gelöst und die nächste Krise wahrscheinlich vorprogrammiert. Ist aber die KlientIn zum gegebenen Zeitpunkt noch motiviert? Und ist die TherapeutIn motiviert, die Rolle der hilfreichen TrägerIn der positiven Übertragung zu verlassen und – in einem zähen und mühseligen Prozeß für die KlientIn (und auch für sich selbst) – wieder zum „Normalmenschen" zu werden?

In den meisten Therapien wird – manchmal allerdings eher zaghaft und verdeckt – von der KlientIn angesprochen, welche Bedeutung etwas so Konstruiertes wie die „*therapeutische Beziehung*" für sie bzw. für beide PartnerInnen haben kann. Dabei geht es beispielsweise darum, daß die Sitzungen nicht spontan stattfinden, sondern zeitlich vorher festgelegt werden müssen, daß man sich (im allgemeinen) nicht außerhalb des Therapieraumes begegnet, daß die KlientIn – meist – so gut wie gar nichts über das Privatleben der TherapeutIn weiß, daß die Sitzungen bezahlt werden müssen, usw. Es ist *immer* wichtig, diesen Fragen – und den damit verbundenen Kränkungen – so genau wie möglich nachzugehen. Für die TherapeutIn ist wichtig, auch sich selbst gegenüber diesen Fragen Rechenschaft zu geben und Stellung zu beziehen. Zu wünschen ist, daß die TherapeutIn für sich selbst begreifen und für die KlientIn verstehbar machen kann, daß sie lediglich ihre Arbeitszeit und Kompetenz gegen Geld zur Verfügung stellen kann, daß aber ihre „Liebe", ihre Sympathie und Zuneigung nicht käuflich sind. Wenn eine KlientIn beides vermischen muß, wird sie nicht in der Lage sein, die (nicht bezahlte und nicht bezahlbare) Sympathie der TherapeutIn anzunehmen. Eine solche KlientIn wird während der gesamten Therapie in ganz substantiellen Fragen an die Beziehung unsicher bleiben.

So viel zu den Punkten, die u. E. beim Aufbau des Arbeitsbündnisses zu beachten sind. In welcher Gewichtung und Abfolge sie berücksichtigt werden können, hängt in hohem Maße davon ab, zu welchem Zeitpunkt ihrer Biographie die KlientIn sich zur Aufnahme einer Therapie entschlossen hat.

Wie erkennt die TherapeutIn nun, wann die Arbeit von der Initialphase in die Mittelphase übergehen kann?

Wann ist das Arbeitsbündnis belastbar genug, um in einer Krise halten zu können? Wann ist die Beziehung tragfähig genug für die Belastungen und Zu-mutungen, die für beide aus einer mehr tiefenden Arbeit entstehen können? Die Stundenzahl allein ist hier sicher kein Kriterium. Gelegentlich gibt es auf der Seite der TherapeutIn ganz deutlich den Eindruck: „Jetzt stimmt's, jetzt kann's weitergehen." Sie hat weniger Angst um die Beziehung, muß sich evtl. weniger auf die Sitzung vorbereiten und empfindet eine deutlichere Sicherheit, die KlientIn in allen Lagen „erreichen" zu können. Im letzten Beispiel des vorangegangenen Kapitels wurde dieser Zeitpunkt auch von der KlientIn klar benannt.

Beim Übergang in die Mittelphase sollte sich die TherapeutIn Klarheit über folgende Fragen verschafft haben:
- Weiß ich, welche Übertragungsproblematik im Mittelpunkt stehen wird?
- Kenne ich die Schlüsselszenen und Grundstrukturen der KlientIn?
- Habe ich ein waches Empfinden für meine eigenen entsprechenden Gegenübertragungen? (Sonst noch einmal in der Supervision klären!)
- Hat die KlientIn ein Minimum an durchgängiger Bewußtheit für sich selbst?
- Ist genug Boden für regressives Arbeiten vorhanden?
- Kann die KlientIn sich soweit „spalten", daß sie sich zum einen mit ihren „erwachsenen Anteilen" sicher genug ist, sich von der TherapeutIn sicher gehalten weiß, und daß sie zum anderen gleichzeitig regressiven Impulsen nachgeben kann, die sie eben erst in sich entdeckt?
- Kann sie auf diese Weise in Unbekanntes oder Nicht-mehr-Erinnertes hinabtauchen und wieder auftauchen?

Fallbeispiele zu Aufbau und Gestaltung der therapeutischen Beziehung

Im Kapitel Therapietheorie haben wir die Begriffe Arbeit *an* und Arbeit *in* der Beziehung, Arbeit *an* und Arbeit *in* der Übertragung definiert und durch kleine Beispiele veranschaulicht.

In diesem Abschnitt wollen wir die Arbeit *an* der Beziehung, d. h. die Bearbeitung und Entwicklung der Beziehung zwischen TherapeutIn und KlientIn, an Hand von ausführlichen Beispielen darstellen.

Die Arbeit *an* der Beziehung sollte – sofern sie möglich ist – immer Vorrang haben. Obwohl sie sich über den gesamten Therapieverlauf erstreckt, ist sie in der Anfangsphase von allergrößter Bedeutung. Aus diesem Grund beschreiben wir sie in diesem Abschnitt.

Das Ziel der Arbeit *an* der Beziehung besteht darin, eine Arbeit *in* der Beziehung erwachsen zu lassen: Eine intersubjektive Beziehung (weiter) zu entwickeln, in der die KlientIn weiß, daß sie sich auf die TherapeutIn verlassen kann, daß sie sich nach ihrem eigenen

Maß anvertrauen und abgrenzen kann, ohne unsicher zu sein, ob die Beziehung das trägt. Arbeit *in* der Beziehung beginnt, wenn Arbeit *an* der Beziehung kaum noch notwendig ist, wenn sie ganz einfach wird, wenn Mißverständnisse, Unklarheiten, Verärgerungen nichts mehr grundsätzlich in Frage stellen. Am Ende des gesamten Therapieverlaufs wird – auch wenn bereits über lange Strecken *in* der Beziehung gearbeitet werden konnte – noch einmal die Arbeit *an* der Beziehung wichtig. Es müssen Fragen gestellt werden können wie: „Was sind wir füreinander?", „Wie wird es sein, wenn wir einander nach der Therapie einmal begegnen werden?"

Die Arbeit *an* der Beziehung bereitet den Boden für die Arbeit *an* und *in* der Übertragung, die wir an Hand von Beispielen in der Mittelphase vertiefend darstellen wollen, da schwerpunktmäßig am intensivsten in der Mittelphase mit Übertragung gearbeitet wird.

Therapeutische Arbeit beginnt im allgemeinen mit Arbeit *an* der Beziehung. Sie findet – überwiegend in feinsten Nuancierungen – bereits beim ersten Telefonkontakt statt, bei der ersten Begrüßung an der Tür usw. Es gehört zur Beziehungsarbeit, eine Unsicherheit der KlientIn bei der ersten Begegnung wahrzunehmen, sich ihr vielleicht noch einmal vorzustellen, ihr vielleicht einen Platz anzubieten, sie einzuladen, sich zunächst einmal in Ruhe umzuschauen, anzusprechen, daß diese Situation wohl ganz neu und ungewohnt ist – oder aber, dies alles bei einer anderen KlientIn *nicht* anzusprechen und sofort mit einem sachlichen Thema zu beginnen, wenn wir annehmen, daß Vorgabe und Strukturiertheit gerade dieser KlientIn mehr Sicherheit geben, daß es besser ist, nicht an ihr „Autonomiegefühl" zu rühren.

Es gehört zur Beziehungsarbeit, wie aufmerksam die TherapeutIn für das ist, was die KlientIn sagt, ob und wie sie nachfragt, wenn sie etwas nicht versteht, ob, wann und wie sie äußert, wenn sie anderer Meinung ist. Es gehört auch zur Beziehungsarbeit, ob die TherapeutIn behält, was die KlientIn sagt, ob sie pünktlich ist, ob sie das versprochene Telefonat mit dem Delegationsarzt führt, usw. Beziehungsarbeit beginnt also lange vor der „Metakommunikation über die Beziehung". Bei der Metakommunikation wird die Beziehung direkt angesprochen:

- Therapeutin: „Können Sie den letzten Gedanken noch mal sagen, ich war eben abgelenkt...", und wenn die Therapeutin irgendeinen Anlaß hat, zu vermuten, daß die Klientin dadurch irritiert/verärgert etc. ist: „Wie ist das für Sie, daß ich nicht aufmerksam war?", oder: „War das gerade schlimm für Sie?", oder: „Es tut mir leid."
- Therapeutin: „Ich merke, daß ich mich nicht gut auf Sie einstellen kann, ohne vorher über das Finanzielle zu sprechen. Sie haben jetzt x-Monate nicht bezahlt und versprochen, nach den Sommerferien zu zahlen. Allmählich ärgere ich mich!"
Klientin: „Ich hab mich schon die letzten drei Sitzungen nicht wohlgefühlt, weil ich mich nicht getraut habe, Ihnen zu sagen, daß ich das Geld noch nicht habe..."
Egal, zu welchem Ergebnis die beiden in dieser Sache kommen: Wenn ein so wichtiges Beziehungs(!)-Thema ausgeklammert wird, ist das für den Prozeß hinderlich.
- Die Therapeutin unterbricht die Klientin, die ständig vom Thema abkommt, und bittet sie, bei der Auseinandersetzung mit ihrem Partner zu bleiben. Die Klientin setzt sich kerzengerade auf. Therapeutin: „Was ist denn gerade geschehen, als ich das zu Ihnen gesagt habe?", „Wie ist das für Sie, so was gesagt zu bekommen?"
- Auch das Ansprechen von Gegenübertragungsreaktionen ist wichtig für die Beziehungsarbeit. Je nachdem, wie sicher die Beziehung bereits ist, kann dies eher behutsam oder auch ganz direkt geschehen: „In der letzten Sitzung und auch heute finde ich es richtig anstrengend/ermüdend mit Ihnen. Das ist ganz ungewohnt/ich kann es mir nicht erklären/ich frage mich, was los sein könnte?"
Klientin: „Ich wollte das eigentlich nicht sagen, ich habe Samstag auf einem Geburtstag eine Kollegin von Ihnen kennengelernt. Und irgendwie bin ich auf die Idee gekommen, daß Sie ihr vielleicht was von mir gesagt haben könnten..." Die Therapeutin ist froh zu wissen, was los ist. Es folgt ein Gespräch über Schweigepflicht.
- Eine viel schwierigere Situation:
Die Therapeutin hatte Frau Y zunächst in einem anderen Zusammenhang kennengelernt, in einer fortlaufenden nicht-therapeutischen Gruppe. Als Frau Y mit der Therapie bei der Therapeutin begann, erkundigten sich einige GruppenteilnehmerInnen besorgt nach Frau Y, und die Therapeutin informierte sie: Es sei alles in Ordnung, Frau Y sei jetzt bei ihr in Therapie. Dieser „Schweigepflichtsbruch" war zustande gekommen, weil die Therapeutin davon ausging, Frau Y habe selbst einigen TeilnehmerInnen davon erzählt, so daß der Therapiebeginn eher „allgemein bekannt" sei. Als Frau Y davon erfährt, wirft

sie ihrer Therapeutin den Schweigepflichtsbruch vor. Die Therapeutin ist erschrocken/betroffen. Sie erklärt zunächst, wie das zustande gekommen ist, merkt, daß nichts von ihrer Erklärung bei Frau Y ankommt, ist dadurch noch betroffener, merkt die Not, die für Frau Y dahinter steht. Therapeutin: „Ich weiß, daß das nichts wieder gutmacht, aber ich möchte mich wenigstens dafür entschuldigen: Es tut mir leid, daß ich das gesagt habe, und daß ich Sie damit verletzt habe."
Frau Y: „Na ja, ist ja jetzt auch egal." An dieser Stelle fühlt die Therapeutin sich „im Regen stehengelassen".
Therapeutin: „Können Sie mich mal angucken... Ich habe Sie verletzt.. und jetzt verletzen Sie mich... Ich finde es *nicht* egal für uns beide, ob mir das, was ich getan habe, leid tut oder nicht... und ich glaube, wenn Sie mich ansehen, ist auch sichtbar, wie *sehr* es mir leid tut..." Es folgt eine Arbeit, in der viel von dem Leid aufbricht, das Frau Y in ihrem Leben erfahren hat, und in der für die Klientin und die Therapeutin verstehbar wird, daß „Verzeihen können" für Frau Y nicht nur unvertraut ist, sondern daß „Verzeihen" für ihre *damalige* Situation auch völlig inadäquat gewesen wäre.

– Eine Klientin zeigt der Therapeutin am Ende einer Sitzung eine Tonfigur, die sie in einem Seminar angefertigt hat, und bittet sie, sie in die Hände zu nehmen und darüber zu streichen. Die Therapeutin „mag nicht". Sie sagt, es sei ihr am Ende der Stunde zu viel, zu plötzlich, zu intim, diese Tonfigur, die ja eine zutiefst persönliche Bedeutung hat, in die Hände zu nehmen. Erst viele Sitzungen später spricht die Klientin – zum Glück – von sich aus an, wie verletzt sie über diese „Zurückweisung" war. Es wird deutlich, wie sie die „Zurückweisung" ihren Mustern entsprechend interpretiert hat: „Die tut immer nur freundlich – dabei mag sie mich nicht mal berühren."
Mit dieser Sitzung begann für die Klientin und die Therapeutin ein langer und schöner Weg von Beziehungs-Lernen. Gerade bei dieser Klientin, für deren Mißtrauen es eine lange Leidensgeschichte gibt, ist es extrem wichtig gewesen, relativ früh eine deutliche Abgrenzung, ein klares Nein von der Therapeutin zu hören, zu erfahren: „Das ist jemand, die streichelt nur, wenn sie es auch will." Und das heißt ja auch: „Wenn sie mir etwas Gutes tut, dann meint sie das auch."

– Bei KlientInnen, denen es schwerfällt, etwas „Gutes" von der TherapeutIn anzunehmen, die sich eher „nicht gemeint" fühlen, die selbst kleine freundliche Gesten interpretieren als „das ist ihre Rolle als TherapeutIn"/„ihr Job"/„die tut nur so, das muß sie ja", ist es gut, immer einmal wieder zurückzuschauen zu Situationen, in denen die TherapeutIn sich abgegrenzt hat, in der sie die KlientIn zurückgewiesen hat. Es muß deutlich werden: „Dich zu mögen ist *nicht* mein Job. Wenn es mir/der Situation nicht entspricht, werde ich Dich auch nicht in den Arm nehmen. Wenn ich Dich in den Arm nehme, kannst Du sicher sein, daß ich „Dich" meine, daß es meinem Gefühl für Dich entspricht, Dich jetzt in den Arm zu nehmen."

- Ein Klient wartet im Therapiezimmer auf die Therapeutin. Als sie hereinkommt, fällt ihr auf, wie weit die Stühle auseinandergerückt sind und sie sieht ihn fragend an. Klient: „Ich stelle die Stühle jedes Mal auseinander. Bei anderen Patienten sitzen Sie anscheinend immer viel näher als bei mir." Die Therapeutin spürt Impulse, ihm zu erklären, was das wohl für Situationen seien, kann dann aber innerlich umschalten und fragt: „Wie wäre das denn, wenn ich anderen näher wäre als Ihnen?" Er kann jetzt spüren, daß ihn das traurig macht, seine Wünsche und das, was ihm fehlt, werden ihm deutlicher.

- Eine Klientin bringt ihrer Therapeutin eine weiße Rose mit. Die Therapeutin bedankt sich, fragt, ob die Rose eine besondere Bedeutung hat. Klientin: „Sie soll ‚Danke' heißen für die letzte Stunde." Die Therapeutin freut sich, sieht dann, daß die Klientin die Hand vor den Mund hält, fragt: „Ja?"
Klientin: „...und daß ich Sie mag." (Schlägt sich mit der Hand auf den Mund.)
Therapeutin: „Das durfte ich nicht wissen?" Die Klientin nickt.
Therapeutin: „Das scheint gefährlich zu sein?" Die Klientin nickt wieder. Über viele Sitzungen wird nun daran gearbeitet, wie die Klientin sich nicht von ihrer Mutter abgrenzen konnte, schluckte, was ihr nicht bekam, „nur" weil sie sie gern hatte und nicht traurig machen wollte. Zu lernen, „Ich mag jemanden und *darf* dennoch ich selbst bleiben" ist für die Klientin eine „lebenswichtige" Erfahrung.

- Ein Klient, der sich wegen „Beziehungssucht" zur Therapie angemeldet hatte, schreibt der Therapeutin nach der dritten Sitzung einen seitenlangen Brief, in dem er in den intimsten Einzelheiten schildert, wie er mit einer Frau, die er tags zuvor kennengelernt hatte, die Nacht verbracht hat. Die Therapeutin fühlt sich von dem Brief überrollt und vereinnahmt und spricht in ihrer Supervision darüber. Nachdem die Therapeutin zunächst daran gearbeitet hat, wie schwer es ihr ist, sich gegen einen derartigen „Vertrauensbeweis" abzugrenzen, äußert sie spontan: „Wenn der so mit allen seinen Frauen umgeht wie mit mir, wenn der die *so* überrollt, dann werden die ihm alle abhauen! Das muß ihm doch mal jemand sagen!" Damit geht sie in die nächste Sitzung. Der Klient ist zunächst völlig verwirrt, als sie ihm sagt, daß es ihr mit dem Brief nicht gut ging, daß ihr das zu viel, zu intim und auch zu früh ist. Er braucht lange, um überhaupt zu verstehen, was sie meint, und ebenso lange, um zu verstehen, daß die Therapeutin sich damit abgrenzt und *nicht* „ihn ablehnt".

Auch in den Beispielen im vorangegangenen Kapitel wurde ausführlich dargestellt, wie therapeutische Beziehungsarbeit verlaufen kann.

In Verbindung mit der Arbeit *an* der Beziehung möchten wir die Frage thematisieren: „Wie sehr muß ich als TherapeutIn eigentlich meine KlientInnen mögen?" Hier ein paar Versuche zur Beantwortung dieser Frage:

- Je mehr wir unsere KlientInnen mögen, um so besser ist das für sie und für uns – jedenfalls so lange kein Gefühlsbrei daraus entsteht, der die Abgrenzung schwierig macht.
- Wir sollten KlientInnen, bei denen wir uns nicht vorstellen können, daß wir sie im Laufe der Zeit nicht ein bißchen mögen können, nicht in Therapie nehmen – zu ihrem und zu unserem Guten. Wenn es irgend möglich ist, sollten wir aber unsere Ablehnung annehmbar machen (z. B. indem wir die „Ablehnung" an unserem Unvermögen etc. festmachen, uns auf eine bestimmte Thematik einzulassen). Außerdem sollten wir helfen, eine geeignete TherapeutIn zu finden.
- Wir müssen unsere KlientInnen nicht „rundum gern haben". Es reicht, wenn wir sie genug mögen, um an ihnen interessiert zu sein, sie in ihrem Lebensganzen verstehen zu wollen. Es reicht, wenn wir „gut genug" sind (wie die „good enough mother" von *Winnicott*). Wir können als TherapeutInnen nicht optimal sein, weil wir nicht „funktionieren", weil Beziehungen in jedem neuen Kontakt „ausgehandelt" werden müssen.

Gerade dadurch, daß wir eben nicht nur eine Rolle verkörpern, nicht immer aufmerksam sind und auch Fehler machen, kann sich intersubjektive Beziehung entwickeln: Es geht nicht um Perfektion, sondern darum, gut damit umzugehen, wenn wir Fehler gemacht haben, sie uns einzugestehen, uns betreffen zu lassen.

Abschließend möchten wir noch einmal betonen, wie nah Arbeit *an* der Beziehung und *an* und *in* der Übertragung beieinander liegen. Sie ergänzen und erleichtern sich gegenseitig: In der Arbeit *an* der Beziehung werden lebenslange Muster, werden vorangegangene Szenen wieder belebt, werden Übertragungen sichtbar und bearbeitbar. Durch die Arbeit *an* der Übertragung, die ja das Ziel hat, die Übertragungen aufzulösen, wird wiederum möglich, *an* der Beziehung so weiter zu arbeiten, daß sie sich in Richtung Intersubjektivität weiter entwickeln kann. Damit können wir die Arbeit *an* der Beziehung auch als übergeordnet verstehen: Letztendlich ist die Arbeit an und in der Übertragung immer auch Beziehungsarbeit.

10.3 Mittelphase

10.3.1 Veränderung von Beziehungen

Bei unserer Arbeit an diesem Abschnitt über die Mittelphase stellten wir fest, daß wir mehr als sonst Beispiele von unseren KlientInnen erzählten. Es dämmerte uns, daß es sich um ein bedeutsames Phänomen handelte: Anders als in der Anfangs- und Endphase, in denen es bei aller Einzigartigkeit des Geschehens einige grundlegende Regeln und typische Themen gibt, sind die Abläufe in der Mittelphase sehr viel individueller und weniger regelhaft.

Die Mittelphase zeichnet sich dadurch aus, daß die Therapie sich nun auf relativ sicherem Boden bewegt: Sicherheit in bezug auf die Beziehung zwischen KlientIn und TherapeutIn und Sicherheit, auf den therapeutischen Prozeß zu vertrauen. TherapeutIn und KlientIn müssen nicht mehr vorsichtig tasten, sie wissen in etwa, was sie einander zumuten können, wie sie miteinander Konflikte austragen können, worauf sie sich verlassen können, woran sie sich miteinander freuen können, was leicht ist zwischen ihnen beiden und was schwierig ist. Die KlientIn hat gelernt, sich auf den therapeutischen Prozeß einzulassen, auf das, was sie fühlt, auf das, was ihr Angst macht. Sie hat immer wieder die Erfahrung gemacht, daß es z.B. nicht zu immer *mehr* Schmerz führt, wenn sie sich auf Schmerz einläßt, sondern daß es über das Erlebnis von Schmerz möglich wird, zu trauern, Verfestigtes loszulassen und sich für neue Erfahrungen zu öffnen.

Mit dieser Sicherheit im Hintergrund kann jetzt sowohl von der KlientIn als auch von der TherapeutIn aus mehr gewagt werden. Die KlientIn wird mutiger in bezug auf die Beziehung.

Sie beginnt vielleicht, sich in die TherapeutIn zu verlieben, oder sagt in der 40. Sitzung etwas, worüber sie sich in der 20. Sitzung geärgert hat, und was sie seither mit sich herumgetragen hatte, oder sie spricht einen Wunsch aus, der bisher tabuisiert war. Sie kann in Phasen von Verzweiflung und Trauer jetzt unter Umständen „hemmungsloser" weinen und sich von der TherapeutIn in den Arm nehmen lassen, wiegen und halten lassen, oder kann Trotz zum Ausdruck bringen. Die KlientIn kann mehr Regression wagen, und damit einhergehend mehr Tiefung. Sie kann riskieren, die „kindlichen Szenen und Gefühle, die Unsicherheit, das Chaos von damals" wieder zu erleben, ihre Wut und ihre Sehnsucht von damals auszudrücken in der *Gegenwart* eines anderen Menschen, nämlich der TherapeutIn.

Ebenso wird auch mehr Progression möglich. Die KlientIn traut sich mehr und mehr, sich auf Unbekanntes einzulassen, neue Schritte innerhalb und außerhalb der Therapie auszuprobieren und einzuüben.

Auch die TherapeutIn kann auf diesem Hintergrund mehr wagen. Bisher ausgeklammerte oder tabuisierte Themen und Gegenübertragungen können auch von ihr leichter angesprochen werden. Ein Beispiel: Nachdem Therapeutin und Klientin lange an der schwierigen Beziehung zum Vater gearbeitet haben, fragt die Therapeutin jetzt nach dem sechs Jahre älteren Bruder, der bisher auffällig selten erwähnt wurde: Erst jetzt kann die Klientin den Schmerz an sich herankommen lassen, den sie gespürt hat, als sich ihr großer bewunderter Bruder immer wieder unter Beifall seiner anwesenden Freunde über ihren „dicken" Hintern und ihre wachsenden Brüste lustig gemacht hat. Oder die Therapeutin sagt in einem anderen Fall: „Bei all dem, was Sie erlebt haben, erstaunt es mich immer wieder, daß Sie nie ernsthaft krank gewesen sind", und erst jetzt fällt der Klientin ein, daß sie als Kleinstkind existentiell bedrohliche Ernährungsstörungen hatte und deswegen mehrfach wochenlang im Krankenhaus war. Oder: die Therapeutin kann sich nicht mehr erinnern (ihr Vergessen ist hier als Gegenübertragungsreaktion zu verstehen), woran die Mutter einer Klientin gestorben ist, als diese zwölf Jahre alt war. Sie vermutet, daß es sich um Suizid gehandelt hat und wagt es jetzt nachzufragen. Aus der Antwort der Klientin: „Wir sprechen immer nur vom Tod meiner Mutter, aber es war Selbstmord" wird deutlich, wie sehr dieses Ereignis bisher weggeschoben werden mußte. Jetzt kann etwas Neues beginnen. Die Klientin fängt an zu erzählen, wie es damals war, als die Mutter verschwunden war, fünf Tage der Angst, wie die Mutter nicht da war, als sie und ihre kleine Schwester aus der Schule kamen, wie sie zusammen mit ihrer kleinen Schwester an Mutters Bettdecke gerochen habe, wie Vater und Onkel, die schon einen Tag lang wußten, daß die Mutter tot war, keinen Weg fanden, es den beiden Kindern zu sagen. (Die Narration kommt wieder in Fluß.) Die Klientin hatte schon mehrfach intensiv an der schwierigen Beziehung zu ihrem Freund gearbeitet, konnte aber jetzt erst begreifen, wie tief ihre „irrationale" Angst, ihn zu verlieren, in ihrem Verlust der Mutter verwurzelt war.

Ein anderes Beispiel: Die Therapeutin hat Schwierigkeiten mit den status- und karriereorientierten Wertvorstellungen eines ihr sonst sympathischen Klienten. Sie „traut sich", ihn in der Mittelphase zu konfrontieren: „Und wenn Sie sich fragen, was bin ich ohne Status ...?" Diese Frage erweist sich als extrem bedrohlich für den Klienten, er kann aber seine Angst mit Hilfe der Therapeutin aushalten, sie wahrnehmen und ihren Ursachen auf die Spur kommen (Wertvorstellungen und Abwertungen durch die Großeltern, von denen seine Kindheit und Jugend geprägt waren, besonders deshalb, weil seine Eltern sich nicht dagegen zur Wehr zu setzen wagten).

Wie aus diesen Beispielen schon deutlich wird, bewirkt die bis zu Beginn der Mittelphase entstandene Sicherheit in der Beziehung und im therapeutischen Prozeß, daß KlientInnen sich *ihrem individuellen* Prozeß (Tempo, Themen usw.) mehr und mehr überlassen, bzw. daß sich KlientIn und TherapeutIn dem gemeinsamen Prozeß „überlassen", der sich sehr spezifisch entwickelt.

In der Mittelphase werden die Abwehrstrukturen „gelockert", werden weniger starr. Schwerwiegende Erlebnisse der KlientIn, die bisher nicht erinnerbar, nicht spürbar oder nicht aussprechbar waren, werden „hochgeschwemmt", verstanden und benannt (integriert). Auch die Symptome verändern sich, nicht selten treten in dieser Zeit auch neue Symptome auf. Sie sind allerdings weniger schwer, verstehbarer und können leichter behandelt werden als die, die ihnen vorausgegangen sind, da der Einstieg zu Regression und szenischem Erleben jetzt leichter ist. Zum Beispiel: Ein Klient bekommt massive Schluckbeschwerden in einer Phase, in der er beginnt, sich mit anderen auseinanderzusetzen, Konflikte auszutragen. Es wird schnell deutlich, daß er sich als Schulkind sehr strikten Essensgeboten seines Vaters unterwerfen mußte. Jetzt wehrt er sich dagegen, „alles zu schlucken": Schlucken tut ihm weh. Oder: Eine Klientin bekommt in der Mittelphase Menstruationsbeschwerden. Sie berichtet in diesem Zusammenhang in der Therapie zum ersten Mal davon, daß sie erst mit 19 Jahren ihre Menstruation bekommen hat und welche Torturen und erniedrigende beschämende Behandlungen durch Ärzte sie zwischen vierzehn und neunzehn über sich ergehen lassen mußte. Nachdem hieran gearbeitet werden konnte und die Klientin begonnen hatte, sich Hypothesen über den späten Menstruationsbeginn zu bilden (wegen der „geilen" Blicke des Vaters, seiner Kommentare über ihre „stärker" entwickelten Freundinnen und der Art und Weise, wie er ihre Mutter behandelte), verschwanden auch ihre Menstruationsbeschwerden wieder. Eine andere Klientin erwähnte in dieser Phase ganz nebenbei, daß sie nicht nur – wie die Therapeutin gedacht hatte – sehr kleine Brüste habe, sondern „überhaupt keine Brüste, nur Brustwarzen". Dies war der Einstieg in die Arbeit am sexuellen Mißbrauch durch ihren Onkel, der bisher nicht einmal erwähnt werden konnte.

Auch die Zielvorstellungen der KlientInnen verändern sich häufig während der Mittelphase. Die Beseitigung von Symptomen bleibt meist nicht einziges und wichtigstes Ziel, die Vorstellungen von Gesundheit relativieren sich, werden „ganzheitlicher".

Die Veränderungen der KlientInnen äußern sich in ihrem Umfeld und führen im allgemeinen nicht nur zu positiven Reaktionen: Wenn überangepaßte KlientInnen plötzlich – und zunächst in meist übersteigerter Form – ihre Konfliktfähigkeit oder ihre Abgrenzungsfähigkeit proben, führt das häufig zur Meuterei des Partners oder der Partnerin. Nicht selten kommt es in dieser Zeit zu massiven Auseinandersetzungen mit den Eltern. Auch alte Freundschaften werden in Frage gestellt, überprüft und manchmal aufgegeben. Es beginnen neue Freundschaften, die zum Teil experimentellen Charakter haben: Beziehungen zu Menschen, die bislang überhaupt nicht „zur Welt" der KlientIn gehört haben. Manchmal werden bis dahin „selbstverständliche" Leistungen verweigert, bzw. Leistungsbereitschaft wird generell in Frage gestellt.

Diese Folgen von Therapie sind unter Umständen im Sinne gesellschaftlicher Anpassung höchst unerwünscht, können aber therapeutisch einen Fortschritt bedeuten – zumindest im Sinne eines Zwischenziels.

Therapiebedingte Veränderungen wirken sich oft auf die gesamte bisherige Lebensgestaltung aus. Die TherapeutIn ist hierfür mit verantwortlich und muß die KlientIn gegebenenfalls schützen, vorschnelle oder irreversible Schritte zu tun. Dies gilt besonders für existentielle oder riskante Lebensentscheidungen, wie z. B. Trennungen oder Kündigungen. Die TherapeutIn sollte sich immer wieder klar machen, daß die Sicherheit der therapeutischen Beziehung nur *eine* – und zwar eine sehr begrenzte – Sicherheit ist. Sie weckt manchmal Illusionen, die nicht einzulösen sind. Das übliche therapeutische Setting (ein bis zwei Sitzungen pro Woche, Erreichbarkeit der TherapeutIn rund um die Uhr nur in Extremfällen) kann niemals ein normales soziales Netz – Partnerschaft, Freundschaften, verwandtschaftliche Beziehungen, KollegInnenkreis am Arbeitsplatz usw. – ersetzen.

Die Offenheit in der Mittelphase führt manchmal dazu, daß tiefgehende Unterschiede in den Wertvorstellungen von TherapeutIn und KlientIn deutlich werden. Das kann zu einer Gratwanderung werden, zu einer Herausforderung der beidseitigen Ko-respondenzfähigkeit, und damit auch zu einer Chance für weitere Entwicklungen. Z. B.: Was tun, wenn eine KlientIn beginnt, Karriere zu machen, und dabei rücksichtslos auf Kosten anderer vorankommt? Was tun, wenn eine KlientIn erzählt, welche Freude es ihr macht, mit 190 km/h (ohne Katalysator!) über die Autobahn zu rasen? Was tun, wenn die KlientIn sich entscheidet, ihre inzwischen alten Eltern „zur Sau" zu machen, ihnen die Wahrheit „ins Gesicht zu kotzen"? Was tun, wenn eine KlientIn sich entscheidet, sich auf eine Weise „vom Staat" finanzieren zu lassen, die die TherapeutIn nicht für gerechtfertigt hält? Hier ist wichtig, daß die TherapeutIn bereit ist, sich zu hinterfragen: Handelt es sich um „echte" Werteunterschiede, oder um eigene Gegenübertragungsprobleme (z.B. Neid, eigene Ängste, usw.)?

Schwierig ist es auch, wenn die KlientIn sich für eine Lebensweise entscheidet, die die TherapeutIn für diese KlientIn nicht für geeignet hält, wenn die KlientIn sich z. B. für einen Partner entscheidet, der bezüglich seiner Kommunikationsfähigkeit oder seiner charakterlichen Eigenschaften nicht zu ihr zu passen scheint, wenn sie sich für einen Beruf entscheidet, mit dem sie nach Meinung der TherapeutIn stark über- oder unterfordert ist, usw.

Wieder handelt es sich um eine Herausforderung an die Ko-respondenzfähigkeit von beiden und um eine Gratwanderung: Auf der einen Seite die Verantwortlichkeit der TherapeutIn, auf der anderen Seite ihre Einsicht in die Begrenztheit der eigenen Sicht und ihr Vertrauen in die Eigenverantwortlichkeit der KlientIn: Manchmal sind augenscheinlich falsche Wege, „Um-wege" und „Irr-wege" besser als die geraden Wege. Die *vorsichtig und taktvoll geäußerte Meinung* der TherapeutIn kann zu einem – möglicherweise wichtigen – Faktor im Prozeß der Entscheidung der KlientIn werden.

Die Bearbeitung von Übertragungen hat in der Mittelphase einen großen Stellenwert. Wir beschreiben einige Beispiele, die veranschaulichen, wie „relativ einfach" es jetzt wird, Übertragungen aufzulösen.

- Die Klientin erzählt, daß sie sich am Wochenende mit ihrem neuen Freund verabredet hat, und was sie gemeinsam unternehmen wollen. Die Therapeutin hört aufmerksam zu. Klientin: „Warum guckst du denn so skeptisch? Du nimmst mir den ganzen Mut!"
Therapeutin: „Ich glaube, Du verwechselst mich. Ich freu mich für Dich. Das klingt, als würde es ein schönes Wochenende für Euch beide." Die Klientin guckt ungläubig. Therapeutin: „Ich muß grad dran denken, wie Dein Vater Dir alle Freundschaften vermiest hat, wie er an keinem Freund ein gutes Haar gelassen hat."
Klientin: „Alles klar, da lief halt wieder die alte Kiste."

- Die Therapeutin hat bei einer Klientin „Terminsalat" gemacht, richtet es dennoch so ein, daß die Klientin (mit 15 Minuten Wartezeit) ihren Termin bekommt und entschuldigt sich bei ihr. Die Klientin kann die Entschuldigung nicht annehmen: „Dann kann ich eben keine Termine mehr mit Dir machen. Nie hab ich mich auf jemanden verlassen können... Dann ist es eben besser, überhaupt keinem zu trauen... Auch Dir nicht!" – Viele, viele Male hatten die Therapeutin und die Klientin bereits daran gearbeitet, wie die Klientin als Kleinkind immer wieder von beiden Eltern im Stich gelassen wurde (z. B. indem die Eltern wegfuhren, ohne die Klientin und ihre Geschwister zu informieren und ohne sie anderweitig unterzubringen).
Therapeutin: „Ich bin nicht Deine Eltern."

Klientin: „Das sind nicht nur meine Eltern, *alle* sind sie so..." (Beginnt zu weinen.) „Am Tag nach der Hochzeit hat mein Mann zu mir gesagt: ‚Eigentlich hätten wir gar nicht heiraten brauchen.'" (weint heftiger)
Therapeutin: „Wie hat er das denn gemeint?"
Klientin: „Daß er mich nicht will. Das werfe ich ihm bis heute vor, und er sagt die ganze Zeit, daß er es ganz anders gemeint hat."
Therapeutin: „Wie denn?"
Klientin: „Na, daß wir genauso weiterleben, egal ob verheiratet oder nicht."
Therapeutin grinst.
Klientin: „Du glaubst doch wohl nicht, daß das wahr ist?"
Therapeutin: „Natürlich glaube ich ihm. Er muß Dich schon sehr lieben, wenn er aushält, wie weh Du ihm tust."
Klientin: „*Ich* tue *ihm* doch nicht weh, *mir* hat er weh getan."
Therapeutin: „*Mir* hast Du vorhin auch weh getan."
Klientin: „Dir?"
Therapeutin: „Du hast getan, als wäre alles, was uns verbindet, nichts mehr wert, nur weil ich *einen* Termin verschlampt habe." Lange Pause.
Im weiteren Verlauf der Sitzung sprechen beide darüber, wie die Klientin die schlimmen Erfahrungen mit den Eltern auf alle Beziehungen überträgt, wie sie immer wieder zu negativen Interpretationen kommt. Sie hat eine Ahnung davon, daß sie ihrem Mann vielleicht wirklich weh tut, wenn sie auf ihrer Interpretation beharrt. Sie findet wieder zurück zum Vertrauen zur Therapeutin, *weiß*, daß ihre Therapeutin sich nicht verhält wie ihre Eltern es getan haben, beginnt zu ahnen, daß es nicht nur Schwarz und Weiß gibt: „Vielleicht Weiß mit kleinen grauen Einsprengseln."

- Klientin: „Ich kann nicht weinen."
Therapeutin: „Weißt Du, warum nicht?"
Klientin: „Weil ich dann so häßlich aussehe, wenn ich verheult bin."
Therapeutin: „Glaubst Du das im Ernst? Glaubst Du, ich mag Dich nicht mehr, wenn Du verheult aussiehst?"
Klientin: „Na ja, eigentlich nicht."
Therapeutin: „Was ist es denn?"
Klientin: „Na, daß ich Dir zu viel werde mit meiner ganzen Trauer. Daß dann irgendwann der Hammer kommt."
Therapeutin: „Wie denn zum Beispiel?"
Klientin: „Daß Du mich rausschmeißt!"
Therapeutin: „So wie Deine Mutter Dich rausgeschmissen hat?" (Ihre

Mutter hatte die Zwölfjährige nach dem Suizid des Vaters am gleichen Tag ins Internat gegeben – sie konnte weder ihre eigene noch die Trauer ihrer Tochter ertragen.)
Klientin: „Ja, genau."
Therapeutin: „Und Du glaubst, ich kann Deinen Schmerz auch nicht aushalten?"
Klientin: „Eigentlich weiß ich's ja. Aber ich bin auch immer erschrocken, daß Du so viel von mir weißt, dadurch wird es dann noch schlimmer."
Therapeutin: Fragender Blick.
Klientin: „Na, wenn Du mich rausschmeißt, obwohl Du das alles weißt, dann ist das eben ganz furchtbar schlimm."
Therapeutin: „Ja, das wäre auch wirklich ganz schlimm. Aber ich tue es nicht. Da bin ich ganz sicher."
Klientin: „Da mußt Du sogar für mich mit sicher sein."

- Ein Klient hat offensichtlich eine Übertragungsbeziehung zu einer Kollegin, von der er sich ständig zurechtgewiesen und „in Grund und Boden geredet" fühlt.
Klient: „Ich fühl mich wie ein kleiner Junge, wenn sie in der Nähe ist."
Therapeutin: „Magst Du mal malen, wie sich das anfühlt?" (Dieser Klient bekommt über Malen ganz leicht Zugang zu seinen Gefühlen.)
Er malt ein Bild, auf dem er winzig klein in der Ecke am Boden liegt, eine riesige Frau, die den ganzen Raum mit Sprechblasen füllt, steht über ihm.
Klient: „Das ist meine Mutter."

10.3.2 „Störungen" im therapeutischen Prozeß

Wir möchten jetzt auf „Störungen" im therapeutischen Prozeß eingehen. Wir verstehen diese „Störungen" als integralen Bestandteil des therapeutischen Prozesses, als Normalität. Diese „Störungen" treten in allen Phasen des therapeutischen Prozesses auf, sie werden aber meist in der Mittelphase am prägnantesten, so daß wir sie hier besprechen wollen.

Zunächst werden wir uns mit *Stagnation* und *Widerstand* beschäftigen, anschließend mit *Rebound-Effekten* (scheinbare „Rückschläge").

10.3.2.1 Stagnation/Konsolidierung

Wenn wir den Eindruck haben, „auf der Stelle zu treten", „uns im Kreis zu drehen", stellt sich die Frage, ob wir es mit Stagnation zu tun haben oder mit einer Phase von *Konsolidierung* bzw. *Stabilisierung*. Die Klärung dieser Frage ist für das weitere therapeutische Vorgehen von entscheidender Bedeutung und sollte, wenn möglich, gemeinsam mit der KlientIn erfolgen.

Meist – aber nicht immer – findet *Stagnation* einen Ausdruck in der Gestimmtheit von KlientIn und TherapeutIn: Im Vergleich zu früheren lebendigeren Phasen in der Therapie werden die Sitzungen langweilig, monoton. KlientIn und TherapeutIn sind müde, lustlos, vielleicht unterschwellig gereizt. Es entwickelt sich thematisch keine „Figur", diese ist bestenfalls als „Nicht-Figur" dingfest zu machen. Vielleicht kommt es auch zu Mißverständnissen bei Terminabsprachen. Manchmal ist Stagnation schwieriger zu identifizieren, z.B. wenn sie sich hinter einer Art Anpassung verbirgt, die als Abwehr verstanden werden muß: Die KlientIn ist überaus produktiv, eine neue Erkenntnis reiht sich an die nächste und dennoch geschieht nicht wirklich etwas. Eine besonders schwer zu entdeckende Form von Stagnation im therapeutischen Prozeß kann auch darin bestehen, daß TherapeutIn und KlientIn sich mit einem „Lieblingsthema" beschäftigen, das zwar therapierelevant ist, aber auf längere Sicht am Hauptziel der Therapie vorbeigeht. (Selbstverständlich soll nicht die TherapeutIn entscheiden, was Ziel der Therapie ist, und selbstverständlich verändern sich auch die Therapieziele, *aber* die Veränderung von Therapiezielen sollte bemerkt und angesprochen werden.) Zum Beispiel war ein Klient, der wegen seiner quälenden Ambivalenz im Leistungsbereich („Examen machen oder vielleicht lieber doch nicht?") in die Therapie gekommen war, thematisch fast ständig mit seinen Ehekrächen beschäftigt, die so viel Dynamik erzeugten, daß Klient und Therapeutin für lange Zeit die viel brisantere Arbeitsproblematik aus den Augen verloren.

Konsolidierungsphasen treten regelmäßig auf, am ehesten lassen sie sich vielleicht mit der Metapher des Verdauungsprozesses verstehen: Neues muß sich setzen, durchgekaut, verdaut, integriert werden – durch das Neu-Sortieren wird Altes ausgeschieden. In einer Euphorie von Veränderung und Weiterentwicklung oder auf Grund eines

Leistungsdrucks, unter den sich KlientIn und TherapeutIn manchmal gegenseitig setzen, wird die Not-wendigkeit dieser Konsolidierung leicht übersehen. Wenn dies nicht erkannt wird, kann es zu einem Klima maligner Progression („zu früh"/ „zu viel") kommen und damit unter Umständen zu einer Wiederholung einer frühen Beziehungsstörung. Das wirkt sich besonders gravierend aus, wenn ein solcher Erfolgsdruck auf einer narzißtischen Problematik der TherapeutIn beruht. („Am schnellen Fortschritt der Klientin zeigt sich, wie gut ich bin", bzw.: „Ich bin gekränkt, wenn sie – trotz meines Talents – nicht schneller weiterkommt".) Manchmal sind auch ein rasches Entwicklungstempo der KlientIn (verbunden mit risikoreicher Experimentierfreude) für TherapeutIn und KlientIn so freudvoll, daß beide übersehen, daß dadurch bestimmte Erfahrungen vermieden werden: So ist z. B. zu beobachten, daß KlientInnen plötzlich „riesige" Entwicklungsschritte machen oder schnell in tiefe Regressionen mit intensiver Gefühlsbeteiligung geraten, um der Klärung der Beziehung zur TherapeutIn aus dem Weg zu gehen.

In solchen Fällen ist es ratsam, eher „langsamer" zu werden, eine Phase von Ruhe, Stabilisierung oder Konsolidierung bewußt herbeizuführen.

Um zu klären, ob es sich um *Stagnation oder Konsolidierung* handelt, sind folgende Fragen hilfreich:
- Könnte es sein, daß die KlientIn diese Zeit braucht, um das Erlebte zu verdauen, zu integrieren, um sich neu zu orientieren? Sind die TherapeutIn, die KlientIn oder beide zu ungeduldig? Könnte es sein, daß eine Ruhepause, eine Zeit der Beruhigung und der Besinnung not-wendig ist? Machen wir uns zu viel Druck, so daß normale Ruhephasen wie Stagnation wirken?
- Könnte es sich um eine Übertragungsverschränkung zwischen der TherapeutIn und der KlientIn handeln, also um einen Clinch, bei dem unbewußte Mechanismen der TherapeutIn so beteiligt sind, daß der Prozeß nicht weitergehen kann und Unterstützung im Sinne von Supervision angebracht erscheint? (Zum Beispiel: Die TherapeutIn hat sich gerade getrennt, hadert damit und merkt zunächst nicht, daß sie bremst, wenn es um das Thema Beziehung bei der KlientIn geht.)
- Könnte es sein, daß die TherapeutIn/die KlientIn/beide ein Thema vermeiden, das eigentlich „dran" wäre? Handelt es sich um ein

Thema, das das Miteinander zwischen KlientIn und TherapeutIn direkt betrifft oder ein Thema, das stärker die Lebensgeschichte oder die heutige Lebenssituation der KlientIn betrifft? Welche Gründe für diese Vermeidung lassen sich erahnen? In letzterem Fall können wir davon ausgehen, daß wir es mit Stagnation zu tun haben, die durch Widerstand bzw. durch Blockierung seitens der KlientIn bedingt ist.

10.3.2.2 Umgang mit Widerstand

Wenn es sich um Stagnation und nicht um eine der Konsolidierung dienende Ruhepause handelt, haben wir es mit Widerstand zu tun.

Wie wir bereits im Kapitel Gesundheits- und Krankheitslehre sowie im Kapitel Therapietheorie ausführlich beschrieben haben, verstehen wir *Widerstand* als einen Schutz gegen Angst, von Gefühlen überflutet zu werden, die nicht bewältigt werden können, und damit auch als einen Schutz gegen die Angst vor Veränderung.

Im Dienste des Widerstands stehen lebenslang erworbene Abwehrstrukturen. Sie waren zu irgendeinem Zeitpunkt lebensnotwendig. Pathologisch werden sie, wenn sie so starr und anachronistisch sind, daß sie nicht mehr flexibel auf veränderte Bedingungen reagieren können, daß sie rigide weiter bestehen, wenn sie längst überholt sind. Sie verhindern dann Lebendigkeit und Entwicklung.

Für den Umgang mit Widerstand halten wir das Miteinander von drei Leitlinien für wesentlich:
1. Akzeptieren von Widerstand,
2. Widerstand verstehen,
3. Sicherheit bilden.

1. Akzeptieren von Widerstand

Im Kapitel Therapietheorie haben wir Widerstand als handlungsleitend für unser therapeutisches Tun bezeichnet. Das bedeutet nicht, daß Widerstand in jedem Fall „bearbeitet" im Sinne von „zum Verschwinden" gebracht werden soll. Indem wir Widerstand als Schutz verstehen, akzeptieren wir auch, daß Abwehrstrukturen u.U. nicht angegriffen werden dürfen. Als Warnsignal können uns hier die Intensität der Angst und die Stärke der Abwehr dienen. Bei starkem Widerstand kann es manchmal sinnvoll sein, daß KlientIn und TherapeutIn sich einigen, die Therapie nicht oder jetzt nicht fortzuführen. Wichtig ist, daß wir grundsätzlich Respekt und Achtung vor dem Widerstand haben, und daß wir außerdem vorsichtig sind mit unserer Interpretation von Abwehr. Z. B.: Wenn eine TherapeutIn denkt „Diese Frau müßte sich endlich von diesem Mann trennen" und wenn diese Frau „statt dessen" ein Kind von ihm bekommt, so liegt der Gedanke an Abwehr nahe. Vielleicht kann diese Frau aber gerade während der Schwangerschaft – oder durch die Schwangerschaft – die nicht veränderbar erscheinende Beziehung zu ihrem Mann in Angriff nehmen.

Manchmal ist es schwer, Widerstand stehen zu lassen, ihn zu akzeptieren, gerade wenn er von außen betrachtet ausgesprochen selbstschädigend wirkt. Ein Trost mag darin bestehen, daß das Thema in der nächsten Runde, wenn der Widerstand vielleicht eher angehbar ist, wieder auftauchen wird.

2. Widerstand verstehen

Widerstand verstehen heißt, ihn zu benennen, zu verdeutlichen, zu verstärken, ihn in seiner Entstehungsgeschichte szenisch erlebbar werden zu lassen. Widerstand sollte, wenn möglich, angesprochen und konkretisiert werden, zunächst einmal unabhängig davon, wie er sich zeigt oder woran er sich festmachen läßt. Widerstand äußert sich auf vielfältige Weise:
- atmosphärisch (Müdigkeit, Gereiztheit),
- als Gegenübertragung (zum Beispiel die KlientIn vor allem bewahren zu wollen),
- in der Beziehung (ein noch nicht weiter verstehbares Kälter-Werden oder Distanzierter-Sein/oder das Vermeiden jeder kritischen Äußerung gegenüber der TherapeutIn, weil diese zu „einfühlsam" ist und selbst Konfrontationen vermeidet),
- in der damit einhergehenden Schwierigkeit, Übertragungsmuster aufzulösen („Ich wußte schon immer, daß Sie mich für dumm halten, auch wenn Sie jetzt etwas ganz anderes sagen"),
- an bestimmten Themen oder Gefühlsbereichen (z.B. Familiengeheimnisse, Tabus, Themen), die immer nur umkreist oder letztendlich vermieden werden,

- oder in Form von symbolischen Bildern (Mauer, Nebel, Knoten, Kluft, etc.; siehe auch Identifikation im Kapitel Therapeutische Interventionen),
- oder in Mimik, Gestik, Haltung,
- oder in neu auftretenden Symptomen bzw. Symptomveränderungen.

Oft ist es schon ausreichend, den Widerstand zu benennen, damit der Prozeß wieder in Fluß kommt, getreu dem Paradoxon, „Einen Zustand benennen bedeutet, ihn zu verändern". Das Ansprechen muß manchmal sehr behutsam sein, je nach Situation sind aber auch Deutungen oder Konfrontationen angezeigt.

Beispiele:
- Therapeutin: „Ich weiß gar nicht, warum es mir so schwer fällt, das auszusprechen. Ich habe den Eindruck, Du läßt Dich nicht ein... seit... Was ist los mit uns beiden?" (Suche nach dem blockierten Thema bzw. der Beziehungsschwierigkeit/möglicherweise Gegenübertragung oder Übertragung der Therapeutin.)
- Die Therapeutin hat seit einiger Zeit den Eindruck, daß es nicht so recht weitergeht und spricht ein Thema an, von dem sie annimmt, daß es mit dem Widerstand zusammenhängen könnte. Therapeutin: „Sie hatten neulich gesagt, daß Sie Frauen attraktiv finden, die eine ähnliche Figur haben wie ich. Wir haben da nicht weiter drüber gesprochen, aber vielleicht ist es doch wichtig, darüber zu sprechen, wie es uns beiden miteinander geht, vor allem, wie es Ihnen mit mir als Frau geht." (Die Therapeutin vermutet, daß der Klient einem Beziehungsthema ausweicht und spricht es an.)
- Therapeutin: „Sie hatten gesagt, Sie würden die Therapie ab den Sommerferien regelmäßig bezahlen und haben das Geld noch nicht überwiesen. Ich möchte gern Klarheit haben/ärgere mich. Wie sieht es denn jetzt aus bei Ihnen?" (Eine Unklarheit/ein Ärger, der zwischen beiden steht, wird angesprochen.)
- Therapeutin: „Ich finde die Sitzung heute anstrengend... Es ist irgendwie so zäh... und ich krieg überhaupt nicht zu fassen, woran es liegen könnte..."
Klientin: „Ich wollte ja eigentlich nicht schon wieder darüber sprechen, aber ich habe immer noch nicht angefangen, mich auf die Prüfung vorzubereiten." (Ansprechen von Atmosphärischem, um herauszufinden, was vermieden wird.)
- Therapeutin: „Mir fällt gerade ein, wie sehr Sie sich von Ihrer Mutter immer bedrängt gefühlt haben, und ich bin nicht sicher, ob Sie sich

von mir nicht auch bedrängt fühlen." (Eine vermutete Schwierigkeit in der Beziehung wird vorsichtig als Übertragung gedeutet.)

Eine gute Möglichkeit, Widerstand/Blockierung zu verdeutlichen und verstehbar zu machen, liegt in der Arbeit mit kreativen Medien (siehe Kapitel Therapeutische Interventionen). Beispiel: Einer Klientin, die sich beklagte, daß es nicht weiter ginge, wurde vorgeschlagen, diesen Zustand zu malen. Sie malte eine Schnecke, die von einem hinter ihr liegenden feuerspeienden Berg wegkroch. Sie malte dann weitere Bilder und verwob in die Gestaltung des Schneckenhauses alle in ihrem Leben wichtigen Symbole (eine Art Mandala, ein Akt bildnerischer Zentrierung) und konnte auf diese Weise den nächsten Abschnitt der Therapie beginnen.

Die Technik der Identifikation eignet sich ausgezeichnet für die Arbeit mit Widerstand/Blockierung, und zwar ganz besonders dann, wenn wir es mit symbolischen Bildern zu tun haben. Zum Beispiel: Die Klientin identifiziert sich mit dem Abgrund, der sich vor ihr auftut: „Ich bin so tief und so weit, Du wirst mich niemals überspringen können... Wenn Du es weiter auf diese Weise versuchst, werde ich unüberwindlich bleiben... Wenn Du nicht hinabsteigst und meine Gefahren kennenlernst, wirst Du auch nicht lernen, wie Du mit ihnen fertigwerden kannst, usw." (Vgl. hierzu auch die Beispiele zu Identifikation im Kapitel Therapeutische Interventionen.)

Zum Verstehen von Widerstand/Blockierung gehört auch, zu akzeptieren, daß er manchmal nicht überwunden werden kann, und zwar nicht nur „*noch* nicht" oder „*so* nicht", sondern vielleicht auch überhaupt nicht; zu akzeptieren, daß es Grenzen gibt, daß eben nicht alles machbar ist. Hier kann die größte Leistung darin bestehen, sich das ehrlich einzugestehen und gemeinsam darum zu trauern. Ganz selten einmal kann durch diese Trauerarbeit „ein Wunder" geschehen und die gefestigte Struktur weicher werden. Achtung: Wunder geschehen nicht, wenn wir es darauf anlegen, sie auf eine bestimmte Weise herbeizuführen! Beispiel: Eine Therapeutin versucht über lange Zeit und auf verschiedenste Weise, der Klientin Mut zu machen, ihr die Hoffnung zu geben, ihre „Verrücktheit sei überwindbar". Als beide zu trauern beginnen über das, was nicht möglich sein wird, kann sich immerhin so viel Erstarrtes lösen, daß die Klientin zumindest manchmal spürt: „Die hat mich gern".

3. Sicherheit bilden

Hierzu gehört, daß die TherapeutIn – für jede einzelne KlientIn neu – ein Gespür entwickelt für ein angemessenes *Tempo*, eine angemessene *Form* und *Dosierung*. Manchmal kann man mit Sieben-Meilen-Stiefeln gehen, aber nur, wenn die Voraussetzungen stimmen, viel häufiger ist es nötig, viel Zeit zu lassen. Manche KlientInnen können besser ganz direkt auf ein Hindernis zugehen, andere müssen eher Umwege oder Schleifen gehen, üben und Erfahrungen sammeln im Erkennen, Umgehen oder Überwinden von „kleineren" Hindernissen. Manche kommen am besten auf Rollschuhen voran, manche rückwärts gehend, oder „zwei Schritte vorwärts und einen zurück", manche im Ruderboot, und manchmal muß auch jemand ein Stück getragen werden (d.h. mal arbeiten wir am besten direkt an der Beziehung, mal rühren wir besser nicht daran – jedenfalls, was das direkte Ansprechen der Beziehung betrifft –, mal spricht die TherapeutIn nur in Fremdbeispielen und sorgt für großen Sicherheitsabstand, mal ist harte Konfrontation angesagt, mal Malen, mal Bewegung, usw.).

Zum Sicherheit-bilden gehört, daß eine hinreichende Zahl von in irgendeiner Weise vergleichbaren Erfahrungen gemacht wird, um sich an das heranwagen zu können, was jetzt so schwierig ist (z. B. die Erfahrung „Wenn ich diese explosive Wut/diesen überwältigenden Schmerz zulasse, werde ich mich nicht auflösen, werde ich mich hinterher leichter fühlen/lebendiger", „wird jemand bei mir sein"). Ebenso gehört dazu, daß die KlientIn sich eine ausreichend große Sicherheit in bezug auf die Haltbarkeit der Beziehung erwirbt („Sie wird mich weiter mögen, auch wenn ich weine/ihr meinen Ärger auf sie zeige/wenn ich nicht weiterkomme/wenn ich psychosomatische Symptome entwickele/wenn es mir gut geht (!)/wenn sie sieht, daß ich sie brauche (!)"). Eine ausreichend lange, ausreichend vielfältige Beziehungsarbeit ist hier also gefragt. (Siehe hierzu auch die Beispiele zu Beziehungsarbeit aus der Anfangsphase.)

Auch das Beispiel der Klientin, die der Therapeutin den Terminsalat nicht verzeihen konnte, („Auf niemanden kann ich mich verlassen..., jetzt kann ich keine Termine mehr mit Dir machen!") gehört hierher. Bei dieser Klientin war es wichtig, zunächst nicht weiter auf der Beziehungsarbeit zu beharren, sondern loszulassen und einen Umweg zu gehen. Erst über die Auflösung der Elternübertragung auf den Ehemann (dem sie nicht mehr trauen mochte, seit er sagte: „Wir hätten nicht heiraten brauchen"), wurde es möglich, die Übertragung auf die Therapeutin aufzulösen.

Eine gute Möglichkeit in der Arbeit mit Widerstand besteht auch darin, *Schwellen niedriger zu machen:* Wenn etwas *so* zu schwer ist, muß man es halt erleichtern. Zum Beispiel: Klientin: „Ich kann meinem Vater das nicht sagen!" Therapeutin: „Wollen wir es im Rollenspiel üben?"

Klientin: „Das kann ich auch nicht."
Therapeutin: „Und wenn ich mich neben dich setze?"
Klientin: „Dann ist es nicht ganz so schlimm. Aber sagen kann ich es immer noch nicht!"
Therapeutin: „Soll ich es für dich sagen?"
Klientin: „Ja, das wäre toll. Ich hab aber ganz vergessen, was ich ihm sagen wollte."
Therapeutin: „Ich habe es mir für dich gemerkt."

...Das Beispiel ließe sich nach diesem Prinzip noch ein ganzes Stück weiter konstruieren.

Eine andere Möglichkeit, Sicherheit zu entwickeln, besteht darin, sich *Befürchtungen und Ängste genau anzuschauen:* Je besser ich etwas kenne, desto besser kann ich mich damit auseinandersetzen. Manche Ängste reduzieren sich bereits, wenn sie klar erkannt und benannt werden. U. a. mit kreativen Medien, mit Identifikationen und/oder Rollenspielen lassen sich Ängste gut verdeutlichen:
Therapeutin: „Dann setz Dich doch mal auf den Stuhl Deines Vaters und schau Dir die Tochter an, die sich nicht traut, Dir was zu sagen, die ihre Sprache und ihr Gedächtnis verliert, wenn sie Dich nur sieht."
Klientin als Vater: „Das hab ich auch nicht anders von Dir erwartet..."

Vielleicht schafft die Klientin es jetzt, wütend zu werden, oder sich ihren Vater aus einer mehr exzentrischen Position einmal genauer anzuschauen. Vielleicht wird sie noch kleiner, und der Mechanismus wird deutlicher.

In Fällen von defizitären Erfahrungen, fehlenden Gelegenheiten, mangelnder Übung finden wir häufig Widerstand, der nur deshalb nicht aufgehoben werden kann, weil ein Mangel an Anregung besteht, z. B. bei Fixierung auf ein Medium (wie z. B. „nur Sprache" oder „nur Bewegung") oder auf ein Setting. Bestimmte Erfahrungen können nur in einem bestimmten Umfeld angeregt oder entwickelt werden. In einem solchen Fall ist professionelle Flexibilität gefragt, also die Arbeit mit anderen Medien, mit Rollenspielen oder mit anderen Settings, z. B. Gruppentherapie statt Einzeltherapie.

In manchen Situationen ist es auch angebracht, daß die TherapeutIn die Verantwortung allein übernimmt und die KlientIn – trotz bestehender Widerstände – kurzfristig ihres Schutzes beraubt, gewissermaßen um sie zu ihrem Glück zu zwingen: Manchmal hilft der „Schubs vom Einer", sofern die TherapeutIn weiß, daß die KlientIn schwimmen kann, daß ihr nicht vor Panik die Luft wegbleibt, daß sie ihr jederzeit die Hand reichen kann, und daß sie sich wieder vertragen werden. Bei dieser Art von Maßnahmen sollte beiden deutlich sein, daß der Sprung überfällig ist, daß Widerstand wirklich *reichlich* anachronistisch ist, wenn er „zäh" und „öde" wird. Zum Beispiel: „Mach den Anruf jetzt! Ich warte im Nebenraum. Ich weiß, daß Du es kannst!"

Weniger drastisch ist es, wenn nicht die TherapeutIn allein, sondern beide die Verantwortung für den „Sprung" übernehmen, wenn die TherapeutIn der KlientIn Mut macht, das Risiko in Kauf zu nehmen.

10.3.2.3 Rebound/negative therapeutische Reaktionen

Das Rebound-Phänomen (Zurückschwingen/Gegenschwingen) findet sich ebenso wie Widerstand in allen therapeutischen Prozessen. Er besteht darin, daß nach einem prägnanten Fort-Schritt in die eine Richtung *alsbald* (häufig im Anschluß an die Sitzung oder in der darauffolgenden Sitzung) ein „scheinbar unerklärlicher" „Rück-Schritt" auf überwunden geglaubte Verhaltensweisen erfolgt. Meist handelt es sich um eine ganze Serie von diesen Fort- und Rückschritten.

Für Widerstand haben wir beschrieben, daß er sich manchmal kaum von einer langsam fortschreitenden positiven Entwicklung im Sinne einer Konsolidierung unterscheiden läßt. Das gilt in noch viel stärkerem Maße für Rebound: Er kann sowohl einen überwiegend konsolidierenden, als auch einen überwiegend stagnierenden Charakter haben. Manchmal hat es den Anschein, als sei Rebound

nichts anderes als eine vehement und mit vielen „Aufs und Abs"
verlaufende Konsolidierung bzw. als seien Rebounds in manchen
Fällen notwendig, bevor sich etwas Neues etablieren kann (Konso-
lidierung). Hierzu ein Beispiel:
Therapeutin: „Wie fühlen Sie sich?"
Klient: „Oh, nicht irgendwie besonders."
„Rein zufällig" und sehr nebenbei kommt zur Sprache, daß der
Klient neuerdings wieder viel häufiger onaniert, „fast wie früher".
Therapeutin: „Und wie ist das für Sie?"
Klient (leise): „Schrecklich." (Lange Pause.)
Klient: „Ich bin so verdammt allein."

Mit diesen Sätzen, die zunächst wie ein Rückschritt schienen,
beendete der Klient eine über Jahre währende Resignation.

Rebound-Effekte haben viel zu tun mit dem oben beschriebenen
Widerstandsgeschehen, mit der Angst vor Überflutung von Gefühlen
und vor „zu intensiven/zu frühen" Veränderungen: Das Fort- und
Zurückschreiten findet gewissermaßen im Grenzbereich von Wider-
stand/Blockierung statt, ein Pendeln durch das Niemandsland zwischen dem Alten und dem Neuen. Letztendlich bedeutet Rebound
immer, daß Abschieds- und Trauerarbeit über den Verlust des Alten
noch nicht hinreichend möglich war *und* daß das Neue noch nicht
mit einer hinreichenden Sicherheit verbunden ist. An beidem muß
gearbeitet werden. Der „Sinn" des Rebounds liegt darin, uns *diese
beiden* Richtungen zu weisen. Das Alte ist etwas Vertrautes, in einem
bestimmten Bereich die einzig bekannte Struktur, auch dann, wenn
sie krank macht, wenn sie behindert und einschränkt. Die KlientIn
braucht Sicherheit, wenn sie wagen will, das Alte loszulassen. Die
KlientIn muß sich vertraut machen mit dem Neuen. Sie erlebt sich
wie in einem luftleeren Raum. Es gibt für das Neue noch keine
Struktur, höchstens vage Ideen.

Zwei Beispiele zur Veranschaulichung des Rebound-Effektes:

Im ersten Beispiel geht es um die bereits weiter oben erwähnte
Klientin, die direkt nach dem Suizid ihres Vaters von der Mutter
„abgeschoben" wurde, weil diese selbst nicht in der Lage war, mit
ihrer Trauer umzugehen. Diese Klientin kommt nun erstmals mit
dem damaligen Schmerz in Kontakt, kann erstmals darüber weinen
und spüren, wie gut es tut, daß die Therapeutin da ist und sie in den

Armen hält. Am Ende der Sitzung sagt sie: „Ich glaube, ich muß noch ganz viel weinen. Nächstes Mal setzen wir uns gleich auf die Matratze, da kann ich mich besser anlehnen." In der nächsten Sitzung sitzt sie – entgegen ihrer Ankündigung – wie üblich im Sessel: „In der letzten Woche ging es mir gar nicht gut." (Rebound) „Ich war ganz weich und heulig und zittrig. Ich habe mich zwingen müssen, damit aufzuhören, aber jetzt ist mein Rücken so hart, daß er weh tut."
Therapeutin: „Was könnte sein?"
Klientin: „Weiß nicht!"
Der Bezug zur letzten Stunde ist der Klientin nicht deutlich. Wir arbeiten uns vorsichtig an die letzte Stunde heran: Wie bedrohlich es für sie ist, von Trauer und Anlehnungsbedürfnis überflutet zu werden, zu spüren, wie „leer" damals alles um sie herum gewesen ist, und wie ausgeliefert sie sich fühlt, wenn sie jetzt wie ein kleines Kind „vor den ganzen schrecklichen Sachen beschützt werden will".

Eine Klientin berichtet, wie unwohl sie sich mit einer Kollegin fühlt, mit der sie zur Zeit sehr eng zusammenarbeiten muß, da ihnen gemeinsam eine schwierige und umfangreiche Arbeit übertragen wurde. Sie ist darüber erstaunt: Sie habe sich mit der Kollegin immer gut verstanden und die Arbeit sei interessant. Da die Klientin immer mal wieder über Schwierigkeiten im Umgang mit anderen Frauen berichtet hatte, fragt die Therapeutin genauer nach der Beziehung zwischen der Klientin und den Frauen in ihrer Familie. Der Klientin fällt spontan eine „Schlüsselszene" ein: Sie spielt mit Mutter und Schwester „Mensch ärgere dich nicht" und wagt nicht, die beiden rauszuschmeißen: „Das wäre schlimm, wenn ich das täte. Meine Mutter wirft mir immer vor, wie egoistisch ich bin, daß ich nicht auf Schwächere Rücksicht nehme." In der anschließenden Arbeit wird folgendes deutlich: Mutter und Schwester galten in der Familie als psychisch krank, sie mußten geschont werden, insbesondere war es verboten, „besser" zu sein. Die Klientin hat die beiden „geschützt", indem sie sie „verstanden" hat, sich ständig in sie hineinversetzt hat. Sie hat sich dabei aber immer mehr zurückgezogen, sich immer kleiner gemacht, nichts gesagt und sich mit dem Gedanken „gerettet": „In Wirklichkeit bin ja ich die Bessere." Dies war aber für sie nie real überprüfbar: sie hat sich real nicht auseinandergesetzt, sich nicht gestellt, nie offen konkurriert. Dies wird auch in der Beziehung zur Kollegin deutlich: Ihrem Muster entsprechend wertet sie die „Konkurrentin" innerlich ab („Ich bin sowieso besser als sie"), gleichzeitig zieht sie sich angstvoll aus jeder realen Auseinandersetzung zurück, wertet sich *verbal* ab und die andere auf: „Du kannst das sowieso besser als ich." Nachdem ihr die Zusammenhänge deutlicher geworden sind, übt die Klientin in verschiedenen Rollenspielen, sich mit der Kollegin auseinanderzusetzen. In der darauffolgenden Sitzung berichtet sie, daß sie diese Auseinandersetzung real geführt habe, daß das mit der Kollegin auch gut möglich war, daß sie sich jetzt aber total verunsichert fühle: „Es wäre besser, ich wäre gar nicht damit angefangen. Ich weiß jetzt überhaupt nicht mehr, wie ich mich ihr gegenüber verhalten soll, wie man überhaupt mit so einer Situation umgehen kann. Als hätte ich jetzt gar nichts mehr in den Händen, könnte nicht vor und nicht zurück. Und ich weiß überhaupt nicht, wie wir jetzt zueinander stehen. Sie steht ja so hoch über mir." Bis sie sich mit dieser Kollegin „situations- und beziehungsadäquat" auseinandersetzen kann, gibt es einige „Rückfälle" in ihre alten Muster von Auf- und Abwertung.

Besonders dramatisch äußert sich Rebound häufig bei frühgeschädigten KlientInnen. Z.B.: Eben noch hatte die Therapeutin den Eindruck, ein Klient habe erstaunlich stabile Ich-Grenzen entwickelt, so daß er auch außerhalb der Therapie die Balance zwischen Nähe und Distanz besser regulieren könne, da appelliert er von Neuem durch abendliche Telefonate dramatisch an die grenzenlose Verfügbarkeit der Therapeutin, macht ihr Vorwürfe, man könne sich doch nicht auf sie verlassen, alles sei umsonst gewesen. Die Therapeutin erschrickt und/oder wird wütend („Habe ich versagt?"/„Was will dieser unersättliche Kerl eigentlich noch alles von mir?").

Um Rebound-Effekte bei „Frühgeschädigten" besser verstehen zu können, ist es hilfreich, sich an die normale Entwicklung eines kleinen Kindes zu erinnern, in der jeder Entwicklungsschritt nach vorn, d. h. in Richtung auf mehr Unabhängigkeit, seine Gegenschwingung findet in einem „Zurück-zum-sicheren-Hafen-der-Mutter". Wie z. B. beim Laufen-Lernen löst der Schritt in einen neuen Raum, eine neue Sphäre, erhebliche Ängste aus, die den Rückgriff auf Alt-Bewährtes erst einmal wieder erforderlich machen (vgl. Kap. Entwicklungstheorie).

Der Rebound-Effekt ist für KlientInnen oft erschreckend, weil er vehement und zunächst unerklärlich ist. Es kann daher (besonders bei Frühgeschädigten) manchmal wichtig sein, die Fortschritte „klein zu halten", damit die Angst nicht zu groß wird, vielleicht sogar die KlientInnen eher in ihrer (gewohnten) Hoffnungslosigkeit zu belassen, als sie zu früh zu einem Schritt in die „schöne Welt" zu „verführen", also zu „pushen".

Manchmal empfiehlt es sich, die Möglichkeiten solcher Rebounds, schon bevor sie überhaupt auftreten, mit den KlientInnen als etwas Normales, zu Erwartendes zu besprechen, sie vielleicht mit einem Beispiel aus der frühkindlichen Entwicklung (Laufen-Lernen) zu erklären.

Die Unterscheidung, ob ein „normaler" Rebound-Effekt vorliegt, oder ob die KlientIn nicht evtl. auf einen *therapeutischen Fehler* reagiert, ist manchmal kaum möglich bzw. sehr schwer zu treffen. In jedem Fall muß die TherapeutIn bei einem *„Rückfall*-Ereignis" ihre eigene Haltung kritisch überprüfen.

Darüber hinaus empfiehlt es sich dringend, in einem solchen Fall nach *Ereignissen im Umfeld* zu forschen, die die KlientIn unter Umständen „als gar nicht therapierelevant" empfindet, nicht geäußert hat und schon gar nicht mit dem Rückfall in Verbindung bringt.

Beispiel: Eine Klientin mit (früher) chronischen Kopfschmerzen (geschieden, eine Tochter) bekommt unerklärlich wieder schlimme Kopfschmerzattacken, in einer Phase, in der sie sich positiv und ich-stark mit ihrer Mutter auseinandersetzt. Wie sich ganz nebenbei herausstellt, hat ihr geschiedener Mann die Unterhaltszahlungen seit drei Monaten „verschlampt". Sie hatte „diesen finanziellen Trouble" für nicht so wichtig gehalten. Nachdem sie sich zunächst im Rollenspiel und dann real mit ihrem Ex-Mann auseinandersetzen konnte, waren die Kopfschmerzen verschwunden.

Neben den in therapeutischen Prozessen alltäglichen Rebound-Effekten gibt es auch negative Reaktionen auf therapeutische „Fort-Schritte", die nicht mehr „auffangbar" sind: Wenn es zu einer sehr schnellen oder sehr intensiven umfassenden Veränderung kommt, die zu einer Erschütterung der gesamten Identität führt, kann das tiefste Ängste auslösen und die KlientIn gefährden (Krise, Suizid, Psychose). Auch leise Anzeichen in diese Richtung müssen ernst genommen werden.

Beispiel: Ein von Geburt an schwer körperlich behinderter Klient, in dessen Familie alles dafür getan wurde, ihm das Gefühl zu geben, mit dieser Behinderung ließe sich leicht umgehen, hatte selbst immer wieder massiv vertreten, unter seiner Behinderung nicht zu leiden. Er war *erschüttert*, als es aus ihm herausbrach: „Ich hasse alle Menschen, die es besser haben als ich!" Er begann, seine ganze Verzweiflung in die Welt (in den Therapieraum) hinauszuschreien, war in der Sitzung froh und erleichtert, zu sehen, wie die Therapeutin ihn „mit all dem" verstehen und annehmen konnte – und unternahm in der darauffolgenden Nacht einen Suizidversuch.

Cremerius (1983/85) verwendet den Begriff „negative therapeutische Reaktion" und meint damit „eine selbstschädigende, selbstzerstörerische Reaktion auf ‚therapeutischen Fortschritt' zur Bewahrung der Identität". Diese negativen therapeutischen Reaktionen können auch weniger akut-dramatisch auftreten, dafür aber bis zur Hoffnungslosigkeit zäh.

Jedes entlastende Verständnis durch die TherapeutIn, jeder Schritt in Richtung Selbstwert oder Lebensbejahung wird (scheinbar) wieder vernichtet durch Selbst-Verneinung („Meine Gefühle sind ja doch nur aufgesetzt, ich bin und bleibe ein leeres Loch"). Die ganze (negativ bestimmte) Identität wird eingesetzt als Abwehr gegen Hoffnung und die damit verbundene Gefahr der Enttäuschung, manchmal als tiefes Bedürfnis nach Rache, manchmal als Bedürfnis nach Abgrenzung, nach Wahrung der eigenen Identität. Die TherapeutIn befindet sich dann in einem wirklichen Dilemma: Die tiefe Verzweiflung der KlientIn mobilisiert alle ihre Kräfte, diese stürzen die KlientIn aber scheinbar in noch tiefere Verzweiflung, in ein noch intensiveres Gefühl der Ausweglosigkeit.

Für solche Fälle gibt es keine therapeutisch-pragmatischen Vorgehensweisen mehr: Die TherapeutIn ist total gefragt, sich mitsamt ihrer eigenen Hilflosigkeit und Wut, mit allem, was sie ist, dieser Beziehung zu stellen, sich auf ein regelrechtes Fegefeuer von intensiven Begegnungen einzulassen und *gleichzeitig* den therapeutischen Überblick zu wahren und haltgebender Rahmen zu sein. Das Mindeste, was wir ihr hier wünschen können, ist eine kompetente und gleichzeitig „liebevolle" Supervision, in der es möglich ist, vor allem bei mißlingenden Verläufen gemeinsam zu fragen, was nicht gesehen wurde, welche anderen Möglichkeiten es gegeben hätte, was dennoch gut war, wie mit der Schuld umgegangen werden kann.

10.4 Abschlußphase

Wir unterteilen diesen Abschnitt in *Ablösung* und *Abschied*. Unter „Ablösung" werden wir beschreiben, was in der Endphase der Therapie geleistet werden muß und auf welche Weise dies möglich ist. Unter „Abschied" werden wir uns ganz konkret mit der Gestaltung der letzten drei bis sechs Therapiestunden beschäftigen.

10.4.1 Ablösung

Zunächst beschreiben wir positive Veränderungen im Therapieverlauf, die uns als Hinweis für den Beginn der Ablösungsphase dienen können: Häufig ist eine deutliche Veränderung in der Beziehung zwischen TherapeutIn und KlientIn entstanden. Sie unterscheidet sich von alten Beziehungserfahrungen und Beziehungsmustern sowohl der KlientIn als auch der TherapeutIn. Sie hat von Anfang an und gewinnt immer mehr ihre eigene unverwechselbare, so noch nicht dagewesene Gestalt. Übertragungen von Seiten der KlientIn (und der TherapeutIn) finden weniger statt, werden leichter erkannt und können leichter aufgelöst werden. Es wird eindeutiger, offensichtlicher und eher benennbar, welche Rolle die TherapeutIn und die KlientIn jeweils gerade übernehmen. Für die KlientIn (und die TherapeutIn) entstehen mehr Möglichkeiten für flexiblen Rollenwechsel. Beispiel: Eine Klientin kommt in die Stunde und sagt: „Heute brauche ich Dich nochmal als Mutter/als Vater/zum Überblick-schaffen". Insgesamt ist die Beziehung lebendiger und offener und wird zunehmend „gleichwertiger". Das kann sich darin äußern, daß die KlientIn mehr Interesse für die TherapeutIn zeigt, ihre Stimmungen mehr registriert und mehr von ihr wahrnimmt. Die entstandenen Abhängigkeiten aus der Mittelphase werden mit der zunehmenden Autonomie der KlientIn weniger: Es entwickelt sich eine Beziehung zwischen „erwachsenen Menschen".

Die KlientIn ist jetzt zunehmend besser in der Lage, die Aufgaben zu übernehmen und sich die Haltung zu eigen zu machen, die die TherapeutIn in der Mittelphase für sie übernommen hatte, und zwar sowohl die stützenden akzeptierenden als auch die konfrontierenden Anteile. Die KlientIn kann dahin kommen, sich liebevoll selbst zu begleiten, sich selbst zur GefährtIn zu werden (*Mead*): „Ich habe mich selbst, ich bin nicht allein." Hierdurch und durch die Fähigkeit zur Distanzierung kann sie leichter mit krisenhaften Situationen umgehen, mit Depression, Schmerz, Wut, Trauer, Haß, ebenso mit unerwarteter Freude, Anerkennung usw. Sie kann ihre Konfliktsignale und eigenen Grenzen besser wahrnehmen und flexibler handhaben. Es wird immer mehr zur Gewißheit, daß sie ihr Leben selbst gestalten und verändern kann. Sie gewinnt mehr Freiheit von alten Mustern und mehr Lebensfreude, hat klarere Vorstellungen von den eigenen Werten und von den „Dingen", die sich lohnen. Kleine „Siege im Alltag" nimmt sie erfreut positiv als eigene Leistung wahr. In der Beziehung zu anderen kann sie sich realistischer sehen, Wünsche durchsetzen und auch reflektiert zurückstecken. Die KlientIn hat sich unabhängiger von der Billigung durch andere gemacht.

Oft tritt eine Beruhigung im realen Verhältnis zu den Eltern ein.

KlientIn und TherapeutIn haben also gelernt – den jeweiligen Möglichkeiten entsprechend –, eine gute, eine heilende Beziehung miteinander zu entwickeln. Zu diesem Zeitpunkt etwa sollte die Ablösungsphase beginnen. Das Ende der Therapie bedeutet ja auch, daß Raum geschaffen wird für etwas Neues: Bereits dadurch, daß die KlientIn ihre Energie, ihre Zeit, ihr Geld nicht mehr in die therapeutische Beziehung investieren wird, entsteht ein neuer Freiraum.

Diese Zeit der Ablösung kann manchmal für die TherapeutIn eine schwierige Zeit sein, besonders wenn sie mit mehreren KlientInnen parallel in der Ablösungsphase arbeitet: Die TherapeutIn hat – manchmal in mühseliger Kleinarbeit oder in zähem Ringen – gemeinsam mit der KlientIn etwas Neues erreicht, und gerade jetzt soll die Ablösung beginnen, d.h. auch, daß die TherapeutIn sich lösen muß und sich demnächst mit einer neuen KlientIn auf einen vielleicht ähnlich langen und mühsamen Weg machen muß.

Was die Arbeit in der Ablösungsphase so fruchtbar macht, ist die Tatsache, daß all das, was die KlientIn in den vorangegangenen Phasen gelernt hat, für die Ablösungsarbeit zur Verfügung steht: Ein reicher Schatz an gemeinsamen Beziehungs-Erfahrungen ist entstanden, ein Fundus, der jetzt noch einmal erprobt und gesichert werden kann, und zwar in einer labilisierenden und angstauslösenden Situation: der Trennung.

Wenn wichtige Therapieziele in der Mittelphase nicht erreicht wurden, z. B. keine Symptomverbesserung und/oder -beseitigung, muß in der Ablösungsphase daran gearbeitet werden, was es für die KlientIn (und die TherapeutIn) bedeutet, die Therapie ohne Erreichen dieses Zieles zu beenden, was es für die KlientIn bedeutet, weiter zu leben, ohne dieses Ziel verwirklicht zu haben. Beispiel: Eine Klientin, deren Ziel es war, während bzw. durch die Therapie schwanger zu werden, wurde nicht schwanger. Hier war Trauerarbeit nötig und ein Beschäftigen mit der Zukunftsperspektive, „ohne Kind" zu leben.

In der Endphase der Therapie verschiebt sich bei vielen KlientInnen die ursprüngliche zugunsten einer veränderten neuen Zielsetzung.

Häufig geschieht es, daß in der Ablösungsphase bereits verschwundene Symptome wieder aufflackern, oder neue Symptome auftreten, alte Ängste zeitweilig wieder belebt werden. Das kann ein Ausdruck dafür sein, daß die KlientIn vermeidet, ihre Trauer um das Therapieende oder ihren Ärger über den bevorstehenden Verlust direkt und in Auseinandersetzung mit der TherapeutIn auszudrücken.

Erste Anzeichen für eine beginnende Ablösung sind manchmal darin zu sehen, daß die KlientIn sich wünscht, sich in größeren Abständen zu treffen oder daß sie die Ferien der TherapeutIn problemlos übersteht. Häufig empfinden die KlientIn und die TherapeutIn nahezu gleichzeitig, daß das Ende der Therapie bevorsteht.

Manchmal steht der Abschied für die KlientIn bereits an und für die TherapeutIn noch nicht. Das kann verschiedene Gründe haben:
- Die TherapeutIn hat selbst Schwierigkeiten mit Abschied.
- Die KlientIn und/oder die TherapeutIn vermeiden ein bestimmtes Thema, das ihnen Angst macht.
- Die TherapeutIn überschätzt das Machbare, bzw. kann sich mit dem Erreichten nicht zufrieden geben.

– Die TherapeutIn befriedigt mit der therapeutischen Beziehung ein eigenes Bedürfnis, füllt damit ein eigenes Defizit, und kann deshalb nicht loslassen.

Häufig wird das Thema Ablösung und Abschied von der KlientIn selbst in die Therapie getragen. Manchmal bestehen erste Hinweise auch darin, daß die KlientIn äußert, sie könne sich überhaupt noch nicht vorstellen, sich von der TherapeutIn zu trennen. Es kann aber auch vorkommen, daß die TherapeutIn den Abschied zu einem Zeitpunkt wählt, zu dem die KlientIn nicht oder noch nicht damit einverstanden ist, daß sie falsch einschätzt, wieviel Zeit die KlientIn für die Ablösung braucht, oder daß noch zu bearbeitende Themen anstehen. Manchmal ist es für eine KientIn auch sehr schwer, sich mit den „Grenzen der Veränderbarkeit" abzufinden, manchmal konnte noch nicht genügend Trauerarbeit geleistet werden über „Nicht-Gehabtes aus der Vergangenheit", das in der Beziehung mit der TherapeutIn nicht „wiedergutgemacht" werden kann. Die TherapeutIn muß die Entwicklungsmöglichkeiten der KlientIn bzw. die Grenzen der Veränderbarkeit gemeinsam mit der KlientIn einschätzen (dabei sollte sie auch flexibel mit eigenen Perfektionswünschen umgehen).

Gegebenenfalls muß die TherapeutIn das Thema Ablösung von sich aus in die Therapie einbringen: Es gibt KlientInnen, die „nie von selbst gehen würden", sich nicht aus der Abhängigkeit lösen können („maligne Regression"), auch weil sie nie die Erfahrung gemacht haben, wie das ist, auf sich allein angewiesen zu sein. Manche können einen Teil der Veränderungen, die sie durchgemacht haben, erst dann spüren, wenn sie den Ablösungsschritt wagen. Hier ist wichtig, daß die TherapeutIn sich traut, sich auf ihre eigene Wahrnehmung zu verlassen, auch wenn das eine ganz andere sein mag als die der KlientIn. Es gibt auch so etwas wie einen „heilsamen Schubs". Beispiel: Nach mehrjähriger Arbeit mit einer Klientin, deren psychosomatische Störungen nur zum Teil behoben werden konnten, hat die Therapeutin sich entschieden, die Therapie innerhalb der folgenden sechs Monate zu beenden, weil sie den Eindruck hatte, daß sie für den Weg der Klientin „nur bis hierhin gut war": Die Therapeutin und die Klientin kannten sich – mit zwei mehrjährigen Unterbrechungen – schon acht Jahre. Es hatte sich vieles zwischen ihnen eingeschliffen, was nicht mehr förderlich war. Die Therapeutin hatte mit der Beendigung immer wieder gewartet, weil immer noch langsame Veränderungen stattfanden. Gleichzeitig war sie davon überzeugt, daß die Klientin auch gut allein zurechtkommen würde – ohne Ersatzmutter. Nach der Entscheidung der Therapeutin hegte die Klientin viel Groll gegen sie und fühlte sich abgeschoben. Erst nachdem sie diesen Groll wahrnehmen und ausdrücken konnte, konnte sie annehmen, daß die Therapeutin sie nicht einfach abschieben wollte, sondern daß es ihr um eine verantwortungsvolle therapeutische Entscheidung ging. Erst im Anschluß daran wurde es der Klientin möglich, sich in den letzten Stunden mit Trennung, Trauer und Ausblick zu beschäftigen. Die Trennung von der Therapeutin aktualisierte noch einmal die Trennung von der Mutter. Es gelang der Klientin durch die Auseinandersetzung mit der Therapeutin, durch das Trauern um das, was sie verlieren würde, auch ein Stück mehr Ablösung von der realen Mutter zu erreichen.

Wenn es Anzeichen dafür gibt, daß Abhängigkeit und/oder unerkannte Trauer oder Ärger sowohl auf Seiten der KlientIn als auch auf Seiten der TherapeutIn eine Trennung vielleicht unbewußt verhindern, sollte das bearbeitet werden. Hier ist meist Hilfestellung durch Supervision erforderlich. Ebenso selbstverständlich muß bearbeitet werden, wenn die TherapeutIn und die KlientIn unterschiedliche Vorstellungen über den Zeitpunkt der Beendigung der Therapie haben: Die Vorstellungen und Erwartungen von beiden müssen ausgelotet und deutlich benannt werden, um einer Einigung näher zu kommen. In diesen Einigungsprozeß sollten auch ganz konkrete Wünsche der KlientIn für die zeitliche Gestaltung der Ablösungsphase einbezogen werden. (Näheres zur zeitlichen Gestaltung siehe unten.)

Im allgemeinen gibt es keinen klaren Einschnitt zwischen Mittel- und Endphase der Therapie. Meist geht dem ein Hin und Her voraus, vielleicht sogar ein zähes Ringen, bis irgendwann ein Sprung, eine Entscheidung gewagt werden kann, und für beide deutlich ist: Jetzt beginnt die Ablösung. Oft passiert gerade in der Ablösungsphase noch viel Positives, was nicht mehr für möglich gehalten wurde. Manchmal kann die KlientIn sich auch erst in der Ablösungsphase auf ein ängstigendes Thema einlassen nach dem Motto: „Jetzt oder nie" oder: „Wenn, dann nur ganz kurz!" Beispiel:

Eine Klientin mußte die Therapie wegen ihres Umzugs beenden und hat in der viertletzten Stunde erzählen können, wie schändlich sie von ihrem Großvater über mehrere Jahre sexuell mißbraucht worden war. Diese Klientin hätte ihrer Therapeutin noch nicht davon erzählt, wenn sie mehr Zeit gehabt hätte. Eine intensivere Bearbeitung dieses Themas stand noch nicht an. Dennoch hatte das erste Erzählenkönnen eine ungeheuer entlastende Funktion.

Allgemein ist zur Dauer der Ablösungsphase folgendes anzumerken:

- KlientIn und TherapeutIn sollten zu Beginn der Ablösungsphase festlegen bzw. sich einigen, wann das ungefähre Ende der Therapie sein soll. Dieser Einigungsprozeß muß im allgemeinen mehrfach wiederholt werden.

- Die Dauer der Ablösungsphase ist abhängig von der bisherigen Dauer der Therapie, vom Verlauf des therapeutischen Prozesses, der Erfahrung mit und der bisherigen Bearbeitung von Abschieden. In einer längerfristigen Therapie sollte die Ablösungsphase mindestens einige Wochen dauern, kann sich aber auch über einige Monate und manchmal auch über einen Zeitraum von mehr als einem Jahr erstrecken.

- Wenn bereits früher in der Therapie Trennungsphasen benannt und bearbeitet werden konnten (z. B. Abschlüsse von Entwicklungsphasen in der Therapie, Ferien, Trennungen im Leben der KlientIn), ist es möglich, in der Ablösungsphase daran anzuknüpfen bzw. auf diesen Erfahrungen aufzubauen. Das erleichtert die Arbeit in dieser Phase.

- Schwere, frühe Störungen brauchen nicht unbedingt länger als leichtere Störungen. Hier muß man manchmal lernen, sich über das zu freuen, was bisher möglich war. Manchmal muß man auch trauern über das, was in dieser Lebensphase nicht erreicht werden kann oder konnte.

Bezüglich der zeitlichen Gestaltung des Therapieendes gibt es große Spielräume, die zu beachten es lohnt. Häufig weiß die KlientIn selbst am besten, welche Dauer der Ablösungsphase und welcher zeitliche Abstand zwischen den letzten Stunden ihr guttut. Meist reicht es schon, einfach danach zu fragen. Manchmal ist es gut, wenn sich der Abschied über wenige geplante Sitzungen vollzieht, manchmal ist eine lange Zeitspanne mit größeren Abständen zwischen den einzelnen Sitzungen besser. (Es muß allerdings darauf geachtet werden, daß ein solches Arrangement nicht der Vermeidung des Abschieds dient.) Manchmal ist es wichtig, daß der Abschied sich erst nach bestimmten bevorstehenden Lebensereignissen (z. B. 70. Geburtstag der Mutter, Familientreffen, Goldene Hochzeit, Scheidungstermin, Prüfung...) vollzieht. In einigen Fällen ist es sogar sinnvoll, über mehrere Jahre Briefkontakt oder ein regelmäßiges Treffen pro Jahr zu vereinbaren. Für manche KlientInnen ist es gut, wenn noch einmal deutlich ausgesprochen wird, „du kannst immer wieder zu mir kommen". Es kann auch verabredet werden, daß die KlientIn zunächst ein halbes Jahr (o. a.) ohne TherapeutIn auskommen sollte usw.

Besonders „sauber" muß gearbeitet werden, wenn die KlientIn und die TherapeutIn sich so nett finden, daß sie über die Therapie hinaus eine Beziehung wünschen. Hier ist wichtig, von vornherein zu wissen, daß es für beide schwer sein kann, sich aus den entstandenen Abhängigkeiten und Rollenmustern zu lösen, daß eine künftige Beziehung hierdurch belastet ist und wahrscheinlich anfangs kompliziert sein wird. Wenn eine solche Beziehung dennoch von beiden gewünscht wird, empfiehlt es sich, eine längere Pause einzulegen, abhängig von Dauer und Verlauf des Therapieprozesses, jedoch mindestens ein halbes Jahr. Bei einer beginnenden Freundschaft muß die TherapeutIn zunächst den größeren Teil der Verantwortung übernehmen. Sie muß aufmerksam sein für beiderseitige Verletzbarkeit, für Abhängigkeiten, für Festhalten an überholten Rollen. Bei der (ehemaligen) TherapeutIn ist vorauszusetzen, daß ihr Wissen um diese Prozesse größer ist als das der (ehemaligen) KlientIn. Auch und gerade, wenn eine Freundschaft angestrebt wird und *nicht* gelingt, bleibt die TherapeutIn verantwortlich und muß Hilfe zur Verarbeitung (evtl. durch andere) anbieten. Handelt es sich um eine beginnende Liebesbeziehung zwischen TherapeutIn und KlientIn, sind die hier beschriebenen Prozesse noch sehr viel empfindlicher und komplizierter und die Verantwortung der TherapeutIn umso größer. Die Meinungen gehen weit auseinander, ob und unter welchen Bedingungen eine derartige Beziehung „erlaubt" sein kann. Von vielen PsychotherapeutInnen, besonders aus den Reihen der PsychoanalytikerInnen, wird sie grundsätzlich abgelehnt.

10.4.2 Abschied

Am Ende der Ablösungsphase steht der „eigentliche Abschied": Er stellt noch einmal hohe Anforderungen an die therapeutische Beziehung. Am Ende der Therapie geht es neben der Freude auf und über Neues auch noch einmal um Trauerarbeit, Verlust, Trennung, Loslassen- und Verlassenkönnen. Vielleicht gelingt es in dieser letzten Phase, nicht-gemachte und/oder nicht-geglückte Abschiede zu bewältigen, den Schmerz des Sich-lösens zu erleben, die Angst vor der Zukunft zuzulassen, zu bewältigen und/oder einzugrenzen. Die KlientIn lernt, daß sie sich verabschieden muß, um sich auf neue Beziehungen einlassen zu können.

Es handelt sich um eine „trennungs-schwangere" Zeit: Wenn die KlientIn sich auf das Erleben von Verlust, auf Angst, auf Wut, auf Schmerz einläßt, werden häufig – vielleicht längst bearbeitete – Verlusterlebnisse der KlientIn mit hochgeschwemmt, und ein weiteres Mal – und in einer anderen Weise – mit bearbeitet und losgelassen. Häufig werden gerade in dieser Zeit lange anstehende Trennungen vollzogen – auch von existentiell wichtigen Menschen, wie z. B. LebenspartnerInnen. Diese Trennungen sind meist mit krisenhaftem Erleben verbunden und verlangen noch einmal nach intensiver Unterstützung durch die TherapeutIn.

Abschied heißt auch, nicht alle Sehnsüchte verwirklicht zu haben, Sehnsüchte aufgeben und Sehnsüchte weiterzutragen (*Kast* 1987).

Für den eigentlichen Abschied sollten je nach Dauer und Intensität der vorangegangenen Therapie in Absprache mit der KlientIn drei bis sechs Therapiestunden angesetzt werden.
Inhaltlich sind drei Themen besonders wichtig:
1. Bilanz.
2. Die Zeit nach der Therapie.
3. Die Gestaltung der letzten Stunde.

10.4.2.1 Bilanz

Folgende Themen können für die Bilanzierungsarbeit von Bedeutung sein:

- An welcher Stelle in ihrem Lebensprozeß hat die KlientIn die Therapie begonnen?
- Wie ist der Prozeß verlaufen?
- Wie sieht die KlientIn jetzt ihre Kindheit und alle weiteren wichtigen Phasen?
- Wie kann die KlientIn jetzt die Erwachsenen ihrer Kindheit sehen?
- Wie kann die KlientIn ihr Leben heute sehen und mit ihrer Kindheit in Verbindung bringen?
- Welche Veränderungen waren möglich? Welche nicht? Warum?
- Welchen eigenen Kräften verdankt sie, was im Rahmen der Therapie möglich wurde?
- Wie hat sich die Beziehung zwischen der TherapeutIn und der KlientIn gestaltet? Was war möglich? Was nicht? Warum?
- Was wurde an Positivem und Negativem unter Umständen von keinem der beiden bisher über die Lippen gebracht und könnte jetzt noch angesprochen werden?
- Welche gelungenen, vermiedenen und unfertigen Abschiede von früher fließen in den jetzigen mit ein? Wo ist noch Trauerarbeit zu leisten?
- Was wird die KlientIn im Leben vielleicht noch erhalten? Von welchen Träumen, Wünschen, Phantasien will sie sich verabschieden? Von welchen Träumen, Wünschen, Phantasien, die ihre Eltern für sie gehabt haben, kann sie sich ebenfalls trennen?

Auch die Enttäuschungen müssen thematisiert werden: Enttäuschungen „an der Therapie" und an der TherapeutIn und/oder an sich selbst. Auch wenn wir es uns nicht gern eingestehen: Die große Forderung nach Verzichten- und Verzeihenkönnen oder die Versöhnung mit den Eltern kann im Verlauf von Therapie häufig nicht erfüllt werden. Sich damit abzufinden ist oft nicht leicht.

10.4.2.2 Die Zeit nach der Therapie

Folgende Themen können/sollten in bezug auf die Zeit nach der Therapie besprochen werden:
- Was ist der KlientIn in ihrem Hier und Jetzt, in der Gegenwart und in der Zukunft wichtig und vordringlich?

- Welche privaten und/oder beruflichen Perspektiven zeichnen sich heute ab?
- Wie stellt sich die KlientIn ihre weitere Entwicklung nach der Therapie vor?
- Welche Krisensituationen lassen sich voraussehen?
- Welche Krisenstrategien stehen der KlientIn heute zur Verfügung? (Wahrnehmung der je individuellen Krisensignale/Bereitschaft zu und Wissen über gegebenenfalls mögliche weitere Hilfen, z. B. Teilnahme an einer Gruppe usw.)
- Welche Perspektiven zeichnen sich insbesondere ab in bezug auf evtl. noch unbearbeitete Reste? Beispiel: Es war in der Therapie (noch?) nicht möglich, die Fähigkeit zur doppelten Trauer zu entwickeln (z. B. Trauer um mich und Trauer für meine Mutter, die sich nicht einlassen konnte auf..., weil...). Es ist sinnvoll anzusprechen, wie diese „Reste" künftige Beziehungen beeinflussen und belasten werden. Wir können die KlientIn bitten, sich vielleicht mit einer Imaginationsübung vorzustellen, wie sich das Leben ohne diese Reste anfühlen würde. Derartige Visionen vermögen gelegentlich, noch Jahre nach Abschluß einer Therapie, Selbstheilungskräfte freizusetzen.
- Soll und will sich die TherapeutIn für etwaige Krisensituationen zur Verfügung halten?
- Wie wird die freiwerdende Zeit von der KlientIn genutzt werden?
- Was wird die KlientIn mit dem freiwerdenden Therapiegeld anfangen?
- Was wird die KlientIn am meisten vermissen und auch: Was ist sie endlich los? (Z. B. auch, sich jede Woche wieder mit Schwerem auseinandersetzen zu müssen.)
- Wie werden beide weiter aneinander denken?
- Welche Phantasien und/oder Wünsche und/oder Ängste haben die TherapeutIn und die KientIn über etwaige spätere Begegnungen?
- Soll ein Nachkontakt (oder mehrere) festgelegt werden?

10.4.2.3 Die Gestaltung der letzten Stunde

Folgende Themen sind für die Gestaltung der letzten Stunde von Bedeutung:

– Wie ist uns der Abschied (im Vergleich zu anderen Abschieden im Leben der KlientIn und in Anbetracht der Ziele der KlientIn) gelungen?

– Welche Wünsche haben die TherapeutIn und die KlientIn für die Gestaltung der letzten Therapiestunde und auf welche können sie sich einlassen? Beispiele: Zusammen zu Abendessen, ein bestimmtes Märchen vorlesen, Fotos anschauen, gemeinsam Musik hören, einen Spaziergang machen. Besonders schön war auch ein Abschied, bei dem die Klientin der Therapeutin vorführte, daß und wie sie während der Therapiezeit zu jonglieren gelernt hatte. Mit dem Verlassen des Praxissettings wird auch rein äußerlich die Änderung der Rollen dokumentiert. Damit nicht gerade das letzte Zusammensein noch eine Überforderung und „Schiefigkeit" bekommt, sollten die TherapeutIn und die KlientIn sich nicht zu etwas verleiten lassen, was in die Beziehung so nicht paßt. (Z. B. Einladung in die Wohnung der KlientIn oder der TherapeutIn/Einbeziehung der PartnerIn usw.)

– Abschieds*geschenke*: Abschiedsgeschenke sind niemals ein Muß, sie können aber eine ganz besondere Bedeutung haben. Die TherapeutIn kann ein Abschiedsgeschenk auswählen, weil sie Spaß daran hat, der KlientIn eine Freude zu machen, weil sie ihr etwas aus der Therapie und/oder für die Zukunft mit auf den Weg geben möchte, vielleicht ähnlich wie Eltern ihren Kindern früher den Segen mit auf den Weg gegeben haben. Das mag ein besonders schöner Stein sein, ein Tagebuch, das auf der ersten Seite einen wichtigen Satz aus der gemeinsamen Zeit enthält, ein Buch, vielleicht sogar zu einem bestimmten Lebensthema, unter bestimmten Umständen auch ein Kuscheltier.

Ein Geschenk darf nicht so aufwendig sein, daß es beschämt. Es muß solcherart sein, daß es gut tut, nicht verwirrt und/oder neue Fragen aufwirft. Besser kein Geschenk, als ein Geschenk, das nicht stimmig ist. Kleine Geschenke können auch im Verlauf der Therapie manchmal bedeutsam sein, vielleicht nur ein Luftballon oder eine Blume zu einer bestandenen Prüfung bei einer KlientIn, deren Leistung früher von niemandem beachtet wurde, schöne Buntstifte für eine KlientIn, die nie eigene Malstifte besessen hat, usw. Es ist wichtig, der KlientIn mit einem Geschenk nicht zu nahe zu treten, ihr nichts überzustülpen, sie nicht zu beschämen. Dies gilt auch für Leihgaben während der Therapie (z. B. Übergangsobjekte aus dem Therapieraum, Affe, Teddy, ein Stein, eine schöne Wurzel, Bücher usw.).

Die Arbeit mit kreativen Medien hat sich zu Beginn der Abschiedssitzungen ganz besonders bewährt (siehe „Kreative Medien").

Besonders zu erwähnen sind hier:
- eine Tonarbeit oder eine Panoramaarbeit zum Thema „Abschiede in meinem Leben" herstellen lassen,
- ein nochmaliges Malen von Body-chart, Ressourcenanalyse, Säulen der Identität und ein Vergleich mit der jeweiligen früheren Arbeit,
- einen Lebenslauf aus heutiger Sicht schreiben und ihn mit einem zu Therapiebeginn geschriebenen Lebenslauf vergleichen,
- ein gegenseitiges Abschiedsbrief-Schreiben,
- Herstellen eine Amulettes (ein Symbol in Form einer Figur, eines Bildes, eines Textes), das die KlientIn mit sich nehmen und bei sich tragen kann, das Kraft geben soll, das vielleicht die Erinnerung an eine bestimmte Szene beinhaltet oder für das steht, was sich im Verlauf der Therapie als „das Wesentliche" herauskristallisiert hat.

11. Krise*

11.1 Zum Verständnis von Krise

Krisen sind lebensnotwendige Prozesse. Sie treten immer dann auf, wenn sich Persönlichkeitsstrukturen gegenüber anstehenden Veränderungen als zu starr erweisen. Strukturen werden allerdings nicht „an sich" zu starr, sondern immer in bezug auf den Kontext, in dem sie ihre Funktion haben: Wer in einer bestimmten Lebenslage nur wegen seines zähen Durchhaltens Erfolg hatte, kann in einer anderen Situation aufgrund genau derselben Eigenschaft, die aber jetzt als Sturheit wirkt, scheitern.

Krisen treten ebenso auch dann auf, wenn ein Mensch Veränderungen, insbesondere Traumatisierungen (z. B. durch Feuer, Unfall, Trennung, Tod, Verlust von Heimat, Verlust von Arbeit) nicht gewachsen ist.

Krise läßt sich allgemein definieren als Labilisierung eines Systems (Person, Gruppe, Institution...), die von den vorhandenen Bewältigungsmöglichkeiten nicht aufgefangen werden kann, und damit zu einer Gefährdung des Bestandes / der Identität des Systems führt (vgl. *Petzold* 1985, 1991b, 1991c). Damit ist Krise immer Bedrohung, sie schließt immer den Verlust von etwas Altem, etwas Bekanntem und Bewährtem und die Angst vor etwas Neuem, etwas Unbekanntem mit ein: Krise steht am Beginn einer Veränderung – mit ungewissem Ausgang. Ebenso wie Krise Bedrohung ist, ist sie immer auch Chance. Es gibt keine Entwicklungsprozesse, keine Veränderung ohne Krise, ohne Loslassen von Altem, ohne Einlassen auf Neues.

Man unterscheidet zwischen entwicklungsbedingten Krisen, die in jedem Leben zu bewältigen sind, und gesellschaftlich oder schicksalhaft bedingten Krisen (Krieg, Arbeitslosigkeit u. dgl.). Erstere treten vor allem an den Übergängen von einem Entwicklungsabschnitt zum nächsten auf (Kap. Entwicklungstheorie und Gesundheits- und Krankheitslehre). Typische Krisenzeiten sind z. B. Geburt, Laufen-

---

* Die Darstellung der Krisenintervention baut auf der Tradition der von Hilarion Petzold entwickelten Kriseninterventionsseminare auf.

lernen, Beginn der Schulzeit, Pubertät, Ausbildungs- und Arbeitsbeginn, Bildung von Paarbeziehungen, Familiengründung, „midelife-crisis" (Hinterfragung bisheriger grundsätzlicher Orientierungen bezüglich Beruf/Lebensform/Lebenssinn), Beginn des Rentenalters, Sterben.

Die meisten Krisen beruhen auf Mischformen von Bedingungen (z. B. „Pubertät plus keine Lehrstelle" oder „Mutterschaft plus Erschöpfung plus Verlust bisheriger kollegialer Kontakte plus Mangel an gesellschaftlichen Entlastungsmöglichkeiten").

Als TherapeutInnen werden wir konfrontiert mit Lebenskrisen unserer KlientInnen, deretwegen sie entweder die Therapie suchen oder in die sie im Laufe der Therapie geraten. Sei es, daß äußere Umstände sich während dieser Zeit für die KlientIn krisenhaft verändern oder sei es, daß der therapeutische Prozeß selbst – also eine therapiebedingte und im gewissen Maße sogar gewollte Dynamik – eine Krise verursacht bzw. unumgänglich macht.

Krisen können relativ klein und abgegrenzt sein (z. B. ausgelöst durch: Verlust eines erinnerungsträchtigen Schmuckstücks, des ersten Zahns oder einer liebgewordenen Überzeugung, Mißlingen einer Arbeit, Ausbleiben der erwarteten Gehaltserhöhung, usw.) oder tief und allumfassend (z. B. ausgelöst durch schwere gesundheitliche Beeinträchtigungen, Bypass-Operation, Tod eines nahen Angehörigen, Verlust von Heimat, unerträgliche Wohnsituation oder Arbeitsbedingungen, usw.). Um das Ausmaß einer Krise erfassen zu können, hat es sich bewährt, Krisen in bezug auf die Zahl der betroffenen Dimensionen zu betrachten: Welche und wieviele Säulen der Identität sind „angeknackst", welche und wieviele sind stabil, geben Sicherheit und wirken kompensierend?

Wie Krisen erlebt und verarbeitet werden, hängt allerdings nicht nur davon ab, wie tiefgreifend und allumfassend die Erschütterungen sind, sondern auch davon, welche Erfahrungen ein Mensch in seinem bisherigen Leben mit Krisen und deren Überwindung gemacht hat.

Beispiel:
Jemand fällt durchs Examen, es liegt ein erheblicher Erschöpfungszustand vor (drei Nächte durchgearbeitet), die Wohngemeinschaft hat sich eben aufgelöst, die Partnerin hat sich von ihm getrennt, die Übernahme in ein Beschäftigungsverhältnis ist nicht möglich, weil dafür das

Bestehen des Examens Voraussetzung war: Dieser Mensch ist weniger gefährdet, wenn er sich z. B. erinnern kann, daß er schon mehrfach im Leben schwierige Zeiten durchstehen konnte („Durchhalten lohnt sich, es gibt auch wieder bessere Zeiten"), wenn er Mißerfolge relativieren/ kompensieren kann („Dafür bin ich ein großartiger/glücklicher Klavierspieler"), wenn er in seinem Leben eine Sinnorientierung hat, wenn es andere verläßliche Beziehungen für ihn gibt, usw..

11.2 Zum Verlauf von Krisen

Ein „typischer Krisenverlauf" läßt sich – schematisch und grob vereinfacht – folgendermaßen darstellen:

Ein krisenhaftes Geschehen wird durch innere und/oder äußere Ereignisse (Konflikt/Trauma) ausgelöst (z. B. Kündigung, Tod der Mutter, Widerstand und Krise in der Therapie). Es entsteht Turbulenz, Unsicherheit, Verwirrung, Angst. (*Perls* [vgl. *Perls, Hefferline, Goodman* 1979] spricht von Impass: Engpass-Gefühl.) Die alten Abwehrstrukturen sind labilisiert, drohen sich aufzulösen. Diese Phase dauert unterschiedlich lange und verläuft unterschiedlich dramatisch bis zum Höhepunkt/Wendepunkt im Krisenverlauf. (Crisis heißt „Höhepunkt".)

Wenn der Krisenverlauf nicht im positiven Sinne (Neuorganisation) gelingt, kann es an dieser Stelle zu zwei verschiedenen Arten von Dekompensationen kommen, zur hyperaktiven Dekompensation (z. B. beim reaktiven spontanen Suizid) oder zur malignen regressiven Dekompensation (z.B. beim – resignativen – Bilanzselbstmord). *Petzold* (1985, 1991c) spricht in diesem Zusammenhang von zwei verschiedenen Reaktionstypen in Krisen: dem eher extravertierten „überschießenden" und dem introvertierten regressiven Typ.

Wenn der Krisenverlauf „glückt", folgt dem Wendepunkt eine – eventuell tiefgreifende – Veränderung, die häufig erlebt wird „wie Watte", „wie Leere" oder als plötzliche Ruhe. Die KlientIn kennt sich in dem Neuen noch nicht aus, es gibt dafür noch keine Erfahrungen, keine Strukturen. („Wer bin ich denn, wenn ich mich nicht mehr mit den Augen meines Vaters sehe/am Leistungsmaßstab meiner Mutter messe?") Erst allmählich bilden und stabilisieren sich Strukturen, in denen diese neuen Erfahrungen integriert sind. Die KlientIn steht am Anfang von Neuorganisation.

Wenn es nach der Krise nicht zu einer Neuorganisation kommt, wenn alles doch wieder irgendwie so wie vorher ist, haben wir es mit einem Geschehen zu tun, das wir im vorangegangenen Kapitel als Rebound beschrieben haben: Rebound-Prozesse sind solche, bei denen es (noch) nicht zu Neustrukturierung kommt, obwohl die Bewegung zum Neuen hin bereits möglich ist. Das Alte, scheinbar Bewährte kann hier noch nicht losgelassen werden, es braucht mehrere Anläufe, mehrere „Turbulenzen". Loslassen ist oft mit erheblichem Aufwand verbunden. Dies wird an der folgenden vereinfachten Darstellung zur Verarbeitung von Verlusten deutlich:

Auf einen Verlust wird mit einem wie auch immer gearteten Protest (z. B. auch: Nicht-Wahrnehmen des Verlustes) reagiert, es folgt Verzweiflung, bis es zu einer ersten Beruhigung kommen kann und wieder zu einem vielleicht noch schmerzvolleren oder umfassenderen Erkennen des Verlustes mit entsprechendem Protest, Verzweiflung, usw.. Dieser Kreislauf wird vielleicht einige Male durchlebt, durchlitten, bis mehr und mehr losgelassen werden kann – sofern dieser Prozeß nicht an irgendeiner Stelle „chronisch" blockiert ist.

Krisen unterscheiden sich auch nach ihren Verlaufsformen: Handelt es sich um ein akutes Geschehen oder um eine schleichende Entwicklung, die sich nur ganz langsam krisenhaft zuspitzt? Akute Krisen sind meist „lauter", dramatischer (z. B. mehrfach wiederholte deutliche Suiziddrohungen). Besonders für AnfängerInnen im therapeutischen Beruf können sie sehr erschreckend sein. Die Gefährdung darf selbstverständlich keinesfalls unterschätzt werden, dennoch: Schleichende stille, sich langsam zuspitzende Krisenverläufe sind häufig weit gefährlicher. Akute dramatische Krisen sind meist therapeutisch leichter erreichbar, die auslösenden Situationen sind deutlicher erkennbar.

Die Vorwarnzeichen schleichender Krisen werden leichter übersehen, weil sie weniger prägnant sind. In der Therapie sind ihre Anfänge manchmal nur erkennbar an einer diffusen atmosphärischen Veränderung der therapeutischen Beziehung. Die KlientIn wirkt z. B. feindselig oder „klebrig" oder besonders abgeklärt. Die Veränderung wird der TherapeutIn vielleicht erst deutlich, wenn

sie sich explizit fragt: „Wie ist eigentlich unsere Beziehung jetzt im Verhältnis zu dem, wie ich sie vor drei Monaten empfunden habe?"
Krisenhafte Entwicklungen können leicht übersehen werden bei besonders angepaßten KlientInnen oder bei sogenannten „Lieblings-KlientInnen".

Beispiel: Bei einer Klientin gab es über weite Strecken eine erstaunlich erfolgreiche Entwicklung sowohl bezüglich der therapeutischen Beziehung als auch außerhalb der Therapie. Ganz nebenbei – aber zunehmend häufiger – erwähnte die Klientin, daß sie seit längerer Zeit nachts nur ca. zwei bis drei Stunden schlafe und es dauerte unverhältnismäßig lange, bis die Therapeutin „adäquat alarmiert" war (vgl. „Rebound" und die Bemerkungen über negative therapeutische Effekte im vorangegangenen Kapitel).

11.3 Warnsignale

Zu den mehr „objektiven" Krisenzeichen gehören psychotische Symptome, psychosomatische Erkrankungen, besonders, wenn diese plötzlich oder in Schüben auftreten, Suizid-Gedanken, -Ankündigungen, -Drohungen, alarmierende Träume sowie ein Aus-dem-Kontakt-Gehen, Kontaktabbrüche.

Zu den Warnsignalen zählen sowohl solche, die die KlientIn berichtet bzw. aussendet als auch/und solche, die die TherapeutIn eher bei sich selbst spürt. Zur Veranschaulichung zählen wir eine Reihe von Warn-Zeichen auf: gehäufte Kommunikationsstörungen, „Unerreichbarkeit" der KlientIn, Spaltungen, Erstarrung, Enge, Angst, Resignation, Hoffnungslosigkeit, Erschöpfung, plötzliche friedliche Ruhe nach schwerer Depression (Suizid-Entscheidung), reduzierte Fähigkeit zur Exzentrizität, mangelnde Zukunftsperspektive, starke Bedürftigkeit, mangelnde Abgrenzungsfähigkeit, Gefühl „von allem" überflutet zu werden (z. B. „Ich weiß überhaupt nicht mehr, was ich machen soll/*Alles* ist zusammengebrochen/Es wird nie wieder gut werden/Ich will nur noch weg/schlafen/tot sein").

Auch Veränderungen in der Beziehung zu anderen Menschen/zur TherapeutIn können ein Warnsignal sein (z. B. die KlientIn wird anderen gegenüber mißtrauisch, feindselig, interesselos oder projiziert dies in andere hinein, von „Ich habe keine Lust, mich mit ihr zu treffen" bis „Du willst mich zerstören"). Das gleiche gilt für Tendenzen, die Therapie abzubrechen, insbesondere, wenn sie sehr plötzlich auftauchen und wenig nachvollziehbar erscheinen. In diesem Zusammenhang kann es auch beachtenswert sein, wenn eine KlientIn Rechnungen begleicht, die seit langer Zeit ausstehen.

Körperliche Symptome als Anzeichen für Krisen können beispielsweise sein: Massive Schlafstörungen, Eß- und Verdauungsstörungen, Kopfdruck, Schwindel, Hyperventilation, Benommenheit, verstärkte Menstruationsbeschwerden, Verschlechterung des Zustandes der Haut (bei einem Neurodermitiker) oder der Gelenke (bei einem Rheumatiker), usw. Manche KlientInnen müssen danach gefragt werden. Sie nehmen von sich aus nicht an, daß diese Symptome von psychotherapeutischem Interesse sind. – Es versteht sich von selbst, daß körperliche Symptome auch ärztlich abgeklärt und ggf. behandelt werden müssen.

Wenn bei KlientInnen Ereignisse eintreten, von denen mehrere Säulen der Identität massiv betroffen sind (z. B. Geburt des ersten Kindes plus Umzug und Verlust des bisherigen sozialen Netzes sowie Verlust der bisherigen beruflichen Identität), sollten wir darauf achten, ob Anzeichen für eine krisenhafte Entwicklung zu finden sind.

11.4 Zum therapeutischen Umgang mit Krisen

Wir sprechen im weiteren sowohl von Krisen, deretwegen KlientInnen eine Therapie aufsuchen, als auch von Krisen, die im Verlauf von Therapie entstehen. Die Arbeit mit beiden Arten von Krisen unterscheidet sich im wesentlichen nur darin, daß bei Krisen im Therapieverlauf auf eine bereits vorhandene Beziehungsbasis zurückgegriffen werden kann.

Die TherapeutIn trägt in Krisenverläufen ein höheres Maß an Verantwortung als in anderen Zeiten der Therapie. Krisen beinhalten auf Seiten der TherapeutIn immer Entscheidungsprozesse, sind immer eine Gratwanderung: Wie hoch ist das Risiko/die Gefährdung der KlientIn? Wieviel Risiko/Verantwortung ist die TherapeutIn bereit und in der Lage zu übernehmen? Besteht die Möglichkeit der Unterstützung durch Supervision und/oder Kontrollanalyse?

In der Krisenarbeit ist es ganz besonders wichtig, das Machbare nicht zu überschätzen, Grenzen zu beachten: Grenzen der TherapeutIn, der KlientIn, des Settings.

Wir werden in diesem Abschnitt zunächst beschreiben, was bei einem Erstgespräch in einer Krisensituation zu bedenken ist. Anschließend werden wir Techniken der Krisenintervention beschreiben und zuletzt auf die „Nachbereitung der Krise" eingehen.

11.4.1 Erstgespräch

Wir bereiten uns auf ein Erstgespräch mit einer KlientIn vor, die sich z. B. wegen einer suizidalen Krise zur Therapie angemeldet hat. Folgende Themen/Fragen/Techniken könnten wichtig sein: Erzählen lassen. Wie lange schon? Woher kennt sie so etwas sonst? Welche Auslöser und Ursachen kennt oder vermutet sie selbst? Was hat sie schon versucht? Was noch nicht? Mit wem hat sie schon darüber geredet? Mit wem nicht? Von wem hat sie bisher Hilfe erfahren? Von wem nicht? Phantasieren, was schlimmstenfalls/bestenfalls geschehen könnte. Bestätigen: „Das ist wirklich schlimm." (Verstehen und Trösten sind für die KlientIn meist etwas Neues. Gerade daran besteht oft ein akuter Mangel. Allerdings können Verständnis und Trost manchmal kaum angenommen werden, die KlientIn ist dann nahezu sicher, daß niemand sie verstehen wird, daß es nicht lohnt, mit anderen zu reden.)

Entlasten durch Verständnis/durch Erklärungen: „In solchen Situationen braucht man/brauchen auch andere Menschen jemanden, der die Not sieht/mit dem man darüber reden kann/von dem man sich verstanden fühlt." „Manchmal ist es leichter, wenn es jemand ist, der außen steht, mehr Abstand und damit auch mehr Überblick hat/der größere Entwicklungsphasen in den Blick nehmen und vielleicht eher eine Krise auch als Übergangsstadium sehen kann."

Die Zeit bis zur nächsten Sitzung strukturieren, konkrete Pläne machen: „Was können Sie heute abend/morgen vormittag tun? Welche Tageszeit ist für Sie einfach/schwierig? Was (konkret) kann helfen, die nächsten Stunden/Tage zu überstehen? Welche Hilfs- und Kompensationsmöglichkeiten zur Alltagsbewältigung gibt es (jemand kommt, um für die KlientIn zu kochen oder aufzuräumen/ so lange sie Fenster putzt, Musik hört, arbeitet, das leere Zimmer nicht betritt... geht es ihr gut)? Kann die KlientIn sagen, was ihr gut tut/schadet/sie entlastet/was sie vermeiden sollte?"

Versuchen herauszufinden, welche Unterstützung die KlientIn sich selbst geben kann (Friseur, Spaziergang, Arbeit, Kontakte, Ruhe) und was sie von der TherapeutIn braucht (angespornt werden, getröstet werden, konkrete Erlaubnis, z. B., sich eine Haushaltshilfe, einen Kredit oder eine Krankschreibung zu leisten).

Versuchen herauszufinden, welche Unterstützungsmöglichkeiten im Umfeld der KlientIn mobilisierbar und sinnvoll sind (Freundinnen, Verwandte, Sozialamt, Telefonseelsorge, Pfarrer, ...).

Fragen, was jetzt anders ist als zu Beginn der Sitzung, sofern eine Veränderung spürbar ist und wodurch diese möglich wurde. Für die KlientIn ist wichtig zu erkennen: Es handelt sich nicht um Zauberei: Die KlientIn hat ganz konkret zur Veränderung beigetragen, z. B. durch Reden, sich Öffnen, sich Abgrenzen, etwas Annehmen, etc. – die Erfahrung wird also wiederholbar sein.

Gegebenenfalls genau die Gefährdung abklären, z. B. wie konkret sind Siuzidgedanken, hat die KlientIn bereits Vorbereitungen (Tabletten sammeln oder ähnliches) getroffen? Gegebenenfalls Not-Maßnahmen (siehe unten: Techniken) ergreifen.

Während des Erstgesprächs bzw. im Anschluß daran sollte eine Entscheidung getroffen werden können, in welche Richtung die Krisenarbeit laufen sollte: Wird es stärker um drastische Veränderungen und damit um eine *Vorwärtsstrategie*, um Durchstehen der Krise gehen? Oder ist ein *„Rückzug"* auf Bewährtes, auf Altes noch möglich und sinnvoll, können also alte Sicherheiten/Abwehrstrukturen noch gestärkt werden?

Ist es also möglich, den Blick schwerpunktmäßig auf all das zu richten, was stabilisieren könnte (siehe auch weiter unten: Techniken) und Labilisierendes vielleicht nur zu benennen, beiseite zu schieben oder auf einen späteren Zeitpunkt zu vertagen (zu dem es dann voraussichtlich mehr Kraft, Sicherheit, Raum oder Zeit dafür geben wird)?

Die Beantwortung dieser Frage wird in erster Linie davon abhängig sein, zu welchem Zeitpunkt im Krisenverlauf die KlientIn sich befindet: „Rückzug" wird im allgemeinen nur zu Beginn einer krisenhaften Entwicklung möglich sein. Die Frage, welche Sicherheiten einer KlientIn in ihrem Lebenskontext zur Verfügung stehen, ist hier natürlich ebenfalls von großer Bedeutung: Eine KlientIn, die hier eine sichere Basis hat, wird vielleicht ein erhöhtes Krisen-Risiko eingehen wollen und können, *obwohl* die Möglichkeit eines „Rückzugs" gegeben wäre.

Bevor die TherapeutIn sich dafür entscheidet, eine Krisenintervention durchzuführen, sollte sie sich mit folgenden Fragen auseinandersetzen (diese Entscheidungsmöglichkeit ist nur dann gegeben, wenn die KlientIn sich wegen einer Krise anmeldet, nicht, wenn die Krise im Verlauf der Therapie entsteht):

- Wieviel Erfahrung und Kompetenz habe ich gerade für diese Arbeit? Wieviel Unterstützung kann ich mir (z. B. durch Supervision) holen?

- Habe ich derzeit genug Kraft für diese schwere Arbeit? (Kann ich mich z. B. auf nächtliche Anrufe, Extra-Sitzungen einstellen, könnte ich meinen Terminplan für die nächste Zeit prophylaktisch entsprechend verändern?)

- Wieviel Angst habe ich vor dieser Arbeit? Wieviel weiß ich über meine Eigenanteile, die davon berührt werden? (Auch hier wäre wieder die Frage nach Supervision oder anderer kollegialer und/ oder professioneller Hilfe zu stellen.)

- Steht für den Prozeß eine genügend lange Zeit zur Verfügung? (Wenn z. B. ein Urlaub oder ein Examen ansteht, sollte der Schwerpunkt eventuell sehr viel stärker auf stützenden Maßnahmen liegen).

- Klappt der Kontakt zu dem Arzt (Internist/Psychiater), mit dem ich gegebenenfalls zusammen arbeiten will?

11.4.2 Techniken der Krisenintervention

Wir werden Techniken, die sich in der Krisenintervention besonders bewährt haben, unter folgenden Fragestellungen besprechen:
– Kontakt/Beziehung,
– Techniken des inneren Beistands,
– Techniken der inneren Distanzierung,
– Ressourcen.

Ansatzweise kamen diese Techniken bereits bei der obigen Ideensammlung für das Erstgespräch zum Tragen. In fast allen Kriseninterventionen wird es um ein Miteinander dieser vier Arten von Techniken gehen, allerdings mit unterschiedlicher Schwerpunktsetzung, die nach Persönlichkeitsstruktur der KlientIn, Art und Schwere der Krise, Art der Beziehung zwischen TherapeutIn und KlientIn, Beschaffenheit des Settings, usw. differenziert. – Dies gilt sowohl für Krisen, die im Verlauf einer Therapie beginnen, als auch für Krisen, derentwegen eine KlientIn zur Therapie kommt.

11.4.2.1 Kontakt/Beziehung

Was für jede therapeutische Arbeit Grundlage ist, gilt für Kriseninterventionen ganz besonders: Die Beziehung zwischen KlientIn und TherapeutIn ist für Verlauf und Erfolg der Therapie von entscheidender Bedeutung. In der Krisenintervention muß die TherapeutIn möglichst schnell einen Kontakt zur KlientIn herstellen und diesen dann aufrechterhalten. In den meisten Fällen gibt es aufgrund der Rollenkonfiguration, der Professionalität und der Kompetenz der TherapeutIn einen Vertrauensvorschuß, eine Sicherheit, die gerade in der Krisenintervention als eine erste gemeinsame Basis genutzt werden kann. „Mehr Vertrauen" ist in der Krisenarbeit häufig gar nicht notwendig. (Sofern dies doch der Fall ist, sofern es also um die Erarbeitung von Vertrauen geht, siehe unsere Ausführungen zu Beziehungsarbeit im vorangegangenen Kapitel.)

Krisenarbeit besteht oft in einem unmittelbaren „Berühren": Durch Stimme, durch Worte, durch Körperkontakt, weniger durch den Blick – Blicke können am leichtesten mißverstanden werden. Wenn die Beziehung schon gefestigt ist und wenn die KlientIn stark regrediert ist, kann der Kontakt zu ihr die Qualität wie zu einem

„Kind in Not" annehmen: Durch Halten, Wiegen, Summen und Worte wie „weine ruhig", „jetzt ist ja alles gut", „ich bin bei dir", „ich weiß, daß es wieder besser wird" geben wir der KlientIn die Möglichkeit für Entlastung, für Ausdruck von Kummer, Schmerz, Verzweiflung, Wut, ... sowie für Beruhigung. Sie kann erleben, daß sie verstanden wird, nicht allein ist.

Bei fortlaufenden Therapien wird bei jeder Krise der KlientIn immer die therapeutische Beziehung mit betroffen sein (was dann immer *auch* eine Chance für die Weiterentwicklung der therapeutischen Beziehung ist). Dann wird es vielleicht um Fragen gehen wie: „Wie stehen Sie zu mir, wenn Sie etwas so Schreckliches aus meiner Kindheit hören?", „Ich bin ein Schwein, ich hasse mich, könnte mich auskotzen – niemand kann mich länger ertragen. Auch Sie nicht!", „Ich habe Angst, daß Sie das ausnutzen, wenn ich so klein/abhängig von Ihnen bin", „Wieso haben Sie das nicht verhindert, wozu bin ich in Therapie?"

11.4.2.2 Techniken des „inneren Beistands"

Mit den Techniken des „inneren Beistands" knüpfen wir an unsere Ausführungen in den Kap. Entwicklungstheorie und Persönlichkeitstheorie an (vgl. „significant other", „self regulating other", „evoked companion") und machen uns diese Erfahrungen zunutze.

Selbstverständlich gehört all das, was wir oben unter Kontakt/Beziehung geschrieben haben, also z. B. Zuhören, Trösten, Verstehen, Erklären auch zu Beistand. Auch das Aufrechterhalten der Verbindung von einer Sitzung zur nächsten gehört dazu. Dies ist z. B. möglich durch die Verabredung von Telefon- oder Briefkontakten oder die Verwendung von Übergangsobjekten oder guten „magischen Objekten" (siehe Kap. Entwicklungstheorie) als „Leihgaben", z. B.: „Ich gebe dir diese Wurzel mit nach Hause ... sie steht für ... ."

KlientIn und TherapeutIn können sich gemeinsam auf die Suche machen, welche inneren Beistände, welche Nothelfer es im Leben der KlientIn gegeben hat.

Dazu kann die TherapeutIn die KlientIn auf eine „Reise in die Vergangenheit" begleiten oder mit ihr ihre Lebensstraße entlang gehen (sie eventuell malen lassen) und jeweils sehr konkret schauen, wer bei ihr war, wer ihr gut war, wer ihr geholfen hat. Das müssen nicht immer sehr nahe Personen sein. Vielleicht ist es der Lehrer, der sie gesehen hat, der dafür gesorgt hat, daß sie das Gymnasium besuchen konnte, oder die Patentante, die nur zu ihrem Geburtstag kam, die ihr aber jedesmal einen Mantel geschenkt hat – das einzige Kleidungsstück, das sie nicht von den Geschwistern auftragen mußte und mit dem sie immer schön angezogen war – oder die Katze der Nachbarin, bei der sie sich ausweinen konnte. Bei einer KlientIn, die mit sechzehn Jahren gegen den Willen der Großeltern mit ihrem Sparbuch das Haus verließ, um sich ein Zimmer zu mieten und eine Ausbildung zu beginnen, war es der Taxifahrer, der sie zu ihrem ersten Vermieter fuhr und ihr unterwegs Ratschläge gab, sich nicht übers Ohr hauen zu lassen: „Er hat sich wirklich Sorgen *um mich* gemacht, obwohl er das gar nicht mußte." Innerer Beistand können auch Tiere sein, Orte oder Zeichen der Kraft, ein Amulett, ein Wappen oder ein Schutzengel. Wenn ein innerer Beistand gefunden ist, ist es gut, ihn möglichst konkret, möglichst lebendig werden zu lassen: Wie sah der Taxifahrer aus, was hatte er an, kannst du dich an den Geruch im Taxi erinnern? Was würde er heute zu dir sagen? Wie könnte er dir heute beistehen? Oder, wenn die KlientIn erzählt, daß es ihr immer gut geht, wenn sie am Meer ist: „Stell dir das Meer jetzt einmal vor..., spür den Wind auf der Haut..., wie schmeckt/riecht die Luft?..., nimm den Sand in die Hände..., tauch die Füße ins Wasser..., spür, wie du atmest, wenn du auf das Meer schaust..., wie fühlst du dich jetzt?..., kannst du eine Verabredung mit dem Meer treffen, wiederzukommen? Was kannst du von diesem Gefühl mitnehmen/hinüberretten in dein jetziges Leben?" Vielleicht kann der Dialog zwischen KlientIn und Meer aufgeschrieben oder gemalt oder in Form eines Gedichtes festgehalten werden.

Wenn kein deutliches Bild eines inneren Beistandes gefunden werden kann, ist es auch möglich, eines zu erzeugen, zu erfinden: „Wie müßte dein innerer Gefährte sein, welche Sprache, welchen Dialekt müßte er sprechen, soll es ein Mann oder eine Frau sein?..., wie alt ist sie?..., wie sieht sie aus?..., welche Farbe haben ihre Augen?... wie spricht sie mit dir?..., was sagt sie dir?..., welchen Namen gibst du ihr?"

Es kann ganz konkret geübt werden, sich den Nothelfer mit geschlossenen Augen immer wieder herzuholen, bis das jederzeit möglich ist. Dann können zukünftige sehr belastende Situationen vorgestellt, der Nothelfer herbeigezaubert und die Situation mit diesem durchgestanden werden.

Oder die KlientIn formt im Beisein der TherapeutIn aus Ton ein Amulett, in das z. B. all das eingedrückt wird, was ihr im Leben Mut und Kraft gegeben hat bzw. gibt.

11.4.2.3 Techniken der „inneren Distanzierung"

Die Techniken der inneren Distanzierung sind vor allem deshalb so wichtig, weil die Atmosphäre der Krise häufig so überwältigend ist, daß die KlientIn ohne Hilfestellung aus der Involvierung (Kap. Persönlichkeitstheorie) nicht herauskommen, nicht in die exzentrische Position gehen kann.

Auch Vergangenheit und Zukunft sind meist von dieser Atmosphäre überschattet. Die Techniken der inneren Distanzierung haben also vor allem das Ziel, daß die KlientIn sich aus ihrer verengten Sichtweise lösen kann, sich einen Überblick verschaffen kann, Abstand bekommt.

Wir zählen einige Möglichkeiten auf:
- Rollentausch (s. auch unsere Ausführungen zu Rollenspiel im Kapitel Therapeutische Interventionen): Die KlientIn geht in eine andere Rolle, identifiziert sich mit dieser, bekommt (wieder) Kontakt mit Erlebensqualitäten, die ihr in ihrer eigenen Rolle zur Zeit nicht zugänglich sind. Ihre eigene Rolle kann sie auf diese Weise mit Abstand – z. B. auch mit den Augen anderer – betrachten.
- Wir können die KlientIn bitten, ihren Freund/ihre innere GefährtIn hinter ihren Stuhl treten zu lassen, auf sie zu schauen und aus dieser Perspektive beschreiben zu lassen, wer dort auf dem Stuhl sitzt. (Vielleicht auch, was ihr im Moment fehlt, was sie im Moment vor allem brauchen würde.)
- Kino: Wir können uns mit der KlientIn in der Vorstellung in einen Kinosaal setzen, letzte Reihe, mit Langnese-Eis, und uns mit großem Abstand ihre Krisensituation – vielleicht mit einer Hauptdarstellerin ihrer Wahl – auf der Leinwand anschauen. Vielleicht unter dem Aspekt, daß wir Kritiker sind und unterschiedliche Entwürfe für die Fortsetzung der Handlung beurteilen sollen (s. auch Kapitel Therapeutische Interventionen)

- Zeitmaschine: In Krisen ist der Zukunftshorizont häufig zusammengebrochen. Techniken wie Zeitmaschine sind eine Möglichkeit, ihn wieder zu beleben. Wir können der KlientIn z.b. eine Anleitung geben, die derzeitige Situation auf der Zeitachse zu verlassen, in die Zukunft zu reisen, zu einem Zeitpunkt, zu dem die derzeitigen Probleme voraussichtlich längst überwunden sind. Wir können die zukünftige Situation ganz konkret ausmalen, erkunden und hier Hoffnung tanken. Auf ähnliche Weise können wir per Zeitmaschine zurück in die Vergangenheit gehen und über konkrete Vorstellungen den Blick wieder auftun für das, was in ihrem bisherigen Leben gut war. (In jedem Lebenslauf – auch in einem ganz tragischen – lassen sich Dinge finden, die gut gewesen sind.)
- **Zauberladen:** Z. B. können wir der KlientIn vorschlagen, im Zauberladen drei Dinge abzugeben, die sie loswerden will und gegen etwas anderes einzutauschen, das sie haben möchte. Gerade durch diese Möglichkeit der Distanzierung können hier Wünsche ausgesprochen werden oder Veränderungen phantasiert werden, die der KlientIn als reale Wünsche nicht ins Bewußtsein gekommen wären, die aber häufig genau das treffen, um was es geht (z. B. die Schwiegermutter/Mutter loswerden und gegen eine bezahlte Haushaltshilfe eintauschen).
- Reframing: Diese Technik aus der Tradition der Familientherapie bedeutet, der KlientIn einen neuen Bezugsrahmen zu geben, in den das Geschehen auf neue Weise eingeordnet werden kann. Beispiel: Eine Klientin, die über lange Zeit schwer depressiv war, beginnt eine Gruppentherapie und berichtet dort von einer neu aufgetretenen Symptomatik, die sie sehr beunruhigt: Wenn sie ein Messer sieht, bekommt sie Angst, damit zuzustoßen: Allein dadurch, daß die Gruppenteilnehmerinnen und die Therapeutin dies als einen wichtigen Schritt aus ihrer Depression heraus werten, sowie durch die zusätzliche Information, daß diese Symptomatik gar nicht selten ist, geht es der Klientin in der Folgezeit erheblich besser.
- Um sich distanzieren zu können, ist es hilfreich, in der Arbeit zusätzlich immer auch die kognitive Ebene anzusprechen, der KlientIn helfen zu verstehen, was geschehen ist, wie das passieren konnte, der KlientIn z. B. auch Informationen oder Erklärungs-

modelle über typische Krisenverläufe anzubieten. Es liegt darin eine Möglichkeit, die Krise zu relativieren als etwas, das es auch bei anderen Menschen gibt – und das überwunden werden kann.

11.4.2.4 Ressourcen

Wir bemühen uns herauszufinden, über welche Ressourcen die KlientIn selbst verfügt (vgl. vorangegangenes Kapitel), um diese zu aktivieren und auf dieser Basis (weiter) Bewältigungsmechanismen zu entwickeln. Wir werden hierzu drei Aspekte betrachten:
– Ressourcen, die der KlientIn unmittelbar zur Verfügung stehen,
– Ressourcen im Umfeld,
– „Notfall-Ressourcen".

Ressourcen, die der KlientIn unmittelbar zur Verfügung stehen: Im Kapitel Therapeutische Interventionen haben wir dargestellt, wie eine Ressourcen-Analyse durchgeführt und bildnerisch dargestellt werden kann. Anhand der Säulen der Identität lassen sich Ressourcen für alle fünf Identitätsbereiche erarbeiten. Auf dem Hintergrund dessen, was die KlientIn gern tut oder tun kann, lassen sich dann Bewältigungsstrategien aktivieren bzw. entwickeln. Z. B. im leiblichen Bereich: Sauna, Wandern, Radtour, Yoga, Joggen, Schlafen, Sexualität, Make-Up oder Parfüm benutzen, Friseurbesuch, ein figurbetontes Kleidungsstück kaufen, ... (jeweils prüfen, welches Setting – z. B. allein, mit Freundin, mit Freund, mit mehreren – positiv wäre). Im Bereich Arbeit und Leistung: die tägliche Routine strukturieren/erledigen/nicht erledigen, zur Arbeit gehen/nicht zur Arbeit gehen, etwas Kreatives herstellen, den Schreibtisch aufräumen/die Unordnung liegen lassen, sich einen Steuerberater suchen, Klavier spielen, ...

Zu den Ressourcen der KlientIn gehören auch die Fähigkeiten zur Krisenbewältigung, die sie im Laufe ihres Lebens entwickelt hat. KlientIn und TherapeutIn können hierfür gemeinsam den Lebenslauf der KlientIn unter dem Aspekt betrachten, welche schwierigen Ereignisse, Zeiten, Phasen es gegeben hat, wodurch es der KlientIn möglich war, diese durchzustehen, zu überwinden, auch, von wem (oder durch was) sie sich helfen lassen konnte: Läßt sich davon etwas auf die vorliegende Krise übertragen?

Ressourcen im Umfeld: Wir betrachten das soziale Atom der KlientIn (siehe Kap. Persönlichkeitstheorie) unter dem Aspekt, wer im nahen und mittleren Bereich für die KlientIn – in welchem Rahmen und in welchem Maß – zur Verfügung stehen könnte, ihr gut tun könnte: für einen Spaziergang, für einen gemeinsamen Einkaufsbummel, zum Reden und Verstehen, zum Trösten, zum Verwöhnen, als Hilfe beim Umzug oder bei der Examensarbeit, zum Rund-um-die-Uhr-erreichbar-sein, um dort schlafen zu können, usw. Eventuell muß konkret erarbeitet und geübt werden, wie sie diese Menschen ansprechen kann.

Notfall-Ressourcen: Zum einen muß abgeklärt werden, wie zuverlässig erreichbar die TherapeutIn für die KlientIn sein sollte und ist und welche Möglichkeiten bestehen, daß sie durch KollegInnen vertreten wird. Ebenfalls muß geregelt werden, ob, wann und unter welchen Umständen – sofern dies nicht bereits geschehen ist – welcher Arzt hinzugezogen werden soll und gegebenenfalls wie und auf welche Weise der Kontakt zum Arzt aufrechterhalten und geregelt werden soll.

Das gleiche gilt für eine eventuelle Klinik-Einweisung: Es ist sinnvoll, vorher zu klären, wann ein Notfall vorliegt und was dann konkret zu tun ist. Es reicht nicht aus, die KlientIn in eine Klinik zu schicken: Im Notfall muß sie von der TherapeutIn „direkt dort abgegeben" werden.

Uns ist wichtig zu betonen, daß die hier beschriebenen Techniken keine Patentrezepte sind und sein können. Es sind lediglich Leitlinien.

11.5 Nachbereitung der Krise

Für die Neuorientierung bedarf es einer Nacharbeit. Als Orientierungshilfe können dabei folgende Fragen dienen:
- Was genau ist passiert? Wie? Wodurch? Wie hat sich die Krise für mich/für andere bemerkbar gemacht? Wie haben sich meine Gefühle in dieser Zeit verändert?
- Welche meiner Fähigkeiten haben mir durchgeholfen und sind dabei gewachsen?

- Was war mir an mir selber neu und hat sich bewährt? (Z. B. „Zum ersten Mal in meinem Leben habe ich jemanden um Hilfe bitten können.")
- Was könnte für mich immer wieder krisenauslösend sein? (Mein Krisenpotential?)
- Welche zukünftigen Lebenskrisen lassen sich voraussehen? Was habe ich jetzt schon darüber erfahren, wie ich mit kommenden Krisen umgehen kann?

Diese Art von Nacharbeit ist immer auch eine optimale Krisenprophylaxe.

Nachbemerkung

Nachdem wir ungefähr drei Jahre und Sie vielleicht drei Tage, drei Wochen oder drei Monate mit diesem Buch verbracht haben, wünschen wir uns, daß wir Ihnen nicht nur einen Einstieg in ein umfangreiches und komplexes Wissensgebiet gegeben haben.

Wir hoffen, daß wir darüber hinaus etwas von der Herausforderung und der Freude vermitteln konnten, die wir durch die Auseinandersetzung mit den Theorien, auf denen therapeutisches Handeln beruht, erlebt haben.

Und wir hoffen außerdem, daß wir uns mit dem verständlich machen konnten, was Therapie für uns ist.

Literatur

Ainsworth, M.D. et. al. (Hrsg.), Deprivation of Maternal Care: a Reassessment of its effects. Publ. Health Papers Nr. 4, WHO, Genf 1962
Anderson, J.R., The Architecture of Cognition. Harvard University Press, Cambridge, Mass., London 1983
Argelander, H., Die szenische Funktion des Ich und ihr Anteil an Symptom- und Charakterbildung. Psyche 24, 1970, 325-345
Asper, K., Verlassenheit und Selbstentfremdung. 2. Aufl., Walter Verlag, Olten 1987
Balint, M., Angstlust und Regression. Rowohlt, Reinbek 1972
Balint, M., Regression. dtv, München 1987
Baltes, P.B., Entwicklungspsychologie unter dem Aspekt der ganzen Lebensspanne. Einige Bemerkungen zu Geschichte und Theorie. In: Montada, L. (Hrsg.), Brennpunkte der Entwicklungspsychologie. Kohlhammer, Stuttgart 1979
Baltes, P.B., Eckensberger, A. (Hrsg.), Entwicklungsphasen der Lebensspanne. Klett Cotta, Stuttgart 1979
Bandura, A. (Ed.), Psychological Modeling: Conflicting Theories. Chicago 1971
Bauriedl, T., Zwischen Anpassung und Konflikt. Theoretische Probleme der Ich-psychologischen Diagnostik. Vandenhoek und Rupprecht, Göttingen 1982
Beauvoir, Simone de, Ein sanfter Tod. Rowohlt, Reinbek 1965
Berger, P.L., Luckmann Th., Die gesellschaftliche Konstruktion der Wirklichkeit. Fischer, Frankfurt/M. 1989
Binning, G., Aus dem Nichts. Über die Kreativität von Natur und Mensch. Piper, München, Zürich 1989
Bischof, N., Erkenntnistheoretische Grundlagenprobleme der Wahrnehmungspsychologie. In: W. Metzger, H. Erke (Hrsg.), Handbuch der Psychologie. 1. Bd.: Allgemeine Psychologie. Hogrefe, Göttingen 1978
Böhme, G., Anthropologie in pragmatischer Hinsicht. Suhrkamp, Frankfurt 1985
Bower, T.G.R., A primer of infant development. Freeman, San Francisco 1977
Bowlby, J., Maternal Care and Mental Health. Genf 1951
Bresch, C., Zwischenstufe Leben. Evolution ohne Ziel? Fischer TB, Frankfurt 1979
Buber, M., Das dialogische Prinzip. Lambert Schneider, Heidelberg 1973
Bubolz, E., Bildung im Alter. Lambertus, Freiburg 1983
Buytendijk, F.J.J., Mensch und Tier. Rowohlt, Reinbek 1958
Cannon, W.B., The Wisdom of the Body. New York 1932
Changeux, J.-P., Der neuronale Mensch. Wie die Seele funktioniert – die Entdeckungen der neuen Gehirnforschung. Rowohlt, Reinbek 1984
Claiborne, R., Die Erfindung der Schrift. In: Die Frühzeit des Menschen. Time-Life International, (Nederland) BV 1975
Cremerius, J., Vom Handwerkszeug des Psychoanalytikers. Frommann, Bad Cannstadt 1983/85
Cullberg, J., Keiner leidet ganz umsonst. Verlagshaus Mohn, Gütersloh 1980
Dahrendorf, R., Homo Sociologicus. 5. Aufl. Westdeutscher Verlag, Köln 1965
Danzinger, L., Frankl, L., Zum Problem der Funktionsreifung. Z. f. Kinderforschung, 43, 1943, 219-255
Darwin, Ch., Über den Ursprung der Arten durch natürliche Zuchtwahl. 1859

Ditfurth, H.v., Der Geist fiel nicht vom Himmel. Die Evolution unseres Bewußtseins. (9. Aufl.) dtv, München 1988
Dress, A., Hendrichs, H., Küppers, G. (Hrsg.), Selbstorganisation. Die Entstehung von Ordnung in Natur und Gesellschaft. Piper, München 1986
DSM III R – Diagnostisches und Statistisches Manual. (Revis.), 3. Aufl., Dt. Bearbeitung v. *Wittchen, H.U., Saß, H., Zaudig, M., Koehler, K.*, Beltz, Weinheim 1991
Eaton, W.O., Bargen, D. von: Asynchronous development of gender understanding in preschool children. *Child development* 52, 1981
Eigen, M., Schuster, P., The Hypercycle: A Principle of Natural Selforganisation. The Emergence of the Hypercycle. In: *Naturwissenschaften 64,* 1977
Eisler, P., Berühren aus Berührtsein in der Integrativen Leibtherapie. *Integrative Therapie 17,* 1-2, 1991, 85-116
Eisler-Stehrenberger, K., Kreativer Prozeß – therapeutischer Prozeß. In: *Petzold/Orth (Hrsg.)*, Die neuen Kreativitätstherapien. Bd. 1. Junfermann, Paderborn 1990
Elder, H.G., Historical Change in Life. Pattern and Personality. In: *Baltes, P., Brim, O. (Eds.)*, Life Span Development and Behavior, Vol. 2. Academic Press, New York 1979
Elias, N., Über den Prozeß der Zivilisation. Soziogenetische und psychogenetische Untersuchungen I und II. Suhrkamp, Frankfurt 1976
Erdheim, M., Die gesellschaftliche Produktion von Unbewußtheit. Suhrkamp TB 465, Frankfurt 1984
Ernst, Sh., Goodison, L., Selbsthilfe-Therapie. Verlag Frauenoffensive, München 1981
Erikson, E.H., Kindheit und Gesellschaft. Klett, Stuttgart 1968
Faltermaier, T., Mayring, P., Saup, W., Strehmel, P., Entwicklungspsychologie des Erwachsenenalters. Kohlhammer, Stuttgart 1992
Feministisches Frauen-Gesundheits-Zentrum e.V. Berlin, Wechseljahre. Berlin 1990
Ferenczi, S., Schriften zur Psychoanalyse II. Fischer TB, Frankfurt 1982
Filipp, H.S. (Hrsg.), Kritische Lebensereignisse. Urban und Schwarzenberg, München-Wien-Baltimore 1981
Flavell, J.H., Botkin, P.T., Fry, C.L., Wright, J.W. Jarvis, P.E., The Development of Role Taking and Communication Skills in children. Wiley, New York 1968
Flemming, H.-C., Blätter vom fliegenden Märchenbuch. Stuttgart 1984
Foucault, M., Die Ordnung der Dinge. Frankfurt 1971
Freud, A., Das Ich und die Abwehrmechanismen. Kindler, München 1959
Freud, S. (1940), Abriß der Psychoanalyse. Fischer, Frankfurt 1959
Freud, S., (1917), Vorlesungen zur Einführung in die Psychoanalyse. Fischer TB, Frankfurt 1981
Freund, H.J., Selbstorganisation des Zentralnervensystems. In: *Gerok, W.* 1990, siehe dort
Fürstenau, P., Praxeologische Grundlagen der Psychoanalyse. In: *Pongratz, L.J. (Hrsg.)*, Klinische Psychologie. Handbuch der Psychologie Bd. 8. Hogrefe, Göttingen 1977, 847-888
Garfinkel, P-E., Moldofsky, H., Garner, D.M., Prognosis in Anorexia Nervosa. *Can. Med. Ass. J.* 117, 1977, 1041
Gehlen, A., Der Mensch. Seine Natur und seine Stellung in der Welt. Athenäum-Verlag, Bonn 1955
Gerok, W., Ordnung und Chaos als Elemente von Gesundheit und Krankheit. In: *Gerok, W. (Hrsg.)*, Ordnung und Chaos in der unbelebten und belebten Natur. (2. Aufl.) Hirzel, Stuttgart 1990

Göbel, J., Kreimmeyer, C., Aspekte der Selbstorganisation und ihre Relevanz für therapeutisches Handeln. Unveröffentlichte Diplomarbeit, Braunschweig 1984
Goffman, E., Das Individuum im öffentlichen Austausch. Suhrkamp, Frankfurt 1974
Goffman, E., Wir alle spielen Theater. Die Selbstdarstellung im Alltag.(5. Aufl.) Piper, München 1985
Goldstein, K., Der Aufbau des Organismus. Den Haag 1934
Goodman, P., In: Blankertz, S., Kritischer Pragmatismus. Zur Soziologie Paul Goodmans. Wetzlar 1984
Grawe, K., Schematheorie und heuristische Psychotherapie. Forschungsbericht aus dem Psychol. Institut, Bern 1987
Grawe, K., Heuristische Psychotherapie. In: Integrative Therapie, 14, 4/1988, Junfermann, Paderborn
Greenson, R.R., Technik und Praxis der Psychoanalyse. Klett, Stuttgart 1973
Groddeck, G., Krankheit als Symbol. Fischer TB, Frankfurt 1983
Gross, R., Chaos und Ordnung. Dynamische Systeme in der Medizin. Deutsches Ärzteblatt, 25./26. Juni 1991
Habermas, J., Theorie des kommunikativen Handelns I und II. Suhrkamp, Frankfurt 1988
Haken, H., Synergetik. Springer, Berlin 1982
Haken, H., Synergetik: Vom Chaos zur Ordnung und weiter ins Chaos. In: Gerok, W. (Hrsg.), 1991 vgl. dort
Harris, M., Menschen. Wie wir wurden. Was wir sind. Klett-Cotta, Stuttgart 1991
Hartmann-Kottek-Schröder, L., Gestalttherapie. In: Corsini, R. (Ed.), Handbuch der Psychotherapie. Beltz, Weinheim 1983, S. 280-320
Hausmann, B., Meier-Weber, U., Kreative Medien, Bewegung und bildnerisches Gestalten in der Integrativen Kurztherapie mit psychotischen Erwachsenen. In: Petzold/Orth (Hrsg.), Die neuen Kreativitätstherapien. Junfermann, Paderborn 1990
Havighurst, R.J., Dominant concerns in the life. In: Schenk-Danzinger, L., Thomae, H. (Hrsg.), Gegenwartsprobleme der Entwicklungspsychologie. Hogrefe, Göttingen 1963
Heinl, H., Störungen in der Arbeitswelt als Ursache psychosomatischer Schmerzsyndrome der Bewegungsorgane. Gestalt und Integration 1/1990, 53-58. Nachdruck aus: Willert, H.G., Willert, G. (Hrsg.), Psychosomatik in der Orthopädie. Huber, Bern 1989
Heinl, H., Psychosomatische Schmerzsyndrome der Bewegungsorgane. Der Zugang der Gestalttherapie. In: Eich, W. (Hrsg.), Psychosomatische Rheumatologie. Springer, Berlin 1991, 145-157
Heinl, H., Petzold H., Fallenstein, A., Das Arbeitspanorama. In: H. Petzold, H. Heinl (Hrsg.), Psychotherapie und Arbeitswelt. Junfermann, Paderborn 1983
Henderson, L., On mental Energy. Br. J. Psychol 63, 1972, 1-7
Herzog, W., Modelle und Theorien in der Psychologie. Hogrefe, Göttingen 1984
Holmes, Th., Rahe, R.H., The Social Readjustment Rating Scale. Journal of Psychosomatic Research 11, 1967, 213-218
Iljine, V.N. (unter Mitarbeit von H. Petzold & J. Sieper), Kokreation – die leibliche Dimension des Schöpferischen. In: Petzold/Orth (Hrsg.), Die neuen Kreativitätstherapien. Junfermann, Paderborn 1990
Integrative Therapie 18, Säuglingsforschung und Psychotherapie. Junfermann, Paderborn 1992
Jacobi, M., Psychotherapeuten sind auch Menschen. Walter, Olten 1987
Janosch, Ich mach Dich gesund, kleiner Bär. Beltz & Gelberg, Weinheim, Basel 1987

Janov, A., Anatomie der Neurose. Die wissenschaftlichen Grundlagen der Urschreitherapie. (2. Aufl.) Fischer TB, Frankfurt 1981

Joas, H., Praktische Intersubjektivität. Die Entwicklung des Werkes von G.H. Mead. Suhrkamp TB, Frankfurt 1989

Jung, C.G., Erinnerungen, Träume, Gedanken. Aufgezeichnet und herausgegeben von A. Jaffé. (3. Aufl.), Walter, Olten 1985

Kagan, J., Perspectives in Continuity. In: *Brim, O., Kagan, J. (Hrsg.)*, Constance and Change in Human Development. Harvard University Press, Cambridge, Mass., 1980

Kaplan, L.J., Die zweite Geburt. Piper, München 1981

Kast, V., Trauern. Kreuz Verlag, Stuttgart 1987

Kaul, Ch. T., Ist Chaos gesund? In: *Praxis Computer* Nr. 6, November 1990

Kegan, R., Die Entwicklungsstufen des Selbst. Kindt Verlag, München 1986

Kelly, G., Die Psychologie der persönlichen Konstrukte. Junfermann, Paderborn 1986

Kernberg, O.F. et al., Psychotherapy and Psychoanalysis. Final Report of the Menninger Foundation's. Psychotherapy Research Project. *Bull. Menn. Clinic* 36, 1972

Kiener, F., Empirische Kontrolle psychoanalytischer Thesen. In: *Pongratz, H.* (Hrsg.), Handbuch der Psychologie. 8. Bd. Klinische Psychologie. 2. Halbband. Hogrefe, Göttingen 1978

Kierkegaard, S. (1846), Die Reinheit des Herzens. 1926

Kinzel, W., Das menschliche Gehirn – der unerreichbare Superrechner. In: *forschung, Mitteilungen der DFG* 4/90

Kohlberg, L., Development of moral character and ideology. In: *Hoffmann, M.L., Hoffmann, L.W.* (Eds.), *Review of Child Development Res. 1*, New York 1964

Kohlberg, L., Gilligan, L., The adolescent as a philosopher. In: *Dedalus* 100, 1971, 1051-1086

Kohlberg, L., Ricks, D., Snarey, J., Childhood Development as a predictor of adeptation in Adulthood. *Genetic Psychol. Monogr.* 110, 1984, 91-172

Kreisman, J., Straus, H., „Ich hasse dich – verlaß mich nicht". Die schwarzweiße Welt der Borderline-Persönlichkeit. Kösel, München 1989

Kuhn, T.S., Die Struktur wissenschaftlicher Revolutionen. Suhrkamp, Frankfurt 1967

Lacan, J., Das Spiegelstadium als Bildner der Ich-Funktion. (1949) In: *Lacan, J.*, Schriften 1. Walter, Freiburg 1973; Suhrkamp TB, Frankfurt 1975

Langlouis, J.H., Downs, A.C., Mothers, fathers, and peers as socialization. In: *Young children child development* 51, 1980

Lazarus, R.S., Patterns of Adjustment. McGraw Hill, New York 1976

Lehr, U., Thomae, H., Formen des seelischen Alterns. Enke, Stuttgart 1987

Lewin, K., Feldtheorie in den Sozialwissenschaften. Stuttgart/Bern 1963

Lichtenberg, J.D., Psychoanalysis and Infancy Research. Bioanalytic Press, London 1983

Litt, Th., Naturwissenschaften und Menschenbild. Quelle und Meyer, Heidelberg 1954

Lorenz, E.N., J. Atmospheric Sci, 20, 130, 448 (1963)

Lorenz, K., Die Rückseite des Spiegels. (7. Aufl.) dtv, München 1984

Lorenzer, A., Zur Begründung einer materialistischen Sozialisationstheorie. Suhrkamp, Frankfurt 1973

Lowen, A., Bioenergetik. Therapie der Seele durch Arbeit mit dem Körper. Rowohlt, Reinbek 1979

Ludwig-Körner, Chr., Übertragung und Gegenübertragung in der Psychoanalyse, Gestalttherapie und Integrativen Therapie. *Integrative Therapie* 4/1991, 17, 466.

Lückel, K., Gespräche mit Sterbenden. 3. Aufl., Kaiser, München 1990
Luria, A.R., Cognitive development, its cultural and social foundations. Harvard University Press, Cambridge 1976
Lynn, D.B., Parental and sex-role identification: a theoretical formulation. Mc Cutchan, Berkeley 1969
Mahler, S., Pine, F., Bergman, A., Die psychische Geburt des Menschen. Fischer TB, Frankfurt 1990
Marcel, G., Leibliche Begegnung. Notizen aus einem gemeinsamen Gedankengang. Bearbeitet von Hans A. Fischer-Barnicol. In: *Petzold, H. (Hrsg.)*, Leiblichkeit. Junfermann, Paderborn 1986, 15-46
Martienssen, W., Gesetz und Zerfall in der Natur. In: *Gerok, W. (Hrsg.)*, Ordnung und Chaos in der unbelebten und belebten Natur. Hirzel, Stuttgart 1990
Maturana H., Varela, F., Autopoietische Systeme: Eine Bestimmung der lebendigen Organisation. In: *Maturana, H. (Hrsg.)*, Erkennen: Die Organisation und Verkörperung von Wirklichkeit. Vieweg, Braunschweig 1982
Mead, G.H., Mind, self and society. From the standpoint of a social behaviorist. University press, Chicago 1934. Dt.: Geist, Identität und Gesellschaft. Suhrkamp, Frankfurt 1973
Merleau-Ponty, M., Das Sichtbare und das Unsichtbare. Paris 1964. In: *Waldenfels, B.*, 1986 (vgl. dort)
Miller, A., Das Drama des begabten Kindes. Suhrkamp TB, Frankfurt 1983
Molinski, H., Die unbewußte Angst vor dem Kind. Kindler, München 1972
Montada, L., Themen, Traditionen, Trends. Kap. 1 in: *Oerter/Montada* 1987, vgl. dort
Moreno, J.B., in: *Petzold, H., Mathias, U.*: Rollenentwicklung und Identität. Junfermann, Paderborn 1982
Mueller, E., Toddlers + Toys = An autonomous system. In: *Lewis, M. & Rosenblum, L.A.* (Eds.): The child and its family. Plenum, New York 1979
Neugarten, B., Datan, N., Sociological perspectives on the life cycle. In: *Baltes, B.P., Schaie, K.W. (Eds.)*, Life-span development, psychology, personality and socialization. Academic Press, New York 1973
Oerter, R., Montada, L. (Hrsg.), Entwicklungspsychologie (2. Aufl.) Psychologie Verlags-Union, München-Weinheim 1987
Oevermann, U., Schichtenspezifische Formen des Sprachverhaltens. Kap. 9 in: *Roth, H. (Hrsg.)*, Begabung und Lernen. Klett, Stuttgart 1969
Osgood, C.E., Suci, G.J., Tannenbaum, P.H., The Measurement of Meaning. Urbana 1957. In: *Hofstätter, P.R.*: Einführung in die Sozialpsychologie. Kröner, Stuttgart 1959
Peitgen, H.-O., Richter, P.H., The Beauty of Fractals. Springer, Heidelberg 1986
Papoušek, H., Papoušek, M., Das Spiel in der Frühentwicklung des Kindes. Supplementband zur *Pädiatr. Praxis* 1977
Papoušek, H., Papoušek, M., Lernen im ersten Lebensjahr. In: *Montada, L. (Hrsg.)*, Brennpunkte der Entwicklungspsychologie, Kohlhammer, Stuttgart 1979, 94-212
Papoušek, H., Papoušek, M., Qualitative transitions in integrative processes during the first trimester of human postpartum life. Spastics International, Oxford 1985
Perls, F., Das Ich, der Hunger, und die Aggression. Klett-Cotta, Stuttgart 1978
Perls, F.S., Hefferline, R.F., Goodman, P., Gestalt-Therapie. Band 1 und 2. Klett-Cotta, Stuttgart 1979
Petzold, H., Über die Symbole und Sinnbilder der Bibel. *Orthodoxie Heute 6*, 1963, 7-16

Petzold, H., Von Geist und Wesen der Ikonen. *Wort und Antwort* 6, 1966, Mainz, 172-176

Petzold, H., Gestalttherapie und Psychodrama. Nicol, Kassel 1973

Petzold, H., Integrative Bewegungstherapie. In: Petzold, H. (Hrsg.), Die neuen Körpertherapien. Junfermann, Paderborn 1974

Petzold, H., Das Ko-respondenzmodell in der Integrativen Agogik. *Integrative Therapie* 1/78, 21-58

Petzold, H., (Hrsg.) Widerstand. Ein strittiges Konzept in der Psychotherapie. Junfermann, Paderborn 1981

Petzold, H. (Hrsg.), Mit alten Menschen arbeiten. Pfeiffer, München 1985

Petzold, H., Konfluenz, Kontakt, Begegnung, Beziehung in der Integrativen Therapie. *Integrative Therapie* 4/1986, 321-341

Petzold, H., Integrative Bewegungs- und Leibtherapie. Junfermann, Paderborn 1988

Petzold, H., Organismuskonzept und Anthropologie. Exkurs I. In: Integrative Bewegungs- und Leibtherapie I, 1. Junfermann, Paderborn 1988, 276-277

Petzold, H., Das Bewußtseinsspektrum und das Konzept „komplexen Bewußtseins". Exkurs II. In: Petzold, H., Integrative Bewegungs- und Leibtherapie I/1. Junfermann, Paderborn 1988, 278-281

Petzold, H., Pathogenese im Lebensverlauf – der Ansatz der Integrativen Therapie. Autoreferat in: B. Hausmann, U. Meier-Weber: Kreative Medien, Bewegung und bildnerisches Gestalten in der integrativen Kurztherapie mit psychotischen Erwachsenen. In: *Petzold/Orth (Hrsg.)*, Die neuen Kreativitätstherapien. Junfermann, Paderborn 1990, 1011-1014

Petzold, H., Form und Metamorphose als fundierende Konzepte für die Integrative Therapie mit kreativen Medien. In: *Petzold/Orth (Hrsg.)*, 1990

Petzold, H., Überlegungen und Konzepte zur Integrativen Therapie mit kreativen Medien und einer intermedialen Kunstpsychotherapie. In: *Petzold/Orth* (Hrsg.) 1990

Petzold, H. (1991a), Der „Tree of Science" als Erklärungs- und Erkenntnismodell für Theorie und Praxis der Integrativen Therapien. Bearbeitet von B. Heinermann. Reihe Arbeitsmaterialien. Europäische Akademie für psychosoziale Ges. und Kreat.-Förderung, Hückeswagen 1991

Petzold, H. (1991b), Krisenintervention und empathisch intuierende Identifikation in der niedrigschwelligen Drogenarbeit. *Gestalt und Integration* 1991 Nr. 1, 185-187

Petzold, H. (1991c), Krisen der Helfer. Unveröffentl. Manuskript. FPI, Düsseldorf 1991

Petzold, H., Integrative Therapie (3.Bd.) Junfermann, Paderborn 1993

Petzold H., Bubolz, E. (Hrsg.), Bildungsarbeit mit alten Menschen. Klett, Stuttgart 1976

Petzold, H., Mathias, U., Rollenentwicklung und Identität. Junfermann, Paderborn 1982

Petzold, H., Ramin, G., Integrative Therapie mit Kindern. In: H. Petzold, G. Ramin (Hrsg.), Schulen der Kinderpsychotherapie. Junfermann, Paderborn 1987, 359-426

Petzold, H., Sieper, J., Integrative Therapie und Gestalttherapie am Fritz Perls Institut. Begriffliche, persönliche und konzeptuelle Hintergründe und Entwicklungen. *Gestalt und Integration* VIII, 1988, 22-96

Petzold, H., Orth, I. (Hrsg.), Die neuen Kreativitätstherapien. Bd. I u. II. Junfermann, Paderborn 1990

Petzold, H., Orth, I., Körperbilder in der Integrativen Therapie. *Integrative Therapie* 1-2/1991, 117-146

Petzold, H., Schuch, H.W., Der Krankheitsbegriff im Entwurf der Integrativen Therapie. In: *Pritz, A., Petzold, H.* (Hrsg.), Der Krankheitsbegriff in der modernen Psychotherapie. Junfermann, Paderborn 1992
Petzold, Chr., Petzold, H., Lebenswelten alter Menschen. Vincentz Verlag, Hannover 1991
Piaget, J., Das Erwachen der Intelligenz beim Kinde. Klett, Stuttgart 1969
Piaget, J., Das moralische Urteil beim Kinde. Suhrkamp, Frankfurt 1973
Piaget, J., Die Äquilibration der kognitiven Strukturen. Klett, Stuttgart 1976
Plessner, H., Mit anderen Augen: Aspekte einer Philosophischen Anthropologie. Reclam, Ditzingen 1982
Plügge H., Über das Verhältnis des Ichs zum eigenen Leib. In: *H. Petzold (Hrsg.)*, Leiblichkeit. Junfermann, Paderborn 1986, 107-132
Portmann, A., Nachwort in: *Flanagan, G.L.*, Die ersten 9 Monate des Lebens. Rowohlt, Reinbek 1963
Prigogine, I., Self-Organisation in Nonequilibrium Systems. Wiley & Sons, New York 1977
Rad, M. v., Zepf, S., Psychoanalytische Konzepte psychosomatischer Symptom- und Strukturbildung. Kap. 3 in: *Th. v. Uexküll (Hrsg.)*, 1986 (siehe dort)
Rahm, D., Gestaltberatung. Grundlagen und Praxis integrativer Beratungsarbeit. (6. Aufl.), Junfermann, Paderborn 1990
Rauh, H., Frühe Kindheit. Kap. 3 in: *Oerter/Montada* 1987, 131-200 (vgl. dort)
Reichel, G., Rabenstein, R., Thannhoffer, M., Bewegung für die Gruppe. Ökotopia, Münster 1987
Ricoeur, P., Die Interpretation. Suhrkamp, Frankfurt 1969
Richter, H.E., Eltern, Kind, Neurose. Klett, Stuttgart 1963
Riedl, R.J., Kreuzer, F., Evolution und Menschenbild. Hoffmann und Campe, Hamburg 1983
Rosemann, H., Entwicklungspsychologie, Arbeitshefte f. Psychologie Bd. 11. Polerz Verlag, Berlin 1973
Rotter, J.B., Generalized Expectancies for Internal vs. External Control of Reinforcement. Psychol. Monogr. 80, Nr. 609, 1966
Rush, A. K., Getting Clear. Verlag Frauenoffensive, München 1977
Sachs, J., Devin, J., Young children's use of age appropriate speech styles in social interaction and role-playing. Journal of Child Language 3, 1976, 81-98
Sacks, O., Der Tag, an dem mein Bein fortging (2. Aufl.) Rowohlt, Reinbek 1991
Satir, V., Selbstwert und Kommunikation. Pfeiffer, München 1977
Scharfetter, Chr., Allgemeine Psychopathologie. Thieme, Stuttgart 1991
Schmitz, H., Leib und Gefühl. Junfermann, Paderborn 1989
Schnakenburg, R. v., Einbildungskraft als Leib – Wissen, Rhythmus und physiognomisches Sehen. P. Lang Verlag, Frankfurt/M. im Druck
Schneewind, K.A., Familienentwicklung, Kap. 23 in: *Oerter, R., Montada, L.*, Entwicklungspsychologie. München, Weinheim 1987
Schweidtmann, W., Sterbebegleitung. Menschliche Nähe am Krankenbett. Kreuz-Verlag, Stuttgart 1992.
Seitelberger, F., Neurobiologische Aspekte der Intelligenz.. In: *K. Lorenz, F.M. Wuketits*, Die Evolution des Denkens. Piper, München 1983
Selye, H., Stress of Life. New York 1957
Sendak, Maurice, Wo die wilden Kerle wohnen. Zürich 1963
Siegrist, J., Lehrbuch der medizinischen Soziologie. (3. Aufl.) Urban u. Schwarzenberg, München 1977

Sime, M., So sieht ein Kind die Welt. Walter, Olten 1987

Smith, M.L., Glass, G.V., Miller, T.I., The Benefits of Psychotherapy. Johns Hopkins Uni. Press, Baltimore 1980

Spiegel-Rösing, I., Petzold, H. (Hrsg.), Die Begleitung Sterbender. Junfermann, Paderborn 1984, 1992

Stern, D., The interpersonal world of the infant. Basic Books, New York 1985. Dt.: Die Lebenserfahrung des Säuglings. Klett-Cotta, Stuttgart 1992

Stern, D. (Buchbesprechung v. *W. Bohleber*) In: *Psyche* Nr. 11, November 1990

Stern, D., Tagebuch eines Babys. Piper, München 1991

Stevens, J.O., Die Kunst der Wahrnehmung. Kaiser, München 1980

Stierlin, H., Familie als Ort psychosomatischer Erkrankungen. *Familiendynamik* 4, 1988, 288-299

Tewes, U., Wildgrube, K., Niethardt, P., Lexikon der Medizin. Psychologie. Kohlhammer, Stuttgart 1977

Thomae, H., Das Individium und seine Welt (2. Aufl.) Hogrefe, Göttingen 1988

Thomä, H. Kächele, H., Lehrbuch der psychoanalytischen Therapie I und II. Springer, Heidelberg 1989

Tölle, R., Psychiatrie. (8. Aufl.) Springer, Heidelberg 1988

Trapmann, H., Liebetrau, G., Rotthaus, W., Auffälliges Verhalten im Kindesalter. Verlag modernes Lernen, Dortmund 1970

Uexküll, Th. v., Wesiack, W., Wissenschaftstheorie und psychosomatische Medizin. Kap. 1 in: *Uexküll, Th. v. (Hrsg.)*, Psychosomatische Medizin. (3. Aufl.) München 1986

Verny, Th. Kelly, J., Das Seelenleben des Ungeborenen. Rogner & Bernhard, München 1981

Vyt, A., The second year of life as a developmental turning point: implications for „sensitive" caretaking. *Europ. J. Psychol. Educ.* 1989, Nr. IV, 145-158

Vygotsky, L.S., Mind and society: The development of higher psychological processes. Harvard University Press, Cambridge 1978

Vollmer, G., Evolutionäre Erkenntnistheorie. (4. Aufl.) Hirzel, Stuttgart 1987

Waldenfels, B., In den Netzen der Lebenswelt. Suhrkamp TB, Frankfurt 1985

Waldenfels, B., Das Problem der Leiblichkeit bei Merleau-Ponty. In: *H. Petzold (Hrsg.)*, Leiblichkeit. Junfermann, Paderborn 1986

Watzlawick, P., Beavin, J.H., Jackson, D.D., Menschliche Kommunikation, Huber, Bern 1969

Wertheimer, M., Produktives Denken. (2. Aufl.) Kramer, Frankfurt 1964

Westmüller, H., Loccumer Protokolle. Evang. Akademie Loccum 1983

Willi, J., Die Zweierbeziehung. Rowohlt, Reinbek 1975

Winnicott, D.W., Reifungsprozesse und fördernde Umwelt. Kindler, München 1974

Wolff, P.H., Observations on the early development of smiling. In: *Foss, B.M. (Ed.)*, Determinants of infant behavior, II. Methuen, London 1963, 113-134

Wuketits, F.M., Moderne Evolutionstheorien – ein Überblick. In: *Biologie in unserer Zeit*, 18, 2/1988

Wurmser, L., Die Maske der Scham. Springer, Heidelberg 1990

Yalom, I.D., Gruppenpsychotherapie. Kindler, München 1974

Personenregister

A

Ainsworth, M.D.	173
Anderson, J.R.	44, 63
Argelander, H.	135
Asper, K.	152, 154, 285

B

Balint, M.	17, 44, 306ff, 331
Baltes, P.B.	182f
Bandura, A.	298
Bauriedl, T.	139
Beauvoir, S. de	260
Beckett, S.	127
Berger, P.	79
Bernfeld	205
Binnig, G.	63, 65
Bischof, N.	282
Bower, T.G.R.	215
Bowlby, J.	218, 308
Böhme, G.	86, 101
Bresch, C.	41
Breughel, P.	233
Buber, M.	73, 122, 169, 354
Bubolz, E.	188
Buytendijk, F.J.J.	82

C

Changeux, J.-P.	42
Claiborne, R.	134
Cremerius, J.	504
Cullberg, J.	182, 209, 243f, 246f

D

Dahrendorf, R.	152
Danziger, L.	219
Darwin, Ch.	40, 43
Descartes, R.	26
Ditfurth, H.v.	62

E

Eaton	230
Eigen, M.	44
Eisler, P.	175f, 367
Eisler-Stehrenberger, K.	82f
Elder, H.G.	114
Elias, N.	73, 86, 88, 121
Emde, R.N.	188, 190
Erikson, E.H.	182, 185, 187, 204, 249
Ernst, S.	406

F

Faltermaier, T.	189, 251
Ferenczi, S.	17, 274, 312, 315, 320, 367
Filipp, H.S.	44, 136, 187f, 204
Foucault, M.	86
Freud, A.	144, 320
Freud, S.	74, 99f, 120, 165, 182, 190, 196, 205, 220, 298

G

Garfinkel, P.-E.	97
Gehlen, A.	74
Gerok, W.	53
Goffman, E.	134f, 157, 294
Goldstein, K.	77, 299, 304
Goodman, P.	17, 73, 88
Grawe, K.	44, 60, 120, 139, 142, 203f
Greenson, R.R.	474
Groddeck, G.	108
Gross, R.	44, 53f

H

Habermas, J.	38, 88, 157f
Haken, H.	44, 55
Harris, M.	232
Hartmann-Kottek-Schröder, L.	101, 119, 276, 291
Havighurst, R.J.	182, 185f, 245
Heinl, H.	16, 18, 97, 296, 317ff, 422
Henderson, L.	102
Heraklit	40
Herzog, W.	94, 153, 202
Holmes, T.	187
Husserl, E.	26

I, J

Iljine, V.N.	17, 82

543

Jacobi, M.	361
Janosch	438
Joas, H.	120, 134, 157
Jung, C.G.	120

K

Kagan, J.	183, 270, 283
Kant, I.	26
Kaplan, L.J.	214, 220f, 225
Kast, V.	512
Kaul, C.	44, 53
Kegan, R.	60, 70, 72, 120, 182, 202f, 227, 241, 247, 249f, 252, 255
Kelly, G.	116, 120, 142f, 204
Kernberg, O.F.	122
Kiener, F.	102
Kierkegaard, S.	220
Kohlberg, L.	182, 201f, 230, 270, 290
Kohut, H.	217, 219
Kreisman, J.	303
Kuhn, T.	44, 60

L

Lacan, J.	217
Lazarus, R.	143, 275, 280
Lehr, U.	188
Lewin, K.	78f, 103, 288f
Lichtenberg, J.	188, 190
Lorenz, E.N.	50
Lorenz, K.	41, 50
Lorenzer, A.	122, 135
Lowen, A.	316
Ludwig-Körner, Chr.	356
Luria, A.	233
Lynn, D.	231

M

Mahler, S.	165f, 182, 190, 215, 218, 224, 227
Marcel, G.	73
Martienssen, W.	49
Maturana, H.	44
McFarlane	206
Mead, G.H.	73, 120, 122f, 134, 157, 194, 506
Merleau-Ponty, M.	26, 73, 75f, 78, 82, 97, 99, 132, 198

Miller, A.	152, 286
Molinski, H.	266
Monroe, M.	248
Montada, L.	121, 187, 269
Moreno, J.	17, 74, 82f, 114, 120, 125, 235, 258
Moreno, Z.	17
Mueller, E.	222

N

Nagy, M.	238, 244
Neugarten, B.	183

O

Oerter, R.	182, 185, 187, 204, 222, 230, 243
Oevermann, U.	113
Orth, I.	100, 420
Osgood, C.	113

P

Papousek, H. & M.	166, 188, 207, 209ff, 215ff
Perls, F.	17, 77, 101, 119, 304, 519
Perls, L.	17
Petzold, H.	16ff, 25, 45, 76, 78f, 82, 84, 87f, 91, 93, 96, 99ff., 103, 105f, 110, 115f, 125, 128, 132, 134, 138, 140, 149, 158, 165, 174f, 182, 188ff., 204ff., 217ff., 238, 258, 265, 269f, 272, 280, 282, 309, 328f, 336, 339, 355, 361, 370, 376, 378, 423f, 459, 517, 519
Piaget, J.	44, 120, 187, 196ff, 201f, 222, 232, 237, 239, 257
Picasso, P.	83
Plessner, H.	73, 86f, 174
Plügge, H.	76, 260
Portmann, A.	74, 80
Prigogine, I.	44

R

Rad, M. v.	108

Rahm, D.	389, 405, 417
Rank, O.	205
Rauh, H.	209, 214, 222, 231, 235
Reichel, G.	316, 406
Richter, H.	321
Ricoeur, P.	84
Riedl, R.	43
Rosemann, H.	199, 208, 222f, 233
Rotter, J.	281
Rush, A.	406

S

Sachs, J.	235
Sacks, O.	93
Satir, V.	172
Scharfetter, Ch.	84, 93, 303
Schmitz, H.	26ff, 73, 76, 84, 87, 93, 96f, 99, 103, 131, 148, 175f, 207, 229
Schnakenburg, R. v.	83, 85
Schneewind, K.	253
Schweidtmann, W.	260
Seitelberger, F.	42
Selye, H.	280
Sendak, M.	435
Siegrist, J.	274
Sime, M.	199, 201
Smith, M.L.	122
Spiegel-Rösing, I.	260
Spitz, R.	218f

Stern, D.	93, 99, 106, 121, 123, 130, 161, 171, 182, 188, 190ff, 196, 206f, 209, 212, 215, 217, 226f
Stevens, J.O.	395, 406f
Stierlin, H.	321

T

Tewes, U.	281
Thomae, H.	136, 139, 143, 182f, 188, 204, 254, 304
Tölle, R.	93
Twain, M.	139

U, V

Uexküll, T. v.	60, 102, 119, 276, 295f
Verny, Th.	205
Vollmer, G.	26
Vyt, A.	226

W

Waldenfels, B.	52, 75, 78, 99f, 132, 135
Warhol, A.	133
Watzlawick, P.	157f, 290, 298
Wertheimer, M.	160
Willi, J.	173, 253
Winnicott, D.W.	152, 154, 171, 213, 278, 482
Wolff, P.H.	206
Wurmser, L.	290

Sachwortregister

A

A-modale-Wahrnehmung	193
Abgegrenztheit	207
Abgrenzung	103, 153, 164, 167, 170, 223, 251
Abhängigkeit	288
Ablösung	246, 505
Abschied	259, 505, 513
Abwehr	303, 324
Abwehr-Diagnose	343
Abwehrmechanismen	143, 277, 303
Abwehrstrategien	308
Abwehrstruktur	343
Affekt-Selbst	194
Affektive Zentrierung	175f
Aggression	246
Akkomodation	44, 197, 203, 222
Aktionsphase	370
Aktivierung	210
Aktualrolle	128
Akzeptieren von Widerstand	493
Alter	257
Alterskultur	259
Alterungsprozeß	256
Ambivalenz	210f, 236, 288, 315
Amputation	107
Anamneseerhebung	462, 463
Anästhesierung	281, 310
Anfangsphase	458f
Anforderungen	275
Angst	288
Anpassung	152, 280, 314
Anpassungsfähigkeit	183
Anpassungsstörung	273
Antizipation	204
Antrieb	94, 102
Antriebsschwäche	249
Appetenz-Appetenz-Konflikte	288
Appetenz-Aversions-Konflikte	288
Arbeit	156, 254, 466
Arbeit an der Beziehung	356, 477f
Arbeit an der Übertragung	356f
Arbeit in der Beziehung	356f
Arbeit in der Übertragung	356
Arbeitsbündnis	473
Arbeitswelt	240
Archetypen	120
Assimilation	44, 197, 203, 222
Ätiologie	274
Atmosphären	26, 111, 130, 345
Atmosphärisches Gedächtnis	208
Atmosphärischer Charakter	179
Atmosphärisches Erfassen	106, 130
Attunement	195, 217
Aufbauphase	473
Aufforderungscharakter	103, 229
Aufmerksam-Machen	389, 391
Aufnahmefähigkeiten	211
Aus dem Kontakt gehen	167
Ausdruck	100, 106, 218, 280, 295
Ausdrucksblockierung	280
Ausdruckserkrankungen	294, 317
Ausdruckssignale	217
Aushandeln der Situation	161
Aushandeln von Wahrheit	36
Austausch	178, 277
Authentizität	152
Auto- und alloplastischer Abwehr	315
Autonome Leibfunktionen	107
Autonomie	153, 224
Aversions-Aversions-Konflikte	288
Awareness	109, 139, 176

B

Babyforschung	188
Basale Emotionen	207
Bedeutung	47, 120, 134f, 195, 277
Bedeutungsbildung	202
Bedrohung der Identität	151
Bedürfnis	102, 212, 275
Bedürfnis-/Ziel-Analyse	338
Bedürfnisbildung	294
Befriedigung	277
Begegnung	169
Belastbarkeit	211
Benigne Regression	306
Bereitstellung	294
Beruhigung	277, 293

Berührung	103, 164, 167, 170, 207	Defizitäre Persönlichkeits-	
Betroffenheit	176	strukturen	299
Bewältigung	277	Defizite	121, 282, 284, 288, 337
Bewältigungsaspekt	324	Delegation	153, 254, 314, 321
Bewältigungsfähigkeit	186, 275	Denken	199
Bewältigungsstrategien	142f, 154	Depression	287
Bewegung	94f	Deutung	32, 136
Bewegungsentwürfe	295	Diagnostik	324, 336, 458
Bewegungsmuster	318	Dialog	122, 410
Bewußte Selbsterkenntnis	86	Didaktik	226
Bewußtheit	74, 84, 89	Die Lebenswelt-Analyse	
Bewußtheitskontinuum	391	(Kontext-Analyse)	338
Bewußtsein	24, 84, 89, 138f, 145, 208	Differenzierung	165
Bewußtseinsarbeit/		Disposition	271
Sinnfindung/		Dissonanz	369
emotionales Verstehen	330	Distanz	167
Beziehung	94, 120, 170, 192, 203	Doppelbindungen	228, 287, 290, 311
	213, 218, 465, 477f	Dosierung	390
Beziehungsaspekt	158, 324	Dyadische Beziehungsformen	172
Beziehungs-Ebene	162		
Beziehungsfähigkeit	171	**E**	
Beziehungsformen	120, 311	Ebene der Affekte und	
Beziehungsraum	142	Vorstellungen	377
Bilanz	512	Ebene der autonomen	
Bilder	132	Körperreaktion	377
Bindung	173, 251	Ebene der emotionalen	
Bindungsfähigkeit	173, 218	Involvierung	377
Biographie	115, 178, 463	Ebene der Reflexion	175, 377
Blickkontakt	217f	Eigene Identität	218
Blockierung	111, 119, 303f, 315,	Eigenleibliches Spüren	93
	317, 375, 412	Einfühlung	170f
Blockierungsaspekt	323	Eingebundenheit	249
Body-chart	422f	Einleibung	131
Borderline-Syndrom	219, 311	Einsamkeit	258
Böses Spiegeln	219	Eltern	253f
Bühnenmodell	91, 118, 125f	Emotionale Betroffenheit	148
		Empathie	81, 171
		Empfinden	95f
C		Endphase	459, 505
Chaos	44, 52, 54, 68	Engramme	108
Chronischer Streß	273	Engung	96
Continuum of Awareness	393	Entdeckerdrang	224
Coping	143	Entfremdung	74, 87, 89, 274, 310
Coping-Stile	186	Entgegenkommen	275
		Entwicklungsaufgaben	182, 185, 245
D		Entwicklungsforschung	182
Daseins-Techniken	143	Entwicklungsmöglichkeiten	253

547

Erfassen	34
Erinnern	111, 138
Erinnerungs-Blockierung	120
Erkenntnis	23, 37
Erklären	34
Erlebensfeld	129
Erlebensgestalten	286
Erlebnisaktivierung/ Persönlichkeitsentfaltung	334
Erstgespräch	458, 523
Erwachsenenalter	250f
Erweitertes Kontakt-Zyklus-Modell	102, 274, 276
Erziehungsverhalten	230
Evidenz	330
Evoked companion	212
Evolution	40
Evolution, biologische	41
Evolution, kulturelle	41
Existentielle Rollen	253
Expression	105
Expressive Valenz	417f
Expressiver Leib	106, 138
Exzentrizität	32, 86, 139f, 173f, 191, 226, 243, 255

F

Falsches Selbst	152
Familie	247, 322
Fixierung	202, 289
Flexibilität	178
Flüchten	280
Freude	211
Frühe Defizite	285
Frühe Erfahrungen	227
Frustrationstoleranz	221, 225
Fühl-Blockierung	120
Fühlen	95
Fungierender Leib	105, 107, 111

G

Geben-Nehmen	222
Geborgenheit	212
Geburt	204
Gedächtnis	93, 108, 111, 208
Gefährten	123
Gefühle	96, 216, 277

Gefühlsintensivierung	381
Gegenübertragung	361, 449
Gegenwärtigkeit	138
Generalized other	120, 122f
Generation	254
Genitalien	221
Geschenk	515
Geschlecht	220, 230, 248
Geschlechtsdifferenzierung	243
Geschlechtsrolle	113, 230
Gesellschaft	250, 258
Gesellschaftliche Atmosphären	265
Gestalt-Qualitäten	193, 209
Gestalten	26
Gestaltung der letzten Stunde	514
Gestik	95, 131
Gestimmtheit	277, 294
Gestörte Persönlichkeitsstrukturen	299
Gestörter Kontakt-Zyklus	290
Gesundheit	263
Gewissen	154, 192
Gewissens-Konflikte	289
Gleichaltrig	235, 240, 247
Grenze	165
Grenzerfahrungen	103
Grundaffekte	193, 207
Grundgefühle	120
Grundrollen	120
Grundstrukturen	120, 178
Grundvertrauen	165, 190, 204, 206
Gruppenidentifikation	248
Gruppenidentitäten	150

H

Habituierung	216
Handlung	93, 95, 106, 138, 142
Handlungs-Blockierung	120, 280
Handlungs-Selbst	194
Handlungsfeld	129
Handlungspläne	95, 118, 277
Handlungssymbol	95
Haus	248
Helfersyndrom	129
Hermeneutik	24, 33, 341
Hermeneutische Spirale	161
Hierarchische Staffelung	63

Homologie	109	Interaktionsstil		318
Homosexualität	231	Intermedial		423
		Intermediär-Objekt	132, 225, 425f
I		Internalisierung		115
Ich	26, 120, 138, 190, 323	Interpersoneller Widerstand	364
Ich-Auflösung	125	Interpretation		29
Ich-Bewußtsein	85	Intersubjektivität	32, 74, 79, 81, 88, 157,
Ich-Funktionen	141, 168, 299		169, 193, 217, 279
Ich-Ideal	155	Interventionen	414, 426, 431
Ich-Stärke	119, 141	Intramedial		423
Ich-Strukturen	142	Intrapersonell		364
Ideal-Selbst	148, 236	Introjektion		314
Identifikation	313, 319, 321, 408	Intuition		217
Identifikationsobjekte	408	Involvierung	140, 174f
Identifizierung mit				
dem Angreifer	314, 319	**J**		
Identität	91, 97, 120, 128, 140,	Ja-Sagen		225
	148, 236, 240, 242,	Jugendkultur	247, 259
	247f, 256, 290, 299, 323			
Identitätsbereiche	464	**K**		
Identitätsgefühl	242	Kämpfen		280
Identitätssäule	420f	Kategoriale Bedeutungen	195
Ikonen	111, 132, 212	Kategorialrollen	114, 128
Ikonisches Gedächtnis	208	Kausale Ursache		343
Imagination/Phantasiearbeit	405	Kern-Andere		194
Impulsebene	158, 162	Kern-Selbst		194
Individuation	165	Klinische Krankheitslehre	272, 323
Individuelle Zielsetzungen	186	Kognition		204
Individuen	178	Kollusion		173
Information	47	Kommunikation	130, 158f, 162,
Initialphase	370, 473		215f, 218, 419, 468
Inkonstante Stimulierung	282, 285	Kommunikative Valenz	419f
Innere Andere	123, 171, 299	Kompensation	270f, 293, 313
Innere Beziehungsarbeit	376	Komplementärrolle	128, 313
Innere GefährtIn	124, 194, 212	Komplexität		66
Innerer Prozeß	145	Kompromißbildung		170
Inneres Sprechen	233	Konflikte	283, 288, 337
Innere Strukturen	273	Konfliktprägnanz		170
Innerer Beistand	527	Konfluenz	154, 173, 190, 287f, 309, 314
Innere Distanzierung	529	Konfluenz als Lebenshaltung	166
Innere Zeit	118	Konkurrenz		235
Integration	109, 138, 141, 256, 370	Konsens	37, 158f, 161, 163
Intentionalität	93	Konsolidierung	370, 490f
Interaktion	122, 129, 212,	Konsonanz und Dissonanz	369
	222, 224, 275	Kontakt	95, 139, 164f, 167, 212, 323
Interaktions-Aspekt von		Kontakt zum Selbst		125
Ko-respondenz	157	Kontakt/Beziehung		525

Kontakterfahrungen	123	Lebenspanorama	422
Kontaktzyklen	101, 119, 275f,	Lebensphasen	136
	285f, 293f, 323	Lebensspanne	181
Kontext	113, 116, 178, 323	Lebensthemen	136, 182,
Kontext und Kontinuum	450		186, 202, 261
Kontingenz	211	Lebenswelt	74, 78, 88, 113, 118, 174,
Kontinuum	115f, 178, 323		178, 257, 270, 274
Kontinuums-Analyse	339	Lebenszeit	183
Konträre Stimulierung	283	Leib	26, 77, 88, 91, 122, 178, 260
Kontrolle	210, 281	Leib-a-priori	26
Konzept	161	Leib-Bilder	85
Kooperation	158, 161, 163, 239	Leib-Schema	97, 256
Kooperations-/Konsensaspekt	159	Leib-Selbst	94, 120, 206, 218, 244, 299
Körper	77, 260	Leib-Wissen	26, 85, 98
Körperausdruck	468	Leib-Zeit	183
Körperkontakt	320	Leibgedächtnis	110, 296
Körperschema	229	Leibinseln	229
Körpertonus	131	Leibliche Echos	107
Körperwahrnehmung	229	Leibliche Interventionen	366f, 428f
Ko-Kreativität	82	Leibliche Identifikation	132
Ko-respondenz	24, 74, 79, 88, 157,	Leiblichkeit	74, 76, 80, 156, 464
	212, 223, 245, 328	Leibtherapeutische	
Krankenrolle	265	Berührungen aus der Beziehung	367
Krankheit	263, 268f	Leibtherapeutische Arbeit	97
Krankheitsentstehung	270, 272	Leistung	254
Krankheitsnarration	267	Leistungsanforderung	239
Krankheitstypen	272	Leistungserwartung	220
Kreative Medien	100, 388, 418	Lernbedingungen	216
Kreativität	74, 82	Lernen	221, 239
Krise	253, 255, 279, 517	Life-Span-Development	182, 260
Krisenbewältigung	182	Loslösung	223
Kriseninterventionen	526		
Krisenprophylaxe	531	**M**	
Kritische Lebensereignisse	182, 187	Magische Phase	237
Kulturelle Anforderungen	186	Magisches Denken	100
Kulturelle Evolution	41	Makro-Aspekt	338, 370
Kulturelles Atom	235	Malen	229
		Maligne Progression	308
L		Manipulation	140
Lähmungen	107	Männliche Identität	253
Latente Struktur	30	Materielle Situation	76, 93, 156, 466
Laufenlernen	220	Medium	167
Leben	203	Melodische Muster	216
Lebensalter	271	Memoration	105
Lebensentwurf	254	Memorativer Leib	108, 138
Lebensereignisse	33, 136, 184	Meso-Aspekt	338, 370
Lebensganzes	181	Meta-Kommunikation	159, 478

Midlife-crisis	254	Persönliche Konstrukte	120, 143
Mikro-Aspekt	338, 370	Persönlichkeitsgrenzen	165
Mimik	131	Persönlichkeitsprozeß	118f
Mitfühlen	222	Persönlichkeitsstörungen	101
Mittelphase	459, 483	Persönlichkeitsstruktur	154, 297
Motivation	95, 102, 211, 293	Perzeption	105
Motivations-Struktur	299	Perzeptiver Leib	138
Mutation	40	Phänomene	26
Mutter-Kind-Interaktion	182	Phänomenologie	24, 291, 341
		Phänomenologische Analyse	28, 341
N		Phantasie	95, 118, 123
Nach-Beelterung	121, 331	Phantasmatischer Leib	98
Nachahmung	215, 223	Phasen	182
Nachbereitung der Krise	532	Phasen des therapeutischen	
Nähe	167	Prozesses	459
Narration	34, 115, 189, 192, 195	Phasenmodell	184
Narrativ	137, 142, 298	Physiognomischer Kontakt	131
Narzißtische Anwartschaft	155	Positive Konfluenz	165
Narzißtische Störungen	309	Prägnanztendenz	189
Negative Ereignis-Ketten	271	Praktische Intersubjektivität	157
Negative Milieus	271	Prävalente Milieus	276
Negative therapeutische Reaktion	504	Prim-ordiale Ko-respondenz	80
Negative Erwartungen	271	Prim-ordiale Geborgenheit	165
Netzwerke	258	Primärprozeß	99, 147
Neubeginn	178, 255	Probatorische Sitzungen	472
Neurose	273	Probehandeln	140
Neurotische Bewältigungs-		Problemlösen	139, 222
strategien	144	Progression	119, 145, 306
Normative Lebensereignisse	188	Projektion	312, 321
Normen	114, 240	Propriozeptiv	97, 111, 208
Notfallprogramme	297	Prozeß	40, 49, 118
		Prozessuale Diagnostik	341, 462
O		Psychische Erkrankung	93, 271
Objektive Phänomene	31	Psychosomatische	
Offene Systeme	46, 68	Erkrankungen	286f, 310
Ökologische Lebenswelt	113	Pubertät	244
Ordnung	44, 52f, 68		
Organismisches Selbst	105, 190	**R**	
Organismus	77, 308	Rapport	168
Organismusmodell	101	Räumlich-motorisches Leib-Schema	97
Orientierung	249	Reaktionsbildung	314
		Reale Zeit	118
P		Realität	26, 37f
Partielles Engagement	352	Realitätsaspekt	323
Partnerschaft	251	Realitätsbestätigung	37, 100
Pensionierungs-Schock	257	Realitätsbezug	119, 139, 145,
Personenkonstanz	212		170, 306, 307

Realitätsverzerrung	125, 162, 288, 303
Realitätswahrnehmung	286
Rebound-Effekt	375, 490f, 499, 520
Reflexion	105
Regeln	240
Regression	119, 145, 147, 168, 176, 306, 309, 314, 323, 329, 381
Reife	184f
Reinlichkeitserziehung	220
Reiz	94, 103
Reizung	277
Rekonstruktion	111
Religion	114
Ressourcen	467, 525, 531
Ressourcenfeld	420
Retroflexion	309, 314
Rhythmen	101
Rolle	125, 129, 223, 298
Rollen-Selbst	91, 120, 125
Rollenerwartungen	152f, 184, 192
Rollenflexibilität	240
Rollenkompetenz	292
Rollenkonflikte	289
Rollenspiel	127, 159, 226, 236, 292
Rollenübernahme	239
Rollenverhalten initiieren	416
Rollenwechsel	140

S

Säulen der Identität	155, 248, 464
Säulen des Supports	155
Schädigungen	218, 274, 282, 291
Schädigungen der Identität	302
Schädigungen des Ich	302
Schädigungen des Leib-Selbst	285, 301
Schädigungen des Rollen-Selbst	302
Schemata	120, 142, 193, 198f, 203
Schicht	113f
Schicksal	269
Schmerz	264, 266, 280, 281, 316, 318, 319, 367, 483
Schuld-Zuweisung	268
Schuldgefühle	246
Schule	114, 239, 241, 247
Schwangerschaft	204
Sekundärprozeß	100, 147

Selbst	84, 91ff, 124, 173, 175f, 323
Selbstbild	137, 192, 236, 258
Selbsteinschätzung	150
Selbstentwicklung	151
Selbstgefühl	93, 124
Selbstkonstanz	93
Selbstkontrolle	220
Selbstoptimierung	57
Selbstschädigendes Verhalten	298
Selbstwert	154f, 225, 242
Selektion	40
Selektive Authentizität	353
Self regulating other	212
Sensumotorische Intelligenz	198, 208
Sexuelle Identität	245
Sicherheit bilden	497
Sinn	33, 132, 134
Sinn von Krankheiten	269
Sinnerfassung	140
Situationen	119, 276
Situativer Aspekt von Ko-respondenz	174
Solidaritätserfahrung	335
Sozial-emotionale Zuwendungen	226
Soziale Abstimmung	37
Soziale Bewertung	241
Soziale Fähigkeiten	214
Soziale Realität	161
Soziale Zeit	183
Sozialer Leib	105
Sozialer Raum	195
Soziales Atom	115, 258, 334, 420, 465
Soziales Lernen	298
Soziales Netzwerk	156
Sozialisation	113, 115
Sozialverhalten	221
Spaltung	149, 227, 300, 311, 315
Spannung	96
Spiegel	217
Spiel	221, 234
Spontaneität	153
Sprache	114, 127, 134, 216, 226, 233
Sprachentwicklung	95
Sprachliches Selbst	195
Spüren	95
Stabilisierung	490f
Stagnation	375, 490f

Sterben	259
Stimme	208
Stimulierungen	285
Störung	158, 282, 285, 337, 490f
Streßbewältigung	143
Streßmodell	272
Streßreaktion	275
Struktur	27, 40, 61, 69, 120
Strukturmodell	272, 297
Strukturen 1. Ordnung	121
Strukturen 2. Ordnung	120
Subjektives Krankheitsgefühl	264
Subjektive Phänomene	31
Subjektives Erleben von Gesundheit und Krankheit	266
Subjektives Selbst	194, 217, 463
Sublimation	312
Symbol	41, 107, 133, 199, 226, 232
Symbolischer Ausdruck	134, 295
Symbolisierung	135, 317
Synästhetisches Erfassen	106
Synergetische Selbstorganisation	43
Synergetischer Prozeß	43, 68, 178, 203
System	40, 45
Szene	110, 114f, 119, 135, 179, 317
Szenisches Erfassen	127, 345
Szenisches Verstehen	344
Szenisches Gedächtnis	212

T

Täuschung	140
Technik des leeren Stuhls	127
Techniken der inneren Distanzierung	525
Techniken der Krisenintervention	525
Techniken des inneren Beistands	525
Tetradisches System	370, 459
Therapeutische Beziehung	122, 304, 336, 458, 475, 477
Therapeutische Fehler	503
Therapeutische Hermeneutik	33
Therapeutischer Umgang mit Krisen	519, 522
Therapieplanung	340, 370
Tiefenhermeneutik	33
Tiefenpsychologie	33
Tiefung	377, 472

Tod	238, 243, 257, 259
Transmaterielle Funktionen	47, 93
Trauer	259
Trauma der Geburt	205
Traumatisierungen	282f, 337
Träumen	99, 147
Triade	172
Tröster	213

U

Über-Ich	120, 123, 154
Überanpassung	280
Überforderung	253
Übergangsobjekte	213, 423
Überstimulierung	282f
Übertragung	291, 323, 363, 488f
Umkehrung ins Gegenteil	399
Umwelt	239, 275, 278
Unabhängigkeit	124, 242
Unbewußtes	98
Unterstimulierung	282, 284
Unvollendete Gestalten	293
Ursachen-Analyse	337
Urvertrauen	185, 204

V

Verbales Selbst	226
Verbale Kompetenz	122, 228
Verdrängung	85, 222, 313
Vererbung	269
Verkörperung	105, 151
Verleugnen	85, 227, 314
Vermeidungscharakter	103
Verschiebung	313
Verstehen	23, 34
Vier Wege der Heilung	329
Vorsprachliche Erfahrung	222, 227
Vorstellungen	85, 222
Vorurteile	29

W

Wahrnehmung	26, 34, 93, 95, 105, 138, 142, 208, 221, 239
Warnsignale	523
Wechseljahre	256
Werte	123, 156, 466
Widerfahrnisse	181, 269

Widerstand	151, 303, 363, 396, 401, 409, 414, 490f
Wieder-Annäherung	224
Wiederholung	293, 298, 396

Z

Zeit	115, 183, 194
Zeit nach der Therapie	512
Zentralnervensystem	257, 281
Zentrierung	174, 255
Zielbildung	204, 346
Zukunftsperspektive	116, 214, 257
Zuwendung	226
Zweierbeziehungen	252
Zweiter Weg der Heilung	331, 429

AUSBILDUNG IN INTEGRATIVER THERAPIE

**Psychotherapie mit Erwachsenen
Kinder- und Jugendlichentherapie
Integrative Supervision**

Die Ausbildung vertritt ein schulenübergreifendes und methodenintegratives Konzept, in dem tiefenpsychologische, humanistisch-psychologische, kognitivistische und leibtherapeutische Konzepte und Methoden in einem übergeordneten theoretischen und praxeologischen Rahmen verbunden sind. Elemente der „aktiven Psychoanalyse" *Ferenczis*, der „Gestalttherapie" von *Perls*, des Psychodramas von *Moreno*, der Arbeit mit dem Körper und mit kreativen Medien kommen dabei zum Tragen. Empirische Therapieforschung, Baby- und longitudinale Entwicklungsforschung geben der Integrativen Therapie einen soliden wissenschaftlichen Boden. Ihre innovativen Methoden sind langjährig klinisch erprobt. Die Curricula werden an den nachstehenden Ausbildungsstätten angeboten:

Zentrale Information:
**Europäische Akademie für psychosoziale Gesundheit und Kreativitätsförderung
(EAG)**
Staatlich anerkannte Einrichtung der beruflichen Weiterbildung
Wefelsen 5, 42499 Hückeswagen

Deutschland:
Fritz Perls Institut (FPI)
Kühlwetterstr. 49, 40239 Düsseldorf

Schweiz:
Stiftung der Europäischen Akademie für psychosoziale Gesundheit und Integrative Therapie
Eschenweg 1, CH-9400 Rorschach

Österreich:
Europäische Akademie für psychosoziale Gesundheit und Integrative Therapie
Österreichisches Fritz Perls Institut
Gladiolenweg 21/5, A-1220 Wien

Niederlande:
Free University of Amsterdam, Postgraduate Programme
Faculty of Human Movement Sciences
v.d. Boschorstraat 9, NL-1081 BT Amsterdam

Norwegen:
Norsk Forening of Integrativ Terapi
Boks 60, N-3371 Vikersund

Kroatien:
Arbeitskreis der EAG für Integrative Therapie
Jasenka Golub, Gortanova 29/I, Croatia-41000 Zagreb

Serbien:
Arbeitskreis der EAG für Integrative Therapie
Zorica Josic, Milana Stanivokovica 1, YU/Serbia-11030 Belgrad

Griechenland:
Fritz Perls Institut für Integrative Therapie
Tula Vlachoutsikos, Tim Vassou, GR-11521 Athen

Bitte fordern Sie Ausbildungscurricula und unsere Informationsmaterialien an.

EMDR – das Lehrbuch

488 Seiten, kart.
DM 69,–
ISBN 3-87387-360-5

EMDR ist eine zeitsparende, umfassende Methode zur Behandlung traumatischer Erfahrungen, die die Ursache vieler Pathologien sind. Als integratives Therapiemodell, das verhaltenspsychologische, kognitive, psychodynamische, körperorientierte und systemische Elemente umfaßt, ermöglicht EMDR, in relativ kurzer Zeit tiefreichende und stabile Resultate zu erzielen. Die EMDR-Behandlungssequenz, die acht Phasen umfaßt und Augenbewegungen sowie andere Methoden der Rechts-Links-Stimulation nutzt, hilft Trauma-Opfern bei der Aufarbeitung beunruhigender Gedanken und Erinnerungen.

Dieses umfassende Basiswerk zum Thema EMDR gibt einen Überblick über die Entwicklung und Erforschung der neuen Methode. Zu den vielen Patientengruppen, bei denen mit EMDR gearbeitet werden kann, zählen die Opfer von sexuellem Mißbrauch, von Verbrechen, Unfällen, kämpferischen Auseinandersetzungen, Kriegsfolgen und Phobiepatienten.

„Dieses Buch wird wahrscheinlich die Praxis der Psychotherapie wesentlich beeinflussen und zu Änderungen der theoretischen Sichtweise in der Psychotherapie beitragen."
–*Prof. Dr. Reinhard Tausch*

„Dieses Buch wird zu einem Klassiker werden." – *Charles R. Figley*

Francine Shapiro, die „Erfinderin" von EMDR, ist Senior Research Fellow am Mental Research Institute in Palo Alto, Kalifornien.

**JUNFERMANN VERLAG • Postfach 1840
33048 Paderborn • Telefon 0 52 51/3 40 34**